PACKARD
DIE GROSSE VERSUCHUNG

Vance Packard

DIE GROSSE VERSUCHUNG
Eingriff in Körper und Seele

Aus dem Amerikanischen
von Hermann Kusterer

Econ Verlag
Düsseldorf · Wien

Titel der im Verlag Little, Brown and Company (Inc.), Boston,
Massachusetts, erschienenen Originalausgabe »The People Shapers«
© 1977 by Vance Packard

1. Auflage 1978
Copyright © 1978 by Econ Verlag GmbH, Düsseldorf–Wien
Alle Rechte der Verbreitung in deutscher Sprache, auch durch Film,
Funk, Fernsehen, fotomechanische Wiedergabe, Tonträger jeder Art
und auszugsweisen Nachdruck, sind vorbehalten.
Gesetzt aus der 10 Punkt Times der Linotype GmbH
Satz: Uni-Set GmbH, Düsseldorf
Druck und Bindearbeiten: Richterdruck, Würzburg
Printed in Germany
ISBN 3 430 17329 9

FÜR JANE EAGER

Inhaltsverzeichnis

1. Der knetbare Mensch   11

I. Methoden der Verhaltenssteuerung

2. Pioniere der Programmierung von Mäusen und Menschen   27
3. Die Verhaltensformer mischen sich unters Volk   43
4. Die Steuerung der Stimmung   63
5. Persönlichkeitstausch: Aus alt mach neu   93
6. Wie man den Menschen gefügiger macht   108
7. Wie man gescheitere – oder dümmere – Menschen baut   138
8. Wie man der Volksmasse auf der Spur bleibt und sie steuert   160
9. Super-Verbraucher, Super-Sportler, Super-Personal   190
10. Wählerfang   217
11. Verhaltenslenkung durch die neuen Hypnotechniker   235

II. Techniken der Neugestaltung des Menschen

12. Verkauf und Lagerung menschlichen Saatguts   257
13. Der Mensch entsteht im Reagenzglas   276
14. Gemietete Mutterleiber, künstliche Mutterleiber, nichtmenschliche Mutterleiber   300
15. Junge oder Mädchen auf Bestellung   317
16. Veränderung unserer genetischen Anlagen   335
17. Menschen mit Gütesiegel   347

18. Die Aufzucht höherwertiger Menschen	372
19. Duplizieren von Menschen eines erwünschten Typus	390
20. Arbeit an Tier-Menschen und Computer-Menschen	405
21. Neueinstellung unserer Körperuhren	421
22. Der Mensch als totaler Bausteinkasten	441

III. WAS TUN?

23. Menschenbauer besinnen sich	479
24. Wer überwacht die Lenker?	491
25. Der neue Drang zur verstärkten Eigenbestimmung	501
26. Plädoyer für den robusteren Menschen	515
Danksagung	525
Anmerkung des Übersetzers	526

ANHANG

Die Natur des Menschen	529
Quellenverzeichnis	535
Personenregister	549
Sachregister	554

Wir können uns von unserem wachsenden Wissen dazu hinreißen lassen, den Menschen auf bislang ungeahnte Weise zu versklaven, zu entpersönlichen, zu steuern und zu lenken mit so ausgeklügelten Techniken, daß er vielleicht nie bemerkt, wie sehr ihm jede Individualität abhanden gekommen ist.

Carl Rogers, humanistischer Psychologe

1
DER KNETBARE MENSCH

> Wir haben ja noch keine Ahnung,
> was der Mensch aus dem Menschen
> machen kann.
> – B. F. Skinner, Verhaltenspsychologe

B. F. Skinners alarmierende These ist Anspruch und Wissen zugleich. Machtvolle Kräfte wollen den Menschen und sein Verhalten ummodeln. Fraglos ein Unterfangen von weitreichender Wirkung. Beunruhigend weit zumeist.

Allenthalben sind Menschenkonstrukteure am Werk. Immer weniger Personen können damit das Dasein von immer mehr Menschen bestimmen, verändern, manipulieren, umgestalten. Dies geschieht in vielen Ländern, in den Vereinigten Staaten und in England, in Deutschland und in Frankreich, in Japan, Kanada, Israel und Rußland, in Australien, in den Niederlanden und in Skandinavien.

Die neuen Techniker bedienen sich in erster Linie der Erkenntnisse und Entdeckungen der Verhaltenswissenschaft, der Biologie, der Computerwissenschaft. Sie bringen des Menschen Tun und Empfinden, sein Wünschen und Denken in ihre Gewalt. Hören wir den Psychologen Perry London: »Das hat es in der Geschichte der Menschheit bislang nur in der Phantasie gegeben.«
All dies kann uns sehr wohl zu einer völlig anderen Vorstellung vom Menschen zwingen.

Viele dieser Revolutionäre legen einen Feuereifer an den Tag, wie wir ihn beim sonst so bedächtigen Naturwissenschaftler gar nicht gewohnt sind. Columbus war alles andere als bedächtig, und eine erkleckliche Anzahl der Revolutionäre ist es auch nicht. Sie glauben zu wissen, daß im Menschen ganz neue Welten der Entdeckung harren. Ein wahres Entdeckungsfieber hat sie erfaßt. Sie wähnen sich am Rubikon der Naturwissenschaft.

Der Genetiker und Nobelpreisträger Joshua Lederberg hat den amerikanischen Kongreß aufgefordert, mindestens zehn Millionen Dollar für die Schaffung eines genetischen Einsatzkommandos bereitzustellen, dem es obliegen soll, die Kenntnis des genetischen Codes mit allem, was das Zeug hält, zu erweitern und damit Menschen auf einfache Weise biologisch konstruierbar zu machen.

Robert Sinsheimer jubiliert, erstmals seit der Schöpfung könne sich ein Lebewesen unterfangen, seine Zukunft neu zu gestalten. Er leitet die biologische Abteilung des California Institute of Technology und gehört zu den Triebkräften der derzeitigen biologischen Revolution. Sinsheimer: »Wir können den Übergang zu einem völlig neuen Evolutionsweg bewerkstelligen.«

Unter den Verhaltenspsychologen finden wir unzählige ruhelose Revolutionäre. Der Harvard-Professor B.F. Skinner, bekanntester aller Verhaltensforscher, fordert eine »Verhaltenstechnik, weil wir riesige Veränderungen im menschlichen Verhalten vornehmen müssen«.

Vor einigen Jahren kam eine Gruppe seiner Gefolgsleute bei der Beschreibung, »Was Verhaltensformung ist«, zu dem Schluß: »Es läßt sich eine Technik entwickeln, mit der höherwertige Menschen routinemäßig herstellbar werden. ...Wir haben alle Mittel in der Hand, jedes gewünschte Verhalten zu installieren.«[1]

James V. McConnell, weitgereister Psychenforscher der Universität von Michigan, soll 1974 den Vorschlag geäußert haben: »Wir sollten unsere Gesellschaft so umformen, daß wir alle von Geburt an darauf trainiert sind, das zu tun, was die Gesellschaft von uns erwartet.« (Ich kenne ihn und vermute, daß ihn seine angeborene Überschwenglichkeit überwältigt hat und er nicht eigentlich zum totalen Konformismus aufrufen wollte.)

Mancher Revolutionär scheint in der neugewonnenen Machtfülle zu schwelgen. José M.R. Delgado, Pionier der Gehirnforschung und hochgebildeter Mensch, fordert die physische Kontrolle des Denkens, damit eine »psycho-zivilisierte Gesellschaft« entstehen könne. Er will, daß die amerikanische Regierung »die Eroberung des Denkens« zum nationalen Ziel erkläre.

Andere bekannte Wissenschaftler – auch dies muß gesagt werden – mahnen die vorwärtsstürmenden Aktivisten zur Vorsicht. Leon

Kass, Molekularbiologe und Ethiker, bezeichnet es als arrogante Anmaßung, wenn Wissenschaftler glauben, sie seien so klug, daß sie den Menschen neu formen könnten.

Manches Projekt für das Umformen und In-die-Gewalt-Nehmen des Menschen ist einfach verblüffend. Viele aber sind beunruhigend. Dieses und jenes ist haarsträubend. Dazu rechne ich Pläne, Menschen mittels Einbau von Sendern in ihre Körper ständiger Überwachung zu unterwerfen, Untermenschen für niedrige Dienste und als Ersatzteillieferanten für Körperteile zu schaffen, Köpfe zu verpflanzen, Menschen mit vier oder mehr Eltern zu zeugen und Tunichtgute (auch Kinder) durch einen Schnitt ins Gehirn zur Räson zu bringen.

Die Strategien, nach denen die Menschenkonstrukteure rufen, haben einige Beobachter zu dem Schluß veranlaßt, wir näherten uns mit Riesenschritten einer Verwirklichung der romanhaften Welten, wie sie der Vision zweier Engländer entsprangen. Ich spreche hier von George Orwells *1984* und Aldous Huxleys *Schöne Neue Welt,* die er sechs Jahrhunderte später ansiedelte. Neben Huxleys Weltaufseher Mustapha Mond nimmt sich Orwells Großer Bruder denn auch geradezu täppisch und läppisch aus.

Orwell schrieb zur Zeit eines Stalin und Hitler und extrapolierte im wesentlichen totalitäre Polizeistaatmethoden. Sein Großer Bruder übt seine Gewalt durch Schnüffelei wie die Einrichtung eines wachsamen Fernsehauges in jeder Wohnung und die Aufstellung der Gedankenpolizei aus. Er herrscht dank ausgeklügelter Zwangsformen und massiver Indoktrinierung.

Huxleys schon vorher – 1932 – konzipierter Aufseher entwickelt seine Machtfülle mit Hilfe weitaus raffinierterer wissenschaftlicher Methoden. Sein Aufseher hat erkannt, daß die totale Beherrschung schon bei der Empfängnis einsetzen muß. In Brutstätten, die durch Reproduktionsbiologie möglich geworden sind, werden Embryos auf Bestellung genetisch nach bestimmten Serientypen gestaltet. Der Intelligenzgrad wird teilweise dadurch bestimmt, daß den Fetussen unterschiedliche Mengen Sauerstoff zugeführt werden. Künftige Kanalarbeiter, die wenig Hirn brauchen, werden mit geringen Sauerstoffmengen massenproduziert.

Sofort nach der Geburt unterliegt der Mensch unablässigen Kontrollmaßnahmen verschiedenster Art. Unter Verwendung »neopawlowscher Reflexbedingung«, durch Schlafschulung und mit Hilfe der wundersamen Droge »Soma« werden die Personen dazu gebracht, den ihnen zugewiesenen Status und das Regime zu lieben. Nun gibt es zwar heute kein Soma als Rundum-Droge, aber die von ihm hervorgerufenen Zustände – Ruhe- und Erregungszustände, farbenfrohe Visionen und scheinbar hohe Suggestibilität – lassen sich in unseren Tagen allzumal mit bestimmten Drogen oder exakten Verfahren erzeugen.

Die meisten Methoden, die Huxley als Phantasiebild einer fernen Zukunft gemalt hatte, werden jetzt schon nach und nach verfügbar oder zumindest von angesehenen Naturwissenschaftlern vorhergesagt. Dazu gehört die Schlafschulung. In neuzeitlichen Experimenten wurde der Nachweis erbracht, daß jemand durch Einflüsterungen beim Einschlafen lernen kann. Huxley ließ (fälschlicherweise, wie sich herausstellte) die fragliche Person tief schlafen, während ihr zugeflüstert wurde; der Grundgedanke aber stimmte.

Ein allgewaltiger Weltaufseher ist heute in der westlichen Welt zwar nicht in Sicht. Angesichts des rasanten Dahinschmelzens der natürlichen Reichtümer in Verbindung mit galoppierender Überbevölkerung in vielen Teilen der Welt ist jedoch im nächsten Vierteljahrhundert mit einem immer lauteren Ruf nach mehr autoritärer Regierung zu rechnen. Sei dem, wie dem wolle – schon steht eine Unzahl von Technikern verschiedenster Sparten bereit, die als Menschenaufseher oder Menschenmacher in Frage kommen. Gewollt oder ungewollt entsteht hier eine neue Elite. Viele arbeiten für Institutionen (auch Regierungen), denen sie behilflich sind, ihre Gewalt über uns zu verstärken und ihre Wertvorstellungen und Meinungen anderen aufzuoktroyieren. Schon hat der Durchschnittsmensch immer weniger das Gefühl, noch Herr seines Lebens zu sein.

Vor wenigen Jahren nahm ich in Wyoming an einer Konferenz teil, deren Thema lautete: »Der gefangene Mensch in einer freien Gesellschaft«. Zu den Referenten gehörte auch der inzwischen verstorbene Sidney Jourard, ein anerkannter Humanpsychologe. Als er über die Machttechniker sprach – von denen einige anwesend waren –, sagte er etwas, was sich mir tief eingeprägt hat: »Das Schlimmste, was geschehen kann, ist, daß das Individuum nicht mehr zählt.«

Immer schon hat es Herren und Meister gegeben, nicht nur Staatspräsidenten, sondern auch Steuerbemesser, Schulvorstände, Musterungsausschüsse, Landschaftsverbände und eine ganze Hierarchie von Chefs am Arbeitsplatz. Heute stehen wir in gewissem Sinne einer neuen Herrenkaste gegenüber, die sich noch zu den schon vorhandenen Vorgesetztenreihen hinzugesellt. Manche sind ernsthafte Wohltäter, die ausgezogen sind, das Wohlbefinden des Menschen zu verbessern, und die dabei ansehnliche Erfolge einheimsen. Aber schon steht auch ein ganzes Arsenal bereit, unser Leben, unsere Gesellschaft und die kommenden Generationen zu beeinflussen, und dies manchmal negativ in einer Weise, die die Wohltäter übersehen hatten.

Wir sollten uns diese Leute näher ansehen, die sich da anheischig machen, unser Verhalten und unser Leben umzuformen. Oft sind sie gar nicht leicht aufzuspüren. Manch einer verbirgt sich hinter einem Wissenschaftsjargon, den nur noch der Eingeweihte versteht. Sie werfen mit Wortungetümen wie *Neuropsychopharmakologie, Heterozygoten, Verstärkungskontingenzen, Psychoneurobiochemie* um sich.

Die aktivsten freilich sind alles andere als zimperlich in der Beschreibung ihrer Zielsetzungen. In ihrer eigenen Literatur finden sich Aussprüche wie »Verhaltenskontrolle«, »Menschenbau«, »genetisches Zuschneiden«, »Biomedizinal-Konstrukteure«, »Menschenprogrammierung«, »Manipulation des menschlichen Verhaltens«, »das Verhalten gestalten«. 1976 bildete die Verhaltenssteuerung sogar das Leitmotiv der Vortragsreihe der Jahresversammlung der Vereinigung Amerikanischer Psychologen in Washington. Alle acht Referenten führten »Verhaltenskontrolle« im Titel ihres Vortrags.

Unter den Methoden, mit denen die Wissenschaftler die Menschen und ihr Verhalten umformen oder umzuformen gedenken, finden sich:

Stimulierung und Modifizierung des Gehirns
Verhaltensprogrammierung
Manipulation der Gene
Menschenbeherrschung per Funk
Schaffung ausgeklügelter Methoden zur Handhabung großer Personengruppen

Verehelichung des Menschen mit dem Tier und mit der Maschine
Einrichtung neuer und alarmierender Überwachungsformen
Künstliche Herstellung von Herzen und anderen Organen
Dramatische Veränderung von Beginn und Ende des Lebens.

Menschenbild im Wandel

So ist es denn an der Zeit, ein paar Grundfragen neu zu überdenken:
Was ist der Mensch?
Wie soll der Mensch den Mitmenschen behandeln?
Ist der Mensch etwas anderes, ein Wesen unvergleichbar anderen Geschöpfen?
Gehorcht der Mensch wesenhaft seinem Eigenwillen, oder unterliegt sein Verhalten wesenhaft der Bestimmung von außen?
Welcher idealtypischen Vorstellung soll die künftige Entfaltung des Menschen folgen?
Wie sieht der Mensch von morgen aus?

Unser Menschenbild von heute und der Modellmensch von morgen sind wichtige Parameter. Sie haben beträchtlichen Einfluß darauf, wie der Mensch sich sieht. Und sie helfen uns bei der Suche nach erstrebenswerten Zielvorstellungen.

Was ist der Mensch? Seit mindestens drei Jahrtausenden wogt der Streit über diese Frage. Und der Akzent hat neuerdings erhebliche Verlagerungen erfahren.[2]

Der jüdisch-christliche Glaube will, daß Gott den Menschen nach seinem Bilde erschuf. Ein beruhigender, wenngleich zweischneidiger Glaube, dem die Vorstellung innewohnt, der unverdorbene Mensch besitze nur gute Eigenschaften. Großen Erfolg auch durfte die jüdisch-christliche Theologie mit der Vorstellung verbuchen, der Mensch – und er allein – besitze einen Hauch Göttlichkeit. Die schiere Geläufigkeit dieser Vorstellung erklärt, warum Darwins Theorie, der Mensch sei nichts als eine Weiterentwicklung des Tiers, zunächst auf so breite Ablehnung stieß.

Im siebzehnten Jahrhundert dann brachten die Philosophen Thomas Hobbes und John Locke radikal andere Menschenbilder ins Spiel. Nach Hobbes ist der Mensch nichts als eine komplizierte Maschine, die auf die Außenwelt reagiert. Das Individuum ist so verantwortungslos, so aggressiv, so egozentrisch, daß es eines Tyrannenmonarchen bedarf, der sein Leben im einzelnen gestaltet.

Locke war der Meinung, jedes Individuum habe bis zum Beweis des Gegenteils als rational, verantwortungsbewußt, tolerant und nur seinem eigenen Willen gehorchend zu gelten. Das Individuum sei nicht etwa Gefangener seiner Instinkte, sondern erwachse aus Erfahrung und Erkenntnis und solle deshalb die Gestaltung seines Lebens nur in begrenztem Maße der Regierung überlassen.

Im achtzehnten Jahrhundert trat dann mit zwei einflußreichen Gestalten der neuen Nation in Amerika – Alexander Hamilton und Thomas Jefferson – erneut ein Paar auf, das Hobbes und Locke recht ähnlich sah, außer daß Hamilton weder Hobbes' Arroganz noch Pessimismus eignete. Jefferson ging davon aus, der Mensch verhalte sich gegenüber seinem Mitmenschen und gegenüber der Regierung in der Regel vernünftig und fair und verdiene damit Vertrauen. In den ersten Jahrzehnten der Amerikanischen Republik machten sich Amtsträger wie Laien vor allem diese Auffassung zu eigen.

Im Menschenbild unserer Tage schlägt sich oft nieder, welche Rolle vom Menschen erwartet wird. Zum Beispiel diese:
– Im Zuge der Industrialisierung bemißt sich der Wert eines Menschen oft nur nach dem Grad seiner Produktivität.
– Angesichts des Warenüberflusses dank Massenerzeugung in vielen Ländern wird die Familie von Geschäftsleuten und Politikern nur noch insoweit geschätzt, als sie eifrige Verbraucherin ist.
– In marxistisch oder maoistisch experimentierenden Gesellschaften gilt der einzelne nur, soweit er selbstlos zur Kollektivleistung beiträgt.

Seit einigen Jahrzehnten sprießen neue Menschenbilder aus dem Boden der Wissenschaft. Ihrer sechs sind nachstehend in äußerster Kürze dargestellt. Sie genießen zumeist bedeutendes Ansehen in der Öffentlichkeit. (Eine ausführliche Analyse der »Natur des Menschen« in psychologischer und philosophischer Sicht findet sich im Anhang.)

Der Mensch ist ein böses Tier. Dieses Menschenbild, das auch aus Freudschen Ansichten über das oft häßliche Unterbewußte im Menschen schöpft, hat neuerlich wieder Aufschwung genommen. Archäologen behaupten, Beweise gefunden zu haben, daß der Urmensch ein Fleischfresser war. Daraus zog man den Schluß, Aggressivität sei ein Teil der biologischen Menschennatur. Tierverhaltensforscher (Ethologen) wiesen darauf hin, fast allen Lebewesen wohne eine Art Sperre gegen das Töten von Artgenossen inne, wenn sich das irgendwie vermeiden lasse – nur dem Menschen nicht. Im Partner- oder Gebietskampf bemühe sich das Tier um einen möglichst unblutigen Streitverlauf. Der Mensch sei fast das einzige Wesen, das seine Artgenossen systematisch morde. Im Kriege töte er oft aus schierer Lust und in offensichtlicher Begeisterung.

Der sehr bekannte Ethologe Konrad Lorenz hat die These aufgestellt, die Entdeckung der Waffe habe es dem Menschen leicht gemacht, den Mitmenschen zu töten. So schnell habe sich der Mensch die Waffe angeeignet, daß ihm gar keine Zeit geblieben sei, eine Hemmung gegen ihre Nutzung auszubilden. Nun mag Lorenz' Theorie zwar den Beginn der Mordgewohnheit erklären. Aber da wir seit mehreren hunderttausend Jahren über wirksame Waffen verfügen, hätten wir doch Zeit genug gehabt, eine Hemmung zu entwickeln, wenn wir wirklich gewollt hätten. Plausibler ist es da schon anzunehmen, die Versuchung, Menschen zu töten, sei mit dem Besitz von Waffen gewachsen.

Auf der Gegenseite halten eine Reihe von Kritikern die Ansicht, der Mensch sei ein böses Tier, für übertrieben. Sie weisen z. B. darauf hin, der Mensch sei nie ein reiner Fleischfresser gewesen. Er habe alles gegessen, dessen er habhaft werden konnte. Wieder und wieder hätten Menschen gezeigt, daß sie altruistisch und kooperativ sein könnten, daß ihnen Gewalttat widerstrebe. Eine Hypothese über den Menschen als Jäger mißt dem Altruismus und der Kooperation Überlebenswert bei. Und könnte der Mensch nur unmittelbar töten, mit Klauen und Zähnen und ohne Zuhilfenahme einer Waffe, so wie ein Tier eben, dann fiele die Kurve des absichtlichen Menschenmords rapide ab.

Wichtig ist hier einzig und allein, daß Wissenschaftler verschiedenster Disziplinen Strategien vorschlagen, wie man die vorgeblich angeborene Aggressivität des Menschen beseitigen kann.

Der Mensch als Werkzeug seiner Gene. Die Tendenz der physiologischen Prädestination kennt seit Jahrzehnten schon jedes Erstsemester. Neuerdings hat sich der Streit auf die Behauptung zweier Erziehungspsychologen konzentriert, das Ergebnis von Intelligenztests werde in erster Linie durch Gene bestimmt. Sie behaupten weiter, konstante Ergebnisunterschiede seien rasse- oder klassebedingt. Dieser Schluß ließ jene aus der Haut fahren, für die alle Menschen zunächst mit etwa gleichen Voraussetzungen anfangen und die Hauptunterschiede sich erst später aus der Erziehung ergeben. (Noch Ende 1976 erklärte die Genetische Gesellschaft Amerikas, es gebe keinerlei überzeugenden Beweis für ein irgendwie nennenswertes genetisches Gefälle in der Intelligenz verschiedener Rassen.)

Einer der genannten Erziehungspsychologen, Arthur Jensen, behauptet, 80 v. H. aller IQ-Unterschiede beruhten auf Genen und nicht auf Umwelteinflüssen. Seine Behauptungen wurden widerlegt. Mehrere führende Genetiker äußerten Widerspruch oder starke Bedenken. So bemerkte Theodosius Dobshansky, eine achtzigprozentige Erblichkeit sei nicht einmal bei weitaus einfacheren Dingen wie etwa Hühnereiern nachweisbar.

Ende 1976 ließ ein wissenschaftlicher Eklat die Genetik-Dogmatiker etwas kürzer treten. Ein englischer Vorkämpfer der Intelligenztests hatte in Zwillingsuntersuchungen eindrucksvoll eine Verbindung zwischen Intelligenz und genetischer Anlage nachgewiesen, soll aber einen Teil seiner Angaben offenbar rundweg erfunden haben.

Wie dem auch sei: Wirklich neu ist an dem Ganzen nur, daß Gene heutzutage nicht mehr als unveränderbar, sondern als manipulierbar gelten. Die Genebauer besitzen unzählige, teilweise sogar schon erprobte Pläne, wie man den Menschen verändern kann, indem man seine Genstruktur modifiziert.

Der Mensch wird geprägt durch seine Primärinstinkte und die Erfahrungen der frühen Kindheit. Diese Auffassung, deren Vorkämpfer Sigmund Freud heißt, ist auch heute noch der Eckstein einer der drei Hauptschulen der heutigen Psychologie, deren beide anderen die humanistische Psychologie und die Verhaltenspychologie sind.

Freud beschäftigt sich mit den Instinkten der Sexualität, der

Aggression, des Lustgewinns usw. Der Mensch mag sie verdecken, aber sie bleiben wirksam und beeinflussen sein Verhalten. Die Herausforderung lautet, diese schwächenden Dränge zu bewältigen und so die Kultur im Gleise zu halten.

Die Neo-Freudianer benutzen zwar Freuds Begriffe und einige seiner Konzeptionen, erblicken aber zumeist im Menschen nicht etwas wesenhaft Niedriges. Und sie gestehen unserer Lebensweise einen prägenden Einfluß zu.

Der Mensch ist Herr seines Schicksals. Humanisten wie Abraham Maslow, Carl Rogers und Rollo May gehen davon aus, trotz aller Gene, Instinkte und Umwelteinflüsse bleibe dem menschlichen freien Willen noch beträchtlicher Spielraum. Der einzelne könne seine Situation einschätzen, Alternativen abwägen und verschiedene Arten des Vorgehens wählen. Manche Humanisten des Existentialistenflügels, insbesondere Jean-Paul Sartre, wagten sogar die Behauptung, der Mensch könne *total* frei sein. Die Vitalisten glauben, für das Hochgemutsverhalten mancher Leute gebe es keinerlei physische Erklärung. Der Geschichtsphilosoph Arnold Toynbee z. B. hat die These aufgestellt, es gebe einen Funken »schöpferischer Geisteskraft in jedem Menschen«.

Ganz allgemein halten die Humanisten dafür, größte Befriedigung im Leben sei zu gewinnen, wenn der Mensch sein Leben weitgehend selbst gestalte. Ihnen geht es darum, uns mehr Chancen der Selbstentfaltung, der Kreativität, der offenen Kommunikation und des seelischen Wachstums einzuräumen.

Der Mensch ist nur das Objekt von Umweltanstößen. So die These der meisten Verhaltenspsychologen, freilich nicht aller. Seit Jahren ist der Behaviorismus im Vormarsch. Wir werden uns im weiteren Verlauf eingehender mit der Aktivität gewisser Behavioristen beschäftigen.

Der Behaviorist ist der Meinung, sein Vorgehen sei weitaus wissenschaftlicher als das des Humanisten oder Psychoanalytikers. Für ihn zählt nur das beobachtbare Verhalten; dem »Geist« traut er nicht über den Weg, denn was in ihm vorgeht, ist ja nicht beobachtbar. Er mißt Verhalten, manchmal mit der Stoppuhr, und entwirft exakte

Versuchsstrategien. Oft geht es ihm um schnelle, sichtbare Ergebnisse, die er denn auch bekommt. Die glühenderen Verfechter des Behaviorismus argumentieren, wahren Fortschritt könne der Mensch nur erzielen, wenn er sich aller vorwissenschaftlicher Vorstellungen von Freiheit, Willen, Bewußtsein und Würde entledige.

In aller Regel erliegt der Verhaltensforscher der Faszination von Beherrschungsmechanismen. Oft benutzt er mit Vorliebe Konditionierungsmethoden. Er modifiziert das menschliche Verhalten, indem er Umweltfaktoren verändert und Anreize manipuliert. Viele Verhaltensforscher glauben, den schnellsten Fortschritt werde der Mensch erzielen, wenn er eine systematische Gestaltung seiner Umwelt zulasse.

Kurzum, die Behavioristen haben einen starken Hang zu der Auffassung, der Mensch sei höchst knetbar und müsse folglich auch geknetet werden.

Der Mensch ist eine regelbare, chemisch gesteuerte Maschine. Unverblümtester Sprecher dieser noch nicht sehr verbreiteten Auffassung ist der Neo-Hobbesianer und Radikalbehaviorist H. L. Newbold. Dieser Orthomolekularpsychiater aus New York glaubt fest daran, mit chemischen Präparaten ließen sich bei der Verhaltenstherapie viel größere Erfolge erzielen.

Kritiker haben den Verhaltenspsychologen oft vorgeworfen, sie seien mechanistisch. Newbold geht einen Schritt weiter und nennt den Menschen eine Maschine. In seinem für Psychiater, Psychologen und Psychiatriestudenten bestimmten Buch *The Psychiatric Programming of People* (Die psychiatrische Menschenprogrammierung) sagt er über die Natur des Menschen: »Psychologisch gesehen ist der Mensch ein Computer. ... Dieser Computer kann versagen, wenn die Hardware (das zentrale Nervensystem) physisch oder chemisch gestört ist oder wenn die Software (der biologisch oder der sozial programmierte Computer) anomal reagiert. ... Daraus folgt, daß der gestörte oder anomale Computer soweit irgend möglich ... mit Psychopharmaka ... korrigiert werden muß«, damit er wirksamer funktioniert.[3]

Newbold steht mit seiner Meinung keineswegs alleine da. Ein Referent der Hauptvortragsreihe bei der Jahrestagung der Amerikanischen Psychologenvereinigung 1976 bezog sich auf das Mensch-als-Maschine-Konzept. Er sagte, die Erfolge der Verhaltensveränderung zwängen dazu, das Konzept ernst zu nehmen. Im Grunde gehe es darum, den Menschen in der gewünschten Richtung zu verändern, indem man die richtigen sozialen und biologischen Hebel ansetze.

Wo also stehen wir heute? Überdenken wir die tieferen Hypothesen der meisten wissenschaftlichen Vorstellungen vom Menschen, so erscheint ein roter Faden. Derselbe rote Faden wird sichtbar, wenn wir die Thesen der Pioniere unter den Aktivisten so unterschiedlicher Wissensbereiche wie der Reproduktivbiologie, der Psychochirurgie und Molekularbiologie einer näheren Prüfung unterziehen.

Überall treffen wir auf die Meinung, der Mensch sei ein fast unbeschränkt knetbares Geschöpf.

Der Mensch ist Rohstoff, der der Perfektionierung, der Modifizierung oder doch zumindest der Verbesserung bedarf, sei es nun zu seinem eigenen Besten oder zur Erfüllung der Wünsche anderer. Der knetbare Mensch läßt sich leichter beherrschen.

Ging es dereinst dem altmodischen Anhänger einer Vervollkommnung des Menschen vor allem um moralische Kategorien, so wollen die neuen Revolutionäre den Menschen physisch, emotional, mental verändern. Und oft unterstützt die Regierung ihr Bemühen.

Wenn sie sich durchsetzen, dann freilich wird es andere Menschen geben. Der revolutionäre Gehirnforscher José Delgado meint denn auch, die Frage laute nicht mehr: »Was ist der Mensch?« als vielmehr: »Welche Sorte Mensch werden wir bauen?«.[4]

Mancher Wissenschaftler meint, es werde den Leuten selbst zugute kommen, wenn sie unter sachkundiger Hand tüchtiger und vorhersagbarer werden. Das kann freilich sehr wohl dazu führen, daß der Mensch auch einen Teil dessen verliert, was wir als Menschsein bezeichnen.

In jedem meiner gesellschaftspolitischen Bücher habe ich die Frage zu behandeln versucht, was angesichts des schnellen sozialen und technischen Wandels in einem bestimmten Lebensbereich mit dem Individuum geschieht. Dieses Buch will eine Zusammenschau vermitteln über die Entwicklung dort, wo Forscher die Knetbarkeit des Menschen prüfen. In allen Fällen geht es ihnen darum, Menschen zu verändern oder in die Gewalt zu bringen oder ihre Entwicklung zu gestalten. Betrachten wir einmal näher, was dies für heute und für morgen bedeutet.

Der Aufstieg des Menschen, wie ihn Jacob Bronowski beschrieb, dauerte zigtausend Jahre. Die Umgestaltung des Menschen, wie sie jetzt eingesetzt hat, kann binnen weniger Jahrzehnte geschehen.

I
METHODEN DER VERHALTENSSTEUERUNG

2
PIONIERE DER PROGRAMMIERUNG VON MÄUSEN UND MENSCHEN

> Mit der Technik der Verhaltenssteuerung können wir das Individuum heute so verläßlich zur Konformität zwingen, daß es sich kaum noch wehren kann.
> – Perry London, Psychologe

Einen Menschen programmieren heißt ihn konsequent so handeln lassen, wie man ihn handeln sehen will. Gestrenge Eltern oder Arbeitgeber sind darin oft sehr wirkungsvoll, jedenfalls solange das Objekt ihrer Wünsche unter ihrer Aufsicht ist. Hypnotiseure erzielen ausgezeichnete Ergebnisse, wenn es darum geht, bei suggestiv veranlagten Personen für einen kürzeren Zeitraum ein gewünschtes Verhalten auszulösen.

In diesem Kapitel wollen wir uns näher mit exakten Methoden befassen, mit denen sich langfristige Verhaltensmuster auf voraussagbare Weise verändern lassen. Dabei lassen wir außer acht, wer die neuen Verhaltensmuster wünscht: die Versuchsperson selbst, der Programmierer oder die Institution, die den Programmierer beschäftigt.

Zur Erlangung gewisser Arten eines langfristigen programmierten Verhaltens braucht der Programmierer keineswegs wissenschaftlich ausgebildet zu sein. Man erinnere sich nur einmal des fanatischen und häßlichen Charles Manson, der vor einigen Jahren Millionen Menschen mit seinen Lenkungsmethoden in Angst und Schrecken versetzte und zugleich faszinierte. Er besaß die Fähigkeit, seine Anhänger, meist Frauen, sich über längere Zeiträume hinweg wie Schwachköpfe verhalten zu lassen. In Los Angeles und Umgebung mordeten sie aufs Geratewohl. Als einige seiner »Sklaven« vor Gericht standen, behaupteten sie hartnäckig, die Morde seien einzig und allein ihre Idee gewesen. Sie wollten Charlie decken, der sich jeweils ganz woanders aufgehalten hatte als da, wo die Schlächterei geschah.

Um seine These, hinter allen Morden habe Manson gesteckt, zu beweisen, mußte Staatsanwalt Vincent Bugliosi Monate darauf verwenden, die Quellen für Mansons Gewalt über die vorgeblich freien und haltlosen jungen Leute aufzuspüren und zu analysieren. Hier seine wichtigsten Feststellungen:
— Manson besaß die Gabe der Erkenntnis der psychologischen Bedürfnisse anderer. Von zu Hause weggelaufenen Mädchen, die einen Vater brauchten, gab er die Gewißheit, daß er ihnen Vater sei. Häßlichen Entlein versicherte er, sie seien schön.
— Er achtete sorgfältig darauf, die präexistente Identität zu zerstören. Alle Mitglieder seines Clans mußten neue Namen annehmen.
— Zu seinem Gehorsamstraining gehörte auch das systematische Ausräumen von Hemmungen. Er dirigierte Nacktorgien. Merkte er, daß einem Zögling die Einlassung in einen ungewöhnlichen Sexualakt widerstrebte, ließ er ihn oder sie das ganze Repertoire von Homosexualität, Kunnilingus, Fellatio, Sodomie durchlaufen.
— Er bot diesen ungefestigten Jugendlichen eine bizarre Religion, in der er das Unendliche Wesen war, das sie in eine Welt führte, wo Milch und Honig floß.
— Er erkundete eingehend, wovor der einzelne Zögling am meisten Angst hatte, und damit spielte er dann.
— Schließlich besaß Manson offenbar gewisse hypnotische Kräfte.

Bugliosi überzeugte schließlich die Geschworenen, daß Manson tatsächlich für die Morde verantwortlich war.

DIE DREI A'S DER ZWANGSWEISEN MENSCHENVERÄNDERUNG

Persönlichkeit und Anschauung eines Menschen lassen sich selbst gegen seinen Widerstand umprogrammieren, wenn Zwang angewandt werden kann. Die an amerikanischen Gefangenen vorgenommenen wissenschaftlichen Gehirnwäschemethoden asiatischer Kommunisten sind mehrfach untersucht worden, desgleichen die Technik der Russen in den Schauprozessen der dreißiger Jahre und der Nazis gegenüber politischen Gegnern der Anfangszeit. Die Forscher konzentrierten sich dabei auf die Frage, ob der Zerschlagung und Neuformung der Persönlichkeit gemeinsame Strategien zugrunde liegen.[5]

Die Gehirnwäsche ist keineswegs die Geheimwissenschaft, als die man sie früher ansah. Sie bedient sich in keinerlei nennenswertem Umfang gewisser Drogen oder Präparate. Das auch bei Verhören gelegentlich angewandte »Wahrheitsserum« ist gewaltig überbewertet worden. Es bringt Phantasievorstellungen ebenso an den Tag wie Fakten. Mit Drogen kann man einem Menschen nur mit höchst bescheidenem Erfolg Fakten entlocken, die er nicht preisgeben will, zumal wenn es sich um eine stabile und hochmotivierte Person handelt. Bei einer echten Gehirnwäsche wird auch relativ wenig rein körperlich gefoltert in dem Sinne, wie es in Dutzenden von Ländern beim Routineverhör von Verdächtigen, politischen Gegnern und dgl. geschieht. Den Gehirnwäschern ging es weniger um die Erlangung von Informationen als um die Erzeugung von Konvertiten. Diese konnte man nämlich für Propagandazwecke in Rundfunk und Fernsehen und zur schriftlichen Brandmarkung ihrer Heimat benutzen.

Ein erstes Hauptziel des Persönlichkeits-Verformers besteht darin, die Identität des Gefangenen zu zerstören, seinen Selbstbegriff. Das auch war Charlie Mansons Ziel. Die Nazis riefen beispielsweise jeden nur mit einer Nummer. Jede Verwendung von Namen war verboten.

Drei Geistes- bzw. Körperzustände – manchmal die drei A's genannt – tragen zur Zerstörung der Identität bei und machen das Opfer bekehrungsreif:

Auszehrung. Der Gefangene muß bis zur Erschöpfung unbeweglich stehen. Man zwängt ihn in einen Schwitzkasten. Man verhört ihn Tag und Nacht und läßt ihm nur wenige Stunden Schlaf. Man gibt ihm nur winzige Wasserrationen. All das bringt das normale innere Gleichgewicht von Körper und Geist ins Wanken. Der Geist wird weiter geschwächt, wenn der Gefangene in völliger Dunkelheit isoliert wird. Versuche an der McGill-Universität in Kanada haben gezeigt, daß eine solche Isolierung binnen weniger Tage die Denkfunktionen dramatisch verändern kann.

Angst. Der Gefangene wird ständig mit Folter oder Tod bedroht. Man geht rauh mit ihm um, manchmal peitscht man ihn aus. Zweifel soll ihn befallen, ob er je seine Heimat wiedersehen, ja ob er überhaupt überleben wird. Er ängstigt sich allmählich vor Schmach und Schande. Die Asiaten banden manchmal ihren Gefangenen die Arme auf den Rücken und zwangen sie, wie Hunde zu essen.

Abhängigkeit. Dem Gefangenen wird eingetrichtert, sein Schicksal liege im Gutdünken seiner Wärter. Er ist ihnen hoffnungslos ausgeliefert, ob es nun ums Schlafen oder Essen geht. Sobald sich Zeichen einer Verunsicherung seiner Identität zeigen und er sich einer Krise zu nähern scheint, werden seine Häscher plötzlich für kurze Zeit freundlich. Sie entschuldigen sich, bieten ihm eine Zigarette an, plaudern mit ihm. Dann, ebenso plötzlich, kehren sie wieder zu ihren Strategien der körperlichen Schwächung und seelischen Ängstigung zurück. So läßt man kurz durchblicken, die Peiniger könnten liebe Freunde sein, wenn der Gefangene nur ihre Auffassung akzeptiere.

Sobald die Persönlichkeit eines Gefangenen zu zerfallen beginnt, wird er als Geheilter begrüßt und sofort zur Ganztags-Gedankenumschulung geschickt. Schon umgeschulte Mitgefangene gesellen sich hinzu und hämmern ihm ebenfalls die neue Denkweise ein. Der Wahrheit halber ist allerdings hinzuzufügen, daß einige Gefangene trotz vollständiger Drei-A-Strategie festgeblieben sind.

Ein neuerlicher Fall der Gehirnwäsche kam im Prozeß der Patricia Hearst zur Sprache. Sie war zu einem aktiven Mitglied der Bande umfunktioniert worden, die sie entführt hatte. Nach ihrer Verhaftung wurde sie der Teilnahme an einem Überfall beschuldigt. Nach dem Prozeß stellte ein Psychiater die Behauptung auf, sie sei nach der Drei-A-Methode der »Auszehrung, Abhängigkeit und Angst« einer Gehirnwäsche unterzogen und umprogrammiert worden. Ein anderer Psychiater dagegen brachte Beweise vor, daß sie schon vor ihrer Entführung eine Rebellin und somit »pflückreif« gewesen sei.

Psychologische Verfahrensweisen für die Veränderung von Geisteszuständen

Sehen wir uns einmal die Umprogrammierung von Menschen an, wie sie psychoanalytisch orientierte Therapeuten vornehmen. Das Ziel besteht in der Regel darin, dem Patienten zu neuen Selbsterkenntnissen zu verhelfen, indem er sich der prägenden Ereignisse in seinem Leben erinnert. Im Verlauf der Behandlung wird der Therapeut zu einer Gestalt, zu der der Patient aufschaut. Oft sucht der Patient mit allen Mitteln die Billigung des Therapeuten zu erlangen, und mit fortschreitender Behandlung will der Patient vielleicht die Wertvorstellungen des Therapeuten übernehmen oder die Wertvorstellungen der Gesellschaft, wie der Therapeut sie ihm darstellt. Im letzteren Falle kann der Therapeut zu einer Art Doppelagent werden.

Humanistisch orientierte Therapeuten wenden zwar viele überkommene Erkenntnistechniken an, legen aber vor allem Wert darauf, mit ihren Patienten auf einer Ebene zu stehen. Typisch dafür ist, daß sie den Patienten ermuntern, sich die Ziele zu setzen, auf die er hinarbeiten will, z. B. mehr Selbstbewußtsein.

Die Konditionierungsverfechter unter den Verhaltenspsychologen aber sind von der Steuerung, Manipulierung und Programmierung des Menschen geradezu besessen. Manche von ihnen sind Psychiater, andere nicht. Die Leute, die gesteuert werden sollen, brauchen keineswegs mit schweren emotionalen Problemen behaftet zu sein. Die Konditionierungsversuche der Behavioristen nahmen in Geisteskrankenanstalten ihren Anfang. Im Laufe der Zeit aber wurde die Technik auf Menschen aller Altersstufen angewandt, die keinerlei emotionale Probleme hatten. Heute wollen viele Verfechter dieser Lehre die ganze Gesellschaft zum größeren Wohle aller umgestalten.

Die Verhaltenspsychologen lehnen zumeist die Freudsche Konzeption ab, wonach sich das Verhalten einer Person verändern läßt, indem man in sie eindringt und ihr zur Selbsteinsicht verhilft. Sie sind ganz und gar nicht der Meinung, man müsse Menschen zu einem Verständnis ihrer Bewußtseinsebenen, ihres Es, ihres Über-Ichs usw. verhelfen. Die meisten Behavioristen wollen das beobachtbare Verhalten ihrer Versuchspersonen verändern. Sie sind in erster Linie

Pragmatiker. Die Mitglieder eines bedeutenden und schnell anwachsenden Flügels der Verhaltenspsychologie streben Verhaltensänderung durch Konditionierung (oder Programmierung) des Menschen an. Verlassen diese Konditionierer ihr Labor und begeben sich in die Gesellschaft, dann nennen sie sich Verhaltensbildner oder Verhaltensingenieure. Sie schrecken vor keinem Projekt zur Veränderung des Menschenverhaltens zurück, wenn es sie nur reizt.

Ursprünge der wissenschaftlichen Konditionierung

Was die Konditionierer als die *Wissenschaft* der Verhaltenssteuerung bezeichnen, nahm seinen Ausgang in einem russischen Laboratorium, als Iwan Pawlow den bedingten Reflex entdeckte. Das war zu Anfang des Jahrhunderts. Wie die meisten Leser wissen, bastelte Pawlow ein Röhrchenarrangement, mit dem er den Speichelfluß eines Hundes maß. Dann legte er einem angeleinten Hund Hackfleisch auf die Zunge und ließ im selben Augenblick eine Glocke ertönen. Nach zahlreichen Wiederholungen und Speichelmessungen ließ er dann die Glocke ertönen, ließ aber das Fleisch weg. Der Speichelfluß war genauso groß wie mit Fleisch. Das Ergebnis wurde als »klassische Konditionierung« bekannt. Es handelt sich um eine auf einfacher Reiz*reaktion* beruhende Konditionierung.

Etwa zur gleichen Zeit gängelte an der Columbia-Universität in den Vereinigten Staaten der Erziehungspsychologe Edward Thorndike Katzen mit Futter. Die Katzen befanden sich in Käfigen. Bei ihrem hektischen Tapsen nach dem deutlich sichtbaren Futter trafen ihre Pfoten irgendwann eine Schlaufe, und da ging die Käfigtür auf. Nun schlossen die Katzen keineswegs sofort auf die Verbindung zwischen Schlaufe und Käfigtür. Aber in weiteren Versuchen näherte sich ihr Tapsen aufgrund eines Lernprozesses der Schnur immer mehr. Bald hatten sie gelernt, unmittelbar nach der Schnur zu greifen, sobald sie das Futter sahen. Die Katzen *reagierten* also nicht bloß wie Pawlows Hunde durch erhöhten Speichelfluß. Die Belohnung mit Futter hatte sie zur *Aktion* konditioniert, daß sie nämlich jedesmal nach der Schnur suchten, wenn sie Futter sahen.

Thorndike schloß daraus, auch menschliches Lernen lasse sich beschleunigen, indem man den Lernenden für die richtige Antwort belohne.

Etwa eineinhalb Jahrzehnte später erfuhr ein von Ideen übersprudelnder Psychologe an der Johns-Hopkins-Universität, John B. Watson, von Pawlows Experimenten. Er ließ seiner Phantasie freien Lauf und entwarf eine ganz neue Wissenschaft, die er Behaviorismus nannte. Wie schon erwähnt, lautete seine zentrale Doktrin, nur beobachtbares Verhalten biete verläßliche psychologische Daten. Was sich in Geist und Gemüt abspielt, ist unerheblich. Watson stellte die These auf, mit Konditionierung lasse sich ein Tier oder Mensch auf die Erfüllung ziemlich komplizierter Verhaltensmuster programmieren. Dabei gelte es, den Handlungsablauf genau zu ermitteln und die Versuchsperson Schritt für Schritt zu konditionieren. Seine überschäumende Vorstellungskraft ließ ihn später als Werbefachmann sehr erfolgreich werden. Immerhin aber hatte er eine formale Wissenschaft ins Leben gerufen. Und er hatte sehr zutreffend vorausgesagt, wie die späteren Reflexologen vorgehen könnten, indem sie Verhaltensmuster in Einzelteile zerlegten, die sich Stück um Stück beibringen ließen. Bei der Verhaltensformung sei die »Umwelt« von entscheidender Bedeutung, meinte er. Er behauptete sogar, er könne jeden gesunden Säugling auf jede gewünschte Spezialistenlaufbahn hintrainieren, sei es nun Arzt, Anwalt oder Tresorknacker.

Wiederum runde zwanzig Jahre später trat ein weiterer Konditionierungspionier auf den Plan, der in Südafrika geborene Psychiater Joseph Wolpe, der auch heute noch großen Einfluß genießt. Er machte Versuche mit der Desensitisierung von Personen, die vor irgend etwas unvernünftige Angst hatten. Seine bekannteste Untersuchung betraf Leute, denen vor Schlangen graute. Zunächst ließ er die Versuchsperson völlig entspannen. Dann führte er den denkbar geringstbedrohlichen Reiz ein, eine beiläufige Bemerkung, die sich auf Schlangen bezog. Stückchen um Stückchen brachte er den Patienten dazu, zuerst Spielzeugschlangen anzufassen und dann eine in zehn Meter Entfernung schlafende kleine, harmlose Schlange anzusehen. Binnen weniger Wochen hatte er den schlangenphoben Patienten so weit, daß er mit Schlangen spielte.

Ein Harvard-Psychologe namens Burrhus Frederic Skinner gilt gemeinhin als der Begründer des modernen Behaviorismus, vor allem jenes Teils, der sich mit der sogenannten operanten Konditionierung befaßt. Der spindeldürre, unstete, mürrische und oft hinterlistige Skinner ist zu einer beherrschenden Gestalt in der Welt der Psychologie geworden.

Seine frühe Forschung galt bis 1950 fast ausschließlich Tauben, Ratten und Mäusen. In den letzten zwei Jahrzehnten hat er sich in einem Teil seiner Forschung auch mit Menschen beschäftigt, vor allem im Zusammenhang mit der Vervollkommnung seines Konzepts der Lernmaschine. Vielen Lesern sind die auf den Menschen bezogenen Thesen seiner Bücher allerdings doch recht dürftig dokumentiert.

Desungeachtet hat Skinner eine Fülle von Ideen entwickelt, wie man die Welt des Menschen verändern könne. Viele seiner Menschenvorstellungen sind alles andere als schmeichelhaft. Für ihn liegt die beste Chance zur Rettung der westlichen Welt in einer breit angelegten Steuerung der Menschen und ihrer Rekonditionierung. Sonst, so seine Warnung, könne »eine andere Gruppe« in der Verhaltenssteuerung die Vormacht erlangen und sie »in Wege leiten, die wir nicht für wünschenswert halten«. Es bleibt uns überlassen, ob mit dieser anderen Gruppe ein kommunistisches Land oder irgendein abscheulicher Großer Bruder gemeint ist. Als er einmal gefragt wurde, ob ein totalitäres Regime sein Konzept der Verhaltensveränderung dazu benutzen könnte, um einen Zwangsstaat zu errichten oder aufrechtzuerhalten, gab er zu, daß dies wohl möglich sei.

Bis vor kurzem war Skinner nicht gerade mit Bescheidenheit ausgezeichnet. Er bemerkt, der Behaviorismus zwinge zur »wohl drastischsten Veränderung unseres Menschenbildes, von der je die Rede war«.

Wir sollten ihn und seine Anhänger also wohl besser näher kennenlernen.

Der in Susquehanna (Pennsylvania) geborene Skinner wollte zunächst Schriftsteller werden. Bald stellte er fest, daß er nichts Bedeutendes zu sagen hatte. Da ihn schon als Junge das Verhalten von Tieren fasziniert hatte, wandte er sich der Psychologie zu.

Daß er sich seit jeher für alles Mechanische interessiert hatte, mag die Art seiner Forschung beeinflußt (und auch zu seiner mechanistischen Auffassung des menschlichen Verhaltens beigetragen) haben. Als Junge, so läßt er uns wissen, habe er ständig etwas erfunden. Einen ausrangierten Wasserboiler baute er zu einer Dampfkanone um. Während er von Tür zu Tür zog und Holunderbeeren verkaufte, erfand er ein Schwemmsystem, mit dem sich die reifen von den grünen Beeren trennen ließen. Er gesteht auch ein, jahrelang vergebens an einem Perpetuum mobile gearbeitet zu haben.

Seine erste echte Anerkennung als Psychologe verdankte er jedenfalls seinen mechanischen Fähigkeiten. Er entwickelte Käfige, mit denen Ratten automatisch nach einem bestimmten Zeitplan Futter erhielten, wenn sie sich wie gewünscht verhielten. Ein Gerät zählte automatisch die Eßgeschwindigkeit einer Ratte. Aus dem Ganzen entstand schließlich die »Skinnerbox«, die heute bei der Konditionierung von Tieren breite Verwendung findet.

Dann fing Skinner an, Tauben auf ziemlich komplizierte Leistungen zu trainieren, indem er jede Leistung in ihre Bestandteile auflöste (wie Watson vorgeschlagen hatte). Für jede noch so winzige korrekte Bewegung wurde die Taube mit einem Korn belohnt. Damit entstand ein Anreiz für die Taube, die Bewegung zu wiederholen. Um eine Taube dazu zu bringen, daß sie im Kreis marschierte, belohnte Skinner ihre erste leichte Bewegung im Uhrzeigersinn. Bald markierten seine Tauben Achten, tanzten und spielten eine Art Tischtennis. Später brachte er Tiere dazu, auf Signal gewisse Dinge zu tun, obwohl sie mehrere Bewegungen vollführen mußten, bevor sie ihre Belohnung erhielten. Die präzise Raum- und Zeiteinteilung der Verstärkungen bei jedem Schritt wurde zu einem gewichtigen Teil von Skinners Beitrag zur Konditionierung.

Skinner und andere konditionierten Tiere auch darauf, ein bestimmtes verbotenes Verhalten zu unterlassen; sie setzten dafür automatische Bestrafung ein, z.B. kleine Elektrostöße.

Um 1950 fing Skinner nach einem Besuch in der Rechenstunde seiner Tochter an, Lernmaschinen zu entwerfen. Desgleichen programmierte er Lehrtexte für verschiedene Schulfächer. Wiederum ging er nach dem gleichen Rezept vor, mit dem er den Tauben beigebracht hatte, im Kreis zu marschieren. Jedes Stückchen eines Problems oder einer Lektion wird einzeln verabfolgt. Die Belohnung zeigt dem Lernenden, daß er richtig liegt, und vermittelt ihm unmittelbare Verstärkung.

Der Leser mag sich fragen, was denn an Skinners Konditionierungstechniken so revolutionär sei. Die meisten hätten doch vor ihm schon Thorndike oder Watson entdeckt. Ja, die Schritt-für-Schritt-Konditionierung von Tieren auf eindrucksvolle Leistungen hätten russische Bärentreiber und österreichische Pferdedresseure schon vor Jahrhunderten zur Perfektion gebracht. Und die Formel von »Zuckerbrot und Peitsche«, mit der zweierlei Wege der Erzielung von Verhaltensergebnissen angesprochen sind, sei schon seit Jahrzehnten Bestandteil unseres Wortschatzes. Fast zwei Jahrhunderte ist es her, daß Jeremy Benthams Spruch, der Mensch suche die Lust und vermeide die Pein, große Aufmerksamkeit fand. Neu an Skinner ist die Anwendung exakter, wissenschaftlicher Reflextechniken auf den Menschen.

Nach einem Artikel Skinners über seine Tierversuche geriet er in Streit mit zwei europäischen Psychologen. Diese behaupteten, schon vor ihm ganz ähnliche Ergebnisse veröffentlicht zu haben. Um sich zu verteidigen, machte er sich erstmals Gedanken, welche Art Konditionierung denn in seinen Experimenten vor sich gegangen war.[6]

Über Pawlow war er zweifellos hinausgegangen, denn dessen Tiere hatten nur reagiert. Skinners Tiere hatten agiert. Sie hatten (wie Thorndikes Katzen) wiederholt nach vorhersagbaren Mustern agiert. Warum hatten sie agiert? Sie wiederholten ihre Handlungen auf Befehlssignal, weil sie sich der früheren Konsequenzen in derselben *Situation* erinnerten. Indem sie das Richtige getan hatten, waren sie entweder anschließend belohnt worden oder einem anschließenden Schmerz entgangen. Diese Erinnerung wurde zu einem starken Anreiz, immer das zu tun, was Skinner, der Aufseher, wollte. Das war's! Verhalten wird gesteuert durch *Konsequenzen* früheren Verhaltens in derselben Situation. Neuerlich hat Israel Goldiamond, auch er Konditionierungsspezialist, es so ausgedrückt: »Die Konsequenzen sind verhaltensbedingt und bestimmen somit das Verhalten.«

Skinner belegte das, was nach seiner Methode geschah, mit dem eindrucksvollen Etikett *operante Konditionierung*. Ihm schien *ope-*

rant das passende Wort, denn »Verhalten, das zur Erzielung von Konsequenzen in der Umwelt operiert (operantes Verhalten), läßt sich untersuchen, indem man Umwelten vorgibt, in denen das Verhalten spezifische Konsequenzen bedingt«. Verstanden? Also: Sie setzen Thorndikes Katzen in eine Umwelt (Käfig mit Schnur), in der spezifische Konsequenzen (Futter erlangen) beim Berühren der Schnur eintreten (durch das Berühren der Schnur bedingt sind).

Skinner hat inzwischen zugegeben, er und seine Anhänger hätten einfach Thorndikes Gesetz von der Wirkung ernst genommen.[7]

O ja, sehr ernst! Sie haben eine präzise Methodik entwickelt, die sie in einem für jeden Laien – und erst recht für den russischen Bärentreiber – unverständlichen Kauderwelsch beschreiben. Da finden wir Worte wie:

»Stimulusreaktions-Verstärkungsparadigma«,
»Technik des Kontingenzen-Management«,
»Aversive Stimuli«,
»Arbeitsplan der eingeschobenen Verstärkung«.

Das Wort »Umwelt« führt der operante Konditionierer unablässig im Munde. Die Umwelt (nicht Erbgut oder Leidenschaft oder Denken) läßt uns so und nicht anders handeln. Und du kontrollierst das Verhalten von Tieren und Menschen, indem du ihre Umwelt nach deinen Wünschen manipulierst.

Wer freilich versucht, die Bedeutung von »Umwelt« in dem von den Konditionierern benutzten Sinne zu erfassen, dem mag es leicht ergehen wie jemand, der ein geöltes Schwein packen will. Umwelt, das kann eine körperlich-physische Anordnung sein. Es kann ein vorherrschendes soziales Muster sein. Es kann die Lebensgeschichte einer Person sein. Da gefällt mir das Wort *Situation* schon besser.

Ein *Stimulus* kann die Aussicht auf Belohnung durch ein geliebtes saures Drops sein, das man bekommt, wenn man tut, was gewünscht wird. Und der Dropsgenuß *verstärkt* die Wahrscheinlichkeit, daß man die Leistung auf Signal wiederholt. Ja, man kann dich sogar dazu bringen, daß du eine *token economy,* eine Symbolgutschrift, akzeptierst, auch sie ein Lieblingsbegriff. Da arbeitest du hart und erhältst dafür nur Scheingeld, aber du weißt, wenn du die vorgeschriebene Summe erreichst, kriegst du einen ganzen Sack voll Drops.

Fassen wir die Technik des operanten Konditionierens zusammen, die so viele Adepten hat: Wir folgen dem vom Aufseher gewünschten Verhaltensmuster, weil er uns Anreize (Konsequenzen) gibt, damit wir das Muster wieder und wieder vollziehen. Der Anreiz kann ein *positiver Verstärker* sein wie etwa ein Drops oder ein *negativer Verstärker* wie etwa ein Stockhieb. Negative Verstärker sind auch als aversive Stimuli bekannt.

Und das Ganze nennt man meist Verhaltensformung.

Die heutigen Verhaltensformer haben dem Wissen des russischen Bärentreibers dies hinzugefügt: Die Konditionierungsmethode kann zu einer präzisen Technik verfeinert werden, die sich unter den entsprechenden Bedingungen und in einer Vielzahl von Situationen auf Mäuse wie Menschen anwenden läßt.

An dieser Technik haben neben Skinner auch viele andere mitgewirkt. Einige dieser Mitpioniere sprangen Hals über Kopf ins tiefe Wasser, andere waren sehr behutsame Experimentierer. Zwei von Skinners Anhängern, Nathan H. Azrin und Ogden R. Lindsley, übertrugen seine Konzeption von der Taube auf den Menschen und wandten sie bei Geisteskranken an. In einer Werbefachzeitschrift berichtete Lindsley später über die Möglichkeiten der Erprobung der Wirkkraft von Fernseh-Werbespots durch Erkenntnisse, die er im Wege der operanten Konditionierung gewonnen hatte. Mit seiner Technik maß er die Größe der Anstrengung, die ein Zuschauer aufwendet, um den Werbespot scharf einzustellen. Und noch später gründete er die Behavior Research Company (Verhaltensforschungs-GmbH) in Kansas City mit einer »Verhaltensdatenbank« auf Computerbasis, in der allerlei Fakten und Programme zur Verhaltensänderung gespeichert sind.

Charles B. Ferster arbeitete mit Skinner an präzisen Zeitplänen für Verhaltensverstärkung. Lloyd E. Homme programmierte mit ihm Lernmaschinen. Fred S. Keller versuchte zu ergründen, wie der Mensch lernt. David Premack wurde berühmt, weil er Schimpansen beibrachte, wie sie sich mit ihm verständigen konnten, und stellte das Premack-Prinzip auf, das dem besseren Verständnis der verschiedenen Verstärker gilt, mit denen sich ein gewünschtes Verhalten motivieren läßt. Leonard Krasner, der mir bei einer zufälligen Begegnung zum ersten Mal die Augen für den Umfang der Menschenformungsbewegung öffnete, war der Vorkämpfer für den Einsatz der Verstärkung in der Psychotherapie. In Amerika konzentrieren sich die Enthusiasten des Verhaltensbaus vor allem in Harvard, der Southern Illinois University, der University of Kansas, der Western Michigan University, der University of Washington und der Arizona State University.[8]

An einigen Universitäten hat es beträchtliche Machtkämpfe zwischen Behavioristen und Nichtbehavioristen gegeben. An der University of Washington z. B. mußten sich die Behavioristen geschlagen geben, und viele zogen zur University of Kansas, wo die Behavioristen fester Fuß gefaßt hatten. Andererseits soll zwei Gelehrten an einer anderen Universität im Nordwesten der Lehrstuhl versagt worden sein, weil die Behavioristen in der Fakultät die Vormacht innehatten.

Der Pioniere gibt es viele; B. F. Skinner aber ist der Guru. Dies zum Teil, weil seine unverblümten Ansichten über die Natur des Menschen und die Art, wie der Mensch neu zu bilden sei, so weit verbreitet sind.

Skinners Träume von der glücklichen, gesteuerten Gesellschaft

1948 machte sich Skinner, der verkrachte Schriftsteller, seine Experimente mit Ratten zunutze und schrieb den Roman *Futurum Zwei* über ein menschliches Utopia. Das war ein ziemlicher Sprung.

Skinners Futurum Zwei ist eine Kommune, in der man sich in alles teilt, auch in die Arbeit. Jedermann ist zufrieden. Jedermann ist eifersuchtslos. Jedermanns Verhalten wird im wesentlichen gesteuert durch gesunde Verhaltensprinzipien. Der Gründer der Kommune, Frazier, bewegt sich ganz in Skinners Diktion.

Unter Frazier gibt es sechs Planer. Ihnen unterstehen dann Manager für alle Aspekte des Gemeinschaftslebens. Die Mitglieder der Kommune heißen manchmal Gesteuerte. Sie befolgen den ziemlich strengen »Verhaltenskodex« der Kommune. Der kleine Mitternachtsimbiß ist untersagt. In sexuellen Dingen sind die Mitglieder ziemlich puritanisch. Im Verhältnis zur Außenwelt entwickelt der Politische Manager eine Wahlliste für die Gemeinde-, Landes- und

Bundeswahlen. Jedermann stimmt für diese Liste. Sagt Gründer Frazier: »Warum auch nicht?... Bedenken Sie doch, daß wir alle die gleichen Interessen haben, und natürlich kann unser Politischer Manager uns am besten sagen, welche Kandidaten im Sinne dieser Interessen handeln werden. Warum sollten unsere Mitglieder Zeit darauf vergeuden – und Zeit braucht man dafür –, sich über eine so komplizierte Frage zu unterrichten?«

Alles signifikante Verhalten, das die Planer ermuntern oder von dem sie abraten, wird durch positive und negative »Verstärkung« gelenkt. Frazier fügt hinzu: »Wenn es in unserer Macht liegt, irgendeine Situation zu schaffen, die einer Person gefällt, oder eine Situation zu beseitigen, die ihr mißfällt, dann können wir ihr Verhalten steuern.« Kurzum, der Mensch gilt hier als höchst knetbar.

In Futurum Zwei gehört Erziehung zum »Menschenbau« (d. h. zur Konditionierung). Die Sorge für die Kinder liegt vor allem in der Hand des Kollektivs und wird nur in geringstmöglichem Maße den Eltern überlassen. Frazier: »Die Familie ist für das Aufziehen von Kindern überhaupt nicht geeignet.« Auch von der Ehe wird nur spärlich Gebrauch gemacht. Die Planer hoffen, daß mit der Schwächung der Familienstruktur schließlich die experimentelle Aufzucht möglich wird.

Inzwischen schlafen Mann und Frau schon mal getrennt.

Schon in seinem utopischen Futurum Zwei von 1948 bemerkte Skinner, zwar könne sich jedermann »frei« fühlen, die Freiheit als solche aber sei leerer Wahn. Seine Hauptfigur Frazier erklärt: »Ich negiere die Existenz der Freiheit überhaupt. Ich muß sie negieren – sonst wäre mein Programm absurd.«

Um 1971 hatte Skinner das menschliche Verhalten weiter überdacht und eine Vielzahl von Bemühungen zur Verhaltenssteuerung erfahren und ermuntert. Auch seine Gedankengänge über die Freiheit und die sogenannte Menschenwürde hatte er weiterentwickelt. Sein Sachbuch *Jenseits von Freiheit und Würde* war starker Tobak und verursachte ziemlichen Aufruhr.

Skinner gibt dort zu bedenken, das Überleben des Menschen hänge davon ab, daß man entscheide, wie sich die Leute zu verhalten hätten, und dann mit Hilfe der Verhaltenslenktechnik dafür zu sorgen, daß sie sich auch tatsächlich so verhielten. Seine Grundthese lautet, unser Verhalten werde durch Außeneinflüsse geformt und nicht etwa durch irgendwelche bewußten Entscheidungen, die wir in unseren Köpfen träfen. Und er läßt durchblicken, wenn dies unserem Begriff von Menschenwürde zuwiderlaufe, dann müsse man das eben hinnehmen.

Der Freiheitskampf des Menschen beruhe nicht etwa auf einem inneren Willen zur Freiheit, lehrt er uns, sondern lediglich auf der Reaktion auf aversive Umweltreize. Nach seiner Meinung sind wir so mit unserem Freiheitswahn beschäftigt, daß wir gar nicht vorbereitet sind auf den nächsten Schritt, »der nicht etwa darin besteht, die Menschen von fremder Gewalt zu befreien, sondern vielmehr darin, die Steuerungsgewalten, denen sie ausgesetzt sind, zu analysieren und zu verändern«.

Fast wehmütig schreibt er, im Labor gehe es viel »geordneter« zu als in der »wirren« Welt draußen. Aber er ist zuversichtlich, daß es der Verhaltenswissenschaft bald gelingen werde, die Unterschiede abzubauen. Und an anderer Stelle sagt er: »Wir brauchen mehr Lenkung, nicht weniger.« Den sogenannten inneren Menschen (der mit gedanklichen Mitteln zu Entscheidungen gelangt) tut er als sicherlich verständliche menschliche Einbildung ab.

Kurzum, für Skinner sind Gedanken und Gefühle hauptsächlich Nebenprodukte des menschlichen Verhaltens, das seinerseits weitgehend durch Außeneinflüsse gesteuert wird.

Skinner ist es mehr als sonst jemand zu verdanken, daß die Verhaltensbauer auf dem Vormarsch sind, und sie zählen heute buchstäblich nach Tausenden. Sie haben die Technik perfektioniert, und er gab ihnen das ehrgeizige Ziel, in der ganzen weiten Welt Triebkraft und Veränderer zu sein. Zu was sie sich berufen fühlen, findet vielleicht in James McConnells Worten besten Ausdruck. Er ist ein Hansdampf in allen Behaviorgassen, mit Skinner befreundet, aber auch ein Mann, der es mit den Grenzen der Strenggläubigkeit nicht allzu genau nimmt. In einem Vortrag versuchte er Juristen aus ihrer festgefahrenen Meinung aufzurütteln, man könne Gefangene nicht ändern, also müsse man sie bestrafen. Um zu verdeutlichen, daß Menschen tatsächlich umgemodelt werden können, sagte er leichthin:

»Ich halte den Tag für gekommen, wo sich der sensorische Entzug so mit Drogen, Hypnose und gekonnter Manipulation von Belohnung und Bestrafung kombinieren läßt, daß wir über das Verhalten eines Individuums absolute Gewalt ausüben können.«

Denken wir daran, wenn wir uns jetzt den derzeitigen Anstrengungen der psychologischen Verhaltensformer zuwenden.

3
DIE VERHALTENSFORMER MISCHEN SICH UNTERS VOLK

> Heute hat sich die Truppe der Verhaltenssteuerer... in Schulen, Küchen, Geisteskrankenanstalten, Umschulungsstätten, Zuchthäusern, Kindergärten, Tagesstätten, Fabriken, Kinos, Nationalparks, Gemeindefürsorgestellen, Einkaufsläden, Erholungszentren und gleich im Nachbarhaus... eingenistet.
> – Kenneth Goodall
> in *Psychology Today*

Die tausend und aber tausend Konditionierungsexperten probieren ihre Technik der Verhaltensveränderung jetzt an zigtausend Leuten aus. Am Bedarf fehlt's nicht. Vielerlei Institutionen gieren nach Mitteln und Wegen zur Veränderung des Verhaltens der Leute, mit denen sie zu tun haben.

Sogar die US-Regierung hate eine ganze Skala von Programmen nach Skinnerschen Prinzipien entwickelt. Dazu gehören auch Programme, die das Verteidigungsministerium veranlaßt hat. Ein Psychologe, der an einem Programm des Verteidigungsministeriums mitwirkte, erinnert sich: »Das Verteidigungsministerium... wollte genau genommen nicht etwa das menschliche Verhalten verstehen, sondern nur wissen, wie es menschliches Verhalten besser steuern könne.« Außerhalb der Regierung werden Verhaltensänderungsprogramme mit Millionen Bundesmitteln gefördert.

1975 machte sich das National Institute of Mental Health an eine Bewertung der überschäumenden Programme zur Verhaltensmodifizierung. Das Institut empfahl dann, die Techniken der Verhaltensmodifizierung müßten stärker außerhalb der Versuchslabors in der *allgemeinen* Bevölkerung an *größeren* Personenzahlen ausprobiert werden.

Manche Steuerungsprogramme setzen eine komplizierte Ausrüstung voraus. Im Patton State Hospital in Kalifornien wurden einundzwanzig Fernsehkameras mit einer Computerkonsole verbunden. Eine Krankenschwester bedient die Kameras und veranlaßt mit

Knopfdruck die Aufzeichnung von Beobachtungen. Ist sie der Meinung, das Verhalten eines Patienten verdiene eine Belohnung, dann drückt sie auf einen bestimmten Knopf. Daraufhin veranlaßt der Computer die Verabreichung der Belohnung durch einen Schlitz in der Wand neben dem Patienten, und gleichzeitig beglückwünscht ihn eine Tonbandmaschine.[1]

Research Media Inc. in Cambridge, Massachusetts, bietet für $ 450 einen vollständigen Kurs mit Kassetten und Dias zur Erlangung von Fertigkeiten in der Verhaltensmodifizierung an. Zur »Adressatengruppe«, die in solchen Fertigkeiten ausgebildet werden soll, gehören Krankenwärter, Kinderschwestern, Sozialarbeiter, Lehrer, Studenten, Betriebsleiter und Personal von Vollzugsanstalten. Die Firma wirbt mit mehreren Dutzend Abnehmern. Zu ihnen gehören die Shelby County Penal Farm, die Container Corporation of America, die Montgomery County Public Schools und das Heeresdepartment in Fort Bragg.

Nachstehend einige Situationen, in denen die psychologischen Konditioneure das Verhalten der Menschen zu programmieren versuchen:

DIE UMPROGRAMMIERUNG MISSLIEBIGEN VERHALTENS

Den Konditionierern ging es um schnelle Abhilfe für Sexualabweichler, seien es Homosexuelle oder Kinderschänder. Eine bei Homosexuellen häufig angewandte Aversivtechnik besteht darin, daß man dem Patienten Photos zeigt, die ihn sexuell erregen. Gleichzeitig erhält sein Genitalbereich einen unangenehmen elektrischen Schlag. Danach zeigt man ihm Bilder sinnenfreudiger Frauen, verabreicht ihm dabei aber keinen Elektroschock.

Diese Technik wurde in einem Staatsgefängnis in Somers, Connecticut, angewandt. Die Versuchspersonen, durchweg Freiwillige, saßen wegen der Belästigung von Kindern ein. Nach Aussagen des Programmdirektors wurde in psychologischen Tests vor und nach der Behandlung der Nachweis erbracht, daß – zumindest vorübergehend – bei zwei Dritteln der Versuchspersonen die erwünschte Persönlichkeitsveränderung stattgefunden hatte. Wer sich gebessert hatte, wurde auf Bewährung entlassen. Später verklagten drei Gefangene, die ebenfalls wegen der Belästigung von Kindern einsaßen, sich aber nicht zur Behandlung gemeldet hatten, das Gefängnis. Sie gaben vor, Gefangenen sei eine Entlassung auf Bewährung versagt worden, weil sie nicht an dem Programm teilgenommen hätten. Die American Civil Liberties Union (Amerikanische Vereinigung zur Verteidigung der Bürgerfreiheiten) unterstützte ihre Klage. Einige Bürgerrechtsschützer befürchten, solche Programme seien eine Form der Gedankenkontrolle durch die Regierung und könnten auf breiterer Basis gegen politische Gegner eingesetzt werden.

Manche Verhaltensformer verwenden lieber ein Präparat, das zum Erbrechen reizt, wenn die Bilder gezeigt werden. Oder der Brechreiz wird verbal erzeugt.

In Vermont haben drei Psychologen damit experimentiert, daß sie Sexualabweichlern Szenen, die auf sie gewöhnlich sexuell attraktiv wirkten, in negativem Licht schilderten.[2] Die Versuchspersonen waren Männer. Zuerst wurde der Abweichungsgrad damit getestet, daß der Grad der Peniserektion bei der Vorführung von Szenen sexuell attraktiver Männer oder Kinder gemessen wurde.

Ein Homosexueller wurde auf diese Weise behandelt, weil er sich vor kurzem so sehr in einen Freund verliebt hatte, daß dessen Ehe bedroht war. Man sagte ihm, er solle entspannen und genau zuhören, während ihn ein Psychologe mit einer Wortdarstellung in die Wohnung seines Freundes versetzte. Die ersten zehn Sekunden lang wurde der Ausflug in sehr erotischen Farben geschildert. Daran schloß sich nachstehende Darstellung an:

»Während Sie sich der Tür nähern, wird Ihnen schlecht. Sie öffnen die Tür und sehen Bill nackt daliegen, und Sie spüren, daß sich Ihr Magen mit Kotze füllt, die langsam in die Kehle steigt. Sie gehen zu Bill hin und sehen ihn deutlich; wie Sie nach ihm greifen, schmecken Sie die Kotze, sie schmeckt bitter und gallig und sauer auf Ihrer Zunge. Sie würgen und müssen sich erbrechen, und Fetzen von Kotze kommen Ihnen aus Mund und Nase, Sie spucken sich aufs Hemd und verkotzen den ganzen nackten Bill.«

Armer Bill.

In weiteren Sitzungen wurden viele ähnliche speiüble Episoden vorgestellt. Die Psychologen verzeichneten – jedenfalls kurzfristig –

einen Rückgang der Abweichung in diesem Fall und in anderen Fällen.

Zur Überwindung tadelnswürdigen Verhaltens von Kindern sind zahlreiche Konditionierungsprogramme eingesetzt worden. Bettnässen bei Sechs- bis Vierzehnjährigen z. B. gehörte zu den behandelten Phänomenen, vor allem in England. Die dort verwendeten Konditionierungsverfahren sind mehr pawlowisch als skinnerisch, denn es geht um eine bloße Reaktion und nicht um die Schaffung eines Aktionsmusters. Ein Verhaltensformer brachte an den Genitalien des Kindes Elektroden an, mit denen ein kleiner Schlag verabreicht wurde, sobald das Nässen einsetzte. Er behauptet, in zweiundfünfzig von achtundfünfzig Fällen eine Besserung erzielt zu haben. Bekannter ist die Methode, bei der ein Summton ertönt, sobald ein Teelöffelquantum Urin in eine dünne Matte eindringt, die Metallgaze enthält. Ein Versuch verlief angeblich in fünfundsechzig von hundert »hartnäckigen Fällen« erfolgreich. Unbeantwortet blieb dabei, ob Bettnässen nichts als ein ärgerliches Symptom einer emotionalen Störung darstellt. Mehrere Firmen in England verkauften jedenfalls Summermatten an Eltern, ohne auf die Notwendigkeit ärztlicher Überwachung hinzuweisen.

Ein anderes unerwünschtes Kindesverhalten, dem die Konditioneure zu Leibe rücken, ist das sogenannte Flegelsyndrom. Hier rücken die Konditionierer mit Tonbandgeräten, Kameras und Stoppuhren in der Familie an, um das Problem in seiner natürlichen Umgebung zu vermessen. Mit Film- und Tonaufnahmen über einen langen Zeitraum schlüsseln sie das wiederkehrende Flegelverhalten in Einzelteile auf. Dann entwerfen sie eine Belohnungs- und Bestrafungsstrategie zur Entflegelung der Versuchsperson.

Drei Psychologen der University of Oregon berichteten 1976, sie hätten das Drum und Dran des Flegelverhaltens eingefangen, indem sie die Kinder »verwanzt« hätten. Die Eltern schnallten den Kindern für den größeren Teil des Tages Funksender an. Eine in einem Schrank verborgene Vorrichtung zeichnete in regelmäßigen Abständen viertelstündige Gespräche auf. Das Kind wußte nicht, wann die Aufzeichnung erfolgte, und oft wußten es auch die Eltern nicht. Ein Kind weigerte sich, den Sender an sich zu tragen, der deshalb in seinem Zimmer untergebracht wurde.

Zwei der ersten Erprobungen mit der Entflegelung befaßten sich mit einem Jungen namens »Peter«[3] und einem Jungen namens »Jeff«[4].

Peters Repertoire des T-(Tadels-)Verhaltens umfaßte neun Missetaten; z. B. Zunge-Herausstrecken, Schimpfworte, Entkleiden oder Drohen damit, lautes Neinsagen, mit der Zertrümmerung von Sachen drohen, harte Gegenstände werfen und seine kleine Schwester herumkommandieren. Nach sechzehn Sitzungen hatten die Beobachter die statistische Grundlinie seines »T«-Verhaltens ermittelt. Dann begaben sie sich an die Behandlung der neun Tadelmuster. Die Mutter erhielt Anweisung, mit Peter – einem Kind im Vorschulalter – durch Befolgung von Signalen der Psychologen fertig zu werden. Auf das Signal »A« hin sollte sie Peter veranlassen, sofort mit dem aufzuhören, was er gerade tat. »B« bedeutete, daß er als Belohnung eine liebevolle Berührung verdiente, sie ihn also streicheln oder in den Arm nehmen sollte. Die »Behandlung« dauerte fünfundvierzig Sitzungen zu je einer Stunde.

Die Mutter berichtete, nach der ersten Phase von einem runden Dutzend Sitzungen sei der möglicherweise verblüffte Peter weniger »T-haft« geworden. Nach dreißig Sitzungen war er weniger streitsüchtig, selbst wenn er noch »T-ig« war. Die behandelnden Therapeuten gaben zu, der Erfolg hänge davon ab, daß mindestens ein Elternteil kooperativ sei.

Bei Jeffs Entflegelung kam ein anderer Verhaltensformertrupp zu dem Schluß, die Mutter zu ändern stelle noch höhere Anforderungen als das Ändern des achtjährigen Jeff. Er wurde in eine Hilfsschule gesteckt.

Jeff hatte Wutanfälle und fiel über seine Mutter, seine Lehrerin und andere Kinder her. Er war außerdem ein übler Bettnässer, litt unter Allergien und chronischem Asthma, was alles darauf hindeutete, daß er sich nicht aus reiner Launenhaftigkeit tadelnswert verhielt. Noch beziehungsvoller war möglicherweise die Tatsache, daß sich seine Eltern häufig in seiner Gegenwart gestritten hatten. Beide waren in psychiatrischer Behandlung gewesen und lebten jetzt die meiste Zeit getrennt.

Die Analytiker beschlossen bald, sich auf eine Veränderung des Verhaltens der Mutter zu konzentrieren. Ganz offensichtlich war sie von Jeff eingeschüchtert und hatte sich angewöhnt, Szenen unter allen Umständen zu vermeiden. Ständig versuchte sie ihn zu beschwichtigen. Sie murmelte dauernd beruhigend vor sich hin und stieß zwischendurch immer wieder Strafdrohungen hervor, die sie nur selten wahr machte. Erreichte ihr Ärger einen bestimmten Punkt, dann explodierte sie und verdrosch Jeff fürchterlich.

Die Therapeuten konzentrierten sich darauf, die Mutter zu einer Reduzierung ihrer Wutausbrüche und zur zeitweisen Ignorierung von Jeffs Fehlverhalten zu bewegen. Ließ Jeff nicht davon ab, sollte sie ihm ihren Zorn zeigen und ihm sagen, er solle aufhören. Hörte er dann immer noch nicht auf, sollte sie ihm eine Tracht Prügel verabreichen. Gehorchte er dagegen, sollte sie ihn herzlich loben. Nach fünfundzwanzig Wochen hatte sie mehr Zuversicht entwickelt, mit ihm fertig werden zu können. Jedenfalls in den Kameraaufzeichnungen war er weniger flegelhaft geworden. Sein Bettnässen hörte auf, nicht dagegen das Asthma oder die Allergien.

Experimentierer von der Universität von Kansas kamen einer Mutter zu Hilfe, die wegen der Nachlässigkeit ihrer beiden Töchter ganz verzweifelt war. Sie machten ihre Betten nicht und ließen die Kleider überall herumliegen. Das Badezimmer hinterließen sie in heller Unordnung. Und so weiter.[5] Die Mädchen wurden aufgefordert, über acht Gewohnheiten, die nach Auffassung der Mutter und der Psychologen geändert werden mußten, Buch zu führen. Pro einwandfreiem Tag erhielten sie einen Zehner, für eine einwandfreie Woche einen Fünfziger als Bonus. Ihre Gewohnheiten veränderten sich geradezu schlagartig. Nach zwei Monaten sagte man ihnen, sie sollten zwar weiter Buch führen, aber da sie sich so gut gehalten hätten, würden sie die volle Bezahlung erhalten, egal wie das Ergebnis der Buchführung aussah. Schlagartig verfielen die Mädchen wieder in ihre alte Schlampigkeit. Also sagte man ihnen, sie müßten ihre Kreuzer wieder wie vorher verdienen. Wiederum besserten sie sich auffallend. Die Eltern waren selig.

Derartige Experimente haben Verhaltensformer dazu veranlaßt, breit angelegte Programme zu fordern, damit Eltern lernen könnten, wie sie mittels operanter Konditionierung gute Verhaltensmanager werden. Tausende Eltern haben schon Kurse in Verhaltensmanagement mitgemacht. R. P. Hawkins von der Western Michigan University hat angeregt, für Oberschüler – Jungen wie Mädchen – obligatorische Elternkurse einzurichten, in denen insbesondere die Verfahren der Verhaltensmodifizierung behandelt würden. An derartige Vorschläge dachte wohl eine Psychologin aus New York, als sie mir äußerst skeptisch sagte, die Verhaltensformer glaubten, sie hätten die Antwort auf alle Probleme der Kindererziehung gepachtet. Sie fuhr fort: »Dabei gehören einige der schwierigsten Kinder, mit denen ich je zu tun hatte, ausgerechnet Verhaltensmodifizierern.«

BESEITIGUNG VON ERWACHSENENÄNGSTEN UND FEHLFUNKTIONEN

Mit der von Wolpe an Schlangenphoben ausprobierten Desensitisierungsmethode rückt man heute einer Unzahl neurotischer Angstzustände zu Leibe.

Zwangsverhalten wird mit der Ausblasmethode (Implosionstherapie) behandelt. Ein Zwangshändewascher, der in einer Schmutzneurose befangen ist, wird wiederholt in schmutzstarrende Situationen versetzt. So wird ihm beispielsweise gesagt, er solle sich vorstellen, daß er knietief in einer Jauchegrube wate. Nach ein paar imaginären Jauchespaziergängen kümmern ihn die paar Bakterien an seinen Händen meist schon erheblich weniger.

Eine andere Konditionierungstechnik wiederum wird bei einer Involutions-Körperfunktion angewandt, um sie unter »Umwelt«-steuerung zu bekommen. Nehmen wir beispielsweise an, eine Frau klage über chronische Verstopfung. Man überredet sie dazu, einen Gürtel anzulegen, der zwei Elektroden an ihr Rückgrat drückt. Die Elektroden verursachen auf Knopfdruck ein angenehmes Prickeln. Man trainiert die Frau dann darauf, den Prickelknopf knapp vor der Darmentleerung zu drücken. Desgleichen bringt man ihr bei, daß sie sich auf die angenehmen Folgen konzentrieren soll, die sich dem Prickeln anschließen. Ein Forscher berichtet, die Verwendung von Laxativen könne »generell« nach zwanzig bis dreißig Tagen Prickelkonditionierung eingestellt werden.[6]

Ein eifriger Menschenprogrammierer von Camelot Behavior Systems in Kansas meint, Eheleute könnten einander gegenseitig »verstärken«. In den ersten Wochen führen sie Buch darüber, wie oft sie sich am Tag zulächeln.

Ehrgeizigere Programme, die mittels operanter Konditionierung verlahmte Ehen aus der Langeweile herausführen sollen, sind in Texas und Michigan an Ehepaaren ausprobiert worden.[7] In beiden Fällen wurden Symbolgutschriften eingesetzt, d. h., jeder Partner heimste Punkte ein, wenn er sich so verhielt, wie der andere es gerne sah. Desgleichen mußten in beiden Programmen die Partner die drei oder vier Verhaltensänderungen aufschreiben, die sie beim anderen am meisten ersehnten. Über das Eintreten der Veränderung mußten sie peinlich genau Buch führen. Die Frau beispielsweise mochte eine Entlastung im Haushalt am meisten wünschen. Der Mann mochte deutlich erkennbare Liebesbeweise ersehnen.

Der Psychologe von Michigan, der den Umlernprozeß der vier Paare betreute, war der Meinung, eine gesunde Ehe sei nichts als eine ausgeglichene Verstärkungsbelohnung. Er führte ein Experiment durch, das ein ganzes Jahr dauerte. Jede Ehefrau wurde gebeten, eine kleine Küchenzähluhr zu kaufen und ständig mitzuführen. Sobald ihr Mann nach Hause kam, sollte sie die Uhr in Gang setzen und ihm für jede Stunde, in der er sich in von ihr als befriedigend befundener Weise mit ihr unterhielt, einen Chip oder eine andere Symbolgutschrift geben.

Auch die Frau bekam Symbolgutschriften, wenn sie seine drei Hauptwünsche erfüllte. Beispielsweise erhielten Frauen drei Punkte fürs Küssen, fünf für »kräftiges Knutschen« und fünfzehn für Geschlechtsverkehr. Die Gutschrifthöhe wurde anhand einer Tabelle ermittelt, auf der stand, was der jeweilige Partner am meisten mochte. Die vergebenen und erhaltenen Punkte wurden auf der Verhaltenskurve eingetragen. Alle acht Kurven zeigten einen Anstieg in Konversation und Sex im ersten Monat, danach aber ging es ziemlich auf und ab, bis das Experiment beendet war. In Fragebogen, die sie ausfüllen mußten, gaben die Paare an, die »Befriedigung in der Ehe« sei anfangs gestiegen, dann aber abgeflacht.

Ich kenne völlig glückliche Partner, die lieber die Ehe drangäben, als daß sie ein Jahr lang täglich Buch führten über die Belohnungen, die sie einander geben. Andererseits war das Experiment sicherlich in der Anfangsphase für die Teilnehmer von gewissem Wert, als jeder noch offen sagte, was der Partner anders machen sollte. Aber dazu braucht man ja nun keine operante Konditionierung.

Verhaltensformung in der Schule

Binnen weniger als einem Jahrzehnt haben sich die Verhaltenstechnologen in unseren öffentlichen Schulen breitgemacht. Allein der eingefleischte Verhaltensformer Charles H. Madsen Jr. von der Florida State University hat als Berater vielen tausend Lehrern Techniken der operanten Konditionierung beigebracht. Und in Kansas City hat die Firma H & H GmbH, die der Behaviorist R. Vance Hall betreibt, viele tausend Verhaltensmanagement-Kurse an Schulen verkauft.[8] 1976 stellten die Behavioristen Susan O'Leary und Daniel O'Leary fest, an der Ostküste der Vereinigten Staaten setzten zwischen 10 und 20 v. H. aller Lehrer in ihren Klassen systematisch Verfahren der Verhaltensmodifizierung ein.

Zu den begeisterten Adepten der Verhaltensformung zählt Roger E. Ulrich, Herausgeber eines zweibändigen Berichts über Untersuchungen der Verhaltensmodifizierung unter dem Titel *Control of Human Behavior* (Steuerung des menschlichen Verhaltens). Er fordert die Schulpflicht für Zweijährige, damit man gute Verhaltensmuster frühzeitig einimpfen könne.

Sind die meisten Experimente und Verhaltensformungen auch in der Grundschule angesiedelt, so finden wir sie doch auch an höheren Schulen. Psychologen und Examenssemester der Stanford-Universität haben örtliche Oberschullehrer darin ausgebildet, wie sie ihre Schüler auf die richtigen, gehorsamen Verhaltensmuster – ohne daß die Schüler es merken – manipulieren können, indem sie systematisch Belohnungen und Bestrafungen einsetzen.[9]

Zwei Lehrer in Butte, Montana, waren so hingerissen von der Verhaltensformung, daß sie 1975 die Konstruktion eines »Verhaltens-Modifizierungs-Kastens« vornahmen. Der Kasten war 120 cm hoch, besaß keine Innenbeleuchtung und war kaum belüftet. Für Beobachtungszwecke waren zwei Gucklöcher eingelassen. Die Familie eines zurückgebliebenen Kindes, das in den Kasten gesperrt worden war, schlug solchen Krach, daß die beiden Lehrer entlassen wurden.

Ein vielleicht typisches Beispiel aus dem Grundschulbereich ist das Vorgehen einiger Verhaltensformer der Universität von Kansas. Sie ersannen ein »Spiel« für eine Lehrerin und ihre Schüler. Die Lehrerin teilte die Klasse in zwei Mannschaften ein. Das Spiel bestand darin festzustellen, welche Mannschaft am seltensten gegen elf Regeln verstieß, beispielsweise: niemand darf seinen Platz ohne Erlaubnis verlassen; niemand darf über Bänke flitzen; niemand darf ohne Erlaubnis reden oder flüstern; niemand darf auf dem Schulpult sitzen. Die Gewinner erhielten Siegerbändchen, durften beim Essenfassen vorne stehen, bekamen zusätzlich schulfrei und durften früher zur Pause.

Nach Auswertung ihrer Kurven erklärten die Psychologen, das Projekt habe »das störende ›Herumlaufen‹ und ›Drauflosreden‹ in der Klasse als Verhalten signifikant und zuverlässig verändert«.

Ob das eigentliche Lernen – vermutlich Hauptzweck der Schule – durch derartige Projekte verbessert wird, darüber schweigen sie sich aus.

Die Verhaltensformer geben oft vor, zur Erzeugung eines erwünschten Verhaltens sei Lob genauso wirksam wie materielle Belohnungen (z. B. Süßigkeiten). Ein Experiment zur Veränderung des auffälligen Störverhaltens von sieben Schülerinnen einer Klasse durch Lob blieb jedoch ohne den gewünschten Erfolg. Nur eine der sieben Schülerinnen schien durch Lob zu weniger Störverhalten veranlaßt zu werden. Als dann Symbolgutschriften eingeführt wurden, gegen die man Süßigkeiten, Comic-Heftchen und Parfum eintauschen konnte, verfielen alle bis auf eine besonders hartgesottene in annehmbares Verhalten. Generell geht der Trend bei der Art der angebotenen Belohnung – jedenfalls in Forschungsprogrammen, über die berichtet wird – von kostenverursachenden faßbaren Dingen wie Süßigkeiten, Schmucksachen und Geld weg zu »natürlichen« Verstärkern wie Zusatzpausen, Privilegien und Sonderrechten.

Anfang der siebziger Jahre brach in der Hauszeitschrift der Verhaltensformer, dem *Journal of Applied Behavior Analysis,* über die Konditionierung in der Schule ein Streit aus.[10] R. A. Winett und R. C. Winkler, damals beide an der State University von New York in Stony Brook tätig, nahmen alle Berichte unter die Lupe, die das *Journal* in den letzten drei Jahren über den Einsatz von Verhaltensformungsverfahren in der Schule veröffentlicht hatte. Sie kamen zu dem Schluß, die Verhaltensformer seien fast durchweg darauf eingeschworen, die Kinder darauf zu trainieren, daß sie »still, ruhig und fügsam sind«. Zu den Arten des »unangemessenen« Verhaltens, auf die sich die Änderungsabsicht gerichtet habe, gehörten Dinge wie Umherlaufen, Lachen, mit anderen als der Lehrperson sprechen, Klassenkameraden ablenken, etwas anderes tun als befohlen. Nicht ein einziger, so ihr Vorwurf, habe die Frage gestellt, ob Stille und Bewegungslosigkeit denn zum Lernen nötig seien und ob die Verhaltensformer es sich angelegen lassen sein sollten, passive und folgsame Untertanen heranzubilden. Sie stellten die Frage, ob das »Modellkind« denn wirklich den ganzen Tag an seinem Sitz kleben, immer nur auf den Lehrer oder die Arbeit schauen, niemals lachen und immer schweigsam über die Flure gehen solle.

Eine ganze Erziehungsschule behauptet, derart starre Strukturen hemmten in Wirklichkeit den Lernvorgang. Verfechter der »offenen« Klasse ermuntern zum Umhergehen als Teil der Erfüllung einer Aufgabe. Sie ermutigen die Kinder dazu, sich mit der Lehrerin und Mitschülern ganz normal zu unterhalten usw. Winett und Winkler forderten, die Verhaltensformer sollten mehr mit den Kindern anstatt mit dem Lehrer arbeiten und herausfinden, welche Verstärkung beim *einzelnen* Kind am meisten wirke.

Diesem Artikel trat ein anderer Kollege aus Stony Brook namens Daniel O'Leary entgegen. Er erklärte, geordnetes Schülerverhalten sei ein kritisches Anliegen des Lehrers. Und er wies darauf hin, Winett und Winkler hätten Berichte über Verhaltensprogramme völlig außer acht gelassen, mit denen es geistig zurückgebliebenen oder behinderten Kindern gelungen sei, in der Schule voranzukommen. Winett und Winkler hatten freilich betont, ihre Kritik gelte den Programmen zur Verhaltensmodifizierung in normalen Klassen.

Ironie des Schicksals: Eine der mechanistischsten Verhaltenstechniken in der Erziehung enthält einen Aspekt, dem der Humanist zuklatscht. Die Lernmaschine, die offensichtlich an der Spitze der Popularität steht, läßt jeden Lernenden seinen eigenen Rhythmus bestimmen. Der Lehrstoff wird in kleinste Einzelteile zerlegt und dann in solch anspruchslosen Stückchen ausgeteilt, daß der Durchschnittsschüler mit ziemlicher Sicherheit fast alle Fragen richtig beantworten kann. Diese »Sofortverstärkung« der korrekten Antwort soll, so die Meinung einiger, gewisse einfache Lernarten erheblich beschleunigen helfen.

Und manche Lernmaschinen sind nicht völlig seelenlos. Die Maschine begrüßt den Schüler mit einem »Guten Morgen, Fritz« oder wie er heißt. Diese Mühe nehmen sich viele Lehrer aus Fleisch und Blut nicht mal. (Dieselben Verstärkungstechniken finden auch in programmierten Lernanleitungen Verwendung; das sind Broschüren, die man mit dem Lehrbuch zur Hand hat und einen die ganzen Jahre durch begleiten.)

An einer Reihe von Hochschulen laufen Versuche, bei denen der Professor allmählich seine Rolle als Mentor mit der eines Erziehungstechnikers oder Kontingenz-Management-Experten vertauscht.

An der Western Michigan University hält ein einfallsreicher Behaviorist namens Richard Mallot seine Übungen nach behavioristischen Grundsätzen ab. Seine Methode umfaßt systematisches Stücklernen, Eigenbestimmung des Lerntempos, Sofortverstärkung jeder gelernten Information usw. Lehrer und Schüler seines Erziehungsprojekts »Der Student im Mittelpunkt« wohnen zusammen.

Mallot ist gleichzeitig Unternehmer. Seine Firma »Behaviordelia« verlegt Texte und Nachschlagewerke zum Behaviorismus. Dazu gehört auch sein in knallrotem Einband gehaltenes *CONtingency MANagement in Education and Other Equally Exciting Places*. Es ist hauptsächlich zur Verwendung in Seminaren geschrieben und in über vierzigtausend Exemplaren verkauft worden. Das Handbuch ist in knalliger Superman-Comic-Manier aufgemacht. Es enthält unter anderem die Feststellung, für den Studenten wirke der Underground-Comic-Stil »sehr verstärkend«.

Der Umschlag eines seiner Handbücher zeigt in Comic-Zeichnung einen Mann in Robe und mit Doktorhut, der ein Buch hochhält und sagt: »Hallo Jungs! Das ist das einzig Wahre! Trumpfas!« und darunter in Riesenlettern die Worte »Rauschgift! Schnaps! Sex!«. Auf der ersten Seite des Kapitels 1, »Die Bedeutung der sozialen Verstärkung«, finden wir dieses Beispiel: »Machtvolle Erlebnisse wie sexuelle Aufreizung sind gewöhnlich verstärkende Erlebnisse. Ein *verstärkendes Erlebnis* ist etwas, was man tut, sooft man kann.«

Ein Behaviorist an der Pennsylvania State University verlegte sich bei seinem Bemühen, den Lärm in Schlafsälen zu dämpfen, auf Bestechung. Er richtete einen »Verstärkerfonds« in Höhe von 100 Dollar ein, den zwanzig Studenten unter sich aufteilen durften, wenn sie mithalfen, den Lärmpegel niedrig zu halten. Der Lärmpegel fiel um 50 v. H., schwoll aber sofort wieder auf seine vorherige Stärke an, als die Belohnung wegfiel. Das Versprechen einer Eins in einem Kurs über experimentelle Psychologie stellte sich als noch wirksamerer Verstärker heraus. Der Lärmpegel fiel um 90 v. H.

Versuche mit ganzen Gemeinden

Noch sind nur wenige Verhaltensformer, die außerhalb der Forschungslabors arbeiten, bereit, Skinners Traum von der Ummodelung einer ganzen Gesellschaft zu verwirklichen, aber erste Anfänge werden bereits mit ganzen Gemeinden gemacht. Oder wie es die Former lieber nennen, mit »Gesamtsystemen«.

Der Behaviorist A. Jack Turner sagt zwar nicht, daß er sich einer ganzen Gemeinde annehme, aber ihm und seinen drei Dutzend Kollegen ist es gelungen, skinnerische Techniken an vielen Stellen von Madison County, Alabama (Gesamtbev. 186 000) einzuführen. Madison County besteht hauptsächlich aus dem Raumfahrtzentrum Huntsville.

Turner führt den bescheidenen Titel Stellvertretender Leiter des Psychohygienischen Centers von Madison County. Das Center betreut mehrere tausend Einwohner, die an Geistes- oder Verhaltensstörungen leiden. Im Sinne der Gesamtsystem-Methode viel wichtiger ist aber, daß das Center einen sehr rührigen und weitverzweigten »Beratungs- und Bildungsdienst« betreibt. Dieser hält Verhaltensmanagement-Kurse für die Öffentlichkeit ab und hat die Leitung einer ganzen Reihe von Einrichtungen der County zum Einsatz von Konditionierungsverfahren überredet. Desgleichen werden Elternkurse in operanter Konditionierung abgehalten (fünf Wochen à zwei Stunden) sowie Klassen zum »Positiven Ehe-Management«. Im übrigen hat das Center seine »Bildungs-«fertigkeiten in viele Verwaltungsstellen der County getragen.

Turner sagt: »Eine Unzahl von Stellen sind potentielle Kunden eines psychohygienischen Beratungsdienstes. In den ersten drei Jahren dieses Projekts führten wir bei sechsundzwanzig Stellen Programme durch, u. a. in Schulen, Zurückgebliebenenprogramme, an Gerichten und Jugendgerichten, Umschulungsstätten, Fürsorgeabteilungen, Kindergärten, Strafvollzugsanstalten usw. Die meisten Stellen entschlossen sich zur Verhaltensmodifizierung als Interventionsstrategie.«

Wird ein Kontrakt geschlossen, dann bilden Turners Mitarbeiter ausgewählte Vertreter der betreffenden Stelle in Verhaltensmodifizierung aus. In einem Fall hat eine Schule ihren eigenen Verhaltenstechniker angestellt. Und das Jugendgericht bietet jetzt den Eltern Verhaltensmodifizierungs-Kurse an. Turners Mannschaft bucht die Tatsache für sich, daß die Zahl der ins Landeskrankenhaus eingelieferten Geisteskranken in den ersten drei Jahren des Programms gesunken ist. Freilich könnte man das auch damit erklären, daß sich in der gleichen Zeit ein Großteil der Aufregung und Ängste wegen einer drohenden Kürzung des Raumfahrtprogramms legte.

Einen zweiten Fall der Gesamtsystem-Methode finden wir in Lawrence, Kansas. Hier schwärmen die Verhaltensformer von der Universität von Kansas, einer Hochburg des Behaviorismus, in die umliegenden Schulen aus. Zudem haben sie familienähnliche »Heime« für Prädelinquenten eingerichtet, die durchweg nach dem Prinzip der Symbolgutschrift von Belohnung und Bestrafung betrieben werden. Die Ergebnisse sind eindeutig besser als in Großeinrichtungen. Desgleichen überwachen die dortigen Verhaltensformer ein Programm für viele tausend Problemkinder in einer Reihe von Staaten. Dieses Programm beansprucht als seinen Erfolg, es habe die Lesestärke dieser Kinder auf einen Durchschnitt angehoben, der höher liege als der der Kinder aus der Mittelschicht des ganzen Landes.

Skinners romanhaftem Futurum Zwei vielleicht am nächsten

kommt eine Kommune in einem Gebäudegewirr auf einer 50-ha-Farm namens Twin Oaks bei Louisa, Virginia. Sie wurde Ende der sechziger Jahre eingerichtet.

Wie in Futurum Zwei gibt es in Twin Oaks eine Planergruppe, die ein Korps von Managern (Arbeitsmanager, Essensmanager, Gesundheitsmanager, Kleidungsmanager) anleitet. Bei der Schaffung von Twin Oaks wurde die Kernfamilie wie in Futurum Zwei verächtlich abgetan. Kinder sollen nach Skinners Konditionierungsprinzipien aufgezogen werden, wonach Bestrafungen verboten sind. Es wird nur mit Belohnungen gearbeitet.

Schädliches Verhalten soll dadurch eliminiert werden, daß man ihm die Verstärkung versagt, d. h. es einfach ignoriert. Angemessenes Verhalten soll belobigt werden. Wer eine Arbeit zugewiesen erhält, die ihm mißfällt, z. B. Bodenschrubben, bekommt ein höheres Werk-Guthaben als der, der eine Arbeit ausführt, die ihm gefällt, z. B. Pumpenreparieren. Das runde Dutzend Mitglieder, mit denen ich zusammentraf, hegte unkonventionelle Anti-Establishment-Auffassungen. Diese Leute schienen echte Idealisten, ihre Fragen über die häßliche Außenwelt waren nachdenklich und eindringlich.

Twin Oaks stellte dann fest, daß eine Reihe der in Futurum Zwei eingebauten Hypothesen änderungsbedürftig waren. Nicht jeder leistete willig das von ihm Erwartete aus eigenem Antrieb, wie Skinner gemeint hatte. Es gab Ausbrüche von Feindseligkeit. Skinners Obermacher Frazier konnte sich gar nicht vorstellen, jemand könne vielleicht nicht arbeiten wollen. Twin Oaks mußte eine Reihe von Müßiggängern hinauswerfen.

Der harte Kern der Twin-Oaks-Bewohner hatte zwar viel Anlaß zur Zufriedenheit; dennoch war die vorherrschende Stimmung nicht etwa gelassene Gemütsseligkeit wie in Futurum Zwei. Seit Errichtung der Kommune ist jährlich etwa die Hälfte der Mitglieder wieder fortgezogen. Manche gingen, weil Twin Oaks im Gegensatz zum blühenden Futurum Zwei eher von der Hand in den Mund lebt. Es ist zu arm, als daß es sich die materiellen Verstärker oder Belohnungen leisten könnte, die Skinnerianer gewöhnlich einsetzen.

Auch dies interessant: Junge Bewohner von Twin Oaks haben festgestellt, daß humanistische Empfindungen wie das einfache

Gefühl der Erfüllung beim Vollzug einer wichtigen Aufgabe die Motivation gewaltig steigern. Während ich dies niederschreibe, ist aus wirtschaftlichen Gründen die Zukunft von Twin Oaks alles andere als gesichert. Für eine Kommune hat es aber ungewöhnlich lange gehalten.

Wir werden den operanten Konditionierern später erneut begegnen, manchmal in überraschenden Bereichen wie dem Sport, in Gefängnissen und im Geschäftsleben. Jetzt aber scheint es mir an der Zeit, einmal zu überdenken, was wir von ihnen und dem, was sie tun, halten sollen. Fragen wie diese scheinen mir dabei wichtig:

FUNKTIONIERT DIE VERHALTENSFORMUNG ÜBERHAUPT?

Nun, es gibt Hunderte von Erfolgsgeschichten. Wir werden in diesem Buch laufend feststellen, daß richtig ausgebildete Leute unter geeigneten Bedingungen mit einer Vielfalt von Techniken fraglos das Verhalten anderer steuern, formen und umstrukturieren können. Eine Technik ist die operante Konditionierung.

Nun ist sofort hinzuzufügen, daß im gegenwärtigen Zeitpunkt die Skinnersche Konditionierung manchmal funktioniert, manchmal aber auch nicht. Insoweit ist sie kaum als echte Wissenschaft zu bezeichnen. Ebenso ist die allgemeine These, unter Verwendung von Konditionierungsverfahren könne man eine ganze freie Gesellschaft dazu bringen, sich nach Wunsch zu verhalten, immer noch weitaus mehr Anspruch als Wirklichkeit.

Die Konditionierung wirkt am stärksten, wenn sich die zu formenden Personen in einer lenkbaren Umwelt wie einem Krankenhaus, einem Gefängnis oder einer Schule befinden. Und am besten funktioniert sie, wenn eine ganz konkrete Verhaltensänderung (z. B. Sitzenbleiben) anvisiert wird. Und ihre größten Erfolgschancen sind dann gegeben, wenn es sich um noch relativ ungebildete Leute handelt.

Auch der Grad, in dem die konditionierte Verhaltensänderung nach Wegfall der »Verstärkungen« anhält, variiert beträchtlich. In vielen Versuchen sind die Versuchspersonen binnen weniger als einem halben Jahr nach Verlassen der kontrollierten Situation dramatisch rückfällig geworden.[11]

Gegenstand haarspalterischer Auseinandersetzungen ist des weiteren die Frage, ob eine »erfolgreiche« Behandlung vielleicht nur das Symptom beseitigt, ohne die tiefere Ursache irgendwie signifikant zu berühren. Wie bereits erwähnt, befassen sich die Operant-Konditionierer ausschließlich mit dem, was sie mit eigenen Augen sehen und messen können; es läßt sie ziemlich gleichgültig, was im Kopf einer Versuchsperson vor sich geht.

Skinner selbst hat dazu den Weg gewiesen mit seiner Feststellung in *Jenseits von Freiheit und Würde:* »Die Dimensionen der Welt des Geistes und das Überwechseln von einer Welt in die andere werfen zwar verwirrende Probleme auf, die sich aber gewöhnlich ignorieren lassen, was eine ausgezeichnete Strategie sein mag.«

Karl H. Pribram, der hauptsächlich als Gehirnphysiologe an der Stanford University Medical School tätig war, hat sich ein Jahrzehnt lang mit der operanten Konditionierung beschäftigt. Seine Geduld mit den meisten Skinnerianern ist erschöpft. Er wirft ihnen vor, sie seien »Denkgegner« und deshalb tumbe Bauchnabelbetrachter, die nicht von ihren überholten Vorstellungen loskämen. Über Skinner sagt er: »Skinner ist gegen Freiheit und gegen Würde und gegen Gefühle und gegen jede Wertvorstellung. Er ist gegen alles, was nach Geist schmeckt, weil der Geist etwas Weiches und Geisterhaftes ist und dem klaren Nachdenken über die Verhaltenssteuerung im Wege steht.«[12]

Seine Gehirnversuche brachten Pribram zu dem Schluß, das Gehirn werde durch Erfahrung physisch verändert.

Sollen wir sie wollen?

Wollen wir geschickte Techniker Herrgott spielen und unsere Ziele festlegen, die Verhaltensmuster, in die wir eingepaßt werden, bestimmen und unsere gesellschaftliche Entwicklung vorzeichnen lassen?

Gewiß sind manchmal eine Technik und ihr Zweck besser als eine andere. Zum Beispiel:

— Eine Verhaltensformung, die dem Menschen dienen will, ist einer Verhaltensformung vorzuziehen, die einem Dritten mehr Gewalt über Menschen verleihen will.
— Eine Verhaltensformung, bei der die Zielsetzungen von denen bestimmt werden, die ihr eigenes Verhalten ändern wollen, ist besser als eine, bei der die Former oder deren Vorgesetzte die Ziele bestimmen. In Huntsville bemühte sich Turner, den Widerstand der Öffentlichkeit gegen seine Formermannschaft dadurch abzubauen, daß er ankündigte, das letzte Wort über die Aufgabenstellung liege bei der Öffentlichkeit. Er sagte: »Sie sagen uns, wie Sie sich ändern wollen.« Nun will mir aber scheinen, daß dieses »Sie« ziemlich unklar wird, wenn der »Sie« der Leiter einer großen Einrichtung ist, der darauf brennt, das Verhalten von Arbeitnehmern oder sonst seiner Gewalt anvertrauter Personen zu verändern. Jedenfalls sollte alles getan werden, damit die Teilnahme auf der Ebene des Individuums immer freiwillig bleibt.
— Eine Verhaltensformung, die die Leute lediglich instand setzt, ihre eigenen Bemühungen um eine Verhaltensmodifizierung richtig zu lenken, ist besser als eine, bei der die Menschen unter der Aufsicht von Kontrolleuren bleiben.
— Programme zur Verhaltensformung, bei denen alles klar zu Tage liegt, sind sicher solchen vorzuziehen, bei denen der Kontrolleur seine eigenen Motive verschleiert (wie es gemeinhin experimentelle Strategie ist).
— Eine Verhaltensformung, bei der aversive Stimuli eingesetzt werden, ist weniger verwerflich, wenn die Person, die bereit ist, sich ihnen zu unterziehen, nicht in den Fängen einer Institution steht, wo sich die »Freiwilligkeit« der Teilnahme manipulieren läßt.

Die Verhaltensformer selbst streiten sich über die relative Wirksamkeit von Bestrafung und Belohnung. James McConnell machte mir eindrucksvoll an einem Beispiel deutlich, was man wann erwarten kann: »Wollen Sie schlechtes Verhalten in einem Gefangenen auslöschen, dann funktioniert Bestrafung. Wollen Sie aber, daß der Gefangene komplexe Aufgaben meistert, damit er in der Außenwelt zurechtkommt, dann müssen Sie positive Verstärkung einsetzen.«

Belohnung ist also gewöhnlich der Bestrafung vorzuziehen. Das aber bringt uns zur nächsten Frage:

Ist das Leben nichts als ein Glückshorn voller Belohnungen?

Manche Behavioristen glauben, Belohnungen jeglicher Art seien *die* Triebkräfte überhaupt für eine funktionierende Gesellschaft. Andere fragen sich allmählich, welche Generation da wohl entstehe, wenn wir die Jugend daran gewöhnen, für gutes Verhalten immer Belohnungen zu erwarten. Wohl der überwiegende Teil der Kinder im Schulalter ist von Natur aus neugierig. Geht die Neugier unter, wenn die schulische Leistung ständig mit Belohnungen verbunden wird?

Und eine Belohnungserwartung für etwas, was dem anderen hilft, ist wohl kaum dazu geeignet, zur Nächstenliebe und zum Dienst an der Gemeinschaft zu erziehen.

Noch eine Frage:

Geht bei der Verhaltenskonditionierung der Mensch unter?

Nun ja, mehr oder weniger. Sicherlich wäre es ungerecht, jedwedem Projekt der operanten Konditionierung das Etikett »Entmenschlichung« aufzukleben. Viele Verhaltensformer wirken sehr human, wenn sie Menschen helfen wollen, sich ihrer Fehler, Schwächen und Behinderungen zu entledigen, ihre Selbstsicherheit zu stärken oder Kinder nach ihrem eigenen Tempo lernen zu lassen.

Dennoch lautet die Grundthese der meisten Konditionierer, man könne jedweden »Organismus«, handle es sich um Menschen oder Tiere, dadurch steuern, daß man per Knopfdruck Verstärkungen abruft. Sie verlassen sich auf Gerätschaften wie Stoppuhren, Kameras, Elektroschockapparate, Küchenzähluhren.

Gewiß kann man die Verallgemeinerung wagen, jede Person, die spüre, daß man sie manipuliere, spüre auch, daß ihre persönliche Integrität untergraben wird.

Und wie steht es mit der tieferen philosophischen Stellung Skinners? Ich glaube, mit seiner aufsehenerregenden These von der Knetbarkeit des Menschen hat er uns einen Dienst erwiesen. Sie hat uns nachdenklich gemacht, hat uns darauf aufmerksam gemacht, daß dieselbe These von der Knetbarkeit des Menschen in vielen anderen Bereichen der wissenschaftlichen Erkenntnis auftaucht.

Daß Skinner uns zu denken gab, bedeutet freilich noch lange nicht, daß er mit seiner These recht habe oder auch nur überwiegend recht habe.

Vielen Menschen unserer Tage klingen die Thesen der Skinnerianer angenehm in den Ohren, versichern sie ihnen doch, sie seien ja gar nicht verantwortlich für ihr Tun und Lassen. Was also sich schämen und grämen?

Schließlich scheinen die Konditionierer allmählich ganz machtvolle Werkzeuge zur Verhaltensmodifizierung gebaut zu haben, vor allem, wenn sie auf breiter Basis eingesetzt werden. Und historisch gesehen stehen sie noch ganz am Anfang. Sie lernen noch. Heften wir ein wachsames Auge auf sie.

4
DIE STEUERUNG DER STIMMUNG

> Vorhersagbare Verhaltens- und
> Denkreaktionen lassen sich durch
> unmittelbare Manipulationen des
> Gehirns hervorrufen.
> – José M. R. Delgado, Gehirnforscher

Unzählige Wissenschaftler vieler Länder erforschen jene »weiche und geisterhafte« graue Masse, in der der Geist wohnt, den Skinner lieber ignoriert. Und mancher ist ein exakterer Verhaltensformer als die psychologischen Konditioneure.

Der brillante, überschwengliche und graziöse Spanier José Delgado steht in der vordersten Reihe derer, die das Verhalten mit den Mitteln der Gehirnstimulierung formen. Er verbrachte viele Jahre an der Yale-Universität und leitet jetzt die Forschung in einem neuen Institut in Madrid.

Seine Forschungsstrategie besteht darin, lange, nadelförmige Kanülen in jeden Winkel des Gehirns einzuführen (er erforscht tierisches wie menschliches Gehirn). Dann führt er durch das Metall elektrische oder chemische Stimuli ein und sieht zu, was passiert. Manchmal passieren ganz wundersame Dinge.

Delgado zeigte besonderen Einfallsreichtum bei der Entwicklung von Instrumenten zur Beeinflussung des Gehirns. Auf seine Erfahrungen ist es zum Teil zurückzuführen, daß das wissenschaftliche Interesse an der Veränderung von Menschen durch Gehirnstimulation sprunghaft gestiegen ist. Parallel dazu wuchs ebenso sprunghaft die Neugier, was sich denn im Gehirn eigentlich abspiele.

Das menschliche Gehirn ist eines der größten Wunderwerke der Natur. Der drei Pfund schwere Klumpen in Ihrem Kopf ist fast endlos viel komplizierter und raffinierter – wenn auch quantitativ weniger präzise – als eine elektronische Datenverarbeitungsanlage von Saalgröße. Die eigentlichen Arbeitszellen des Gehirns, die rund zehn Milliarden Nervenzellen oder Neuronen, wiegen nur etwa 170 Gramm. Zum größten Teil besteht das Gehirn aus rund neunzig Milliarden Gliazellen, die einen gallertartigen Mörtel enthalten, der die Stützfunktion für die Nervenzellen übernimmt.

Ein Teil dieses menschlichen Gehirns ist sehr alt und nur dazu entstanden, einfache animalische Lebensfunktionen wahrzunehmen. Andere Teile sind relativ neu und eindeutig menschlicher Bestimmung. Manchmal zerren uns die zwei in widersprüchliche Richtungen, die eine hochemotional, die andere eher rational.

Zu Beginn der Gehirnentwicklung vor Millionen Jahrhunderten gab es lediglich den Hirnstamm, den Knoten aus Nervengewebe an der Spitze des Rückenmarks. Reptilien besitzen ihn ebenso wie wir. Er steuert im wesentlichen so primitive Funktionen wie Atmung und Pulsschlag. Mit der tierischen Weiterentwicklung bildeten sich zusätzliche Teile heraus, denen die Erfüllung höherer Anforderungen obliegt, so z.B. die Appetitsteuerung, die Steuerung des Sexualtriebs, die Aggressionskontrolle. Die meisten dieser Zusätze nennt man das limbische System. Das Althirn ist bei allen Säugetieren ziemlich ähnlich. Den Menschen eingeschlossen. Teile des limbischen Systems werden mit so einprägsamen Namen wie Mandelkern oder Amygdala (griechisch: Mandel), Hypothalamus und Fornix bezeichnet. Dieses Althirn hat viel mit unseren Gefühlen zu tun. Ebenfalls im alten Gehirnteil liegt das Cerebellum, das bei Menschen wie Mäusen für die Koordinierung der Muskeln sorgt.

Ein Gehirnspezialist hat die vom limbischen System gesteuerten Verhaltensweisen einmal humorvoll »die vier Fs – Fechten, Fressen, Fliehen und Sex« – genannt.

Der größte Teil des Althirns wird überlagert vom relativ neuen Gehirn, dem Cerebrum. Das ist unser Denkdach, vor allem seine Außenrinde, der Cortex, und ganz besonders sein vorderer Teil, die Stirnlappen. Vom Fisch aufwärts besitzen alle Tiere einen Cerebrumansatz. Bei Primaten ist das Cerebrum ziemlich ausgeprägt. Und beim Menschen ist es eine dicke befurchte Masse, die uns lesen und schreiben, Raumschiffe konstruieren und Witze erzählen läßt.

Weiterhin interessant ist, daß sich das unmittelbar unter der Schädeldecke liegende Cerebrum genau in der Mitte in zwei Hemisphären teilt, die miteinander durch Nervenfaserbündel verbunden sind.

Nimmt man es heraus, so sieht das Ganze aus wie eine buschige Perücke mit Mittelscheitel. Die linke Hemisphäre steuert im allgemeinen die rechte Körperseite, die rechte Hemisphäre die linke Körperseite.

Die Wissenschaftler besitzen umfängliches Beweismaterial, wonach die Vorherrschaft der einen Hemisphäre über die andere sehr viel mit unseren Talenten und unserer Persönlichkeit zu tun hat. Roger Sperry vom California Institute of Technology hat hier Pionierarbeit geleistet. Er und andere Wissenschaftler beobachteten das Verhalten von Personen, deren zwei Hemisphären aus medizinischen Gründen voneinander abgetrennt waren.

Eine stark linkshemisphärische Person ist gemeinhin streng logisch und sehr wortgewandt, während ein dominant rechtshemisphärischer Mensch eher kreativ-intuitiv veranlagt ist. Die rechte Hemisphäre eines Durchschnittserwachsenen besitzt die Satzbildungsfähigkeit eines Fünfjährigen. Trennt man die Hemisphären voneinander, scheint die betreffende Person oft zwei verschiedene Persönlichkeiten zu besitzen.[1]

Das obige Muster der kontrastierenden Hemisphärenrollen gilt für Rechtshänder (also für die meisten von uns) und für einige der rund 10 v. H. Linkshänder. Bei den biologischen Linkshändern dagegen scheint das Muster umgekehrt zu sein.

Neuerdings suchen Wissenschaftler nach Möglichkeiten für die Verlagerung der Vorherrschaft von der einen Hemisphäre zur anderen. Gelingt dies eines Tages, dann werden wir vielleicht unsere Persönlichkeit nach Wunsch verändern können.

Ein Problem für die potentiellen Verhaltensänderer ist, daß ein bestimmter Gehirnteil bei der Steuerung mehrerer Verhaltensarten mitwirken kann. E. Roy John vom New York Medical College untersuchte die Gehirntätigkeit beim Lernvorgang, indem er die elektrischen Rhythmen in vielen Teilen des Gehirns aufzeichnete. Kürzlich sagte er: »Meine Forschungen deuten darauf hin, daß bei jedem Denkprozeß weite Teile des Gehirns mitwirken, wobei manche Teile allerdings stärker einbezogen sind als andere.«

Hinzu kommt, daß die menschliche Kopfform erheblich variiert, wodurch die präzise Einführung von Sonden erschwert wird. Doch haben, wie mir Delgado sagte, die Wissenschaftler Wahrzeichen entdeckt, die sich auf Röntgenbildern als »Bezugspunkte« abzeichnen, ohne daß dabei die Kopfform eine Rolle spielt. Er erklärt: »Das Gehirn ist wie ein Meer, über das wir durch Rückgriff auf Instrumente auch ohne Sicht fahren und einen bestimmten Zielort erreichen können.«

Der erste erwähnenswerte Gehirnstimulator, der Schweizer Walter Hess, erhielt den Nobelpreis im wesentlichen für die manuelle Einführung einer Elektrode ins Gehirn einer bewußtlosen Katze. Als die Katze aufwachte, merkte sie praktisch nichts von der Elektrode, sobald aber ein leichter elektrischer Reiz gegeben wurde, geriet sie in Rage.

Die von Delgado genannte Instrumentenlenkung besteht heute aus einer stereotaktischen Vorrichtung, die den Kopf im Verhältnis zu einem Metallarm in Stellung bringt, der die lange Nadel enthält. Höhen- und Seitensteuervorrichtungen sorgen für eine präzise Justierung, bis die Nadel genau in Zielrichtung steht und dann durch ein in den Schädel gebohrtes Loch sanft eindringt. Der Patient kann bei vollem Bewußtsein sein und empfindet keinerlei Schmerz, während die Sonde langsam durch sein Gehirn wandert (mit Ausnahme einiger Nerven an der Gehirnbasis besitzen Gehirnzellen keine Nervenspitzen).

Will Delgado einen elektrischen Stimulator einführen, dann besteht die Sonde aus einer äußerst dünnen Stahldrahtelektrode, die bis auf die Spitze voll isoliert ist. Durch eine einzige Schädelöffnung lassen sich Dutzende solcher nadelförmigen Drähte einführen und auf oder im Schädel mit einer einzigen Muffe verbinden. Handelt es sich um einen chemischen Stimulator, dann sieht die Sonde wie eine lange Spritzennadel aus.

Hervorragendes hat Delgado in der Fernsteuerung der elektrischen Stimulierung geleistet. Angefangen hat er damit, daß er das Verhalten von Versuchspersonen vom Nebenraum aus durch Bedienung einer mit Knöpfen versehenen Funkvorrichtung formte. Jetzt kann er es über eine Entfernung von tausend Metern tun.

Zunächst lagen die Muffen, die die Funksignale auffingen, außerhalb des Schädels. Jetzt ist die ganze Ausrüstung, die unter dem Mikroskop gebaut werden muß, nicht größer als eine Münze und kann unter der Schädeldecke angebracht werden, so daß ein Mensch damit frei herumlaufen kann, ohne daß man etwas bemerkt. Die Vorrichtung ist aber nicht nur Signalempfänger, sondern sendet auch die Reaktionen der Versuchsperson wieder zurück. Delgado nennt sie den transdermalen Stimoceiver.

Die allerneueste Verfeinerung, an der noch gearbeitet wird, besteht in der Weiterleitung der aus dem Gehirn gesendeten Informationen an einen winzigen Computer. Dieser ist auf die Erkennung anomaler Gehirnströme programmiert. Es gibt heute die Möglichkeit, epileptische Anfälle vor ihrem Auftreten abzuwenden. Der Epileptiker würde dabei einen solchen Computer entweder innerhalb oder außerhalb seines Gehirns »anhaben«. Der Computer würde den Anfang eines epileptischen Anfalls rechtzeitig erkennen und könnte den Gegenangriff starten. Dieser könnte aus der elektrischen oder chemischen Stimulierung eines Steuerorgans in einem anderen Gehirnteil bestehen.

Seit langem geht die Wissenschaft davon aus, daß das Gehirn aus Eingaben der fünf Sinne – Gesicht, Gehör, Geruch, Geschmack, Gefühl – lernen kann. Delgado hat mit seinen Vorrichtungen angelernte Verhaltensveränderungen erzeugt, die von den fünf Sinnen völlig unabhängig sind. Ein tobender Schimpanse wurde zu einem sanften Lämmlein.

Immer mehr zieht Delgado bei der Behandlung neurologischer Probleme die chemische der elektrischen Stimulierung vor. Strom ist nur *ein* Werkzeug, Chemikalien gibt es tausenderlei. Seine winzigen elektronischen Pümpchen verabreichen dem vorbestimmten Zielort auf Funksignal winzigste Mengen eines Präparats. Und jetzt hat er sogar Doppelsonden, mit denen er flüssige Substanz tief aus dem Gehirninnern herausholt, so daß die von der chemischen Stimulierung verursachte Veränderung analysiert werden kann.

Inzwischen versuchen Wissenschaftler herauszubekommen, wie Informationen ins Gehirn übertragen und dort abgespeichert werden. Andere wollen wissen, wie man Verhalten durch Medikamente verändern kann, die über den Blutkreislauf ins Gehirn gelangen, ob sie nun oral oder durch Injektion verabreicht werden.

Ihr Gehirn, lieber Leser, ist buchstäblich blutgebadet. Es benötigt pro Quadratzentimeter zehnmal mehr Blut als Ihr übriger Körper. In den letzten zwanzig Jahren sind Hunderte von Medikamenten hergestellt worden, die sich zur Stimmungsveränderung oder Verhaltensformung verwenden lassen, und viele weitere sind in der Entwicklung. Diese »Psychopharmaka« bringen Sie in Rage oder beruhigen Sie... sie machen Sie düster oder fröhlich... sie bringen Sie zum Heulen... sie machen Sie zum Quasselfritzen... sie machen Sie fügsam... kritiklos... fahrig oder stocksteif... sie lassen Sie glauben, Sie könnten quer durchs Verkehrsgewühl gehen, ohne daß Ihnen was passiert.

Die meisten Präparate, die man zur Beeinflussung des Gehirns benutzt, zielen auf Gehirnsubstanzen, von denen man annimmt, daß sie bei der Übertragung von Informationen und Empfindungen eine entscheidende Rolle spielen. An erster Stelle dieser Übertragungssubstanzen stehen Acetylcholin, Serotonin und Noradrenalin.

Mancher Wissenschaftler glaubt so fest an die manipulative Kraft der neuen Drogen, daß er sich zu aufsehenerregenden Äußerungen hinreißen läßt. In seiner Antrittsrede als Präsident der Amerikanischen Psychologenvereinigung forderte Kenneth B. Clark 1971 zu Forschungen auf, wie sich das Verhalten mächtiger Politiker chemisch steuern lasse. Ziel müsse es sein, gefährlich aggressives Verhalten einzudämmen. Seine Anregung riß sogar einige seiner Kollegen vom Stuhl. Mächtige Politiker wie Regierungschefs oder Militärbefehlshaber mögen es zwar gerne sehen, wenn sie das Verhalten ihrer Untergebenen oder der Massen noch mehr in ihre Gewalt bekommen. Sie dürften aber der Steuerung ihres eigenen Verhaltens erheblichen Widerstand entgegensetzen. Natürlich könnte man ihren Amtseid dahingehend erweitern, daß sie der Steuerung ihrer eigenen Person zustimmen.

Später erläuterte Clark, neuere Erkenntnisse der Neurophysiologie, Biochemie, Psychopharmakologie und Psychologie hätten ihn zu seinem Vorschlag angeregt. Und einem Funktionär der Amerikanischen Psychologenvereinigung sagte er: »Ich war wirklich überrascht, wie viele meiner Kollegen immer noch an dem Konzept festhalten, der Mensch besitze einen unantastbaren Geist, einen Bereich seines Wesens, der nicht im Sinne wissenschaftlicher Kontrolle diskutiert werden darf. ...Das enttäuscht mich.«[2] Offenbar hatten sie die Botschaft von der neuen Knetbarkeit des Menschen noch nicht ganz begriffen.

Hier nun ein paar Möglichkeiten der Stimmungs- oder Verhaltensmanipulierung, wie sie Wissenschaftler durch Gehirnstimulierung erreichen zu können hoffen:

AN- UND ABSCHALTEN VON AGGRESSIVITÄT UND FRIEDFERTIGKEIT

Vor einigen Jahren begann Delgado die Gehirnregionen »kartenmäßig« zu erfassen, deren elektrische Stimulierung streitsüchtige Tiere zu ruhigen Gefährten werden ließ. Normal wilde Rhesusaffen ließen ihn, ohne zu beißen, ihr Maul streicheln, wenn ein bestimmter Bereich des Kaudalnukleus nahe des Mittelhirns stimuliert wurde. Und unter Stimuluseinwirkung ängstigte sich eine Katze vor einer Maus.

Delgados berühmteste Versuche befassen sich mit der Zähmung der Aggression bei Kampfstieren. Ein Versuch wurde gefilmt. Der Schädel eines Kampfstiers wurde mit einer Öffnung versehen, in die eine funkgesteuerte elektrische Stimulierung des Kaudalnukleus eingeführt wurde. Delgado stand in Blickrichtung des Stiers. Als der Stier zum Angriff überging, drückte Delgado auf seinen Knopf. Der Stier kam schlitternd zum Stehen und trottete seitlich weg. Diese Reaktion wurde mehrfach wiederholt. Nach mehreren Stimulierungen ließ der Stier die Forscher in den Ring, ohne sie anzugreifen.

Was war geschehen? Nach Delgado handelte es sich um eine »Kombination aus motorischer Wirkung, die den Stier zum seitlichen Abbiegen zwang, plus Verhaltenshemmung des Angriffstriebs«. Der Psychologe Elliot S. Valenstein von der Michigan-Universität sah den Film und meinte dann, die Stimulierung habe den Stier vielleicht nicht wirklich gezähmt, sondern möglicherweise nur seine motorische Aktivität durch »Betätigung der Neuralrohrsteuerung« gehemmt.

Jedenfalls folgte Delgados Knopfdruck eine dramatische Verhaltensänderung. In Anspielung auf Valensteins Spekulation sagte mir Delgado, über zwanzig Jahre lang habe er experimentell festgestellt, daß eine Kaudalstimulation bei allen untersuchten Arten die Aggression hemme. Außer mit Stieren habe er dabei auch mit Katzen, Kleinaffen, Gibbonaffen und Schimpansen Versuche gemacht.

Er erzählte mir, ein großartiger alter Stier in einer spanischen Zuchtfarm habe getötet werden sollen, weil er zu einer Gefahr für die übrige Herde geworden war. »Nach chronischer Kaudalstimulation«, sagte er, »sei der gefährliche Stier gezähmt gewesen und brauchte nicht getötet zu werden.« Er fügte hinzu, in seinem Labor hemme er Kleinaffen und Gibbonaffen, die eingefangen werden müßten, routinemäßig mit Kaudalstimulation.

Robert Heath von der Tulane University, der erste Versuche mit der elektrischen Stimulierung des Menschenhirns durchgeführt hat, stattete gemeingefährliche Geisteskranke mit Selbststimulatoren aus. In einem Film kann man sehen, wie sich ein Patient per Knopfdruck aus einer heftigen Stimmungslage befreit.

Die Gewalttätigkeit auslösenden Mechanismen vermutet man als innerhalb oder nahe dem alten Gehirnstamm lokalisiert. Delgado hat eine friedliche Kolonie von Gibbonaffen in Käfigen zu wildem Verhalten veranlaßt, indem er ihre graue Zentralmasse in der Nähe des Hirnstamms stimulierte. Und der Neurochirurg Wilhelm Umbach von der Freien Universität Berlin berichtet, die Aggressivität ohnehin aggressiver Patienten sei durch Stimulierung des Mandelkerns noch gesteigert worden.

Delgado schränkt seine Fähigkeit, Aggressivität zu *wecken,* erheblich ein. Nach seinen Feststellungen kann die konkrete Situation eine bedeutsame Rolle spielen. Umbachs Forschungsergebnisse scheinen dies zu untermauern, denn bei nichtaggressiven Patienten löste dieselbe Stimulierung keine Aggression aus.

Ein Ergebnis, das Delgado vorsichtig werden ließ, betraf einen Versuch mit einem männlichen Kleinaffen. Unter Stimulation schlug der Affe nach Fremden oder Rivalen, zeigte aber gegenüber seiner Freundin keinerlei Feindseligkeit.[3]

Solcherlei Feststellungen u. a. veranlaßten Delgado, eine rund 6 000 Quadratmeter große Bermuda-Insel als Versuchsgelände einzurichten. Hier hatte er eine natürliche Umwelt. Seine Gibbonäffchen mit ihren unter der Haut angebrachten Elektroden sind nicht mehr in Laborkäfigen eingesperrt. Sie können auf der ganzen Insel herumtollen. Bei einigen Tests, z. B. bei der Veränderung ihres Bewegungstriebs, reagieren die Gibbons genauso wie im Käfig. Stimuliert man aber ihre »graue Zentralmasse«, dann reagieren sie ganz anders als im Käfig. Anstatt ihre Aggression am nächstbesten Gibbon auszulassen, reagieren sie, indem sie wild herumtollen und schreien.

Delgado sagte mir: »Daraus ist zu schließen, daß die sozialen Reaktionen des Gehirns gewaltig durch die Umgebung beeinflußt werden, und wir müssen uns sehr davor hüten, aus Laborversuchen Verallgemeinerungen zu ziehen.« Diese Reaktionsunterschiede bei seinen Affen könnten seiner Meinung nach zu einer »viel optimistischeren Vorstellung vom Menschen« führen.

Weiter oben haben wir gesehen, daß in letzter Zeit von Ethologen häufig zu hören war, der Mensch sei von Natur aus räuberisch veranlagt. Von allen Säugetierhirnen ist das des Menschen bei der Geburt noch das unreifste. Die Verhaltensmuster sind nur schwach angedeutet. Ein Säugling ist hilflos und kann über Saugen, Gliederbewegen, Schreien und Wasser und Kot ablassen hinaus kaum weitere Funktionen ausüben. Delgado glaubt, daß die künftigen Verhaltensmuster des Menschen weniger von Genen als von gesammelten sensorischen Informationen geformt werden.

Bislang sprachen wir nur von der Wirkung elektrischer Stimulierung auf Aggression. Wie steht es nun mit chemischen Präparaten? Gibt es tatsächlich eine potentielle »Friedenspille« für Politiker, damit sie keine gefährlichen Konfrontationen heraufbeschwören? Oder Pillen, die man jedem, der als übermäßig aggressiv gilt, geben könnte? Wissenschaftler haben bereits eine Art »chemische Zwangsjacke« entwickelt.

Eine Droge namens Diphenylhydantoin ist daraufhin untersucht worden, ob sie zur konkreten Behandlung von Störungen der Gehirnströme eingesetzt werden kann, die psychotische Aggressivität verursachen.[4] Der Entwicklung einer Allzweck-Anti-Agressions-Pille steht das Problem im Wege, daß Aggressivität aus mehreren physiologischen Gründen entstehen kann.

In der Zeitschrift *Science* berichtete jedoch ein Psychologenteam der Princeton-Universität von einer aufrüttelnden Entdeckung. Sie stellten fest, Aggression könne, jedenfalls bei Ratten, auf chemischem Wege sowohl an- als auch abgeschaltet werden.[5] Manche Ratten sind von Natur aus Mäusen gegenüber friedlich. Andere schlagen von Natur aus sofort tödlich zu. Die Forscher suchten für ihre Versuche Ratten aus, die entweder äußerst aggressiv oder äußerst friedlich waren. Jede der aggressiven Ratten hatte die Maus in ihrem Käfig, sobald sie ihrer ansichtig wurde, jedesmal binnen weniger als zwei Minuten umgebracht, und dies drei Tage lang. Umgekehrt hatte jede friedliche Ratte ihre Maus in Ruhe gelassen, obwohl die Maus siebzehn Tage lang täglich mehrere Stunden bei ihr im Käfig war.

Nach Injektion eines Präparats namens Carbachol in den Seitenteil des Hypothalamus der zwölf friedlichen Ratten wurden sie allesamt Mäusetötern. Man nimmt an, daß Carbachol die Leitsubstanz im Gehirn Acetylcholin aktiviert. Ein anderes Präparat, Atropinmethylnitrat, das Acetylcholin hemmt, hatte die gegenteilige Wirkung. Nach Injektion in den gleichen Teil des Hypothalamus ließen fünf der sechs aggressiven Ratten die Maus bis zu einer Stunde lang herumschurren, ohne ihr ein Leids zu tun.

Die Forscher warnen vor der Annahme, auch beim Menschen lasse sich die Aggression mit entsprechenden Präparaten an- und abschalten. Sie stellten aber immerhin fest, »ein ähnliches System könnte es auch bei anderen Arten geben. Damit ergibt sich die praktische Möglichkeit der Verwendung pharmakologischer Manipulation dieses Systems bei der Behandlung pathologisch aggressiven Verhaltens«.

Entdeckungen wie diese haben Wissenschaftler veranlaßt, die manipulativen Möglichkeiten von Chemikalien zur Anreizung oder Hemmung der Aggression beim Menschen näher ins Auge zu fassen. Die Militärs waren vermutlich mehr an Aggressionsaufheizung, die Polizei an Aggressionshemmung interessiert.

Heinz E. Lehmann, Psychiater am Royal College of Physicians and Surgeons in Montreal hat sich mit der Frage befaßt, ob bei der Entwicklung von Anti-Aggressionspillen zu beachten sei, daß sie einerseits die Aggression hemmen, andererseits aber den Leistungsdrang nicht verringern. Und der Psychologe Perry London hat sich in Spekulationen über Situationen ergangen, in denen eine massive Drogensteuerung zur Aggressionshemmung eingesetzt werden könnte. Eine unterdrückte Bevölkerung könnte gefügig gehalten werden, indem man ihrem Trinkwasser ein Beruhigungspräparat beimischt. Die Bürger könnten sich damit zufrieden geben, nichts als Holzfäller zu sein. Und sie könnten so gefügig werden, daß es ihnen völlig egal wäre, ob sie nun gehorchten oder nicht. Er fügt allerdings hinzu: »Zweifellos gibt es einige Gesellschaftsformen, deren Machthaber froh wären, wenn ein Großteil ihrer Bevölkerung auf eben diese Weise unterjocht werden könnte.«

Andererseits könnte den Machthabern an einer massiven Aggressionsaufheizung gelegen sein. In unserem Jahrhundert wollten die meisten Amerikaner möglichst nicht in fremde Kriege hineingezogen werden, bis es schließlich kräftiger Propaganda gelang, eine militaristische Stimmung aufzupeitschen. Der eine oder andere künftige Präsident könnte versucht sein, dem Trinkwasser, dem Tafelsalz oder der Luft einfach aggressionsanreizende Präparate beizumischen. Und dann ist da noch die kämpfende Truppe. Der Militärführung wären Draufgänger gewiß lieber als Schlappschwänze. Und sie brennt verständlicherweise darauf zu erfahren, was Angst im Streß verursacht und wie sie beseitigt werden kann. In den Vereinigten Staaten haben Marine und Luftwaffe Forschungsvorhaben über Stimmungsmodifizierung durch Gehirnstimulierung finanziell gefördert.

Angst steigern oder senken

Delgado hat bei einem Gibbonaffen durch Stimulierung der Formatio reticularis Angstzustände ausgelöst. Aber er stellte auch fest, daß der Abbau einer generellen Angststimmung durch elektrische Stimulierung bestimmter Gehirnbereiche noch immer sehr schwierig ist.

Inzwischen nehmen andere Forscher gewisse Erfolge bei einem generellen elektrischen Kitzeln des gesamten Gehirns in Anspruch.[6] In Rußland bezeichnet man das als Elektroschlaf, in den Vereinigten Staaten als zerebrale Elektrotherapie.

Gewöhnlich werden vier Elektroden am Kopf eines Patienten befestigt, der sich in Ruhestellung befindet. Zwei oberhalb der Augenbrauen. Zwei hinter den Ohren. Der Patient spürt während der etwa halbstündigen Behandlung höchstens ein leichtes Vibrieren. Oft scheint er zu dösen. War die Behandlung erfolgreich, so ruft er anschließend aus, wie entspannt und erfrischt er sich fühle. Das Verfahren wurde von den Russen zur Behandlung der Schlaflosigkeit entwickelt. Angst ist aber eine weitverbreitete Ursache der Schlaflosigkeit. Die Behandlung wurde von anderen Ländern und neuerdings auch von den Vereinigten Staaten übernommen. Saul R. Rosenthal, Psychiater an der Medizinischen Fakultät der Universität von Texas in San Antonio, führte mit Patienten, die zu Angstzuständen neigten, eine fünftägige Kontrolluntersuchung durch. Die einen erhielten den Strom tatsächlich, während der Kontrollgruppe nur gesagt wurde, sie erhalte Strom, der aber nicht wirklich verabreicht wurde. Die meisten echt stimulierten Patienten zeigten nach fünf Tagen deutliche Besserung, die meisten Mitglieder der Kontrollgruppe dagegen nicht. Wie lange die Abhilfe anhält, ist eine offene Frage. Und Skeptiker fordern noch sorgfältigere Untersuchungen.

In den vergangenen zwei Jahrzehnten hat die Verwendung von Anti-Angst-Präparaten gewaltig zugenommen. Sie laufen unter der verführerischen Bezeichnung »Beruhigungsmittel«. Tagtäglich werden sie in der westlichen Welt von -zig Millionen Menschen eingenommen. Zwei der drei meistverordneten Medikamente in Amerika sind Beruhigungsmittel. Meist wirken diese Pillen etwa in der Weise beruhigend, wie es Alkohol tut. Starke Anti-Angst-Präparate wie etwa die Ataraktika helfen vielen Geisteskranken aus der Zwangsjacke. Oft werden die Patienten so ruhig, daß man sie nach Hause entlassen kann. Die Chemiekonzerne – glühende Verfechter des knetbaren Menschen – verdanken einen Großteil ihres Vermögens den sogenannten kleineren oder schwachen Beruhigungsmitteln. Diese sind zum Manna geworden, das die Ärzte den unglücklichen, einsamen, angstvollen Patienten verschreiben, die zu ihnen meist aus nichtmedizinischen Gründen in die Praxis kommen. Das ist über die Hälfte der Patienten. Mancher Chemiekonzern gibt in seiner Ärztewerbung Hinweise, wie der Arzt diese Patienten schnell wieder loswerden und vielleicht trotzdem noch ein Honorar einstreichen kann. In einer Anzeige im *Journal of the American Medical Association* war zu sehen, wie eine Frau traurig ihr Gesicht betrachtet und fragt: »Bin ich alt?« Darunter stand als Ratschlag für den Arzt: »Angesichts eines offenkundigen Zerfalls entsteht oft Angst als reaktive Depression. Triavil hilft gegen beide.« Und das *American Journal of Children* enthielt eine Großanzeige mit einem weinenden kleinen

Mädchen. Ratschlag für den Arzt: »Schule, Dunkelheit, Trennung, Besuch beim Zahnarzt, Ungeheuer ... die täglichen Ängste des Kindes nehmen manchmal überhand. Gewöhnlich wird ein Kind mit seinen Ängsten fertig. Manchmal aber überwältigen die Ängste das Kind. Dann braucht es Ihre Hilfe. Ihre Hilfe könnte Vistaril heißen.«

In Anhörungen des amerikanischen Senats gaben Zeugen an, die sogenannten Anti-Angst-Präparate würden von allen psychoaktiven Drogen am meisten »überrezeptiert«.

Wie wirksam sind die schwächeren Beruhigungsmittel? Ein Bericht im *New England Journal of Medicine* mit dem Titel »Medizinische Aufklärung« besagt: nicht sehr. Vielleicht etwas mehr als Zuckerpillen. So lautet der Bericht: »In mehreren wohldurchdachten und kontrollierten Untersuchungen ließ sich bei Angstzuständen kein konsequenter Unterschied zwischen einer Drogen- und einer Placebotherapie nachweisen.«[7] Nun sollte man nicht meinen, eine Zuckerpille (Placebo) sei wirkungslos. Ein kanadischer Psychologe der McGill-Universität hat festgestellt, daß der Placeboeffekt erstaunlich mächtig sein kann. Das gilt vor allem, wenn der Ängstliche seinem Doktor fest vertraut. Im bereits erwähnten Bericht des *New England Journal of Medicine* werden die Benzodiazepine zu den schwächeren Beruhigungsmitteln gerechnet, die von den Ärzten am meisten verschrieben werden.

Ein anderer Weg, Ängstliche zu beruhigen, ist der Schlager der siebziger Jahre, der Biofeedbackapparat (ich werde seine Verwendung in Kapitel 25 näher beschreiben). Biofeedbackapparate sind wie ein Spiegel, in dem sofort sichtbar wird, was in einem Teil des eigenen Körpers vor sich geht. So gibt es beispielsweise Geräte, die die Muskelspannung aufzeichnen. Die verbreitetsten machen die Gehirnströme in Aktion sichtbar.

Wenn wir uns auf ein Problem konzentrieren oder angespannt oder ängstlich sind, dann tanzen unsere Gehirnwellen sehr schnell auf und ab und erreichen bis zu achtundzwanzig oder mehr Schwingungen pro Sekunde. Das sind Betaströme. Sind wir entspannt und ruhig, verlangsamen sich die Wellen (acht bis dreizehn Stöße pro Sekunde) und werden weiträumiger. Diese nennt man die Alphawellen. Kommen wir ins echte Tagträumen, dann werden die Wellen noch langsamer und weitergezogen (Thetawellen), bis wir schließlich einschlafen. Im Tiefschlaf verfallen wir in die Deltawellen (weniger als vier Ausschläge pro Sekunde).

Diese Gehirnwellen führen Elektrizität mit sich. Barbara Brown vom Veterans Administration Hospital in Sepulveda, Kalifornien, überzeugt Skeptiker davon, indem sie eine Spielzeugeisenbahn an den Kopf eines Menschen anschließt. Schaltet sie den elektrischen Strom der Gehirnwellen zu, dann fährt der Zug an.

Mit Pieps- und Summtönen oder aufleuchtenden Farben zeigt uns der Biofeedbackapparat sofort die betreffende Körperfunktion auf. Nehmen wir einmal Gehirnströme. Das Gerät kann z. B. so eingestellt werden, daß Betaströme als Piepston und Alphaströme als Summton erscheinen. Sind wir angespannt oder verängstigt, dann herrschen die Piepstöne vor, doch tauchen gelegentlich noch Summtöne auf. Bleiben wir eine Stunde lang mit geschlossenen Augen sitzen und freuen uns über jeden Summton, dann kann es geschehen, daß wir allmählich von einem vorherrschenden Beta- zu einem vorherrschenden Alphazustand überwechseln – und daß wir tatsächlich weniger Angst haben.

Nun haben zwar die Gehirnwellen-Biofeedbacks die größte Aufmerksamkeit gefunden, aber manche Forscher bevorzugen die Feedbackapparate für Muskeltätigkeit. Sie zeigen Spannung unmittelbarer und exakter auf und lassen sich leicht am Körper anschließen.

Den Druck der Angst spiegelt unser Körper u. a. durch Zähneknirschen wider. Gewöhnlich geschieht dies uns völlig unbewußt und verursacht Zahnschäden. Ein Psychologe des Claremont College, John D. Rugh, entwarf für eine Gruppe von Zahnpatienten ein Gerät, das unter der Kleidung getragen werden konnte und die Muskelspannung maß. Alle Patienten litten unter vom Zähneknirschen verursachten schweren Zahnschäden. Die angeschlossenen Geräte gaben einen kaum hörbaren Ton von sich, sobald eine Zähneknirschen verursachende Muskeltätigkeit um den Kiefer einsetzte. Alle Patienten konnten so eine Reihe von Lebenssituationen ermitteln, die Zähneknirschen auslösten. Und die meisten berichteten, sie hätten die Gewohnheit des Zähneknirschens erheblich abbauen oder völlig aufgeben können.[8]

Manche Leute verfallen wegen eines größeren Fehlschlags in Niedergeschlagenheit. Andere sind chronisch verdrossen. Wir alle haben unsere Stimmungsschwankungen, aber da gibt es auch jene, die einem mehr oder weniger chronischen Wechselzustand zwischen tiefer Melancholie und überspannter Euphorie verfallen. Ihr »Stimmungostat« funktioniert falsch. Psychiater nennen sie manisch-depressiv. Einige Forscher glauben, diese extremen Pendelausschläge stünden in Verbindung mit dem Noradrenalinpegel an bestimmten Stellen des Gehirns.

Die ersten größeren Erfolge bei der Behandlung chronisch depressiver Personen wurden mit der Elektroschockbehandlung erzielt. Eine Roßkur. Dem Patienten wurde ein Stromstoß von Schläfe zu Schläfe geschickt. Der resultierende Krampf war manchmal so heftig, daß Knochen brachen. Mit dem Einsatz von Anästhesie und muskelentspannenden Präparaten ist die Behandlung inzwischen weniger schlimm geworden. Gewöhnlich bewirkt sie einen sofortigen und mehrere Monate anhaltenden Abbau der Depression. Etwa eine Woche lang ist der Patient leicht desorientiert. Ernsthafte Nebenwirkungen treten nur ein, wenn der Patient der Behandlung wiederholt unterworfen wird. Dann kann es auch zum Verlust geistiger Fähigkeiten und zur Entwicklung einer rigiden Persönlichkeit kommen.

Inzwischen sind aber viele antidepressive Präparate auf dem Markt, die in erheblichem Umfang verschrieben werden. Ihre Wirksamkeit geht in manchen Fällen nicht über die eines Placebo hinaus. Die Trizyklika wie Imipramin jedoch scheinen genauso wirksam zu sein wie der Elektroschock, sind aber natürlich leichter zu verabreichen.

Erst vor kurzem kam eine echte Wunderdroge – freilich kaum mit Hilfe der chemischen Industrie – auf den Markt, mit der die Millionen Menschen, die zu übertriebenen Stimmungsausschlägen neigen, stabilisiert werden können. Die pharmazeutische Industrie hätte die Substanz am liebsten ignoriert, weil sie in der Natur so häufig vorkommt, daß daran kaum Geld zu verdienen ist. Ich spreche von dem natürlichen Alkalisalz Lithium. Für ein paar Dollar könnte man so viel industriell verwendbares Lithium kaufen, daß es für fünfzigtausend Pillen reicht. Nur auf Druck einiger Psychiater hin fingen wenige pharmazeutische Betriebe vor einigen Jahren an, Lithiumpräparate an die Apotheken zu liefern.[9] Lithiumpillen kosten etwa ein Zehntel des Preises der meisten psychiatrischen Präparate.

Lithium wirkt hauptsächlich beruhigend auf Manisch-Depressive in der übererregten, euphorischen, hyperaktiven Phase. Und es wird nur während dieser Phase eingenommen. Die Beruhigung bewirkt aber in vielen Fällen eine Erleichterung sowohl der überspannten als auch der niedergeschlagenen Zustände des Manisch-Depressiven. Kurzum, es scheint generell psychohygienisch stabilisierend zu wirken.

Es muß mit größter Vorsicht verabreicht werden, weil die toxische Wirkung bei Überdosierung sehr ernst sein kann. Man findet es aber fast überall in der Welt im Trinkwasser, besonders in Bädern. In El Paso in Texas hat das Quellwasser einen hohen Lithiumgehalt, und ungewöhnlich wenige Stadtbewohner werden in neuropsychiatrische Kliniken eingeliefert.[10]

Ein Biochemiker an der Universität von Texas zeigt sich sehr beeindruckt von dem Verhältnis zwischen dem Lithiumgehalt des Trinkwassers in Dutzenden texanischer Städte und der Zahl der Einlieferungen in Geisteskrankenanstalten aus diesen Städten. Der berühmte Psychiater Nathan S. Kline vom New Yorker Rockland State Hospital hat die Frage gestellt, ob man nicht dem Trinkwasser außer Fluoridzusätzen auch Lithium beimischen sollte. Er hielt das für logisch, wenn sichergestellt ist, daß unsere normalen Empfindungen dadurch nicht verändert werden.

Ein anderer dramatischer Stimmungsausschlag, den Wissenschaftler auslösen können, betrifft unsere psychische Energie. »Aufmöbler« oder »Beschleuniger« wie Amphetamine beschleunigen buchstäblich den Neuronenabschuß in unserem Nervenwecksystem. Wir fühlen uns wie aufgeladen, oft geradezu gefährlich stark. »Abschlaffer« wie Barbiturate hemmen den Neuronenbeschuß und lassen uns damit ruhig werden. Neuerlich wurde die zunehmende Verwendung eines uralten, tödlichen Abschlaffers, des Heroins, teilweise der dringend empfundenen Notwendigkeit der Amphetamin-Einnehmer zugeschrieben, wieder von ihren Geschwindigkeitsreisen herunterzukommen.

Daß das Gehirn offenbar Lustzentren enthält, stellte der Psychologe James Olds, auch er Pionier der Gehirnforschung, ganz zufällig fest. Bei einem Rattenversuch an der McGill-Universität versetzte er einer Ratte, die einen Irrgarten absuchte, einen kleinen Stromstoß tief ins Gehirn. Er ging davon aus, die Elektrode befinde sich in oder nahe einem Schmerzzentrum und werde bei Stimulierung die Ratte veranlassen, einen bestimmten Teil des Irrgartens zu meiden. Die Ratte schien sich aber ganz im Gegenteil geradezu in diesen Teil des Irrgartens verliebt zu haben. Später erfand Olds eine Möglichkeit, wie sich Ratten, wenn sie wollten, durch Drücken eines Hebels selbst elektrisch stimulieren konnten. Einige Ratten fanden solches Vergnügen an dem damit ausgelösten Gefühl, was immer es sein mochte, daß sie den Hebel innerhalb einer einzigen Stunde bis zu achttausend Mal drückten.

Andere Forscher stellten fest, daß die Ratten den Hebel bis zu einundzwanzig Tage lang fast unablässig drücken und nur gelegentlich zur Nahrungs- und Wasseraufnahme und für ein kleines Nickerchen eine Pause einlegen. Hier schien eine Quelle irgendeiner Lust vorzuliegen, die keinerlei Sättigung kannte! Es ist denkbar, daß sich die Tiere wie in einer Zwangsvorstellung sozusagen an irgendeinem Juckreiz kratzten, den die Stimulierung auslöste. Dagegen sprach aber die Verbalreaktion von Menschen auf dieselbe Stimulierungsart.

Menschliche Versuchspersonen mit ihrem komplexeren Gehirn und der größeren Breite emotionaler Reaktionsfähigkeit haben es den Ratten in der besessenen Jagd nach elektrischer Lust nicht gleichgetan. Aber es gibt Lustzentren in unserem Gehirn. Und die Lust scheint oft sexuell gefärbt.

Ein männlicher Mitarbeiter von Delgado unterhielt sich mehrfach mit drei verschiedenen Epileptikern, während jedem von ihnen ein Stirnlappen elektrisch stimuliert wurde. Zwei waren junge Frauen. Der dritte war ein elfjähriger Junge. Alle äußerten Vergnügen. Eine der beiden Frauen, die normalerweise ziemlich spröde war, fing an zu kichern und zu flirten und äußerte schließlich den Wunsch, den Interviewer zu heiraten. Die zweite Frau, der der Interviewer völlig unbekannt war, wurde äußerst redselig, sagte, sie habe ihn lieb, und küßte ihm die Hände. Das Verhalten des Jungen war noch seltsamer. Er wurde alle vier Minuten ein paar Sekunden lang stimuliert. Nach einer Stimulierung sagte er: »He, ich mag das.« Etwa nach einer Dreiviertelstunde zeigte er sich zu dem männlichen Interviewer hingezogen. In einer späteren Sitzung schien er sich während der Stimulation nicht mehr recht über seine Geschlechtszugehörigkeit im klaren und äußerte den Wunsch zu heiraten. Als der Interviewer fragte »Wen?«, fing der Junge an, Worte und Buchstaben zu stammeln, die mit »d-i-c-h« endeten. Später sprach er von seinem Schamhaar und sagte: »Hab' mir überlegt, ob ich ein Mädchen oder ein Junge sein möchte.« Nach weiterer Stimulierung sagte er mit sichtlicher Freude: »Du machst's richtig... Ich möchte ein Mädchen sein.« In einer nachfolgenden Sitzung, bei der keine Stimulierung stattfand, bezog sich der Interviewer auf diese Bemerkungen, und der Junge wurde »ausgesprochen ängstlich und defensiv«.[11]

Olds' Selbststimulator für Ratten brachte Robert Heath in Tulane auf die Idee, etwas Ähnliches für Menschen zu entwickeln. Es handelt sich um ein tragbares Gerät, das man um die Taille schnallt. Durch Knopfdruck, der Elektroden im Gehirn aktiviert, kann jemand seine Stimmung nach Wunsch verändern. Bei Heaths geistesgestörten Patienten schien eine Stimulierung der Septalregion die größte Lust auszulösen. Die Patienten erklärten, sie fühlten sich großartig, und einige hatten eindeutig sexuelle Vorstellungen. Ein männlicher Patient drückte binnen einer Stunde vierhundertmal auf den Septalknopf. Vertaten sich andererseits die Patienten und drückten den Hippokampus-Knopf, dann sagten sie, ihnen sei speiübel.

Ein Patient brachte, als er auf den Septalknopf drückte, ein Sexualthema auf und verfiel in ein breites Grinsen.[12] Ein anderer stellte aus schierer Frustration einen Knopfdruckrekord auf: er schien einen Orgasmus erzielen zu wollen. Heath entdeckte, daß auch die Einführung bestimmter chemischer Substanzen in den Septalbereich Zeichen intensiver Lust auslöste. Desgleichen meint er, die elektrische Stimulierung der Septalregion löse mit größerer Wahrscheinlichkeit ein tiefes Lustgefühl aus, wenn ein Geistesgestörter physischen oder emotionalen Schmerz erleide, als wenn er sich völlig wohl fühle.

Schon gibt es Spekulationen, mit weiterer Forschung und Verfeinerung könnten Leute mit Knopfdruckvorrichtungen ausgestattet werden, mit denen sie nach Lust und Laune einen Orgasmus erleben, ohne daß sie dazu eines Partners oder der Masturbation bedürften. Das könnte man während eines Werbespots im Fernsehen mal schnell machen. Russische Wissenschaftler berichten von der Auslösung eines Orgasmus bei einigen Leuten, die an einem Versuch der elektrischen Stimulierung des ventrolateralen Thalamus des Gehirns teilnahmen.[13]

Ein kommerziell vorteilhafterer Kitzler wäre etwas, das sich oral einnehmen ließe, eine Pille z.B. Seit ungezählten Jahren ist der Mensch auf der Suche nach dem Liebestrunk. Ovid nennt in seiner *Liebeskunst* eine Reihe von Reizmitteln, u.a. Austern. Bis in die jüngste Zeit hat es aber noch kein klinisch nachweisbares Aphrodisiakum gegeben. Man hat behauptet, LSD und »Aufmöbler« stimulierten oder erhöhten die Sexualweckung. Beide sind gefährlich. Und die vorgebliche Wirkung kann offenkundig rein illusionär sein.

Was sich erstmalig als echte Aphrodisiaka herausstellen könnte, entstammt ausgerechnet den Labors der Nationalen Gesundheitsinstitute, einer Forschungsorganisation der amerikanischen Regierung. Es dürfte wohl nicht überraschen, daß die beiden Präparate per Zufall entdeckt wurden. Viele Kongreßabgeordnete würden doch wohl die Stirn runzeln, wenn die Entdeckung von Sexualweckern mit Bundesgeldern gefördert würde.

Die erste Entdeckung, L-Dopa, wurde von Frederick K. Goodwin experimentell zur Behandlung der Parkinson-Krankheit, einer Degenerationserkrankung, eingesetzt.[14] L-Dopa schien den Dopaminpegel (ein wichtiges Neurotransmissionsagens im Gehirn) anzuheben.

Ein offenbar noch viel wirksameres Aphrodisiakum trägt den Decknamen PCPA. Sein überraschender Nebeneffekt wurde von einer auf Studienbesuch befindlichen Forschergruppe entdeckt. Diese Forscher untersuchten am Nationalen Herz- und Lungeninstitut den Steuermechanismus für Schlaf, Körpertemperatur und andere Körperfunktionen. PCPA-Dosen verursachten bei Tieren einen starken Anstieg der Sexualaktivität. Ein Mitglied der Gruppe, Gian L. Gessa, berichtet, als PCPA-injizierte Kaninchen mit Katzen in einen Käfig gebracht worden seien, hätten sie hemmungslos Kreuzungen versucht. Er zitiert auch die Feststellung eines anderen Forscherteams, nach Verabreichung von PCPA – das war vor der Entdeckung der sexualerregenden Eigenschaften von PCPA – habe eine krebskranke Frau eine dramatische Libidosteigerung erfahren.

Gessa geht davon aus, der Sexualtrieb werde durch ein Ausgleichssystem von Anreiz und Hemmung gesteuert. Angeregt wird der Sexualtrieb seiner Meinung nach durch Hormone, die Dopamin oder dessen Bestandteil L-Dopa enthalten; gehemmt werde er durch ein anderes Gehirnhormon, Serotonin. PCPA scheine die Serotoninerzeugung auszuschalten und damit die Bremsen des Sexualtriebs in Wegfall zu bringen.

1974 erklärte mir ein Sprecher des Instituts, die Forschergruppe sei inzwischen nach Italien zurückgekehrt. Jeder Versuch des Instituts, die Feststellungen der Gruppe zu wiederholen, sei fehlgeschlagen. Am Institut sei das Interesse an PCPA als Aphrodisiakum »erschlafft«. Aber seit Gessas ersten Berichten hat Ernest Abel in seinem Lehrwerk zur Neuropsychopharmakologie *Drugs and Behavior* weitere und spätere Beweise zitiert, wonach PCPA bei männlichen Tieren verschiedener Arten eine kompulsive Sexualaktivität herbeiführt.

Gessa und sein Kollege Allessandro Tagliamonte setzten ihre Untersuchungen an der Cagliari-Universität in Italien fort. 1975 schickten sie mir neue Beweise als Ergebnis ihrer eigenen Arbeiten sowie der anderer Wissenschaftler. Generell ließ das Beweismaterial den Schluß zu, daß das Sexualverhalten männlicher Tiere wie auch des Mannes durch Gehirnserotonin gebremst und durch Dopamin gesteigert wird. Kurzum, L-Dopa und PCPA hätten dann logischerweise aphrodisiakische Wirkung. Und eine Reihe von chemischen Hemmern führen bei der Frau zur Frigidität und beim Manne zur Impotenz.

Veränderung von Autorität und Hierarchie

Noch statusbewußter als der Mensch ist der Affe. In seinen Kolonien zieht er ungerührt seine abstoßenden Trennlinien. Jeder Affe kennt seinen Rang und vor wem er sich in der Kolonie am Freßnapf, bei der geschlechtlichen Vereinigung und bei der Wahl seines Sitzplatzes zu beugen hat. Der Chefaffe im Sozialgefüge erreicht seine Stellung durch Aggressivität und behält sie bei, indem er alle anderen herumschubst. Meist ein großer männlicher Autokrat, erwartet er mehr Ehrfurcht als ein orientalischer Potentat. Er starrt seine Untertanen unverblümt an, sie aber wagen kaum die Augen zu ihm zu erheben. Nur auf seine Aufforderung hin wagen sie den Großraum im Käfig zu betreten, den er sich vorbehalten hat.

Die Reaktion eines Affen auf elektrische Stimulierung seines Gehirns wird durch seinen Status beeinflußt. Detlev Ploog vom Max-Planck-Institut für Psychiatrie in München hat in einer hierarchisch sauber gegliederten Kolonie von Totenkopfäffchen nachgewiesen, daß die Reaktion auf einen identischen Stimulus von Tier zu Tier je nach dessen Rang, Geschlecht und sozialer Rolle verschieden war.

Zu ganz ähnlichen Ergebnissen gelangte Delgado, als er das soziale Gefüge durcheinanderbrachte, indem er Affen in verschiedenen Käfigen umverteilte. In einem Käfig hatte ein Affenweibchen namens Lina den niedrigsten Rang der vier Insassen. Generell hatte Delgado festgestellt, daß eine Stimulierung einer bestimmten Thalamusregion zu Feindseligkeit anregt. Nach solcher Stimulierung legte Lina zwar ein aufgeregtes Gehabe an den Tag, aber sofern sie überhaupt Feindseligkeit empfand, behielt sie sie unter Kontrolle. Nur ein einziges Mal griff sie einen anderen Affen an, während sie selbst vierundzwanzigmal angegriffen wurde. Später wurde sie dann in einen Käfig umgesetzt, von dem Delgado wußte, daß sie dort mindestens den zweithöchsten Rang einnehmen würde. In der neuen Umgebung griff sie nach derselben Stimulation andere Affen neunundsiebzigmal an und wurde selbst überhaupt nicht bedroht.

Versuche am U.S. Yerkes Regional Center ergaben, daß ein Affenmännchen nach dem andern zum Herrscher einer Gruppe gemacht werden kann. Dies geschieht, indem man die übrigen elektrisch hemmt. Das Weibchen der Gruppe schenkt jedesmal dem Affen ihre Treue, der gerade herrscht.[15]

Das wohl faszinierendste Experiment Delgados war eine ferngesteuerte wahre Palastrevolution. Ein Affenmännchen namens Ali hatte sich als grausamer Autokrat einer wohlgeordneten Kolonie von sieben Affen durchgesetzt. Zwei Drittel des Käfigs waren sein Privatgebiet.

Nunmehr übermittelte die Delgadogruppe, die sich in einem anderen Raum befand und über eine Kamera Sichtverbindung zu den Affen hatte, per Funk eine elektrische Stimulierung an Alis Kaudalnervenkern. Damit sollte seine Aggressivität ausgeschaltet werden. Ziemlich bald stellte Ali sein Herumstolzieren und Knurren ein, wurde gutmütig und beschaulich. Und ziemlich schnell merkten die anderen Affen, daß etwas Phantastisches geschehen sein mußte. Bald drängelten sie sich furchtlos um Ali, und es schien ihm gar nichts auszumachen.

Die Befreiung von der Tyrannei dauerte etwa eine Stunde. Zwölf Minuten, nachdem die Stimulierung von Alis Gehirn ausgesetzt wurde, war es ihm gelungen, seine Autorität wieder durchzusetzen. Die anderen Affen zogen sich furchtsam in ihre Ecke zurück.

Das war aber noch nicht das Ende des Spiels mit Alis Autorität. Die Manipulatoren installierten einen Hebel neben dem Futterplatz. Drückte man darauf, so sandte er Hemmstimulierung in Alis Kaudalnukleus. Im Laufe der Zeit drückten einige Affen durch Zufall oder aus Neugier auf den Hebel. Sofort wurde Ali weniger aggressiv. Nur ein Weibchen, Elsa, kam dahinter, daß zwischen dem Hebel und Alis Mildeanfällen eine Verbindung bestand. Welche Entdeckung! Elsa wurde kühner, sah Ali geradewegs ins Auge. Delgado: »Verschiedentlich stellten wir fest, daß Elsa, wenn Ali ihr drohte, mit einem Druck auf den Hebel reagierte.«[16] In der Zeit, in der Elsa den Hebel bedienen konnte, fiel die Gesamtzahl der Aggressionshandlungen Alis gegenüber seinen Untertanen. Fast stellte sich friedliche Koexistenz ein.

Wäre unsere Welt friedfertiger, wenn wir alle Elsas sein könnten? Strapazieren wir einmal unsere Vorstellungskraft, denken wir das Unausdenkliche. Trüge jeder von uns eine Elektrode im aggressionshemmenden Teil unseres Gehirns und hätte jeder einen Mikrowellensender mit Druckknopfbedienung, den wir auf eine aufsässige Person in der Familie oder am Arbeitsplatz richten könnten, dann hätten wir eine erregende Situation. Aber schon kommen Zweifel. Wer würde die Befehle geben, ohne die eine Gesellschaft nicht funktionieren kann? Und ein ehrgeiziger Großer Bruder würde sicher schummeln und seine Elektrode entfernen lassen und seine Polizei ebenfalls. Und diese Polizei besäße gewiß besonders starke Sender, mit der jedermann im Umkreis von einem Kilometer in friedfertige – und somit untertänige – Stimmung versetzt werden könnte.

Erzeugung roboterhaften Verhaltens

Bei seinen ersten Versuchen mit mehreren Kampfstieren löste Delgado verschiedene stereotype Körperbewegungen aus. Er ließ einen Stier im Kreis gehen, den Kopf wenden, ein bestimmtes Bein heben und »Muh« schreien. Letzteres gab ihm so zu denken, daß er die Stimulierung hundertmal wiederholte. Einhundertmal nacheinander erscholl das »Muh«.

Bei Menschen haben er und seine Mitarbeiter verschiedene motorische Zentren stimuliert. Es gelang ihnen, anhaltende Vokalschreie zu verursachen. Eine Patientin seiner Versuchsgruppe, die allein in ihrem Zimmer saß, ließ er den Kopf drehen und ihren Körper bewegen, als suche sie etwas. Wiederholt. Fragte man sie, was sie denn tue, so hatte die Frau immer eine plausible Erklärung. Offenkundig hatte sie keine Ahnung, daß sie auf eine elektrische Stimulierung ihres Gehirns reagierte. So sagte sie: »Ich suche meine Hausschuhe« oder »Ich habe ein Geräusch gehört« oder »Ich bin unruhig« oder »Ich hab' unterm Bett nachgesehen«.[17]

Bei Affen löste Delgado komplexe Bewegungsmuster in kurzer Reihenfolge aus. Dies erscheint besonders erstaunlich, wenn man bedenkt, wieviel mühevolle Wochen operante Konditionierer aufwenden müssen, bis auch nur eine Taube eine Acht dreht. Es ist etwa so schwierig, wie wenn man einem Tier das Laufen beibringen wollte, indem man an die Nervenbündel, die die Muskeln aktivieren, Drähte anschließt. Über hundert Drähte würde man brauchen. Offensichtlich ist es aber so, daß eine einfache Drahtverbindung zu einer Hirnstruktur genügt, weil das Gehirn so ausgebildet ist, daß es eine ganze Aktionsreihe als Muster auslösen kann. Seinen aufsehenerregendsten Erfolg verbuchte Delgado mit der Stimulierung des roten Nervenkerns im Gehirn eines Affenweibchens namens Ludy.

Nach fünf Sekunden Stimulation unterbrach Ludy, was sie gerade tat, änderte ihren Gesichtsausdruck, drehte den Kopf nach rechts, stellte sich auf zwei Beine, bog nach rechts ab, ging in perfekter Balance auf zwei Beinen zu einem Pfahl, kletterte hinauf, kletterte wieder herunter, knurrte einen ihr untergeordneten Affen an, bedrohte oder biß ihn auch, stellte ihr aggressives Verhalten wieder ein, ging friedlich auf den Rest der Gruppe zu – und nahm ihr spontanes Verhalten wieder auf. Dieser Ablauf dauerte insgesamt rund vierzehn Sekunden. Unter Stimulierung vollbrachte sie jedesmal denselben sinnlosen Ablauf motorischer Bewegungen in derselben Reihenfolge, wobei der Art der Ausführung ein kleiner Improvisationsspielraum blieb. Nach zwanzigtausend Stimulierungen blieb die Aktionsfolge erhalten.[18]

Vor einigen Jahren berichteten die Autoren wissenschaftlicher Themen Ruth und Edward Brecher von einem Versuch, einen Esel mittels elektrischer Gehirnstimulierung zu automatisieren. Das Projekt wurde von einer Firma durchgeführt, die auf einen Forschungs- und Entwicklungsauftrag des Verteidigungsministeriums spekulierte. Warum man die Militärs für interessiert hielt, bleibt der Mutmaßung überlassen. Die Firma stufte das Vorhaben als Geheimsache ein und weigerte sich sogar, seine bloße Existenz zu bestätigen. Die Brechers waren ihrer Sache aber doch so sicher, daß *Harpers* ihren Bericht über den Versuch veröffentlichte.

Mittels Gehirnstimulation sollte ein Esel veranlaßt werden, einen Zehnmeilenparcours schweren Geländes hinter sich zu bringen. In einem Lustzentrum im Kopf des Esels wurde eine Elektrode angebracht. Diese kitzelte den Esel, solange er sich geradewegs aufs Ziel zubewegte. Sobald Sonnenlicht auf ein am Halsband des Esels befestigtes Prisma fiel, schaltete eine Photozelle die Elektrode ein. Wich der Esel vom Kurs ab oder blieb er stehen, so schaltete der Strom ab. Hören wir die Brechers: »Solchermaßen angetan trottete der fröhliche Esel stracks seinem vorbestimmten Ziel, einer fünf Meilen entfernten Nebenstation, entgegen – bergauf, bergab, über einen Berg gar, ohne zu schwanken oder zu zögern. Am Ziel angekommen wurde das Prisma um 180 Grad gewendet – worauf der Esel Schritt für Schritt seinen beschwerlichen Weg über den Berg zurückging bis hin zu seinem Ausgangspunkt.« Und sie fügten hinzu, als der Film des »Vorhabens Esel« im Pentagon von der Firma zur Demonstration vorgeführt worden sei, habe ein Wissenschaftler gemurmelt: »Sei Gott davor, oder da geh' ich.« Ein von mir befragter Gehirnphysiologe erwähnte zwar das Geheimexperiment, fügte aber hinzu, er habe den Eindruck gehabt, daß das Ganze doch auch manch enttäuschenden Aspekt gehabt habe.

Hier nun in aller Kürze ein paar andere Wege, auf denen Wissenschaftler Stimmung und Verhalten zu verändern gedenken:

Auslöschen des Mutterinstinktes. Der Mensch hat wie die meisten Säugetiere einen starken Mutterinstinkt. Die Mutter eines Rhesusbabys verbringt Monate damit, ihr Kind zu verhätscheln, sauberzuhalten und zu kosen. Verschwindet es auch nur einen Augenblick aus ihrem Blickfeld, gerät sie in helle Verzweiflung.

Delgado läßt uns nun wissen, nach einer zehnsekündigen elektrischen Stimulierung des Mittelhirns einer Rhesusaffenmutter namens Rose habe sie etwa zehn Minuten lang jedes Interesse an ihrem Baby verloren. »Sie ignorierte seine zärtlichen Rufe und verwehrte ihm jede Annäherung.« Das Affenkind schien völlig verstört und suchte Wärme bei einer anderen Affenmutter der Kolonie.

Lassen sich Familienbande tatsächlich elektrisch unterbrechen, dann ist dies durchaus auch für andere Bande denkbar. Und dann wird denkbar, daß mit weiteren Fortschritten in der Gehirntechnik totalitären Machthabern sehr an einer breiten Anwendung gelegen sein könnte. Eine gemeinsame Machterhaltungs-Strategie totalitärer Regimes besteht ja darin, das Kind möglichst bald aus der Familie zu lösen sowie präexistente Hinwendungen zu kleinen Gruppen zu zerschlagen. Das isolierte Individuum ist knetbarer.

Den Geist beugen. Seit Jahrtausenden weiß der Mensch, daß gewisse Pflanzen, z. B. der Peyote-Kaktus, Substanzen enthalten, mit denen sich oft erregende Halluzinationen erzeugen lassen. Ihre Verwendung bei religiösen Riten und Orgien ist gang und gäbe. Sie stören das normale elektro-chemische Gleichgewicht des Gehirns. Im letzten Vierteljahrhundert hat die Wissenschaft eine Unzahl denkverändernder Drogen entdeckt, die sich synthetisieren lassen. Zu den bekanntesten gehört die wasserlösliche Säure LSD. Ihre Fähigkeit zur Denkveränderung ist so gewaltig, daß angeblich schon ein knappes Pfund LSD im Wasserreservoir einer Großstadt ausreichen würde, um bei Millionen Menschen vorübergehend psychotisches Verhalten auszulösen.[19]

Andere Substanzen bringen lediglich das Zeitgefühl eines Menschen durcheinander. Wieder andere wirken verwirrend oder verstörend. In den Vereinigten Staaten haben amtliche Stellen mindestens viertausend Personen Versuchen zur Denkveränderung unterzogen. 1975 ergab eine Untersuchung einer Kommission, daß die meisten für das CIA durchgeführten Versuche ohne Wissen der Versuchspersonen vorgenommen wurden und offenbar in mindestens einem Falle zum Selbstmord einer Versuchsperson geführt haben. Vor einigen Jahren fing das Chemie-Korps des Heeres an, eine Droge namens »Agent BZ« für den möglichen Kampfeinsatz einzulagern. Sie wirkt verstörend. Heeressprecher nannten sie ein »gutartiges Kampfunfähigkeitsmittel«.

Veränderung der Eß- und Schlafgewohnheiten. Mit elektrischer Stimulierung hat Delgado Katzen zu Vielfraßen umfunktioniert. Er meint, gewohnheitsmäßige Vielesser besäßen vielleicht eine anomale Nerventätigkeit im gleichen Gehirnabschnitt. Desgleichen brachte er Affen dazu, daß sie die sonst so geliebten Bananen verschmähten.

Was nun den Schlaf angeht, so weist uns Nathan S. Kline, eine Kapazität in Fragen der Psychopharmaka, darauf hin, das Schlafbedürfnis lasse sich durch Monoaminoxidase-Hemmer verringern. Er sagt uns, einige Mogulkaiser hätten durch eisernes Training Reiter herangezüchtet, die große Teile der Welt in einem Marschtempo eroberten, das pro Tag nur dreieinhalb Stunden Schlaf vorsah. Neuere psychologische Untersuchungen deuteten darauf hin, daß dreieinhalb Stunden Schlaf mehr als genug sein könnten. Möglicherweise sei die Tatsache, daß der Mensch in den Nachtstunden schlafe, nur eine Folge des Überlebenstriebs, weil der Mensch nun einmal bei Nacht schlecht sehe. Er läßt anklingen, bald könnte es der Wissenschaft gelingen, das menschliche Schlafbedürfnis überhaupt aufzuheben: »Es sieht ganz danach aus, als könnte es uns gelingen, die erforderliche biochemisch-bioelektrische Tätigkeit zu simulieren oder zu induzieren«, damit Menschen auch ohne Schlaf leben können. Und er fügt hinzu: »Eine konstruktive Nutzung dieser zusätzlichen Milliarden täglicher Mannstunden ist sicherlich eine lohnende Aufgabe.«[20]

Ist es sicherlich. Was soll's uns scheren, daß wir dann in eine Ära gewaltig angeschwollener Freizeit eintreten, und was, daß viele Menschen nun einmal furchtbar gerne einfach schlafen?

Die Veränderung von Gehirnfunktionen auf chemischem Wege über den Blutkreislauf dürfte künftig vor der Einpflanzung elektrischer Vorrichtungen den Vorrang haben. Die Einpflanzerei ist so teuer. Und dann: Sie setzt echte Freiwilligkeit voraus (außer in Einrichtungen, wo Zwang und Aussicht auf Freilassung mitspielen können), und die Vorstellung, daß im Kopf elektrische Entladungen vor sich gehen, ist nachgerade nicht jedermanns Sache. Dagegen sind die meisten Menschen dem Gedanken einer Veränderung durch Pilleneinnahme sehr aufgeschlossen. Die Medikamentierung mittels Fluoridbeimengung zum Trinkwasser haben sie ohnehin schon akzeptiert. Andere Chemikalien können künftig ihrem Trinkwasser beigemischt werden, ohne daß sie es überhaupt wissen. In Zeiten häßlicher Unruhen könnten die Behörden in aller Stille ein paar Eimer beruhigender Substanzen in die Wasserreservoirs gießen. Und ein paar Eimer einer Suggestibilitätsdroge unmittelbar vor Beginn eines Massenpropagandafeldzugs. Die Zielgruppe läßt sich auch einengen, so daß man auf chemischem Wege einer Studentenrebellion, einem Fabrikstreik oder einem Ghettoaufstand zuvorkommen kann.

Wie nun ordnen wir diese neue Technik der Modifizierung der Stimmung und des Verhaltens auf elektrischem oder chemischem Wege ein? Kein Zweifel: Sie geht davon aus, daß der Mensch physisch, geistig und emotional in hohem Maße knetbar ist.

Gewiß ist es zu begrüßen, wenn wir mehr wissen über die Ursache menschlichen Leidens und es dadurch kurieren können. Die Wissenschaft unserer Tage hat bei der Erforschung der Geheimnisse der verschiedenen Gehirnteile und chemischer Abhilfen gegen Erkrankungen wie Irrsinn, Fallsucht und Parkinson-Krankheit wahre Wunder vollbracht.

Vielen medizinischen Anwendungen der Gehirnforschung kann man zustimmen, sofern strenge Normen eingehalten werden. Der

Einsatz eines Implantats, das das Herannahen eines epileptischen Anfalls aufspürt und ihm dann dank einer computergesteuerten elektrischen Stimulierung zuvorkommt, ist ein lobenswertes Unterfangen. Ebenso die Verwendung von Selbststimulatoren für Todkranke, die unter unerträglichen Schmerzen leiden.

Präparate, die den Sterbenden in einen Zustand der Euphorie oder gar gelegentlicher Glücks-Halluzinationen versetzen, ließen sich meiner Meinung nach gerade noch rechtfertigen. Und ein großer medizinischer Fortschritt unserer Zeit sind die starken Beruhigungsmittel, die Geisteskranken ein normaleres Leben erlauben.

Aber wir geraten eben auch in Grauzonen. Die tägliche Einnahme eines Beruhigungsmittels, das einen stark schwankenden Pulsschlag stabilisiert, mag eher zu rechtfertigen sein als die regelmäßige Einnahme durch Millionen Menschen, die nur den Spannungen des Alltags entfliehen wollen. Mancher Wissenschaftler hat schon besorgt davor gewarnt, das gewohnheitsmäßige Pillenschlucken könne auch die Reaktionszeit am Arbeitsplatz und auf dem Fahrersitz verlängern. Und wie steht es mit der Initiative, wird auch sie geschmälert? Und würden Anti-Aggressionspillen längerfristig auch Strebsamkeit und Kreativität absinken lassen?

Noch weiter gespannt ist die Frage, ob es denn gesellschaftspolitisch erstrebenswert ist, daß Millionen Menschen auf dem Wege über psychotrope Präparate ständiger Glückseligkeit habhaft werden möchten. Sicher gehörten dann auch Liebespillen dazu, für die zweifelsohne mit großem Aufwand geworben würde, wenn es nicht gelingt, wirklich brauchbare Beschränkungen einzuführen.

Die Handhabung elektrischer Gehirnstimulatoren zur Sofortregulierung von Stimmung und Verhalten durch Dritte, seien sie nun anwesend oder nicht, läßt sich höchstens zu Versuchszwecken und mit einsichtiger Zustimmung der Versuchsperson rechtfertigen. Desgleichen eventuell auf ausdrückliche Anforderung in medizinischen Situationen.

Selbststimulatoren für Leute, die sich den Luxus leisten können, scheinen kein ethisches oder moralisches Problem aufzuwerfen. Möglicherweise wäre es allerdings gesellschaftspolitisch nicht gerade vorteilhaft, wenn viele Menschen ihren Orgasmus per Druckknopf bezögen. Käme zur Masturbation und zu den Vibratoren noch eine weite Verbreitung des Druckknopf-Orgasmus hinzu, dann dürfte dies der sich ohnehin ausbreitenden Egozentrik weiteren Auftrieb geben und das Gemeinschaftsleben weiter belasten.

Hinzu kommt das bis heute medizinisch unbeantwortete Problem, ob nämlich der Einstich ins Gehirn Gewebenarben hervorruft, die längerfristig unmerklich eine Veränderung der Persönlichkeit oder körperlichen Leistungsfähigkeit bewirken. Der weitgeachtete Herausgeber wissenschaftlicher Werke Albert Rosenfeld bietet diese Zukunftsvision:

»Es ist ohne weiteres denkbar, daß künftig Menschen selbststimulierende Elektroden in sich tragen (vielleicht wäre das sogar ›in‹), die den Träger jederzeit sexuell potent sein lassen, die ihn nach Lust und Laune schlafen lassen oder wachhalten, die seinen Appetit bremsen, wenn er abnehmen will, die ihn von Schmerzen befreien, die ihn mutig machen, wenn er Angst hat, und seelenruhig, wenn er innerlich rast.«

Ein verführerisches Bild. Sähen sich diese seligen Knopfdrücker aber vielleicht doch allmählich neuen Problemen gegenüber? Oder würden sie zur Belastung im Gemeinschaftskörper? Nur die Zeit könnte uns das lehren.

Die gleichen Fragen stellen sich bei der Aussicht, daß der Normalverbraucher der Zukunft viel größere Pillendosen mit sich herumträgt. Diese enthielten dann vielleicht Pillen, die ihn je nach Bedarf aggressiver oder optimistischer oder kreativer oder euphorischer oder dynamischer oder stiller oder geschlechtlich erregt sein lassen. Und so könnte der Normalverbraucher zur Kreatur künstlicher, von außen geschaffener Empfindungen werden. Wer ist dann noch er selbst? Stellen sich etwa Entzugserscheinungen ein, wenn ein Mensch viele natürliche Stimmungen, die zur Enttäuschung, zum Triumph und zur Besorgtheit gehören, überhaupt nicht mehr kennt? Und wie sollen wir, seine Mitmenschen, wissen, wie er denn wirklich ist, wie er ohne Pille ist? Hinzu kommt die Frage, die manchen Forscher besorgt dreinschauen läßt, ob nicht fortlaufend künstlich verursachte Stimmungsumschwünge auf die Dauer schädlich sind.

Alle diese besorgten Fragen aber überschattet die Möglichkeit, daß die Steuerung unserer Stimmungen und unseres Verhaltens in die Hände Dritter fallen könnte, indem diese eben Chemikalien dem

Trinkwasser beimengen oder Implantate ins Gehirn setzen. Delgado hat mit seinen Versuchen bewiesen, daß elektrische Stimulierung immer die Oberhand über die menschliche Willenskraft gewinnt. Die Finger eines Objekts fangen unter Stimulation an zu zittern. Man fordert die Objektperson auf, die Faust zu ballen – und gibt sie der Lächerlichkeit preis, weil ihre Finger immer noch zittern.

Eine gründliche Diktatur könnte dazu übergehen, von bestimmten Leuten zu fordern, daß sie sich zwei Elektroden ins Gehirn setzen lassen. Die eine säße in einem Lustzentrum, die andere in einem Schmerzzentrum. Die Aussicht auf ekstatische Empfindungen könnten dieser Forderung ihren abstoßenden Charakter nehmen.

Sind die Elektroden einmal eingebaut, dann hätte es das Regime stets in der Hand, Belohnungen und Bestrafungen zu verabreichen, die blinden Gehorsam zur Folge hätten. Der Aufseher brauchte nur noch zu sagen: »Du willst doch nicht wieder die gräßlichen Kopfschmerzen kriegen, oder?«

Es hat auch Spekulationen gegeben, einem Diktator könnte es wirtschaftspolitisch in den Kram passen, eine Vielzahl von Personen auf einfache motorische Reaktionen zu programmieren, wie sie Delgados Roboteraffe an den Tag legte. Vor einigen Jahren äußerte ein Elektroingenieur auf einer Elektronikerkonferenz des Illinois Institute of Technology in einem Vortrag ganz beiläufig: Man könnte am Gehirn eines Säuglings wenige Monate nach der Geburt eine Muffe anbringen, in der Elektroden zusammenlaufen, und »dieses vormals menschliche Wesen würde dank dieser Steuerungsmöglichkeit zur billigsten Produktionsmaschine. Die Herstellung selbst eines einfachen Roboters, wie etwa des Maschinenmenschen von Westinghouse, kostet vermutlich zehnmal mehr als das Gebären und Aufziehen eines Menschen bis zum sechzehnten Lebensjahr.«[21]

5
PERSÖNLICHKEITSTAUSCH: AUS ALT MACH NEU

> Manche Techniken der Verhaltens-
> änderung sind relativ umkehrbar...;
> andere sind in gewissem Sinne
> irreversibel.
> – Gardner C. Quarton, Psychiater

Im vorigen Kapitel sprachen wir vor allem von vorübergehenden oder kurzfristigen Verhaltensänderungen. In diesem Kapitel wollen wir uns damit befassen, wie Wissenschaftler Grundaspekte der menschlichen Persönlichkeit zu prägen oder umzuprägen versuchen.

Da gibt es einmal die Forscher, die sich auf die sehr frühe Kindheit konzentrieren, wo die Prägbarkeit potentiell noch am größten ist. Bei der Geburt ist das Gehirn eines Säuglings im Vergleich zu seinem Körper noch unverhältnismäßig groß; und doch kann das Baby kaum denken. Jede Körperzelle enthält den genetischen Code, der weitgehend die physischen Merkmale eines Menschen bestimmt. Dieser Code wird später auch in gewissem Umfang die Denkfunktion des neuen Individuums beeinflussen.

Der uralte Teil des Gehirns, der die Selbsterhaltung steuert, funktioniert schon bei der Geburt. Aber die Masse des Gehirns eines Neugeborenen ist wie eine glatte Wachskugel, die nun darauf wartet, Eindrücke zu empfangen. In dieser Gehirnkugel sind Milliarden Nervenzellen durch ein ganzes Netz chemisch-elektrischer Schaltungen miteinander verbunden. Die fünf Sinne fangen die Lebenserfahrungen ein, und diese Eindrücke werden diesen Zellen zugeleitet und dort verarbeitet und gespeichert. Bei der Geburt sind die Nervenzellen zwar da, aber das Wachstum der Milliarden Finger, die sich zu anderen Zellen vortasten, hat noch kaum begonnen. Die Denkfähigkeit ist damit bei der Geburt offenbar noch ganz gering.

In den ersten Wochen nach der Geburt geht es dem menschlichen Säugling fast nur ums Überleben. Vor der sechsten Woche ist er eines echten, auf eine Person gerichteten Lächelns nicht fähig. Die Augenkoordinierung stellt sich erst langsam ein, so daß das Baby in den ersten Monaten oft jedem nickenden Objekt zulächelt, das einem menschlichen Gesicht ähnelt. Diese gesichtsähnliche Gestalt kann eine groteske Maske oder auch der Kopf einer Kleiderpuppe sein.

Nun scheint es in der menschlichen Entwicklung kritische Perioden zu geben, während derer das Gehirn eines Säuglings oder Kleinkindes für die Prägung bestimmter Verhaltens- und Persönlichkeitsaspekte außerordentlich rezeptiv ist. Benjamin Bloom, Erziehungspsychologe an der Chikagoer Universität, hat festgestellt, daß jedes menschliche Merkmal eine eigene Wachstumskurve aufweist. Wichtige Veränderungen der Intelligenz eines Kindes lassen sich z. B. am ehesten vornehmen, bevor das vierte Lebensjahr erreicht ist. Danach ist die Intelligenz so stabil, daß die IQ-Messung schon merkliche Bedeutung gewinnt.[1]

Präger von Beruf?

Eine Reihe anerkannter Wissenschaftler glaubt, das Gehirn von Kindern lasse in diesen kritischen Zeitabschnitten eine gewisse *Prägung* von Verhaltensmustern zu. Damit meine ich einen Lernvorgang, der nur innerhalb einer bestimmten Periode im frühen Lebensstadium stattfinden kann und danach verhältnismäßig unverändert bleibt. Bewiesen ist, daß es bei Tieren kritische Prägezeiten gibt.

Der österreichische Ethologe Konrad Lorenz hat mit seinen klassischen Versuchen zur Prägung von Tieren Pionierarbeit geleistet. Er richtete es so ein, daß er das erste sich bewegende Objekt war, dem frisch ausgeschlüpfte Stockentchen begegneten. Lorenz watschelte so in Hocke, daß seine Erscheinung im Höhen-Breiten-Verhältnis einer Mutterente entsprach, und er quakte wie eine Entenmutter. Die Entchen fixierten sich auf ihn als ihre »Mutter«, folgten ihm im Entenmarsch überall hin und flogen ihm zu, wenn er quakte.

Der Psychologe Harry Harlow prägt während seines Aufenthalts an der University of Wisconsin Affenbabys so, daß sie einen

Schaumgummi-Affen mit eingebauter Säugeflasche als »Mutter« akzeptierten. Kätzchen sind dahingehend geprägt worden, daß sie Ratten in ihrem Käfig als Kätzchen ansahen. Wie ausschlaggebend der richtige Augenblick für die Entwicklung bestimmter Fertigkeiten ist, wurde in aufsehenerregender Weise von zwei Forschern in Harvard nachgewiesen, die sich mit der Frage beschäftigten, wie die Augen von Kätzchen die Fähigkeit zur Erkennung von Formen und Mustern entwickeln. Diese Fähigkeit, bei der es sich nicht um Prägung, sondern um eine physiologische Entwicklung handelt, bildet sich offenbar in der vierten Lebenswoche heraus. Verbindet man Kätzchen während dieser vierten Woche die Augen, dann bleiben sie ihr Leben lang praktisch blind.[2]

Beim Menschenkind legt der Kinderpsychologe Philip H. Gray die kritische Zeit für die Prägung von Verhaltensmustern in den Abschnitt »zwischen etwa sechs Wochen und sechs Monaten nach der Geburt« oder grob in die Zeit des Lernansatzes.[3] Andere vermuten, der Zeitabschnitt liege später. Manchen Psychologen fällt es schwer, die Vorstellung von der Prägung als einer sehr schnell stattfindenden und irreversiblen Wirkung mit der traditionelleren, fließenderen Konzeption des menschlichen Lernprozesses zu vereinbaren. Diejenigen, die die menschliche Prägefähigkeit anerkennen, sehen in ihr gleichzeitig einen komplexeren Prozeß als Lorenz' Erfahrungen mit Stockenten. Der bekannte Kinder-Spezialist E.J.M. Bowlby allerdings betont, die Entwicklung des Anhänglichkeitsverhaltens des menschlichen Säuglings gehöre mit Fug und Recht »in das Kapitel Prägung«.

Ein anderer Lernbereich, der zur Prägung zu gehören scheint, ist das Bewußtwerden der geschlechtlichen Identität. John Money vom Johns-Hopkins-Büro für psychohormonale Forschung ist durch seine Untersuchungen von Hermaphroditen weltbekannt geworden. Fehlfunktionierende Hormone können Ausnahmefälle verursachen. Kleinkinder werden anhand ihrer sichtbaren Geschlechtsteile manchmal einem Geschlecht zugeordnet, das nicht ihren Chromosomen, Geschlechtsdrüsen, Hormonen oder ihrer Innenstruktur entspricht. Stellt sich die Ambiguität heraus, so wird das sichtbare Geschlecht des Kindes oft auf chirurgischem Wege seinen inneren Organen angepaßt.

Money hat festgestellt, daß Kinder, die im Augenblick der Neuzuordnung weniger als zweieinviertel Jahre alt sind, die Veränderung »ohne das geringste Anzeichen mangelnder psychologischer Gesundheit« verkraften. Wird die Änderung jedoch später als im Alter von zweieinviertel Jahren vorgenommen, dann besteht nur geringe Aussicht, daß das Kind noch als psychologisch gesund eingeordnet werden kann.[4] Money verwendet in seinen Schriften sehr häufig den Begriff *Prägung*. In seinem neueren Werk *Man and Woman, Boy and Girl* benutzt er dafür den Begriff *Imprimatur*. Ich habe mir sagen lassen, er habe das getan, um sich nicht die Feindschaft von Leuten einzuhandeln, die glauben, das Phänomen der Prägung komme strenggenommen nur beim Tier vor. Johns Hopkins ist führend in der Welt für Transsexualoperationen an Erwachsenen.

Als weiteren Bereich, in dem eine gewisse Prägung stattfindet, nennt Money den Spracherwerb. Echte Zweisprachigkeit – oder das Einfangen eines Sprachrhythmus – wird mit zunehmendem Alter immer schwieriger.

Auch José Delgado spricht von Prägung und nannte mir einen weiteren Grund für den kritischen Charakter des Zeitelements: »Die Prägungsfähigkeit nimmt in einem gewissen Alter ab. In bestimmten Altersstufen verschließen sich Neuralrohre des Gehirns jeder Funktion. Man kann kein guter Musiker werden, wenn man zu spät anfängt. Ich habe erst mit zwanzig angefangen, Englisch zu lernen, und deshalb werde ich nie meinen spanischen Akzent los. Meine Kinder sind in Spanien und Amerika aufgewachsen; sie haben keinen Akzent.«

Ob man es nun Prägung nennt oder nicht, eines steht jedenfalls mit ziemlicher Sicherheit fest: daß Menschen in ihrer Entwicklung zu bestimmten Zeiten besonders beeindruckbar sind. Und die beeindruckbarste Zeit für viele Merkmale, einschließlich der »Persönlichkeit«, ist die frühe Kindheit.

Die entscheidendste Zeit für die geistige, soziale und emotionale Entwicklung eines Kindes liegt nach Burton White, einem Spezialisten aus Harvard für Kindesentwicklung, zwischen dem achten und dem achtzehnten Monat.[5] Es ist dies die Zeit, in der das Kind sein Babybett verläßt, seine Umwelt erforscht und sprechen lernt. Wie man ein Kind in diesen Monaten angeht, ist für seine allgemeine

Entwicklung von ausschlaggebenderer Bedeutung als in irgendeinem anderen Zeitraum.

Die führende Kinderpsychologin Eleanore B. Luckey geht davon aus, Prägung als Entwicklung finde zu einer Zeit statt, in der das Kind ungewöhnlich beeindruckbar sei. Sie hat den interessanten Vorschlag gemacht, man solle die Zeiten maximaler Beeindruckbarkeit für verschiedene Merkmale genau feststellen und einen neuen Berufszweig für besonders geeignete Frauen schaffen: die Berufsprägerin.

Die Berufsprägerinnen hätten in die Familien zu gehen und die Mütter zu beraten. Erweist sich beispielsweise, daß die Persönlichkeitsfixierung zwischen dem achten und dem zehnten Lebensmonat am schnellsten voranschreitet, könnte in dieser Zeit eine auf Persönlichkeit spezialisierte Prägerin wöchentlich mehrere Stunden zur Verfügung stehen und die von der Familie besonders gewünschten Charakterzüge optimieren helfen. Wir müssen allerdings noch viel lernen, bis sich eine solche Technik wirklich nutzbringend einsetzen läßt.

Mit der Prägung von Berufs wegen hat in noch schwacher Form vor kurzem die New Yorker Medizinische Fakultät begonnen. In einem dreijährigen Kontrollversuch führt die Fakultät einmal in der Woche für etwa 20 Mutter/Kind-Paare Unterricht in »erfolgreicher Bemutterung« durch. Als der Versuch begann, waren die Säuglinge etwa vier Wochen alt. Nach drei Jahren soll ihre emotionale und intellektuelle Entwicklung mit einer Kontrollgruppe verglichen werden. Die Projektleiterin und Psychiaterin Nina Lief hat die Behauptung aufgestellt, daß »Fehlentwicklungen in der Wiege einsetzen«. Sie meint, je mehr eine Mutter mit ihrem Kind spreche, desto früher werde auch das Baby sprechen. Aber sie warnt gleichzeitig: »Erwarten Sie keine wirklichen Töne vor dem sechsten Monat.«

Mancher Wissenschaftler hält es für fraglich, ob die moderne Familie überhaupt befähigt ist, die Kindeserziehung vollverantwortlich zu übernehmen. Robert S. Morison, ein hervorragender Neurophysiologe, ist ein Anhänger der Prägung. Er behauptet, es sei müßig, von einer pluralistischen Gesellschaft mit Chancengleichheit zu sprechen, solange diese Gesellschaft »ihre Neuankömmlinge ganz und gar der Familie überläßt«. Viele Familien, so sein Argument, verfahren in den beeindruckbarsten Jahren des Kindes »in der Erziehung aufs Geratewohl«.

Auch Delgado meint, sachverständige Hilfe tue not: »Wir sollten so früh wie möglich im Leben eines Kindes ein psychogenetisches Programm aufstellen.« Darunter versteht er »den Einsatz allen verfügbaren physiologischen, psychologischen und psychiatrischen Wissens bei der Heranbildung der Persönlichkeit des Kindes«. Delgado hält es ebenfalls für wahrscheinlich, daß es Berufspräger geben wird. Aber er fragt: »Auf welchen Zweck hin werden sie prägen? Welchen Menschentyp wollen wir konstruieren?«

Viele Merkmale sind als Gegenstand einer Prägung vorgeschlagen worden – Friedensliebe, Naturliebe, Nächstenliebe, Wissensdurst. Bislang freilich haben sich die Experten mit dem Versuch zufriedengegeben, das emotionale Wohlbefinden und die intellektuelle Fähigkeit zu fördern. Vielleicht werden sie sich eines Tages darauf einigen, an welchen konkreteren Merkmalen sie arbeiten wollen.

Übrigens sind einige Forscher der Meinung, man könne mit der Persönlichkeitsformung schon anfangen, wenn sich das Kind noch im Mutterleib befindet. 1977 brachte *Nature,* das bekannte britische Fachblatt für Naturwissenschaft, einen Bericht über aufschlußreiche Entdeckungen der Endokrinologin June Reinisch von der Rutgers-Universität. Sie untersuchte die Wirkungen der Verabreichung synthetischer Hormone zur Verhinderung von Fehlgeburten (die Benutzung einiger Hormone ist inzwischen umstritten). Mütter, die mit Progesteronen behandelt worden waren, hatten Kinder zur Welt gebracht, deren Persönlichkeits-Testergebnisse auf ausgeprägte Willenskraft und starkes Selbstvertrauen hindeuteten. Die Kinder von Frauen, die mit Östrogenen behandelt wurden, schienen dagegen nach den Testergebnissen weniger selbstsicher und neigten stärker zur Identifizierung mit einer Gruppe.

UMKREMPELN DER PERSÖNLICHKEIT

Die Persönlichkeit junger Menschen läßt sich umformen oder zumindest einschneidend umorientieren. Hierzu sind neuerdings mehrere Verfahren untersucht worden. Eines davon, eine Art Gehirnwäsche bei Jugendlichen, ergab sich als Nebenwirkung eines mit Bundesmitteln geförderten Programms in Florida. Es ging um die Umerziehung von Halbwüchsigen, die als drogensüchtig galten. Das unter der Bezeichnung *Saat* laufende Programm hatte bei der Drogenentwöhnung der jungen Leute offenbar recht guten Erfolg. Die Kontroverse um Persönlichkeitsveränderungen als Folge dieser Umerziehung veranlaßte jedoch das Gesundheitsministerium zu einem Rückzieher.

Die Jugendlichen oder »Sätlinge« wurden von ihrer Familie, ihren Freunden und der Außenwelt abgeschirmt. Sie wurden jeder Selbstidentifizierung beraubt und auf niedriger Stufe in eine präzise Sozialstruktur eingebracht. Dann wurden sie sorgfältig ausgeklügeltem, intensivem Druck von Altersgenossen, »Sätlingskameraden«, ausgesetzt, die bereits in das Programm eingespannt waren. Nur durch strenges Rechtdenken konnte sich ein Sätling in der Struktur nach oben arbeiten. Von Güte und Liebe war viel die Rede, aber die psychologischen Abwehrkräfte des neuen Sätlings wurden doch auch sehr bewußt zerschlagen und ihm das Gefühl eingetrichtert, völlig auf die Gruppe angewiesen zu sein. In ihm wurde der Drang erzeugt, sich ständig der Wünsche der Gruppe bewußt zu sein. Ein Sätling berichtete, andere Sätlinge hätten mit ihm das Zimmer geteilt, ihn im Wagen überall hin begleitet, sogar auf die Toilette seien sie mitgegangen.

Bei den Anhörungen des Senats wurde auch eine Schulberaterin der North Miami Beach Senior High School befragt. Sie war mit vielen Sätlingen nach deren Entlassung zusammengetroffen.

»Wenn sie wiederkommen, sind sie ›sauber‹, d. h. still, gut angezogen, tragen kurzen Haarschnitt und stehen nicht unter Drogeneinfluß, während sie vorher fast dauernd ›high‹ waren. Aber sie scheinen in einer roboterhaften Atmosphäre zu leben, an keinen außerhalb ihrer Gruppe richten sie das Wort. Im Unterricht glucken sie zusammen, und durch die Klassen geht ein trennender Gegensatz zwischen Sätlingen und Nicht-Sätlingen. ... Die Sätlinge scheinen sich und andere auszuspähen in einer Weise, die mich an Nazideutschland erinnert. Jeden Tag rennen sie zum Telefon, um der *Saat* über einander zu berichten.«[6]

Offenbar läßt sich die Persönlichkeit durch längere elektrische Stimulierung und gleichzeitige Betreuung verändern. Elektroden können bequem monatelang im menschlichen Gehirn bleiben. José Delgado berichtet, bei Gibbonäffchen habe er durch Retikularstimulation anhaltende Verhaltensänderungen einschließlich verminderter Freundlichkeit erzielt.

Robert Heath von der Tulane-Universität und sein Mitarbeiter Charles Moan stellten fest, infolge elektrischer Stimulierung habe sich in einem hervorstechenden Persönlichkeitselement eines Patienten eine dauerhafte Veränderung vollzogen. Diese Entdeckung verdankten sie einer interessanten Behandlung, bei der u. a. das septale Lustzentrum im Gehirn stimuliert wurde. Der Patient hatte seit langem Selbstmordgedanken gehegt und war rauschgiftsüchtig. Er war homosexuell und neigte zu chronischen Wutanfällen. Zuerst zeigte man ihm einen Pornofilm, in dem sich nackte Männer und Frauen am Geschlechtsverkehr ergötzten. Seine Reaktion war Wut und Abscheu. Daraufhin wurde das Lustzentrum in seinem Gehirn mehrfach stimuliert, so daß er in einen Zustand der Euphorie verfiel. Die Euphorie ließ ihn mehrere Tage lang eine verbesserte Disposition an den Tag legen. Während er noch in dieser Stimmung verharrte, wurde ihm derselbe Pornofilm erneut vorgespielt. Er wurde sexuell erregt und masturbierte bis zum Orgasmus. In der folgenden Woche hielt sein Interesse an Frauen an. Dies werteten die Betreuer als positiv. Sie beantworteten seine Fragen nach Sexualtechniken (er hatte noch nie ein heterosexuelles Erlebnis gehabt). Die Stimulierung seines septalen Lustzentrums wurde in regelmäßigen Abständen wiederholt, und schließlich äußerte er Interesse an einer heterosexuellen Beziehung. Man kam zu dem Schluß, die Einsetzung einer sorgfältig ausgewählten und trainierten jungen Prostituierten sei jetzt möglicherweise die richtige Therapie. Sie verführte ihn, während die beiden in einem Zimmer allein nebeneinander lagen, und er berichtete nachher, es sei zum Verkehr und zum Orgasmus gekommen. Ein Jahr lang wurde die Betreuung auf ambulanter Basis fortgesetzt. Er entwickelte ein enges Verhältnis zu einem anderen Mädchen und sagte, er sei jetzt heterosexuell orientiert.[7]

Würde eine solche Technik leicht verfügbar, dann könnte ein Gesetzgeber sehr wohl ein Gesetz verabschieden, wonach sich jeder der Homosexualität Überführte dieser Behandlung zu unterziehen habe. Dies stünde natürlich im Widerspruch zu den Wünschen und Auffassungen der Mehrheit der Homosexuellen.

Persönlichkeitswandel per Seelenchirurgie

Daß Persönlichkeit auf chirurgischem Wege verändert werden kann, wissen wir, seitdem altorientalische Potentaten in ihren Harems Eunuchen einsetzten. In den letzten Jahren ist es Hirnchirurgen gelungen, mehrere Veränderungen der Persönlichkeit vorzunehmen, indem sie im Hirn Schnitte oder Abbrennungen vornahmen.

Das Gehirn stellt das grundlegende Körperorgan für die individuelle Identität dar; modifiziert man es, dann verändert sich die Identität. Auch auf chemischem Wege läßt sich das Gehirn in seiner Funktion langfristig verändern. So läßt sich anscheinend heute Kastration erzeugen, indem man eine Person mit dem in Westdeutschland entwickelten Anti-Androgen-Präparat namens Crypterinacetat behandelt. In mehreren Tierversuchen wurde nachgewiesen, daß dieses Präparat eine permanente Atrophie der sekundären Geschlechtsdrüsen verursachen kann. Die Kastration läßt sich chirurgisch auch dadurch erzielen, daß man Gehirnbereiche, die mit dem Geschlechtstrieb im Zusammenhang stehen, zerstört.

Seelenchirurgie zielt darauf ab, Persönlichkeit, Denk-, Verhaltens- und Empfindungsweisen zu verändern. Man nennt sie auch Denkchirurgie, Lobotomie, sedative Neurochirurgie und – als meistverbreitete Bezeichnung – Psychochirurgie.

Ihre früheste, auch heute noch benutzte Form ist die Lobotomie. Diese besteht aus dem einfachen Durchtrennen von Fasern zwischen Stirnlappen und tieferen Gehirnregionen. Versuche mit einem Schimpansen erbrachten den Nachweis, daß die Zerstörung gewisser Frontalregionen des Gehirns Wutausbrüche ausschaltet. Der portugiesische Neurologe Egas Mondiz hörte anläßlich einer internationalen Tagung von dem Schimpansenversuch und vollzog nach seiner Rückkehr an zwanzig schwerpsychotischen Fällen eine Lobotomie.

Nach seiner Aussage zeigte sich in den meisten Fällen eine Besserung; er erhielt den Nobelpreis.

Bald war die Lobotomie an der Tagesordnung. Der Zweite Weltkrieg half ihrer Verbreitung noch nach. Nach dem Kriege waren die Lazarette überfüllt mit Zehntausenden schwer verstörter Kriegsteilnehmer. Die U.S. Veterans Administration unterstützte die Operation in der Hoffnung, die Patienten anschließend entlassen zu können.

Bei vielen damals ausgeführten Operationen wurde nicht einmal die Schädeldecke geöffnet. Einige Chirurgen führten lediglich einen Eispfriem oder jedenfalls etwas, was so aussah, am Augapfel vorbei und fuchtelten damit eine Zeitlang herum. Damit sollten Fasern, die mit den Frontallappen verbunden waren, durchgetrennt werden. Mancher, der die »Operation« durchführte, war nicht mal Chirurg. Mehrere tausend Lobotomien vollzog der Arzt Walter Freeman von der George-Washington-Universität. Er sagte, man könne ohne weiteres am Operationstisch binnen weniger Stunden ein Dutzend supraorbitale Lobotomien durchführen.

Da hatte man nun, o Wunder, ein permanentes Beruhigungsmittel gefunden. Es schien die Aufgeregten, die Gewalttätigen, die Deprimierten, die Kompulsiven völlig umzukrempeln. Zahlreiche Patienten zeigten sich so verändert, daß man sie aus der Nervenklinik entließ.

Doch allmählich liefen immer mehr Berichte über unerwünschte Nebenwirkungen ein. Manche Lobotomisierte legten eine solche Gemütsruhe an den Tag, daß sie sich kaum noch rührten. Man gab ihnen den Übernamen »Kohlköpfe«. Andere ergingen sich hemmungslos in Betätigungen, die sie vordem als unmoralisch angesehen hatten. Wieder andere hatten ihre Kreativität und geistigen Fähigkeiten eingebüßt. Generell schien das, was ein Lobotomie-Spezialist die »höheren Empfindsamkeiten« nannte, abgestumpft.

Noch im August 1945 brachte die Zeitschrift *Archives of General Psychiatry* eine Langzeitbewertung von dreiundvierzig Lobotomien an Geistesgestörten. Ihr Hauptautor war der Psychiater, dessen Urteil die Operationen ausgelöst hatte. Von den meisten Patienten hieß es, sie zeigten nicht mehr die konkreten Symptome, die Anlaß zur Operation gewesen waren. Es waren dies obsessives, kompulsives oder hypochondrisches Verhalten. Doch den meisten machten immer noch Probleme zu schaffen. Siebzehn hatten beträchtlich zugenommen.

Mitte der fünfziger Jahre stieg das Mißtrauen gegen die Lobotomie an, und zwei andere Entwicklungen trugen dazu bei, daß sie mehrere Jahre lang sehr viel weniger praktiziert wurde: die Einführung starker Beruhigungsmittel und des Elektroschocks. Beide schienen heftige Persönlichkeiten in umgänglichere zu verwandeln.

Mitte der sechziger Jahre aber nahm die Seelenchirurgie wieder großen Aufschwung. Das lag an mehreren Neuentwicklungen:
– Vervollkommnung der stereotaktischen Methode (Befestigung und Justierung des Kopfes), die ein präzise gezieltes Eindringen chirurgischer Instrumente in tiefe Gehirnbereiche ermöglichte.
– Vertieftes Wissen um die Rolle des tiefliegenden limbischen Systems in der Gefühlssteuerung und um die dramatischen Veränderungen, die sich dort auslösen ließen.
– Neuere, geschicktere und weniger gewebszerstörende Techniken der modifizierten Durchführung von Lobotomien.

Heute verändert man die Gehirnstruktur (und die Persönlichkeit), indem man chirurgische Schnitte vollzieht, Gehirnzellen mit der Spitze eingeführter Instrumente abtrennt, Olivenöl einspritzt, radioaktive Körnchen implantiert, Ultraschallstrahlen anwendet, bestimmte Lokalbereiche einfriert oder Protonenstrahlen ansetzt, deren Ladung in einer bestimmten Entfernung explodiert. Auch die Möglichkeit der Verwendung von Laserstrahlen und chemischer Zellzerstörung zur Gehirnmodifizierung wird erforscht.

Psychochirurgen, die verschiedene Techniken anwenden und an unterschiedlichen Gehirnregionen operieren, berichten von einer anhaltenden Reduzierung chronischer Angstzustände in gewissen Fällen. Insbesondere die Briten haben beträchtliche Anstrengungen zur Veränderung von Angst- und Depressionszuständen unternommen. Ein Team, das über zweihundert Operationen durchgeführt hat, stellte fest, fast die Hälfte der Patienten habe eine Persönlichkeitsveränderung erfahren.

In einem aus England bekannt gewordenen Fall wurde ein junger Vertreter, der offensichtlich unter Spielzwang litt, wegen Diebstahls verhaftet. Aufgrund der Beobachtung seines Zustands in einer Nervenklinik in Lancashire gelangten die Psychiater zu einem medizinischen Befund. Darin wurde eine Gehirnoperation empfohlen, mit der er von seiner Zwangsvorstellung geheilt werden sollte. Der Richter ordnete die Operation an. Ein öffentlicher Aufschrei folgte. In England gibt es Millionen Spielernaturen. Der Richter zog seine Anordnung zurück.

Bei Tieren jedenfalls erzeugen Operationen am Mandelkern manchmal eine spektakuläre Hypersexualität. Kater beispielsweise versuchen sich an jeglichem Vierfüßler, den sie noch besteigen können. Signifikante Aggressionssteigerung trat in einigen Fällen als Folge einer Zerstörung eines Teils des Hypothalamus ein. Der Psychiater J. M. C. Holden hat die Ergebnisse mehrerer hundert Lobotomien untersucht, die im Westen Amerikas vorgenommen worden waren. Nach seiner Feststellung führen umfangreiche Gehirnschnitte häufig zu einem »irreversiblen Wandel der Stimmung, der Empfindung, des Temperaments und aller höheren Mentalfunktionen«.

Die Erfolge bei der Umwandlung aggressiver, gewalttätiger oder übererregter Menschen mittels eines chirurgischen Eingriffs tief im Gehirn haben wilde Spekulationen ausgelöst.

In Mexiko, Japan, Frankreich, Dänemark und den Vereinigten Staaten – um nur einige Länder zu nennen – behandeln Chirurgen aggressives Verhalten durch Zerstörung eines Teils des Mandelkerns. In diesem limbischen Organ sind unsere Empfindungen am deutlichsten sichtbar beheimatet. Andere japanische Chirurgen haben mit »sedativer Chirurgie« mittels der Zerstörung winziger Teile des Hypothalamus begonnen.[8]

Louis Jolyon West, ein bekannter Hirnchirurg an der Kalifornia-Universität in Los Angeles, erzählt uns eine interessante Erfolgsgeschichte. Eine Kellnerin, die verschiedentlich versucht hatte, sich aufzuschlitzen, war mehrere Jahre lang nicht aus der Zwangsjacke herausgekommen. Nach einer Mandelkernoperation hörten ihre Wutanfälle auf, und sie konnte einen festen Arbeitsplatz finden.[9]

Der Bostoner Gehirnchirurg Vernon H. Mark und seine Kollegen operierten mehr als ein Dutzend gewalttätige Patienten am Mandelkern. Sie glauben, daß die Gewalttätigkeit der Patienten mit Epilepsie zu tun hat. In einem Fall, bei dem Mark die Hauptrolle spielte, handelte es sich um die einundzwanzigjährige Julia. Sie war Epileptikerin und hatte außerdem oft teilweise völlig fremde Menschen scheinbar sinnlos angefallen. Im Benehmen mit einem Psychiater kam der Chirurg zu der Auffassung, einige Ausfälle und Wutausbrüche seien Ersatzhandlungen für die üblichen Epilepsiekrämpfe.

Nachdem ein Teil ihres Mandelkerns entfernt worden war, hatte sie weniger epileptische Anfälle und zeigte nur noch gelegentlich abnorme Wuterscheinungen, obwohl sie auch weiterhin als psychotisch galt. Sie konnte zu Hause wohnen, sang im Kirchenchor und machte ihren Oberschulabschluß. Andere Zeugen berichten allerdings, nach der Operation sei sie mutloser gewesen, habe das Gitarrespiel eingestellt und sich generell weniger an geistigen Gesprächen interessiert gezeigt.[10]

Nach Auffassung von Stephan L. Chorover, Physiopsychologe am Massachusetts Institute of Technology, führen Untersuchungen der Ergebnisse von Amygdalektomien an Affen zu beunruhigenden Schlußfolgerungen. Nach der Operation seien die Affen zwar gegen ihre menschlichen Betreuer weniger feindselig gewesen, hätten aber nach Rückkehr zu ihrer Truppe mehrfach unpassendes Verhalten an den Tag gelegt. Da sie nicht kopulieren konnten, seien sie sozial isoliert gewesen und entweder verhungert oder Räubern zum Opfer gefallen.

Müssen wir daraus, soweit es sich um den Mandelkern handelt, eine Lehre für den Menschen ziehen? Chorover meint dies, und er zitiert den Fall eines hervorragenden Mechanikers, der leicht in Wut geriet. Er wurde einem Bostoner Chirurgen überwiesen, der anhand der Untersuchungen seiner Gehirnströme vermutete, das Verhalten des Mechanikers könnte eine Form der Epilepsie sein. Chorover behauptet, es sei noch völlig ungeklärt, ob zwischen Epilepsie und Gewalttätigkeit ein kausaler Zusammenhang bestehe. Wie dem auch sei, nach Wochen geduldiger Erläuterungen des Chirurgen war der Mechaniker schließlich mit einer Mandelkernoperation einverstanden. Vier Jahre nach der Operation erklärte der Chirurg, der Mechaniker habe seither keinen einzigen Wutausbruch mehr gehabt, zeige jedoch weiterhin »einen gelegentlichen Epilepsieanfall, verbunden mit Zeiten der Verwirrung und ungeordneten Denkens«.

Chorover aber berichtet, diese knappe Darstellung verschleiere nur die wahre Situation. Die Familie des Mechanikers forderte einen Psychiater aus Washington auf, den Fall unabhängig zu untersuchen. Dieser berichtete, nach der Operation habe der Mechaniker seine Stellung und seine Frau verloren und sei so verstört – er war arbeitsunfähig und konnte sich auch nicht selbst versorgen –, daß er in regelmäßigen Abständen ins Krankenhaus eingeliefert werden müsse.[11]

Manche Chirurgen neigen dazu, die Operation damit zu rechtfertigen, das Heftigkeitsverhalten stehe irgendwie in Beziehung zu einen oder anderen Gehirnerkrankung. Damit entziehen sie sich der umstrittenen Arena der Verhaltenskontrolliererei. Ein Enthusiast der Seelenklempnerei, Orlando J. Andy von der Mississippi-Universität, verstieg sich zu der Behauptung, jegliches anomale Verhalten sei die Folge anomal strukturierten Gehirngewebes.

Das läßt sich freilich schwerlich nachweisen. Der größte Teil des limbischen Systems ist röntgenologisch kaum zu erfassen. Desgleichen läßt sich mit den am Skalp befestigten herkömmlichen Gehirnstrom-Meßgeräten der größte Teil der elektrischen Aktivität dieser Region nur schwer aufspüren. Allein tief im Gehirn, an der als krank vermuteten Stelle angebrachte Implantate können zuverlässige Gehirnstrom-Anhaltspunkte erfassen.

Verwandelt man auf chirurgischem Wege eine vorlaute in eine tumbe Person, dann ist diese Veränderung irreversibel. Wir haben es nicht mehr mit derselben Person zu tun. Wieweit ist eine Persönlichkeits-Manipulation durch Eingriff ins Gehirn tragbar? Soll sie auf Patienten von Nervenkliniken und Heilanstalten beschränkt bleiben, die nachweislich Gehirnschäden haben und selbst – oder wenn sie nicht zurechnungsfähig sind, deren nächste Verwandte – die Operation verlangen?

Wissen wir überhaupt schon genug vom Funktionieren des Gehirns und den oft erst sehr viel später auftretenden Auswirkungen einer Gehirnveränderung, daß sich eine irreversible Chirurgie (von Extremfällen einmal abgesehen) rechtfertigen läßt? Unter Extremfällen verstehe ich Menschen mit nachweislichen Gehirnschäden und Menschen, die ständig unter unerträglichen Schmerzen leiden. Ich meine, dazu wissen wir noch zuwenig. Deshalb sollten wir die Psychochirurgie auf diese Extremfälle beschränken und sie auch dann erst anwenden, nachdem ein Krankenhauskomitee alle Fakten sorgfältig geprüft hat.

Wir müssen einen klaren Trennstrich ziehen. Lassen wir uns erst einmal darauf ein, daß Chirurgen zum besseren Wohle der Menschheit Leuten im Gehirn herumoperieren, die nach ihrer Meinung oder nach Auffassung von Regierungsbehörden zu aggressiv oder zu streitsüchtig sind, dann kann die Psychochirurgie der gesellschaftspolitischen Maßregelung Tür und Tor öffnen. Gleich im nächsten Kapitel wollen wir uns das einmal näher ansehen.

6
WIE MAN DEN MENSCHEN GEFÜGIGER MACHT

> Sollte Amerika je dem Totalitarismus
> anheimfallen, dann wird der Diktator
> ein Verhaltenswissenschaftler sein,
> und die Waffen des Polizeichefs hei-
> ßen Lobotomie und Psychochirurgie.
> – Peter R. Breggin, Psychiater,
> in einer Aussage vor dem Kongreß

Vielleicht brachten die Aufstände und Unruhen der letzten Jahre – in Universitäten, schwarzen Ghettos und gegen den Vietnamkrieg – den Stein ins Rollen. Jedenfalls erleben wir eine breitangelegte, eifrige Suche nach unverfänglichen Möglichkeiten, aufsässiges Volk zur Räson zu bringen. Da bietet sich neuerdings der stille, wissenschaftliche Weg geradezu an.

Führend in dieser Methode sind die Russen, wobei sie sie allerdings oft nur als Vorwand benutzen. Den Systemkritiker schickt man zum Arzt, und der erklärt ihn für geisteskrank. Dann wird er in eine Nervenanstalt eingewiesen. Dem Vernehmen nach sollen die Russen auch ein einfaches Verfahren entwickelt haben, mit dem sich das Gehirn von Systemkritikern anhaltend schwächen läßt. In einer Anhörung des Unterausschusses des amerikanischen Senats für Innere Sicherheit sagte ein kanadischer Psychiater von der Medizinischen Fakultät der University of British Columbia hierüber aus. Er erklärte, die sowjetische Polizei habe entdeckt, daß der Einsatz massiver Reserpindosen eine gewisse Hirnatrophie verursacht. Diese Anschuldigung beruhte auf Gesprächen mit sowjetischen Psychiatern und vormals in der Sowjetunion ansässigen Personen. Gewöhnlich verwendet man Reserpin zur Behandlung zu hohen Blutdrucks.

Die Sehnsucht nach einer lammfrommen, unterwürfigen Volksmasse in den Vereinigten Staaten hat in folgendem Ausspruch des früheren Vizepräsidenten Spiro T. Agnew ihren deutlichsten Niederschlag gefunden: »Es wird in unserem Staat immer Leute geben, die nichts leisten wollen oder nicht im entferntesten daran denken, sich in die übrige Gesellschaft einzufügen. Und diese Leute sollte man von der übrigen Gemeinschaft absondern, nicht gefühllos natürlich, aber doch so weit absondern, daß ihre Anschauungen auf den einzuschlagenden Kurs ohne Wirkung bleiben.«

Viele Vorsteher von Einrichtungen, die wohl oder übel mit aufsässigen Leuten zu tun haben, scheinen ihren Erfolg daran zu messen, in welchem Maße sie Ordnung und Fügsamkeit erzielen. Ich denke hier insbesondere an Schulleiter, Gefängnisdirektoren, Firmenchefs, Altersheimvorsteher und Leiter von Nervenheilanstalten.

Der Psychiater Seymour Halleck von der University of North California meinte einmal, viele seiner Kollegen bewerteten den Erfolg der Behandlung gefühlsgestörter Menschen nur nach einem einzigen Kriterium, »ob nämlich der Patient friedlicher wird«.

Und der schon erwähnte Psychiater H. L. Newbold scheint der Auffassung zu huldigen, Hauptziel des Psychiaters müsse es sein, den Menschen zu zähmen, indem man ihn auf Gefügigkeit programmiert. Er weist darauf hin, die Verabreichung von Psychopharmaka mache »den Patienten ... gefügiger, und das erleichtert dem Therapeuten die Umprogrammierung«.[1] Er nennt das »Gefügigmachen« eine Angelegenheit von »drängendem Interesse«. Der Mensch, sagt er, handle sich viel Ärger ein, weil er biologisch auf Expansivität (Aggressivität) programmiert sei. Überexpansive Kinder ließen sich sehr wohl unter ständige Beruhigungsmittel setzen, während man sie für ihr Leben programmiere. Dann fügten sie sich besser in die sozialen Normen ein.

Mehrere Personen und Organisationen fordern eine Art Erkennungssystem für das Aufspüren potentieller Gewalttäter. Gewisse Sachverständige für Fragen des Strafvollzugs und der Genetik haben – ohne ausreichende Erkenntnisbasis – den Vorschlag gemacht, alle männlichen Neugeborenen auf das Vorhandensein eines zusätzlichen Y-Chromosoms zu untersuchen. Die XYY-Chromosomstruktur kommt im Durchschnitt unter 500 Männern einmal vor. Da nun nach einigen Erhebungen der XYY-Anteil bei Gefängnisinsassen etwas höher lag, meinte man sich zu dem obigen Vorschlag einer Früherkennung berechtigt. Aber was sagt schon der Anschein einer unterschiedlichen Proportion, wenn man bedenkt, daß viele Missetäter wegen Habgier und nicht wegen Gewalttat einsitzen?

Arnold A. Hutschnecker, eine Zeitlang Nixons Internist, hat den Vorschlag gemacht, wir sollten die Gesellschaft von gewalttätig veranlagten Menschen befreien, indem man die Sechs- bis Achtjährigen einer Massenuntersuchung zuführt. Dabei sollten psychologische Tests eingesetzt werden. Das Ganze sollte dazu dienen, Kinder mit echter oder potentieller Neigung zu Gewalttat aufzuspüren. Desgleichen wollte er Kinder, die als »ernsthaft gestört« erkannt wurden, in Lagern sonderbehandelt wissen. Nach einem Bericht Charles Witters in der sozialwissenschaftlichen Zeitschrift *Trans-Action* war Hutschneckers Vorschlag auf Kopfbogen des Weißen Hauses geschrieben und dem Minister für Gesundheit, Erziehung und Wohlfahrt zur Stellungnahme zugesandt worden. Nach dem gleichen Bericht wurde der Vorschlag dann drei Monate lang im Nationalinstitut für Geisthygiene geprüft. Der Unterausschuß des Repräsentantenhauses für den Schutz der Intimsphäre bekam schließlich Wind von der Sache und erörterte die Frage, ob ein Untersuchungsausschuß eingesetzt werden sollte. Daraufhin schickte das GEW-Ministerium dem Weißen Haus eine negative Stellungnahme.

Kenneth Keniston, eine Kapazität in Fragen der Geistesgestörtheit, hat einmal sarkastisch davon gesprochen, binnen eines Jahrzehnts werde der Kongreß ein Gesetz über die Einrichtung von Fernbehandlungsstätten verabschieden. 247 solcher Stätten würden errichtet, zumeist im Gebiet der Rocky Mountains. Jede Behandlungsstätte könnte tausend Patienten aufnehmen. Und jede würde Großstädter behandeln, die durch speziell ausgebildete Aufspürer als unter dem »aggressiven Entfremdungssyndrom« leidend erkannt worden seien.

Der Gehirnchirurg Vernon H. Mark und der Psychiater Frank R. Ervin fordern in ihrem umstrittenen Buch *Violence and the Brain* einen Frühwarntest zur Erkennung gewalttätiger Neigungen. Sie schlagen vor, man solle eine gewaltspezifische Grundverhaltensnorm aufstellen, der ein normalhirniger Mensch entsprechen könne. Wer die Norm nicht schafft, läßt sich nach ihrer Meinung durch nähere Untersuchung möglicher Fehlfunktionen des limbischen Systems irgendwie diagnostizieren.

Manche Vorschläge gehen über das bloße Aufspüren aufsässiger Personen hinaus. Bringen andere Behandlungsmethoden nicht das gewünschte Resultat, dann bietet sich die Neurochirurgie geradezu an. Der kritisch eingestellte Peter R. Breggin meint zur Psychochirurgie: »Für den Möchtegerndespoten – sei er Politiker, Gefängniswärter, Direktor einer Nervenheilanstalt, Polizist, religiöser Eiferer oder auch einfach Haustyrann – ist die Psychochirurgie die Erfüllung eines Traumwunsches.«

Als 1967 die Unruhen in den schwarzen Ghettos in aller Munde waren, schrieben Ervin und Mark zusammen mit ihrem Harvard-Kollegen, dem Gehirnchirurgen William H. Sweet, einen Brief an das amerikanische Ärzteblatt. Darin war zu lesen, zwar spielten die sozialen Lebensumstände fraglos beim Zustandekommen der Unruhen eine Rolle, doch sei es an der Zeit, sich die Personen einmal näher anzusehen, die sich durch besondere Gewalttätigkeit hervortäten. Man sollte sie klinisch untersuchen. Ziel der Aktion solle es sein, Menschen mit niedriger Gewalttat-Schwelle festzustellen, zu diagnostizieren und zu *behandeln,* »ehe sie weitere Tragödien heraufbeschwören«. Mark wenigstens hat später einen Teilrückzieher gemacht, indem er darauf hinwies, während solcher Unruhen sei oft auch die Polizei an Gewalttaten schuld. In der Zeitschrift *Ebony* aber wurde der Brief zitiert in einem Artikel mit der Überschrift »Neue Gefahr für die Schwarzen: Gehirnchirurgie zur Verhaltenskontrolle«.

Auf dem Zweiten Internationalen Psychochirurgie-Kongreß in Kopenhagen kam von M. Hunter Brown, Neurochirurg aus Los Angeles, der Vorschlag, für die präzise Rehabilitierung »gewalttätiger« Gefängnispatienten solle man Pilotprogramme fahren. Er hoffe, sagte er, sein Staat Kalifornien werde Programme einrichten, zu denen die Diagnose, die experimentelle Verwendung neuerer Drogen »und schließlich der neurochirurgische Eingriff mit vorgegebener Zielsetzung gehören. Bis dahin muß die Menschheit weiter auf der Stelle treten.« [2]

Der Neurophysiologe Robert Livingston von der University of California in San Diego nannte das derzeitige Strafsystem sinn- und nutzlos und schlug vor, im Gehirn von Gefangenen mit Schläfenlappenmängeln »den richtigen Eingriff« vorzunehmen.[3]

Rund um die Welt werden jährlich Tausende aufsässiger oder abartig veranlagter Personen am Gehirn operiert. Einige der Chirurgen geben an, sie operierten nur – oder hauptsächlich – Personen mit eindeutig nachweisbar organischer Gehirnanomalie wie z. B. Epilepsie. Beiläufig ist hier hervorzuheben, daß der Epileptiker während seiner Anfälle nur selten Dritten gegenüber gewalttätig wird. Ist er zu anderen Zeiten aufsässig, so kann dies ein zufälliges Zusammentreffen sein. Ein Verbrecher, der mehrfach einen Schlag mit dem Revolvergriff abbekommen hat, kann sehr wohl eine Hirnpathologie entwickeln. Generell aber sind die Hinweise auf eine Korrelation zwischen nachgewiesener Hirnpathologie und Neigung zur Gewalttat sehr dürftig.

Andere Chirurgen sagen, sie versuchten lediglich Menschen mit Neigung zur Gewalt zu helfen, damit sie nicht in Schwierigkeiten kommen. Manche dagegen erklären rundheraus, wie immer der Gehirnzustand sei, sie jedenfalls seien für die Operation, meist am Mandelkern. Ihr Ziel sei es, Personen umgänglicher zu machen für jene, die sie befehligen wollen oder müssen.

Das Problem kann ganz einfach sein: ein destruktiv veranlagtes, schwer erziehbares Kind, dessen Mutter Hilfe sucht. Walter Freeman, den man manchmal den Vater aller Psychochirurgen nennt, zitiert den Fall einer spielzeugzerstörenden Sechsjährigen, mit der die Mutter einfach nicht fertig wurde. Nach zwei umfangreichen Lobotomien, so sein Bericht, sei das Kind »ganz in sich gekehrt, aber weniger ungefügig« geworden.

Peter Breggin hat festgestellt, Orlando J. Andy, Leiter der neurochirurgischen Abteilung der Mississippi-Universität, habe seine zahlreichen psychochirurgischen Eingriffe überwiegend an Kindern vorgenommen. Diese waren als hyperaktiv, aggressiv oder emotional labil eingestuft worden. Breggin zitiert den Brief eines Psychologen, der mit Andy zusammenarbeitet und feststellt, die Operationen an den Kindern hätten der »Reduzierung der Hyperaktivität auf ein von den Eltern zu bewältigendes Maß« gedient.[4]

Gebräuchlicher sind allerdings Gehirnoperationen an Leuten in gewissen Anstalten, damit die Wärter leichter mit ihnen fertig werden können. Zu den größten Gruppen in der Welt, an denen eine Amygdaloperation zur Minderung der Hyperaktivität und Aggression vorgenommen worden ist, gehört der von V. Balasubramaniam im Allgemeinen Krankenhaus in Madras, Indien, operierte Personenkreis. Er beschreibt seinen Eingriff als »sedative Neurochirurgie«, deren Ziel es sei, den Patienten »ruhig und verträglich« zu machen.[5] Balasubramaniam nennt den Fall von gewalttätigen Patienten, die nach der Operation ohne Risiko in normale Mehrbettzimmer aufgenommen werden konnten. Ein vordem angriffslustiger Patient wurde hilfsbereit und kümmerte sich sogar um andere Patienten. Andere Chirurgen berichten von Patienten, die sich nach der Operation bereitwilliger zu unbeliebten Arbeiten wie Bodenwischen hergaben.

Robert Neville war Leiter einer Sondergruppe, die das Institute of Society, Ethics and the Life Sciences zur Untersuchung der vollen sozialen Auswirkung der Psychochirurgie eingesetzt hatte. Er kam zu dem Schluß, Psychochirurgie übe auf gewisse Einrichtungen eine gefährliche Anziehungskraft aus, weil sie »die billigste und einfachste Behandlungsmethode für die Steuerung der Patienten« sei.[6] Mit dieser Anziehungskraft geht seiner Meinung nach die Gefahr einer unrechten Anwendung der Psychochirurgie einher, die nur den Zweck verfolge, aggressive Dissidenten zu reglementieren.

Breggin äußert sich unumwundener. Potentiell könne für Kinder in Erziehungsanstalten und Erwachsene in Gefängnissen eine katastrophale Lage entstehen. Beide seien »völlig in der Gewalt von Behörden, denen es vor allem darum geht, mit ihnen auf möglichst sparsame und wirksame Weise fertig werden zu können«.

Im *Congressional Record* zitiert er medizinische Berichte Walter Freemans, in denen dieser feststellt, es bestehe keine zwingende Notwendigkeit, einen Krankenhauspatienten zu operieren, über dessen Führung gesagt wird, »macht keine Schwierigkeiten auf der Station«. 1971 gab Freeman des weiteren zu bedenken, die Psychochirurgie sei »die ideale Operation für überfüllte Landeskrankenhäuser, denen es an allem mangelt, nur nicht an Patienten«.[7]

Wie bereitwillig Vertreter des Recht-und-Ordnung-Flügels die schnelle, chirurgische Zähmung aufsässiger Personen aufgreifen, ist daraus zu ersehen, daß das amerikanische Justizministerium der

Neuro-Forschungs-Stiftung in Boston eine Zuwendung von fast 200000 Dollar gewährte. Die Stiftung hatten Mark, Sweet und Ervin gegründet. Die Mittel sollten auf Versuche zur Identifizierung gewalttätiger Strafgefangener verwendet werden, die bei Routineuntersuchungen auch Anzeichen von Gehirnstörungen aufwiesen (und somit vermutlich Kandidaten für einen psychochirurgischen Eingriff waren). Neuere Kritik an der Psychochirurgie an Strafgefangenen ließ allerdings das Justizministerium abwinken, als Mark, Sweet und Ervin die Aufstockung des Fonds auf 1,3 Millionen Dollar beantragten. Eine Reihe staatlicher Strafvollzugsanstalten, vor allem in Kalifornien und Illinois, zeigten sich geradezu fasziniert von der chirurgischen Gefügigkeitsmethode. 1971 machte der Leiter des Strafvollzugs für Kalifornien den Vorschlag, auf breiter Basis »gewalttätige Insassen neurochirurgisch zu behandeln«, deren Testergebnisse auf Gehirnstörungen als mögliche Ursache der »Gewalttätigkeit« hindeuteten.

Stephan L. Chorover vom Massachusetts Institute of Technology entdeckte zufällig einen Teil einer amtlichen, eidesstattlichen Erklärung, die einen Häftling betraf, der als vermutlicher Kandidat galt. Er wurde zur psychiatrischen Evaluation in das Gefängnis von Vacaville, Kalifornien, verschubt. Der Mann wurde als »aggressiv vorlaut« beschrieben, »der stets andere zu seiner Auffassung zu bewegen sucht, wonach Anstalt und Personal die Häftlinge unterdrückten«. Er brachte anderen Insassen Karate bei, war an einer Arbeitsniederlegung beteiligt gewesen und bestellte Bücher, in denen die Gesellschaft angegriffen wurde. Im Mai hatte er Feuer gelegt, um für seine politische Meinung zu demonstrieren. Kurzum, er schien ein hartnäckiger Dissident.[8]

Drei Jahre zuvor hatten sich drei Insassen des Gefängniskrankenhauses von Vacaville, die Gewalttaten vollbracht hatten, mit der Zerstörung eines Teils ihres Mandelkerns einverstanden erklärt. Das Ergebnis war aber nicht gerade eindrucksvoll. Der eine, der die stärkste Anfangsbesserung gezeigt hatte, wurde auf Ehrenwort entlassen, kehrte aber schon bald wieder wegen erpresserischen Raubs ins Zuchthaus zurück. Er klagte, allmählich habe er die Gewalt über seine Gefühle verloren.[9]

Nun *kann* zweifellos ein chirurgischer Eingriff in tiefliegende Teile des limbischen Systems, etwa im Mandelkern, die Emotionalität mildern. Aber die Operationstechnik ist noch ziemlich primitiv. Überdies haben wir bereits gesehen, daß die verschiedenen Regionen des Gehirns sehr fein miteinander verzahnt sind. Der Forschungsleiter des amerikanischen Nationalinstituts für Neurologische Erkrankungen und Schlaganfälle, Ayub Khan Ommaya, hat ausgesagt, »jeder Teil des Gehirns setzt voraus, daß die anderen Teile funktionieren«. Wir wissen verhältnismäßig wenig darüber, wie das Herumschaufeln in dem einen Bereich das gesamte Gehirnsystem evtl. durcheinanderbringen kann.

Ommaya bezweifelt zudem, ob anomale Gehirnströme auch tatsächlich strukturelle Gehirnschäden anzeigen. Psychochirurgie-Enthusiasten der ersten Stunde führten eine erhebliche Anomalie der Gehirnströme bei Gefängnisinsassen als Beweis für Hirnschäden ins Feld. Sie taten das ohne Gegenprüfung der Gehirnströme einer Kontrollgruppe nichtinhaftierter Personen. Viele Individuen mit anomaler Gehirnstromkonfiguration zeigen jedoch keinerlei nennenswert anomales Verhalten.

So ist denn die Psychochirurgie eine neue Technik, die ihre Entwicklung zwar weitgehend humanitären Beweggründen verdankt, in der Welt aber immer mehr dazu verwendet wird, Menschen gefügiger zu machen, ob sie nun anderen oder sich selbst gefährlich sind oder nicht. Und ihr wohnt potentiell die Möglichkeit des manipulativen Mißbrauchs zur Steuerung des Menschen inne, einschließlich der Gefahr der Ausschaltung des Andersdenkenden. Das aber wirft sehr ernste Fragen auf, wann sie, wenn überhaupt, zulässig sein soll.

Peter Breggin hat die totale Ächtung aller Formen der Psychochirurgie gefordert, denn sie bewirke eine nicht zu rechtfertigende Verstümmelung. Eine glatte Ächtung würde bedeuten, daß man das humanitäre Ziel begraben müßte, hoffnungslos Kranken, die zu allem bereit sind, was ihre Not lindern kann, noch Hoffnung auf Erleichterung bieten zu können. Oder in den Worten des Harvard-Anästhesiologen Henry K. Beecher: »Wenn wir schon von Grundfreiheiten reden – mir will scheinen, daß Hoffnung auf Erleichterung eine ziemlich wichtige ist.«

Wir haben es hier jedoch mit einer sehr unpräzisen und mißbrauchten Technik zu tun. Wir wissen einfach noch zu wenig vom

Funktionieren des Gehirns. Viel zuwenig Versuche sind bislang mit Primaten gemacht worden (eine der besten Primatenuntersuchungen findet z. Z. im Yerkes Regional Primate Center in Atlanta, Georgia, statt).

Ich bin der Meinung, über jegliche Psychochirurgie an Menschen, die nicht strengsten Diagnose- und Kontroll-Kriterien entspricht, sollte ein fünfjähriges Moratorium verhängt werden. Während der jetzigen Experimentalphase sollte die unumkehrbare Psychochirurgie an inhaftierten Personen auch dann unzulässig sein, wenn sie ihre Zustimmung geben – es sei denn, diese Zustimmung werde ungewöhnlich gründlich geprüft –, denn die Zwangsumgebung erlaubt nur schwerlich eine vollinformierte und bereitwillige Zustimmung. So könnte die Nichtfreiwilligmeldung schon die Chancen eines Strafgefangenen, auf Ehrenwort entlassen zu werden, vermindern.

Diese Haltung, daß nämlich die Zustimmung allein nicht ausreicht, nahm 1973 ein aus drei Richtern bestehendes Gericht in Wayne County in Michigan ein. Es handelte sich um einen Strafgefangenen, der zahlreiche Gewalttaten begangen hatte und für einen Versuch ausgewählt worden war, dem er zugestimmt hatte. Während der langen Beweisaufnahme gelangten die Richter zu der Überzeugung, die voraussagbare Wirkung der Psychochirurgie auf die Minderung des Gewaltverhaltens sei unbekannt, die Wissenschaft wisse noch nicht genug über die Gehirnstruktur, um sagen zu können, warum der chirurgische Eingriff die gewünschte Wirkung erziele, und erst recht nicht, ob er dies in einem konkreten Fall tue, und schließlich habe derlei Chirurgie die unvermeidliche und unumkehrbare Konsequenz, das Gefühlsleben abzustumpfen.[10]

Während des Moratoriums sollte im ganzen Lande keine Klinik, bei wem auch immer, einen psychochirurgischen Eingriff zulassen, ehe der Fall von einem Komitee nachgeprüft ist, das aus Personen besteht, die in keinerlei Verbindung zum Krankenhaus stehen. Ein Beirat des Ministers für Gesundheit, Erziehung und Wohlfahrt hat (1976) empfohlen, die Psychochirurgie weiterhin als experimentell zu betrachten. Desgleichen sollte keine Operation zulässig sein, die intentionell nicht eindeutig therapeutischen – also nicht-manipulativen – Charakters ist. Schließlich sollte ein bundesweites (nur mit Code-Nummern geführtes) Personenregister eingerichtet werden, das jeden erfaßt, der sich irgendeinem psychochirurgischen Eingriff unterzieht – oder im letzten Jahrzehnt unterzogen hat –, und die Berichtsführung sollte auch eine Ergebnisbewertung umfassen. Damit kämen die Forscher in den Besitz vieler Antworten, die wir brauchen, bevor die Psychochirurgie – auch dann noch strengstens reguliert – als zulässiges therapeutisches Standardverfahren akzeptiert werden kann. Gehirnchirurgen sind meist viel zu beschäftigte Leute, als daß sie mehr als schnelle, oberflächliche Nachuntersuchungen an Patienten vornehmen, in deren Hirn sie eingedrungen sind.

Derzeit dürften wohl jene, die sich ihrer gewalttätigen Neigungen wegen Sorgen machen, besser beraten sein, den Pillenweg einzuschlagen. Auf ihm gibt es gewöhnlich noch ein Zurück. Da sind einmal die schwach wirksamen Beruhigungsmittel. Da sind zum anderen die bereits genannten spezifischen Anti-Aggressions-Präparate, die es heute schon gibt oder die entwickelt werden. Das Fehlen eines bestimmten Enzyms führt beim Mann zu einer Überproduktion an Harnsäure, und dies verursacht bekanntlich Hyperaggressivität.[11]

Und schließlich ist da das Lithium. Der Yale-Psychiater Michael Sheard hat es an zwölf Insassen des Staatsgefängnisses von Connecticut in Somers ausprobiert, die seit langem Gewaltverhalten an den Tag gelegt hatten. Einen Monat lang nahmen sie täglich eine Lithiumkarbonatkapsel ein. Im folgenden Monat erhielten sie ohne ihr Wissen nur noch Placebokapseln, die wie Lithiumkapseln aussahen und schmeckten. Dies wurde abwechselnd mehrere Monate lang fortgesetzt. Sheard berichtet von einer erkennbaren Verminderung des Gewaltverhaltens während der Lithiumperioden ohne erkennbare ernsthafte Nebenwirkungen.[12]

Wie man Strafgefangene wissenschaftlich umkrempelt

Außer den Chirurgen haben sich auch andere Verhaltensformer kräftig bemüht, Strafgefangene gefügig zu machen.

Wieder betreten die operanten Konditioneure und Gehirnwäscher die Bühne. Auch Gruppentherapeuten und Arzneihersteller bevölkern jetzt die Szene.

Auf hergebrachte Art wurde man mit widerspenstigen Häftlingen fertig, indem man sie bei Wasser und Brot einlochte. In den fünfziger Jahren kam dann das Reformideal auf, kein Sträfling sei ein hoffnungsloser Fall, man könne einen jeden, auch den schlimmsten, noch durch psychologische Beratung auf den rechten Weg bringen. Aber das individuelle Wegbesprechen der Probleme stellte sich doch als recht zeitraubend heraus. Währenddessen stieg die Zahl der Verbrechen weiter an.

Die Recht-und-Ordnung-Leute erhoben die Forderung, mit dem Unsinn müsse endlich Schluß gemacht werden. Für sie ging es nicht so sehr um die Rehabilitierung der Häftlinge als darum, sie »in den Griff zu bekommen«. Eine Reihe von Techniken zu diesem Zweck, wie sie Verhaltenswissenschaft und Medizin anboten, war so ganz nach ihrem Geschmack.

In vielen Gefängnissen wurde bald festgestellt, daß die Unruhestifter wie brave Idioten dahintrotteten, wenn man starke Beruhigungsmittel wie Prolixin einsetzte. Ein Häftling des Arizona State Prison schrieb in der *New York Times,* er habe miterlebt, daß Elektroschockbehandlungen – deren Anwendung gewöhnlich der Behebung von Depressionen vorbehalten ist – dazu benutzt worden seien, um den Elan und die Vitalität von Zuchthausadvokaten und -insassen zu bremsen, die bei den Gefangenenwärtern als »politisch radikal« galten. Die Häftlinge nannten das die »Edison-Arznei«.[13]

Man sprach ganz unumwunden davon, Häftlinge müßten mittels eines Systems von Strategien der Verhaltensmodifizierung einer Gehirnwäsche unterzogen werden, damit sie rehabilitationsbereit würden. Mehrere Quellen, so z. B. Jessica Mitford in *Kind and Usual Punishment,* berichten von einem Vortrag über Gehirnwäsche, den ein Psychologe des Massachusetts Institute of Technology vor einer Konferenz von Strafvollzugsbeamten gehalten hat. Er hatte die Gehirnwäscheverfahren asiatischer Kommunisten an amerikanischen Kriegsgefangenen eingehend studiert. In seinem Vortrag nun gab er zu verstehen, einige dieser Methoden könnten auch in unseren Gefängnissen nutzbringend eingesetzt werden. Nach Mitfords Darstellung wurden die Wärter insbesondere aufgefordert, den Zielhäftling systematisch von seinen Freunden und Bekannten abzusondern. Den Wärtern wurde dargelegt, wie man gegenseitiges Mißtrauen säen kann, indem man z. B., um nur eine Methode zu nennen, den

Häftling mit List so weit bringt, daß er schriftliche Erklärungen von sich gibt, die man dann den Mithäftlingen zeigt. Damit sollte er die Überzeugung gewinnen, daß er keinem Menschen trauen könne. Den Wärtern wurde auch gesagt, wie man schließlich den weichgewordenen Häftling in eine neuartige, undurchsichtige Situation versetzt, die ihn durch unklare Normen vollends verwirrt. Dann wird Druck angesetzt, damit er sich in der gewünschten Richtung verändert.

Mitford sagt weiter, es gebe Beweise, daß diese Gehirnwäschemethode in mindestens einer Bundeshaftanstalt zur Anwendung kam – in Marion, Illinois. Mitglieder der Federal Prisoners' Coalition schmuggelten einen detaillierten Bericht über ein vorgebliches Versuchsprogramm aus dem Gefängnis, und dieses Programm sah der den Wärtern vorgetragenen Methode aufs Haar ähnlich. Es wurde in erster Linie bei Unruhestiftern angewandt. Und es gehörte zu einem Programm der Persönlichkeits-Umstrukturierung, das der Anstaltspsychiater Martin Groder ausgearbeitet hatte. Er ist zum Skinner der Häftlingsmodifizierung geworden.

Zunächst wird der Häftling mit den oben beschriebenen Methoden mürbe gemacht, bis er sich einverstanden erklärt, Groders Denkreformprogramm über sich ergehen zu lassen. Dann unterwirft man ihn starkem Druck einer Gruppe schon reformierter Häftlinge. Sie stacheln seine Ängste an. Sie fallen systematisch über alles her, was ihm lieb und teuer ist. Das Ganze soll dazu dienen, ihn einer Denkreform zu unterwerfen, die ihn als mutmaßlichen »Sieger im Lebenskampf neu gebiert«. Sobald er neu geboren ist, kommt er in ein geradezu luxuriös ausgestattetes Quartier und wird seinerseits Mitglied einer Angriffsgruppe, die auf andere Häftlinge angesetzt wird, die noch ihrer Wiedergeburt harren.[14]

Unterdessen tauchten nach und nach die operanten Konditionierer mit Aktentaschen voller Aversiv-/Belohnungs-Strategien zur Verhaltensformung in amerikanischen Haftanstalten auf. Viele wurden ganz oder teilweise mit Zuwendungen der US-Gefängnisverwaltung oder der Law Enforcement Assistance Administration (LEAA) des amerikanischen Justizministeriums finanziert.

Auf Anfrage nach einer Liste der von ihr geförderten Verhaltensforschungsprojekte lieferte die LEAA einen Computerausdruck mit vierhundert Vorhaben, bei denen sich eine Verhaltensmodifizierung ergeben könnte.

In einem Bundesgefängnis für Frauen in Alderson, West Virginia, wurden die Insassinnen operant konditioniert, indem man sie nur mit Bademantel und Nachttopf ausgestattet in eine Zelle sperrte. Diese Aversiv-Therapie sollte sie dazu motivieren, sich Kleidung, Mobiliar und ein normales Gefängnisleben zu verdienen, indem sie das gewünschte Verhalten an den Tag legten.[15]

Geradezu zelebriert wurde die Verhaltensmodifizierung im Medizinischen Zentrum für Bundeshäftlinge in Springfield, Missouri. Mit dem Programm sollten Problemhäftlinge, die ohne ihr Einverständnis dorthin zur Behandlung verlegt wurden, »rehabilitiert« werden. Gerüchteweise verlautete, daß einige nicht etwa wegen eines Hangs zur Gewalttat ein »Problem« darstellten, sondern weil ihnen immer neue Streiche einfielen, mit denen sie die Wärter ärgerten.

Die Konditionierungsstrategie bestand aus einer Roßkur mit Aussicht auf Erleichterung und Belohnung. Bei Ankunft wurden die Opfer in Einzelhaft in enge Dunkelzellen – 180 × 300 cm – geworfen und aller Vorrechte beraubt. Aversiv in der Tat. Jeder Häftling mußte zwanzig »gute« Tage in unmittelbarer Folge absolvieren, bis er die erste von drei Belohnungsebenen erreichte. Einem Häftling mißfiel das Spiel so gründlich, daß er, von Rundgang und Dusche abgesehen, zweiundvierzig Tage in völliger Dunkelheit verbrachte.

Einen »guten« Tag verschaffte sich der Häftling, indem er keinerlei Schimpfworte gebrauchte, seine Zelle sauberhielt und alle Regeln peinlich einhielt. Er wurde vom Gefängnispersonal anhand einer Checkliste genau beobachtet. Binnen Jahresfrist hoffte man aus jedem Teilnehmer einen braven Bürger zu machen, der alle verfügbaren Vorrechte genießen darf. Dann sollte er in sein »Heimat«-Gefängnis zurückkehren. Zum Fortschritt sollte ihn auch der Titel des Programms anfeuern: »START« (Special Treatment And Rehabilative Training).

Die meisten Verhaltensformer sind der Meinung, positive Verstärker wirkten langfristig stärker als Bestrafungen. Aber im Umgang mit Häftlingen stellten sie fest, daß die Versuchspersonen allgemein argwöhnisch waren. Und sie merkten auch, daß sie es mit gehorsamsheischenden Wärtern zu tun hatten, die mit der Verordnung einer Aversivbehandlung schnell bei der Hand waren.

Mehrere neuerdings entwickelte Präparate können, wie sich herausstellte, aversiver wirken als wochenlange Einzelhaft. Mit Apomorphin z. B. läßt sich haltloses Erbrechen für die Dauer von bis zu einer Stunde verursachen. Noch motivierender wirkt eine Spritze Anectin (Succinylcholin). In den Haftanstalten von Vacaville und Atascadero in Kalifornien haben sich Forscher dieses Präparats ausgiebig als »aversiver Therapie« bedient. Es wird aus dem südamerikanischen Pfeilgift Curare gewonnen.

Anectin führt den fehlverhaltenden Insassen an die Schwelle des Todes. Es lähmt seine Atmungsmuskulatur. Er ist dem Ersticken nahe, dabei aber bei vollem Bewußtsein. Während dieser Erstickungsphase nun erinnert ihn der Therapeut an sein unangemessenes Verhalten und belehrt ihn, diese Art der aversiven Therapie könne ihm dabei behilflich sein, sich künftig angemessener zu verhalten. Hat der vom Schrecken gepackte Häftling das dann endlich begriffen, wird das Gegengift verabreicht.

Einige Verfahren und Werkzeuge, mit denen man das Verhalten von Häftlingen ummodeln wollte, wurden 1973 und 1974 die Zielscheibe von Angriffen. Ein Gericht erklärte, die Benutzung des Erbrechens-Präparats in einer Haftanstalt in Iowa gehöre in die Kategorie grausamer und ungewöhnlicher Bestrafung, sofern der Insasse ihr nicht schriftlich zustimme. Die Amerikanische Union für Grundfreiheiten erlangte eine Gerichtsverfügung, die einigen Aspekten des Gehirnwäscheprogramms von Marion ein Ende setzte. Dem Bundesgefängnisamt drohten ein Gerichtsverfahren seitens einiger Insassen und eine Anhörung im Kongreß, worauf es sein START-Programm in Springfield einstellte. Auf LEAA kam ein Verfahren zu, das die Bundespolizei der Gedankenbeugung beschuldigte, worauf dieses Amt nervös ankündigte, es werde jedenfalls keine Mittel mehr für die Förderung medizinisch orientierter Programme einer systematischen Verhaltensmodifizierung bereitstellen. Freilich war zu gewärtigen, daß sich jeder auch nur halbwegs intelligente Anstaltsdirektor weiterhin LEAA-Zuwendungen verschaffen konnte, indem er einfach seine Programme anders benamste. Sechs Monate nach der genannten Ankündigung war denn auch kein einziges Programm der Verhaltens- oder biomedizinischen Forschung eingestellt worden.

Der Leiter des Gefängnisamts stellte sofort klar, daß START zwar eingestellt sei, das Amt aber weiterhin größtes Interesse am Einsatz der Verhaltensmodifizierung habe. Für ihn war sie »Bestandteil« vieler Gefängnisprogramme. »Wir werden in allen unseren Haftabsonderungseinheiten Programme anfangen«, ließ er die Katze aus dem Sack. »Sie werden nur keine Bezeichnungen mehr tragen, die so viel Emotion auslösen.«

Die Aversivtherapie stand in den Staatsgefängnissen weiterhin in hoher Blüte. Das Spiel hieß jetzt aber allgemein Name-wechsle-Dich, und die allzu ausgeprägt mit Zwangsmethoden betriebenen Projekte wurden zurückgeschraubt.

Monitor, ein Mitteilungsblatt der Amerikanischen Psychologenvereinigung, berichtete, die Psychologen seien geradezu fieberhaft damit beschäftigt, die Formel »Verhaltensmod.« auf die Müllkippe zu werfen. In der Öffentlichkeit werde dieser Begriff kunterbunt mit Psychochirurgie, Drogen, Elektroschock und Zwang in einen Topf geworfen.

Ein Behavioristensprecher, Leonard Krasner, schlug »Umweltdesign« oder »Verhaltenseinfluß« als möglichen Ersatz für Verhaltensmod. vor. Als weitere erwägenswerte Synonyme nannte der Bericht »Verhaltenstherapie«, »Verhaltensbildung«, »Sozialkunde« und »angewandte Behavioralanalyse«.

Krasner übte Kritik an B. F. Skinner, weil er weiterhin den Begriff »Kontrolle« bzw. »Steuerung« benutzte. Skinner wurde nachgesagt, er wolle diesen Terminus nicht aufgeben. Seiner Meinung nach erfahre das Image eines Totengräbers kaum eine Veränderung, wenn er sich in Begräbnisdirektor umbenenne. Der *Monitor*-Bericht schloß mit den Worten: »Vielleicht ist das Beste, was die Psychologen im Augenblick tun können, daß sie ihre Stimme senken und um Gottes willen keine elektrische Knute mit sich herumtragen.«

In Kapitel 1 haben wir aber schon gesehen, daß die Amerikanische Psychologenvereinigung auf ihrer Jahresversammlung 1976 die Hauptvortragsreihe unter das Leitmotiv »Verhaltenssteuerung« stellte.

Der Einsatz wissenschaftlich entwickelter Verhaltensmodifizierungstechniken ging, wie immer sie auch bezeichnet worden sein mögen, in mindestens einem Dutzend Bundesvollzugsanstalten weiter. Offiziell waren Elektroschock, Aversivpräparate und dergleichen tabu. Dafür wurde eine Unzahl von Strategien ausprobiert, die dem fruchtbaren Geist Martin Groders entsprangen, des Mannes also, der sich in der Haftanstalt in Marion in Gehirnwäsche versucht hatte.

Ein Redakteur von *Human Behavior* berichtete, Groder nenne seine Gesamtmethodik »Asklepieion«. Darunter sei eine »intensive Gesamtbehandlung« zu verstehen. Diese kombiniere »Transaktionsanalyse, Gestalttherapie, Primalschrei-Therapie, Psychodrama und Konfrontationen und Marathongruppen in Ableitung von Synanon-Spielen«.[16] (Keines dieser Verfahren bezieht sich auf die von Operant-Konditionierern benutzten Verhaltensmodifikationen.)

Diese Groder-Strategien sollten im wesentlichen in einer etwas undurchsichtigen Bundeseinrichtung in der Nähe des abgelegenen Dorfes Butner in Nordkarolina ausprobiert werden. Die Einrichtung sollte über 13,8 Millionen Dollar kosten. Groder wurde zum Leiter ernannt.

Die Versuchsstation für die Erprobung von Verhaltensmodifizierungstechniken sollte zweihundert Insassen in relativ bequemer Umgebung aufnehmen können. Der Plan enthielt keine Zellen, sondern nur »Verhaltensmodifikationseinheiten«. Aber wieder schrien eine Reihe von Gefangenenorganisationen im ganzen Land Zeter und Mordio.

Noch bevor das Zentrum 1976 nach mehrmaliger Verzögerung endgültig seine Tore öffnete, wurde es zweimal umbenannt. Zuerst sollte es US-Verhaltensforschungszentrum heißen, dann Bundesstelle für Strafvollzugsforschung. Bei der Eröffnung hieß es dann einfach »Bundesvollzugsanstalt in Butner«.

Zum Zeitpunkt der Eröffnung stand der provokatorisch ideenreiche Groder nicht mehr als Leiter zur Debatte. Nach letzten Meldungen wird der Teil in Butner, der der Verhaltensforschung dient und zweihundert hartgesottene Wiederholungstäter als Insassen zählt, im wesentlichen auf freiwilliger Basis beschickt. Von Brutalität keine Rede mehr. Ein Psychologe des Gefängnisamts erklärte, den Insassen werde, »so ähnlich dem Lehrveranstaltungsplan eines College«, eine Auswahl von Programmen angeboten. Erklärtes Ziel ist jetzt die Erprobung einer zentralen Behauptung der Behavioristen, wonach die Umwelt das Verhalten prägt.

All das deutet darauf hin, daß Verhaltensveränderer auch nützliche Programme entwerfen können, wenn sie von Häftlingen und Bürgerrechtlern unter Druck gesetzt werden. Viele Häftlinge wünschen sich eine Chance, mit sich selbst besser klarzukommen. Und wenigstens einige sind dankbar, wenn man ihnen dazu verhilft, daß sie nach der Entlassung sauber bleiben können. Behandelt man sie als verantwortungsbewußte Personen, dann besteht mindestens erheblich mehr Aussicht, daß sie auch verantwortungsbewußt reagieren. Erste Voraussetzung dafür ist jedoch, daß man dem Häftling helfen und nicht etwa nur möglichst einfach mit ihm fertig werden will.

Typisch hierfür ist das Verhalten der Insassen einer Einrichtung in Denver, die unter dem Namen CAT-Haus bekannt ist. Hinter dieser Abkürzung verbirgt sich der Name Colorado Closed Adolescent Treatment Center (etwa: geschlossene Jugendbehandlungsanstalt). Hier betreiben die jungen Leute seit einiger Zeit ihr eigenes Verhaltensmodifizierungsprogramm unter der Anleitung Erwachsener. Aus den Berichten ist zu schließen, daß dies zum größten Teil gut funktioniert.[17]

Wie man Alte und geistig Kranke umgänglicher macht

Institutionen, die mit Alten, mit geistig Zurückgebliebenen und Geistesgestörten zu tun haben, zeigten ebenfalls Interesse an wissenschaftlichen Mitteln und Wegen, die Gefügigkeit ihrer Untertanen zu fördern.

Der englische Neurochirurg Geoffrey Knight sagt uns, er habe mit der Ausführung von Lobotomien begonnen, nachdem er gelesen habe, daß immer mehr alte Menschen in Landeskrankenhäuser aufgenommen werden mußten. Er hat diese Operation über tausendmal vorgenommen.[18]

Doch für die in Heimen lebenden Alten, Zurückgebliebenen und Gestörten greift man vor allem auf das Beruhigungsmittel zurück. In Kongreßanhörungen äußerte sich ein Funktionär des Nationalrats für Ältere Mitbürger empört über den Mißbrauch, der in Altersheimen mit Beruhigungspräparaten betrieben werde. Er prangerte die steigende Tendenz an, den Patienten immer höhere Dosen zu verabfolgen, »womit man einzig und allein bezweckt, daß sie still und brav sind«.[19]

Es gibt ausgezeichnete Gründe, manchen in Heimen lebenden Menschen Beruhigungsmittel zu verschreiben. Aber in den Beruhigungsmitteln steckt auch ein ganz hübscher wirtschaftlicher Vorteil für jemand, der ein Altenheim zu Erwerbszwecken betreibt. Und die Wirkung der Pillen kann den älteren Menschen anregender Erlebnisse berauben. Das gilt vor allem, wenn Patienten so unter Medikamente gesetzt werden, daß sie den größten Teil des Tages im Bett verdösen. Der Leiter des Nationalrats für Ältere Mitbürger sagt dazu: »Wer ein Heim als Einkunftsquelle betreibt und seine Insassen schön unter Beruhigungsmittel setzt, der kann ganz erheblich an Personal und Essen sparen, indem er diese armen Leute wie Schwachköpfe hält.«

Vor nicht allzu langer Zeit, im August 1975, veranstaltete der Senat eine Anhörung über Einrichtungen für geistig Zurückgebliebene. Der Vorsitzende, Senator Birch Bayh, sagte anschließend, die Aussagen über die Drogenverabreichung an Patienten seien »erschreckend« gewesen. Ein Zeuge, James Clemence, Kinderarzt und Leiter des Georgia Retardation Center, erhob den Vorwurf, die Verabreichung von Drogen an zurückgebliebene Patienten mit dem Ziel, »ihr Verhalten zu dämpfen«, sei keineswegs die Ausnahme, sondern die Regel. Er fügte hinzu, eine Verhaltensdämpfung sei auch eine Folge der typischen Umwelt einer Zurückgebliebeneneinrichtung. Unausgebildete Wärter, die oft nur Volksschulbildung hätten, würfen mit den Präparaten nur so um sich, bloß um »Verhalten abzustellen, das ihnen mißfällt«. In einigen Heimen stünden über drei Viertel der Insassen ständig unter Drogen. Senator Bayh bemerkte, ihm habe das alles geklungen, als würden hier chemische Handschellen angelegt.

Es sind auch Vorwürfe laut geworden, wonach in Nervenheilanstalten mit Beruhigungsmitteln Mißbrauch getrieben wird. Wiederum heißt es, das Hauptziel sei die Dämpfung von Patienten, die dem Personal auf die Nerven gehen.[20] Eine solche Verwendung von Medikamenten kann den Patienten sogar daran hindern, die Erlebnisse zu haben, die er einfach braucht, um wieder mit der Gesellschaft klarzukommen.

ZÄHMUNG WIDERSPENSTIGER SCHULKINDER AUF CHEMISCHEM WEGE

Den ersten Aufschrei gab es in Omaha. Tausend und abertausend Kinder, so hieß es, würden in öffentlichen Schulen während der Unterrichtszeit unter Drogen gesetzt, die ihre Widerspenstigkeit mindern sollten. Das geschehe zum eigenen Besten der Kinder, so lautete das Gegenargument, denn ihr Gehirn funktioniere nicht ganz normal. Die Pillen bewirkten eine Gehirnberuhigung, und so lernten sie in den niederen Klassen leichter. Und sie würden dann auch ihre Mitschüler nicht mehr bei der Arbeit stören.

Auf einer Weltkonferenz von Psychiatern hatte man das Problem der ruhelosen Kinder mit einem medizinischen Etikett versehen: »das hyperkinetische Syndrom«. Andere Psychologie-orientierte Ärzte nannten es »minimale Gehirnfunktionsstörung« oder »minimale Gehirnschädigung«. Wieder andere nannten die Kinder einfach »hyperaktiv« und damit basta.

Hauptsymptom war, daß die Kinder kein Sitzfleisch hatten. Sie waren auch leicht abzulenken. Ihre Aufmerksamkeitsspanne war kurz. Sie waren impulsiv.

Wer stellte bei diesen jungen Leidenden in Omaha die Diagnose? Meist die Lehrerin. Und wie hatte sie das Diagnostizieren gelernt? Viele hatten Vorträge von Vertretern der Pharmaindustrie gehört oder waren von anderen Mitgliedern des Lehrkörpers über den Inhalt solcher Vorträge informiert worden. Die Lehrer sagten den Eltern, die Ärzte hätten jetzt Pillen, die ihren Kindern zu besserer Konzentrationsfähigkeit und Leistungssteigerung in der Schule verhelfen könnten. Wenn die Eltern nicht recht wüßten, sollten sie den Arzt konsultieren.

Und so geschah es, daß mehrere tausend Schulkinder in Omaha in der Tasche oder im Vesperbrotpaket Pillen mit sich herumtrugen. Es waren fast nur Jungen. Einige hinterlegten die Pillen bei der Lehrerin. Und wenn sie ihre Pillen vergaßen, erinnerte sie manchmal die Lehrerin daran.

Was für Pillen? Das war das überraschendste. Meist waren sie vom Inhalt her den »Geschwindigkeitspillen« sehr ähnlich; der Besitz solcher Pillen ohne Rezept ist ein Festnahmegrund. Es waren entweder Amphetamine oder Ritalin, das ähnlich wirkt. Kurzum, es waren Reizpillen. Einige dieser Präparate werden im Verzeichnis der US Food and Drug Administration als »für Kinder unter zwölf nicht zu empfehlen« geführt.

Wirken nun diese Reizpillen bei Erwachsenen oft gefährlich stimulierend, so scheinen sie bei hyperaktiven Jungen vor der Pubertät genau umgekehrt zu wirken. Und in den letzten Jahren sind Versuche gemacht worden, ob sich damit hyperaktive oder aggressive Teenager beruhigen lassen.

In einer neueren Ausgabe des Ärztenachschlagwerks *Physicians' Desk Reference* lesen wir über die möglichen Nebenwirkungen von Ritalin u. a.: »Bei Kindern können häufig Appetitlosigkeit, Unterleibsschmerzen, Gewichtsverlust, ... Schlaflosigkeit und erhöhter Puls auftreten. In einigen Fällen hat es auch schon toxische Psychose gegeben.« Einige Ärzte glauben, daß es auch die Schwelle für epileptische Anfälle senkt. Viele dagegen halten es für relativ untoxisch. In Schweden ist die Benutzung von Ritalin streng geregelt.

Die Situation in Omaha geriet ins Scheinwerferlicht der Öffentlichkeit, als sich Robert Maynard von der *Washington Post* ihrer annahm, der gehört hatte, in Omaha tobe eine spannende Kontroverse. Maynard flog hin. Bei seinen Recherchen gewann er den Eindruck, daß viele Halbstarke allzu leichtfertig als hyperkinetisch klassifiziert worden waren. Aus Kreisen des schwarzen Ghettos war der Vorwurf zu hören, in Omaha werde versucht, schwarze Kinder mit Drogen zu stillem Gehorsam zu bewegen. Einige Ärzte in Omaha behaupteten, die Pillen wirkten nicht nur beruhigend auf hyperkinetische Schüler. Sie machten sie auch high. Ein Arzt berichtete, die Mutter eines pillenschluckenden Jungen habe, als sie von einer Versammlung nach Hause gekommen sei, die Hausarbeiten ihres Kindes auf dem Tisch gefunden. Das Kind hatte eine Notiz geschrieben, die so lautete: »Danke, Mutter. Ich fühle mich so viel glücklicher.«

Die öffentliche Diskussion, die der Bericht aus Omaha auslöste, förderte zutage, daß gedopte Schulkinder in Hunderten amerikanischen Schulen an der Tagesordnung sind. Damals schätzte man gemeinhin die Zahl der auf Amphetamine oder Ritalin gesetzten Oberschüler auf mindestens 250 000. Sie stieg rapide. Jetzt liegen die Schätzungen zwischen 500 000 und 2 000 000 (die zweite Zahl ist einem Bericht in *Science Digest* von 1976 entnommen).

Des weiteren war zu vernehmen, in vielen Schulen nähmen zwischen zehn und fünfzehn Prozent der Schüler Aufputschmittel.

Die umfangreichste Untersuchung der Schulpillenpraktiken wurde, als ich diese Zeilen schrieb, in den Schulen von Grand Rapids vorgenommen. Recherchiert wurde durch einen Soziologen, Stanley S. Robin, und einen Erziehungsforscher, James J. Bosco, beide von der Western Michigan University.[21] Sie befragten wahllos hundertfünfzig Lehrer und Lehrerinnen. Fündundsechzig Prozent der Befragten kannten Schüler, die Ritalin nahmen. Vierzig Prozent berichteten, wenn ein Kind »hyperaktiv« erscheine, rieten sie zur Konsultation eines Arztes. Einige Lehrer hatten Ritalin namentlich vorgeschlagen.

Im weiteren Verlauf äußerte sich Bosco bei einer Tagung des Verbands der Schulvorstände in Houston im Jahre 1974 auch über die landesweite Szene. Er sagte: »Reizdrogen und andere Präparate sind bei der schulischen Handhabung hyperkinetischer Kinder an der Tagesordnung (man beachte das Wort ›Handhabung‹).«

Offiziell will das Schulpersonal nur helfen, wenn es den Eltern rät, ihre Kinder zum Arzt zu schicken, damit er feststelle, ob ihnen mit Stimulanzien geholfen werden könne. In einigen Fällen scheint aber auch eindeutig Zwang im Spiel gewesen zu sein: Drohung, ein Kind sitzenzulassen oder in eine Sonderklasse einzureihen.

Im *Providence Journal* lesen wir von einer Mutter, die das Gefühl hatte, sie sei von Schulseite aus zur Drogenverabreichung an ihr Kind gezwungen worden. Eine Mutter aus Little Rock, Arkansas, behauptete, sie sei derart mit Forderungen, ihr Kind medikamentieren zu lassen, bombardiert worden, daß sie in einen anderen Staat umgezogen sei. Dort habe es keine Probleme mehr gegeben. Sie gab an, sie sei gewarnt worden, das Schulpersonal in ihrer Schule in Little Rock überlege sich, ob ihr Kind nicht in einem Musterprozeß verwendet werden sollte. Bei diesem Prozeß habe festgestellt werden sollen, ob Kinder ohne Zustimmung der Eltern in Medikation genommen werden könnten.[22]

Mir ist bislang noch kein Fall bekannt, bei dem es bis zur eigentlichen Gerichtsverhandlung gekommen wäre. Immerhin aber haben im kalifornischen Taft, einem abgelegenen Erdöl- und Farmer-Ort von 18500 Seelen, die Eltern in einer kollektiven Musteranklage die Offensive ergriffen. In dem Verfahren *Benskin u. a. gegen Taft City School District u. a.* geben die Eltern von achtzehn Kindern an, von Schulbehörden gezwungen worden zu sein, ihre Kinder auf das psychoaktive Präparat Ritalin zu setzen.[23] Beim Schreiben dieser Zeilen steht das Verfahren vor der Eröffnung. Die Anklage der Eltern lautet, das Lehrpersonal habe ihnen mehrfach gesagt, ihre Kinder brauchten Ritalin oder eine höhere Dosis Ritalin. Und sie erheben den Vorwurf, ihre Kinder hätten ernsthafte negative Reaktionen erlitten, so z. B. Krämpfe, Weinkrämpfe oder Apathie, und auf diese Möglichkeit seien sie vorher nicht aufmerksam gemacht worden.

Der Hauptanklagepunkt lautet, die Schule habe den Eltern das Recht auf einsichtige Zustimmung verweigert.

Die Eltern eines Kindes waren zur Vorsprache zitiert worden, weil ihr Kind nicht aus sich herausging und aus dem Fenster starrte. In einem anderen Fall lautete das Vergehen, daß das Kind nicht stillsitze.

Die Schulärztin, die häufig bei solchen Vorladungen dabeisaß, scheint eine Ritalin-Fanatikerin gewesen zu sein. Sie war der Auffassung, diese Droge verbessere die Lernfähigkeit bei überaktiven Kindern. Auch einige hohe Schulbeamte sollen begeisterte Anhänger einer Drogenverabreichung an Kinder gewesen sein. Vor ein paar Jahren erhielt die Schule Bundesmittel zur Durchführung eines Studienvorhabens. Das Geld wurde dazu benutzt, festzustellen, warum Kinder nicht lernten. Die Lehrer mußten Formblätter ausfüllen über Kinder, bei denen Lernschwierigkeiten zu gewärtigen waren. Und man gab ihnen reichlich Symptome an, nach denen sie Ausschau halten konnten. Sucht ein Lehrer erst einmal Problemkinder, dann findet er sie meist auch. Von den etwa fünfhundert daraufhin überwachten Kindern wurden rund fünfundsiebzig als mit Lernbehinderung behaftet eingestuft. Einige der so gebrandmarkten Kinder sind in der Anklage namentlich unter denen aufgeführt, die zur Einnahme von Ritalin gezwungen worden sein sollen.[24]

In dem Verfahren behaupten die Eltern, die Einnahme von Ritalin sei im wesentlichen zur Vorbedingung für den Besuch der öffentlichen Schule gemacht worden.

An dieser Stelle ist einzuflechten, daß in den Vereinigten Staaten allgemeine Schulpflicht besteht. Die Schulen sind eine Einrichtung der Regierung. Ist daraus zu schließen, in den Schulen werde – wie subtil auch immer – eine Art Regierungsdruck ausgeübt, damit Kinder Verhaltensmodifizierungsarzneien einnehmen? In Omaha wie in Taft mag sehr wohl bewußt oder unbewußt Druck im Spiel gewesen sein. Das Lehrpersonal in Omaha wurde aufgefordert, Kinder zu bestimmen, bei denen der Einsatz eines Präparats von Vorteil sein könne. Und es gab Berichte, wonach Kinder systematischen Auswahluntersuchungen unterlagen, um herauszufinden, wen die Gesundheits- und Psychologiedienste der Schule zu Privatärzten schicken sollten.[25]

Die Unterhaltung eines Lehrers mit Eltern geht oft über ein bloß freundschaftliches Gespräch hinaus. Vielleicht hat das Kind dem Lehrer freche Antworten gegeben. Vielleicht mangelt es an der Erziehung der Eltern. Jedenfalls kann der Lehrer dem Kind gute oder schlechte Noten geben. Edward T. Ladd, Lehrstuhlinhaber für Erziehung an der Emory-Universität, befaßte sich mit der Frage der Pillen im Schulzimmer und sagte: »Gibt ein Lehrer eine Anregung, dann halten sie viele Eltern für eine Empfehlung, und eine Empfehlung wird oft als bewußte oder unbewußte Drohung empfunden.«

Hier spielt auch die Frage hinein, inwieweit Erzieher die Einnahme von Pillen befürworten, weil sie dem Schüler helfen wollen, und inwieweit sie mehr Ordnung ins Klassenzimmer kriegen wollen. Motive sind freilich schwer zu entwirren.

Bosco erwähnt einen Bericht im Mitteilungsblatt der Schulvorstände *American School Board Journal* von 1974, wonach sich Kinderärzte von Lehrern und Erziehern unter Druck gesetzt fühlten. Die Erzieherseite stören Kinder, die »in der Schule herumtoben oder schwer in den Griff zu bekommen sind«. Bosco fügt hinzu, auch er habe solche Schwingungen aufgespürt.

»In meinen Gesprächen mit Ärzten«, sagt er, »wurde gar nicht selten der Vorwurf geäußert, Lehrer forderten ohne ausreichenden Grund, ein Kind unter Aufputschmittel zu setzen.« Viele Hausärzte oder Kinderärzte neigen dazu, sich das Urteil des Lehrers zu eigen zu machen, und nach einer oberflächlichen Untersuchung verschreiben sie dann versuchsweise eine Reizdroge. Sechsundneunzig Prozent der Lehrer in der Robin/Bosco-Studie waren fest überzeugt, sie könnten in ihrer Klasse Hyperkinetik erkennen.

Bosco und Robin sagten mir, die Lehrer wüßten weithin nichts von den konkreten Eigenschaften des Ritalin. Sie fügten hinzu, in der Universitätsausbildung und Lehrbuchdarstellung werde die Hyperkinese und ihre Behandlung höchstens gestreift, bleibe dem Zufall überlassen oder überhaupt unerwähnt.

Vielleicht aus gutem Grund. Die Mediziner selbst tappen ziemlich im dunkeln, wie man, von vorgeblichen Symptomen wie Unruhe und kurzer Konzentrationsfähigkeit einmal abgesehen, ein »hyperkinetisches Syndrom«, eine »minimale Gehirnfunktionsstörung« oder »Hyperaktivität« medizinisch einwandfrei diagnostizieren kann. In den Symptomen scheint kein Kind dem anderen zu gleichen.[26]

Die Fachzeitschrift der Kinderärzte *Journal of Pediatrics* berichtete von einer Untersuchung, bei der drei erfahrene Diagnostiker eine Gruppe von Kindern eingehend prüften, die ihnen wegen Hyperaktivität zur Behandlung überwiesen worden war.[27] Die Diagnostiker kamen zu dem Ergebnis, fast sechzig Prozent dieser Schüler könnten nicht als hyperaktiv gelten. Und in beinahe einem Drittel der Fälle waren sich die Diagnostiker auch untereinander uneins.

Die Zeitschrift *Medical Operation* zitiert Gerald Solomons, Leiter des Instituts für Kindesentwicklung der Iowa-Universität: »Es gibt keine allgemein akzeptierte Definition der minimalen Gehirnfunktionsstörung. Solange die Diagnose so nebulös ist, läuft man Gefahr, dieses Etikett jedem Kind anzuhängen, das sich nicht einfügt oder das in der Schule unordentlich ist.«[28] Er zitiert eine Studie, bei der Lehrer der Grundstufe auf einer Checkliste etwa die Hälfte ihrer Schüler als »rastlos«, »störend«, »nur kurz konzentrationsfähig«, »leicht abzulenken« einstufen. All das sind vorgeblich Symptome irgendeiner Gehirnstörung! Zwar glaubt auch Solomons, daß es so etwas wie minimale Funktionsstörungen gibt, aber sein Institut verschreibt Medikamente nur für ein Zehntel der hundert Kinder, die jährlich in seine Klinik eingewiesen werden.

Vielsagend ist, daß bei Jungen im Vergleich zu Mädchen die Diagnose eines hyperkinetischen Syndroms etwa sechsmal häufiger gestellt wird. Der normale Junge ist vom ersten Lebensjahr an generell aktiver und ungefügiger als das Mädchen. In der Grundschule herrscht bei uns weibliches Lehrpersonal vor. Viele Lehrerinnen legen großen Wert auf saubere, stille und aufsagefreudige Schüler. In diesem Alter sind es fast immer Mädchen, die sich freiwillig zum Aufsagen melden.

Sydney Walker III, Leiter des Neuropsychiatrischen Instituts von Südkalifornien, behauptet, Hyperaktivität sei keine Krankheit, sondern ein Zusammentreffen mehrerer Symptome. Und er fügt hinzu, es bedürfe erschöpfender Diagnosetests, bevor man bei Kindern mit dem Etikett »hyperaktiv« medizinisch auch nur halbwegs zuverlässig hantieren könne.[29]

Uneins sind sich die Wissenschaftler, ob so etwas wie »minimale Gehirnfunktionsstörung« durch Analyse der Gehirnströme oder durch Gehirnchemie überhaupt feststellbar ist – und zum Schulverhalten in Bezug gesetzt werden kann. Der Gehirnforscher Paul Wender meint, unter den Jungen, die Ritalin oder Amphetamine erhielten, habe er nur bei jedem zehnten ein organisches Problem nachweisen können. Eine mit hyperaktiven Symptomen verbundene organische Erkrankung habe überhaupt nichts mit dem Gehirn zu tun, sondern werde durch Madenwürmer verursacht.

Andere schreiben die Hyperaktivität den sozialen Bedingungen zu. Ein Großstadtschüler, der, ohne gefrühstückt zu haben, zum Unterricht kommt, mag rastlos sein, weil er Hunger hat. Unordentliche Eltern können bei ihren Kindern Hyperaktivität auslösen. Kahle, überfüllte Klassenzimmer, in denen den Schülern weniger Bewegungsspielraum und Redefreiheit bleibt, als Häftlinge sie genießen, können ein Kind zum Zappelphilipp werden lassen. Der Psychologe Stephan Chorover hält es für durchaus denkbar, daß Hyperaktivität »in Wirklichkeit eher eine Lehrunfähigkeit als eine Lernunfähigkeit ist«. In Gebieten hoher Luftverschmutzung kann Bleivergiftung Symptome chronischer Rastlosigkeit verursachen. Die gleiche Wirkung schreiben manche Forscher auch einem anomalen – zu hohen oder zu tiefen – Blutzuckerspiegel zu.

Die vielleicht aufsehenerregendste mögliche Ursache für das sogenannte hyperkinetische Verhalten sind künstliche Lebensmittelfarben und -geschmacksstoffe. Der Allergiker Ben F. Feingold untersuchte hyperkinetische Kinder in der Kaiser-Permanente-Klinik in Mittelkalifornien. Er vermutete zunächst, die Kinder stünden möglicherweise schon unter Drogeneinfluß. Seine Suche konzentrierte sich dann auf die tausenderlei Kunstfarben und -geschmacksstoffe, die heutzutage Lebensmitteln und Erfrischungsgetränken beigemischt werden. Da diese Chemikalien als Nahrung verzehrt und nicht als Präparat verschrieben werden, unterlagen sie nie den strengen Testnormen von Drogen.

Als Feingold dazu überging, Kindern, die als hyperkinetisch galten, eine Nahrung zu verabfolgen, die keinerlei künstliche Zusätze enthielt, hörten bei vielen Kindern die störenden Symptome binnen einer Woche auf![30] Seine Hypothese lautet, die Zusätze wirkten bei manchen Jugendlichen stärker als bei anderen. Das Nationale Institut für Erziehungsfragen gelangte zu der Auffassung, für Feingolds Behauptung hinsichtlich der Lebensmittelzusätze spreche eine ganze Menge.

In wissenschaftlichen und pädagogischen Fachzeitschriften wurde mehrfach erwähnt, Kinder, die Aufputschmittel erhielten, leisteten in der Schule mehr. Inzwischen wird aber sogar das bezweifelt. Bei der Jahresversammlung der Amerikanischen Ärztevereinigung stellte 1974 ein Professor der Ohio State University diese hergebrachte Schulweisheit in Frage. Herbert E. Rie, Professor für Pädiatrie und Psychologie, beobachtete drei Jahre lang achtzig Kinder, die als hyperaktiv diagnostiziert und auf Aufputschmittel gesetzt worden waren.

Er berichtete, die Präparate schienen zwar ruhiges Verhalten und eine Verlängerung der Konzentrationsfähigkeit zu ergeben, nicht aber eine mit dem Iowa-Grundfertigkeitstest gemessene verbesserte Schulleistung. Sein Kommentar: »Die Kinder sehen so aus, als brächten sie mehr – sie gehen nicht mehr jedem ins Gesicht –, aber in Wirklichkeit leisten sie keinen Deut mehr.«[31]

Dies könne daran liegen, daß Kinder, die Stimulanzien einnehmen, oft lustlos, humorlos, fast apathisch wirken. »Nach unserer Meinung«, sagte er, »müssen Kinder erregt und engagiert sein, damit sie lernen.« Er hielt es für sehr wohl möglich, daß der offenkundige Dämpfungseffekt der Drogen die verbesserte Konzentrationsfähigkeit wieder wettmacht.

1975 wurde in einem Bericht von Psychiatern der Universität von Auckland in Neuseeland festgestellt, bei zwölf Tests sei nur in drei

Fällen mit Aufputschmitteln anstelle von Placebos eine Verbesserung der Geistesfunktionen hyperaktiver Kinder nachweisbar gewesen. Bei starker Dosierung seien die Geistesfunktionen schlechter gewesen als mit Placebos.

Man kann auch sagen, der Einsatz von Aufputschmitteln stehe der Erreichung eines Hauptziels der Erziehung entgegen: Kindern zu besserer Selbstbeherrschung zu verhelfen. Sorgt die Droge an ihrer Statt für ihre Beherrschung, dann können sie sehr wohl mit einem Mangel an dieser entscheidenden menschlichen Fähigkeit heranwachsen. Ein Kinderpsychiater der Iowa-Universität nannte als Beispiel der Klagen, die er zu hören bekommt, die Worte des Vaters eines Halbwüchsigen, der mehrere Jahre lang Aufputschmittel erhalten hatte: »Helfen Sie mir, ich weiß nicht mehr, was ich mit ihm machen soll. Der Bengel ist größer als ich, aber seine Selbstdisziplin ist die eines Sechsjährigen.«

Die längere, regelmäßige Einnahme von Aufputschmitteln scheint sich als physische Begleiterscheinung auch auf das Körpergewicht auszuwirken. In einer Untersuchung des Gesundheitsamtes von Baltimore County wurde festgestellt, Kinder, die unter Aufputschmitteln stünden, nähmen nur sechzig Prozent ihrer erwarteten Monatszunahme zu.[32]

Und doch sprach in der Hauptvortragsreihe der Amerikanischen Psychologenvereinigung 1976 ein Professor der Medizinischen Fakultät der Universität von Chikago für die Droge. Der Referent war Daniel X. Freedman. Sein Thema lautete »Pharmakologie und Verhaltenssteuerung«. Er argumentierte, Drogen, die die Hyperaktivität minderten, seien für hyperaktive Kinder eine gute Sache. Unbehandelte hyperaktive Kinder, so meinte er, könnten Charakterfehler entwickeln oder später Alkoholiker werden. Und er meinte, die Begleitwirkungen seien keineswegs so drastisch wie behauptet.

Mir ist kein Beweis bekannt, wonach Amphetamine Kinder süchtig machen. Dennoch können Hunderttausende der Kinder sehr wohl den Eindruck gewinnen, mit Lebensproblemen werde man am besten fertig, indem man Pillen nimmt.

In mehreren Staaten ist gesetzlich geregelt, was Lehrer hinsichtlich der Medikamentenverabreichung während der Schulstunden tun dürfen und was nicht. Solche Gesetze sollte es in jedem Staat geben. In einigen Schulen gibt es feste Regeln für das ethische Verhalten der Lehrer, mit denen ihrer Beteiligung an der Behandlung scheinbar hyperaktiver Kinder klare Grenzen gesetzt werden. Alle Schulen, in denen Aufputschmittel während der Schulstunden üblich sind, sollten solche festen Regelungen einführen. Bosco und Robin halten es überdies für dringend notwendig, daß Schulen, an denen solche Programme stattfinden, sehr viel präzisere Aufzeichnungen führen. Die beiden Wissenschaftler haben eine breitangelegte Untersuchung der Frage eingeleitet, wie Lehrer, Eltern und Ärzte zusammenwirken, wenn es darum geht, ob eine Medikation stattfinden soll, wie die Behandlung zu überwachen (sofern überhaupt jemand daran denkt) und abzusetzen ist.

Fraglos werden den Aufputschmitteln weitere Drogen folgen, deren Verabreichung gang und gäbe wird und deren Verwendung die Pädagogen Vorschub leisten werden. Wenn Sie das bezweifeln, dann brauchen Sie nur nachzulesen, was James Bosco auf der Jahresversammlung der Nationalen Vereinigung der Schulleiter vorausgesagt hat:

»In meiner Glaskugel sehe ich den Lehrer des einundzwanzigsten Jahrhunderts nicht mehr in pädagogischen Hochschulen unserer Vorstellung ausgebildet, sondern in einer Mischung aus Pädagogik, Medizin und Pharmazie. Ein beträchtlicher Teil der Lehrerausbildung wird dem eingehenden Verständnis der Psychologie und Psychopharmakologie gewidmet sein und den Lehrer in die Lage versetzen, Drogen zu verabreichen, die das Lern- und lernbezogene Verhalten beeinflussen. Aus den verschiedensten Gründen wird man Drogen einsetzen: bei Schülern mit Wahrnehmungsschwierigkeiten, bei Schülern mit Konzentrationsmängeln oder auch bei manchem, der mathematische Formeln nicht behalten kann.«

Wird man die Eltern überhaupt fragen, ihr Einverständnis erbitten? Daß man es tun sollte, steht außer Frage. (Weitere Gründe, weshalb wir eine Ausbreitung der Drogenverabreichung an Schulkindern befürchten müssen, finden sich im nächsten Kapitel.)

Boscos Befürchtung ist gar nicht so weit hergeholt. In einem Artikel des *Journal* der Nationalen Pädagogenvereinigung heißt es, es sei durchaus denkbar, daß in den Schulen künftig Personalstellen für Apotheker und Biochemie-Therapeuten eingerichtet würden.

Es kann sehr wohl sein, daß es den Neuropsychiatern bald gelingt, jenseits jeden Zweifels einige *nachweisliche* organische Zustände mit spezifischem Schulverhalten von Kindern in Beziehung zu setzen. In solchen Fällen kann die sorgfältig überwachte Verabreichung eines bestimmten Präparats einer Empfehlung an die Eltern wert sein. Bis dahin sollten Lehrer und Ärzte mit so kernigen Begriffen wie »minimale Gehirnschädigung«, »hyperkinetisches Syndrom« oder »minimale Gehirnfunktionsstörung« weniger sorglos um sich werfen.

Bei den hochgeladenen kleinen Bürschchen in den Schulräumen unseres Landes sollte man in den meisten Fällen andere Methoden als die notorischen Drogen anzuwenden versuchen, um ihre schulische Leistung und ihr Gehabe zu verbessern. Man sollte die Eltern aufklären, welche Rolle künstliche Lebensmittelzusätze spielen können, wenn ihr Kind hyperaktiv ist. Und man sollte ihnen eine Informationsbroschüre geben, aus der sie ersehen können, wie sich die Zusätze in der Ernährung des Kindes reduzieren lassen. Mögen die Limonaden- und Nahrungsmittelhersteller ruhig zetern.

Hier noch einige Möglichkeiten, ohne daß man gleich zur Pille greift:
– Lockern wir die Klassen auf. Versuchen wir es z. B. mit offenen oder halboffenen Klassenzimmern, die dem aktiven Kind mehr Möglichkeit zum Herumgehen und Reden geben.
– Widmen wir dem Kind mehr persönlich-herzliche Aufmerksamkeit und Rat, anstatt es als Störenfried abzuhaken.
– Sorgen wir für schallsichere Erholungsräume, wo sich hochaktive Kinder vor dem Vormittags- und Nachmittagsunterricht zehn Minuten lang austoben können. Ermutigen wir sie dazu, ihre überschüssige Energie brüllend und hämmernd abzureagieren. Auch ein paar Minuten Tiefatmung könnten helfen. Und der Unterricht könnte mit ein paar Minuten Meditation bei geschlossenen Augen enden.
– Geben wir ihnen morgens ein Glas Milch gratis. Vielleicht schätzen sie es sogar.

In diesem Kapitel haben wir zahlreiche wissenschaftliche Verfahren kennengelernt, die unter einer Vielfalt von Bedingungen mit dem

Ziel entstehen, die Menschen weniger ungefügig zu machen. Dazu gehören Eingriffe ins Gehirn, eine Reihe von Präparaten und die operante Konditionierung der harten und der weichen Methode. Allen gemeinsam ist der Versuch der Manipulation des menschlichen Verhaltens. In jedem Fall wird vorgeschoben, man wolle dem einzelnen helfen. Doch dürften wir überzeugendes Beweismaterial gefunden haben, daß es den Befürwortern, seien sie nun Zuchthauswärter, Krankenpfleger, Aufseher oder Lehrer, unausgesprochen zumeist in erster Linie darum geht, mit ihren Zöglingen leichter fertig zu werden. Es ist an der Zeit, die Motive all der Leute und Einrichtungen näher zu erforschen, die an den neuen Techniken, mit denen vor allem der Mensch fügsamer gemacht wird, einen Narren gefressen haben.

Bis dahin aber sollten wir uns stets die Warnung des Neuropsychologen Elliot S. Valenstein vor Augen halten: »Wir gerieten in ernsthafte Gefahr, wenn sich bei einer Reihe einflußreicher Leute die Überzeugung durchsetzte, Gewalttat sei hauptsächlich das Produkt eines kranken Gehirns und nicht einer kranken Gesellschaft.«

7
WIE MAN GESCHEITERE – ODER DÜMMERE – MENSCHEN BAUT

> Ich rechne binnen fünf bis zehn Jahren mit einem Daseinszuschnitt, der psychologische und chemische Maßnahmen so kombiniert, daß die Intelligenz des Menschen erheblich zunimmt. Diese Vorstellung ängstigt mich; auch Ihnen sollte sie Angst einjagen.
> – David Krech, eine Kapazität der Lerntheorie

Krech sagte das 1968. Seine Prophezeiung tritt allmählich ein. Schon sagen Wissenschaftler voraus, der Intelligenzquotient lasse sich um durchschnittlich zwanzig Punkte heben. Und Krech ängstigt sich weiter.

Die Veränderung der Intelligenz des einzelnen ist heute eindeutig möglich. Dies kann sich als folgenschwere Wende im menschlichen Geschehen entpuppen. Auch die Befähigung zu bestimmten Fertigkeiten dürfte sich verändern lassen.

Ironisch an all dem ist, daß die Gehirnwissenschaft bis heute nur höchst verschwommen ahnt, wie das Gehirn intelligentes Handeln erzeugt. Der Gehirnforscher Shinshu Nakajima hat das einmal so ausgedrückt: »Dereinst war die Intelligenz ein Wunder, dann wurde sie Geheimnis. Als Wissenschaftler sie begriffen zu haben glaubten, wurde sie zur Fata Morgana.«

Nicht selten kann man die Meinung hören, der Mensch werde nie genau in Erfahrung bringen, wie und wo sein Gehirn bestimmte Informationen abspeichert – und viele Jahre später diese Informationen zur Lösung eines Problems heranzieht.

Ein Rechner kann Informationen aufnehmen, die ihm der Mensch auf genormten Formblättern eingibt. Setzt ihn der Mensch dann in Gang, kann er einen Ausdruck erzeugen, auf dem die Information wiedergegeben oder verarbeitet ist.

Aber das menschliche Gehirn erwirbt seine Informationen keineswegs auf so gradlinige, systematische Weise. Sie dringen auf dem Weg über Geruch, Gesicht, Gehör, Geschmack und Gefühl ein. Das Leben jedes einzelnen Menschen umfaßt Zehntausende einmaliger Erlebnisse und Erfahrungen. Und jede Person unterliegt Millionen sensorischer Eindrücke, die sich nicht auf Magnetband bringen lassen – eine sanfte Brise oder ein Hahnenschrei im Morgengrauen.

Ich kann Ihnen das unglaubliche Wunder Ihres Denkens demonstrieren, indem ich ein einziges Wort erwähne. Aufgepaßt. Wenn Sie wollen, holen Sie noch schnell Papier und Bleistift für Ihren »Ausdruck«. Das Wort heißt Watergate. Schon fallen Ihnen beim Nachdenken Hunderte von Fakten ein, die ganze Starbesetzung taucht auf und ein Rattenschwanz von Problemen. Irgendwo hat Ihr Gehirn Senator Sam Ervins glucksende Stimme registriert. Es hat das Bild abgespeichert, wie Präsident Nixons Sekretärin Rosemary Wood ein Telefongespräch vorzutäuschen bemüht ist, während sie in Wirklichkeit eine Bandaufzeichnung abschreibt. Ihr Geist hat die Neologismen der Leute aus dem Weißen Haus festgehalten, die sich in Formulierungen wie »mauern wir's doch zu« oder »jener spezielle Zeitrahmen« niederschlagen. Zwei Jahre lang sammelten sich in Ihnen diese Eindrücke. Anfänglich sagte Ihnen das Wort Watergate überhaupt nichts. Und sicher gibt es in Ihrem Gehirn keine bestimmte Schublade, die schließlich mit »Watergate« etikettiert worden wäre. Es enthält nicht mal eine Schublade mit der Aufschrift »Staatsangelegenheiten, Unterabteilung Schwindel«.

Was wir über unsere Augen und was wir über unsere Ohren erfahren, wird wahrscheinlich größtenteils in unterschiedlichen Regionen gespeichert. Aber das erklärt nicht viel. Offenbar kann eine bestimmte Erinnerung in einer Mehrzahl von Gehirnregionen gespeichert sein. Und sie scheint sich im Gehirn umherzubewegen. Am einen Tag mag sie in dem einen Gehirnteil sein, ein paar Tage später schon nicht mehr. Leidet eine Person unter einer Gehirnanomalie, bleibt die Erinnerung mit größerer Wahrscheinlichkeit in einem bestimmten Gebiet. Der Gehirnforscher Wilder Penfield vom Neurologischen Institut in Montreal hatte einer Epilepsiekranken eine elektrische Gehirnsonde eingeführt. Er stellte fest, jedesmal, wenn er einen bestimmten Bereich stimulierte, habe die Frau eine bestimmte Melodie vernommen.[1]

Bei der Geburt sind wir zunächst im Besitz des unseres Genen innewohnenden Vorfahrenwissens. Alles, was danach kommt, ist angelerntes Wissen und erworbene Intelligenz. Deren Entwicklung umfaßt fünf verschiedene Prozesse. (Wissenschaftler benutzen die Worte »Lernen« und »Erinnerung« manchmal synonym. In Wirklichkeit handelt es sich um zwei verschiedene Dinge, auch wenn sie miteinander in Beziehung stehen.) Hier die fünf Prozesse:
1. Die Aneignungsphase. Sie bezeichnet das reine Anfangslernen. Sensorische Erfahrungen werden in Nervenimpulse umgewandelt.
2. Die vorübergehende, instabile Kodierung des soeben Angeeigneten und für speicherungswürdig Befundenen. Die Namen vieler Leute, die wir auf einer Party treffen, gehen binnen zehn Sekunden wieder unter. Oder noch schneller.
3. Die permanente Kodierung und Abspeicherung des Gelernten. Das kann in Form zweier getrennter Prozesse in den folgenden Stunden geschehen.
4. Der systematische Abruf (Erinnerung) des Gelernten nach Tagen oder Jahren.
5. Die Auswertung vieler abgerufener, oft scheinbar unzusammenhängender Fakten im Hinblick auf eine Entscheidung. Diesen am wenigsten durchschaubaren aller physiologischen Prozesse nennt man das Denken.

Wie diese fünf Dinge geschehen, ist immer noch Gegenstand des Rätselratens. Der Wissenschaftler nennt ein abgespeichertes Stück Wissen ein Engramm, aber was ein Engramm ist, das weiß er nicht so recht. Erst dachte man, es sei ein neuer Kanal oder eine »Spur« im Nervennetz des Gehirns. Heute spricht man oft von einer kodierten Chemikalie.

Indessen hat die Wissenschaft jedenfalls so viel über die Gehirnfunktion in Erfahrung gebracht, daß sie zu raten wagt, welcherlei Substanzen stark bei der Aneignung von Intelligenz und Wissen mitwirken. Der Schwerpunkt liegt auf den Überträgern von Nervenimpulsen, insbesondere beim Acetylcholin. Seine Wirksamkeit scheint sich in der ersten Phase des Lernprozesses niederzuschlagen. Das Vorhandensein eines Idealquantums Acetylcholin scheint schnelles Lernen zu fördern. Mindestens ebenso wichtig ist die Ribonukleinsäure (RNS), von der man heute annimmt, daß ihr bei der »Fixierung« des Gelernten im permanenten Gedächtnis eine ausschlaggebende Rolle zukommt.

RNS-Moleküle sind kritische Bestandteile alles Lebenden. So synthetisieren sie beispielsweise eine große Vielfalt von Proteinen in Zellen. Kodierte Proteinmoleküle mögen sehr wohl die Bausteine des Gedächtnisses sein.

Den ersten Nachweis, daß RNS viel mit dem Gedächtnis zu tun hat, lieferte in den fünfziger Jahren ein schwedischer Neurobiologe namens Holger Hydén von der Universität Göteborg. Er hatte die bemerkenswerte Leistung vollbracht, einzelne lebende Gehirnzellen auszusondern und zu analysieren. Die Gehirne gehörten Ratten. Er unterwarf die Ratten einer strengen »Denkprüfung«, mit der sie sich ihr Futter verdienen mußten. So zwang er sie beispielsweise, einen Drahtseilakt zu erlernen. Er stellte fest, daß die Gehirnzellen der Ratten, die gezwungen worden waren, etwas zu lernen, damit sie an ihr Futter kamen, einen anomal hohen RNS-Gehalt aufwiesen.[2]

ERWEITERTE DENKFÄHIGKEIT DURCH ÜBUNG

Wenige Jahre zuvor hatte eine Forschergruppe an der Universität von Kalifornien in Berkeley entdeckt, daß starke Belastung des Geistes auch einen besseren Verstand zu erzeugen schien. Und diese Gruppe entdeckte schließlich noch vieles mehr, womit man die Gehirnfunktion verbessern konnte.

Zentrale Gestalt der Gruppe war David Krech, ein bärtiger, ehrfurchtsloser Psychologe mit Mutterwitz, der in seinem Citroën über die Hügel von Berkeley kurvte. Krech erweckte erstmals mein Interesse nach dem Zweiten Weltkrieg, als bekannt wurde, er habe an einem supergeheimen Ausbildungs- und Auswahlprogramm für amerikanische Spione mitgewirkt. Alle wurden ihrer Identität beraubt. Sie wurden teuflischen psychischen und physischen Belastungen unterworfen. Und am Ende mußten sie dann Deckpersönlichkeiten entwickeln, die Krechs abgefeimten, grausamen Befragungsmethoden standhielten.

Nach Beendigung seiner Tätigkeit für die Regierung ging Krech nach Berkeley. Obwohl damals noch Sozialpsychologe, zog ihn erneut das Mysterium des Gehirns in seinen Bann. Schon zu Beginn seiner Laufbahn hatte er sich den bekannten Neurophysiologen Karl Lashley zum Lehrer erkoren. Krech kannte sehr wohl den hergebrachten Spruch, das Gehirn sei erblich bestimmt. Man ging davon aus, das Gehirn liege in Größe und Leistung ein für allemal fest und damit basta. Krech hielt es aber für eine Sache der Logik, daß es zwischen den Gehirnen Gescheiter und denen Dummer biochemische Unterschiede geben müsse. Verändert man also die Chemie des Gehirns, so verändert man auch die Gescheitheit.

Nun wußte er von Chemie zu wenig, als daß er diese Annahme hätte erproben können, aber er verstand es, so viel Geld aufzubringen, daß er eine Expertenmannschaft aufstellen konnte. Unter anderem gewann er den Biochemiker Edward Bennett, den Biopsychologen Mark Rosenzweig und später den Neuroanatomen Marian Diamond zur Mitarbeit. Wie nun ließ sich seine Konzeption am besten ausprobieren? Alle waren sich einig, man müsse sich auf Acetylcholin konzentrieren, das bei der Weiterleitung informationshaltiger Impulse eine entscheidende Rolle spiele. Sie gingen davon aus, daß ein geschäftiges, lebhaftes Gehirn ungewöhnlich reichlich mit Acetylcholin gesegnet sein müsse.

Doch da türmte sich ein Hindernis auf. Man kann Acetylcholin nicht in der Autopsie messen. Es zerfällt, sobald es seine Arbeit geleistet hat oder der betreffende Mensch stirbt. Schließlich beschloß die Gruppe, man müsse Acetylcholin doch auch indirekt messen können. Das Enzym, das Acetylcholin auflöst, bleibt nämlich vorhanden und läßt sich wiegen. Schwankt die Acetylcholin-Menge, dann muß das Enzym entsprechend schwanken. Also machten sie sich in den Hirnen geköpfter Ratten, die als sehr intelligent oder sehr dumm bekannt waren, auf die Suche nach dem Enzym. Da war der Beweis! Die Hirne der intelligenten Ratten enthielten tatsächlich mehr von dem Enzym als die Hirne der dummen Ratten.

Dann begab sich die Krech-Gruppe, die von Konventionen nichts hielt, daran, das Ganze einmal andersherum zu versuchen. Wenn ein Gehirn mit überlegener chemischer Zusammensetzung besser lernt, erzeugt dann auch eine starke Lernanstrengung eine überlegene chemische Zusammensetzung im Gehirn?

Also schickten sie Jungratten in Berkeley zur Schule. Jeder Versuchskurs dauerte neunzig Tage. Eine Kontrollgruppe Jungratten lebte normal weiter. Und eine dritte Jungrattengruppe wurde in dunkle, geräuschlose Einzelhaft genommen.

Die »reichere Umwelt« der Jungratten, die in die Schule gingen, war ein helles Vergnügen. Sie lebten in geräumigen Käfigen mit vielen Kameraden. Täglich bekamen sie neues Spielzeug. Da gab es Laufräder, auf denen sich Jungratten mit Vorliebe tummeln. Es gab Trapeze, Rutschbahnen – alles, was das Herz begehrt. Ein reines Vergnügen war es allerdings auch wieder nicht. Jeden Tag mußte man Tests machen. Die Ratten sahen sich Labyrinthproblemen gegenüber, und am Ende des Irrgartens wartete zur Belohnung ein Stück Zucker. Sie mußten Unterscheidungsprobleme lösen, die richtig Kopfzerbrechen verursachten. Sie mußten entscheiden, welchen von zwei Gängen – der eine war erleuchtet, der andere dunkel – sie wählen sollten, um an Nahrung zu kommen. Hatten sie die Lösung gefunden, schaltete die Krechgruppe um und sah zu, wie lange jede Ratte brauchte, um sich die alte Gewohnheit abzugewöhnen und die neue anzueignen. Wieder und wieder wurde der richtige Gang vertauscht, immer nach demselben Prinzip. Krech sagte zu mir: »Eine wirklich intelligente Ratte begreift das dem Wechsel zugrundeliegende Muster und stößt sich nicht mehr die Nase platt; die Fehlerquote ist minimal. Eine dumme Ratte sieht sich bei jedem Wechsel vor ein völlig neues Problem gestellt.«

Nach neunzig Tagen wurden die Ratten aller drei Gruppen geköpft und ihr Gehirn sofort seziert. Inzwischen wurden schon neue Jungrattengruppen in die drei Umgebungen gebracht.

Das Beweismaterial, daß die jungen Ratten, die in der angereicherten Umwelt zur Schule gingen, mehr von dem genannten Enzym aufwiesen als die in normaler Umwelt lebenden, schwoll allmählich an. Und die in Einzelhaft lebenden Ratten besaßen weniger von diesem Enzym. Die große Überraschung aber waren die Veränderungen, die der Neuroanatom Marian Diamond nach und nach entdeckte. Die Ratten aus der angereicherten Umwelt hatten eine dickere Großhirnrinde – Hauptdenkzentrum des Gehirns – entwickelt. Die Großhirnrinde überdeckt das Cerebrum. Sogar die Gehirnzellen der Ratten, die in die Schule gegangen waren, waren größer geworden.

Lerntests vor dem Köpfen zeigten, daß die eingeschulten Ratten intelligenter wurden als die Ratten in normaler oder beraubter Umgebung.

Zum ersten Mal hatte jemand den Nachweis geführt, daß im Gehirn als Ergebnis der Erfahrung *dauerhafte Veränderungen* entstehen.

Krech seufzte: »Tausende von Ratten mußten ihr Leben lassen, damit wir diese Feststellung beweisen konnten.«

Seither sind die obigen Entdeckungen in vielen Tests bestätigt worden, nicht nur bei Ratten, sondern auch bei Katzen und Hunden. Krech fügte hinzu, eine angereicherte Umgebung wirke zwar bei Jungtieren am besten, doch ließen sich auch bei Erwachsenen durch eine dramatische Anreicherung der Umwelt gewisse Intelligenzveränderungen erzielen.

Bislang hat noch niemand eine größere Gruppe Menschen einem scharfen Lernzwang unterzogen und sie dann enthauptet, um ihre Enzyme oder Cortexdicke nachzuprüfen. Wahrscheinlich ist das auch nicht nötig. Wir besitzen auch so immer mehr Beweise, daß eine angereicherte Umwelt die menschliche Lernfähigkeit tatsächlich erhöht.

Zum Beweis haben wir da z. B. die weltweite Montessori-Bewegung. Maria Montessori nahm arme Kinder aus einer römischen Arbeitersiedlung und tauchte sie in eine an farbenfroher, sensorischer Stimulanz reiche Schulumgebung. Da gab es allerlei interessante Rätsel und Gegenstände, an denen man arbeiten und die man bewegen konnte. Im Alter von drei, vier Jahren lasen die Kinder bereits eifrig. Mit fünf oder sechs Jahren steckten sie schon tief in der Geometrie.[3]

Auch die Untersuchung einer Kindergemeinde in Jamaika durch eine Gruppe unter Leitung von Stephen Richardson bestätigt die ausschlaggebende Rolle einer stimulierenden Umwelt.[4] Eine Feststellung ist bemerkenswert, auch wenn sie nicht unmittelbar in unser Thema gehört. Bei Kindern, die in den ersten beiden Lebensjahren an Unterernährung gelitten hatten, war die Wahrscheinlichkeit, daß sie in der Oberschule erheblich geistig zurückblieben, doppelt so groß. Nun waren einige der untersuchten Kinder zwar gut ernährt worden, kamen aber aus stimulationsarmen Familien (es gibt jetzt

Tabellen für die Messung der »Familienstimulation«). Gesunde Kinder aus stimulierender Familienumwelt hatten durchschnittlich einen Intelligenzquotienten von 71,4; gesunde Kinder aus stimulationsarmer Umgebung lagen im Durchschnitt bei 60,5. Kinder aus stimulationsarmer Umwelt, die zudem unterernährt waren, hatten einen IQ von 52,9 (möglicherweise spielte in den unterschiedlichen Familienumwelten auch die Erblichkeit mit).

Krech ist der Auffassung, das wichtigste Element zur Schaffung einer angereicherten Umwelt des Menschen seien nicht etwa Irrgärten oder Farbenstimulation, sondern die Sprache. Der Mensch ist ein sprachbegabtes Tier. Früher Umgang mit Sprechen, Lesen und Schreiben, so folgert Krech, müßte die Gehirnkraft verbessern. Der Neurophysiologe Robert S. Morison hat in *Science* ausgeführt, Kleinkinder, »die zu Hause Bücher haben, lernen früher lesen als jene, denen keine solche Möglichkeit zur Verfügung steht«.

Einige Forscher meinten, wenn eine angereicherte Umwelt tatsächlich tüchtigere Hirne produziert, müßte sich das bei den Absolventen des *Headstart*-Programms auswirken. Dieses Programm der US-Regierung erfaßte etwa 350000 Kinder im Vorschulalter aus den schwarzen Ghettos. Ziel des Programms war es, den Horizont der Kinder weiter zu spannen, ihre Ernährung zu verbessern und ihnen ganz allgemein einen besseren Start ins Leben zu vermitteln. Erste Auswertungen zeigten, daß die Headstart-Kinder, gemessen an Schulleistungstabellen, tatsächlich einen besseren Start in der Schule hatten. Aber dieser Vorteil hielt oft nur ein rundes Jahr an.

Nun ist darauf hinzuweisen, daß die Gehirne vieler Headstart-Kinder wahrscheinlich schon vor oder unmittelbar nach der Geburt durch Unterernährung beeinträchtigt worden waren. Überdies legte das Programm keinen besonderen Wert auf Übungen zur Gehirndehnung, Sprachbildung oder auf Anreicherung der familiären Umgebung. Sein Schwerpunkt lag auf einer verbesserten Sozialkompetenz. Und anfänglich war Headstart weitgehend ein Teilzeit-Sommerprogramm. Sagt Krech: »Während unsere Ratten rund um die Uhr in einer angereicherten Umwelt lebten, genossen die Headstart-Kinder eine solche Umgebung nur ein paar Stunden an Wochentagen und nur während eines Teils des Jahres.«

Vielleicht bringen die etwa binnen Jahresfrist anstehenden Tests stärkere Veränderungen der Gehirntüchtigkeit der Headstart-Kinder an den Tag. Das Programm ist umgestellt worden und dauert jetzt für jedes Kind länger. Und es setzt schon im Säuglingsalter ein. Die Eltern werden in stärkerem Maße dazu herangezogen, das Kind zu lehren und ihm vorzulesen, und man ermuntert sie, farbenfrohe, anregende Kinderzimmer einzurichten. Die Sprachentwicklung wird besonders betont.

Möglicherweise gibt das Früherziehungsprojekt in Brookline, Massachusetts, besseren Aufschluß über die Anreicherungskonzeption. Binnen zwei Jahren werden mindestens zweihundert Kinder schulreif werden, die dieses Programm durchlaufen haben. Seit dem Säuglingsalter befinden sie sich – weitgehend aufgrund der Elternberatung – in einer angereicherten Umwelt. Die Programmförderer halten die ersten drei Lebensjahre für die wichtigsten, in denen etwas für die spätere Intelligenz getan werden kann.

Die besten und präzisesten Beweise für die Auswirkung der Anreicherung auf amerikanische Kleinkinder entstammen vielleicht bislang den Slums von Milwaukee. Ende 1976 erwähnte die Zeitschrift *Monitor* der amerikanischen Psychologenvereinigung Berichte, eine derartige Jahrzehntuntersuchung habe zu Ergebnissen geführt, die »einmalig, erregend und spektakulär« seien. Die Versuchsgruppe ist relativ klein. Das von Richard Herber von der Wisconsin-Universität geleitete Programm begann mit vierzig Säuglingen. Sie waren von geistig zurückgebliebenen Müttern zur Welt gebracht worden, deren IQ unter 75 lag.

Die Hälfte der Säuglinge wurde einer Kontrollgruppe, die andere Hälfte einer Anreicherungsgruppe zugeteilt. In der angereicherten Gruppe kamen die Lehrer zunächst in die Familie, arbeiteten mit den kleinen Würmern und berieten die Mütter. Später besuchten die Versuchskinder jede Woche fünf Tage und täglich sieben Stunden lang eine Spezialanstalt. Die Anreicherung betonte vor allem Sprach- und Denkprobleme.

Zur Zeit der Einschulung im sechsten Lebensjahr lag der Intelligenzquotient der Versuchskinder um dreißig Punkte höher als bei der Kontrollgruppe. Nach drei Jahren Schule hatten die »angereicherten« Kinder immer noch einen IQ-Vorsprung von über zwanzig Punkten und liegen innerhalb der normalen Schulkinder-Skala.

Nachdem Krech und seine Kollegen festgestellt hatten, daß sie durch Anreicherung der Umwelt sowohl Gehirnveränderungen als auch Lernfähigkeit erzeugen konnten, stellten sie die nächste logische Frage. Krech meint dazu: »Wir sagten uns, nun wollen wir doch mal sehen, ob wir eine Droge finden können, die im Gehirn dasselbe bewirkt wie die angereicherte Umwelt.«

Einem Forschergehilfen Krechs, dem jetzigen Psychologen und Universitätsadministrator James McGaugh, gelang es als erstem, ein solches Präparat zu finden. Ausgerechnet das tödliche Gift Strychnin war's. Auf die Idee, es auszuprobieren, kamen McGaugh und sein Kollege Lewis Petrinovich dadurch, daß vor Jahrzehnten eine sehr milde Form des Strychnins einem Mittel gegen Frühjahrsmüdigkeit beigegeben war, mit dem Kinder nach dem Winter aufgemöbelt wurden. Desgleichen ergab sich aus der Literatur bei näherem Zusehen, daß Krechs Mentor Karl Lashley in einer Liste Strychnin aufgeführt hatte mit der Bemerkung, irgendwie mache es Ratten lernbegieriger.

In abgemilderter Form reizt es offenbar das Nervensystem zu größerer Aktivität. Dank seiner wurden jedenfalls McGaughs und Petrinovichs Ratten wahre Musterschüler. Man konnte es vor einem Intelligenztest verabreichen oder auch bis zu einer Stunde danach. Doch je früher es nach dem Test verabreicht wurde, desto stärker wirkte es. Das deutet darauf hin, daß es mindestens teilweise eine verbesserte Gedächtnisfixierung bewirkt.

Später, nun schon im Vollbesitz seiner akademischen Grade, entdeckte McGaugh mit einigen Kollegen noch andere Gehirnstimulanzien. In großer Dosierung wären sie alle hochgefährlich. Da gab es Nikotin, Koffein, Amphetamin und Pikrotoxin, ein strychninähnliches Gift. Das beste aber schien ein krampferzeugendes Mittel namens Metrazol zu sein, das Ärzte gelegentlich in der Schocktherapie verwenden.

McGaugh und Petrinovich erprobten Metrazol an genetisch identischen Ratten. Die einen kriegten es, die anderen nicht. Die es kriegten, konnten sich durchschnittlich nach fünf Versuchen in einem Irrgarten zurechtzufinden. Die es nicht kriegten, brauchten zwanzig Versuche![5]

In jüngster Zeit kam man dem Menschen schon näher: Im Primatenforschungszentrum von Wisconsin wurde Metrazol an Rhesusäffchen ausprobiert. Die Ergebnisse waren bemerkenswert ähnlich. Die Äffchen, die Metrazol bekommen hatten, lösten ein Problem in nur einem Viertel der Zeit, die Affen ohne Metrazol dazu benötigten.[6]

Einen völlig anderen chemischen Weg zur Verbesserung des Gedächtnisses schlug der niederländische Pharmakologe David DeWied von der Universität Utrecht ein. Er berichtet über sehr erhebliche Verbesserungen des Rattengedächtnisses nach Injektion eines Peptids in synthetischer Form. Dieses Peptid (ACTH 4-10) findet sich in der winzigen Hypophyse – auch Hirnanhangdrüse genannt –, die an der Basis des Zwischenhirns liegt.[7] Da dieses Produkt im menschlichen Körper in natürlicher Form vorkommt, dürfte es nicht die Giftgefahr beinhalten, die eine langfristige Verwendung von Stimulanzien wie Strychnin möglicherweise nach sich ziehen könnte. Es wird jetzt an Menschen erprobt. 1975 verkündete DeWied, er habe eine weitere Substanz in der Hypophyse gefunden, das Hormon Vasopressin, das das Gedächtnis von Tieren noch dramatischer verstärke.

Mehrere Unternehmen der Pharmaindustrie wetteifern zur Zeit miteinander bei der Entwicklung eines gefahrlosen Gedächtniserweiterungspräparats. Präparate, von denen man sich verspricht, daß sie älteren Menschen zur Erhaltung ihrer geistigen Fähigkeiten verhelfen, die mit dem Gedächtnis zu tun haben, treten jetzt in die Experimentalphase ein.

Umstritten ist noch die nicht-chemische Methode der Dekompressionskammer, mit der das Gehirn eines Ungeborenen einen Entwicklungsvorlauf bekommen soll. In England, Kanada und Südafrika sind Dekompressionskliniken wie Pilze aus dem Boden geschossen. Ein paar gibt es auch in den Vereinigten Staaten. Zu Tausenden sind werdende Mütter behandelt worden.

Bei diesem Verfahren liegt die werdende Mutter während der letzten Phasen der Schwangerschaft täglich etwa eine halbe Stunde lang im Bett, während eine Plastikblase auf ihrem Unterleib ruht. Mittels eines Teilvakuums wird der atmosphärische Druck auf ihren Unterleib verringert. Frauen sind in Dekompressionsanzüge geklettert, die Raumfahreranzügen nicht unähnlich sind. Zum einen soll damit die Geburt erleichtert werden. Aber viele Verfechter dieser Technik behaupten, sie ergebe auch intelligentere Kinder. Wie? Warum? Gegen Ende der Schwangerschaft wächst die Mutterplacenta praktisch nicht mehr weiter, während der Fetus weiterwächst. Das Herz muß also stärker pumpen, damit sauerstoffhaltiges Blut in das Gehirn des werdenden Kindes gelangt. Erhält ein Hirn während des Wachstums weniger Sauerstoff, dann besteht die Vermutung, daß das Gehirn nicht gerade begeisternd wird. Offenbar erlaubt nun die Plastikblase einen stärkeren Blutstrom. Ein Pionier dieser Technik, der südafrikanische Geburtshelfer Ockert S. Heyns, nimmt für sich in Anspruch, Kinder, die vor der Geburt eine Dekompression erfahren hätten, schnitten im Arnold-Gesell-Test der Säuglingsentwicklung durchschnittlich um 18 v. H. besser ab. Andere berichten von weniger eindrucksvollen Ergebnissen.[8]

DAS ZÜCHTEN VON SUPERGEHIRNEN

Der Genetiker Joshua Lederberg weist darauf hin, seit jeher habe die Form des weiblichen Beckens dem Umfang des Säuglingsschädels Grenzen gesetzt. Damit sei auch die Größe der Gehirnhöhle begrenzt. Würde der Kaiserschnitt zum Normalverfahren, könnte das Hirn im Laufe der Zeit größer werden. Und vielleicht sollte man diesen Prozeß durch Wachstumshormone beschleunigen.

Ein anderer Nobelpreisträger, der französische Biologe Jean Rostand, hat einen Weg aufgezeigt, wie man den Umfang des menschlichen Gehirns relativ schnell verdoppeln könnte. Er geht aus von der Erkenntnis, daß das menschliche Gehirn vor der Geburt im Wege der Zellteilung wächst, die in bestimmter Anzahl geschieht und dabei jeweils die doppelte Zellenzahl ergibt. Die Zellteilung läßt sich beschleunigen oder verlangsamen. Rostand meint nun, Wissenschaftler könnten ein Präparat zu entwickeln versuchen, das nur das Gehirn stimuliert. Dann könnten die Hirnzellen vor der Geburt eine zusätzliche Zellteilung – und damit Verdoppelung – erfahren.

Bedeutet aber nun ein größeres Gehirn auch notwendigerweise ein besseres Gehirn? Bis zu einem gewissen Punkt in der menschlichen Evolution kam es entscheidend auf die Gehirngröße an. Indessen wiesen viele moderne Genies, so z. B. Anatole France, eine kleinere Schädelpartie auf als der Durchschnitts-Neandertaler. Offenbar zählt in der Klugheit vor allem die Gehirnqualität: viel Vorderhirn... eine dicke und stark gefurchte Großhirnrinde... ein überdurchschnittliches Verhältnis von arbeitenden Nervenzellen zu den umgebenden gallertartigen Gliazellen... massenhaft Impulsgleitmaterial... und als wichtigstes vielleicht eine überdurchschnittliche Verzahnung der Verbindungen zwischen Nervenzellen.

Experimentell ließe sich innerhalb des Gehirns vielleicht an bestimmten Stellen ein selektives Wachstum erzielen. Dabei könnte ein Superding entstehen. Bei Ratten hat man das geschafft. Eine von Stephen Zamenhoff an der Universität von Kalifornien geleitete Gruppe spritzte schwangere Ratten mit Wachstumshormonen. Die Gehirne der Nachkommenschaft wogen ein Drittel mehr als normal. Noch aufschlußreicher dies: Das stärkste Wachstum war im Denkteil geschehen. Die Zahl der Nervenzellen pro hundert Gliazellen in der Großhirnrinde hatte zugenommen. (»Glia« ist aus dem griechischen Wort für »Leim« abgeleitet, doch weisen Befunde darauf hin, daß die Gliazellen kein bloßes Verpackungsmaterial sind, sondern bei der intellektuellen Arbeit mitwirken.) Als die Ratten älter wurden, zeigte sich eine ungewöhnliche Dichte der Verbindungen zwischen den Zellen. Das bemerkenswerteste aber war, daß die großhirnige Versuchsratte bei Standard-Irrgarten-Tests tatsächlich intelligenter vorging.

Intelligenz durch Strom?

Eine Forschergruppe an der Universität von Kalifornien in Irvine, in der auch MacGaugh mitarbeitete, stellte bei zwei Versuchsreihen fest, daß eine leichte Stimulierung eines bestimmten Bereichs des Hippocampus die Lernfähigkeit von Ratten erhöhte. Man vermutete, daß das Hippocampus irgendwie mit der Gedächtnisverarbeitung zu tun hat. Und man unterstellte, die elektrische Stimulierung beschleunige den Prozeß der Gedächtnisabspeicherung.[9]

Karl Pribram, Gehirnphysiologe in Stanford, hat gesagt: »Gewiß *könnte* ich ein Kind erziehen, indem ich im seitlichen Hypothalamus eine Elektrode einsetze und mir dann die Situationen aussuche, bei denen ich ihn stimuliere. So kann ich das Verhalten des Kindes stark verändern.« Er wollte nur auf die Möglichkeiten hinweisen und betonte, tun würde er das aus ethischen Gründen nicht.

Eine Reihe von Forschern hat etwas erzeugt, was sie für eine Verbesserung der Lerngeschwindigkeit hält, und sie tat dies, indem sie zwischen Platten, die an beiden Kopfseiten angebracht waren, Niedrigfrequenzstrom durchschickte. Derartige Versuche sind an Affen und an Menschen vorgenommen worden.

Unterdessen ist man auf der Suche nach einer einfachen elektrischen Methode zur IQ-Messung bei Kindern und Jugendlichen. Man denke nur, wieviel Zeit und Mühe man sich in Schulen und Universitäten sparen könnte. Ein Studienplatzbewerber könnte als zweifelhafter Patron eingestuft werden, indem man lediglich die Messungen einer Gehirnstrommaschine aufzeichnet. Ein tschechischer Psychologe hat sich mit der Frage beschäftigt, ob sich Intelligenz am Verhältnis der Theta- zu den Alphawellen ablesen läßt. Und ein kanadischer Psychologe versucht zu beweisen, daß sein elektronisches Gerät das für die Intelligenz entscheidende Tempo der Denkreaktionen messe. Bei dem Test geht es u. a. um die Aufzeichnung der Schnelligkeit, mit der das Gehirn auf Lichtblitze reagiert.

Derlei Zapfhähne am Gehirn könnten eines Tages *etwas* aussagen, vielleicht auch ein grobes, kulturunabhängiges Maß des Potentials für schnelles Denkvermögen abgeben und somit in Schulen Eingang finden. Wenig ergiebig wären jedoch ihre Aussagen über Ausdauer, Vorstellungskraft, Integrität, Kreativität und geistige Gesundheit einer Person – oder ihre Fähigkeit zu präzisem Denken.

Verpflanzung oder Herstellung von Gedächtnissen

James V. McConnell, ein lebhafter Psychologe der Michigan-Universität, bescherte uns einige Entdeckungen zum Gedächtnis, die einfach unglaublich schienen. Einigen seiner Wissenschaftlerkollegen stockte zunächst der Atem. Gedächtnisse, so sein Bericht, seien nicht notwendigerweise der Person verhaftet. Sie ließen sich auf andere Individuen übertragen, jedenfalls in der Tierwelt. So mancher dachte schon, solch dummes Geschwätz besudle den ehrlichen Namen der Wissenschaft.

Läßt sich Gedächtnis wirklich übertragen, so gehört diese Feststellung zu den erstaunlichsten Entdeckungen der modernen Neurobiologie. Und sie stützt zweifellos die Konzeption, daß Gedächtnis molekular basiert ist.

McConnell wußte zunächst von Biologie nur sehr wenig. Aber er war enorm neugierig, was das Verhalten anbelangt. Und noch vor seinem Studienabschluß an der Universität von Texas ließ er sich fachkundig in Physiologie unterweisen. Seine Kenntnisse verdankt er vielen Quellen, u. a. seinem Freund, dem Physiopsychologen Robert Thompson.

»Gedächtnismoleküle«, so McConnell mir gegenüber, »schwimmen überall herum und können theoretisch auch im großen Zeh landen. Eine Reaktion gibt ein solches Molekül aber nur dann von sich, wenn es ins Gehirn zurückkehrt, jedenfalls beim Menschen. Seine chemische Zusammensetzung bedeutet nur der Gehirnzelle etwas.« Mit dem Herumschwimmen meinte er, im Nervensystem des Körpers. Heute ist er der Auffassung, im zentralen Nervensystem gebe es ein paar Stellen, an denen Erlerntes in Gedächtnismoleküle umgewandelt wird. Mit ziemlicher Wahrscheinlichkeit würden diese Moleküle während des Traumschlafs in die geeigneten Teile des Gehirns gepumpt.

Der Professor, der dem Tierlabor der Universität von Texas vorstand, strafte McConnells Vorschläge zur Untersuchung des Gedächtnisses mit Verachtung. Mit solcher Verachtung, daß er McConnell und Thompson keinen Laborplatz gab. Also machten sie ihre inzwischen historisch gewordenen Experimente zuerst in McConnells Küche.

Den Anfang beschlossen sie mit der einfachsten Kreatur zu machen, von der man annehmen konnte, daß sie ein Gehirn besaß, mit dem zollangen Plattwurm. Dessen »Gehirn« besteht aus etwa vierhundert Zellen. Also stellten sie einen Wasserbehälter auf, an dessen beiden Enden Elektroden angebracht waren. Nun schickten sie einen sehr schwachen Stromstoß durch den Behälter, und siehe da, die Würmer krümmten sich wie erwartet. Also drehten die beiden Forscher nun immer zwei Sekunden vor dem Stromstoß ein Licht an. Zuerst beachteten die Würmer das Licht nicht. Es schien sie eher entspannen zu lassen. Bald aber krümmten sie sich schon, sobald das Licht anging, so wie bei Pawlows Hunden der Speichelfluß eingesetzt hatte, sobald die Glocke ertönte. Die Würmer waren lernfähig!

Später, als er schon als Psychologe an der Michigan-Universität tätig war, stieß McConnell zu kühneren Wurmexperimenten vor. Nachdem er die Würmer zum Krümmen auf Lichtbefehl erzogen hatte, schnitt er sie in der Mitte durch. Anscheinend kann man den Plattwurm in der Mitte durchschneiden, und binnen weniger Wochen bildete jede Hälfte einen neuen Kopf oder Schwanz aus. Die Schwänze, aus denen wieder Würmer wurden, hatten Hirn, und das Hirn enthielt die vorige Erinnerung. Da staunte sogar McConnell. Es stellte sich heraus, daß die erzogenen schwanzbasierten Würmer den Lichtbefehl sogar noch besser im Gedächtnis hatten als erzogene Würmer, die nicht durchgeschnitten waren! Bei Würmern jedenfalls scheint das Gedächtnis im ganzen Körper abgelagert zu sein, nicht nur in einem »Gehirn«. Er schnitt Würmer in bis zu fünf Stücke, und alle Stücke bildeten wieder Gehirne aus, die sich »erinnerten«.

McConnell hatte außerdem gemerkt, daß seine Würmer Kannibalen waren, und das brachte ihn auf eine andere kühne Idee. Er konditionierte Würmer so, daß sie sich auf Lichtsignal krümmten, schnitt sie in Stücke und verfütterte diese an hungrige, nichtausgebildete Würmerkannibalen. Er erzählt, nachdem die Kannibalen etwa einen Tag Zeit zur Verdauung ihrer Mahlzeit gehabt hätten, »unterzogen wir sie erstmalig dem Lichtschocktraining. Wer beschreibt unsere Freude: Die Kannibalen, die ›erzogene Opfer‹ verzehrt hatten, lernten viel schneller (sich beim Anblick des Lichts zu krümmen) als Kannibalen, die ›unerzogene‹ oder ›nichtausgebildete‹ Opfer verzehrten.«

Na denn! Das alles wirkte recht beunruhigend auf skeptische Wissenschaftler. Psychologen malten sich humorig den Tag aus, da Studenten ihre Lektionen lernten, indem sie ihre Professoren verzehrten. Zahlreiche Labors machten Versuche mit der Transferierbarkeit des Gedächtnisses, nicht nur bei Würmern, sondern bei Hühnern, Goldfischen, Mäusen, Ratten, Hamstern. 1973 hatten mindestens zweiundzwanzig Labors positive Feststellungen des Gedächtnistransfers allein bei Wirbeltieren veröffentlicht. Zahlreiche andere Forscher teilten dagegen mit, sie hätten keinen Erfolg gehabt. Zum Schaden der Skeptiker galt aber die Möglichkeit des Gedächtnistransfers als so unwahrscheinlich, daß positive Feststellungen viel eindrucksvoller wirkten als negative Berichte. Eine Forschergruppe, die McConnell vielleicht für immer das Wasser abgraben wollte, schrieb einen Leserbrief an *Science* mit der Feststellung, in getrennten Untersuchungen habe kein einziger von ihnen irgendeinen Anhaltspunkt für die Möglichkeit des Gedächtnistransfers gefunden. Als der Brief in Druck gehen sollte, kam einer der Unterzeichner zu positiven Ergebnissen. Er schwor ab und wurde gläubig.

Unterdessen gelangten einige der Positiv-Fündigen zu einer anderen Erkenntnis, die die Schulweisheit zum Rasen brachte! Sie konnten Gedächtnis sogar über Artgrenzen hinweg übertragen. Die Gehirne von Ratten oder Mäusen, die auf Angst vor Dunkelheit trainiert worden waren (die sie normalerweise vorziehen), wurden zu einer Suppe verrührt und Hamstern eingespritzt. Bald scheuten die so injizierten Hamster die Dunkelheit. Auch umgekehrt funktionierte es. Einer der Quer-Spezies-Pioniere, der Neurochemiker Georges Ungar, meldete vor kurzem, mit kodierten Molekülen habe er die spezifische Substanz im Gehirn einer Ratte herausgefiltert, die eine konditionierte Ratte das Dunkel scheuen läßt. Er nannte sie Scotophobin (nach dem griechischen Wort für Dunkelangst). Um genug Grundmaterial für die Absonderung dieser Substanz zu haben, wurden die Gehirne von viertausend konditionierten Ratten zusammengenommen. Es zeigte sich, daß es sich bei der Substanz um ein Peptid mit komplexer Aminosäurensequenz handelte (Peptide sind aus zwei oder mehr Aminosäuren gebildete Moleküle). Inzwischen wurde die Substanz synthetisiert.[10] Allenthalben bemühte man sich um eine Reproduktion der Synthese.

Ungars Gruppe berichtete auch von der Entdeckung mehrerer anderer Gehirnpeptide, die offenbar Erlerntes von einem Tier zu einem anderen weitergeben können.[11] Lassen sich auch diese Peptide synthetisieren, dann wird die Herstellung einer großen Zahl von »Gedächtnissen« denkbar.

Stellt sich heraus, daß Gedächtnisse für Menschen tatsächlich transferiert oder hergestellt werden können, was ergäbe sich dann?

Mancher Zukunftsautor hat schon den Tag vorausgesehen, an dem man das Schulbuch durch eine Spritze ersetzt. Nach dem derzeitigen Wissensstand erscheint dies unwahrscheinlich.

Die Einpflanzung von Gedächtnissen in Menschen wird, sollte es je dazu kommen, mehr auf Situationen als auf Fakten bezogen sein. Sie wird mit größerer Wahrscheinlichkeit um der Indoktrinierung und nicht um der Erziehung willen vervollkommnet werden. Mc Connell glaubt, daß sich synthetische Moleküle herstellen ließen, die den Menschen zur Nächstenliebe brächten.

Andererseits könnten Inhaber von Herrschaftsfunktionen mehr Geschmack an der Möglichkeit finden, ihren Untertanen synthetische Moleküle verabreichen zu lassen, die sie beim Hören einer bestimmten Stimme oder der Ausübung eines nicht gebilligten Handelns vor Angst erzittern lassen. Diktatoren könnten wohl kaum der Versuchung widerstehen, in diese Technik viel zu investieren. Und bei der Indoktrinierung könnte es ihnen gelegen kommen, in der Volksmasse jede Erinnerung an beliebte demokratische Führer oder daran auszulöschen, wie es einstmals war, als man noch Freiheit genießen durfte.

ERINNERUNGEN AUSLÖSCHEN UND LERNPROZESSE HEMMEN

In Tierversuchen ist es gelungen, mit einer Reihe von Präparaten, u. a. dem Antibiotikum Puromycin, die Gedächtnisabspeicherung eben erst gemachter Erfahrungen zu unterbinden. Warum das geht, ist noch umstritten, nicht aber, daß es geht. Auch die elektrische Stimulierung des Mandelkerns unterbricht den Gedächtnisspeicherungsprozeß, desgleichen der Elektrokrampfschock.

Sollte es geschehen, daß sich die Erinnerung an Ereignisse der letzten Tage mit Sicherheit im Menschen auslöschen läßt, dann dürfte das Interesse vieler Menschen hellwach werden. Gangster brauchten die Augenzeugen ihrer Verbrechen nicht mehr ins Jenseits zu befördern. Gib ihm 'ne Gedächtnislöschspritze. Es wäre völlig witzlos, Kuriere von Nachrichtendiensten, die eine memorierte Geheiminformation überbrachten, etwa noch foltern zu wollen. Die Erinnerung an die Nachricht würde sofort nach Eingang ausgelöscht.

Eine große Wohltat für Geisteskranke würde möglich, wenn die medizinische Forschung chemische Möglichkeiten für das Auslöschen schrecklicher Ereignisse fände, die sie noch immer verfolgen. Das wäre freilich schwieriger, denn solche Erinnerungen sind seit langem fixiert.

Die Lernhemmung (so daß ein Lernen von vornherein unterbleibt) ist nur allzu einfach. Da braucht man z. B. nur die jetzige Welternährung so fortzusetzen, wie sie ist, bei der Millionen Säuglinge vor und nach der Geburt schwer unterernährt sind. Sie sind dazu verurteilt, ihr Leben mit einem verkrüppelten Gehirn zu leben. Eiweißmangel in der Nahrung kann besonders schädliche Folgen haben. Eine Forschergruppe der Universität von Kalifornien schätzt, daß das Hirngewicht schwer unterernährter Vierjähriger zehn Prozent unter dem Normalgewicht liegt. Offenbar unterbleibt die Entwicklung eines ausreichenden Fasernetzes als Verbindung zwischen den Gehirnzellen. Sofortprogramme zur Ernährung solcher Kinder können einige Gehirnverkrüppelungen aufheben. Aber die Fähigkeit zur Erinnerung an das eben Gelernte bleibt beeinträchtigt.[12]

In Huxleys *Schöne Neue Welt* wurden die niedrigen Arbeiter der Zukunft schon vor der Geburt in den Staatsbrutstätten herangezüchtet. Wie bereits erwähnt, erhielten diese künftigen Arbeiter schon im Fötalzustand eine verringerte Sauerstoffration. Halbidioten waren garantiert die Folge. Eine Verminderung der Eiweißzufuhr wäre wahrscheinlich ebenso wirksam.

Für jung und alt ließe sich die Lernfähigkeit zumindest zeitweise vermutlich dadurch hemmen, daß man ihrer Gehirnflüssigkeit etwas Kalzium beimengt. Eine Hemmung ließe sich auch durch Präparate erreichen, die die RNS-Synthese mit Proteinen im Gehirn verlangsamen.

Allgemein ist unserer Gesellschaft geistige Kapazität willkommen. Man kann gar nicht genug davon haben. Viele Pädagogen z. B. brennen darauf, endlich Präparate zur Lernverbesserung einsetzen zu dürfen. Pädagogische Fachzeitschriften haben, wie wir schon sahen, die Möglichkeit des Drogeneinsatzes in Schulen abgehandelt.

Da Schulzwang besteht, kann die Öffentlichkeit mit Fug und Recht erwarten, daß auch die »experimentelle Einführung« chemischer Präparate nicht ohne Zustimmung der Eltern erfolgt. Vorsicht, ihr Psychoneurobiochemiker!

Techniken zur Gedächtnisverbesserung mögen eine Wohltat werden für Langlebige, die senil werden. Vielleicht erinnern sie sich dann noch, wie man Bridge spielt und die Telefonwählscheibe bedient.

Gewiß sind Bemühungen um eine Verbesserung der Intelligenz in einem frühen Alter durch Anreicherung der Umwelt weltweit zu begrüßen und zu fördern. Kinder, die in einer Umwelt aufwachsen, wo sie viel Gelegenheit zum Gespräch mit Erwachsenen haben, wo es vieles zu erforschen und zu entdecken gibt, werden wahrscheinlich intelligenter sein. Jedenfalls sind sie glücklicher und emotional gesicherter. Und diese Wirkung wird die Erwachsenen daran erinnern, daß der gute Vater oder die gute Mutter viel mehr Nachdenken und Geduld üben müssen, als wir gemeinhin erkennen. Das kann die Tendenz der frühen siebziger Jahre umkehren helfen, als die Familie immer weiter im Wert sank und man meinte, man könne unbesehen jedermann anheuern, der das Kleinkind versorgt.

Auf einem anderen Blatt freilich stehen Schlaumacherpillen, das Bauen größerer Gehirne, das Herstellen von Gedächtnissen und überhaupt die Schnellprogramme zur Erhöhung des nationalen IQ. Der Leser erinnert sich an David Krechs Befürchtung wegen irgendwelcher Massenprogramme, die den Intelligenzpegel um runde zwanzig Punkte anzuheben hätten.

Krech geht davon aus, daß es zu einem wahren Run auf die Schlaumacher käme. Sie könnten die Grundlage einer Multimilliarden-Dollar-Industrie abgeben, und die Pharmahersteller wissen das.

Wer aber entscheidet dann, wer was zu kriegen hat? Bleibt ihre Verteilung wie bei den meisten Präparaten dem privaten Unternehmer überlassen? Werden sie mit Fernsehreklame dem Verbraucher groß bekannt gemacht? Und werden sie über Tausende und Abertausende »Detail«-Verkäufer der Pharmaindustrie bei Ärzten abgesetzt? Werden Angebot und Nachfrage den Preis bestimmen? Dann landen wir womöglich bei der Pille zum Stückpreis von zehn Mark. Eltern dürften zu einer gewaltigen Sonderleistung bereit sein, um ihren Kindern diese Wunderdrogen zu verschaffen. Und werden jene, die sich das Zeug nicht leisten können, sozialen Schaden nehmen, wenn sie zusehen müssen, wie ihre Kinder hoffnungslos hinter Klassenkameraden zurückbleiben, deren Eltern reicher sind?

Krech bietet noch eine andere Vision. Alles deutet darauf hin, daß Präparate nur bei dümmeren Schülern erhebliche Wirkung zeitigen. Entstünde in diesem Fall eine Gesellschaft, in der fast jeder den gleichen Bildungsstand hätte? Und wenn dies einträte, fragt Krech, wer schlägt dann noch das Holz und legt die Wasserleitung?

Eine dritte Vision könnte sich seiner Meinung nach aus der Tatsache entwickeln, daß es wahrscheinlich Präparate gäbe, die bestimmte Spezialfertigkeiten selektiv erhöhen. Als Beispiel ist an Mathematik, Sprache, Kunst zu denken. Wer würde in einem solchen Falle dann entscheiden, wie die Talentpillen zuzuteilen sind? Fiele die Entscheidung auch hier im Schacherwege? Oder durch die Eltern oder die Kinderärzte oder die Schulvorstände oder die Aufsichtsbehörde für Arbeitskräfte? Nach Krechs Meinung müßte ein Bundesausschuß entscheiden, ob solche Präparate überhaupt – und wenn ja, wie – anzuwenden seien.

Noch ein Gedanke. Eine heranwachsende Generation, deren Bildung auf chemischem Wege erzeugt würde, könnte sich ihren Eltern und Lehrern gegenüber – die nur den Geist hatten, den sie selbst sich schufen – herablassend benehmen.

McGaugh teilt mir mit, auch er habe Bedenken und Vorbehalte, speziell gegenüber den Gedächtniserweiterern. Für Menschen mit großer Gedächtnisschwäche könnten sie von großem Nutzen sein. Aber den Mißbrauch, sagt er, »trieben wir alle – und darin liegt das Problem. Zwar könnten wir uns alle besser erinnern, aber ich bin gar nicht so sicher, daß dies für uns alle wirklich gut wäre. Wollen wir alle so werden wie Herr ›S‹ in Lurias *Gedächtniskünstler?*« (Der russische Psychologe A. R. Luria studierte eingehend »S«, einen Bühnenunterhalter, der erstaunliche Gedächtnisleistungen vollbrachte. Stand er nicht auf der Bühne, so schien »S« ziemlich tumb und verstört. Da er nicht vergessen konnte, fiel es ihm schwer, zusammenhängend zu denken, offenbar wegen der Unzahl ständig präsenter Details in seinem Gedächtnis.) Und McGaugh fährt fort: »Ich meine, daß Vergessen wohltuend ist. Nur weil wir Einzelheiten vergessen, können wir uns mit Abstraktem auseinandersetzen.« Und nur durch Vergessen können wir den Schmerz einstiger Demütigungen, Schicksalsschläge, Mißgunst und Niederlagen lindern.

Es kann ein Mensch noch soviel Lernfähigkeit und Gedächtnis haben und dennoch ein Dummkopf bleiben. Die zwei machen noch lange keinen Denker, geschweige denn einen Weisen. Bis jemand die Weisheitspille entdeckt, sollten wir doch mehr nach einer humaneren als nach einer hirnigeren Gesellschaft streben.

8
WIE MAN DER VOLKSMASSE AUF DER SPUR BLEIBT UND SIE STEUERT

> Die Mächtigen und die Machthungrigen haben entdeckt, daß die Technik eine wertvolle Verbündete sein kann.
> – Stephan L. Chorover, Physiopsychologe

Messen wir den Zeitraum von 1950 bis 1975 daran, um wieviel die Anstrengungen und die Möglichkeiten zur Fremdbestimmung unseres Lebens als private Bürger zugenommen haben, dann war es das schlimmste Vierteljahrhundert in der amerikanischen Geschichte. Die Intimsphäre war Gegenstand ausladender Angriffe.

Zum Teil lag das daran, daß die amerikanischen Sicherheits- und Polizeibehörden Milliarden und aber Milliarden Dollar für immer ausgetüfteltere Überwachungs- und Spionagetechniken ausgaben. Zum Teil lag es an den Mikromini-Bespitzelungsapparaturen, die die Raumfahrtprogramme nebenbei abwarfen. Zum Teil lag es am Eintritt ins Computer-Zeitalter. Zum Teil an der Besessenheit, mit der man Radikale aufzuspüren und zu beobachten suchte. Zum Teil an der wachsenden Anonymität des Lebens und an der Neugier, die unser Privatleben bei Arbeitgebern, Fürsorgeinspektoren, Versicherern und Darlehensgebern erweckte. Zum Teil auch lag es am Ehrgeiz von Politikern und Polizei, Millionen widerspenstiger oder enttäuschter Bürger besser in die Gewalt zu bekommen.

Jedenfalls schossen in dieser Zeit wissenschaftliche Techniken zur Steuerung des Individuums aus dem Boden. Sie wucherten im Namen der Tüchtigkeit, der Ordnung, der Sicherheit. Und sie wuchern weiter. Und so werden wir immer mehr auf den Weg der manipulierbaren Gesellschaft gedrängt.

1967 widmete die Zeitschrift *Daedalus* eine Ausgabe den Voraussagen für das Jahr 2000. Ihr Prophet für Fragen der Privatsphäre, Harry Kalven jr., bemerkte: »Um 2000 hat der technische Erfindergeist des Menschen vielleicht... die ganze menschliche Gemeinschaft so verwandelt, daß sie einer Kaserne gleicht.«

Aus der heutigen Perspektive klingt diese Prophezeiung ziemlich bescheiden. Samuel Dash, juristischer Chefberater des Senatsausschusses zur Untersuchung von Watergate, meinte zu den letzten Jahren von Nixons Präsidentschaft: »Fast hatten wir schon einen Polizeistaat.« Im Glanz seiner triumphalen Wiederwahl von 1972 sagte Präsident Nixon einem Interviewer in väterlicher Manier, in gewisser Weise seien die Amerikaner Kinder.

Und wie behandelt man Kinder? Die Stadt Providence auf Rhode Island hätte 1975 beinahe ein Programm verabschiedet, bei dem jedem Schulkind ein Fingerabdruck abgenommen worden wäre. Und die Idee einer breit angelegten Verwendung der Fingerabdrucktechnik blieb keineswegs auf die Kinder von Providence beschränkt. Der Leiter der Paßabteilung im Außenministerium drang darauf, allen Amerikanern Fingerabdrücke abzunehmen. Die Abdrücke sollte ein bundeseinheitlicher Ausweis enthalten, den jeder Bürger mit sich zu führen hätte. Damit wären wir vor der »verbrecherischen Verwendung falscher Persönlichkeiten« geschützt, könnten wir Verbrechen aufdecken und jedem Bürger eine »persönliche Identität« garantieren.

Schon war im Kongreß die Rede von einem Gesetz, mit dem jedermann zur Abgabe eines Fingerabdrucks gezwungen werden sollte. Als weiterer Vorteil war zu hören, die allgemeine Fingerabdruckpflicht könnte bei der Identifizierung von Amnesie-Opfern und Vermißten gute Dienste leisten.

Sehen wir uns doch einmal einige Beispiele an, wie der wissenschaftliche Erfindergeist dazu benutzt werden kann, um Menschen auf der Spur zu bleiben oder sie zu steuern.

Kleinsender am Menschen?

Wie einfach und modern! Man befestigt winzige automatische Funksender am Körper der Leute, denen man auf der Spur bleiben will.

Man könnte sie am Hand- oder Fußgelenk oder in der Taille umschnallen oder auch dem Körper einpflanzen. Jeder Sender sendet sein individuelles Signal. Wer ihn abschnallt, macht sich strafbar. Wilde Phantasie? Zukunftsroman von 2500? Keineswegs.

Die Technik ist schon ziemlich weit gediehen. Und viele durchaus ernstzunehmende Leute haben davon gesprochen. Ein Kriminologe von der New York State University z. B. vor dem aufmerksamen Publikum einer Tagung des Verbands der amerikanischen Strafvollzugsanstalten.[1] Eine Fachzeitschrift des Instituts der Elektro- und Elektronik-Ingenieure (IEEE) widmete ihrer Untersuchung einundzwanzig Seiten.[2] Die Psychologenzeitschrift *American Psychologist* enthielt einen Artikel, in dem ihr Für und Wider erwogen wurde.[3] Desgleichen stand in der Zeitschrift *Issues in Criminology* ausführlich zu lesen, wie man die Elektronik einsetzen könnte, um die Rehabilitierung ehemaliger Häftlinge zu lenken und ihnen auf der Spur zu bleiben.

Oder sehen wir uns zwei Leute an, deren Namen uns sofort einfallen, wenn von dieser Technik die Rede ist. Ralph K. Schwitzgebel, jahrelang in Harvard als Psychologe tätig, nennt sich »Sozialkniffler«. Zwei Jahre lang war er mit einer Expertengruppe damit beschäftigt, mögliche Menschenüberwachungssysteme auszuknobeln. Den weitesten Weg hat J. A. Meyer mit der Untersuchung der möglichen Anbringung von Transpondern an Menschen zurückgelegt (im o. a. IEEE-Journal). Ein Transponder ist eine Vorrichtung, die automatisch elektrische Signale aussendet, sobald sie durch ein Ansprechsignal eines Befragers eingeschaltet wird. Meyer ist Computerfachmann und hat für die ultrageheime U.S. National Security Agency gearbeitet. Die Annahme ist nicht vermessen, daß er weiß, was geht.

Wer nun müßte solche Spürgeräte tragen? Am häufigsten werden auf Ehrenwort entlassene Strafgefangene genannt. Willst du bald raus? Brauchst nur das kleine Ding da anzuklemmen, damit wir wissen, wo du bist. Willst du überhaupt auf Ehrenwort raus? Kein Spürgerät, keine Entlassung auf Ehrenwort. Welch wohlgemeinte Zweckbestimmung. Schwitzgebel nennt es ein »elektronisches Rehabilitierungssystem«. Meyer bezeichnet es als »externalisiertes Gewissen – ein elektronischer Ersatz für die Sozialkonditionierung, den Gruppendruck und die innere Motivierung, unter denen die Gesellschaft weithin lebt«. Wird irgendwo ein Raub begangen, dann holt man jeden zum Verhör, der durch Sendersignal in allgemeiner Nähe zum Tatort ermittelt wird.

Zu den weiteren Einsatzmöglichkeiten gehört auch die Etikettierung von Leuten, die auf Bewährung sind, und die Etikettierung jugendlicher Delinquenten. Nach Schwitzgebel kommen auch Selbstmordkandidaten und entlassene Geistesgestörte in Frage.

Meyer denkt weiter. Er meint, man könnte auch Leute einbeziehen, die auf Kaution von der Untersuchungshaft verschont wurden (und oft noch nicht einmal Angeschuldigte sind). Er spricht auch von »Festgenommenen«. »Festgenommener« könnte jeder sein, den man sich vorknöpft, weil er zu schnell gefahren ist oder jemand einen Nasenstüber versetzt hat. Man könnte auch die Zehntausende Jugendlicher dazu zählen, die wegen ungezügelter Demonstrationen festgenommen werden. Des weiteren wirft Meyer als mögliche Kandidaten Leute in die Debatte, die im Strafregister stehen und in der Vergangenheit eine Neigung zur Gewalt erkennen ließen. Man könnte sie sich herholen und ihnen »rückwirkend« Transponder anschnallen.

Zählt Meyer alle seine Kandidaten zusammen, dann gelangt er allein in den Vereinigten Staaten zu der stattlichen Zahl von fünfundzwanzig Millionen. Mit einer logischen Umkehrung, die sich dem Verständnis des Schreibers dieser Zeilen entzieht, nennt er sie alle potentielle »Abonnenten«. Der Steuerzahler braucht sich also keine Sorgen zu machen. Jeder Abonnent würde die Kosten für den Transponder an seinem Körper selbst tragen – sagen wir mal zwanzig Mark die Woche.

Aber Herr Meyer macht nicht alles auf einen Schlag. Er würde sich nicht unterfangen, schlagartig fünfundzwanzig Millionen Leuten den Transponder anzulegen. Anfangs sollten die »Polizei- und Strafvollzugsbehörden« nur das Recht erhalten, »ein paar Millionen Transponder« anzuschnallen oder einzupflanzen. Damit ist die hehre Aufgabe, unangemessenem Verhalten den Garaus zu machen, gewiß nicht erledigt, aber es ist doch wenigstens ein Anfang.

Es waren auch Vorschläge zu vernehmen, man solle Transponder an den Körper von »Ausländern« und Mitgliedern »politischer Subgruppen« anbringen. Subgruppen setzen sich vermutlich aus Leuten zusammen, die nicht im breiten Strom des *American Way of Life* mitschwimmen. Ist das System erst einmal in Gang gesetzt, und geraten wir danach unter totalitäre Herrschaft, dann wäre es völlig logisch, auch Systemkritiker einzubeziehen.

Als Steuerzahler bin ich besorgt (auch ohne daß Systemkritiker einbezogen werden). Ich sehe schon die Etats anschwellen, wenn man die Polizei auffordert, die zufälligen Bewegungen von Millionen Menschen stündlich zu kontrollieren.

Aber Meyer weiß erleichternde Beruhigung. Bei Anwendung seines Systems könnte man sich praktisch alle Gefängnisse und Zuchthäuser sparen. Er gibt zu, daß Verbrecher immer versucht sind, dem System ein Schnippchen zu schlagen. Aber das System, das er im Kopf hat, wäre so fast völlig idiotensicher, daß nach seiner Meinung dieses Problem fast keines ist.

Die einfache elektronische Etikettierung von Menschen ist aber nur eine der vorgeschlagenen Anwendungen einer Menschenüberwachung. Bei den Astronauten im All werden ständig Dinge wie Pulsschlag und Blutdruck überwacht. Warum sollte man solcherlei Technik nicht auch auf der Erde anwenden? Ein ehemaliger Sexualverbrecher ließe sich mal schnell herholen, wenn Sensoren ein Funksignal ausstrahlen, sobald er an einem unangemessenen Ort eine Peniserektion erfährt. Eine derartige Signalisierung bedarf gar keiner aufwendigen Technik.

Oder man stattet den »Abonnenten« mit einem Sender-Empfänger aus und kann sein Verhalten nicht nur überwachen, sondern auch steuern (ein Sender-Empfänger ist ein Funkgerät, das Signale sowohl senden als auch empfangen kann).

Barton L. Ingraham und Gerald W. Smith zeigen uns in *Issues in Criminology* ein Beispiel, wie das funktionieren würde: »Nehmen wir einmal an, ein Häftling, der einige Einbrüche auf dem Kerbholz hat, werde elektronisch aufgespürt, wie er sich in die Einkaufsgegend der Stadt begibt; die physiologischen Daten lassen schnellere Atmung, Muskelspannung und verstärkten Adrenalinfluß erkennen. Gewiß ein deutlicher Beweis, daß er nichts Gutes im Schilde führt. In diesem Fall würde der Computer die Wahrscheinlichkeit abwägen, zu einer Entscheidung gelangen und die Polizei oder den Bewährungshelfer alarmieren, so daß sie zum Ort der Handlung eilen könnten; oder aber, wenn die Person mit einem Funktelemeter ausgestattet wäre, könnte dieses ein elektrisches Signal empfangen, das den Fortgang der Handlung blockieren würde, indem es die Person veranlaßt, ihr Vorhaben zu vergessen oder aufzugeben.«

Ingraham und Smith meinten dazu, die Sender-Empfänger ließen sich direkt im Gehirn bestimmter, auf Ehrenwort Entlassener unterbringen. Ein Computer könnte jedem, der auf Missetat ausgeht, einen elektrischen Stoß versetzen. Elektrostöße innerhalb oder außerhalb des Gehirns könnten auch dem früheren Sexualverbrecher das aus dem Kopf schlagen, was seine Peniserektion verursacht hat.

In seinen kühnen Erforschungen des technisch Machbaren schlug J. A. Meyer ein Netz von Alarmposten vor. Diese hätten die Aufgabe, stets Laut zu geben, wann immer sich jemand näherte, dem das Tragen irgendeines Senders zur Auflage gemacht worden ist. Banken, Ladenbesitzer und andere Einrichtungen würden zum Kauf von Funkempfängern ermuntert, die Senderträger »sichten«. Diese Empfangsgeräte würden das Sicherheitspersonal alarmieren, sobald sich eine verdächtige Person nähert.

Können Sie sich vorstellen, was es gäbe, wenn fünf Millionen Amerikaner jedesmal einen Alarm auslösten, wenn sie eine Packung Zigaretten kaufen oder einen Scheck einlösen wollen? Auch daran hat Meyer gedacht. Er betont, niemand solle ohne Not gebrandmarkt werden. Nur bei ehemaligen Sträflingen, die eine »Gefahr für die Öffentlichkeit« darstellen könnten, sollte der Sender den lauten Alarm von sich geben, der den Träger brandmarken könnte. Auf den Nullachtfünfzehn-Senderträger würde zwar die Überwachungsanlage im Einkaufsladen auch ansprechen, aber doch die Anwesenheit des Trägers nicht »wahllos bekanntmachen«. Vielleicht würde der Hausdetektiv ein leises »Pssst« vernehmen. Doch auch wenn die Anwesenheit des Senderträgers nicht wahllos bekanntgemacht würde, könnte er doch Schwierigkeiten haben, wenn er per Scheck bezahlen oder ein Kreditkonto eröffnen will.

Schwitzgebel hat sofort begriffen, daß elektronische Rehabilitierungssysteme besorgte Fragen aufwerfen, wie es denn mit den Grundfreiheiten stehe. Er soll aber gesagt haben, nach seiner Meinung »dürften elektronische und Spürvorrichtungen bei großzügiger Gesamtbetrachtung nicht unmittelbar gegen die Klausel (der amerikanischen Verfassung) verstoßen, die grausame und ungewöhnliche Bestrafung verbietet«.[4]

Mir hört sich das alles freilich ziemlich ungewöhnlich an.

Meyer stellt fest, ein solches Aufspürverfahren könnte auch mißbraucht werden. Mißbrauch, so Meyer, wäre es, wenn man jemand auf eine fadenscheinige Beschuldigung hin festnähme, ihn mit einem Sender ausstattete und dann das Gerichtsverfahren hinauszögerte. Damit bliebe der Betreffende einer totalen Überwachung unterworfen, während die Behörden Beweise gegen ihn sammelten. Ein anderer Mißbrauch, der Meyer in den Sinn kam, bestünde darin, Demonstranten oder Aufrührer festzunehmen, ihnen die Schelle umzubinden und sie auf diese Weise einzuschüchtern.

Er deutet sogar an, ein System, wie er es im Auge habe, könnte zum »Polizeistaat« führen und deshalb überhaupt nie entwickelt werden. Diesen Gedanken scheint er aber beiseite zu schieben, wenn er erklärt: »Das könnte freilich genausogut von Polizei, Gefängnissen, Gerichten, Gesetzen, Steuern usw. behauptet werden.« Mit wirksamen Gegenkontrollen ließe sich das in Grenzen halten, »ohne daß es zu monströsen Auswüchsen kommt.«

Ich bezweifle das.

DAS GROSSE AUGE

Die Amerikaner halten sich gerne für offenherzig und freiheitsliebend. In einer Reihe ihrer Städte wird der Neuankömmling heimlich photographiert. Mit einem Teleobjektiv. Der Film wird in der Polizeistation archiviert. Oder vielleicht zur Kontrolle weggeschickt, ob es sich bei dem Neuankömmling etwa um einen bekannten Missetäter handelt.

In vielen Städten und Großstädten werden nicht nur Neuankömmlinge photographiert, sondern eine Filmkamera nimmt jeden auf, der sich ins Zentrum begibt. Manche Kameras haben Gummilinsen und sind schwenkbar und können Großaufnahmen über eine Entfernung von mehreren hundert Metern machen. Mount Vernon,

New York, stellte an jedem Ende der Haupteinkaufsstraße zwei Kameras auf. Hoboken, New Jersey, hat an mehreren öffentlichen Plätzen Fernsehkameras in Betrieb. Ebenso San Franzisko. Der Polizeipräsident von New York City betreibt viele Fernsehkameras. Eine Einrichtung befindet sich am Times Square. Eine Kleinstadt im Norden des Staates New York betrieb zeitweise über zwanzig Fernsehkameras, die auf Masten angebracht waren und die gesamte Innenstadt überblickten.

Ursprünglich wurden Menschen an öffentlichen Plätzen fotografiert, um Kriegsgegner- und Bürgerrechtsdemonstranten zu identifizieren. Heute geschieht es mehr und mehr, manchmal sogar mit reklamehafter Ankündigung, als Abschreckung gegen das Begehen von Verbrechen auf der Straße.

Die Technik der Sichtüberwachung hat einen großen Sprung getan. Noch in George Orwells *1984* war der Bürger vor dem allgegenwärtigen Auge sicher, wenn er sich in abgedunkelten Bereichen seiner Wohnung aufhielt. Heute verfügt die Polizei über Infrarotkameras, mit denen sich auch im Dunkeln ganz gute Bilder machen lassen.

Die Fernseh-Überwachungskameras sind immer höher geklettert, damit sie breitere Gebiete einer Stadt überblicken können. Zuerst brachte man sie auf dem Dach von hohen Gebäuden an. Im dicht von Studenten bevölkerten University Circle in Cleveland hatte man während der Zeit der Studentenunruhen auf zwei Gebäuden Kameras installiert, deren Gummilinse von jedem eine Großaufnahme machen konnte, der ein zwei Quadratmeilen großes Gebiet betrat. Die Stadt New York hat gelegentlich schon Kameras in Hubschraubern untergebracht, die über einem bestimmten Gebiet schwebten. Dank des einst undenkbaren Fachwissens, das sich aus den Satellitenkameras ergab, haben amerikanische Firmen jetzt Luftaufnahmekameras zur Allzwecküberwachung entwickelt. Mindestens ein Kameratyp kann ohne jede Kabelzufuhr stationär schweben.[5] Man hält es für technisch möglich, mit Hilfe der Mikrominiaturtechnik einen unsichtbaren, himmelfarbenen Ballon von der Größe eines Basketballs in etwa siebzig Meter Höhe schweben zu lassen. Damit ließen sich die Leute darunter sowohl beobachten als auch abhören.

Den Polizeifotografen, die oft als Zeitungs- oder Fernsehkameraleute verkleidet sind, haben es besonders Protestversammlungen, Massenveranstaltungen, Vorträge, Sit-ins und dergl. angetan. Die »Unbotmäßigkeits-Einheit« der Polizei von Philadelphia hat in den letzten Jahren Tausende solcher Veranstaltungen überwacht. Die Polizisten halten es oft für wirksamer, wenn sie in Uniform dastehen und Fotos machen oder auch nur zu fotografieren vorgeben.

Rechtlich befinden wir uns hier in einer Grauzone. Nach dem First Amendment zur amerikanischen Verfassung ist das Recht auf freie Meinungsäußerung und das Versammlungsrecht in den Vereinigten Staaten geschützt. Wenn Polizisten herumstehen und fotografieren, dann ist dies eine Form der Einschüchterung und dürfte eine Verletzung dieser Rechte darstellen. Ich meine, ein solches Tätigwerden der Polizeiorgane müßte auf Situationen beschränkt sein, in denen die nationale Sicherheit eindeutig bedroht ist, was in den letzten Jahren fast nie der Fall war.

Nicht nur die Ortspolizei hat versammelte Dissidenten fotografiert. Als die Bewegung der Gegner des Vietnamkriegs an Stoßkraft zunahm, schickte der Heeresnachrichtendienst buchstäblich Tausende Agenten aus, Zusammenkünfte auf Zelluloid und Tonband zu bannen. Manche Veranstaltungen fanden in Schulen und Kirchen statt. Es ergaben sich Aufzeichnungen über mehr als hunderttausend amerikanischer Zivilisten. Das alles war höchst irregulär. Gesetzlich sind die Militärs verpflichtet, ihre nachrichtendienstliche Tätigkeit auf Angelegenheiten unmittelbaren militärischen Interesses zu beschränken. Als diese Betätigung erstmals bekannt wurde, erging ein ziemlich verklausulierter Befehl, der dem größten Teil der Tätigkeit Einhalt gebot. Später stellte sich heraus, daß die CIA, der Inlandsaufklärung ausdrücklich untersagt ist, in Wirklichkeit Archive über mehr als zehntausend amerikanische Bürger aufgebaut hatte, die sich als Dissidenten im Inland engagiert hatten.

Hier noch ein paar andere mechanische Augen:
– Augen, die Briefe im verschlossenen Umschlag lesen;
– »Augen«, die anhand der elektrischen Impulse einen Computerausdruck, der in einem anderen Raum erfolgt, nachvollziehen können.

Jeder autoritäre Machthaber sehnt sich u. a. danach, die Information steuern zu können, die die Volksmasse erreicht. Das kann man so machen, daß die einzigen Radios und Fernseher, die es überhaupt gibt, an öffentlichen Plätzen aufgestellt werden, und einige Länder sind so vorgegangen. Oder in einem großen Land, wo es zahlreiche Gerätebesitzer gibt, kann man versuchen, die Sender anderer Länder zu stören. Aber in einer Wohlstandsgesellschaft mit Millionen Fernsehern ist das Problem vielschichtig. Den autoritären Regimen wäre viel geholfen, wenn sie jeden Haushalt entdecken könnten, in dem ein Gerät auf ein dem Regime mißliebiges Programm eingestellt ist.

Die Fernmeldetechniker haben jetzt das Werkzeug für solche Überwachung entwickelt. Zuerst geschah das zu einem gutartigen Zweck, nämlich zur Erhebung von Zuschauergewohnheiten. Aber das Werkzeug läßt sich ohne weiteres auch für die Überwachung einsetzen. Ein Verfahren besteht darin, daß ein mit einer radarähnlichen Anlage ausgestatteter geschlossener Lkw durch die Straßen fährt. Diese Anlage stellt fest, welcher Kanal in jedem Haus eingeschaltet ist. Bei Wohnhäusern mit vielen Wohnungen ist das allerdings schwieriger. Die Anlage ist bei Jahresversammlungen vorgeführt und in mehreren Staaten in unserem Lande benutzt worden.

Eine zweite Möglichkeit bietet das Zweiweg-Kabelfernsehen. Zweifellos wird es sich ausbreiten, weil es Zuschauern und Vermarktern so viele Vorteile bietet. In unruhigen Zeiten würde höchstwahrscheinlich jedes autoritäre Regime die Zuschauergewohnheiten jedes Abonnenten in einer Datenbank erfassen lassen.

Was nun das Abhören anbelangt, so habe ich mir von einem mit Forschung befaßten Mitarbeiter des Verteidigungsministeriums sagen lassen, man brauche keine Wanzen mehr, um Gespräche in einem Zimmer belauschen zu können. Man kann sich vom Fenster des Zimmers, in dem das Gespräch stattfindet, Laserstrahlen zurückwerfen lassen.

Oder wenn Sie die Vertraulichkeit eines Gesprächs dadurch erreichen wollen, daß Sie im Park spazierengehen, dann setzen Sie sich bloß nicht auf eine Bank. Eine Spezialkanone kann ein Steckmikrofon in einen nahegelegenen Baum oder Busch schießen.

Das Anzapfen von Telefonleitungen ist natürlich inzwischen in vielen Ländern, autoritären wie demokratischen, gang und gäbe geworden. In einem noch gar nicht lange zurückliegenden Bericht des französischen Senats ist die Rede davon, daß die Regierung täglich mehrere tausend Telefone anzapft, meist unrechtmäßig.

In den Vereinigten Staaten werden rechtmäßig wie unrechtmäßig viele Telefone angezapft. Zuverlässige Schätzungen des Anzapfens durch Organe der Bundesregierung liegen zwar nicht so hoch wie die der Franzosen. Dennoch wird häufig von Staats- oder Ortsbehörden angezapft, meist gedeckt durch Gerichtsanordnung. Und dann gibt es viel privates, illegales Anzapfen. Über zwanzig Staaten haben das Anzapfen durch Orts- und Staatsbehörden zugelassen. Seitdem 1968 das Anzapfen zulässig geworden ist, wenn es von einem Gericht gebilligt wird, sind die Stimmen von mindestens zweihunderttausend Amerikanern rechtmäßig ohne ihr Wissen aufgezeichnet worden.

Das Problem ist dabei, daß bei jedem Anzapfen die Stimmen von durchschnittlich fünfundzwanzig Personen abgehört werden. Viele benutzen eine Telefonzelle, die sie gerade finden. Aussagen vor dem Bundesgericht weisen darauf hin, daß nicht einmal jedes zehnte Gespräch irgendwelche Verdachtsmomente ergibt.[6] Dieses Anzapfen dürfte somit in flagrantem Widerspruch zum Vierten Amendment stehen, das die Menschen gegen unverhältnismäßige Durchsuchung und Beschlagnahme schützt, solange kein »ausreichender Beweis« für einen Zusammenhang mit einer konkreten verbrecherischen Handlung vorliegt.

Will ein Strafverfolger jemand abhören, dann muß er in seinem Antrag auf gerichtliche Verfügung die betreffenden Personen auflisten und die Gründe dafür angeben. In den meisten Fällen kann er gar nicht wissen, welche Leute ein öffentliches Telefon benutzen, das anzuzapfen ist. Hier geschieht der Einbruch in die Privatsphäre einer Unzahl Unschuldiger. Und man hört auch Leute ab, die nicht genannt werden und sich erst mit ihren Gesprächen verdächtig machen. Strafverfolger haben in ihre Anzapfanträge mit Erfolg die Formel eingesetzt: »und andere bislang Unbekannte«.

1974 erklärte die Mehrheit des neukonservativen Obersten Gerichts der Vereinigten Staaten die Formel »und andere bislang Unbekannte« für annehmbar. Die Anhänger der Mehrheitsmeinung waren der Auffassung, damit werde der Verfassungsforderung entsprochen, die verlange, daß »die zu ergreifenden Personen oder Sachen« *insbesondere* beschrieben werden müßten! Als Sprecher der Minderheit von drei Richtern bezeichnete Justice William O. Douglas diese Auffassung als absurd. Er sagte: »Nach der heutigen Entscheidung braucht eine Anzapfgenehmigung nur einen einzigen Namen aufzuführen, und schon kann das Fangnetz über die ganze Nation gezogen werden.«

Eine technische Neuerung, mit der sich die Möglichkeiten von Lauschoperationen beträchtlich steigern lassen, ist der Stimmabdruck. Ein Stimmabdruck liefert ein linienförmiges Muster, das für die Identifizierung des Individuums fast so präzise ist wie ein Fingerabdruck. Noch nicht präzise genug, um vor Gericht Gefallen zu finden, aber doch schon präzise.

Die zunehmende Benutzung abgefeimter Überwachungsgeräte – Hör- wie Sichtgeräte – durch öffentliche und private Organisationen macht die Verabschiedung eines Gesetzes dringend erforderlich, das strenge Regelungen enthält, wann und wie diese Geräte eingesetzt werden dürfen. Sie bedrohen unsere freie Gesellschaft.

Der grosse Mund

In den späteren Tagen der Nixon-Regierung gab es ziemlichen Ärger, als ein Vorschlag bekannt wurde, jede Wohnung im Lande solle einen kleinen Regierungsrundfunkempfänger erhalten. Durch Knopfdruck sollte Washington diese Millionen Geräte einschalten können, um rund um die Uhr Regierungsnachrichten zu senden. Offiziell sollte mit diesem Regierungsnetz das Katastrophenalarmsystem verbessert werden.

Aber in dem gleichen Dreihundertseitenbericht des Weißen Hauses, der diesen Vorschlag enthielt, war auch die Rede vom Einsatz dieser Technik zur Erziehung noch nicht schulpflichtiger Kinder zu Weltbürgern. Desgleichen wurde davon gesprochen, auf diese Weise könne man besser mit der »wachsenden sozialen Unruhe« fertig werden.

Der Kongreßabgeordnete William Moorhead beschaffte sich als Vorsitzender des Unterausschusses für Informationsfragen im Repräsentantenhaus ein Exemplar des Berichts. Jede Seite war mit »Amtlich geheimgehalten« gestempelt. Er sagte, das Ganze rieche verflixt nach Großem Bruder. Der Bericht war für den Vorsitzenden des Rates für Innerpolitische Angelegenheiten im Weißen Haus, John D. Ehrlichmann, geschrieben worden. Als naher Mitarbeiter Nixons kam er später im Watergate-Skandal zu traurigem Ruhm. Ausgearbeitet war der Bericht vom Wissenschafts- und Technologie-Amt des Weißen Hauses, dem damals Edward D. David jr. vorstand. Durchführbarkeitstests waren ebenfalls veranstaltet worden.

Auf die bohrenden Fragen Moorheads betonte David, die Idee des auf Knopfdruck funktionierenden Netzes sei aus technischen Gründen schon aufgegeben worden. Moorhead bezeichnete den Bericht als »schockierendes Dokument«. Schockierend sei es, weil in ihm »der potentielle Mißbrauch zu Propagandazwecken überhaupt nicht bedacht, der mögliche Einbruch in die Intimsphäre überhaupt nicht beachtet worden« sei.

Das grosse Gedächtnis

Im gleichen Bericht des Weißen Hauses wurde der Vorschlag eines »nationalen Verdrahtungs«-Systems gemacht. Damit sollten Polizeiberichte, Gerichtsakten und Gesundheitsakten in einem einzigen riesigen Computergedächtnis gespeichert werden. Offenbar sollten Informationen aus dem Riesencomputer zwischen Washington und jedem Winkel unseres Landes hin und her fließen.

Die Idee einer nationalen Datenbank war alles andere als neu. Ich selbst habe 1966 vor dem Kongreß im Zusammenhang mit einem Protest gegen einen vom US-Budgetbüro sehr aktiv verfolgten Plan ausgesagt. Ein gigantischer Computer sollte alle Informationen auf sich vereinigen, die über Amerikaner bei zwanzig Bundesämtern einschließlich der Steuerverwaltung, der Sozialversicherungsverwaltung und des Amts für Volkszählung gespeichert waren. Jedes dieser drei Ämter hat Daten über Einzelpersonen mit striktester Vertraulichkeit zu behandeln.

Die Anwälte der Regierung argumentierten, sie wollten die Informationen einer zentralen Datenbank nur zu statistischen Zwecken als Planungshilfe benutzen. Wegen der Aktualisierung sowie aus Kostengründen müßten die Daten aber individuell identifizierbar bleiben. Eine überzeugende Zusicherung, daß mit der Bank kein Mißbrauch getrieben werde, konnten sie nicht anbieten. Das Problem der Sicherung gegen Mißbrauch sei äußerst komplex, gaben sie zu. Es war ihnen offenbar auch nicht aufgegangen, daß ein solches System unter einem autoritären Regime zum Riesendossier für jeden einzelnen Amerikaner werden könnte. Die gesammelten Informationen konnten Auskunft über Einkommen, Familienangehörige, Militärdienst, Beschäftigungsverhältnisse und viele andere private Dinge enthalten. Noch gefährlicher würde die Bank, wenn weitere Regierungsstellen angeschlossen würden. Man sprach davon, Mißbrauch könne man dadurch vorbeugen, daß man im Verordnungswege entsprechende Richtlinien erlasse. Aber solche Richtlinien könnte eine autoritäre Regierung mit leichter Hand ändern. Nur ein Bundesgesetz, das entsprechende Schutzmaßnahmen für die Intimsphäre und die Beseitigung der individuellen Identifizierung der Daten vorschreibt, kann überhaupt eine Hoffnung geben, daß das System nicht mißbraucht würde. Sonst wäre es letztlich ein Werkzeug, mit dem sich jeder Kritiker einer Regierung einschüchtern oder diskreditieren läßt.

Während ich diese Zeilen schreibe, gehen die Bestrebungen weiter, ein Regierungsdatenzentrum zu schaffen, das die Bundesbehörden miteinander verbindet. Neuerdings wird es auch als FEDNET bezeichnet. Hübsch! Jetzt wird das Projekt hauptsächlich von der General Services Administration betrieben. Als FEDNET auf Widerstand stieß, war zu hören, die GSA mache einfach weiter und werde auch ohne konkrete Genehmigung Computerdaten routinemäßig zusammenfassen. Dabei steht die Idee Pate, das Ganze sei doch lediglich eine Verbesserung des vorhandenen Informations-Austauschsystems in der Regierung.

Die Bundesregierung verfügt über mindestens fünftausend Computeranlagen zur Datenspeicherung. Zudem gibt es viele hundert Großarchive mit individuellen Informationen auf altmodischen Karteikarten. Diese Informationen sind noch nicht in Computer einge-

geben worden. Der Rechtsprechungsausschuß des Senats schätzte 1974 die Personalkarteien der Regierung auf eine runde Milliarde. Das sind fünfmal mehr Karten, als es Leute im Land gibt. Hinzu kommt vielleicht eine weitere Milliarde Personalkarteien auf Orts-, Regierungsbezirks- und Staatsebene. Hier nur ein paar der großen Archive auf Bundesebene:
- Das Verteidigungsministerium verwahrt mindestens 16 000 000 Lebensläufe.
- Der öffentliche Dienst umfaßt mindestens 10 000 000 umfangreiche Personalakten.
- Die Steuerverwaltung besitzt natürlich erheblich mehr als 100 000 000 Akten.
- Im FBI lagern mindestens 6 500 000 Akten über US-Bewohner einschließlich 600 000 Kriminalfälle auf Computer. Überdies gibt es dort Akten über mehr als 100 000 Einwohner, die irgendwann als Sympathisanten mit den Kommunisten galten. Neuerdings hat das FBI angesichts starker Kritik die politische Archivführung verringert.
- Der Geheimdienst hat Akten über 100 000 »interessante Personen« auf Computer gespeichert. Zur »interessanten Person« kann man avancieren, wenn man gegen eine Wohlfahrtsregelung protestiert, sich an einer Demonstration beteiligt, häßliche Bemerkungen über die Leute in Washington macht, darauf beharrt, von einem hohen Regierungsbeamten persönlich empfangen zu werden und ihm seine Kümmernisse selbst vortragen zu dürfen.

Die Idee eines »Gesamtsystems« gesammelter Informationen über Personen in einem einzigen Datenzentrum wird von zahlreichen Städten und Bezirken aufgegriffen. Die Santa Clara County in Kalifornien gehört zu den Pionieren der »Computer«-Verwaltung. Die Beamten begaben sich daran, praktisch alle Amtsakten über mehr als eine Million Einwohner in einem Zentralcomputer zu speichern. Hinein kamen Geburtsregister, Führerscheindaten, Wählerlisten, Schöffenstatus, Berichte über Jugendstraffälligkeit, Fürsorgeakten und jede Verwicklung mit dem Sheriff, dem Staatsanwalt oder dem Bewährungshelfer. Wer gegen diese landesweite Datenbank protestierte, wurde als Träumer abgetan. Der Datenzugang war über jede der rund hundert Fernverarbeitungsstationen möglich. In einigen Fällen konnten ganz bestimmte Daten nur von ganz bestimmten Stationen abgerufen werden.

New Haven in Connecticut wurde zum Testfeld von IBM für die Programmierung jedes einzelnen Stadtbewohners. Eingespeist wurden sämtliche Personalakten der Stadt.

In letzter Zeit wurden Bundesmittel für die Computerspeicherung von Personaldaten der Städte im Rahmen eines Programms verfügbar, das sich »Integrierte Gemeinde-Informations-Systeme« nennt. Erklärtes Ziel ist es, den Städten beim Aufbau eines gemeinsamen Informationssystems auf Computerbasis behilflich zu sein, das allen Stellen der Stadtverwaltung »zugänglich« gemacht werden kann. In diesem System sind Long Beach in Kalifornien und Wichita Falls in Texas als erste ins tiefe Wasser gesprungen. Charlotte in North Carolina bewegt sich ebenfalls auf die Gesamtsystematik zu.

Auf der Ebene der Staaten gehört Minnesota zu den Pionieren. Dort versucht man, aus Akten in etwa dreieinhalbtausend Zuständigkeitsbereichen alles Erdenkliche über Personen zusammenzuziehen. Auf einer Konferenz in Washington im Jahre 1975 verkündete der Verantwortliche dieses Staates für das ehrgeizige Projekt, Daniel McGraw: »Wir haben alles Erdenkliche über die Leute, und es steckt in diesem Staatsarchiv.« Er war von seiner Aufgabe geradezu hingerissen. Minnesota lehnte sich in seinem System an das praktisch universelle Personaldaten-Sammelsystem Schwedens an. Neuerdings hat Schweden jedoch ein Gesetz verabschiedet, das die wichtigeren Bereiche der Privatsphäre schützen soll. Allzu viele Leute litten allmählich unter dem System.

Einige Staaten bei uns führen beunruhigende Spezialakten. Maryland registriert jeden, der psychiatrische Hilfe erhält. Mit Bundesmitteln gefördert hat die Stadt Washington Führerscheinbewerbern in einem Fragebogen eine Unmenge sehr persönlicher Fragen über ihren Lebensstil gestellt. Die Themen rangieren von Ehe- und Geldproblemen über Frustrationsgefühle am Arbeitsplatz bis hin zu Einsamkeits- und Schuldgefühlen und sogar nächtlichen Schweißausbrüchen. Die Fragen berühren soziale Variable, die zusammengenommen ein Muster ergeben, das den Schluß zuläßt, ob der Anwärter ein Problemkind ist. Bislang war die Beantwortung des Fragebogens freiwillig, und die Informationen über Einzelpersonen werden nicht veröffentlicht. Man stelle sich aber nur einmal vor, wie es aussehe, wenn der Fragebogen institutionalisiert, zwangsweise gefordert und in Washington und anderen Staaten computerisiert würde. Hier wird leicht erkennbar, wie zusätzliche und brandmarkende Informationen über den Einzelbürger ihren Weg in eine zentrale Computerbank finden könnten.

Eine Gefahr der großen Gedächtnisbank ist auch ihre scheinbare Unfehlbarkeit. Wie kommt man gegen einen riesigen Computer an, der abträgliche Informationen über einen nur so hervorsprudelt? In Wahrheit ist der Computer noch fehlbarer als die altmodischen Archivsysteme. Meist bietet er nur unzulängliche Möglichkeiten der Fehlerkorrektur und Aktualisierung.

Von -zig Millionen Amerikanern ist festgehalten, daß sie irgendwann in ihrem Leben einmal festgenommen worden sind. Festnahmen wegen Verkehrsdelikten sind dabei noch nicht einmal mitgezählt. Die Ortspolizeibehörden und örtlichen Gerichte sind bekannt für ihre lasche Handhabung der Schreibtischarbeit, die notwendig ist, um Festnahmeregister aufs laufende zu bringen. Viele unterlassen es einfach, ein »entlassen« oder »unschuldig« oder »freigesprochen« oder »Urteil bei Berufung aufgehoben« einzutragen.

Die meisten Staaten aber schicken ihre Mitteilungen über sämtliche Festnahmen an das National Crime Information Center in Washington. Es ist dies die zentrale Clearingstelle, die dem FBI untersteht. Viele tausend Anfragestellen im ganzen Land können ihre Abfrage dorthin richten. Dazu gehören nicht nur die Ordnungsbehörden, sondern auch Arbeitgeber, Kreditanstalten, Versicherungsgesellschaften, Lizenzgeber. Nach einer Schätzung ist mindesten die Hälfte der Archive des Center unvollständig weitergeführt. 1975 weigerte sich Massachusetts, seine Verbrechensinformationen noch weiter dem Center zuzuleiten. Die Beamten dieses Staates wußten, daß ihre Aufzeichnungen völlig unzureichend waren und voller Fehlinformationen steckten.

Ebenfalls 1975 brachte dem FBI die geplante Ausdehnung seiner Aufgabe der Computerverarbeitung- und -speicherung aller Verbrechensinformationen der Staaten den scharfen Protest seiner Schwesterorganisation, der Law Enforcement Assistance Administration, ein. Die LEAA erklärte, dieser Plan könne damit enden, daß sämtliche Ordnungsaufgaben der Polizei auf Bundesebene verlagert würden, und ließe sich sogar zu einer Einrichtung ähnlich dem Großen Bruder verkehren.

Und selbst wenn es wegen eines kleineren Vergehens zu einem Urteil gekommen ist, soll ein kleiner Ausrutscher in der Jugendzeit einen Menschen ein Leben lang verfolgen? Computer haben eine fatale Tendenz, unerfreuliche Informationen aus früheren Tagen zu verewigen.

Die Gefahr eines nachtragenden, erbarmungslosen Computers hat schon vor einem Jahrhundert Lewis Carrol in *Alice hinter den Spiegeln* vorausgesehen:

»Den Schrecken dieses Augenblicks«, fuhr der König fort, »werde ich nie und nimmer vergessen!«

»Doch wirst du's«, erwiderte die Königin, »wenn du's nicht niederschreibst.«

Allein die Tatsache, daß die endlose Ansammlung von Daten über eine Person in einer Weise erfolgt, die sich ihrer Kontrolle entzieht, kann eindeutig zu einer schweren Bedrohung der Privatsphäre werden. Im April 1975 veranstaltete das Nationale Normenbüro, das sich auf Bundesebene mit der Festlegung von Normen für die Handhabung von Computerdaten befaßt, ein Symposium zu dem Thema »Der Auftrag zum Schutz der Privatsphäre«. Zu den Referenten gehörte auch Aryeh Neier, Präsident der Amerikanischen Bürgerrechtsunion. Er zählte einen Fall nach dem andern auf, in dem die Intimsphäre unbegründet geschädigt oder ernsthaft verletzt wurde durch kumulative Informationssammlungen aus den Archiven von Schulen ... Jugendgerichten ... Militäreinrichtungen ... Polizeistationen ... Krankenhäusern und Ärzten ... Nervenheilanstalten.

Die Explosion der Datensammlung über Einzelpersonen, so sagte er düster, habe ein Ausmaß erreicht, wo »es schon jetzt sehr schwierig ist, auch nur den Versuch zu einer Wahrnehmung unserer Privatsphäre zu unternehmen. ... Ich glaube, daß sich das Sammeln von Daten nicht mit der Grundidee der Persönlichkeitsrechte vereinbaren läßt.« Wer, so fuhr er fort, irgendwann und irgendwie das Etikett eines »Unruhestifters« angehängt bekommt, »dem bleibt schon fast nichts anderes mehr übrig als eine Existenz am Rande der Gesellschaft«.

Die Gefahr vervielfacht sich, wenn für einen bestimmten Zweck gesammelte Informationen über eine Einzelperson nun auch für andere Zwecke benutzt werden. Das geschieht unweigerlich, wenn man die Daten vieler Stellen zusammenfaßt und sie wieder von vielen Stellen aus zugänglich macht. Angaben über Eheprobleme, die Sie bei Beantragung eines Bundesdarlehens für den Kauf eines Eigenheims machen, können Jahre später in einer zentralen Datenbank wieder hochkommen und gegen Sie benutzt werden, wenn Sie sich um einen Job im öffentlichen Dienst bewerben.

Ein erster Anfang ist gemacht, um die Gedächtnisbank möglichst daran zu hindern, daß sie zum Tyrannen wird. Dank der Gesetzgebung des Kongresses erhielten die Bürger 1975 das Recht zur Einsicht in alle Informationen, die gewisse Bundesbehörden über sie besitzen. Ebenso erhielten sie das Recht, die Richtigstellung unzutreffender Informationen zu verlangen. Ohne ausreichenden Grund wurden aber für Polizei- und Aufklärungsstellen großzügige Ausnahmen eingeräumt. Und das Gesetz gilt nur für Bundesarchive.

Neuere Bundesgesetze räumten den Bürgern auch das Recht ein, die Informationen von Kreditbüros einzusehen und zu korrigieren. Und Eltern sind jetzt zur Einsicht in die Aufzeichnungen öffentlicher Schulen über ihre Kinder berechtigt.

Dies sind bescheidene Anfänge.

Das Problem ist schwerwiegend. Hier haben wir ein ausgezeichnetes Beispiel dafür, wie sich die Technik der menschlichen Gewalt entziehen kann und nur noch den Kontrolleuren gehorcht. Ein Richter am Staatsberufungsgericht von Cleveland, J.G. Day, sagt dazu:

»Von allen großen Problemen, die in den nächsten dreißig Jahren auf unserer gesellschaftspolitischen Tagesordnung stehen – Energie, Friede, Armut, Umweltschutz, Nahrung und so weiter und so fort –, ist der Schutz der Intimsphäre eines der wichtigsten. Der Unterschied zwischen einer noch erträglichen Regierung und einer, die es besser überhaupt nicht gäbe, kann sehr wohl darin liegen, ob es uns gelingt, die Intimsphäre zu schützen.«

Angesichts einer Gefahr dieser Größenordnung ist es an der Zeit, daß die Amerikaner der Verfassung der Vereinigten Staaten noch eine Bill of Rights in Informationsfragen hinzufügen.

Jedenfalls sollte ein umfassender Kodex für gerechte Informationspraktiken ausgearbeitet werden, der auf allen Ebenen der staatlichen Verwaltung Anwendung zu finden hätte. Darin sollten Regeln für das Sammeln persönlicher Computerdaten aufgestellt werden, die dem Bürger eine angemessene Intimsphäre und das Recht auf Richtigstellung verbürgen.

Und wir brauchen einen Nationalen Datenschutzrat, der für die Einhaltung des Kodex sorgt. Er muß unabhängig sein und über breite Vollmachten verfügen.

Ein solcher Rat sollte m. E. vor allem fünf Fragenkreise im Auge behalten:

1. Regierungsinformationen über Einzelpersonen sind jedem vorzuenthalten, der sie nicht unbedingt erfahren muß.
2. Jährlich sind alle Personaldatensysteme öffentlich bekanntzugeben, die staatliche oder private Datensammelstellen landesweit unterhalten. Es bedarf keiner besonderen Erwähnung, daß einfach zu handhabende Verfahren zu entwickeln sind, die es jedem Bürger ermöglichen, die über ihn gesammelten Daten einzusehen und zu korrigieren (es sei denn, eine Person ist Gegenstand einer aktuellen Strafverfolgung).
3. Die Zusammenfassung und Vermengung von Personalien, die verschiedene Regierungsstellen zu verschiedenen Zwecken gesammelt haben, ist zu verbieten.
4. Alle überholten Personaldaten sind zu vernichten. Da dem Bürokraten praktisch nie etwas überholt erscheint, sind die Verfahren genau zu fixieren. Generell dürfte eine Neudurchsicht alle fünf Jahre angemessen sein. Festnahmearchive sollten hinsichtlich der Erstfestnahmen alle drei Jahre gesichtet werden.
5. Jede organisierte Personaldatensammlung durch Regierungsbehörden ist zu untersagen, soweit keine eindeutige Notwendigkeit dafür besteht und die rechtmäßige Verwendung sichergestellt ist.

Ein Etikett fürs Leben?

Es gibt inzwischen eine Bewegung, die allen Amerikanern ein »Universalkennzeichen« verpassen möchte.

Die Entwicklung der Gedächtnisbanken hat Bürokraten auf die

Idee gebracht, jeden Amerikaner mit einer Nummer zu versehen. Ein solches Universalkennzeichen würde das entscheidende Glied in der Kette für die Einrichtung zentraler Gedächtnisbanken. Damit ließe sich die aus zahllosen Quellen fließende Information zentralisieren und unter der Nummer der betreffenden Person in der Zentraldatei speichern. Und sie kann buchstäblich von der Wiege bis zur Bahre funktionieren.

Von einigen Seiten wurde der Vorschlag gemacht, man solle die Universalkennziffer jedem Neugeborenen in den Fußrist tätowieren. Aber das ist eigentlich gar nicht nötig. Mitte der siebziger Jahre versuchten mehrere Kongreßabgeordnete ein Gesetz einzubringen, wonach jedes Schulkind eine Universalkennziffer erhalten sollte. Vorgeschlagen war eine Sozialversicherungsnummer (obwohl die Kinder natürlich nicht berufstätig sind). Die Amerikanische Bürgerrechtsunion half mit, den Vorschlag zu Fall zu bringen. Aber andere Vorschläge mögen folgen.

Bei der Entwicklung der Sozialversicherungsnummer vor vierzig Jahren ging ein großes Stirnrunzeln durchs Land. Man befürchtete, die Nummer könnte einen von der Wiege bis zur Bahre begleiten. Auch im Kongreß wurde diese Befürchtung geäußert. Schließlich erhielt die Öffentlichkeit die Zusage, daß die Nummer eines jeden Bürgers streng gehütetes Geheimnis bleiben werde.

Schon binnen weniger Jahre erhielt der Schleier der Geheimhaltung die ersten Löcher, als jeder, der den Arbeitsplatz wechselte, routinemäßig aufgefordert wurde, seine Sozialversicherungsnummer anzugeben. Mit dem Auftauchen des Computers zerfiel die Vertraulichkeit dann zusehends. Die Steuerverwaltung erhielt die Erlaubnis, auf ihrem Formblatt von jedem Bürger die Angabe seiner Sozialversicherungsnummer zu verlangen. Und mit dem Computer wurde diese Nummer zum entscheidenden Instrument, mit dem man die Einkommensquellen eines jeden festhalten konnte. Wer immer einem Steuerzahler ein Einkommen zahlte, wurde letztes Jahr aufgefordert, die Jahreshöhe des Einkommens anzugeben und dazu die Sozialversicherungsnummer des Steuerzahlers zu verwenden. Die Berichte über eine Person aus einer Vielzahl von Quellen trugen alle ein und dieselbe Nummer.

Die Steuerbehörde hätte ihr eigenes Numerierungssystem aufstellen und jeden Steuerzahler auffordern können, diese Nummer zu verwenden. Jeder Steuerzahler wäre angewiesen worden, sie seinen Arbeitgebern mitzuteilen, die ihm ein Einkommen zahlten, seiner Bank, die ihm Zinsen vergütete, usw.

Man befürchtete eine böse Reaktion der Steuerzahler. Wie würden sie die Mitteilung aufnehmen, es sei eine funkelnagelneue Nummer geschaffen worden, um alle Zahlungen aufzuspüren, die an sie gingen? Leider (so meine ich) wählte die Steuerbehörde den einfacheren Weg. Der Kongreß gestattete ihr die Verwendung der Sozialversicherungsnummer. Nun gab es da ein Problem. Millionen Steuerzahler hatten gar keine Sozialversicherungsnummer. So erfand denn die Sozialversicherung entgegenkommenderweise Millionen neuer Nummern für diese Steuerzahler.[7]

Plötzlich war aus der Sozialversicherungsnummer eine Universalkennziffer geworden, ein mögliches Bindeglied zwischen Gedächtnisbanksystemen. 1967 fingen die Streitkräfte an, sie anstelle der Wehrnummer zu verwenden. Hier noch ein paar Beispiele dafür, wie vertraulich die Sozialversicherungsnummer inzwischen ist:
- Die Retail Credit Company, die Vorgänge über die finanzielle Lage von -zig Millionen Amerikanern besitzt, verwendet sie.
- Der amerikanische Öffentliche Dienst verwendet sie.
- Massachusetts – um nur einen Staat zu nennen – verwendet sie bei der Beantragung von Führerscheinen.
- Das Volkszählungsbüro verwendet sie.
- Die Bundeswohnungsverwaltung verwendet sie für Darlehensanträge.
- Virginia gehört zu den Staaten, die sie für die Eintragung ins Wählerverzeichnis fordern.
- Einige Staaten fordern ihre Angabe bei jedem Antrag auf Fürsorgeleistungen.
- Das Medizinische Auskunftsbüro, das für etwa 700 Versicherungsgesellschaften Aufzeichnungen über den Gesundheitszustand von mindestens 12 000 000 Bürgern bereithält, verwendet sie.

Dieser letztere Fall ist besonders aufschlußreich. Das Büro sammelt Informationen über die Gesundheit von Millionen Amerikanern, die eine Kranken- oder Lebensversicherung abschließen wollen. Dies geschieht durch das Sammeln der Untersuchungsergebnisse anläßlich der Beantragung einer Lebensversicherung. Oder durch das Sammeln von Informationen bei der Beantragung von Versicherungsleistungen. Weitere Daten ergeben sich aus Auskünften, die die Versicherungsgesellschaften bei den Behandelnden, Ärzten und Krankenhäusern z. B., einholen.

Das Büro hat seinen Sitz in Greenwich, Connecticut. Will aber jemand nachprüfen, welche Informationen das Büro über seinen Gesundheitszustand besitzt, dann muß er seine Anfrage an ein Postfach in Boston richten (während ich diese Zeilen schreibe, lautet die Adresse noch Postfach 105, Postamt Essex). Zu gegebener Zeit wird er dann aufgefordert, einen zweiseitigen Antrag auszufüllen. Und dann soll er entweder persönlich nach Boston kommen, um sich die Information sagen zu lassen, oder er muß ein R-Gespräch annehmen. Das Büro schien wenig geneigt, irgend etwas Schriftliches von sich zu geben. Und der Antragsteller muß auf jeden Haftungsanspruch wegen irgendwelcher Fehlinformationen, die in dem Register über ihn stehen mögen, verzichten.[8] In vielen Fällen kann er die gewünschte Information offenbar nur in der Weise erlangen, daß er sie sich von seinem Arzt sagen läßt.[9]

Doch zurück zur Universalkennziffer. Vor dem Zweiten Weltkrieg besaß Holland ein großartiges Identifizierungssystem, in dem jeder Bürger enthalten war. Frankreich dagegen war in den Aufzeichnungen über seine Bürger ziemlich nachlässig. Als die Naziheere in Holland einfielen, beschlagnahmten sie die Archive und spürten systematisch alle Juden Hollands auf. Diese Archive sollen es auch gewesen sein, die sie den Vater von Anne Frank finden ließen. In Frankreich dagegen hatten die Nazis ihre liebe Not herauszufinden, wer denn nun wer war.

Wir sind an einem Punkt angelangt, wo wir die Gedächtnisbanken offensichtlich nicht mehr loswerden. Vermutlich gibt es keinen Weg zurück. Aber eine Universalkennziffer, die die Verbindung zwischen verschiedenen Systemen erlaubt, ist gefährlich und unnötig. Eine »systemeigene Ziffer« reicht absolut aus. Die Steuerverwaltung hätte ihr eigenes System einführen können. Und die Streitkräfte hätten bei ihren vollkommen ausreichenden Dienstnummern bleiben

können. Verhängnisvoll ist die bürokratische Zentralisierungsleidenschaft, die jeden einzelnen zentral erfassen und zergliedern möchte. Nur die Zentralisierung verlangt die Universalkennziffer.
Die potentielle Allmacht einer Universalkennziffer hat W. H. Auden geahnt, noch ehe Gedächtnisbanken entwickelt waren. 1940, als sich die Regierungen allen Ernstes daran begaben, Leute mit Nummern auszustatten, schrieb er ein Gedicht »Der Unbekannte Bürger (Dies Marmor-Monument vom Staat errichtet für JS/07/M/378)«. Audens unbekannter Bürger war ein Kuriosum, weil der Regierung über ihn keinerlei Klagen bekannt waren. Das Gedicht schließt mit den Worten:
War er glücklich? War er frei?
Absurd ist's, so zu fragen.
Wär' dazu was zu sagen,
Wir hätten's wohl gehört.

Der Drang nach der Universalkennziffer ging auf Bundesebene etwas zurück, als 1974 der Privacy Act (Gesetz zum Schutz der Intimsphäre) verabschiedet wurde. Dieses Gesetz gebot dem ungenehmigten Einsatz der Sozialversicherungsnummer durch weitere Regierungsbehörden in gewissem Umfang Einhalt. Aber irgend etwas Besonderes ist an der Sozialversicherungsnummer längst nicht mehr. Was wir brauchen, ist ein glattes, landesweites Verbot der Einrichtung *irgendeiner* Art Universalkennziffer. Soll jede – private oder staatliche – Organisation ihr eigenes Leutebezifferungssystem entwickeln.

DAS GEHEIMETIKETT DES ENTLASSENEN SOLDATEN

1956 fingen die amerikanischen Militärbehörden damit an, die Entlassungspapiere – auch bei ehrenvoller Entlassung – mit einer »Trennverfahrensnummer« (»Separation Program Number« – SPN) zu versehen. Diese Nummer befand sich in dem Teil »Nur für amtliche Zwecke«. Ganz unauffällig. Viele der 530 Ziffern dieses »SPN-Code« entpuppten sich als verschlüsselte Angaben zum Charakter des Entlassenen. Die eine oder andere verzeichnete unerwünschte Gewohnheiten oder Eigenschaften, über die irgendein Vorgesetzter berichtet hatte. Man halte sich vor Augen, daß viele dieser Bürger, denen man so für ihr ganzes Leben ein Etikett umhängte, zum Wehrdienst eingezogen worden waren und dem Soldatendasein mit einer Haltung begegneten, die zwischen Lustlosigkeit und Empörung lag.

Fast eine Million in Ehren entlassener Soldaten erhielten Papiere, deren SPN-Code-Ziffern mindestens teilweise Abfälliges aussagten. Die SPN-Nummer 368 bedeutete beispielsweise, der so Etikettierte habe eine »antisoziale Persönlichkeit«. Nummer 265 brandmarkte einen vorgeblichen Charakterfehler. Nummer 263 besagte, er sei als Bettnässer (vielleicht unter Feindbeschuß?) gemeldet worden. Nummer 41A warf ihm »mangelndes Interesse« vor. Nummer 469 hängte ihm das Etikett »ungeeignet« um. 1973 trugen über fünfunddreißigtausend ehemalige Soldaten ohne ihr Wissen dieses Etikett »ungeeignet« in der Tasche, als sie ins Zivilleben zurückkehrten, und das, obwohl sie in Ehren entlassen worden waren.[10]

Heutzutage muß in Amerika ein erst kürzlich entlassener Soldat bei der Arbeitssuche gewöhnlich der Personalabteilung des Arbeitgebers seine Entlassungspapiere vorlegen. Der Klartext dieser harmlos erscheinenden SP-Nummern gelangte unter der Hand nach und nach zu vielen Großfirmen wie Firestone, Boeing, Chrysler und Standard Oil of California.

Siebzehn Jahre dauerte es, bis die Amerikanische Bürgerrechtsunion entdeckte, was sich in Wirklichkeit hinter der »SPN« verbarg, und darauf in der Öffentlichkeit aufmerksam machte. Sie strengte auch ein Verfahren an, und binnen eines Jahres (1974) ordnete das Pentagon die Beendigung dieser Etikettierung an. Die ehemaligen Soldaten durften Schlange stehen, um sich neue Entlassungspapiere aushändigen zu lassen, die keine SPN enthielten. Aber es gibt immer noch Tausende ehemaliger Soldaten, die gar nicht wissen, daß ihr Entlassungspapier ein Brandmal enthalten könnte. Und das Pentagon hat weiterhin in seinen Akten vergraben die SPN jedes Soldaten, der zwischen 1956 und 1973 entlassen worden ist. In den meisten Fällen ist auch die Sozialversicherungsnummer des Betreffenden eingetragen. Sollte je eine umfassende FEDNET-Gedächtnisbank ihr summendes Dasein beginnen, könnten ohne weiteres auch diese Unterlagen eingespeist werden.

Ich meine, man sollte anständigerweise allen ehemaligen Soldaten, deren Entlassungspapiere die SPN-Kodierung enthalten, neue – unkodierte – Papiere aushändigen. Dies würde erheblich weniger kosten als ein einziger moderner Bomber. Und die nachteiligen SPN-Aufzeichnungen des Pentagons über alle in Ehren entlassenen Soldaten sollten vernichtet werden.

Mittel zur Masseneinschüchterung

Ende der sechziger und Anfang der siebziger Jahre wurde dem aufmerksamen Beobachter im Land der Freien ziemlich deutlich, wie leicht seine Gesellschaft in einen Halb-Polizeistaat hinüberschlittern könnte. Häßlich war die Stimmung im Lande. Das Weiße Haus wurde meistenteils von Leuten beherrscht, denen mehr daran lag, mit Techniken der Menschenbeherrschung herumzuhantieren, als daran, die Rechte des Bürgers zu schützen.

Einschüchterung durch Überwachung heißt die gängigste Parole jedes Polizeistaats. Der Bürger weiß, daß er beobachtet und abgehört wird. Seine Post wird durchsucht. Seine Wohnung ist nicht mehr heilig.

Präsident Richard Nixon war ein glühender Mithörer und Einschüchterer. Er zapfte das Telefon von Zeitungsleuten, Beamten, ja seines eigenen Bruders an. Ein früherer Redenschreiber Nixons, der Kolumnist William Safire, schrieb 1974, »die Lust am Mithören« sei »Nixons zweite Natur gewesen«. Safire war widerstrebend zu dem Schluß gelangt, Nixon sei »lauschsüchtig« gewesen. Erst der mißratene Versuch, das Hauptquartier der Opposition anzuzapfen, löste die ganzen Enthüllungen aus, die schließlich seinen Sturz zur Folge hatten. Lange vorher schon, nämlich 1970, hatte er persönlich den sogenannten Huston-Plan für eine politische Überwachung gebilligt. Dessen Methoden waren u. a. Einbruch, Telefonanzapfen, Einführung von »Briefaufsichten« und Verwanzen. Dem Vernehmen nach soll der Plan fehlgeschlagen sein, aber bald danach hatte das Weiße Haus eigene Geheimagenten, die viele dieser Methoden benutzten.

Die Überwachung von Kritikern und Dissidenten (wie auch möglicher kommunistischer Sympathisanten) war nun ganz und gar

nichts Neues. Sie erreichte nur damals dank neuer Überwachungstechniken einen neuen Höhepunkt. Hier einige Beispiele:
- Die US National Security Agency (Nationales Sicherheitsbüro) hörte bis 1973 sechs Jahre lang praktisch jeden Auslandsanruf ab. Ebenso inspizierte sie praktisch alle Telegramme.
- In den Vereinigten Staaten stationierte CIA-Leute öffneten über zweihunderttausend Briefe unrechtmäßig. Und das FBI betrieb Brieföffnungspraktiken in acht Staaten.
- Eine Forschungseinrichtung, das Center for National Security Studies, schätzte Ende 1975, in den vergangenen Jahren seien über zweihunderttausend Amerikaner Gegenstand *aktiver* Überwachung gewesen.

Ich meine, generell sollte sämtlichen Amtsstellen auf Bundes-, Landes- und Gemeindeebene durch Bundesgesetz verboten sein, irgendwelche Daten über politische Betätigung, Zugehörigkeit zu politischen Gruppierungen und politische Äußerungen eines Bürgers zu sammeln und zu archivieren, die über die Aufnahme ins Wählerverzeichnis hinausgehen. Das ist der Kernpunkt des Ersten Amendment. Als Ausnahme sollte einzig und allein gelten, wenn jemand zur Berufung in ein hohes Staatsamt zur Debatte steht oder aber begründeter und durch Gerichtsbeschluß bestätigter Verdacht besteht, daß sich jemand in letzter Zeit Gewalttaten, Spionage, Sabotage, Landesverrat oder Terrorismus hat zuschulden kommen lassen.

Ein paar Worte noch zu den Einschüchterungsstrategien, die Nixons Weißes Haus benutzt hat. So versuchten Nixonleute, einen Korrespondenten von *Newsday* zu bestrafen. Dieser Korrespondent hatte eine kritische Serie über Herrn Nixons Busenfreund Bebe Rebozo geschrieben, der bis zum Hals im Watergate-Skandal steckte. Ein Beamter des Weißen Hauses verlangte eine Steuerprüfung des Journalisten. Desgleichen wurde in einer Denkschrift die Einleitung von Antitrust-Maßnahmen gegen kritische Medien vorgeschlagen.

Rundfunk- und Fernsehnachrichten sind für Einschüchterungsversuche anfälliger als die Druckmedien. Ihre Bundeslizenz muß immer wieder erneuert werden. 1970 richtete Herr Nixon im Weißen Haus das Amt für Fernmeldepolitik ein. Unter anderem begab es sich an eine laufende Überwachung der Rundfunk- und Fernsehberichterstattung in Fragen, die mit der Regierung zu tun hatten.

Nach einer anderen Denkschrift, die bei der Watergate-Untersuchung ans Tageslicht kam, hatte Charles W. Colson, Mitarbeiter im Weißen Haus, eine Zusammenkunft mit den leitenden Herren der drei landesweiten Rundfunk- und Fernsehanstalten. Colson berichtete Herrn Nixons Stabschef R. R. Haldeman offenbar triumphierend, wie nervös die Herren gewesen seien. Sie seien, so meinte er, doch sehr beeindruckt gewesen durch die Feststellung, wie gründlich ihre Nachrichtensendungen überwacht und analysiert würden. »Mit einem Wort: Sie haben ziemlich Angst vor uns und tun alles, um nachzuweisen, daß sie ›brav‹ sind.«[11]

Offenbar hatten sie aber für den Geschmack des Weißen Hauses noch nicht genug Angst. 1972 hielt der Leiter des Amts für Fernmeldepolitik, Clay T. Whitehead, eine Rede, die nichts Gutes verhieß. Der republikanische Senator Lowell P. Weicker jr. vom Watergate-Ausschuß bezeichnete sie als Drohrede gegen die Eigner privater Fernsehstationen. Die Drohung lag darin, daß die Privatstationen ihre Lizenz verlieren könnten, wenn sie nicht dafür sorgten, daß ihre Sender »Unausgewogenheit oder anhaltende Voreingenommenheit« korrigierten.

Diese Macht der Bestrafung durch Lizenzentzug soll auch in einem mitgeschnittenen Gespräch eine Rolle gespielt haben, das Herr Nixon im September 1972 mit seinem Rechtsberater John W. Dean III führte. Herr Nixon war wütend, weil die Washington Post Watergate-Enthüllungen veröffentlichte. Er soll nach Rache gelechzt und dabei gesagt haben, »Sie wissen ja, die haben auch eine Fernsehstation«. Binnen weniger Wochen fochten zwei Nixon politisch nahestehende Gruppen die Fernsehlizenzen der Post in Jacksonville und Miami in Florida an.[12]

Ein weiterer Hebel, mit dem sich Herrschaft ausüben ließ und der viele Nixonleute faszinierte, waren die Finanzämter. Deren Datenbanken enthalten für jedes Jahr genaue Unterlagen über die Finanzangelegenheiten der Leute. Darin erblickte man ein ideales Instrument zur Einschüchterung oder Diskreditierung von »Feinden«, Dissidenten oder politischen Gegnern.

1969 setzten die Finanzämter unter kräftigen Anstößen des Weißen Hauses einen Sonderstab ein, der »aktivistische« oder »linksgerichtete« Organisationen überwachen sollte. Dieser Stab sammelte –

wie aus den Aufzeichnungen hervorgeht – Material über 8 585 Einzelpersonen und 2 873 Organisationen und Firmen, die die Steuerreform-Forschungsgruppe ans Tageslicht förderte. In diesem Fangnetz zappelten so solide amerikanische Organisationen wie der Nationale Kirchenrat, die überparteiliche Bürgerinitiative *Urban League* und die Amerikanische Demokratische Aktion. Dabei wurde auch viel Material gesammelt, das mit der Steuer überhaupt nichts zu tun hatte, und dieses Material wurde teilweise auch anderen Ordnungsbehörden weitergeleitet.

In den Watergate-Anhörungen sagte John Dean aus, es seien mehrere Listen von Personen aufgestellt worden, die das Weiße Haus als seine »Feinde« angesehen habe. Über sechshundert Namen wurden den Finanzämtern weitergeleitet mit der Anregung, sich doch einmal ihr Steuergebaren gründlich anzusehen. 1975 wurde von der Steuerverwaltung eine Untersuchung eingeleitet wegen des Vorwurfs, in der Zeit zwischen 1971 und 1973 seien einige »Feinde« tatsächlich durch Finanzbeamte belästigt worden, die ihre Sexgewohnheiten, Trinkgewohnheiten und gesellschaftlichen Gewohnheiten untersucht hätten.

Es stellte sich heraus, daß dem Versuch des Weißen Hauses, die Steuerverwaltung für sich einzuspannen, einige Hindernisse im Wege standen. Der Leiter der Steuerverwaltung, Johnnie M. Walters, und viele seiner Untergebenen widersetzten sich mutig. Walters nahm seinen Auftrag ernst, Gerechtigkeit gegen jedermann zu üben und die Vertraulichkeit der Steuerunterlagen zu wahren. Er widersetzte sich jedem Versuch zur Politisierung der Steuerverwaltung. Es gibt kaum einen Anhaltspunkt, daß die Steuerbeamten die »Aktivisten« oder »Feinde« unzulässig belästigt hätten.

Einmal soll Nixons Chef-Innenberater John Ehrlichman am Telefon Walters nach dessen Aussage wegen seiner »Laschheit« bei der Behandlung eines für das Weiße Haus besonders interessanten Falles wüst beschimpft haben. Walters nahm seinen Hut. Bald danach steckte Herr Nixon wegen der Watergate-Enthüllungen so tief im Sumpf, daß weitere Versuche zur Benutzung der Steuerverwaltung eingestellt wurden.

Insgesamt aber werden die Bemühungen des Weißen Hauses unter Nixon, Menschen und Institutionen, die als Gegner galten, einzuschüchtern und zu reglementieren, in die Geschichte als eine Erfahrung eingehen, die uns an den Rand eines autoritären Regimes gebracht hat. Hätte nicht ein Nachtwächter zufällig ein Stückchen Band bemerkt, das über einem Türschloß im Demokratischen Hauptquartier im Watergate-Gebäude klebte, dann könnte die Geschichte der siebziger Jahre für den Freiheitsliebenden sehr viel unerfreulicher verlaufen sein.

Zum weiter gespannten Thema dieses Kapitels – wie man auf technischem Wege der Volksmasse auf der Spur bleibt und sie steuert – scheint das behandelte Beweismaterial die Gültigkeit einer Frage zu unterstreichen, die der Kolumnist Tom Wicker einmal so formuliert hat:

»Kann der Mensch seine Freiheit und seine Individualität gegen sein eigenes Genie behaupten?«

9
Super-Verbraucher, Super-Sportler, Super-Personal

> Wenn man Menschen dazu bringt,
> in einer bestimmten Weise zu
> fühlen oder zu handeln, dann
> manipuliert man sie noch lange nicht.
> – Alvin A. Achenbaum,
> Marketingfachmann

Herr Achenbaum sagte das in einer Anhörung der Federal Trade Commission.* Das Thema der Anhörung lautete: »Kann der Verbraucher durch Reklame manipuliert werden?« Viele Reklamepraktiken wurden unter die Lupe genommen. Das Kommissionsmitglied Paul Rand Dixon stand Achenbaums Aussage, von Manipulation könne keine Rede sein, ziemlich skeptisch gegenüber.

Nun läßt sich gewiß darüber streiten, ob diese oder jene Reklamepraxis manipulativer Natur ist. Nicht bestreiten aber kann man, daß Reklame als solche eine manipulative Kraft besitzt. Sie ist in der westlichen Welt heute weithin ein Hauptinstrument gesellschaftspolitischer Manipulation. Die Reklamefachleute verwenden jährlich fast dreiunddreißig Milliarden Dollar darauf, die Verbrauchergewohnheiten der Amerikaner zu gestalten. Das ergibt in unserem Lande einen Jahresdurchschnitt von knapp 600 Dollar pro Familie.

Manche Annonce besagt nicht mehr, als daß es am Ort Y den Schlosser X gibt. Aber viele Werbesprüche sind doch darauf aus, Lebensstil und Einstellung der Menschen zu bestimmten Dingen zu verändern. Die Leute sollen lustsüchtiger, selbstseliger, statusbewußter werden, sie sollen sich der unerforschlichen Zukunft verschließen. Der Verbraucher soll immer unersättlicher werden. Und in den hochtechnisierten Gesellschaften erblickt man darin eine immer bedeutendere gesellschaftspolitische Funktion. Vor einigen Jahren sagte der Soziologe Clark Vincent in seiner Ansprache als

---
* etwa: Kartellamt

Präsident des Nationalrats für Familienfragen, die Familie sei heute keineswegs mehr eine reine Produktionseinheit. Sie passe sich einem neuen Zug der Zeit an, der sie zur »lebensfähigen Verbrauchereinheit« machen wolle.

Wie massiv sich die Werbung um eine Verhaltensprägung bemüht, wird deutlich, wenn man sich einmal die Werbesendungen im Fernsehen ansieht. Ein achtzehnjähriger Amerikaner hat etwa achtzehnhundert Stunden Werbefernsehspots gesehen und gehört. Verteilt man das auf eine Fünfunddreißig-Stunden-Woche, dann hat er ein ganzes Arbeitsjahr nur mit dem Anhören von Werbesprüchen verbracht. Zählt man die Funkwerbung noch hinzu, dann kommt man weit in ein zweites Jahr hinein.

Seit 1950 sind Hunderte Verhaltenswissenschaftler eifrig damit beschäftigt, die Werbewirksamkeit zu erhöhen. Die einen arbeiten für Werbeberatungsfirmen. Oft nennen sie sich auch Motivationsforschungs-Firmen. Im letzten Branchenverzeichnis von *Bradford's Directory* finden wir ihrer nicht weniger als 124. Dabei ist die Liste noch nicht einmal vollständig. Andere Sozialwissenschaftler sind unmittelbar für Werbeagenturen tätig. Wieder andere sind bei Firmen angestellt, deren Erzeugnisse sie unter die Leute zu bringen versuchen.

In früheren Büchern habe ich unzählige Strategien beschrieben, die diese Berater auskochen in dem Bestreben, das Verbraucherverhalten zu verändern.[1] Ein typisches Beispiel aus jüngster Zeit ist der Versuch eines Marketingforschungs-Pioniers, den Widerstand der Verbraucherinnen gegen ein Haarpflegemittel für Damen zu brechen. Der Verkaufszuwachs war weit hinter der umfangreichen Werbung zurückgeblieben. Der Hersteller hatte mit einem Haarpflegemittel für Männer sehr hohe Verkaufserfolge erzielt. Nun rief man den berühmten Psychologen Ernest Dichter als Berater herbei. Seine Befrager unterhielten sich mit potentiellen Verbraucherinnen über das Haarpflegemittel. Dessen milchige Tönung und Konsistenz schienen ihnen Unbehagen zu bereiten; sie redeten auch davon, daß der Hersteller Erzeugnisse für Männer vertreibe. Dichter machte seinen Kunden darauf aufmerksam, das männliche Image der Firma löse bei Frauen unbewußt eine Assoziation des für Damen bestimmten Produkts mit männlichem Samen aus. Deswegen meinten sie, das sei für sie nicht das richtige. Er empfahl eine viel stärkere Feminisierung der Produktbezeichnung und -werbung.

Dichter sagt seinen Kunden, heute genüge es bei weitem nicht mehr, ein Erzeugnis himmelhoch zu loben. Zuerst müsse man dem Verbraucher seine Vorstellung austreiben, daß »er das nicht brauche«. Bedarf, so meint er, ist ein psychologisches Phänomen. Nach seiner Auffassung sind die meisten Dienstleistungen und Erzeugnisse, die wir benutzen, strenggenommen unnötig. »Wollen Sie also jemand einen neuen Anzug verkaufen, dann verkaufen Sie psychologisch nach dem Motto: ›Sie fühlen sich wie ein neuer Mensch‹.«

Hersteller von Kosmetika, die den Frauen schon geraume Zeit eine interessante sexuelle Eroberung versprechen, treffen heutzutage auf Widerstand. Die Frauen seien so oft enttäuscht worden, so Dichter, daß es heute meist besser ist, das Vergnügen und die selbstselige Freude beim Anlegen von Kosmetika herauszustreichen, auch wenn das dann alles ist.

In den letzten Jahren haben sich die Fachzeitschriften für Marketing mit großer Gelehrsamkeit knallharter Themen angenommen. Das *Journal of Marketing* brachte eine lange Darstellung unter der Überschrift: »Angst: Das Potential eines vom Marketing vernachlässigten Symptoms« (daß Angst vernachlässigt worden sei, war mir freilich neu). Hauptautor war ein Psychologe, der im Dienst einer großen Werbeagentur stand. Er und sein Kollege untersuchten neunzig Angststudien und zeigten, daß die Werbung davor zurückgeschreckt sei, sich ihrer rückhaltlos zu bedienen.

Mit einer ganzen Kartenbatterie wiesen sie nach, welcher Angstgrad beim Verkauf von Versicherungen, Mundwässern, Diätnahrung und Sicherheitsvorrichtungen in Autos bei verschiedenen Adressatengruppen am wirkungsvollsten sei. Ganz zum Schluß warfen er und sein Kollege auch die Frage der Ethik auf. Könnte etwa der Einsatz der für den optimalen Absatz erforderlichen Angstmenge für »hochängstliche Personen, die sich zufällig in der Adressatengruppe befinden, nachteilige Folgen« haben? Sie fegten diese Unterstellung sofort wieder vom Tisch mit der Behauptung, der absatzwirksame Angstpegel sei nicht hoch genug, um auch nur im entferntesten unmoralisch sein zu können.

Das Thema Sex in der Werbung erfuhr hochgelehrte Behandlung durch zwei andere Psychologen im *Journal of Advertising Research.* Titel: »Wer reagiert auf Sex in der Werbung?« Gleich zu Beginn erklärten sie, in ihrem Artikel hätten sie die Daten sowohl der Q-Analyse als auch einem heuristischen Bündeltest unterworfen, um festzustellen, wie verschiedene Personen den Sex-Appeal in der Werbung interpretieren. Die heuristischen Bündeltests hätten sich als geeignet erwiesen, den Sex in der Werbung in seine Hauptbestandteile zu zerlegen; mit ihnen sei der Nachweis gelungen, wie »sich die eine Personengruppe von der anderen in ihrer Reaktion auf Sex in der Werbung unterscheidet«. Mehrere hundert junge Männer und Frauen beurteilten dreihundert Anzeigen.

Eine Hauptfeststellung lautete: Im Gegensatz zur hergebrachten Meinung stellt die Suggestionskraft der Darstellung einer Anzeige für Frauen eine viel stärkere Variable dar als für Männer. Und Frauen regt Nacktheit in einer Anzeige sexuell stärker an als Männer. Die Untersuchung brachte auch gewisse Gruppen an den Tag, die hinsichtlich gewisser vorgestellter Produkte Sexfetische besitzen.

Das Sich-Einschiessen auf die besten Verkaufsaussichten

Die Verhaltensspezialisten, die Absatzfirmen beraten, haben sich in den letzten Jahren vor allem mit der Frage beschäftigt, wie man für ein Produkt die besten Absatzaussichten ermittelt. Hier hat eine riesige Forschung unter ausgiebigem Computereinsatz stattgefunden.

Die besten Verkaufsaussichten ermittelt man durch »Segmentierung« der Verbraucherwelt. Zunächst einmal teilt man die Leute mit Hilfe der »Demographie« in Gruppen ein. Dabei segmentiert man nach Alter, Einkommen, Bildungsstand, Beruf, Volkszugehörigkeit, Familiengröße usw. Aber die Demographie hat kein *Gespür* für Menschen und ihren neuen Lebensstil. Deswegen halten heute viele ehrgeizigere Vermarkter die Demographie für nichts als einen sehr bescheidenen Anfang. Als nächsten Schritt fordern sie die »Psychographie«. Und wieder hebt sich der Vorhang für die Verhaltensfachleute.

Geprägt hat den Begriff Psychographie der leutselige, bärtige Chef der Fa. Motivation Programmers Inc., Emanuel Demby. Jetzt hört sich die Motivationsforschung schon exakter an – vor allem neu. Sie war meßbarer und somit wissenschaftlicher geworden. Mit Hilfe der Psychographie gelangt man zu psychologischen Profilen der angesprochenen Zielgruppen. Man analysiert die Menschen nach ihren Interessen, ihrem Lebensstil, ihrem Statusstreben, ihrer Selbsteinschätzung und ihren Neigungen (einschl. ihren Ängsten und Vorurteilen). Es geht darum, Gruppen mit vergleichbarem psychologischem Profil herauszufiltern. Ein Teil einer Demby-Untersuchung zielte darauf ab, in der Welt der Autokäufer die Art Leute herauszufinden, die den Kauf einer bestimmten Automarke in Erwägung ziehen würden.

Eine Konkurrenzfirma, die Commercial Analysts, untersuchten ziemlich ausgiebig viertausend Menschen nach 360 psychographischen Dimensionen. Am Ende lieferte der Computer für jedes Geschlecht acht vorherrschende Typen.[2] Meine Leserinnen stellen vielleicht die eine oder andere Überschneidung fest. Hier die acht Frauentypen:

Die selbstgerechte gesellschaftliche Konformistin
Die familienorientierte Kirchgängerin
Die unterdrückte Erlösungssucherin
Die glückliche Materialistin
Das munter-fröhliche Naturweib
Die schwärmerische Schönheitssucherin
Die erfüllte Vorstadtmatrone
Das emanzipierte Karriereweib.

Und die acht Männertypen:
Der unauffällige gesellschaftlich Isolierte
Der stille Konservative
Das verbitterte, resignierte Arbeitstier
Der hochgestochene Puritaner
Der rebellische Lustsucher
Der hart arbeitende und hart zupackende Manager
Der maskuline Heldenverehrer
Der raffiniert-gebildete Kosmopolit.

Eine bedeutende Werbeagentur, Benton & Bowles, Inc., gelangte nach Untersuchung einer Mustergruppe von zweitausend Hausfrauen zu etwas anderen psychologischen Profilen. Den Hausfrauen wurden 214 Fragen über ihre Neigungen gestellt. Man fragte sie nach den Erzeugnissen, die sie kaufen. Deutliches Interesse zeigten die Forscher auch an Bakterien. Viele Vermarkter leben von der Mikrobenangst. Diese Untersuchung ergab sechs Kategorien, nach denen sich Hausfrauen »am sinnvollsten klassifizieren« ließen:

    Die aushäusigen Optimisten
    Die gewissenhaften Wachsamen
    Die apathischen Gleichgültigen
    Die Selbstnachsichtigen
    Die zufriedenen Kühe
    Die Kummerblütler.

So entdeckte man z. B., daß die gewissenhaften Wachsamen und die Kummerblütler am ehesten auf Erzeugnisse ansprachen, die Bakterien zu töten vorgaben. Die zufriedenen Kühe wurden beschrieben als »entspannt, unbekümmert, sich relativ wenig um Bakterien und Sauberkeit sorgend, nicht neuerungssüchtig oder aushäusig, stark sparsamkeitsorientiert, ohne Selbstbemitleidung« (kurzum: nicht sehr vielversprechende Käuferinnen). Die Studie zeitigte Anhaltspunkte dafür, wie sich die einzelnen Hausfrauenkategorien am besten für bestimmte Produkte ansprechen ließen.

Der Psychographie-Enthusiast Alan R. Nelson behauptet, die Psychographie sei anderen Methoden, mit denen man Verbraucher zur Tat zu bewegen sucht, um »Lichtjahre« überlegen. Er steht der Fa. Alan R. Nelson Research vor. Nelson unternahm eine Forschungsuntersuchung mit mehreren tausend Verbrauchern, um herauszufinden, wie man gemustertes Toilettenpapier sowie gemusterte Gesichtstücher am besten an den Mann bringt. Seine Forschergruppe erprobte zweiunddreißig Verkaufsthemen an neunzehn »Lebensstil-Wertsystemen«. Eine Schlußfolgerung daraus: »Der Gast schaut sich instinktiv im Badezimmer nach Dingen um, die ihm etwas über seinen Gastgeber verraten... Kleinere Schwächen, die wir haben, verrät am ehesten unser Badezimmer... Deswegen wollen wir gerade dort besonders ›gut aussehen‹.« Man folgert daraus, gemustertes Toilettenpapier stelle eine positive Lösung für dieses Dilemma des heutigen Lebens dar.

Die vielleicht aufschlußreichste Psychographie-Studie von Dembys Motivation Programmers Inc. befaßte sich damit, Leute zu ermitteln, die als »resolute« Käufer *neuartiger* Erzeugnisse in Frage kamen. Man nennt sie die »kreativen« Verbraucher. Ihnen stehen die Langweiler gegenüber, die »passiven« Verbraucher. Die Forschergruppe fand heraus, viele reiche Leute mit Universitätsbildung freundeten sich nur sehr langsam mit neuartigen Erzeugnissen an. Da war z. B. der elektrische Mixer. Bei anderen Wohlhabenden mit identischer Demographik lag die Wahrscheinlichkeit, daß sie elektrische Mixer, Rührmaschinen u. dergl. kaufen, dreieinhalbmal höher. Und mit siebenmal größerer Wahrscheinlichkeit kaufen sie elektrische Warmhaltetabletts.

Worin unterscheiden sie sich? Sie unterscheiden sich in ihrem Psychogramm. Wer die genannten Produkte mit Vorliebe einkauft, der geht mehr aus, treibt mehr Geselligkeit. Diese Leute blühen im Zusammensein mit anderen auf. Ihr Lebensstil ist nach außen gekehrt, will den Kontakt mit anderen. Im Gegensatz dazu führen die ebenso reichen, aber schlechten Käufer ein mehr nach innen gerichtetes Leben. Ihre Betätigung zielt stärker auf »die Einzelperson, die Familie und sehr nahe Freunde«.

MASCHINEN ZUR STIMMUNGSERFORSCHUNG

Ständig sind die Reklamemenschen auf der Suche nach Möglichkeiten, wie sie in uns hineinschauen können. Sie wollen vor allem wissen, wie stark uns ihre Machwerke berühren. Denn wenn sie vorher wissen, wie wir auf ihre Überredungskünste reagieren, dann können sie vor dem Start einer weltweiten Kampagne noch Anpassungen vornehmen, mit denen sie sich aus dem Absatz ihrer Kunden zusätzliche Millionen verdienen.

Ein Großteil ihrer Analyse befaßt sich mit unserer Reaktion auf Bild und Wort. Auf Bild und Wort in den Medien. Bilder auf Dosen und Verpackungen. Anfang der sechziger Jahre gelang dem deutschstämmigen Psychologen Eckhard Hess eine Erfindung, die ganz nach

Durchbruch roch. Er hatte ein kulturunabhängiges Gerät entwickelt, das sofort anzeigte, wie stark uns ein Bild ansprach. Das Gerät war ein Pupillenmesser. Damit mißt man die Größe der Pupille, jenes kleinen Punktes in der Mitte des Auges. Erweitert sich (dilatiert) die Pupille oder verengt sie sich (kontrahiert sie), während wir ein Bild ansehen, dann heißt das angeblich etwas. Hess stellte fest, daß sich am Dilatationsgrad genau ablesen läßt, wie intensiv wir ein Bild betrachten.

Viele große Reklameagenturen verfielen ebenso dem Pupillometerfieber wie zahlreiche Universitätslaboratorien. Die Reklameleute zogen voreilig den falschen Schluß, ihre Maschinen lieferten ihnen ein glattes Ja oder Nein zu der Frage, ob dem Betrachterauge ihre Annonce gefalle. Es stellte sich aber heraus, daß die Maschine keineswegs zwischen Gefallen und Mißfallen unterscheiden konnte, und mancher Reklamemann wurde darob böse. Eines aber enthüllte die Maschine, nämlich die Intensität des Interesses und der Konzentration. Und das war immerhin etwas. Denn Gefallen oder Mißfallen kann man an einer Mitteilung eben nur finden, wenn man sich zuvor überhaupt dafür interessiert hat.

Die Maschine lieferte auch keine Antwort auf die Frage, was es denn nun war – der Beau von Mann oder das den angebotenen Brillantring bewundernde Mädchen –, das die Dilatation des Betrachterauges verursachte. Erschwerend kam hinzu, daß sich die Pupille bei der Betrachtung dunkler Farben eher weitet als bei hellen Farben.

Diese beiden Probleme sind in den beiden letzten Jahren durch eine Verfeinerung – und Verteuerung (die Geräte kosten bis zu 20000 Dollar) – der Maschinen weitgehend gelöst worden. Der verbesserte Pupillometer von heute ist in der Lage, genau anzuzeigen, welcher Teil des Bildes die Pupille reagieren läßt. Zwei Psychologen, die den erreichten Kenntnisstand dieser Kunst für die Zeitschrift *Psychology Today* beurteilten, kamen zu dem Schluß: »Ist die Pupille auch kein Allheilmittel, so kann sie doch bei der Erforschung der emotionalen und intellektuellen Funktionen eines Menschen eine beträchtliche Rolle spielen.«[3]

Verschiedenste Gerätschaften werden in großem Umfang zur Vorerprobung von Fernsehwerbematerial und von Fernsehsendungen benutzt, die mit einer bestimmten Reklame finanziert werden sollen. Man holt Leute von der Straße. Ihre Reaktion wird gemessen, indem man Scheiben dreht oder Knöpfe drückt. Für leichte Unterhaltungssendungen werden manchmal die Finger der Versuchsbetrachter an Elektroden angeschlossen, die die Hautreaktion messen. Die Haut eines Menschen, der sich in fröhlicher Stimmung befindet, sondert nämlich weniger Schweiß ab als die eines Nervösen.

Ein anderes Mittel zur Messung des Zuschauerinteresses ist der Hin- und-Her-Rutsch-Test. Die Vorbetrachter sitzen dabei in Stühlen, die zur Bewertungsmessung verdrahtet sind. Man geht davon aus, daß das Interesse am vorgeführten Film um so kleiner ist, je mehr sich der Hintern des Betrachters im Stuhl bewegt.

Neuerdings hat sich die Aufmerksamkeit der Forscher bei der Suche nach Anzeichen für die Zuschaueraufmerksamkeit und Verkaufswirksamkeit vom Hinterteil zum Gehirn verlagert. Das *Journal of Advertising Research* berichtet von einem Test, bei dem die Gehirnstromreaktion auf Reklamematerial gemessen wurde. Eine Feststellung dabei war, daß die Leute beim Lesen einer Anzeige sehr viel mehr geistige Regsamkeit entfalten (Beta-Wellen), als wenn sie einen Werbespruch im Fernsehen hören. Im letzteren Fall überwiegen die entspannteren Alpha-Wellen.

1975 berichtete ein Forscher des Gehirnverhaltens-Forschungszentrums des Sonoma-Staatskrankenhauses in Kalifornien, er habe die Reaktionen auf verschiedene Fernsehshows getestet. Am Kopf seiner Versuchspersonen befestigte er Elektroden und verband diese mit einem Computer. Er stellte fest, die Gehirnstrommuster von Leuten, die an dem Gezeigten wirklich interessiert waren, hätten sich klar von den Mustern derer unterschieden, die an dem Programm, das sie sich ansahen, »wenig Interesse« zeigten.

Dieser Gehirnzapfmethode dürfte wohl bei der Gestaltung von Mitteilungen, die auf dem Marktplatz die größte Verhaltensformung hervorrufen, die Zukunft gehören.

Die wissenschaftliche Verführung von Kindern

Mit ihren Strategien und Geräten zur Bestimmung des maximalen Verkaufsschlagers haben sich die Werbeleute vor allem auf eine

Gruppe eingeschossen: auf die Kinder. Vom zarten Alter von drei Jahren aufwärts. Allein in den USA verbrauchen Kinder mindestens fünfundsiebzig Milliarden Dollar Waren und Dienstleistungen. Und sie üben auf die Einkäufe anderer Produkte durch die Erwachsenen erheblichen Einfluß aus, der nach vielen weiteren Milliarden zählt.

Advertising Age zitiert einen Werbemann:

»Wollen Sie wirklich viel verkaufen, dann setzen Sie das Kind als ihren Hilfsvertreter ein. Es verkauft, es quengelt so lange, bis der Kaufwiderstand des Vaters oder der Mutter gebrochen ist.«

Das Durchschnittskind sieht jährlich mehr als zwanzigtausend Werbespots im Fernsehen. Nahezu eine halbe Milliarde Dollar geben die Firmen für diese Werbung aus. Milliardengewinne stehen auf dem Spiel. Und die meisten Vermarkter wissen schon, wie sie ihr Geld vervielfacht wieder hereinbekommen. Sagt ein für die Bundesfunkaufsicht* tätiger Wirtschaftswissenschaftler: »Die Kinderprogramme sind der gewinnbringendste Teil des ganzen Fernsehprogramms.«

Landauf, landab sind Dutzende motivations-orientierter Beraterfirmen tätig, die sich darauf spezialisiert haben, die Reaktion von Kindern auf Werbespots, Programme und Erzeugnisse zu erkunden. Anhand ihrer Feststellungen wird die Werbung so angelegt, daß die kindlichen Zuschauer noch eifrigere und noch besessenere Abnehmer der angepriesenen Erzeugnisse werden.

Audience Studies Inc. in Los Angeles hält sich ein kleines Kino zur Erprobung von Werbespots und Pilotprogrammen. Kinder werden getrennt von den Erwachsenen getestet. Jährlich bevölkern rund viertausend Kinder die »Interessenmaschine«. Durch Drehen einer Wählscheibe können sie fünf Grade der Begeisterung angeben.

Die eigentliche Sondierung aber spielt sich in der intimeren Atmosphäre der Spielwiesen-Labors ab. Diese befinden sich gewöhnlich in Motivationsforschungsfirmen. Vor einigen Jahren besuchte ich ein solches Labor am Hudson nördlich von New York; Hunderte von Kindern tummelten sich da als Reaktoren. Jeweils ein Dutzend wurde gleichzeitig auf Reaktion sondiert. Die Wand des Spielwiesenlabors bestand aus einem Einwegspiegel. Dahinter standen Kameras, Tonbandgeräte und Sessel für Kundenzuschauer.

* Federal Communications Commission

Kürzlich stellte eine Mitarbeiterin von *Human Behavior* eine Erhebung über solche Labors an, versprach dabei volle Vertraulichkeit.[4] Ein von ihr aufgesuchtes Labor befindet sich in einer Vorstadt an der Westküste. Dort werden die Reaktionen der Kinder mittels Pupillendilatationsmeßgeräten, Fingersensoren usw. getestet.

Ihrem Bericht ist zu entnehmen, daß die Kinder einen Werbespot betrachten und anschließend von einem Kinderpsychologen einzeln und eingehend nach ihren Reaktionen befragt werden. Jede Kinder-Reaktionsgruppe muß dann über jeden Teil des Reklamefilms Zeichnungen anfertigen, die später von Spezialisten ausgewertet werden. Die Analytiker benutzen auch Stanislawski-Dramatechniken. Man stellt Kindermannschaften zusammen, die nun darstellen müssen, wie ihrer Meinung nach ihre Eltern auf ihre Bitten um das Erzeugnis reagieren würden. Desgleichen stellen sie in Theaterform dar, mit welcher Lautstärke sie selbst das Produkt an Erwachsene verkaufen würden. Und man befragt sie, wie wohl ihre Spielkameraden auf das Produkt reagieren würden.

Daß sich diese Kauflustentwicklung zur maximalen Ausbeutung des Kindermarktes in den Familien bemerkbar macht, steht außer Frage. Aus einer Untersuchung der Michigan State University mit mehreren hundert Kindern im Vorschulalter geht hervor, daß 80 v. H. der Kinder zugaben, ihre Eltern zum Kauf von Spielzeug gedrängt zu haben, für das im Fernsehen geworben worden war. Etwa derselbe Anteil hatte die Eltern gebeten, Frühstückskost zu kaufen, die die Kinder per Fernsehreklame kennengelernt hatten. Viele dieser Getreidefrühstücksgerichte stecken so voller (zahnverfallverursachendem) Zucker, daß man sie fast als Naschfrühstück bezeichnen kann. Bis vor kurzem jedenfalls haben mehrere Arzneifirmen den Kindern Vitamine mit dem Lockruf untergeschoben, sie schmeckten herrlich süß.

In einem Buch *The Youth Market* (Der Jugendmarkt) erzählen zwei führende Reklamemanager von einer Mütterbefragung. Wieviel kauften sie im Supermarkt mehr ein, weil ihre Kinder sie zum Einkauf bestimmter Produkte oder Marken drängten? Aus den Antworten ist zu schließen, daß allein die amerikanischen Mütter aus diesem Grund jährlich insgesamt knapp vier Milliarden Dollar mehr ausgeben, als sie sonst beim Krämer gelassen hätten.

Unmerkliche Einflüsterungen

Ende der fünfziger Jahre entbrannte in weiten Teilen der westlichen Welt ein wahrer Aufruhr, als bekannt wurde, daß in Fernseh- und Rundfunksendungen und in Filmen versteckte Mitteilungen eingeschmuggelt wurden. Dieses Einschmuggeln geschah weitgehend durch Reklamefirmen. Das Verfahren nannte man unterschwellige Stimulation. Es beruhte auf den Feststellungen von Psychologen, daß unser Gehirn Kurzbilder und Flüstergeräusche aufnimmt, die unterhalb unserer bewußten Wahrnehmung liegen.

1957 wurde bekannt, daß sich eine Firma in New Orleans namens Precon Process and Equipment Corporation damit beschäftigte, unterschwellige Bilder in Filmen, auf Anschlagbrettern und in Kneipen anzubringen. Gegründet wurde die Firma von einem Psychologen und einem Neurologen, die beide eine zusätzliche Ingenieurausbildung genossen hatten. Sie sagten, sie hätten seit Jahren experimentiert und auch Patente beantragt. Später nahmen sie für sich in Anspruch, den Absatz eines Getränks verdoppelt zu haben, für das am Verkaufsort unterschwellig geworben wurde.

In New York selbst berief James Vicary, Chef einer Motivationsforschungsfirma, eine Pressekonferenz ein. Die unterschwellige Stimulation sollte vorgestellt und mit der Ankündigung einer Firmenneugründung, der Subliminal Projection Company, verbunden werden. Man bemühte sich um Kundschaft. Man beantragte Patente.

Bald nach den Enthüllungen über die Firmen Precon und Vicary probierten Rundfunk- und Fernsehstationen im ganzen Land das Verfahren aus. Eine Rundfunkstation in Chicago sendete vier Monate lang »subaudible« Mitteilungen zum Preis von tausend Dollar pro vierhundert Mitteilungen. Mindestens zwei Filme wurden unter Verwendung unterschwelliger Geister-, Blut- und Totenkopfbilder hergestellt, mit denen die dramatische Wirkung erhöht werden sollte.

Indessen erhob sich wegen dieser geheimen Verführung ein öffentlicher Aufschrei (und mein erstes gesellschaftspolitisches Buch *Die geheimen Verführer* paßte zu meinem Vorteil pfeilgerade in diese Bewegung). Der *New Yorker* zeigte sich darob betrübt, daß man in das Denken »einbreche und eintrete«. *Newsday* sprach von der beängstigendsten Erfindung seit der Atombombe. Die *Saturday Review* widmete der Sache gleich einen negativen Leitartikel. Kongreßabgeordnete und Senatoren gesellten sich hinzu und brachten Gesetzentwürfe ein (die nachher in der Schublade blieben). Einige Staatsparlamente verabschiedeten Gesetze zur Ächtung der unterschwelligen Stimulation. Großbritannien verbot sie rundweg. Precon und die Subliminal Projection Company hatten Schwierigkeiten mit der Erlangung von Patenten (Precon erhielt schließlich 1962 ein Patent).

Die Sender wurden nervös. Die US-Vereinigung der Fernseh- und Rundfunkanstalten,* zu deren Mitgliedern die drei großen Gesellschaften und die Mehrzahl (aber nicht alle) der Rundfunk- und Fernsehstationen des Landes gehören, verboten ihre Verwendung. Reklameleute nannten das Ganze inzwischen ein schreckliches Ding.

Die unterschwellige Stimulation verschwand von der Bildfläche.

Jahre später – 1967 – erging sich der Politologe Alan Westin in Mutmaßungen, was »wohl eingetreten wäre, hätte der Protest weniger Staub aufgewirbelt«. Nach seiner Meinung wären höchstwahrscheinlich die zahlenden Kunden der Fernsehanstalten, Plakatwerber, Kinobesitzer, Filmemacher und politischen Werbeagenturen zu einer »Kosten/Nutzenschätzung« gekommen. Politische Benutzer wären zu ähnlichen Urteilen gelangt. »Subliminals wären dann heute ein ganz normaler Teil des Kommunikationsarsenals.«[5]

Tatsächlich ist das Interesse an unterschwelliger Stimulation keineswegs tot; es ging weiter, freilich sehr viel unauffälliger. Mir liegen Berichte über vierzehn Versuchsreihen der letzten Jahre vor, und ich besitze Hinweise auf eine ganze Reihe weiterer. In seinem neuen, weitverbreiteten Lehrbuch *Understanding Human Behavior* widmet der Psychologe James McConnell ein Kapitel der »Subliminalen Perzeption«. Im *Journal of Marketing Research* stand ein Artikel über die Auswirkung der unterschwelligen Stimulation auf die Bevorzugung bestimmter Marken.[6] In ihm war von Versuchen an sechsundzwanzig Personen mit unterschwellig eingeblendeten Mitteilungen zu lesen. Die Ereignisse deuteten darauf hin, daß

---

* National Association of Broadcasters

»ein einfacher unterschwelliger Stimulus dazu dienen kann, einen Grundtrieb wie z. B. Durst anzustacheln«. Der Autor schloß, »die Vermarktung sollte an diesem Gebiet *aktiv* interessiert bleiben«.

Inzwischen wissen die Forscher präziser, was wirkt und was nicht, – unterschwellig. Stark emotional belastete Worte – wie »Hure«, »vergewaltigt«, »Hundsfott«, »Penis« – können im Vergleich zu neutralen Worten wie »Fluß« doppelt schnell untergebracht werden und bleiben dennoch in der Erinnerung haften. Ist jemand schon vorher motiviert, dann nutzt er sogar den schwächsten plötzlichen Impuls (Sie müssen also wenigstens entfernt hungrig sein, um eine unterschwellige Suggestion, Sie sollen jetzt Popcorn holen, zu akzeptieren).

Vor einigen Jahren berichtete *Advertising Age* ganz nebenbei, die amerikanische Verkaufsgesellschaft von Toyota benutze unterschwellige Bilder zur Verstärkung der Wirkung ihrer Werbespots.

In der Vorweihnachtszeit 1973 startete der Hersteller des Familienspiels Husker Du eine landesweite Fernsehkampagne unter Nutzung unterschwelliger Stimulation. Ab 26. November lief sein einminütiger Werbespot über Hunderte von Fernsehstationen. Häufig geschah dies in den Zeiten hoher Kinderzuschauerzahlen. Während des Spots blitzte viermal unterschwellig der Befehl »Hol's!« auf.

In einer Station bemerkte ein Techniker das Flackern der Kontrollämpchen. Binnen einer Woche alarmierte die Freiwillige Selbstkontrolle der Vereinigung der Rundfunk- und Fernsehanstalten ihre Mitgliedstationen mit dem Hinweis, der Werbespot verletze den Kodex. Dieser untersagt »jedes Verfahren, mit dem versucht wird, dem Zuschauer Informationen zu übermitteln, indem Mitteilungen unterhalb der normalen Bewußtseinsschwelle durchgegeben werden«. Offenbar schnitten die meisten Mitglieder der Vereinigung die »Hol's!«-Befehle heraus. Aber viele größere Stationen sind nicht Mitglied der Freiwilligen Selbstkontrolle. Der Direktor der Firma, die den Spot vertrieb, bekannte, die unterschwelligen Befehle seien wegen des Weihnachtstrubels seiner Aufmerksamkeit entgangen, und bat die Stationen, sie herauszuschneiden. Noch Wochen später, wenige Tage vor Heiligabend, brachte eine Reihe von Stationen in Großstädten immer noch die unterschwelligen Mitteilungen.

Dem Vernehmen nach soll die blitzartige Einblendung unterschwelliger Aufforderungen schon durch eine neuere Technik überholt sein. Dabei bleibt die Mitteilung während der ganzen Sendung auf dem Bildschirm, ist aber so schwach sichtbar, daß sie der Zuschauer gar nicht bewußt wahrnimmt. Da man ihr ständig ausgesetzt ist, wird sie von manchen für noch wirksamer gehalten. Und sie dürfte schwerer zu entdecken sein als eine eingeblitzte Mitteilung.

1973 berichtete Wilson Bryan Key in seinem Buch *Subliminal Seduction* (Unterschwellige Verführung) über die Ergebnisse von Befragungen der Werbeforschungsfirmen in New York, Chikago und Toronto. Dreizehn dieser Firmen waren bereit, ihren Kunden einen mechanisch induzierten, unterschwelligen Einblendungsdienst anzubieten.

Immer noch gibt es keine Regel, wonach die Verwendung unterschwelliger Bilder in Filmen, Supermärkten oder Kneipen verboten ist. Und ein gesetzliches Verbot jeglicher Sorte unterschwelliger Stimulation gibt es bislang nur in ganz wenigen Fällen. Ihr Einsatz wird im wesentlichen noch durch die Angst vor ausbrechender Volkswut in Grenzen gehalten.

Ich möchte meinen, ihre größte Gefahr liege nicht in der Verwendung als Werkzeug eines aufdringlichen Reklamemenschen in einer Demokratie, sondern vor allem als Konditionierungsinstrument für autoritäre Regierungen.

Einkauf per Druckknopf vom Sessel aus

Der große Traum der Fernsehwerber ist es, einen Weg zu finden, auf dem man Verkäufe sofort tätigen kann. Den potentiellen Käufer möchten sie sich schnappen, während er gemütlich in seinem Wohnzimmer sitzt und vielleicht gerade behaglich ein Getränk schlürft. Sie möchten den Verkauf perfekt machen, solange seine Begierde geweckt ist und ihm das Produkt noch deutlich vor Augen schwebt. Dann braucht man nicht mehr auf irgendeinen Tag zu warten, an dem er zufällig an einem Laden vorbeikommt, der das Erzeugnis oder die Dienstleistung anbietet.

So der Traum. Und seine Verwirklichung wird erprobt. Die Verwirklichung heißt Zweiweg-Kabelfernsehen. In der Nähe des Fernsehschirms befindet sich eine Schalttafel mit Druckknöpfen, und da sitzen Sie, der Zuschauer, und befolgen die Befehle oder Appelle des Verkäufers auf dem Bildschirm. Das Ding läßt sich leichter bedienen als ein Taschenrechner. Sie brauchen nur drei oder vier Knöpfe zu drücken, und am nächsten Morgen steht der Eiszubereiter, der Elektrorasierer, das Schachspiel aus Elfenbein und Mahagoni oder auch das Fahrrad mit zehn Gängen, dessentwegen Ihnen der Stammhalter schon dauernd in den Ohren liegt, vor Ihrer Tür. Bezahlt wird später.

Das Kabelfernsehnetz wächst in den Vereinigten Staaten schnell an. Schon Ende 1976 gab es rund elf Millionen Kabelfernsehanlagen. Und kraft Gesetzes müssen die Anlagen, die heute in den meisten Großstadtgebieten eingerichtet werden, mit Zweiwegkanal ausgestattet sein.

Die Stiftung für Werbeforschung hat in El Segundo in Kalifornien umfangreiche Analysen der Möglichkeiten des Druckknopfverkaufs über Zweiweg-Kabelfernsehen durchgeführt. Der Abonnent kann die in einem Werbespot angebotenen Erzeugnisse und Dienstleistungen sofort bestellen. Er kann auch Eintrittskarten zu Sport- oder Theaterveranstaltungen und Fahr- und Flugscheine bestellen. Er kann Posten aus Versandkatalogen in dem Augenblick bestellen, in dem der betreffende Posten auf dem Bildschirm dargestellt wird. Er kann sogar um den Besuch eines Vorführers bitten.

Die Fernsehverkäufer in El Segundo wissen recht gut, bei welcher Art Leuten sie ihre Sachen an den Mann zu bringen haben. Sie besitzen umfangreiche Unterlagen über jeden Abonnenten, den das Zweiweg-Kabelfernsehen erreicht. Diese Unterlagen umfassen nicht nur die üblichen demographischen Angaben, sondern auch psychologische Merkmale, Wohnungstyp, Lese- und Zuschauer/Zuhörer-Verhalten, Einkaufsgewohnheiten – und welche Sachen er schon besitzt.

Aber El Segundo ist keineswegs der einzige Ort, an dem schon Druckknopfverkauf stattfindet. Zweiweg-Absatzsysteme sind – um nur einige weitere Beispiele zu nennen – eingerichtet in Akron (Ohio), Irving (Texas), Mesa (Arizona), Orlando (Florida), Overland Park (Kansas). Derzeit stehen einer großen Verbreitung noch die Gerätkosten im Wege.

Mancher Enthusiast behauptet, das Zweiweg-Fernsehen sei die

bedeutendste Entwicklung der gesellschaftlichen Kommunikation, seit Samuel Morse seine Zeichen erstmal per Draht übermittelt habe. Nun kann der Abonnent mit einem Zweiweg-Fernseher nicht etwa nur einkaufen. Er kann sich das Tagesmenü eines Restaurants am Ort zeigen lassen. Er kann dafür sorgen, daß ihm Sensoren den Ausbruch eines Feuers oder einen Einbrecher melden, während er weg ist. Und die Umfrageinstitute können im Auftrag von Parteien oder Wirtschaftsunternehmen sofort seine Reaktion einholen.

Die meisten genannten Strategien für den Bau von Superverbrauchern werden natürlich die Probleme nur noch verstärken, mit denen eine hochindustrialisierte Gesellschaft ohnehin geplagt ist. Der Drang nach immer rasanter steigenden Verkaufszahlen wird den wachsenden Energiemangel und die Knappheit unersetzlicher Mineralstoffe nur noch verschärfen. Er wird auch eine steigende Profanierung, Umweltverschmutzung und Suche nach Erfüllung im reinen Konsum zur Folge haben.

SUPERSPORTLER

Als der Berufssport im letzten Jahrzehnt zum Multi-Milliarden-Geschäft wurde, lechzten die Trainer nach dem besonderen Vorsprung. Ihr Job war in Gefahr, wenn ihre Mannschaft oder ihre Schützlinge nicht zu den Siegern zählten. Die meisten Möglichkeiten für körperliche Vorteile hatten sie schon ausgeschöpft. Nun ging die Sage, vielleicht könnten ihnen die Psychologen oder Psychiater den besonderen Vorsprung verschaffen. Vielleicht konnten ihnen diese Fachleute sagen, wie man den potentesten Anfänger herausfindet, wo der einzelne Spieler am besten in die Mannschaft paßt, wie man die Spieler vor wichtigen Spielen in seelische Hochstimmung geigt. Trainer wollen Gewißheit. Und eine ganze Reihe Verhaltenswissenschaftler waren nur zu gerne bereit – meist für ein Honorar –, ihnen das Gefühl der Sicherheit zu vermitteln.

Ich erfuhr von dieser Entwicklung ganz zufällig, als mir ein Professor der Psychologie am Bluffton College in Ohio anbot, mich zum Flugplatz Toledo mitzunehmen. Dieser freundliche Mann war William J. Beausay. Als wir uns so auf der Fahrt unterhielten, erfuhr ich, daß ihn die Leitung der Akademie für Psychologie von Sports International in Toledo schrecklich viel Zeit koste.

Seine Akademie hatte von mehreren hundert Rugbyspielern Persönlichkeitsprofile erstellt. Sie hatte Profile von über hundert Rennfahrern gemacht. Beausay hatte mit drei Hockey-Nationalmannschaften und drei Mannschaften der National Basketball Association gearbeitet. Er hatte die Rugbytrainer von Ohio State und Notre Dame University bei der Spielerwahl und Platzzuweisung beraten. Beausay war ganz begeistert von der »Maximierung« der Leistung der für bestimmte Spielfunktionen ausgewählten Sportler.

Nun bewertet und betreut seine Akademie die Sportler keineswegs nach den Mutmaßungen ihres Leiters. Sie ist ausgestattet mit Computern, Kassettenrekordern, Gehirnstrommeßgeräten, Oszillographen, Biofeedbackmaschinen, Einrichtungen zur Verbesserung der Sichtstärke und mit ganzen Batterien psychologischer Tests einschließlich des allesumfassenden *Beausay Experimental Survey of Temperament Profile.*

Beausay hat Konkurrenz. Das Institut zur Erforschung der Sportlermotivation untersuchte die Persönlichkeit mehrerer hundert Sportler. Begründet wurde es von Bruce Ogilvie und Thomas Tutko, beide Psychologen am San José State College. Unter ihren Versuchspersonen finden wir Anwärter für die Detroit Lions und die Chicago Bears. Von Rugbyspielern sind sie oft als »Die Schreckhaften« bezeichnet worden. Ihre Aufgabe sehen sie darin, den Trainern zu sagen, ob ein Spieler oder Anwärter emotional hart im Nehmen ist, ob er hartem Zupacken standhält. Sie sagen auch voraus, ob der Anwärter besser in der Offensive oder in der Defensive ist. Sie testen auch die »Trainierbarkeit« von Nachwuchs.

Ein Berater anderer Art ist der Psychiater Arnold J. Mandell. Ein paar Jahre lang war er ständiger Psychiater der San Diego Chargers, einer mit Problemspielern belasteten Mannschaft. Er versuchte vor allem, sich in die Spieler zu versetzen und Hinweise zu geben, wie sie leistungsfähiger gemacht werden könnten. Aber er hatte auch – mit Hilfe eines Computers – Profile ausgearbeitet, welche Art Persönlichkeit am besten am Platz ist.

Hier noch ein paar weitere Entwicklungen:

- Der klinische Psychologe Robert Nideffer hat die Rugbymannschaft Buffalo Bills beraten, die sich vom Nullpunkt nach oben spielte.
- 1976 fand an der Universität von Texas eine internationale Konferenz über »Sportpsychologie« statt, die auch Verhaltensmodifizierung behandelte.
- Bei den Olympischen Spielen 1976 waren mehrere osteuropäische Laufmannschaften von eigenen Psychologen begleitet.

Welches sind nun die Erfolgsmerkmale, nach denen bei einem Sportler zu suchen ist? Beausay hat die Persönlichkeitsmuster vieler erfolgreicher Leistungssportler nach Sportart und Spielerposition analysiert. Er fand scharfe und aufschlußreiche Kontraste. So testete er beispielsweise fünfunddreißig Rennfahrer, die sich für das Indianapolis-500-Rennen qualifizieren wollten. Von diesen fünfunddreißig hatten die siebzehn, die sich qualifizierten, fast durchweg eine kraß feindselige Haltung gegenüber der Welt. Überraschenderweise neigten sie als Gruppe zur Impulsivität. Außerdem waren sie introvertiert, gefühlsarm, herrschsüchtig. Mit Ausnahme der Impulsivität scheinen alle diese Merkmale funktional zu sein für Leistungssportler, die unablässig ihr Leben aufs Spiel setzen.

Golfspitzenspieler zeigen in Tests in der Regel große Gelassenheit und Selbstdisziplin. Gute Langstreckenläufer sind eher passiv und tolerant, dabei außerordentlich diszipliniert und asketisch.

Bei Rugby, vielleicht dem Mannschaftssport mit stärkstem Körperkontakt, fordern verschiedene Spielerpositionen auch unterschiedliche Persönlichkeitsprofile. Ein guter Defensivstürmer geht mit unheimlich viel Feindseligkeit ins Spiel und genießt es, sie beim Gegner loszuwerden (Mandell fügt hinzu, die besten defensiven Leute seien Rebellen, die jede Struktur hassen und zum Regelbruch neigen).

In völligem Gegensatz hierzu ist der Dreiviertelspieler in der Selbstbeherrschung hoch anzusetzen. Er ist Perfektionist, von kühlem Selbstvertrauen. Mandell weist darauf hin, Dreiviertelspieler seien entweder von Natur aus hochnäsig wie etwa die Joe Namaths und Sonny Jurgensen, oder aber sie bezögen ihre Selbstsicherheit und ruhige Zuversicht von hoch oben. Viele der Besten, so Roger

Staubach, John Unitas und Fran Tarkenton, seien stark religiös gewesen.

Beausay behauptet, Offensivstürmer ließen sich nach Persönlichkeitsprofilen auswählen, die völlig anders aussähen als die der Defensivstürmer, denen sie gegenüberstünden. Offensivstürmer seien viel selbstbeherrschter. Sie müssen ausgezeichnete Mannschaftsspieler sein, geschickte Spielmacher. Präzision ist hier gefragt. Impulsivität wäre genau verkehrt. Der Defensivstürmer andererseits weiß nicht, was die Kerle von der anderen Seite vorhaben oder wohin das Spiel geht. Er muß warten, bis er an den Ball kommt, und »dann impulsiv richtig reagieren«.

Ich nehme an, daß die besten Halbspieler in ihrem Profil Roheit mit Objektivität und Geschick vereinen. Große Schlußmänner neigen zum Narzißmus wie Schauspieler. Außerhalb des Spielfelds sind sie taktvoll, aber unnahbar. Mandell stellt fest, sie seien bei ihren Mannschaftskameraden selten beliebt.

Bei der Untersuchung von Spielerpersönlichkeiten hat Mandell entdeckt, daß er Defensiv- und Offensivspieler einfach dadurch unterscheiden konnte, daß er sich ihre Schränke ansah. »Die Offensivspieler halten ihren Schrank sauber und ordentlich, während der Schrank eines Defensivspielers in völliger Unordnung ist. Ja: Je besser der Defensivspieler, desto größer die Unordnung.«[7]

Beausay meint, Defensiv- und Offensivspieler unterschieden sich psychologisch so total, daß man sie während der Spielpause am besten getrennt halten sollte. Die Anweisungen für Defensivspieler müßten emotional, die für Offensivspieler zerebral geprägt sein.

Viele Rugbyprofis gehen unter dem Einfluß verhaltensmodifizierender Drogen ins Spiel. Bis es zum Skandal kam, wurden die Präparate meistens vom Club gestellt. »Aufputscher« wie Amphetamine wurden bevorzugt. Vor ein paar Jahren machte ein junger Trainer der Universität von Kalifornien in San Diego bei etwa zweihundert Spielern aus sechzehn Mannschaften der Rugby-Nationalliga eine Erhebung über die Verwendung von Amphetaminen im Profirugby. Über seine Feststellungen schrieb er eine Examensarbeit. Seine Zahlen besagen, daß jeden Sonntagnachmittag die Hälfte der Spieler gedopt war. Ein Rugbyprofi sagte Mandell: »Doktor, ich lass' mich nicht in einen Zweikampf ein mit einem Kerl, der grunzt und trielt und mich mit geweiteten Pupillen annimmt, wenn Sie mich nicht in den gleichen Zustand versetzen.«[8]

1975 äußerte die Liga-Aufsicht ihre Mißbilligung, indem sie den San Diego Chargers wegen der Verwendung von Verhaltensdrogen eine Geldbuße auferlegte.

Um Rugbyspieler zum Spiel seelisch aufzugeigen, haben es die Berater auch mit Autosuggestion versucht. Ein Verfahren besteht darin, daß man den offensiven Gegenspieler sein bestes Vorgehen – vielleicht »Ran! Schmeißen! Schießen!« – sich vor dem Spiel ein paar hundertmal vorsagen läßt. Andere Rugbymannschaften haben damit experimentiert, bestimmte Spieler vor dem Spiel einer transzendentalen Meditation zu unterwerfen.

Im Baseball ist den Chicago White Sox geraten worden, sich auf den Boden zu legen, die Augen zu schließen und daran zu denken, wieviel besser sie sich in jedem Augenblick fühlen. Sie sollen sich am Schlagholz vorstellen und sich so völlig konzentrieren, daß sie die Nähte des anfliegenden Balls vor sich sehen.

Beausay versucht die Spieler in beste Spielstimmung zu versetzen, indem sie eine von ihm eigens entwickelte Kassette abspielen. Er sagt, das sei zwar keine Hypnose, habe aber hypnotische Wirkung. Angeblich geraten damit die Spieler in eine Stimmung, die es ihnen erlaubt, ihre letzten physischen Reserven zu mobilisieren. Spieler, die vor allem einen kühlen Kopf bewahren müssen, hat Beausay schon vor dem Spiel an eine Biofeedbackmaschine angeschlossen. Dadurch sollen sie in einen ruhigen Zustand mit starken Alphawellen gelangen. Dasselbe verschreibt er Golfprofis, Bowlerprofis und Tenniscracks.

Defensivspieler im Rugby behandelt er anders. Er läßt sie Kopfhörer aufsetzen und unterwirft sie dann einer vorher aufgenommenen Reihe von Störimpulsen, die sie gezielt irritieren und in Rage bringen. Eine Reihe von Spielern hält diese Techniken der gedanklich-seelischen Konditionierung für leistungssteigernd.

Der eine oder andere Psychologenberater im Profirugby war gelegentlich stärker trainer- als spielerorientiert. Ogilvie und Tutko beispielsweise schrieben ein Buch, das bei einigen Sportlern Ängste auslöste. Es hieß *Problem Athletes and How to Handle Them* (Der rechte Umgang mit Problemsportlern).

Beausay betont, sein Hauptziel sei es, dem einzelnen Sportler bei der Leistungsverbesserung behilflich zu sein. Und über ein Konkurrenz-Beraterteam bemerkte er, dessen Mitglieder hätten sich »zu eng mit den Trainern und Clubmanagern zusammengetan, wodurch sich der Schwerpunkt zur Manipulation verlagert«.

Manche Spieler und Anwärter sind der Mühe des Ausfüllens endloser Persönlichkeitsfragebogen überdrüssig geworden. Überhaupt wurden die ganzen psychologischen Tests eine so kitzlige Angelegenheit, daß sie in die Verhandlungen über die Spielverträge einbezogen wurden. Ein Vertragsformular, das die Rugbyspieler ablehnten, enthielt eine Klausel, daß der Club sie psychologischen Tests unterwerfen konnte. Die Clubleitung verzichtete auf die Klausel. Jetzt erfolgt die psychologische Auswertung formlos nach Bedarfseinschätzung des Clubs. Noch 1976 hieß es im Psychologen-Rundbrief *Behavior Today*, ein paar Mannschaften der Rugby-Nationalliga testeten neue Spieler psychologisch. Beausay würde es begrüßen, wenn die Liga ein genormtes Auswahlverfahren praktizieren würde, das auf psychologischen Tests beruht.

SUPERPERSONAL

Als die Anhänger Skinnerscher Konditionierung den Schauplatz ihrer Tätigkeit von Ratten- und Taubenlabors in Gefängnisse, Schulen und Geisteskrankenanstalten verlegten, fragten sie sich: Wozu denn in die Ferne schweifen! Die Industrie verausgabt Riesensummen auf der Suche nach Mitteln und Wegen, wie sie ihren Mitarbeitern Zunder geben kann. Warum sollte man da nicht die operante Konditionierung und sorgfältig geplante Verstärker einsetzen, um die erwünschten Verhaltensveränderungen beim Firmenpersonal zu schaffen?

Ein Problem dabei ist freilich, daß die operante Konditionierung am besten bei gegängelten Gruppen funktioniert. Bei der heutigen Arbeitsmarktlage wären also negative oder aversive Verstärker doch ziemlich riskant. Ein Arbeiter, ein Angestellter, kann immer kündigen. Deshalb sollten, jedenfalls anfänglich, nur positive Verstärker eingesetzt werden. Ein weiteres Problem konnten Gewerkschaftsproteste gegen die allzu buchstäbliche Anwendung von Laborergebnissen mit Tauben auf Gewerkschaftsmitglieder sein. Der erste Vorschlag, den Skinnerismus in die Industrie zu tragen, kam in den sechziger Jahren. Der Psychologe Owen Aldis schrieb einen Artikel mit dem Titel »On Pigeons and People« (Von Tauben und Menschen), und die *Harvard Business Review* druckte ihn ab. Er stellte darin die Frage, ob Feststellungen, was Tauben am besten picken lasse, nicht auch implicite auf menschliche Arbeitnehmer anwendbar sein könnten. Tauben und im Grunde jeder Organismus, so Aldis, mögen es, wenn sie für geleistete Arbeit sofort belohnt würden. Es war nicht schwer zu erraten, daß darin die Aufforderung an die Industrie lag, in einem neuen Geniestreich den Akkordlohn wieder einzuführen. Aldis gab zu, daß in der modernen Industrie meist die Maschine die weitaus größte Arbeit leistet und nicht ihr menschlicher Bediener. Dennoch sollte man eine Form der unmittelbaren Belohnung pro hergestelltes Stück ins Auge fassen. Er wies zudem darauf hin, Tauben leisteten mehr, wenn die Belohnung variiere und nicht immer dieselbe sei. Dies veranlaßte ihn zu der Meinung, man könnte ja in das Zahlungssystem ein paar Zufallsfaktoren einführen. Der Mensch liebt nun einmal das Glücksspiel. Warum sollte man nicht Woche für Woche die Nummer eines Arbeiters aus dem Hut ziehen? Die Höhe des Bonus für den Gewinner wäre danach zu bestimmen, um wieviel er eine vereinbarte Leistungsnorm überschritten habe.

Zwei Verhaltensformer in Ann Arbor, Michigan, zogen aus einer Bemerkung Skinners ihnen gegenüber die Nutzanwendung und setzten das Glücksspiel als »Interventionsstrategie« ein beim Versuch, das Arbeitschwänzen zu verringern. Die Mustergruppe bestand aus zweihundertfünfzehn Arbeitern auf Stundenlohn in einer Herstellungs- und Verteilungsfirma. Die Verhaltensformer benutzten einfach ein Pokerspiel. Jeder Arbeiter, der pünktlich zur Arbeit erschien, durfte pro Tag eine Karte ziehen. War er jeden Tag pünktlich, so hatte er nach einer Fünftagewoche fünf Karten oder eine Fünferhand. Die höchste Hand gewann zwanzig Dollar. Und es gab sieben kleinere Gewinne. Innerhalb von vier Monaten ging die Abwesenheit um achtzehn Prozent zurück, während sie in Vergleichsgruppen in vier nahegelegenen Fabriken um vierzehn Prozent stieg. Vielleicht war es gar nicht so sehr der Geldverstärker als vielmehr die Faszination des Pokerspiels, die die Verbesserung auslöste.

Kaum waren die siebziger Jahre angebrochen, boten skinnerinspirierte Beratungsfirmen wie die Praxis Corporation in New York geschäftig Ratschläge an, wie sich die Leistung der Arbeitnehmer beschleunigen läßt. Emery Air Freight ist eine von mindestens einem Dutzend ansehnlicher Firmen, die sich gründlich Skinnerschen Konzeptionen hingaben. Emery führte die programmierte Ausbildung seiner Vertreter ein. Es ging darum, mehr potentielle Kunden zu überreden, doch die Dienstleistungen Emerys zu nutzen. Die Firma lieferte ihren Angestellten auch täglich Informationen, die Aufschluß darüber gaben, wie gut jeder von ihnen abschnitt. Wer viel leistete, bei dem wurde an Lob und Anerkennung nicht gespart. Wer wenig leistet, wird zwar nicht bestraft; dafür aber wird das Problem, dem er sich gegenübersieht, diskutiert. Nach ersten Berichten soll das Ergebnis im Sinne von Ausstoß und Gewinnerwirtschaftung zufriedenstellend sein. Lob, so sagt mir James McConnell, »kostet ja nichts«. Er selbst ist in der Betriebsführerausbildung tätig. Derzeit lehrt er Verstärkungsstrategien bei U.S. Steel, Owens-Corning und DuPont.

Im Dezember 1973 versammelten sich Vertreter vierzig amerikanischer Großunternehmen in Atlanta, Georgia, um sich sagen zu lassen, worum es denn bei der »Verhaltensmodifizierung in der Industrie« geht. Mancher war von den Vorträgen über »die Handhabung der Verstärkungskontingenzen« ganz benommen, bis er schließlich merkte, daß es im wesentlichen um systematische Belohnungen ging. Von Bestrafung war kaum die Rede. Im Grunde, so meinte ein Vortragender, gehe es um die Frage, welche vorbedachte Steuerung der zufällig teilwirksamen Steuerung überlegen sei.

Die Zuhörerschaft erfuhr, daß Verhaltensmodifizierung in der einen oder anderen Form bei B. F. Goodrich, Standard Oil von Ohio, General Electric und General Motors – um nur einige zu nennen – ausprobiert werde. Und es werde an jedermann ausprobiert, vom Lkw-Fahrer bis zum Vizepräsidenten. Verhaltensweisen, die modifiziert werden sollten, seien z.B. Pünktlichkeit, Genauigkeit, Tempo und Einstellung zur Arbeit.

Viel war die Rede davon, wie wichtig es sei, in täglichen Rückkoppelungssitzungen jede Leistung hervorzuheben, die irgendwie lobenswert sei, und das nicht Hervorzuhebende entweder mit Stillschweigen zu übergehen oder als Problem zur Diskussion zu stellen. Um alles in der Welt, sagte ein Sprecher von General Electric, müsse die Selbstachtung eines Arbeiters gewahrt werden.

Die Programme zur Verhaltensmodifizierung wurden zumeist als »Verhaltensgestaltung« bezeichnet, weil der Terminus Verhaltensmodifizierung allmählich manchen auf der Hut sein ließ. Bei der gestaltenden Modellierung wird den Arbeitnehmern ein Film gezeigt, wie eine bestimmte Arbeit am besten zu verrichten ist, und die tägliche Rückkoppelung besteht zumeist in einer Feststellung, wie sorgfältig das Modell nachvollzogen wurde.

Ein Teil der dargestellten Programme enthielt keine lupenreinen, systematischen Skinnerkonzepte der Verhaltenslenkung, sondern betonte den Eindruck, allein höfliches Verhalten könne Wunder wirken. Die Sitzungen ließen die Teilnehmer wenigstens der Tatsache bewußter werden, daß es – bei der Veränderung der Leistung eines Untergebenen – noch andere Möglichkeiten gibt, als ihn öffentlich zu beschimpfen oder ihm mit Entlassung zu drohen.

Am Schluß der Konferenz wurde ein Verhaltenswissenschaftler von der Washington University, der als Beobachter zugegen war, um Stellungnahme gebeten. Er meinte, einige der vorgetragenen Programme seien ziemlich verschwommen und kaum dokumentiert gewesen. Der Schwerpunkt auf Lob und Erhaltung der Selbstachtung lasse den Schluß zu, die Firmen behandelten ihre erwachsenen Mitarbeiter allmählich wie Kinder. Er meinte, mehr lasse sich erreichen, wenn man die Untergebenen ehrlich behandle. Die humanistischen Psychologen bedauern generell zwischenmenschliche Beziehungen, die unecht sind.

Ein anderes wissenschaftliches Verfahren der neueren Zeit zur Verbesserung der Arbeitsleistung von Arbeitnehmern ist die Ausdehnung der Zeitstudien auf Büroangestellte. Vor Jahren schon hatte sich der Fließbandarbeiter daran gewöhnt, daß man seine Handbewegungen in Einzelteile auflöste und maß, aber der Angestellte hielt doch seine Tätigkeit für persönlicher geprägt, für kreativer, für gehirnschmalzverzehrender.

Jetzt aber messen Sachverständige mit der Stoppuhr in der Hand, wie lange es dauert, bis eine Sekretärin einen Brief geöffnet hat (7,027 Sekunden). Mikrosekundenwerte werden einer Unzahl täglicher Routinearbeiten von Büroangestellten zugemessen.

Über ein Dutzend Beraterfirmen in voller Stoppuhrausrüstung stehen heute bereit, für ein Honorar von etwa siebentausend Dollar im Monat darzutun, wie man jede Bürotätigkeit in Armbewegungen, Augenbewegungen usw. aufteilt und wie man ausrechnet, wie lange jede Aufgabe benötigt. Viele fußen auf den Berichten der Methods-Time Measurement Association in Fair Lawn, New Jersey. Deren Bericht R. R. 106 heißt: »Kurze Wege und Bewegungen.« Ihr Bericht 108 trägt den Titel: »Armbewegungen unter Gewichtsbelastung.« Einer der zahllosen Vorträge auf ihrer Herbsttagung 1974 in Reston, Virginia, befaßte sich mit »der Arbeitsmessung im Bankwesen anhand der Zumeßhöhe«. Zeitnormen werden heute auch auf Versicherungsangestellte angewandt.

Selbst die leitenden Angestellten sind nicht ungeschoren davongekommen. Man hat ihnen Computer zur Verfügung gestellt, die ihnen bei der Entscheidungsfindung behilflich sein sollen. Die Maschine sagt dem Betriebsführer, wie die richtige Entscheidung zu lauten hätte. Von mancher Seite wird behauptet, diese aufgezwungene Information wirke sich psychologisch auf die leitenden Angestellten ebenso negativ aus wie die Feststellungen der Zeitexperten auf die niedrigeren Angestellten.

Der Industriepsychologe Chris Argyris aus Harvard hat einmal gesagt, diese Computer zur Programmierung der Betriebsführung »nehmen dem Menschen in einem Betrieb das ab, was nach Skinners Hoffnung die Sozialwissenschaftler eines Tages dem Menschen überall in der Welt abnehmen werden«. Er gibt zu, daß der Computer in gewissen Situationen dem Menschen überlegen ist, behauptet aber, wenn man nicht sehr behutsam vorgehe, hinterließen solche Systeme bei den Betriebsführern ein Gefühl des psychologischen Versagens.

Noch während diese Bemühungen um bessere Arbeitnehmer und Angestellte in Gang waren, wurde in den Ohren der Unternehmer ein böses Murren der Unzufriedenheit vernehmbar. Die Arbeitnehmer beklagten sich über die Öde ihrer Arbeit. Die Firmen litten unter rasant steigendem Fernbleiben von der Arbeit, schnellem Personalwechsel, zunehmender Zahl von Leuten, die betrunken zur Arbeit kamen oder am Arbeitsplatz zusammenbrachen. Und die führenden Angestellten beklagten sich über erhöhten Druck zum

Konformismus. Zum Teil liegt dies an der allgemeinen Entfremdung unserer Zeit und dem Zusammenbruch der Hoffnung auf Selbsterfüllung. Millionen sind für das, was sie tun, viel zu gebildet.

Um dem entgegenzuwirken, haben viele Großfirmen inzwischen die experimentellen Feststellungen ernst zu nehmen begonnen, die in den sechziger Jahren so humanistisch ausgerichtete Psychologen wie Abraham Maslow, Warren Benis und Chris Argyris gemacht hatten. Sie haben nämlich herausgefunden, daß Männer und Frauen die beste Leistung erbringen, wenn ihnen die Art der Ausführung ihrer Arbeit in beträchtlichem Maße selbst überlassen bleibt. Nach diesen Feststellungen genießen es die meisten Leute, wenn sie Verantwortung tragen können und die Chance haben, an den Herausforderungen zu wachsen. Plötzlich wird ihre Arbeit wieder interessanter, wenn man ihnen zutraut, daß sie schon die beste Art der Durchführung wählen werden. Das hat sich bewahrheitet für den Handarbeiter wie für den Zwischenvorgesetzten.

10
WÄHLERFANG

> Der Wahlkampf unserer Präsidentschaftskandidaten wird im Grunde zwischen zwei Fernsehfachleuten ausgetragen, die kein Mensch kennt.
> – Nicholas Johnson, Bundesfunkaufsicht

Johnsons Aussage von 1972 war vielleicht etwas überspitzt. Hätte er aber noch andere Leute einbezogen, »die kein Mensch kennt«, professionelle Politikerberater z. B. und Computerexperten, Vertreter von Werbeagenturen, Demographen, PR-Spezialisten und Kommunikationstheoretiker, dann wäre er der Wahrheit schon recht nahe gekommen.

Im Jahre 1968 traten die Imageprofis endgültig ins Rampenlicht der Präsidialpolitik. Sie legten ihre Konzeption des fertig aufgemachten Kandidaten dar. Einen zentralen Platz nimmt in ihrem Denken die neue, gewaltige Rolle des Fernsehens ein mit allem, was es ihrer Meinung nach nun einmal unerbittlich fordert.

Im selben Jahr war aus dem Munde des Leiters der Werbeagentur, die mit der Reklame für den siegreichen Kandidaten der Republikaner (Richard M. Nixon) beauftragt war, ein seltsames Klagelied zu vernehmen. Er meinte, seine Agentur müßte viel mehr mitzureden haben (es handelte sich um die Fa. Fuller, Smith and Ross). Künftig werde er darauf bestehen, daß Werbefachleute »in den höchsten Beratungsgremien des Kandidaten sitzen«. Nun saß vielleicht nicht gerade er in den allerhöchsten Gremien, aber Werbefachleute einer anderen, noch größeren Agentur – J. Walter Thompson – hatten tatsächlich ihren Platz im höchsten Beratergremium des Herrn Nixon. Ein Thompson-Vizepräsident, H. R. (Bob) Haldeman, der später zu traurigem Watergate-Ruhm gelangte, war Nixons Stabschef. Und Thompsons »Kreativ-Chef« Harry Treleaven war Mitglied von Nixons Nationalkomitee. *Advertising Age* meinte, es sei ein Handikap der Demokraten gewesen, daß sie mitten im Wahlkampf die Agenturen gewechselt hätten.

Im folgenden Jahr wurde nach einer internationalen Konferenz in Paris die American Association of Political Consultants geschaffen. Die AAPC veranstaltet Seminare über Themen wie z.B. die Rolle des Computers im Wahlkampf. In einer der letzten Tagungen gab ein Mitarbeiter von Image Dynamics, Incorporated, eine Darstellung der Rolle des Beratungsprofils. Zu den Mitgliedern der Vereinigung gehören nicht nur ausgewachsene politische Söldner, sondern auch Fernsehberater, Vertreter von Werbeagenturen, Umfragespezialisten, Vermittler von Sendezeiten und Politologen (die meist gegen Honorar zu haben sind).

Ein Forschungsgebiet der Lenkung des Wählerverhaltens hat es diesen Profis besonders angetan; man könnte es Biopsychopolitik nennen. Politologen haben immer wieder behauptet, bloße Meinungsumfragen könnten leicht ein falsches Bild ergeben. Die Menschen geben bei ihren Aussagen nicht notwendigerweise ihre wahre Meinung preis. Jetzt befragt man experimentell Leute, die mit einer Unzahl von Drähten an Instrumente angeschlossen sind, die Herzschlag, Blutdruck und Stromleitfähigkeit der Haut messen. Man führt ihnen Bilder, Schlagworte, Begriffe wie »Erzeugerpreissubvention« vor. Man hat beispielsweise festgestellt, daß die verbale Aussage im Zusammenhang mit Rassenfragen die von den Geräten angezeigte Intensität oder Richtung der Haltung der Kandidaten nicht akkurat widerspiegelte. Dies geschah, als die Versuchspersonen Stimuli rassischen Inhalts ausgesetzt wurden.[1]

Ein Politologe der Pennsylvania-Universität berichtete, sehr energiegeladene Menschen neigten vermutlich zu größerem Reformeifer. Leute mit niedrigem Energiespiegel seien eher konformistisch. Der Politologe erhielt Zuwendungen, um psychologische Variable – etwa die Wirkung des Kahlwerdens eines Wählers auf seine politische Einstellung – näher zu ergründen.

Nach Meinung vieler Profis verlangt die neue Technologie mit ihrem Schwerpunkt auf dem Fernsehen schauspielerische Fähigkeiten. 1976 wurde erstmalig in der Geschichte der Vereinigten Staaten aus einem früheren Schauspieler und Fernsehreklamesprecher ein ernstzunehmender Präsidentschaftskandidat. Sie haben richtig geraten: Ronald Reagan. Er verursachte eine regelrechte Erschütterung der Republikanischen Partei, weil er den amtierenden Präsidenten beinahe aus dem Rennen warf, etwas, was es seit vielen Jahrzehnten nicht mehr gegeben hatte. Reagan wurde während seines Aufstiegs von Spencer, Roberts and Associates gemanagt, einer kalifornischen Firma, die in der neuesten Industrie der Kandidatenaufmachung an vorderster Stelle kämpft. Als die Nominierungskampagne für 1976 ihren Höhepunkt erreicht hatte, begab sich Stewart Spencer an die Arbeit für den schwerbedrängten Präsidenten Ford. Es hieß, Ford habe im Kampf um die Nominierung gegen Reagan echte Imageschwierigkeiten. Fords Sieg in der Nominierung mag sehr wohl Spencer zu verdanken gewesen sein, der ihm jedenfalls in jeder Beziehung half, Jimmy Carters weiten Vorsprung im Rennen um den Präsidentensessel allerdings nicht mehr aufholen konnte. Unter den Reagan-Managern gab es auch zwei auf Tiefenstudien des Wählerverhaltens spezialisierte Psychologen. Nach Auffassung eines Analytikers wirkt das Image des Braven, das auszustrahlen Reagan in Wildwestfilmen so ausgiebig gelernt hatte, »beruhigend wie ein warmes Bad«.

Auf Seite der Demokraten hielt sich Jimmy Carter 1976 sechs Leute sowie seine Frau als inneren Beraterzirkel. Zu den sechs zählten ein Reklamefachmann, ein PR-Spezialist, ein Profi für politische Umfragen, ein Psychiater. Sein Reklamefachmann verausgabte über zwei Millionen Dollar für Fernsehspots, die in Serien so glatt-stereotyper Shows wie die eines Andy Griffith und Lawrence Welk erschienen. Die Adressatengruppen waren schon durch Marktforschung der die Shows als solche finanzierenden Firmen gründlich erforscht.

Im neuen Spiel des Wählerfangs kam den Herstellern von Fernseh- und Rundfunkspots entscheidende Bedeutung zu. So entscheidend, daß Ford in eine seiner Krisen geriet, weil seine Medienspezialisten untereinander uneins waren. Die beherrschende Gruppe hatte eine Spot-Reihe aufgezogen, in der Berufsschauspieler als Bürger auftraten, die Fords Leistungen diskutierten. Daraufhin stellte einer seiner hervorragenden Medienberater, Peter H. Dailey, der 1972 Nixon mit zum Sieg verholfen hatte, seine Mitarbeit unter Protest ein. Er sagte, diese Technik sei zwar beim Verkauf von Seife sehr wirkungsvoll, aber beim Absatz eines Mannes noch überhaupt nicht erprobt.

Zu den Genies unter den Herstellern politischer Werbespots gehört Tony Schwartz. Seine Karriere als Reklamefachmann hatte er mit der Herstellung von Spots für Fertigwaren im Kopplungsgeschäft gemacht. In Wahljahren verkauft er jetzt auch fertig aufgemachte Politiker im Dutzend. Joe Napolitan, einer der bekanntesten Polit-Berater mit internationaler Klientel, meint zu Schwartzens Meisterschaft: »Ich kenne mindestens einen, der heute Präsident der Vereinigten Staaten wäre, wenn er nur früh genug Schwartzens Anregungen gefolgt wäre.«

Schwartz verliert keine Zeit damit, seinem Publikum die Haltung seines Kandidaten zu konkreten Themen darzulegen. Man muß die tieferen Gefühlsschichten des Wählers ansprechen, meint er (1976 erhielt Jimmy Carter denselben Rat). Schwartz hat in einer Zeitschrift der AAPC das Geheimnis seiner Strategie gelüftet. »Ziel des Medienberaters«, schrieb er, »muß es sein, den Wähler zu fesseln und gefesselt dem Kandidaten zu liefern.« Für ihn sind Fernsehspots nichts als lebende Plakate, die jedem Wähler die »auditiven und visuellen Stimuli vermitteln, die seine tiefen Gefühle wecken. Ja, die besten politischen Spots sind Rorschach-Mustern sehr ähnlich. Sie geben dem Zuschauer überhaupt keine greifbare Aussage. Sie holen nur seine Gefühle an die Oberfläche und vermitteln ihm einen Zusammenhang, in dem er seine Empfindungen äußern kann. Die eigentliche Frage bei der politischen Werbung lautet, wie man den Wähler in die geeigneten auditiven und visuellen Stimuli einbettet, um die Reaktion auszulösen, die man sich von ihm wünscht, d. h., daß er für einen bestimmten Kandidaten stimmt.« Und Schwartz faßt zusammen:

»In Wahrheit wird also der Wähler aufgemacht und nicht der Kandidat. Der Wähler ist von Medien umgeben und braucht sie. Die Stimuli, die ein Kandidat in den Medien benutzt, umgeben somit den Wähler.«

Schwartz berücksichtigt auch die Frage, ob eine Werbesendung im Auto oder in der Küche gehört wird, und zu welcher Tageszeit. »Man kann das Radio dazu verwenden, damit es einen morgens in gute Laune versetze, einem nachmittags Gesellschaft leiste und einen spät abends abreagieren lasse.« Die Images der Schwartz-Kandidaten sind auf solche Variable getrimmt. Im Präsidentschaftswahlkampf von 1976 gestaltete Tony Schwartz für den siegreichen Kandidaten Jimmy Carter zwei Dutzend Fernsehwerbespots. Und seit der Wahl beschäftigen sich die Medienberater des Präsidenten sehr eingehend mit Schwartzens Vorstellungen vom Imagebau mit Hilfe des Fernsehens.

Erprobungen, wie sie Geschäftsleute vor dem Start eines neuen Produkts durchführen, haben inzwischen auch in die Politik Eingang gefunden. Nixons Manager bei seinem phantastischen Triumph von 1972 waren zumeist Reklame- und Marketingfachleute. Der Umfragekampagne im Wert von 600000 Dollar z.B. stand der Vizepräsident der Firma Market Opinion Research vor. Dabei wurden sehr konkrete Fragen gestellt, so etwa: »Soll der Präsident auf einem für die Jugend bestimmten Plakat lächeln oder nachdenklich dreinschauen?«

Man beachte, daß hier von Nixon als Präsident und nicht als Kandidat die Rede ist. Bei näherer Betrachtung stellt sich nämlich heraus, daß der Name Nixon in der ganzen Kampagne zu seinen Gunsten nur ganz selten auftrat. Seinen Wahlkampf führte der »Ausschuß zur Wiederwahl des Präsidenten«. Geleitet wurde dieser von dem früheren Marketing-Experten Jeb Stuart McGruder. Nach dem Wahlkampf schrieb McGruder, der Vorsitzende der Demokraten Larry O'Brien habe wütend protestiert: »Warum verwenden Sie Nixons Namen nicht? Schämen Sie sich seiner?« McGruder fügte hinzu: »Wir wußten aber sehr wohl, was wir taten.« Aus den Umfragen hatten sich nämlich ergeben, daß die Person Nixon nicht besonders attraktiv war. Dagegen galt er als relativ stark in den Eigenschaften »gutunterrichtet, erfahren, tüchtig, verläßlich, beschlagen und ehrlich«.

Zwei Worte sind hier besonders aufschlußreich. Das eine heißt »verläßlich«. Den Republikanern war es gelungen, Nixons Gegenspieler George McGovern als einen Mann darzustellen, bei dem man nie recht weiß, woran man ist. Dies geschah weitgehend mittels eines Fernsehspots, in dem McGovern mit einer Wetterfahne verglichen wurde. Damit nutzten sie den LOP-Faktor, wie Schwartz ihn nennt. Sagt Schwartz: »Oft besteht die logische Aufgabe des Medienspezialisten darin, seinen Kandidaten als den *Least Objectionable Politician* (der Mann, gegen den man am wenigsten einzuwenden hat) im Rennen darzustellen.«

Das zweite aufschlußreiche Wort ist »ehrlich«. Mit sachverständiger Beratung hatte Nixon sein früheres Image vom »verschlagenen Dick« überwunden. *Advertising Age* berichtete, Nixons Berater hätten sich einmal überlegt, ob sie nicht die ganze Kampagne auf dem Thema »Ein guter, ehrlicher Präsident« aufbauen sollten. Seine Image-Manager legten in der Kampagne wesentlich Wert auf die Themen Moral und Recht-und-Ordnung. Einige Monate nach seinem überwältigenden Wahlerfolg war er dann der erste Präsident der Vereinigten Staaten, der je zum Rücktritt gezwungen war. Der Rücktritt war die Folge von Vorwürfen und Enthüllungen, die seine Ehrlichkeit, sein wirkliches Interesse für Recht und Ordnung und seine Moral in Frage stellten.

Im selben Jahr, dem Jahr des Nixontriumphs, brachte das *Journal of Applied Psychology* einen langen Artikel unter der Überschrift »Das Image des politischen Kandidaten«.[2] Der Autor betonte, wie wichtig es sei, ein Bild der Güte und Bescheidenheit zu vermitteln. Bei Umfragen, so seine Anregung, sollten die Politvermarkter Persönlichkeitsfragebogen verwenden, um besser ablesen zu können, wie ein potentieller Kandidat abschneidet. Eine weitere Möglichkeit sei, potentiellen Kandidaten ein Güte- und Bescheidenheitstraining zu verpassen. Der Politmanager könne aber auch, so der Autor, »Personen aussuchen, die schon über die Fertigkeit zur Darstellung dieser Eigenschaften verfügen, so z. B. Schauspieler, die als Charakterfach den unaufdringlichen Braven spielen«.

In der heutigen amerikanischen Politik muß ein Kandidat, der siegen will, vor allem in der Lage sein, siegverprechende Kombinationen demographischer Blocks unter einen Hut zu bringen. Besondere Aufmerksamkeit wendet man dabei ethnischen und religiösen Kombinationen zu. Nixon war sich dessen so sehr bewußt, daß er in mindestens einem Fall persönlich vorausbestimmte, welche Wählerblocks unter den Mädchen vertreten sein sollten, die Mrs. Nixon Blumen zu überreichen hatten.

Auf den Blocks läßt sich wie auf einer Orgel spielen, seitdem es den Computer gibt. Man locht die Gruppen ab, speist die Lochkarten in den Computer, und schon druckt er die Namen der potentiellen Wähler in den gewünschten Blocks aus.

Der Vorsitzende der Demokraten in einem US-Staat schrieb Nixons Sieg von 1972 weniger den Imageköchen als der Geschicklichkeit seiner Helfer im Computer-Politspiel zu. Jeb McGruder prahlt in seinen Memoiren *An American Life,* sein Nixon-Ausschuß habe sich bei der Auswahl von Adressaten gezielter Briefwurfsendungen »einer umfangreichen, ausgeklügelten, vollcomputerisierten Operation« bedient. Die Versandliste wurde in viele Dutzend Gruppen aufgeteilt. McGruder sagt, seine Experten hätten »durch Druck auf die richtigen Knöpfe den Versand an schwarze Zahnärzte mittleren Alters oder Präsidenten kleiner Colleges im Mittleren Westen oder wen immer« auslösen können. Der jeweilige Brief wurde dann auf die Belange der jeweiligen Zielgruppe abgestellt.

Während des Wahlkampfs von 1976 erhielt ich einen scheinbar persönlichen Brief des Präsidenten und Kandidaten Gerald Ford, der um Wahlkampfgelder bat. Mein Name erschien viermal in dem Brief, und das war schon etwas dick aufgetragen. Eine mikroskopische Untersuchung brachte an den Tag, daß nur die meinen Namen enthaltenden Teile getippt waren – mit automatisch gesteuerter Schreibmaschine. Der Rest war perfekt fachmännisch gedruckt. Ich nehme an, daß mir der Brief geschickt wurde, weil mein Haus in Connecticut am Rande eines Volkszählungsbezirks steht, in dem viele wohlhabende Konservative wohnen. Die Namen derer, die in einem bestimmten Volkszählungsbezirk wohnen, kann man käuflich erwerben.

Kehren wir zum Jahr 1972 zurück: Theoretisch hätte Nixons demokratischer Gegenspieler McGovern im Computer-Politspiel viel besser dastehen müssen. Damals gehörte die größte je über Wähler zusammengestellte politische Datenbank einer Firma, die nur die Demokraten bediente. Diese Datenbank enthielt nützliche Informationen über vierzig Millionen Demokraten und Unabhängige in vielen US-Staaten. Aber die Eigentümerfirma hatte McGovern nicht als Kunden. Diese Auslassung dürfte auf die engen Beziehungen der Firma mit Hubert Humphrey zurückzuführen gewesen sein. In der heißumstrittenen Konvention der Demokraten von 1972 war Senator Humphrey von McGovern-Anhängern ausmanövriert worden.

Die Datenbankfirma, Valentine, Sherman and Associates, liegt in Minneapolis, Humphreys Territorium. Valentine ist Politologe. Sherman war früher Humphreys Pressesekretär.

Der Computer dieser Firma verschickt aber nicht nur zielgruppenorientierte Briefe. Er kann auch individualtypische und persönlich adressierte Briefe verschicken. Er kann Hunderte von Telefonanrufen tätigen mit den Worten: »Hallo, hier spricht Hubert Humphrey in einer Bandbotschaft. Ich möchte mit Ihnen kurz sprechen über die Frage...« Worüber nun der Kandidat spricht, bestimmt sich aus der Blockidentität des Angerufenen. Der Computer kann auch Standardbriefe mit unterschiedlichen Absätzen für Frauen und Männer versenden. Er kann eine »Abgehliste« für einen Bezirk ausdrucken, die es einem Werber, der von Tür zu Tür geht, erlaubt, jedes Haus in der richtigen Reihenfolge anzugehen. Und er kann die Liste der Leute in einem Bezirk ausdrucken, die noch unentschieden sind oder sich noch nicht ins Wählerverzeichnis eingetragen haben.

Mit Hilfe des Computers von Valentine, Sherman and Associates holte sich Senator Howard Cannon von Nevada 1972 einen rauschenden Sieg. In der vorhergegangenen Wahl hatte er nur mit hauchdünner Mehrheit gewonnen. Nun wurde der Computer für Cannon mit Informationen über jedes Fetzchen Bundesmittel und jedes Bundesprojekt gefüttert, die der Senator für jede Stadt, jede Gegend und jeden Bezirk in Nevada hatte lockermachen können. Desgleichen wurde der Wohnort jedes Wählers im Staat einprogrammiert. Diese beiden Informationskategorien wurden nun vom Computer zusammengefügt, um feststellen zu können, welchem Wähler was zu sagen war. Insgesamt spuckte der Computer rund zwölftausend Brieftypen aus. Enthielt ein Brief einen Absatz, in dem der Wähler daran erinnert wurde, daß Cannon Gelder für den örtlichen Flughafen freigeschaufelt hatte, wurde der Absatz weggelassen, wenn der Empfänger in einem Haus wohnte, das unter einer Einflugschneise lag![3]

1976 wetteiferten viele Computerfirmen um die Gewinnung politischer Kunden. Carter bezeichnete sich zwar als Erdnußbauern, aber das hinderte ihn und seine Helfer keineswegs, sich ausgiebig des Computers zu bedienen. Als Gouverneur von Georgia war er viele

Male gebeten worden, vor nationalen oder regionalen Zusammenkünften zu sprechen. Der einzige »Preis«, den er dafür verlangte, war jeweils eine Liste aller, die ihn hören würden. Mit Adressen. Als Startkapital für die Präsidentschaftskandidatur entwickelte er so eine computergespeicherte Liste von fünfzigtausend Personen, die er als mögliche Freunde ansprechen konnte. Deren Namen kamen zu den mehr konventionellen Versandlisten hinzu, die er in den Computer einspeisen ließ. Darunter waren sorgfältig ausgewählte Listen von Abonnenten von Zeitschriften, auch von solchen, die inzwischen eingegangen waren. Im Bemühen um Inserenten hatten die Zeitschriften die demographischen und lebensstilcharakteristischen Gegebenheiten ihrer Leserschaft schon vorher ziemlich genau ermittelt.

In einer Gesellschaft wie der unsrigen, in der die Anonymität immer mehr zunimmt und Präsidentschaftskandidaten kugelsichere Westen tragen müssen, ist es wohl gar nicht zu vermeiden, daß der politische Meinungsbildungsprozeß mechanischer wird und an persönlicher Prägung verliert. Vielleicht erklärt dies auch zum Teil die wachsende Zahl der Wähler, die gar nicht mehr wählen gehen. So deprimierend es sein mag, daß man sich überall dem Imagebau, der Aufmachung, der computerisierten Blockspezifizierung hingibt –, es ist nicht notwendigerweise alles immer nur betrüblich, wenn man bedenkt, unter welchen Umständen wir heute leben. Der Computer, der dem von Tür zu Tür wandernden Werber eine »Abgehliste« in die Hand drückt, ist nützlich. Und selbst in der Hand der Imagemacher kann das Fernsehauge noch Charakterzüge enthüllen.

Vielleicht schmälert man den politischen Meinungsbildungsprozeß, wenn man die Persönlichkeit über die Sachaussage stellt. Gewiß wollen wir wissen, wie der Kandidat zu Fragen steht, die uns berühren. Aber in einer Gesellschaft der Anonymen versuchen wir uns doch eigentlich in erster Linie ein Gespür für den Kandidaten zu verschaffen. Wir versuchen festzustellen, ob er tüchtig, ehrlich, mitfühlend und solide genug ist, daß wir ihm zutrauen, mit neuen Problemen fertig zu werden. Denn neue Probleme gibt es immer.

Angesichts der neuen Kunst der Kandidatenmache aber müssen wir mehr denn je auf Manipulationsversuche und falsche Töne achten.

Die neue Wissenschaft der Geschworenen-Manipulation

Gerichtsanwälte suchen seit langem instinktiv nach Möglichkeiten, wie sie Geschworene, die ihren Klienten in nachteiligem Licht sehen, entdecken und angreifen könnten. Und natürlich sind sie stets auf der Suche nach dem Geschworenen, der ihm vielleicht wohlwollend gegenüberstünde. Erst seit Ende der siebziger Jahre aber halten sie bei der Einschätzung der Geschworenen nach der Unterstützung durch Soziologen, Psychologen, Marktforscher, Computerfachleute, medizinische Hypnotiseure und andere Menschenexperten Ausschau. Die Zusammensetzung der geeignetsten Geschworenengruppen wurde verwissenschaftlicht.

Das wissenschaftliche Geschworenen-Puzzle hat seinen Ursprung bezeichnenderweise in berühmten Fällen von Leuten, die sich unterdrückt fühlten. Es ging um Protestler, Bürgerrechtler, Minderheiten, Anspruch auf einen fairen Prozeß. Anfänglich wurde das Spiel ausschließlich von Verteidigern betrieben. Die Angeklagten waren in der Öffentlichkeit bekannt als die Sieben von Harrisburg, die Achtundzwanzig von Camden, Joan Little, die Rebellischen Indianer von Wounded Knee, die Acht von Gainesville, Angela Davis. Im Fall Davis hatten Handschriftenexperten vorher die Unterschriften potentieller Geschworener auf einschlägige Charaktermerkmale untersucht.

Der erste größere Versuch einer wissenschaftlichen Geschworenenwahl wurde 1971 im Fall der Sieben von Harrisburg gemacht. Der berühmteste unter den sieben katholischen Radikalen war vielleicht Daniel Berrigan. Die Sieben waren wegen ihrer Protestaktionen gegen den Vietnamkrieg der Verschwörung angeklagt. Ein Sozialpsychologe der Columbia-Universität, Richard Christie, und der New Yorker Soziologe Jay Schulman halfen der Verteidigung.

Der erste Schritt der Verteidigung bestand darin, die gesamte Liste der Geschworenen abzulehnen. Nach einer Erhebung legten die Anwälte Beweismaterial vor, wonach die Liste überladen sei mit älteren Leuten und somit keinen Querschnitt durch die Bevölkerung von Harrisburg in Pennsylvania darstelle. Ältere Leute, so wurde unterstellt, neigten vermutlich mehr zu vorgefaßter Auffassung von Recht-und-Ordnung und stünden deshalb wahrscheinlich Protestlern generell übelwollend gegenüber.

Dann begab sich die Verteidigung daran, die Art Leute in Harrisburg herauszufiltern, die den Angeklagten wohlwollend gegenüberstehen könnten. 252 auf wissenschaftlicher Grundlage als repräsentativ für Harrisburg befundene Personen wurden eingehend befragt. Zuerst stellten die Befrager pro Person viele demographische Fakten fest. Sie untersuchten auch Lesegewohnheiten. Dann fragten sie nach Einstellungen wie Vertrauen in die Regierung, Zulässigkeit von Kriegsgegnerprotesten. Mit diesen Datenmassen konnten sie eine Reihe demographischer Merkmale und Neigungen der Leute im Gebiet von Harrisburg korrelieren. Damit hatten die Rechtsanwälte zum Zeitpunkt der Auswahl der Geschworenen Leitlinien an der Hand, aufgrund derer sie potentielle Geschworene befragen konnten. Dem Ganzen lag der Gedanke zugrunde, festzustellen, wer vermutlich feindselig und wer wohlwollend eingestellt sein dürfte.

Die schließlich gewählten Geschworenen stimmten mit 8 gegen 2 Stimmen für Freispruch im Hauptanklagepunkt Verschwörung, und das Verfahren wurde wegen Nichtigkeit eingestellt.

Bald sahen sich Schulman und Christie als Berater zu anderen Protest-Verfahren hingezogen. Sie entdeckten, daß die Harrisburg-Korrelationen nicht überall stimmten. So erwiesen sich beispielsweise Frauen in einem Verfahren gegen Prostestler in Gainesville, Florida, als weniger vorhersehbar wohlwollend als in Harrisburg.

Beim Verfahren gegen die militanten Indianer Russell Banks und Dennis Means in St. Paul, Minnesota, benutzten die beiden Soziologen einen Computer für die Korrelationen. Die beiden Angeklagten waren Anführer der American Indian Movement, die Wounded Knee in Süddakota besetzt hatte. Der Computer spuckte die Namen von Leuten in St. Paul aus – wo das Verfahren stattfand –, die als beste »Predictor-Variable« in Frage kamen. Personen norwegischer oder deutscher Abstammung, deutete der Computer an, seien mit überdurchschnittlicher Wahrscheinlichkeit der Auffassung, man müsse mit den indianischen Angeklagten hart ins Gericht gehen. Personen mit Hochschulbildung neigten generell zu größerer Nachsicht gegenüber den Indianern als Leute mit niedrigerem Bildungsstand.

Vor Beginn des Verfahrens fuhren Forscher auch die Nachbarschaft der Leute ab, die zum Kreis der Geschworenen gehörten. Man wollte Informationen von Nachbarn, Kollegen, Bekannten. Die Befrager fanden heraus, daß ein potentieller Geschworener, der im übrigen annehmbar aussah, mehrere Jahre zuvor einen Indianer überfallen hatte. Seine Benennung wurde erfolgreich angefochten.[4]

Bei der Geschworenenbefragung vor der Vereidigung ließen sich die Verteidiger durch zehn Berater unterstützen, darunter einen Spezialisten für Körpersprache, einen Indianer-Psychologen und einen Medizinmann. Diese mußten jeden potentiellen Geschworenen genau ansehen und beobachten, wie er oder sie sich unterhielt, kleidete und bohrende Fragen beantwortete.

In dem berühmten, heißumstrittenen Prozeß gegen Joan Little verfügte die Verteidigung über einen Fonds von 325000 Dollar. Zum großen Teil wurde das Geld für die Zusammenstellung eines Beraterteams von Wissenschaftlern ausgegeben, unter ihnen wiederum Christie und Schulman. Außer Joan Little saß noch vieles andere auf der Anklagebank: Sexismus, Rassismus, der Geschworenentyp des Südens, Gefängniszustände auf dem Lande im östlichen Nordkarolina.

Die Gefangene Joan Little, eine Schwarze, hatte ihren Nachtaufseher – einen Weißen – getötet. Mit einem Eispfriem. Elfmal hatte sie zugestochen. Und war dann verschwunden. Die Leiche des Gefängniswärters war von der Hüfte abwärts nackt und mit Spuren kürzlicher sexueller Betätigung aufgefunden worden. Der Staatsanwalt schloß daraus, die Gefangene habe ihn mit sexueller Versuchung gelockt, getötet und sei danach geflohen. Die Verteidigung behauptete, sie habe ihn in Notwehr bei einem Vergewaltigungsversuch getötet und sei dann um ihr Leben gelaufen. Auch habe der Wärter in jener Nacht überhaupt keinen berechtigten Grund für einen Aufenthalt in ihrer Zelle gehabt.

Anhand wissenschaftlicher Untersuchungen und Umfrageergebnissen wies die Verteidigung nach, daß die Angeklagte in Beauford County, wo sich das Ganze abgespielt hatte, keinen fairen Prozeß zu gewärtigen hatte. Die meisten Einwohner betrachteten sie bereits als schuldig. Und das Geschworenensystem ergebe keinen Querschnitt durch den Bezirk. Das Verfahren wurde nach Raleigh verlagert.

Hier nun machten sich Schulman und Christie an die Arbeit. Ihr Computer lieferte ihnen dreiundzwanzig Faktoren, anhand derer die

Menschen in Raleigh für oder gegen die Angeklagte eingenommen zu sein neigten. Schulman und Christie machten immer neue Entdeckungen. Neben den demographischen Daten schälten sich drei Faktoren als immer bedeutsamer heraus:[5]
1. Die Körpersprache des potentiellen Geschworenen. Mit jedem befaßte sich ein Experte für Körpersprache von der Universität von Nebraska, David Suggs. Wann war der Kandidat unruhiger, bei der Befragung durch den Staatsanwalt oder durch die Verteidigung? Von wem wandte er die Augen ab? Schien er bei der Befragung entspannt oder steif?
2. Die Persönlichkeit des in Aussicht genommenen Geschworenen. Im vorliegenden Prozeß gingen Schulman und Christie davon aus, eine Person mit mitfühlender Persönlichkeit sei ein positiv zu wertender Kandidat. Autoritätsgläubige galten als faules Ei, welche Charaktereigenschaften sie auch sonst besitzen mochten. Autoritätsgläubige sind in der Regel nicht etwa selbst mächtig, sondern Leute mit großer Achtung vor der Autorität, die dem Herrschenden zu gefallen und sich ihrer Meinung anzuschließen suchen.
3. Lesegewohnheiten. Edwin Tivnan zitiert Christie, der einmal gesagt haben soll, er habe im Joan-Little-Fall mit Überraschung entdeckt, wie wichtig die Zeitschriften-Lesegewohnheiten seien. »Zunächst können Leute sehr passabel aussehen«, erläuterte er. »Ihre Bildung ist in Ordnung – ein bißchen College. Ihr Alter paßt – unter fünfundvierzig. Ihr Wohngebiet stimmt – städtisch.« Aber plötzlich stelle sich heraus, daß sie die falschen Zeitschriften lesen. Im Fall Little erschien *Sports Illustrated* als Beispiel einer falschen Zeitschrift. Andererseits könne alles andere daneben liegen – niedriger Bildungsstand und schäbige Wohngegend –, aber wenn der Kandidat überregionale Nachrichtenblätter oder *Harper's* oder *Atlantic* lese, deute das darauf hin, daß er für die Verteidigung als Geschworener eher in Frage komme.

Miss Little wurde freigesprochen. Es bleibt Spekulation, ob die ausgiebige Geschworenenprüfung mit dafür sorgte.

Ein völlig anderer Weg, wie man Geschworene zusammenbekommt, die man sich wünscht, ergab sich in einem Fall im Zusammenhang mit dem Watergate-Skandal. Es gab zwei Angeklagte. Der eine war der unheimliche John Mitchell, dereinst Justizminister der Vereinigten Staaten und auch Vorsitzender des Ausschusses zur Wiederwahl des Präsidenten (Nixon). Der andere war Maurice Stans, früher US-Handelsminister und Schatzmeister desselben Ausschusses zur Wiederwahl des Präsidenten. Mitchell und Stans wurden beschuldigt, eine Bundesuntersuchung eines flüchtigen Finanziers, Robert L. Vesco, konspirativ behindert zu haben. Vorgeblich hätten sie das gegen eine heimliche Zahlung von 200000 Dollar durch Vesco an den Wahlkampffonds von Herrn Nixon getan.

Als Helfer bei der Geschworenenauswahl heuerten die Mitchell-Leute nicht nur Sozialpsychologen, sondern auch einen Reklame-Marktforscher, Marty Herbst, an. Sein Spezialfach war Medienanalyse. Darunter versteht man die Untersuchung der Lese- und Hörgewohnheiten der Leute, die die Reklame erreichen soll.

Zunächst einmal begab sich Herbst wie vordem Christie und Schulman an eine eingehende Untersuchung, um die Korrelationen zwischen demographischen Daten und Geisteshaltungen herzustellen, die in der Stadt New York zugunsten der Verteidigung wirken würden. Seine Idealgeschworenen stellten sich als diametral entgegengesetzt von denen heraus, die Christie und Schulman bevorzugt hatten. Herbsts Idealgeschworene waren Respektspersonen wie Mitchell und Stans. Relativ wenig gebildet. An nationalen oder sozialen Fragen ziemlich uninteressiert.

Von Herbst wird berichtet, er habe zur Bewertung von Geschworenenkandidaten ein gewichtetes Punktsystem von 0 bis 6 jeweils negativ und positiv aufgestellt.[6] Der Akademiker mit Universitätsabschluß lag bei -6. Der Katholik bei $+4$. Der Jude bei -5. Der Büroangestellte mit einem Jahreseinkommen zwischen acht- und zehntausend Dollar wurde mit $+4$ bewertet. Nach dem genannten Bericht soll Herbst gesagt haben: »Krawattentragende Fortschrittler galt es zu vermeiden. Wir brauchten wohletablierte Leute, rechtsgerichtet, die sich mehr um die Inflation als um Watergate kümmerten. Wir suchten Geschworene, die nicht die (hochgestochene) *New York Times* lasen, dafür aber (das Massenblatt) *The Daily News*.« Herbst ließ von den Verteidigern nicht nur die Lesegewohnheiten der Geschworenenkandidaten erforschen, sondern auch ihre

Fernsehgewohnheiten. Je nach Art der bevorzugten Programme konnte er darauf schließen, ob sie in sein Profil eines Wunschgeschworenen paßten. Der Idealgeschworene war vernarrt in alte John-Wayne-Filme. John Wayne hatte Autorität, war stark, ein Hüter des Eigentums, ein Rechter. Kurzum, Wayne war ein Mann wie Mitchell.

Nach dem Prozeß veröffentlichte die *New York Times* einen Bericht, wonach elf der zwölf Geschworenen in das von Herbst geschaffene Mosaik paßten. Fast wäre es eine total nach seinem Geschmack besetzte Geschworenenbank geworden, wäre nicht eine Geschworene krank geworden. An ihrer Stelle rückte ein belesener internationaler Bankier mit Universitätsausbildung nach. Trotzdem lag er dank anderer Faktoren noch auf der Plusseite. Er war seit langem Nixonanhänger und ausgesprochen rechts. Zwar las er die *New York Times,* hatte aber starke Einwände gegen deren Leitartikelpolitik zum Vietnamkrieg.

Obwohl Herbst die erhoffte Geschworenenbank zusammenbekam, stand es mit dem Urteil auf Spitz und Knopf. Nach Aussage des Jury-Sprechers stand den Geschworenen ursprünglich mit 8 gegen 4 der Sinn nach »Schuldig«.[7] Dabei soll der Bankier zu den vier für Freispruch Plädierenden gehört haben. Im weiteren Verlauf der Beratungen rückten Rechtsfragen in den Vordergrund, vor allem die Frage, welches Beweismaterial einschlägig sei. Unter den Geschworenen machte sich erhebliche Unsicherheit breit. Der Bankier mit seinem schnelleren Verstand wurde vielleicht unbewußt zur dominierenden Kraft. Am Ende stimmten alle zwölf für Freispruch.

In dem mir bekannten Dutzend Fällen, bei denen die Geschworenenauswahl Gegenstand umfangreicher Forschung gewesen ist, fiel der Urteilsspruch jedesmal zugunsten der Seite aus, die die Forschung veranlaßt hatte. Es ist denkbar, daß die Urteile auch ohne Forschung so ausgefallen wären. Der wirklich gerecht Denkende wird natürlich oft gegen seine Neigung stimmen.

Der bekannte Soziologe Amitai Etzioni von der Columbia-Universität glaubt, ein geschicktes Team Sozialwissenschaftler könne die Geschworenenauswahl bis zu 80 v. H. steuern. Ist diese neue Manipulationsmöglichkeit eine Gefahr? Er meint, er könne sich kein wirksameres Mittel ausdenken, mit dem sich die Unparteilichkeit der Geschworenen unterminieren ließe. Die Möglichkeit der Rechtsbeugung ist jedenfalls deutlich gegeben.

Bislang ist in den Vereinigten Staaten die wissenschaftliche Geschworenenforschung zumeist zu Nutzen einzelner Angeklagter eingesetzt worden. In einem Zivilverfahren in West Virginia benutzten es die Kläger auf Schadenersatz für 650 Überlebende des Dammbruchs von Buffalo Creek. Sie erhielten 13 500 000 Dollar zugesprochen.

Aber auch der Strafverfolger kann die gleiche Technik anwenden. Je gängiger diese Praxis wird, desto länger wird sich die Geschworenenwahl hinziehen, und sie zieht sich jetzt schon oft sehr lange hin. Und die Strafverfolgungsbehörden haben natürlich im Regierungsapparat noch zu viel ausgeklügelteren Computersystemen Zugang. 1967 berichtete die *New York Times,* in einigen Staaten hätten die Staatsanwaltschaften Informationen der Steuerverwaltung über Geschworenenkandidaten erhalten. Es geht dabei hauptsächlich um die Feststellung, ob ein Kandidat irgendwann einmal mit der Steuer in Konflikt gekommen ist, was ihn zu einer Antihaltung gegen die Regierung veranlassen könnte. Ein Sprecher der Steuerverwaltung gab zwar zu, daß es in einigen Fällen zu solcher Zusammenarbeit gekommen sei, erklärte aber, nach Bundesgesetz sei zwar die Weitergabe der Steuererklärung verboten, nicht aber die Beantwortung einer Anfrage, ob ein Geschworenenkandidat Gegenstand von Ermittlungen gewesen sei.

Unterdessen verkaufen in vielen Städten Detekteien routinemäßig Informationen über Geschworenenkandidaten an Gerichtsanwälte. In San Franzisko z. B. gibt es eine Firma, die nur an Verteidiger Informationen verkauft; eine andere verkauft sie nur an Zivilkläger. Wie tief man dabei jeweils gräbt, variiert mit der Bedeutung des Falles. Ein Geschäftsmann aus Kalifornien, der in drei Prozessen als Geschworener tätig war, hat den Staat auf 50 000 Dollar verklagt mit der Begründung, derartige Untersuchungen verletzten seine verfassungsmäßigen Grundrechte.[8]

Großfirmen, die in einen Prozeß verwickelt sind, zeigen allmählich Interesse an dieser wissenschaftlichen Geschworenenauswahl. Bei ihnen handelt es sich oft um riesige Streitsummen. Einige haben

Soziologen bis zu 35 000 Dollar für ihre Hilfe bei der Geschworenenwahl geboten.

Das wissenschaftliche Geschworenen-Puzzle kostet viel Geld oder freiwillige Mühe. Und Computer können teuer werden. Nur der kann sich das leisten, der reich ist, oder aber eine Gruppe, eine Firma oder Regierungsbehörden, die zigtausend Dollar dafür aufbringen können. Dem durchschnittlichen armen oder mittelständischen Angeklagten steht dieser Weg nicht offen, es sei denn, er oder sie stelle einen berühmten Fall dar.

Und so kann es sehr leicht geschehen, daß es vor der Richterbank letztlich weniger Gleichheit gibt. Und damit kommen wir wieder zu dem Problem, das wir schon in anderen Zusammenhängen angetroffen haben: das Problem der wohlmeinenden Wissenschaftler, die neue Kräfte zur Manipulierung des Menschen und seiner Institutionen auf alles andere als glückliche Weise entwickeln.

Die einzige Situation, in der diese Neuerungen der Gerechtigkeit dienen, ist meiner Meinung nach jene, in der Daten verfügbar werden, die eine Verlagerung des Gerichtsorts erzwingen. Damit kann für einen Prozeß eine faire Umwelt erreicht werden. Im übrigen schadet die wissenschaftliche Geschworenenwahl der Sache der Gerechtigkeit eher, als daß sie ihr nützt.

Was aber können wir tun, nachdem der böse Geist nun einmal der entkorkten wissenschaftlichen Flasche entschlüpft ist? Wahrscheinlich wird nichts die Rechtsanwälte daran hindern können, Experten für Körpersprache in den Gerichtssaal zu setzen. Und vermutlich läßt sich auch nicht vermeiden, daß aus allgemeinen Bevölkerungsuntersuchungen auch Anhaltspunkte entspringen, welcherlei Art Mensch man für einen bestimmten Prozeß aussuchen oder ausschalten sollte.

Dennoch sollten die Prozeßordnungen überarbeitet werden, um diese neue Gefahr nach Kräften zu vermindern. Etzioni schlägt vor, das traditionelle Verbot der Einmischung in die Geschworenensache so zu erweitern, daß jegliche Nachforschung über einzelne Geschworene außerhalb des Gerichtssaals verboten ist. Er möchte das Sammeln von Daten über Geschworenenkandidaten, die Analyse ihrer Handschrift und die Befragung ihrer Nachbarn für strafbar erklärt wissen. Mir scheint das alles sehr vernünftig.

Ein weiteres Korrektiv scheint mir möglich: Begrenzung der Zahl der Geschworenenkandidaten, die grundlos angefochten und abgelehnt werden können. Im Mitchell-Stans-Fall durfte die Verteidigung dreiundzwanzig solcher Anfechtungen vorbringen. Die schiere Zahl machte es der Verteidigung sicher schon leichter, eine Geschworenenbank zu bekommen, die in ihr vorbestimmtes Mosaik paßte.

Am besten aber wäre vielleicht die Forderung, alle Sachinformationen der einen Seite über Geschworenenkandidaten auch der anderen Seite auszuhändigen. Vielleicht könte man so der ganzen Praxis der Geschworenenanalyse zuvorkommen.

11
VERHALTENSLENKUNG DURCH DIE NEUEN HYPNOTECHNIKER

> Nach einer Chikagoer Untersuchung sind über 10 000 Ärzte und Zahnärzte in der Anwendung der Technik (der Hypnose) eingehend geschult worden.
> – Journal der Amerikanischen Ärztevereinigung (1966)

Eines der ältesten Geheimnisse des Menschen wird heute auf breiter Front dazu benutzt, Menschen sich verhalten zu lassen, wie sie es gewöhnlicherweise nicht täten. Ich spreche von der Hypnose. Polizei, Reklamefachleute, Ärzte, Pädagogen, Staatsanwälte, Sporttrainer, Psychotherapeuten und Militärs bedienen sich ihrer. Viele dieser Anwender haben eingehende Kurse besucht und praktizieren die Hypnose selbst. Öfter noch aber haben sie nur eine dreitägige Einführung mitgemacht und stellen dann Berufshypnotiseure zur eigentlichen Hypnose an.

Warum und wie die Hypnose funktioniert, weiß man immer noch nicht ganz. Aber daß sie in vielen (wenngleich nicht allen) Situationen funktioniert, wird heute von den Wissenschaftlern nicht mehr ernsthaft bestritten.

Meines Wissens gibt es elf nationale und internationale Vereinigungen, die den seriösen Gebrauch der Hypnose fördern. Die Mitgliedschaft ist zumeist Leuten mit Universitätsabschlüssen vorbehalten. Zwei internationale Studienzentren gibt es; das eine im italienischen Mailand, das andere im schwedischen Uppsala. An vielen amerikanischen Universitäten kann man heutzutage Hypnose als Studienfach belegen.

Das ist ein ganz eindrucksvoller Aufstieg für eine Schwarze Kunst, die bis vor kurzem noch fast ausschließlich den Schaustellern und Scharlatanen überlassen blieb.

Die Spur der Entdeckung des Phänomens Hypnose verliert sich im Dunkel der Geschichte. Viele primitive Völker verfielen in eine Art

Hypnose während ihrer ausgedehnten Zeremonien, bei denen die Trommeln rhythmisch wirbelten und Gesänge sich endlos wiederholten. Vermutlich schliefen sie ihren Hypnoserausch immer wieder aus.

Gegen Ende des 18. Jahrhunderts begann der Wiener Arzt Fritz Mesmer seine Patienten bewußt zu »mesmerisieren«. Er glaubte, gewisse magnetische Fluida verursachten das hypnotische Verhalten. Ein halbes Jahrhundert später verwarf ein schottischer Arzt namens James Braid den Gedanken an magnetische Fluida oder Ströme und kam zu dem Schluß, bei dem Phänomen handle es sich um eine anomale Form des Schlafs. Er nannte es »Hypnose« nach dem griechischen Wort für »Schlaf«. Er irrte. Zwar sagen die Hypnotiseure ihren Versuchspersonen, sie würden jetzt einschlafen. Aber sie schlafen nicht ein. Sie geraten in eine Wachtrance. Ihre Gehirnströme sind nicht die eines Schlafenden, sondern eher einer sehr, sehr entspannten Person.

Eine Reihe bekannter französischer Ärzte brachte die Hypnose vorübergehend zu medizinischem Ansehen. Sigmund Freud spielte mit ihr als einer Möglichkeit zur Erforschung des Unbewußten. Vielleicht war er kein besonders guter Hypnotiseur. Jedenfalls ließ er sie fallen und wandte sich der freien Assoziation zu.

Anfang des zwanzigsten Jahrhunderts war die Hypnose wieder weitgehend den Schaustellern überlassen. Die neue Welle ernsthafter Aufmerksamkeit stellte sich erst um 1958 ein, als die Amerikanische Ärztevereinigung in aller Form die Hypnose als Instrument der ärztlichen Kunst anerkannte.

An einer dreitägigen Arbeitstagung, der ich im Statler Hilton Hotel in New York beiwohnte und die vom Ethical Hypnosis Training Center in South Orange, New Jersey, veranstaltet war, nahmen neunundsechzig Leute teil. Unter ihnen waren fünfzehn Psychologen, dreißig Ärzte und Zahnärzte, siebzehn Krankenpfleger oder Arzthelfer und sieben Hypnotiseure (die weitgehend den Unterricht besorgten). Es gab Vorführungen. Die Diskussion galt vor allem Fachfragen.

Wie kann man Menschen dazu bringen, daß sie in der Hypnose so seltsame Dinge tun? Was ist sie eigentlich? Nun, mit der Hypnose geht eine erhöhte Suggestionsanfälligkeit einher. In abgemilderter

Form kann ein Fernsehwerbespot, in dem ein Idol immer wieder dieselben Schlüsselwörter wiederholt, manchen veranlassen, das vorgestellte Erzeugnis schnellstens zu beschaffen. Ein fesselnder Redner benutzt in der Regel Wiederholungen, die sich zum Crescendo steigern. Martin Luther Kings machtvolle Rede mit ihrem unablässig wiederkehrenden »Ich habe einen Traum...« mag bei vielen Zuhörern zumindest einen hypnoiden Geisteszustand hervorgerufen haben.

Echte Hypnose aber bedeutet immer Trancezustand. Die Versuchsperson wird willenlos, weil ihr eingeredet wird, sie solle ihre organisierte Gehirnaktivität sehr stark reduzieren. Auch die Wahrnehmung der fünf Sinne wird stark eingeengt. Das Bewußtsein wird wie im Brennspiegel auf die Stimme des selbstsicheren Hypnotiseurs konzentriert. Das Ich der Versuchsperson gerät weitgehend in die Gewalt des Hypnotiseurs. Eine hypnosefähige Person bewegt im hypnotisierten Zustand sehr stark der Wunsch, dem Hypnotiseur zu Gefallen zu sein.

Die Verhaltenswissenschaftlerin Erika Fromm von der Chikagoer Universität schätzt, wir seien zu etwa 10 v.H. hochhypnosefähig, bei etwa 10 v.H. bestehe kaum Aussicht, daß man sie hypnotisieren könne, und die übrigen achtzig Prozent lägen irgendwo dazwischen. Hypnotisierbare Menschen sind alles andere als Lahmhirne. Ganz im Gegenteil. Sie besitzen eine ausgeprägte Vorstellungskraft. Ernest Hilgard, Psychologe an der Stanford-Universität und Kapazität in Hypnosefragen, zitiert von Josephine Hilgard gesammeltes Beweismaterial, leicht hypnotisierbare Menschen hätten als Kinder oft mit imaginären Spielkameraden gespielt.[1]

Ob jemand leicht hypnotisierbar ist, läßt sich ziemlich zuverlässig daran erkennen, wie er seine Augen bewegt, wenn man ihm eine Frage stellt, die ihn zum Nachdenken zwingt. Ein gutes Medium wird die Augen gewöhnlich nach links wenden.[2] Stellen Sie sich mal selbst auf die Probe. Wir haben es hier wieder mit den zwei Gehirnhälften zu tun und mit der Frage, welche der beiden dominiert. Ein sehr gutes Hypnosemedium besitzt genug Vorstellungskraft, auch unorthodoxe Instruktionen zu akzeptieren. Gute Medien weisen im Wachzustand in der Regel überdurchschnittlich viele (der relativ langsamen) Alphagehirnwellen auf.

Herbert Spiegel, Psychiater am medizinisch-chirurgischen Institut der Columbia-Universität, hat zur Bemessung der Hypnotisierfähigkeit das sogenannte Hypnose-Induktionsprofil entwickelt. Die Gradeinteilung geht von Null bis Fünf. Eine Person mit dem Wert Fünf ist sehr vertrauensselig. Sie kann ihr kritisches Beurteilungsvermögen ausschalten. Sie ist sehr umgänglich und kann sich sehr gut konzentrieren. Sie kann auch leicht die Augen nach oben verdrehen und die Lider langsam darüber schließen.

Um jemand in Trance zu versetzen, gehen die Hypnotiseure unterschiedlich vor. Die einen zählen langsam vor sich hin, während sie der Versuchsperson beibringen, daß sie sich immer weiter entspannen soll. Die anderen – vor allem Schausteller – machen's mit der Auge-in-Auge-Technik. Wieder andere fordern die Versuchsperson auf, sich auf eine Lichtquelle über Augenhöhe zu konzentrieren. Damit tritt schneller der Zeitpunkt ein, an dem dem Medium die Augen schwer werden und sich schließen. Andere wiederum verwenden die Tiefatmungstechnik.

Man braucht aber keine dieser Techniken. Harry Arons, der die genannte Arbeitstagung leitete, versetzt Menschen in ziemlich schnell aufeinanderfolgenden Phasen in Trance. Er fängt damit an, daß er der Versuchsperson sanft suggeriert, sie solle sich an der Wand eine Stelle aussuchen und diese betrachten. Dann erklärt er, sie werde sich bald entspannt fühlen. Ihre Arme und Beine würden bald schwer. Die Lider fielen allmählich zu. Allmählich werde sie in tiefen Schlaf hinübergleiten. Wenn Arons dazu übergeht, der Versuchsperson zu sagen, was nun geschehen wird, ist sie schon ganz zusammengesunken, und die Lider senken sich zusehends. Sobald Arons diese Anzeichen bemerkt, geht er zur nächsten Phase über. Mit monotoner Stimme durchläuft er das Ganze noch mal, jetzt aber in der Gegenwartsform. Sind die Lider geschlossen, verlagert sich Arons Stimme mehr zum Befehlston hin. Er weist die Versuchsperson an, alles zu tun, was ihr gesagt werde. Eine hypnotisierte Person wird bei entsprechender Anweisung Worte auf einer Wandtafel sehen, auf der keine Worte stehen. Im Vollhypnosezustand wird sie, wenn ihr gesagt wird, ihre Wange sei gefühllos, mitteilen, daß sie nichts spüre, wenn man ihr eine Nadel in die Wange sticht.

Zahlreiche Psychologen sind zu dem Schluß gelangt, in der Hypnose werde ein besonderer sozialer Einfluß derselben erklärlichen Kategorie wie bei der Gehirnwäsche wirksam. Die mangelnde Reaktion auf den Nadelstich erklären sie als mit dem zusammenhängend, was sie als Rollenspiel bezeichnen. Die Versuchsperson ist eifrig darauf bedacht, das zu tun, was man ihr sagt. Dieses Verlangen läßt sie sogar Schmerz vergessen.

Martin Orne, Professor für Psychiatrie an der Pennsylvania-Universität und selbst Hypnotiseur, wies vor ein paar Jahren nach, daß das Rollenspiel tatsächlich einen Faktor in der Hypnose darstellt. Er teilte eine Hörerklasse in zwei Gruppen auf und bot ihnen an, mit ihnen einen Hypnoseversuch zu machen. Der einen Gruppe sagte er, wenn jemand echt hypnotisiert sei, werde seine starke Hand (beim Rechtshänder also die rechte, beim Linkshänder die linke) bewegungsunfähig. Der anderen Gruppe gab er genau die gleichen Anweisungen, verschwieg aber die Sache mit der Hand.

Danach wurde jeder Student von einem fremden Hypnotiseur hypnotisiert, der nicht wußte, welchen Studenten die Sache mit der bewegungsunfähigen Hand gesagt worden war. Es ergab sich ein klares Muster. Alle Studenten, denen das mit der bewegungsunfähigen Hand gesagt worden war, konnten die Hand tatsächlich nicht bewegen. Die anderen, denen nichts gesagt worden war, zeigten keine solche Wirkung.[3]

Aufgrund seiner Studien gelangte Hilgard in Stanford jedoch zu der Überzeugung, daß bei hochhypnotisierbaren Personen nicht bloß das Rollenspiel von Bedeutung ist. Er ließ zwanzig solcher Versuchspersonen den Arm bis zum Ellbogen in Eiswasser tauchen, um ihren natürlichen Schmerzertragungsgrad zu erkunden. Dann hypnotisierte er mit seinen Kollegen die Hälfte der Versuchspersonen und sagte ihnen unter Hypnose, nächstes Mal würden sie keinen Schmerz mehr verspüren. Der anderen Hälfte sagte er das gleiche, aber im *nichthypnotisierten Zustand*. Die normale Suggestion erzielte zwar eine gewisse gesteigerte Schmerzerträglichkeit, jedoch nicht einmal halb soviel wie unter Hypnose. Hilgard schloß daraus:

»Es gibt überwältigende Hinweise dafür, daß manche Leute durch hypnotische Suggestion echte Schmerzlinderung erfahren; sie halten nicht etwa nur die Mitteilung, daß sie leiden, zurück, um dem Hypnotiseur zu gefallen.«

In der Abteilung für biophysische Belastbarkeitsmessung an den medizinischen Raumfahrtlabors Wright-Patterson in Ohio wurde untersucht, wie man Raumfahrer in Notsituationen auch unter größter Hitze oder Kälte funktionstüchtig halten kann. Studenten wurden hypnotisiert, in Hitzebehälter gesteckt und aufgefordert, fleißig an einer bestimmten Aufgabe zu arbeiten. Sie brachten es auf bis zu eine Stunde guter Arbeit bei Temperaturen von 60°C. Ein Student sagte, ihm sei kühl. Er sah sich als Rettungsschwimmer in einem Freibad.

Bei der Analyse der Versuchsergebnisse hielt es der Psychologe Perry London für signifikant, daß offenbar mehr vorlag als das bloße Ertragen extremer Hitze und extremer Kälte. Gewisse Anzeichen deuteten darauf hin, daß die Hypnose auch Körperfunktionen unmittelbar beeinflusse. Die Hypnose trage dazu bei, daß die schwächenden Wirkungen der Gefriertemperatur auf Herzschlag und Kälteschauer geringer würden. London führte mit einem Kollegen in Kalifornien Kälteversuche an Versuchspersonen durch, die sich selbst zu hypnotisieren gelernt hatten. Die Ergebnisse waren generell vergleichbar.

In einer von den Nationalen Gesundheitsinstituten finanzierten Untersuchung zur Schmerzerträglichkeit schnitt Hypnose weit besser ab als Valium und Aspirin und lag auch noch knapp günstiger als Morphium und Akupunktur.

Oft verwendet man Hypnose zur Minderung der Gebärschmerzen. In einigen wenigen Fällen haben Mütter sogar einen ganzen Kaiserschnitt nur unter Hypnose ohne jegliche sonstige Anästhesie durchgestanden.

Oder betrachten wir dies: Wie läßt sich erklären, daß Menschen unter Hypnose Kraftleistungen vollbringen, die ihr Normalvermögen weit übersteigen? Das ist mit Aufgaben wie Gewichtheben und Körpersteifung Hunderte von Malen nachgewiesen worden.

Ich selbst wurde einmal im Hypnosezustand über drei Stühle gelegt, und mir wurde gesagt, ich sei steif wie ein Brett. Dann wurde der mittlere Stuhl weggezogen. Ich blieb steif. Man forderte Zuschauer auf, sich auf meinen Mittelteil zu setzen oder darauf herumzuhopsen. Ich blieb steif. Ich erinnere mich daran, daß ich mit mir sehr zufrieden war. Gewiß hätte ich das normalerweise nicht durchgestanden.

POSTHYPNOTISCHE SUGGESTION

Ein weiterer Aspekt der Hypnose, der unter Umständen gefährlich sein kann, ist die Fähigkeit des Hypnotiseurs, die Handlungen eines Menschen auch nach Beendigung der Trance zu beeinflussen. Dies riecht schon sehr nach dem Mann in dem Roman *Manchurian Candidate,* der eine Gehirnwäsche hinter sich hatte. Auf ein bestimmtes Signal hin kehrte er in den Zustand eines Vollidioten zurück.

In der Praxis verwenden Therapeuten die posthypnotische Suggestion hauptsächlich dazu, eine Person in dem zu stärken, was sie ohnehin tun will. Sie will vielleicht ganz ruhig sein, wenn sie in eine gefürchtete Prüfung geht. Sie will einmal tief schlafen. Und so weiter. Die in der Trance verabreichte Anweisung dient als Verstärker zur Erzeugung eines späteren, konditionierten Reflexes. Wie man hört, sollen solche Verstärker schon monatelang vorgehalten haben. Beim Durchschnittsmenschen allerdings wird er meist binnen weniger Tage abgebaut.

RÜCKWANDERUNG IN DER ZEIT

Unter Hypnose erinnern sich hochsuggestible Menschen wesentlich genauer an ihre frühe Kindheit als außerhalb der Hypnose. Sie erinnern sich leichter an den Namen des Lehrers, den sie im ersten Schuljahr hatten. Traumatischen, verdrängten Ereignissen können sie oft neue Details hinzufügen.

In tiefer Hypnose scheinen manche Menschen auf ein Signal hin in der Lage sein, so weit in der Zeit zurückzugehen, daß sie wie Fünfjährige reden und sich verhalten. Bei Hochsuggestiblen kann offenbar tatsächlich eine Rückwanderung im eigenen Leben eintreten. Aufgrund von Untersuchungen mit hypnotisierten Personen, deren Frühzeit unabhängig erforscht wurde, stellen sich allerdings hinsichtlich normaler Menschen gewisse Fragezeichen ein. Im Versuch handelten hypnotisierte Personen begeistert wie Fünfjährige und babbelten Einzelheiten von Ereignissen hervor, die tatsächlich nie geschehen waren. Eine in Deutschland geborene Versuchsperson erlebte ihren sechsten Geburtstag auf Englisch wieder, obwohl sie erst nach dem zwölften Lebensjahr Englisch gelernt hatte.

FERNGESTEUERTE HYPNOSE

Um jemand in Trance zu versetzen, muß sich der Hypnotiseur nicht unbedingt im selben Raum aufhalten. Ja, er kann meilenweit entfernt sein. Eine Möglichkeit der Fernhypnose bietet das Fernsehen.

Der Psychiater Herbert Spiegel zeigte das in einem Versuch in Columbia. Dabei saß eine als hypnotisierbar bekannte Versuchsperson in einem Sessel vor einem Fernsehapparat. Spiegel saß vier Stockwerke tiefer vor einer an den Fernseher angeschlossenen Kamera. Er sprach mit der Versuchsperson, als säße sie im gleichen Raum, und versetzte sie in Trance. Bei einem anderen Versuch handelte es sich um einen dreißigjährigen Unbekannten. Spiegel sagte dem in Trance Befindlichen, seine Hände seien ineinanderverschlossen, und die Versuchsperson stellte fest, daß dies stimme. Dann sagte Spiegel dem Mann, er – die Versuchsperson – werde jetzt die Trance verlassen, aber seine Hände blieben verschlossen, bis Spiegel zu ihm komme und ihn am Kopf berühre. Nachdem er einige Zeit auf den Aufzug gewartet hatte, kam Spiegel dann herauf und fand den Mann ganz normal dasitzen, nur seine Hände waren fest ineinanderverschlossen. Spiegel berührte ihn am Kopf, und die Hände gingen auseinander.[4]

Spiegel meint, mit Fernseh-Hypnose lasse sich vielerlei machen. Man könnte sie zur Gruppentherapie und zur Massenerziehung benutzen (es gibt gewisse Anzeichen, daß einfaches, mechanisches Lernen durch die mit Hypnose verbundene geistige Entspannung verbessert werden kann). Spiegel warnt aber vor den möglichen gefährlichen Folgen, wenn man diese Technik irgendwie in öffentlichen Sendungen einsetzen würde. Er hat strenge Kontrollen gefordert.

Diese Warnung ist am Platze. Vor einigen Jahren hypnotisierte ein Funkunterhalter in England versehentlich einen Teil seiner Zuhörer. Es gab einen Skandal, und im englischen Funk und Fernsehen wurde jede Hypnosevorführung verboten. In den Vereinigten Staaten beachten die Mitglieder der Vereinigung der Runkfunk- und Fernsehanstalten (der die Mehrheit der Sender angehören) ein entsprechendes Verbot. Dennoch bleibt eine Gefahr. Angesichts des heutigen, fast besessenen Interesses an Entspannung und Meditation könnte ein geschickter Hypnotiseur vorgeben, den Fernsehzuschauern Wege zur ausgeprägten Entspannung zu zeigen. Dabei könnte er einen großen, nach Millionen zählenden Teil der Zuschauer minutenlang bewegungsunfähig machen. Vielleicht wäre das nicht schlimm. Aber es könnte ja auch so angelegt sein, daß es genau im Augenblick des Ausbruchs eines nationalen Ernstfalls stattfände. Man könnte den Leuten sogar suggerieren, sie sollten jegliche Ablenkung (wie etwa eine Sendeunterbrechung mit einer Sondermeldung) ignorieren. Wie stark eine solche Ermahnung auf große Personengruppen wirken würde, ist noch unsicher.

Versteckte Induktionstechniken

Es ist oft gesagt worden, niemand könne wider seinen Willen hypnotisiert werden. Das ist technisch gesehen richtig. Aber eine Person – oder Personengruppe – kann hypnotisiert werden, ohne sich dessen bewußt zu werden.

Das amerikanische Ärzteblatt brachte einen Artikel über einen Fall unangekündigter Hypnose (möglicherweise war vorher die Zustimmung der Eltern eingeholt worden). Bei dem Patienten handelte es sich um ein Kind, das vor einer Mandeloperation Angst hatte. Am Vortag der Operation beredete der auch hypnotisch geschulte Anästhesist das Kind in eine leichte Trance und spielte ein Spiel mit ihm. Bevor er das Kind aus der Trance entließ, erwähnte er noch, das Kind werde während der Operation keinen Schmerz verspüren, und versprach, unmittelbar vor der Operation das gleiche Spiel mit ihm zu spielen. Im Operationssaal war das Kind am nächsten Tag ganz wild auf die Wiederholung des Spiels aus. Nachdem er das Kind in

Vollhypnose versetzt hatte, hielt der Anästhesist sein Versprechen und spielte das Spiel. Während der eigentlichen Operation ergänzte er die Hypnose mit etwas Lachgas.

Ein Lehrbuch über die Verwendung der Hypnose bei der Untersuchung von Verbrechensfällen enthält ein Kapitel mit der Überschrift »Eine mittelbare (verdeckte) Technik zur Hervorrufung der Hypnose«.[5]

In vielen Fällen, in denen Hypnose angezeigt erscheint, der Betroffene aber nervös ist und sich störrisch anstellen könnte, benutzt man einen beschönigenden Ausdruck. Manche Ärzte und Zahnärzte sagen ihren Patienten, sie nähmen jetzt eine »Sedation« oder »Psychoanalgesie« oder »Narkosesynthese« oder »gelenkte Entspannung« vor. Auf diese Weise sichert man sich die »Einwilligung« des Patienten.

In Wirklichkeit aber geht es um eine Form der Hypnose, die unter der Bezeichnung »progressive Entspannung« bekannt ist. Harry Arons sagt uns, wie man das macht. Die Worte »Hypnose«, »Schlaf« oder »schläfrig« werden sorgfältig vermieden (weil viele Leute, wie schon erwähnt, fälschlicherweise davon ausgehen, Hypnose bedeute immer auch Schlaf). Das Gespräch wendet sich dem Thema zu, welch wundervolle Erleichterung ein paar Minuten völlige Entspannung in der Hektik des Lebens bedeuten können. Oder aber der Arzt unterstreicht, wie wichtig es ist, daß der Patient bei der bevorstehenden ärztlichen Anwendung völlig entspannt ist. Man fragt den Patienten, ob er es nicht einmal versuchen möchte. Meist sagt er ja.

Ganz nebenbei regt der Arzt (oder ein ausgebildeter Gehilfe) dann an, der Patient solle es sich doch bequem machen, die Augen schließen und darauf achten, daß seine Kiefer entspannt sind. Dann führt man ihn verbal über seinen ganzen Körper, vom Scheitel bis zur Sohle. Ist auch jeder Zoll des Körpers entspannt? Am Ende dieser Reise ist er »völlig bewegungslos«. Dann vertieft der Arzt die Trance. Gleichzeitig wird dem Patienten versichert, er sei so entspannt, daß er die Augen gar nicht aufmachen könnte, selbst wenn er es wolle. Wie es danach weitergeht, hängt vom Ziel der Behandlung ab.

»Um ihn aufzuwecken«, erläutert Arons, »sagt man ihm lediglich, sobald auf fünf gezählt sei (oder auf irgendein anderes Signal), werde er die Augen öffnen und den Zustand der progressiven Entspannung verlassen... der Patient ahnt oft nicht einmal, daß er in Hypnose war.«

SELBSTHYPNOSE

Wollen Sie selbstbeherrschter werden? Schmerzen leichter aushalten? Ihre Spannung loswerden? Sich in der Gewalt haben? Mit dem Rauchen aufhören? Keine Fettmacher essen? – Ganz gewöhnliche Hypnose kann viele Menschen zu solchen Zielen verhelfen durch posthypnotische Suggestion (wenigstens für kurze Zeit) oder häufige Wiederholung. Für den langfristigen Erfolg mag die Do-it-yourself-Hypnose helfen, so jedenfalls meint eine Reihe von Klinikern, die mit Hypnose arbeiten.

Die Selbsthypnose läßt sich auf verschiedene Weise erzielen. So können Sie sich z. B. in die richtige Geisteshaltung versetzen, indem Sie eine Woche lang jeden Abend die progressive Scheitel-zur-Sohle-Entspannung praktizieren. Danach lernen Sie in Hypnose, wie Sie sich selbst vollhypnotisieren können. Arons beispielsweise suggeriert seinen Patienten posthypnotisch, daß sie sich täglich dreimal hypnotisieren. Ihnen wird gesagt, sie sollten sich dazu in eine entspannte Stimmung und Stellung versetzen, eine Stelle an der Wand ansehen und fünfmal tief Atem holen. Beim fünften tiefen Atemzug müssen sie langsam von fünf bis eins zählen und dann ausatmen. Das Zählen ist das Signal, das sie in Trance versetzt. Sie erhalten sich die Trance, indem sie von fünfzig bis eins zählen. Dann entlassen sie sich aus der Hypnose, indem sie wieder vorwärts von eins bis fünf zählen. Das Ganze nimmt etwa fünf Minuten in Anspruch (Selbsthypnose läßt sich länger als ein paar Minuten kaum anders als durch Rückwärtszählen erhalten).

Hat der Patient das alles gelernt, dann weist ihn Arons in Hypnose an, seinen Besserungswillen auf eine Karte zu schreiben. Kurz bevor sich der Patient nun jeden Tag selbst hypnotisiert, liest er diesen Willen fünfmal langsam durch. Arons bietet einen Selbsthypnosekurs für 200 Dollar an.

Die Trance bei der Selbsthypnose scheint auf mehrere Weise der

Transzendierphase der transzendentalen Meditation ähnlich, die sich ihrerseits eines Geheimworts als auslösenden Moments bedient. Einige Hypnotherapeuten behaupten auch, die Selbsthypnose trage zum Erfolg der chinesischen Schmerzstilltechnik Akupunktur bei.

Wozu Mediziner und Verhaltenstherapeuten die Hypnose benutzen

Trotz der Wunderleistungen der modernen Medizin sterben jährlich etwa sechstausend Amerikaner an Komplikationen, die mit der Generalanästhesie während der Operation zusammenhängen.[6] Die Aussicht, mit der Hypnose ein milderes Betäubungsmittel in die Hand zu bekommen, hat die Mediziner weithin aufmerksam reagieren lassen. Übrigens gibt es aufsehenerregende Beweise, wonach mindestens einige Patienten unter chemischer Betäubung unbewußt die Gespräche des Personals am Operationstisch *hören,* vor allem wenn das, was der Patient hört, für ihn beunruhigend ist. In postoperativer Hypnose sind einige dieser Patienten ganz aufgeregt geworden, während sie genauestens wiederholten, was sie gehört hatten.[7]

Ärzte haben mit Hypnose als Ergänzungsbehandlung zur Verabreichung chemischer Präparate bei der Verminderung von Krebs- und Arthritisschmerzen experimentiert. Man lehrt die Patienten die Selbsthypnose, mit der sie sich über schwere Zeiten retten sollen. Als nützlich hat sich die Hypnose auch bei der Milderung oder Beseitigung unumgänglicher Schmerzen bei gewissen medizinischen Behandlungen wie Fädenziehen oder Einführen von Instrumenten herausgestellt. Beispiele hierfür sind die Protoskopie, Zystoskopie, Urethroskopie, Laryngoskopie.

Am zwingendsten für die Hypnose spricht vielleicht ihr Wert bei der Niederkunft. Die in Selbsthypnose ausgebildete werdende Mutter lernt Kontraktionen als warme, positive Erlebnisse und nicht als schreckhaft zu empfinden. Und wenn doch der Schmerz durchbricht, bagatellisiert sie ihn, indem sie wiederholt rückwärts zählt, sagen wir von sechzig bis eins. Die Verminderung des Schmerzes ist nicht der einzige Gewinn bei der Kindesgeburt. Die erste Wehenphase läßt sich um rund zwei Stunden verkürzen. Und die voll bei Bewußtsein befindliche Mutter kann in der Endphase besser mitarbeiten und damit dem Arzt weitgehend die Notwendigkeit ersparen, den austretenden Säugling mit Instrumenten traktieren zu müssen. Da überdies wenig oder überhaupt keine Narkose benötigt wird, sind einige Ärzte überzeugt, daß bei Mutter und Kind weniger Gefahr einer respiratorischen oder zirkulatorischen Infektion besteht.

Zahnärzte, die Hypnose verwenden, nennt man manchmal Hypnodentisten. Sie verwenden eine leichte Hypnotisierung, um die Angst vor dem Einstich zu nehmen oder bei kleineren Bohr- oder unkomplizierten Extraktionsfällen die Schmerzschwelle anzuheben.

1973 wurde ein bemerkenswerter Bericht über den Einsatz von Hypnose beim Zahnziehen bei neunundvierzig Blutern veröffentlicht (Bluter können lebensgefährliche Blutungen haben).[8] Jeder Patient wurde hypnotisiert; dann wurde ihm gesagt, er habe Eiswürfel im Mund. Spürte er sie? Ja. Nun wurde ihm gesagt, beim »Aufwachen« nach der Extraktion würde sich sein Zahnfleisch kalt anfühlen, aber bluten werde es kaum oder gar nicht. Und das stimmte. Kein Patient mußte ins Krankenhaus eingeliefert und mit großen Bluttransfusionen versehen werden, wie dies sonst der Fall gewesen wäre.

Verhaltenstherapeuten sind sich hinsichtlich der Verwendung der Hypnose in der Arbeit mit emotional labilen Charakteren noch uneins. Manche sagen, bei der Entspannung der Patienten und der Verstärkung suggerierter Verhaltensveränderungen sei die Hypnose hilfreich gewesen. Zwei Psychologen, Autoren eines *Handbuchs für hypno-operante Therapie,* zitieren einige Krankengeschichten, in denen Hypnose nützlich erschien.[9] Bei der Behandlung einer Person, die das Rauchen einstellen wollte, konnten sie die Wahrnehmungssinne so verändern, daß nach dem Erwachen aus der Trance der bloße Tabakgeruch Erbrechen verursachte. Sie warnten aber, in einer Reihe von Situationen sei Hypnose kontraindiziert. Vor allem rieten sie von ihr ab bei Psychotikern, Homosexuellen sowie bei wegen Ehezerwürfnissen Frigiden.

Über die berüchtigten Moskauer Prozesse der dreißiger Jahre schrieb Alexander I. Solschenizyn: »Wir wissen zuverlässig, daß es in den dreißiger Jahren bei der NKWD (russische Geheimpolizei) eine Schule für Hypnotiseure gab.«

In den Vereinigten Staaten der siebziger Jahre benutzt die Polizei zwar Hypnose, aber nur sehr sparsam und nur bei *hochgradig* Verdächtigen. Einerseits könnte die Verteidigung diese Tatsache während des Prozesses für sich nutzen. Und zum anderen widersetzen sich Verdächtige normalerweise der Hypnose, wenn sie wissen, daß man solches mit ihnen vorhat, es sei denn, man hat sie dazu bringen können, die Notwendigkeit einer »progressiven Entspannung« einzusehen.

In neuerer Zeit hat sich die Polizei beträchtlich für Hypnose als Untersuchungsinstrument interessiert. Sie wird dazu verwendet, um Zeugen, Opfer und Polizisten zu einer präzisen Erinnerung an die Geschehnisse zu verhelfen. In einigen Fällen setzt man sie ein, um die Darstellungen möglicher Verdächtiger oder Helfershelfer zu klären.

Im Amt des Sheriffs von Sedgewick County, Kansas, wurde eine Planstelle für einen Hypnotiseur eingerichtet. Ein lizensierter, ehrbarer Hypnotiseur war Gastdozent an der J.C. Stone-Memorial-Polizeiakademie in Orlando, Florida. Der Polizeipräsident von Ridgefield, New Jersey, hat einen offiziell genehmigten Hypnosekurs für Polizisten geschaffen. Beim Polizeipräsidenten von Los Angeles gibt es jetzt eine Spezialeinheit – mit dem Spitznamen Svengali Squad – aus über einem Dutzend in Hypnose ausgebildeten Beamten. Bis Ende 1976 waren diese Sonderbefrager in mehreren Dutzend Fällen eingesetzt.

Ein besonderer Befürworter der Ausbildung von Strafverfolgungsbeamten in Hypnose ist der schon erwähnte Harry Arons. Seit Jahren hält er zweimal jährlich in New Jersey einen Kurs für Kriminalbeamte ab. Anläßlich der Reisen zu seinen regelmäßigen Seminaren für Ärzte, Psychologen und Hypnosetechnikern unterrichtet er auch kleine Gruppen von Beamten in vielen Städten, die er gerade besucht. Zu seinen Schülern zählen Polizeichefs, Sheriffs, Kriminalbeamte, Staatsanwälte und viele Dutzend Rechtsanwälte.[10] Zu seinen Hilfsausbildern gehört auch ein früherer Kriminalbeamter aus Somerville, New Jersey.

Ende 1974 berichtete die *New York Times,* in Lakewood, New Jersey, sei ein Polizist hypnotisiert worden. Er hatte das Nummernschild eines Wagens gesehen, dessen Fahrer anschließend flüchtete, konnte sich aber beim besten Willen nicht an das Kennzeichen erinnern. Unter der von einem Arzt vorgenommenen Hypnose erinnerte er sich an vier der sechs Ziffern. Das reichte im Zusammenhang mit den übrigen Informationen der Polizei aus, um den Wagen zu identifizieren.

Hypnose auch war es, die offenbar einen entscheidenden Anhaltspunkt lieferte, der 1976 zur Festnahme von drei Verdächtigen im Zusammenhang mit der berüchtigten Geiselnahme einer Busladung Kinder aus Kalifornien führte. Dem Vernehmen nach soll sich der Busfahrer in Hypnose an die meisten Ziffern des polizeilichen Kennzeichens des Lkws erinnert haben, der bei der Entführung eine Rolle spielte.

Manche Verdächtige bekennen sich lieber schuldig, als daß sie sich hypnotisieren lassen. Bei anderen, die sich freiwillig der Hypnose unterzogen, stellte sich ihre Unschuld heraus. Jemand kann unter Hypnose zwar lügen, verrät sich aber möglicherweise durch die Langsamkeit, mit der er Fragen beantwortet. In hypnotisiertem Zustand kann jemand schneller antworten, als wenn er nicht in Trance ist. Zögert er also bei keiner Antwort, so kann die Polizei davon ausgehen, daß er die Wahrheit spricht.

Bringt man einen Hypnotiseur mit jemand ins Gespräch, den man eines Verbrechens verdächtigt, dann wird er oft nicht als solcher vorgestellt. Man bezeichnet ihn vielleicht einfach als »Doktor« oder beschreibt ihn als Gedächtnisexperten, psychologischen Sachverständigen oder als Entspannungsexperten.

Arons erzählt von einem siebzehnjährigen Kleingangster, den man eines brutalen Raubüberfalls bezichtigte. Er war verstockt und völlig verschlossen. Die Polizei war am Ende ihres Lateins. Dann erinnerte sich ein Polizist, daß sich die Mutter des Jungen zum Besuch angesagt hatte. Im Beisein des Jungen wurde der Gedanke geäußert, es wäre doch schlimm, wenn sie ihren Sohn in solch häßlicher verschlossener Stimmung erleben müßte. Ob man nicht »Doc« Arons mal kurz herholen sollte, vielleicht könnte er den Jungen so weit entspannen, daß die Mutter während des Besuchs nicht unnötig litte?

Arons kam, plauderte eine Zeitlang mit dem Jungen, sprach von den Wundern der progressiven Entspannung. Sie würde dem Jungen helfen, mit seiner Mutter normaler und fröhlicher zu sein. Aber eine solche Entspannung lasse sich natürlich nur erreichen, wenn der Junge mitmache. Dann sagte er dem Jungen, er brauche weder ja noch nein zu sagen, sondern bloß eine Handbewegung zu machen, wenn er einverstanden sei. Die Hand bewegte sich. Arons meinte dann, der Junge könne besser entspannen, wenn er die Augen schließe. Er plauderte ganz ruhig weiter und begann mit »einem Verfahren, das den meisten Hypnotiseuren bekannt ist«. Nach etwa zehn Minuten flocht Arons Anregungen ein, wie sich der Junge verhalten sollte, wenn seine Mutter komme. Ein bißchen Rücksicht habe sie ja doch verdient. Arons erinnert sich:

»Sobald ich von seiner Mutter zu sprechen begann, bemerkte ich eine Veränderung seines Atemmusters. Allmählich wurde sein Atemrhythmus erregter, seine Hände fingen an zu zittern, und er wurde feuerrot. Plötzlich fängt er heftig an zu schluchzen und schreit heraus: ›Ich kann's nicht mehr aushalten! Ich werde reden – ich werd' Ihnen alles sagen!‹« Und das tat er dann offenbar auch.

Arons fragt nun: »Hatte ich den Jungen in einen hypnotischen Trancezustand versetzt? Wenn ja, dann war er sich dessen bestimmt nicht bewußt. Ob es nun Hypnose war oder nicht, ist nebensächlich. Ich hatte ihn in einen ›subjektiven‹ Geisteszustand hineingeredet. Das half mit, seine Verstocktheit zu brechen.«

Unter Hypnose erzieltes Beweismaterial ist vor Gericht nicht zulässig. Im obigen Fall hatte der Junge die Beweise geliefert, *nachdem* er aus einem möglicherweise hypnotischen Zustand »erwacht« war.

Was nun das Verhör von Spionen und Kriegsgefangenen anbelangt, so genießen sie nicht denselben rechtlichen Schutz wie der kriminelle Verdächtige. Einige haben nützliche Informationen ausgeplaudert, nachdem sie mit verdeckten Verfahren in einen Trancezustand hineinmanövriert worden waren.

Militärplaner reizt schon seit langem die Möglichkeit, Krieger mittels Hypnose zu außergewöhnlicher Kraft und Ausdauer in der

Schlacht zu bringen. Die amerikanischen Militärs haben erfolgreich mit »hypnotischen Kurieren« experimentiert. Der Psychologe G. H. Estabrooks, ein Rhodes-Scholar, der seinen Dr. phil. in Harvard erwarb, ließ durchblicken, während des Zweiten Weltkrieges habe er mit der Präparierung vieler solcher Kuriere zu tun gehabt.[11] Eine Chiffre läßt sich knacken. Gefangengenommene Kuriere kann man so lange foltern, bis sie ihre Botschaft preisgeben. Ein hypnotisierter Kurier aber ist praktisch nicht zu knacken.

Ein typisches Verfahren bestand darin, einem hypnotisierbaren Kurier zu sagen, er erhalte einen Routineauftrag und müsse einen Bericht abholen. Dann versetzte ihn Estabrooks in Hypnose und sagte ihm, nur zwei Menschen auf der Welt könnten ihn hypnotisieren: Estabrooks und der Mann am anderen Ende, bei dem sich der Kurier zu melden habe; nennen wir ihn einmal Colonel Brown. Beide würden mit dem Signalsatz »Der Mond scheint hell« das Gedächtnis des Kuriers aufschließen und ihn erneut in Hypnose versetzen können. Danach sagte Estabrooks dem Kurier die geheime Mitteilung. Durch posthypnotische Suggestion wurde die Geheimbotschaft in der Erinnerung des Kuriers gelöscht. Kam er dann bei Colonel Brown im Orient oder sonstwo an, dann bat er um den Bericht, den er abzuholen habe. Colonel Brown gab ihm den Bericht und hypnotisierte ihn nach dem Satz »Der Mond scheint hell«. Unter Hypnose lieferte der Kurier seine Geheimbotschaft ab und nahm eine Geheimantwort entgegen. Wiederum wurde diese Mitteilung durch posthypnotische Suggestion aus seinem Gedächtnis gelöscht. Danach reiste er wieder nach Hause.

Die CIA erprobt und verwendet seit mindestens zwanzig Jahren vielerlei Formen der Verhaltenslenkung. Anscheinend gehört auch die Hypnose dazu, manchmal in Verbindung mit chemischen Präparaten. Donald Bains 1976 erschienenes Werk *The Control of Candy Jones* beruht auf einer Verbindung von Hypnose und Drogen, wie sie die CIA benutzen soll. Herbert Spiegel schrieb eine positive Einleitung dazu.

Die schöne Candy Jones, ein früheres Mannequin und später Radioansagerin, diente, offenbar ohne es zu wissen, eine Reihe von Jahren der CIA als Kurier in vielen Staaten. Spiegel bezeichnet sie als außergewöhnlich leicht hypnotisierbar, so sehr, daß sie auf ein Signal wie z. B. ein flackerndes Licht versehentlich in Trance gerät. Und ihre Trancen können so tief sein, daß sogar Amnesie eintritt.

Nach Bains Bericht war sie mit einem CIA-Agenten befreundet, den sie während des Krieges als Medizinstudenten kennengelernt hatte. Er wurde Experte der Denksteuerung. Während eines Gesprächs mit ihm klagte sie über gewisse Unpäßlichkeiten. Er gab ihr „Vitamin"-Spritzen. Während sie unter Drogen- und Hypnoseeinfluß stand, soll er ihre Persönlichkeit gespalten haben. Ihre zweite Persönlichkeit, Arlene, war viel robuster als Candy. Benannt wurde sie nach einer Spielkameradin aus Candys Kindheit. Arlene nun diente als Kurier, voll ausgestattet mit Perücken und Paß. Nach dem Bericht wurde diese zweite Persönlichkeit zufällig entdeckt, als Candys in Hypnose geschulter Ehemann ihre akute Schlaflosigkeit zu lindern versuchte, indem er sie nun seinerseits der Hypnose unterzog.

Anwendungen im Verkauf, bei Predigten und im Sport

Vor etwa zwei Jahrzehnten wurde in einer Veröffentlichung der Stiftung für Reklameforschung berichtet, auf hypnotischem Wege könne man auch Meinungen erforschen. Die offenherzigen Äußerungen konnten sich sowohl auf Scheinprodukte als auch auf echte Markenartikel beziehen. In der Vergangenheit hat mindestens eine Werbeagentur einen Hypnotiseur als Meinungsforscher beschäftigt.

Nach Auffassung mancher kann der Einsatz angebeteter Gastansager oder Heldengestalten in der Fernsehwerbung für Kinder auch hypnoide Wirkung haben. Besonders groß soll die Wahrscheinlichkeit sein, wenn der Angebetete länger als eine Minute spricht und die Kinder unmittelbar anschaut. 1973 gelang es einer Gruppe Frauen, die die Aktion für Kinderfreundliches Fernsehen bildeten, die Vereinigung der Rundfunk- und Fernsehanstalten dazu zu zwingen, daß sie bei für Kinder bestimmten Werbespots den Einsatz von Gästen im Programm verbot.

Kann Hypnose einen Vertreter selbstsicherer, begeisterter machen? Manche Organisationen glauben das. Die Firma Personality

Guidance Inc. hat bei der Ausbildung von Versicherungsvertretern Hypnose eingesetzt.

Skeptiker gehen seit langem davon aus, daß beim Fundamentalistenpredigen und Heilen durch Handauflegen in gewissem Umfang Hypnose im Spiel ist. Calvert Stein, Neurologe und Hypnotikforscher, sagt dazu: »Wie die alten Heilpriester kann auch der Geistliche von heute die gleiche Anästhesie und Heilung mittels heiliger Wasser, geweihter Quellen, Handauflegen und anderer Ritualien erzielen – besonders, wenn sich das Ganze an berühmten religiösen Stätten abspielt.« Die Firma Power Publishers in South Orange, New Jersey, wirbt mit zwei einschlägigen Büchern: *Pastoral Use of Hypnotic Techniques* (die Verwendung von Hypnosetechniken in der Seelsorge) und *Religious Aspects of Hypnosis* (Religiöse Aspekte der Hypnose).

Dieselbe Firma bietet auch *Hypnosis in Athletics* (Hypnose im Sport) an. Nach dem Psychologen Perry London von der University of Southern California gibt es nachweislich Fälle, in denen Sportler vor größeren Wettkämpfen hypnotisiert worden sind. Es ging um eine Leistungssteigerung, und in einigen Fällen hat sich die Leistung tatsächlich verbessert.

Ein Referent auf der vierzehnten Jahreskonferenz der Vereinigung zur Förderung moralisch einwandfreier Hypnose in New Orleans betonte den Wert der Hypnose zur Verbesserung der sportlichen Leistung. Es hieß, mit Hypnose lasse sich die Konzentration, Koordination und Motivation verbessern. Arons meint, Hypnose lasse sich nutzbringend in allen Sportarten anwenden. Das Argument einiger Psychiater, wonach die Gefahr bestehe, daß der hypnotisierte Sportler über das Maß des ihm Zumutbaren hinausgehe, schiebt er als unzutreffend beiseite und bemerkt, wir alle trügen »Sicherheitsventile« in uns, die uns davor bewahrten. Darüber läßt sich zumindest streiten.

Für die Zukunft fühlen sich die Psychologen am meisten dadurch zur Hypnose gezogen, daß sie anscheinend die Motivation wesentlich verstärken kann. London neigt zu der Auffassung, mit Hypnose lasse sich jegliche Anweisung vielfach verstärken.

Noch ist Hypnose alles andere als eine Wissenschaft. Dennoch stellt sie in einigen Bereichen ein faszinierendes und möglicherweise auch gewinnbringendes Forschungsgebiet dar. Ihr Einsatz durch qualifiziertes Personal in vielen medizinischen Gebieten bei vorheriger Erlaubnis und in voller Kenntnis dürfte als Fortschritt anzusehen sein.

Andererseits sollte ihre offene oder verdeckte Verwendung an Verdächtigen verboten sein. Die Berufsverbände sollten ihre Kodizes so eng fassen, daß jede Verwendung verdeckter Techniken (jedenfalls ohne Zustimmung der Erziehungsberechtigten) untersagt ist. Die posthypnotische Suggestion sollte strikt auf Suggestion begrenzt sein und die hypnotisierte Person nicht der weiteren Steuerung durch den Hypnotiseur ausliefern (auch hier könnten Militärkuriere eine Ausnahme bilden). Rundfunk- und Fernsehprogramme, die möglicherweise hypnotisch wirken, sollten über die öffentlichen Sender verboten sein. In geschlossenen Fernsehnetzen sollte Hypnose nur nach ausdrücklicher Ankündigung erlaubt sein.

II.
TECHNIKEN DER NEUGESTALTUNG DES MENSCHEN

Bisher haben wir uns mit neuen Methoden für die unmittelbare Steuerung menschlichen Verhaltens beschäftigt. Nunmehr wenden wir uns neuen Wegen für die Umgestaltung der menschlichen Entwicklung zu. In den nächsten vier Kapiteln setzen wir uns mit neuen Technologien zur Handhabung menschlichen Samens und zur Veränderung seiner Natur auseinander. Die Kapitel 16 bis 20 gelten dann den heutigen Bemühungen um Supermenschen. In den Kapiteln 21 und 22 betrachten wir Strategien zur Verlängerung der menschlichen Lebensspanne, bei denen abgenutzte oder fehlfunktionierende alte Körperteile durch neue ersetzt und die biologischen Körperuhren neu eingestellt werden.

Der Harvard-Historiker Donald Fleming hat einmal gesagt, diese Entwicklungen seien Hauptbestandteile einer »Biologischen Revolution, die die Geschichte der nächsten 150 Jahre wahrscheinlich ebenso einschneidend berühren wird wie die Industrielle Revolution die Zeit seit 1750«.

12
VERKAUF UND LAGERUNG MENSCHLICHEN SAATGUTS

> Die künstliche Besamung mit Spendersamen (A.I.D.) ist nur ein erster Einbruch in das, was bis vor kurzem noch unter menschlicher Elternschaft als Grundform des Menschseins begriffen worden ist.
> – Paul Ramsey, Ethiker

Seit vielen Jahrhunderten fasziniert den Mann sein ausspritzender Same. Dies war Menschensaat und als solche in Ehren zu halten. Vor über hundert Jahren dann wies ein italienischer Forscher nach, daß der männliche Same das Einfrieren überleben kann. Theoretisch, so verkündete er, könne der Mann seinen Samen deponieren, ehe er in die Schlacht ziehe.

Erst in neuerer Zeit ist sich der Mann der ernüchternden Tatsache bewußt geworden, daß es zweier Saaten bedarf, damit ein Kind werden kann – eines männlichen Spermiums und eines weiblichen Eies (Wissenschaftler nennen sie das Spermatozoon und das Ovum). Das weibliche Ei hatte man ganz übersehen. Ebenso ernüchternd ist die Unansehnlichkeit des Spermiums im Vergleich zum viel größeren Ei. Es ist, als versuche sich eine winzige Elritze in einen Kürbis zu bohren.

Die Natur geht seltsam verschwenderisch vor. Um einigermaßen Aussicht zu haben, daß ein einziges Spermium das Ei erreicht und befruchtet, muß der Mann mehrere hundert Millionen Spermien im Weibe deponieren. Bei der monatlichen Ovulation begibt sich das Ei über eine der Fallopischen Röhren (Eileiter) der Frau auf den Weg hinab in die Gebärmutter. Ist es beim Verkehr zur männlichen Ejakulation gekommen, so rennen Millionen Spermien um die Wette, um dieses Ei zu erreichen. Ist die Zeit abgelaufen – d.h., geschieht dies zur unrechten Zeit im Monat –, dann steckt kein Ei in der Röhre, und der Wettlauf war vergebens. Es ist ein langer Weg für die winzigen Spermien, mindestens vergleichbar einem Zehnmeilenmarsch.

Und der Marschierer weiß wenigstens, wohin er geht. Millionen und Abermillionen Spermien aber scheinen nicht zu wissen, wohin sie sich denn nun wenden sollen. Weitere Millionen begeben sich schon gleich gar nicht auf den beschwerlichen Weg. Die es tun, müssen die Flüssigkeit in Scheide (Vagina) und Gebärmutterhals (Cervix) der Frau durchschwimmen, um die Gebärmutter (Uterus) zu erreichen. Von dort müssen sie den Eingang zu einer Fallopischen Röhre finden, in der Hoffnung, daß sie auch ein Ei enthält. Erreicht auch nur ein einziges Spermium das Ei und gelingt ihm der Einbruch in dieses, wird das Ei befruchtet. Sofort bildet sich um das Ei ein Häutchen, das das Eindringen weiterer Ankömmlinge verhindert.

Die Chancen stehen dagegen, daß beim ersten Empfängnisversuch eines Paares auch nur ein einziges Spermium den Durchbruch schafft. Beim durchschnittlichen, nicht übermäßig instruierten Paar stellt sich eine Schwangerschaft kaum vor Ablauf eines halben Jahres ungehinderten Geschlechtsverkehrs ein. Verkehr, der nicht innerhalb von zwei Tagen vor und einem Tag nach der Ovulation stattfindet, führt nur mit geringer Wahrscheinlichkeit zur Empfängnis.

Bei manchen Paaren verlaufen jahrelange Empfängnisversuche ergebnislos. Das kann an der Frau liegen. Vielleicht hat sie einen verstopften Eileiter. Oder aber es liegt am Mann. Sein ejakulierter Same ist vielleicht unzureichend. Vielleicht enthält er nur eine geringe Dichte mobiler, aufwärtsstrebender Spermien. Bei den westlichen Völkern liegt der Prozentsatz verheirateter Paare, die zu dem Schluß gelangen, daß sie auf dem Weg des normalen Geschlechtsverkehrs keine Kinder bekommen können, zwischen 15 und 20 v. H. Je etwa zur Hälfte liegt die Ursache beim Mann oder bei der Frau.

Lektionen der Tierzucht

In den letzten Jahren hat der Mensch Unfruchtbarkeitsprobleme zu lösen begonnen, teilweise unter Nutzung der in der Tierzucht erstmals angewandten Techniken.

In unseren Tagen gibt es kaum noch einen Zuchtstier, der das Vergnügen genießt, eine Kuh auf übliche Weise besteigen zu dürfen. Vielleicht hält man für ihn noch eine gefügige, im übrigen aber nichtssagende Kuh zum Besteigen bereit; aber der Stier wird getäuscht, denn er schüttet seinen Samen in eine künstliche Vagina aus, die man an der Kuh angebracht hat. Gewöhnlich aber sieht der Bulle kaum noch eine Kuh. Und wenige Zuchtkühe erleben einen Bullen. (Ob dieser unnatürliche Trennungszustand für Bulle und Kuh enttäuschend ist, darüber kann man nur spekulieren.) Durch Stimulation mit einem Elektro-Ejakulator wird der Bulle veranlaßt, seinen Samen in ein Behältnis zu ergießen. Eine einzige Ejakulation ergibt ein paar Milliarden Spermien, und das reicht aus, um über hundert brünstige Kühe zu schwängern. Doch die Qualität des Spermas beginnt sich nach einer Stunde schnell zu verschlechtern. Und es ist unbequem, gleich nebenan hundert brünstige Kühe zur hastigen Besamung mit der Spritze bereitzuhalten.

Man hat deshalb versucht, den Samen durch Einfrieren lagerfähig zu machen, aber er vereiste allzu leicht. Den Durchbruch brachte erst das Jahr 1949, als man entdeckte, daß ein Umhüllen der Spermen mit Glyzerin das Vereisen wirksam unterband. Die Entdeckung geht auf Forscher am National Institute of Medical Research in England zurück.[1] Ein paar Jahre später wurde das Schnellgefrieren von Samen vervollkommnet, als man entdeckte, daß Flüssigstickstoff als Gefrieragens praktisch jegliche Molekulartätigkeit unterband.

Um 1960 hatten Samenbanken die Milch- und Fleischviehindustrie radikal verwandelt. Ich bin auf einer Milchfarm in Bradford County, Pennsylvania, USA, geboren. Wir hatten einen Zuchtbullen. Jedermann hatte einen. Wer beschreibt mein Erstaunen, als ich um 1960 einen meiner Neffen besuchte, der in meiner Heimat eine Milchfarm betreibt. Als ich ankam, war's draußen dunkel. Im Stall brannte Licht. Ich ging hinein. Die seit meiner bäuerlichen Jugend erfundenen Melkmaschinen liefen. Das alte Stiergehege war verschwunden. Mein Neffe stand an einem Schreibpult und studierte ein dickes Nachschlagewerk. Es war ein Bestellbuch für Gefriersamen. Die Katalogpreise bewegten sich zwischen 20 und 60 Dollar pro Einheit. Er zeigte mir ein paar Bullen, mit denen er gute Erfahrungen gemacht hatte. Der Milchausstoß pro Kuh war eindeutig gestiegen.

Bis heute sind viele Millionen Stück Vieh durch Aufzucht mit Gefriersamen gezeugt worden. Der Amerikanische Zuchtdienst nennt eine Untersuchung an vier Generationen Milchkühen, die mit dem Gefriersamen eines einzigen Bullen aufgezogen worden sind. Unter den Tausenden Abkömmlingen war keine einzige Anomalität festzustellen, die der Benutzung von Gefriersamen hätte angelastet werden können.

Samen von menschlichen Spendern

Erst Anfang der siebziger Jahre lief die Lagerung menschlichen Gefriersamens in erheblichem Umfang an. Denn noch ehe die ersten Spermenbanken eingerichtet wurden, waren schon Hunderttausende von Frauen künstlich besamt worden. Ziel der künstlichen Besamung war in erster Linie die Lösung konkreter Fruchtbarkeitsprobleme und nicht etwa die Verbesserung der menschlichen Aufzucht. Die Technik wurde insgeheim praktiziert, ist aber ziemlich einfach. Der Mann, der den Samen spendet, liefert dem Arzt die frisch masturbierte Probe, kurz bevor die ovulierende Frau in die Praxis kommt. Sie setzt sich wie zu einer Routine-Untersuchung in den Stuhl; ihre Beine liegen über Bügeln. Der Gynäkologe weitet ihre Scheidewände mechanisch. Er setzt eine lange, dünne Röhre in die Öffnung des Gebärmutterhalses, drückt auf einen Gummiballon, und schon wandern zweihundert Millionen Spermien hinein. Sie haben keinen ganz so weiten Weg zurückzulegen wie beim normalen Geschlechtsverkehr.

Der Same kann vom Ehemann der Frau stammen. Vielleicht konnte er ihn nicht auf gewöhnlichem Wege unterbringen, weil er impotent war, vorzeitig ejakulierte oder wegen anatomischer Probleme. Oder aber, er mag Samen in einer Samenbank deponiert haben, die ihn einfriert, um auf diese Weise einen guten Samennachschub aufzubauen. Dadurch wird es möglich, daß der Zeugungsgang seiner Frau in den zwei der Ovulation nächstliegenden Tagen nur so von Spermien wimmelt. Damit steigen wenigstens die Chancen. Ist die Ejakulation des Ehemanns klein, aber von normaler Spermiendichte, dann kann man mehrere eingelagerte Einheiten für einen einzigen Ansturm zusammennehmen. Häufiger ist es so, daß der Same des Ehemanns zwar quantitativ normal ist, aber nur einen niedrigen Anteil *mobiler* Spermien enthält. Technisch lassen sich mehrere Ejakulate zusammenfassen und durch Zentrifugieren eine dichter konzentrierte Probe herstellen. Das verbessert die Chancen etwas, aber nicht sehr stark. Solche Spermien überstehen das Einfrieren weniger gut.

Wegen der bereits genannten Probleme kommt der Same, der bei künstlicher Besamung erfolgreich verwendet wird, zumeist von bezahlten Spendern (wir nennen sie AIDs* – nach der Abkürzung für *Artificial Insemination with Donor*). Ein Spender wird z. B. benutzt, wenn die Spermien des Ehemanns unzureichend sind oder auch, wenn man einer bekannten Gefahr der Zeugung eines genetisch defekten Kindes entgehen möchte.

Ehepaare sehen im Spender eine Alternative zur Kindesadoption. Und als solche Alternative ist der AID zusehends attraktiver geworden. Seitdem die Abtreibung rechtens geworden ist, hat sich der Nachschub an adoptierbaren weißen Säuglingen erheblich verringert. Lange Wartelisten bei den Adoptionsagenturen sind die Folge, und die Adoptiveignung eines Ehepaares wird eingehend untersucht. Eine andere Alternative zur Adoption eines Kindes ist der glatte Kauf eines Kindes auf dem schwarzen Markt zum Preis von mehreren tausend Dollar.

Auch psychologisch erscheint die Benutzung eines AID attraktiver als die Adoption. Die Ehefrau gebiert das Kind selbst. Man entgeht der quälenden Angst, die natürliche Mutter könnte es sich anders überlegen und eines Tages plötzlich auftauchen und ihr Kind zurückfordern. Außerdem besteht weniger Anlaß, sich zu der schweren Entscheidung durchzuringen, ob man nun dem Kind sagen soll, daß es nicht das natürliche Kind des Ehepaares sei. Das Kind besitzt 50 v. H. der Gene des Paares. Und in einigen Staaten, so z. B. New York, gilt das Kind rechtlich als 100% legitim.

Liegt die Unfruchtbarkeit am Zeugungsapparat der Frau, dann kann man von einer Spenderin ein ovuliertes Ei einholen, es in den Eileiter der Frau einsetzen und durch normalen Geschlechtsverkehr befruchten. Schwierig, aber möglich. Außerdem sind jetzt analog zu Spermen auch beim Einfrieren von Eiern Fortschritte zu

---

* Anm. d. Übers. für den nicht englischkundigen Leser: Als Wort ausgesprochen ergibt dies »aid« = Hilfe, Helfer, Assistent.

verzeichnen. Ein erfolgreiches Einfrieren von Eiern ist jedoch erheblich schwieriger.

Die Praxis der Besamung der Frau mit dem bezahlten Samen eines Spenders ist immer mehr an der Tagesordnung. Studenten verdienen sich einen Teil ihres Studiums damit, daß sie für den AID-Markt masturbieren. Mit der Verbreitung der Samenbanken kann ein Mann heutzutage Hunderte von Kindern zeugen.

Newsweek hat von einem Fall berichtet, in dem ein Arzt zwei jungen Leuten dringend von der Eheschließung abriet. Er wußte nämlich, daß beide auf dem Wege über die künstliche Besamung gezeugt worden waren und derselbe Mann den Samen für beide geliefert hatte. Sie waren somit Halbbruder und Halbschwester; ihre Heirat hätte eine neue Art des Inzests bedeutet. Die Hochzeit wurde abgesagt.

Zunahme der menschlichen Saatgutbanken

Die erfolgreiche Verwendung von Gefriersamen in der Tieraufzucht hat in vielen Ländern dazu geführt, daß in aller Stille mit gespeichertem Menschensamen experimentiert wurde. Es gibt Hinweise darauf, daß der erste unter Einsatz gespeicherten Samens empfangene Mensch 1953 entweder in Japan oder in den Vereinigten Staaten geboren worden ist. Um 1970 besaßen eine Reihe Universitäten und Kliniken in der Welt Einrichtungen zur Einfrierung menschlichen Samens. Die ersten kommerziellen Menschensamen-Banken in den Vereinigten Staaten öffneten 1971 ihre Pforten: Genetics Laboratories Incorporated mit Sitz in Minneapolis, und Idant (Griechisch für befruchtetes Ei) mit Sitz in Manhattan. Zu den Gründern von Genetics Laboratories zählt der Biologe Arthur Beisang von der Minnesota-Universität, ein Pionier in der Benutzung gefrorenen Stiersamens. Zu Idants Beratern gehört J. K. Shermann von der Arkansas-Universität, Pionier im Einfrieren menschlichen Samens.

Beide Firmen eröffneten Anfang der siebziger Jahre die ersten Zweigstellen in verschiedenen Städten. Idant meldete, es sei dabei, acht Zweigstellen zu errichten; zwölf weitere seien geplant. Mehrere andere Unternehmen stiegen in den Wettbewerb ein. Binnen drei Jahren steckten sie alle in finanziellen Schwierigkeiten. Verschiedenes war nicht so gelaufen, wie man gedacht hatte.

Die Leute, die man für die wahrscheinlichsten Kandidaten gehalten hatte, erschienen nicht in ausreichender Zahl. Es handelte sich um Männer, denen eine Vasektomie (Samenstrangoperation) bevorstand. 1971 wurde an fast einer Million amerikanischer Männer ein chirurgischer Eingriff vorgenommen, um zu verhindern, daß ihre Samenflüssigkeit bei der Ejakulation im Geschlechtsverkehr Spermien enthielt. Man ging nun davon aus, wenn nur ein Fünftel dieser Leute unsicher war, ob sie nicht später ihre Meinung zur Vaterschaft ändern würden, dann gäbe es jährlich für die Spermenbanken mindestens 200000 ausgezeichnete Kandidaten. Sie würden »für alle Fälle« Samen deponieren. Für alle Fälle, wenn nämlich das Ehepaar doch eine zweite Tochter haben wollte. Für alle Fälle, wenn sich der Mann mit einer anderen Frau verheiratet fände, die nun eigene Kinder von ihm haben wollte.

Idant warb für die Spermabank unter dem Motto »Fruchtbarkeits-Versicherung«. Es veröffentlichte eine Broschüre mit dem Titel »Denken Sie an Vasektomie? Denken Sie vorher an eine Spermeneinlagerung«.

Die Spermenbanken hatten ihren Markt nicht erforscht. Es stellte sich heraus, daß Männer, denen eine Vasektomie bevorstand, kaum daran dachten, sie könnten vielleicht später ihre Meinung ändern. Außerdem meldeten innerhalb von zwei Jahren Mikrochirurgen fast hundertprozentige Erfolge bei der Rückverwandlung von Vasektomien.

Schiefgelaufen war auch, daß einige kommerzielle Spermenbanken Behauptungen aufstellten, die die staatlichen Gesundheitsinstanzen nicht hinzunehmen bereit waren. Immer noch war umstritten, wie lange Gefriersamen lebensfähig blieb. Man war skeptisch, ob Samen mit geringer Spermienzahl durch Zusammenfassung mehrerer Lieferungen und Zentrifugieren potent gemacht werden konnte. Ein drittes und gewichtiges Problem war, daß viele Gynäkologen weiterhin nur allzugerne ihre bevorzugten hungrigen Studenten als Lieferanten frischen Spermas benutzten. Wozu sollten sie das ändern? Sie zahlten dem Studenten pro Ejakulat etwa 25 Dollar. Gefrorenes Sperma konnte bei Lieferung aus einer weiter entfernten Bank pro Einheit glatt 50 Dollar kosten.

1976 hatte in den Vereinigten Staaten nur noch Idant überlebt. Es weitet seine Ärzteklientel aus und hat kürzlich in Atlanta und Buffalo Zweigstellen errichtet. Sein großangelegtes Labor an der Madison Avenue in Manhattan wird jetzt zum Teil als normales Ärztelabor betrieben. Es führt Urinanalysen, Blutuntersuchungen usw. durch. Die Gewinne aus diesen anderen Betätigungen erlaubten eine Fortführung der Spermenbank. Idant fördert auch die Forschung im Hinblick auf eine Verbesserung der Spermenlagerung. Sein neuer medizinischer Leiter ist der Internist Joseph Feldschuh. Er und die medizinischen Berater arbeiten in der Regel unentgeltlich mit. Seine Frau Roxanna Feldschuh überwacht dabei den Tagesbetrieb der Bank.

Er sagte mir, die Verwendung von Gefriersperma steige jetzt. Die Einlagerungen erfolgten nicht nur in den Büros von Idant, sondern auch bei Banken, die von Universitäts- und anderen Kliniken betrieben würden. Er war zuversichtlich, daß sich die Idant-Bank bald selbst tragen werde.

»Die potentiellen Möglichkeiten der Spermenlagerung sind gewaltig«, sagte er. Nachdem die Streitereien und Fehlbeurteilungen nun überstanden sind, besteht guter Grund zu der Annahme, daß er recht hat. Bis heute sind mit Sicherheit mindestens vierzehnhundert menschliche Säuglinge unter Verwendung vorher eingefrorenen Samens gezeugt worden. Die Verwendung von gelagertem Sperma bei der künstlichen Besamung bietet eindeutige Vorteile gegenüber hastig beschafftem Samen im Hinblick auf ein zeitliches Zusammentreffen mit der Ovulation der Frau. So z.B.:

- Eine gute Spermenbank kann ein viel breiteres Spektrum an Spendern zur Auswahl bieten. Idant hat z.Z. über zehntausend Proben eingelagert. Es verfügt über viel mehr Spender und viel genauere Einzelheiten über deren Herkunft, als irgendein einzelner Arzt je besitzen könnte. So besteht eine größere Chance, daß man eine gute Probe erhält und das Kind einigermaßen zum Vater paßt.
- Eine gute Spermenbank führt viel strengere Qualitätskontrollen durch, als dies ein Arzt könnte, weil sie ausgeklügelte mikroskopische Methoden anwendet, um akzeptablen Samen zu identifizieren. So wird sie kein Sperma von einem Studenten annehmen, der am Abend vorher mit seiner Freundin Geschlechtsverkehr ge-

pflogen hat (das beste Sperma erscheint in den ersten Kontraktionen der Ejakulation). Und sie wird – wie es mindestens in einem Fall bei Frischspermaspendern vorgekommen ist – kein Sperma von einem jungen Mann annehmen, der, ohne es zu wissen, den Tripper hat. Man untersucht das Material.

– Eine gute Spermenbank baut dank ihrer Kodierungstechnik zwischen Spender und Empfängerin eine viel gesichertere Anonymität auf, als der Arzt, der frisches Sperma verwendet, normalerweise gewährleisten könnte. Schließlich kennt der Arzt und vielleicht auch die Laborgehilfin die Identität sowohl des Spenders als auch der Empfängerin.

– Sind Spermenproben durch einen Ehemann oder Spender bei einer Bank mehrfach hinterlegt worden, dann verbessern sich auch die Aussichten auf eine Schwangerschaft. Nicht etwa, weil eingelagertes Sperma lebhafter wäre. Tatsächlich sind solche Spermien um ein paar Prozente weniger lebhaft. Aber es läßt sich um die Zeit der Ovulation eine viel größere Spermamenge in die Frau einführen. Bei seiner Forschung schließlich hat Idant mit der Konzentrierung vieler Proben eines normal unfruchtbaren Mannes endlich Erfolg gehabt, so daß eine Phiole Samen zusammenkommt, von dem mit ziemlicher Wahrscheinlichkeit angenommen werden darf, daß er eine Befruchtung zustande bringt.

BESUCH IN EINER SPERMENBANK

Der unrealistischen Einschätzung der ersten Geldgeber von Idant ist es zu verdanken, daß die Firma eine vornehme Adresse im Zentrum von Manhattan ihr eigen nennt. Der zwanzig Meter lange Empfangsraum ist grandios und futuristisch ausgestattet, mit avantgardistischem Wandschmuck. Durch eine Glaswand erhält man Einblick in den Laborbereich, in dem weiß gekleidete Techniker emsig bei der Arbeit sind.

Begrüßt werde ich von Roxanna Feldschuh, einer noch jugendlichen, anziehenden, sachlichen Frau. Erst zeigt sie mir den nächstliegenden Raum. Es ist dies das Ejakulatorium, das bei einem Teil des Personals den Spitznamen Spielzimmer führt. Einige Spender ziehen es vor, zu Hause in ein braunes Fläschchen zu masturbieren, das sie dann ins Labor bringen. Idant sieht es lieber, wenn sie das Ejakulatorium benutzen, weil man so sicher sein kann, den denkbar frischesten Samen zu bekommen. Der Raum ist schallgesichert; in ihm stehen bequeme Sessel, ein Sortiment erotischer Bildmagazine wie *Playboy* und *Penthouse* liegt herum, an dem die Masturbatoren ihre Vorstellungskraft schärfen können. Der Durchschnittsspender bleibt zwischen zehn und fünfzehn Minuten im Ejakulatorium. Wird er durch die eigenartige Umgebung gehemmt (und erfolglos), dann sagt man ihm nebenbei, er soll die Probe zu Hause einholen.

Viele Spenderkandidaten verlassen das Labor wieder ohne Bezahlung. Ihr Sperma ist untersucht und als mangelhaft zurückgewiesen worden. In diesem Falle läßt Idant sie sanft wissen, Idant arbeite nur mit »der superfruchtbaren Klasse«. Viele weitere Spender bleiben bei der Befragung auf der Strecke. Etwa ein Fünftel aller Kandidaten nur kommt auf die Idant-Liste der annehmbaren Spender. Und auch sie werden nur honoriert, wenn jede Spermenprobe Idants Qualitätsnormen entspricht. Starken Temperaturveränderungen ausgesetztes Sperma kann trägflüssig werden. Ist der Spender ein leidenschaftlicher Heißduscher oder trägt er enge Unterkleidung, die die Hoden an den wärmeren Körper preßt, dann verschlechtert sich leicht die Qualität. Hat sich der Spender vor der Lieferung nicht an die geltenden Abstinenzregeln gehalten, dann zeigt sich dies in der Spermenkontrolle – die Probe wird zurückgewiesen.

Ein gesunder, potenter Mann trägt etwa eine Milliarde Spermien in seinem Körper, ejakuliert jedoch gewöhnlich nur einen Teil seines Bestandes. Das durchschnittliche Ejakulat hat in einem Teelöffel Platz. Mancher – und er ist dabei mit sich selbst sehr zufrieden – liefert übergroße Portionen ab. Viele sind dann überrascht, wenn sie sich sagen lassen müssen, ihr Same sei nicht akzeptabel, weil die Spermienkonzentration zu niedrig sei. Die Penisgröße scheint übrigens damit nichts zu tun zu haben.

Ein hoher Anteil der Idant-Spender sind Studenten, die schon das erste Staatsexamen hinter sich haben, einige haben sogar schon promoviert, viele studieren an der Columbia-Universität. In der Universitätszeitschrift annonciert Idant gelegentlich um Spender.

»Der Durchschnittsmann«, sagt Roxanna Feldschuh, »ist kein

guter Kandidat für eine Einfach- oder Doppelbesamung. Ziemlich viele Studenten liegen auf der Grenze. Unser unteres Limit liegt bei 100 000 000 Spermien pro Kubikzentimeter.«

Um ihre Aussage zu erläutern, führt sie mich an einen Fernsehschirm, auf dem in vierhundertfacher Vergrößerung ein Samentropfen zu sehen ist, der vor einer Dreiviertelstunde angeliefert worden ist. Die Probe gilt als gut superfruchtbar, konzentriert und aktiv.

Die Spermien sind deutlich zu erkennen, sie sehen aus wie sich herumschlängelnde, langschwänzige Kaulquappen. Die meisten stieben pfeilschnell herum. Andere bewegen sich kaum. Wieder andere schwimmen ziellos umher. Viele aber schwimmen zielstrebig in ziemlich gerader Linie in verschiedenen Richtungen über den Bildschirm. Volle 65 % bewegen sich aktiv vorwärts. Diese Art hat man gern.

Idant bemißt jede Probe nach dem Prozentsatz der Vorwärtsbeweger und besitzt ein automatisches Spermienzählgerät, das entscheidet, ob die Probe über dem unteren Limit liegt.

Hat ein Spenderkandidat den Samenqualitätstest bestanden, dann wird er ziemlich eingehend über seine Gesundheits- und genetische Geschichte befragt, wobei man möglichst bis zu den vier Großeltern zurückgeht. Zusammen mit Körperangaben wie Größe, Gewicht, Haarfarbe, Augenfarbe, Hauttönung, Körpertyp wird auch die Blutgruppe notiert. Desgleichen werden rassische und ethnische Herkunft, Religion, Bildung, Beruf und Sondertalente festgehalten. Man hält Ausschau nach Drogengewohnheiten oder sichtbaren Anzeichen möglicher Neurose wie z.B. ständiges Händereiben.

Wird der Kandidat probeweise für künftige Lieferungen akzeptiert, so erhält er eine Codenummer. Name und Codenummer kommen in ein verschlossenes Archiv im Büro des medizinischen Leiters. Eine Abschlußuntersuchung – die auch bei künftigen Lieferungen durchgeführt wird – betrifft die Kälteüberlebensfähigkeit. Aus nicht ganz erklärlichen Gründen überlebt jede vierte Probe das Einfrieren nicht gut. Deswegen wird eine kleine Probe jeder Lieferung ins Gefriergerät gelegt, gefroren und wieder aufgetaut, um zu kontrollieren, wie gut sie das Einfrieren überstanden hat.

Einzufrierender Samen wird in Kunststoffröhrchen aufgezogen, die bei der Besamung verwendet werden. Diese kommen in Röhren, die einer Aluminium-Zigarrenhülle ähneln. Zuerst werden die Spermen langsam auf −100° F abgekühlt, um den Gefrierschock zu vermindern, und dann in die Flüssigstickstoff-Gefriertruhen verbracht, wo die Temperatur auf −321° F (etwa −200° C) absinkt, also einer so niedrigen Temperatur, daß jeder Grundumsatz aufhört und kein Sauerstoff mehr benötigt wird.

Kommt eine Bestellung von einem Arzt, so werden die Proben in Flüssigsauerstoffbehältern verschickt. Bestellungen kommen aus so fernen Gegenden wie Venezuela, Kanada, Alaska, Arizona und Nikaragua.

Wie lange nun bleibt gefrorenes Sperma potentiell fruchtbar? Es sind schon Säuglinge mit Hilfe von Samen geboren worden, der dreizehn Jahre eingefroren war. Umstritten aber ist immer noch, wie lange Gefriersame superfruchtbar bleibt. Derzeit bewahrt Idant die meisten Proben nur für etwa zwei Jahre auf.

Das beste Alter zur Deponierung von Samen

Von mancher Seite wird behauptet, es sei unlogisch, wenn man Samen von Leuten nehme, die in den Zwanzigern sind – auch wenn es sich um Studenten mit erstem Staatsexamen handelt. Ein Psychiater aus New York, Willard Gaylin, hat gesagt, Tierbesamer würden nicht daran denken, auch nur den Versuch zu machen, Gefriersamen junger Bullen gegen harte Dollars zu verkaufen. Man wisse von ihnen viel zuwenig. Er meint nun, beim Menschen wäre es vielleicht logischer, »einen bewährten, sechzigjährigen Beschäler zu finden. Zunächst einmal ist er immerhin sechzig Jahre alt geworden, und so wissen wir, daß er keine angeborenen Krankheiten hat. Zweitens hat er Kinder und Enkel, und so können wir sehen, wie sie sich gemacht haben.«

Männer erhalten sich ihre Befruchtungsfähigkeit in beträchtlicher Zahl bis in ihre Achtziger. Idant setzt das Alterslimit bei neununddreißig an aus dem einfachen Grund, daß die möglichen Alterswirkungen auf den Entstehungsprozeß neuen Spermas beim Mann noch nicht genügend erforscht sind.

Andererseits könnten junge Männer und Frauen, die an eine

Fortpflanzung mittels ihres eigenen Saatguts denken, dieses in relativ jungem Alter einlagern. Diesen Vorschlag hat der Genetiker H. Bentley Glass gemacht; der Embryologe Robert T. Francoeur verdeutlichte den Gedanken. Das hätte eine Reihe von Vorteilen. Zum einen würde es mindestens theoretisch das Auftreten bestimmter genetischer Defekte verringern. Bekanntlich ist die Gefahr, ein genetisch defektes Kind zu gebären um so größer, je älter die Frau ist. Da alle Eier, die eine Frau in ihrem Leben erzeugt, schon bei ihrer Geburt vorhanden sind, sind sie genauso alt wie sie selber. Je älter das Ei, desto größer offenbar das Risiko. Es kann daher von Vorteil sein, wenn man die Eier für künftige Verwendung jünger in der Bank einlagert. Im Gegensatz dazu wird das Sperma des Mannes durch einen Herstellungsprozeß erzeugt, der gewöhnlich während des längsten Teils seines Lebens anhält, auch wenn Menge und damit Fruchtbarkeit mit zunehmendem Alter abzunehmen pflegen.

Mehr und mehr Ehefrauen sind heute berufstätig. Das Alter, in dem eine Frau ihr erstes Kind gebiert, wird immer weiter hinausgeschoben, und vielleicht haben wir bald den Punkt erreicht, wo die erste Geburt im Durchschnitt erst stattfindet, wenn die Ehepaare ihre dreißiger Jahre schon erreicht haben. Da zudem immer mehr Leute ein zweites Mal heiraten, kommt es oft noch zu Geburten, wenn die Ehepartner schon in den Vierzigern stehen.

Legten nun die Menschen zur Zeit der Heirat eine Reihe von Samen- und Eiproben in einer Saatbank auf Eis, dann hätten sie größere Aussichten auf eine späte Elternschaft. Sind sie dann fürs erste Kind bereit, holen sie sich ihre Bankeinlage wieder. Ein Ei der Frau wird in ihren Eileiter eingeführt, und die frisch aufgetauten Spermien des Mannes werden in eine Position verbracht, von der aus sie nur einen kurzen Weg bis zur Befruchtung des Eies zurückzulegen haben.

Francoeur macht den revolutionären Vorschlag, Teenager sollten in aller Regel nach Erreichung der Pubertät einen Saatnachschub auf Eis legen. Danach könnten sie ihre jeweiligen Zuleitungen für Ei und Sperma abschnüren lassen.[2] Läßt sich die Entwicklung so weit vorantreiben, daß tatsächlich Gefriersaatbanken die Fruchtbarkeitsingredienzen von Mann und Frau fünfzehn oder zwanzig Jahre lang lagern können, so eröffnet das unglaubliche Perspektiven. Durch Hormone könnten Mädchen zur Superovulation veranlaßt werden, so daß sie ein Dutzend oder noch mehr Eier auf einmal ovulieren. Diese ließen sich dann einsammeln und einfrieren.

In den Völkern des Westens nimmt heute die Mehrheit der jungen Männer und Frauen, ob verheiratet oder nicht, den Geschlechtsverkehr noch vor dem zwanzigsten Lebensjahr auf. Sind nun die Zuleitungsröhren abgeschnürt, dann beeinträchtigt dies das Geschlechtsvergnügen keineswegs. Der eine oder andere Mann könnte allerdings psychologische Komplexe entwickeln, jedenfalls bis diese Praxis gang und gäbe wäre. Der Vorteil aber, so wird argumentiert, läge darin, daß die Leute den Geschlechtsverkehr nur noch zum Vergnügen und als gegenseitigen Liebesbeweis ausüben würden. Die ganze mit der Empfängnisverhütung verbundene Angst und Planerei würde überflüssig. Außerdem käme die – bis heute noch nicht völlig geklärte – physiologische Störung wegen der ständigen Unterbrechung des Hormonzyklus' der Frau infolge der Pille in Wegfall.

Moralisch gesehen würde unter solchen Umständen der Verkehr zwischen Unverheirateten ohne Furcht vor Schwangerschaft zu einer Frage der persönlichen Normen. Generell käme es vermutlich zu einer Vermehrung des Geschlechtsverkehrs etwa zwischen Siebzehnjährigen. Aber schon in den vergangenen zehn Jahren – und wie kurz ist diese Zeit – ist der Verkehr zwischen Teenagern doch schon ziemlich üblich geworden. Beseitigt man die Gefahr der Schwangerschaft, so wäre sogar denkbar, daß der voreheliche Geschlechtsverkehr weniger aus Gründen der Angeberei gepflegt würde – vor allem bei Jungens, die mit ihren Eroberungen prahlen – und daß er mehr zu einem Mittel der Äußerung echter Liebe würde.

PSYCHOLOGISCHE AUSWIRKUNGEN DER KÜNSTLICHEN BESAMUNG

Wissenschaftler haben die Sorge geäußert, die künstliche Besamung mit Hilfe eines fremden Spenders könne bei den Eltern oder beim Kind oder auch bei beiden Narben hinterlassen. Mancher behauptet, das Kind werde ohne ausgeprägtes Identitätsempfinden aufwachsen, weil es nicht wisse, wer sein Vater sei.

In den sechziger Jahren erblickten einige Psychoanalytiker in der Besamung einer Frau mit dem Samen eines anderen Mannes einen harten Schlag für die psychosexuelle Entwicklung des Ehemanns. Einer von ihnen schrieb nach der Beobachtung von fünf gestörten Patienten, die in eine solche Angelegenheit verwickelt waren, dieses Erlebnis könne verdrängte Kastrationsängste wiederbeleben. Denn der Ehemann werde ja eindeutig als der Zeugungsunfähige gebrandmarkt, während bei einer Kindesadoption offenbleibe, an wem es liege, daß die Ehepartner kinderlos blieben. Der Analytiker kam zu dem sehr verallgemeinernden Schluß: »Letzten Endes glaube ich, daß der Entschluß, sich in eine künstliche Besamung mit dem Samen eines fremden Mannes einzulassen, an sich schon auf eine emotionale Störung hinweist.«[3]

Wieder andere gehen davon aus, »das erzeugte Kind« werde viele der Stigmaprobleme mit sich tragen, die ein adoptiertes Kind hat. Einer stellt die Frage, wie Eltern ihr so gezeugtes Kind denn vorstellen würden. Würden sie anstatt »dies ist mein Adoptivkind« etwa sagen, »dies ist mein künstlich empfangenes Kind«? (Warum nicht gleich kurz und bündig »unser AID-Kind«?)

Da das Kind durch wissenschaftliche Handhabung gezeugt wird, halte ich die genannten Besorgnisse für etwas übertrieben. Nehmen wir z. B. das »Stigmaproblem«. Viele bei der Besamung mit Fremdsamen behilfliche Ärzte treffen ausgeprägt dafür Vorsorge, daß die Vaterschaft offenbleibt. Sie drängen beispielsweise darauf, daß das Ehepaar in der Woche, in der die künstliche Besamung stattfindet, mehrmals Geschlechtsverkehr pflegt. Oder falls dies Schwierigkeiten bereitet, vermischen sie auch den Samen des Ehemanns mit dem des Spenders.

In einer Welt häufigen Wohnwechsels und steigender Zweitehen ist auch – wie immer man dazu stehen mag – das Anliegen der Erhaltung »reinen« Familienbluts stark zurückgegangen. Schon ist es bei jungen Leuten Mode geworden, laut zu verkünden, sie würden in jedem Fall nur Kinder adoptieren, denn die Welt sei schon übervölkert genug. (Die Adoption erlaubt der jungen Ehefrau auch die Fortführung ihrer beruflichen Tätigkeit ohne längere Unterbrechung).

Was nun die Behauptung angeht, der Ehemann könnte ein Trauma erleiden, wenn der Same eines anderen Mannes in seine Frau eingeführt werde, so geben mehrere Untersuchungen Anlaß zu einer gegenteiligen Schlußfolgerung. Die Ehemänner erkennen die

Notwendigkeit eines fremden Beitrags an. Und gewöhnlich sehen sie in echter Vaterschaft erheblich mehr als die Lieferung eines erfolgreich befruchtenden Samens.

Der niederländische Sexologe L. H. Levie untersuchte achtundfünfzig Ehepaare (also 116 Partner), die dank fremden Samens zu Kindern gekommen waren. Die Berichte der Paare klangen eher begeistert. Viele Ehemänner äußerten große Freude über ihre AID-Kinder. Auf die Frage: »Hat das Kommen des Kindes Ihre ehelichen Beziehungen beeinflußt?« ging keine einzige Antwort ein, das Verhältnis sei »weniger gut« geworden. Dagegen sagten sechsundvierzig aus, das Verhältnis sei »enger« geworden. Levie schloß daraus, die oft gehegte Meinung, die Fremdbesamung könne eine Ehe gefährden, sei »völlig unbegründet«.[4] Er schränkte dies nur leicht dahingehend ein, daß die Ehepaare, denen man zur Fremdbesamung rate, zunächst schon einmal »sorgfältig ausgewählt« werden müßten. Neigt ein Ehemann ohnehin zur Unsicherheit, dann könnte er auf die Fremdbesamung negativ reagieren. Ein einfühlsamer Gynäkologe sollte dies aber herausspüren können und dem Ehepaar dann lieber Trost als Fremdbesamung anbieten. Ein solcher Ehemann hätte wahrscheinlich ohnehin Schwierigkeiten, sich als richtiger Vater zu benehmen, wie immer die Empfängnis zustande käme.

Rechtsfragen der künstlichen Besamung

In den meisten Ländern gibt es keine ernsten Rechtsprobleme, soweit bei der künstlichen Besamung der Same des Ehemannes Verwendung findet. Hinsichtlich der Fremdbesamung jedoch ist die Rechtslage in den Vereinigten Staaten und anderen Ländern noch im Fluß. Während ich dies schreibe, verweigert Rußland Kindern, die auf diese Weise geboren wurden, noch die Anerkennung. In Deutschland ist die Fremdbesamung legalisiert, doch sind die Spender berechtigt, die Namen der Sprößlinge zu erfahren, die sie gezeugt haben, und sich als ihr Vater auszugeben.[5] In England hat die Feversham-Kommission die Fremdbesamung streng mißbilligt, deren Verbot jedoch nicht empfohlen. Seither ist die Fremdbesamung in England umfangreicher geworden.

In einigen US-Staaten, insbesondere Kalifornien, New York, Georgia und Oklahoma, gelten einer Ehe zugeborene Kinder als ehelich. Dies gilt insbesondere, wenn das Ehepaar regelmäßig Geschlechtsverkehr pflegt. Oklahoma verlangt allerdings die Vorlage von Papieren vor Gericht wie bei einer Adoption. Andere Staaten haben die Verabschiedung von Gesetzen, mit denen die Fremdbesamung legitimiert werden sollte, verweigert. Und in einigen Staaten ist die Fremdbesamung ungesetzlich. In vielen Staaten werden durch Fremdbesamung gezeugte Kinder noch als unehelich und somit nicht erbberechtigt angesehen.

In Cook County, Illinois, und in Ontario in Kanada hat es Gerichtsentscheidungen gegeben, wonach Fremdbesamung als Ehebruch gilt. Im zitierten Fall von Illinois, der 1954 entschieden wurde, äußerte sich der Richter ziemlich unverblümt. Er sagte, künstliche Besamung mit oder ohne Zustimmung des Ehemannes sei »unmoralisch, die Frau eine Ehebrecherin und das daraus entstandene Kind ein Bastard«. Man hat behauptet, er habe sich zum strengen Sprecher einer kirchlichen Auffassung gemacht.

In einigen Staaten haben die Ärzte, die die künstliche Fremdbesamung vornehmen, Angst, den Teil des Geburtsscheins auszufüllen, in dem der volle Name des Vaters verlangt wird. Manche gehen der Schwierigkeit dadurch aus dem Wege, daß sie die werdende Mutter einem anderen Geburtshelfer überweisen.

Läßt sich das Ehepaar mit einem AID-Kind scheiden und kommt es zu Streitigkeiten über Unterhaltsfragen und Besuchsberechtigung, dann kann das ungewöhnlich komplizierte Fragen aufwerfen.

Bis die Rechtslage geklärt ist, sorgen Paare, die es mit Fremdbesamung versuchen, für eine möglichst verschwommene Situation. Sie achten darauf, daß mit dem Samen des Spenders gleichzeitig auch Spermien des Ehemanns im Fortpflanzungsteil der Frau herumschwimmen.

Politische Aspekte der Fremdbesamung

Die Samenbanken haben in den letzten zwei Jahrzehnten die Viehzucht revolutioniert. Insbesondere sind die Zuchtkühe meßbar verbessert worden. Bislang ging es den Leuten, die die Fremdbesamung bemühten, nicht besonders um eine Verbesserung der Menschenzucht. Insgesamt kann sie sich auf längere Sicht in Richtung auf eine Verbesserung bewegen, denn praktisch alle Spender haben eine gewisse Hochschulbildung genossen. Als Gruppe liegen sie erheblich über dem Intelligenzdurchschnitt. Spermenbanken und andere Neuentwicklungen, denen wir uns demnächst zuwenden werden, dürften in einigen Jahren die Konzeption einer verbesserten menschlichen Aufzucht in den Mittelpunkt des Interesses stellen. Der Staat und mächtige Lobbies mögen gar ein Interesse daran haben, die »erwünschten« oder »idealen« Menschen zu definieren, die es aufzuzüchten gelte. Im Augenblick aber beschränken wir unsere Aufmerksamkeit auf die Benutzung von Spendersamen als Hilfe für die menschliche Fortpflanzung ohne Rücksicht auf die Saatqualität.

Dem Ehepaar geht es darum, ein Kind zu haben. Für viele Menschen bleibt die persönliche Fortpflanzung ein tiefes Streben. Die Fremdbesamung bietet der Frau die Möglichkeit der Fortpflanzung und dem Mann die soziale Vaterschaft. Für beide kann dieser Fortschritt in der Technik der menschlichen Fortpflanzung sehr wohl ein Gewinn sein.

Wie aber steht es mit dem Anliegen der Gesellschaft? Ist die Unfruchtbarkeit ein menschlicher Mangel, der nach Abhilfe schreit? Man ist versucht, zu sagen »kaum«, ist doch die Überbevölkerung eines der verzweifeltsten Probleme der Welt.

Gereicht es der Gesellschaft zum Wohle, wenn eine nagelneue Form menschlichen Lebens institutionalisiert wird, der Bürger, dessen Nachkommenschaft zu 50 v.H. anonym ist? Selbst bei unehelichen Kindern weiß die Mutter, wissen oft auch nahe Freunde genau oder doch ziemlich genau, wer der Vater ist. Da die Ärzte heute die Schwangerschaft manipulieren können, ohne daß Sinneslust oder geschlechtlicher Kontakt dazugehört, sollen wir da diesen neuen Typus menschlicher Schöpfung sanktionieren?

Sollen wir in einer ohnehin immer unpersönlicher werdenden Welt der Verunpersönlichung noch Vorschub leisten, indem wir auf breiter Front die Technik der unberührten menschlichen Schwangerschaft dank fremden Saatguts vorantreiben? Eine Reihe Erwachsener, denen gesagt wurde, sie seien adoptiert worden, haben Gerichtsverfahren angestrengt, um die Identität ihrer wirklichen Eltern festzustellen. So klagte eine Frau auf den Fernsehschirmen der Nation: »Ich möchte wissen, wer ich bin, wem ich gleichsehe.« In unseren Tagen lassen sich viele unserer gesellschaftlichen Übel eindeutig auf die wachsende Zerrüttung der natürlichen Familie zurückführen. Sollen wir nun in aller Form Techniken institutionalisieren, die die Bedeutung der herkömmlichen Familie noch weiter schmälern?

Diese Fragen lassen es mir ratsam erscheinen, daß die Gesellschaft die Fremdbesamung mit Vorsicht angeht. Für diesen oder jenen einzelnen mag sie eine gute Sache sein, könnte sich aber in ihrer Gesamtwirkung auf die Gesellschaft als Rückschritt herausstellen.

Wunder kann es immer geben. Geht die Fremdbesamung ausnahmslos mit Vaterbesamung einher, dann braucht sich die Frage der Legitimität niemals zu stellen. Sowohl dem Glück des einzelnen wie dem Interesse der Gesellschaft dürfte am besten gedient sein, wenn man es dabei bewenden läßt. Kurzum, wir brauchen keine neue Form der menschlichen Familie auf der Basis der Fremdbesamung, und wir sollten die Finger davonlassen.

13
DER MENSCH ENTSTEHT IM REAGENZGLAS

> Politisch wie moralisch wird in der ganzen Welt der Teufel los sein.
> – James Watson, Biologe, über die zu erwartende Reaktion auf die Einpflanzung laborgezüchteter Embryos in Mutterleiber

Wovor uns Watson hier warnt, ist in Fachkreisen bekannt als »In-vitro-Befruchtung«, der die »Embryo-Transplantation« folgt. Dieses bedeutet, daß das menschliche Ei mittels eines Spermiums in einem Laboratorium *in vitro* (»im Glase«) befruchtet wird. Man läßt den winzigen Embryo mehrere Tage im Reagenzglas wachsen und verpflanzt ihn dann in die Gebärmutter einer Frau, wo er in natürlicher Weise ausgetragen wird.

Und wie Watson vorausgesagt hat, ist tatsächlich schon der Teufel los gewesen:

– Ein angesehener Frauenarzt am Columbia Presbyterian Medical Center in New York mußte gehen, weil er den Versuch, einer Frau zu einem Kind zu verhelfen, das in seinem Labor gezeugt worden war, zu weit getrieben hatte. Die Frau und ihr Mann strengten gegen einen leitenden Mitarbeiter der Klinik eine Schadenersatzklage über eineinhalb Millionen Dollar an.

– Ein italienischer Wissenschaftler, der behauptet hatte, er habe einen menschlichen Embryo durch Befruchtung im Labor erzeugt und dort einige Wochen lang weiterwachsen lassen, wurde von kirchlicher Seite aufgefordert, seine Arbeit einzustellen. Er tat es, jedenfalls in Italien. Man wollte ihn sogar des Mordes anklagen, weil er das Leben eines Embryos beendet habe.

– Ein weltberühmter britischer Physiologe wurde von einigen seiner Kollegen scharf kritisiert, er stehe den Auswirkungen seines Tuns völlig gefühllos gegenüber.

– Eine Reihe von Forschern soll, um dem Druck auf Einstellung ihrer Experimente zu entgehen, in den Untergrund gegangen sein, um dort ihre Forschung fortzusetzen.

Als ich Anfang Juli 1974 am Manhattanville College in Purchase im Staate New York einer Vortragsreihe über biomedizinische Ethik beiwohnte, erfuhr ich aus dem Munde eines bekannten Chikagoer Anästhesiologen die aufsehenerregende Nachricht, russischen Wissenschaftlern sei es gelungen, drei Säuglinge, die mit Hilfe der Labormanipulation menschlichen Saatguts gezeugt worden seien, bis zur natürlichen Geburt zu bringen. Zum erstenmal hörte ich von einer tatsächlichen Geburt, die ihren Ausgang in einem Laborgeschirr genommen hatte. Der Vortragende fügte hinzu, nach einem ihm bekannten früheren Bericht hätten die Russen zu einem bestimmten Zeitpunkt nicht weniger als 218 Fetusse heranwachsen lassen, die *in vitro* befruchtet worden waren.

Zwei Wochen später las ich, in England habe es kräftigen Ärger gegeben wegen einer scheinbar belanglosen Ankündigung eines Arztes. Er hatte eine Presseverlautbarung herausgegeben, bevor er der britischen Ärztevereinigung ein formelles Papier über die allgemeinen Aspekte der Embryo-Forschung vortrug.

Bei dem Arzt handelte es sich um Douglas Bevis, Professor für Geburtshilfe und Gynäkologie an der Universitätsklinik in Leeds. Bis zu dieser Zeit war er vor allem bekannt als Kapazität für die Biochemie der weiblichen Fortpflanzungsorgane während der ersten Wochen der Schwangerschaft.

Ohne weiteres Aufheben verkündete der hagere Bevis mit sanfter Stimme, drei in einem Labor gezeugte Kinder hätten auf natürliche Weise das Licht der Welt erblickt. Sie seien jetzt zwischen einem Jahr und achtzehn Monaten alt. Sie schienen normal zu sein. Auf weitere eindringliche Fragen deutete er an, daß sich mindestens eines davon in England befinde. Desgleichen ließ er durchblicken, daß er bei ihrer Zeugung und beim Transfer der Embryos die Hand im Spiel gehabt habe.

Bei diesen drei sei die Sache erfolgreich verlaufen, dreißig andere Versuche seien allerdings fehlgeschlagen, sagte er. Und was war mit denen passiert? Waren sie als Mißgestalten geboren oder fehlgeboren worden? Oder hatten sie die Verpflanzung in den Mutterleib nicht lebend überstanden? Seine Antworten auf diese Fragen waren ziemlich einsilbig.

Binnen einer Woche nach dieser Verlautbarung forderte der Medizinische Forschungsrat in Großbritannien die Einstellung der Forschung mit menschlichen Embryos bis zur Klärung der ernsthaften ethischen Fragen, die daraus resultierten. Unterdessen hatten die Herausgeber des amerikanischen Ärzteblatts bereits ein Moratorium aller Experimente mit künftigen In-vitro-Kindern verlangt. Eine englische Sonntagszeitung soll Bevis für die Exklusivgeschichte der »Reagenzglasbabys« £70 000 geboten haben. Bevis klagte, der ganze Rummel habe es ihm unmöglich gemacht, mit seiner Arbeit an der Transferierbarkeit von Embryos fortzufahren. Viele seiner englischen Kollegen schalten ihn, weil er keinen ordnungsgemäßen wissenschaftlichen Bericht vorgelegt habe, anhand dessen man seine Behauptung hätte nachprüfen können. Einige äußerten sich skeptisch, andere waren entrüstet. Bevis sagte, er fühle sich gehalten, keine Einzelheiten mitzuteilen, weil dies die Intimsphäre der drei Mütter verletzen würde, fügte aber hinzu, zu gegebener Zeit werde er einen offiziellen Bericht über die Experimente vorlegen.

Bevis' Ankündigungen waren ein ziemlicher Schock für die Wissenschaftler in mehreren Ländern, die an Reagenzglasbefruchtung arbeiteten. Man hatte Bevis nicht zu den Pionieren gezählt, obwohl bekannt war, daß er auf diesem Gebiet gearbeitet hatte. Viel bekannter waren zwei seiner Landsleute – der Physiologe R. G. Edwards von Cambridge und sein Partner Patrick Steptoe, Geburtshelfer am Oldham General Hospital. Sie hatten massive Zuwendungen bekommen. Hunderte von Frauen hatten sich ihnen freiwillig für Versuche zur Verfügung gestellt. Und ihre Bemühungen hatten breite Aufmerksamkeit gefunden. Auf Bevis' Ankündigung seiner erstaunlichen Leistung reagierte Steptoe kritisch und skeptisch.

Edwards, Steptoe und ihre Mitarbeiter wußten um die Größenordnung des Problems. Eine gelungene In-vitro-Befruchtung und anschließende erfolgreiche Verpflanzung des Embryos in die natürliche Gebärmutter ist ein ganz gewaltiges Unterfangen. Hier nur einige der dabei zu überwindenden Probleme:

1. Zunächst muß man das menschliche Ei gewinnen, das verwendet werden soll. Das Ei muß sich gerade anschicken, den Eierstock zu verlassen, um sich auf die langsame Reise durch den Eileiter zu begeben. Bei ersten Menschenversuchen wurde das Ei einer eben Verstorbenen oder aber während einer gynäkologischen Operation entnommen, bei der der Eierstock geöffnet wurde. In den sechziger Jahren entwickelten Steptoe und Edwards ein Zweiphasenverfahren, mit dem sich dieses Problem einfacher lösen ließ. Dabei wurden der Frau Geschlechtshormone zugeführt. Dadurch ergab sich eine Prachternte von einem Dutzend oder noch mehr fast reifer Eier, die im Eierstock gleichzeitig erzeugt wurden. Daraufhin holte sich Steptoe die Eier heraus, indem er über zwei winzige Einschnitte durch den Unterleib der Frau bis zu einem Eierstock vordrang. In den einen Schlitz steckte er ein langes, dünnes Beleuchtungsteleskop. Durch den anderen Schlitz kam eine schmale Saugvorrichtung. Nun ließen sich mehrere Eier heraussaugen und in ein winziges Laborgeschirr verbringen.
2. Selbst wenn man das Ei mit Tausenden Spermien umgibt, wird es erst befruchtet, wenn das erfolgreiche Spermium zuvor einer Chemikalie ausgesetzt war, die sich in dem Eileiter der Frau befindet (entdeckt hat das M. C. Chang an der Stiftung für Experimentelle Biologie in Worcester, Massachusetts).
3. Hat die Befruchtung stattgefunden, so spalten und vermehren sich die Zellen nur bei Vorhandensein des genau richtigen Nährbodens. Und die Zusammensetzung des Nährbodens muß Stunde für Stunde präzise dem entsprechen, was die Biochemie des sich im Wachsen verändernden Embryos verlangt.
4. Ehe nun der heranwachsende Embryo mit irgendeiner Aussicht auf Erfolg in die Gebärmutter der Frau übertragen werden kann, muß er auf Normalität der Chromosomen untersucht werden. Dazu muß man ihn handhaben, und das kann Schädigungen verursachen.
5. Der Transfer selbst, bei dem man natürlich wiederum mit dem Embryo in Berührung kommt, muß nun exakt auf den Zeitpunkt abgestellt werden, zu dem das befruchtete Ei in die Gebärmutter gelangen würde, wäre es über den Eileiter gekommen. Normalerweise braucht das Ei fünf Tage für die Reise.

6. Der Embryo muß sich nun in die lebenspendende Gebärmutterwand einnisten, ehe der Spülstrom der Menstruation einsetzt. Dies hat sich als beträchtliche Hürde erwiesen.

Stellt sich die Frage: Wozu all diese Mühen und Gefahren, wo doch die Natur seit Millionen Jahren recht gut funktioniert?

Manche Forscher erklären, sie wollten lediglich mehr über den Empfängnisvorgang in Erfahrung bringen und hofften dabei Anhaltspunkte für eine einfachere und weniger umständliche Empfängnisverhütung finden zu können. Eine ideale Form der Empfängnisverhütung könnte das Einspritzen von Antikörpern sein, die das ovulierte Ei umgeben und das Eindringen von Spermien verhindern. In der Juliausgabe 1976 der »Berichte aus der Nationalakademie der Wissenschaften« stand zu lesen, Tierversuche stützten diese Möglichkeit. Der Schutz halte bis zu einem Jahr lang an. Und offenbar gebe es keine Nebenwirkungen. Die Forscher sagen, sie hofften überdies in Erfahrung zu bringen, warum es zu Mißbildungen kommt, wenn die Mutter während der ersten Wochen des Embryowachstums einer Strahlung ausgesetzt ist oder bestimmte Medikamente einnimmt.

Manche Forscher aber erklären ohne Umschweife, sie wollten die in ihren Reagenzgläsern gezeugten Kinder auch heranwachsen sehen. Edwards sagt dazu: »Zum erstenmal in der Geschichte der Menschheit lösen wir vorsätzlich eine Embryoentwicklung außerhalb der Mutter aus in der Absicht, daß die Mutter das Kind schließlich austrägt.«

Als Grund nennt er u. a., er wolle die Leiden unfruchtbarer Paare beheben. Etwa 5 v. H. aller Frauen sind empfängnisunfähig, weil ihre Eileiter blockiert sind. Verbreitete Ursachen sind Beckeninfektionen wie z. B. Gonorrhöe. Edwards bemerkt des weiteren, mit dem Reagenzglas lasse sich vielleicht auch das Problem des Ehemanns lösen, der unfruchtbar sei, weil sein Spermienquantum zu niedrig ist. Man spart sich das lange Wettrennen der Spermien hinauf durch den Fortpflanzungstrakt der Frau, indem man mit einem Tropfenzähler Abertausende Spermien in unmittelbarer Nachbarschaft des Eies absetzt.

Weniger oft geäußerte Ansichten, die aber häufig bei den Forschern Pate stehen, sind die Geschlechts-Vorausbestimmung im Reagenzglas und das Zusetzen von Spenderzellen bei der Empfängnis im Hinblick auf eine Verbesserung des genetischen Rüstzeugs der Nachkommenschaft. Letzteres hört man am häufigsten im Zusammenhang mit der Qualitätsverbesserung bei Tieren.

Die Forschungsarbeit mit Reagenzglasbefruchtung und Embryoverpflanzung beim Tier ist weiter fortgeschritten als beim Menschen.

Im Reagenzglas gezeugte Tiere

In den fünfziger und sechziger Jahren haben die Tierforscher sehr lange arbeiten müssen, bis es ihnen gelang, die Nährsubstanzen zu finden, die eine Reagenzglasbefruchtung wenigstens bei einigen Tieren zuließen. Was sie entdeckten, kam später jenen zugute, die mit menschlichem Saatgut experimentierten.

Die wohl wichtigste Tierforschung in den Vereinigten Staaten fand am Jackson-Laboratorium in Bar Harbor, Maine, an der Johns-Hopkins-Universität und – vielleicht ausschlaggebend – an der Medizinischen Fakultät der Universität von Pennsylvania statt. Das erste im Glas gezeugte Tier war anscheinend ein Kaninchen. Ihm folgten Hamster und Maus, später Katze, Meerschwein und Ratte, so jedenfalls sagt uns der Biochemiker B. G. Brackett von der Universität von Pennsylvania.[1]

Brackett und seine Kollegen haben in ihrem »Gebärmutterzimmer« viele Dutzend Kaninchen vom Reagenzglas in die Gebärmutter verpflanzt. Und dort reifen die Embryos ihrer normalen, natürlichen Geburt entgegen. Nach Bracketts Aussagen ist dies sowohl mit Kaninchen als auch mit Mäusen geschehen. Dennoch gelangt nur jedes zehnte zur Befruchtung eingebrachte Kaninchen- oder Mäuseei bis zur Lebendgeburt.[2]

Die Eier großer Haustiere ließen sich im Glas viel schwerer befruchten. Wir werden aber später noch sehen, daß sich vielzellige Embryos, die man Zuchttieren lebend entnimmt, heute ohne weiteres zwei oder drei Tage lang künstlich am Leben erhalten und danach Muttertieren einpflanzen lassen.

Sehr deprimierend für den kritischen Betrachter aber ist die Tatsache, daß es bei den näheren biologischen Verwandten des Menschen praktisch noch keinen Erfolg gegeben hat, nicht einmal bei Primaten wie Kleinaffen. Und mit Großaffen, die biologisch von allen Tieren dem Menschen am nächsten stehen, sind noch fast keine Versuche irgendwelcher Art unternommen worden. Schimpansen sind teuer. Und die Technik der Superovulation und des Aberntens ihrer Eier ohne Schaden für die Tiere im Hinblick auf weitere Experimente hat sich als ungewöhnlich enttäuschend erwiesen. Auch bei anderen Primaten gab es keine Erfolge.

Pioniere der Laborschöpfung potentieller Menschen

Gemeinhin schreibt man dem englischen Forscherteam Edwards, Steptoe und ihren Mitarbeitern 1969 die erste gelungene In-vitro-Befruchtung zu. Dies ist vor allem darauf zurückzuführen, daß sie die Frühstadien der Befruchtung sehr ausgiebig dokumentiert haben. Vorher schon hat es eine Reihe möglicher oder wahrscheinlicher Erfolge gegeben.

Bereits 1944 versuchte sich John Rock, der Code-Entdecker der Pille, an der Reagenzglasbefruchtung als Teil seiner Erforschung des Spermien- und Eiverhaltens. Er berichtet von einigen wenigen Fällen, in denen er beobachtet habe, wie ein Spermium offensichtlich ein Ei befruchtete und sich das Ei später tatsächlich spaltete. M. C. Chang hat dies mit einem Fragezeichen versehen. Er wies darauf hin, wenn man ein menschliches Ei dem Körper entnehme und es in einem Nährgeschirr lasse, dann zeige es als Teil des Absterbeprozesses Anzeichen der Spaltung.[3]

1959 nahm eine verwirrende Reihe von Ereignissen ihren Ausgang in Italien und wurde in Rußland weitergeführt. Der Physiologe Daniele Petrucci von der Universität von Bologna berichtete, nach vierzig Fehlschlägen sei es ihm gelungen, ein menschliches Ei *in vitro* zu befruchten und den Embryo einige Wochen lang künstlich am Leben zu erhalten (offenbar machte er nicht den Versuch, sein Geschöpf in eine menschliche Gebärmutter zu verpflanzen). Viele Wissenschaftler standen Petruccis Erfolgsmeldung skeptisch gegenüber.

Man nahm ihn aber doch ernst genug, daß ihn der Vatikan zu einer Zusammenkunft rief und als guten Katholiken zur Einstellung seiner Experimente ermahnte. Wenige Monate später kündigte er auch tatsächlich die Einstellung der Versuche an. Noch etwas später allerdings wurde er zweimal nach Moskau gerufen, um sich dort ausgiebig mit den Mitarbeitern des Instituts für Experimentelle Biologie zu unterhalten. Auch sie arbeiteten an der Reagenzglaszeugung von Kindern.[4]

Begründetsten Anspruch darauf, dem englischen Team Edwards, Steptoe et al. zuvorgekommen zu sein, könnte der Geburtshelfer Landrum B. Shettles aus New York erheben. Er gehört zu den Giganten der Fortpflanzungsbiologie. Dabei ist er keineswegs ein Riese an leiblichem Wuchs, sondern ein schmächtiger, liebenswürdiger Mensch bescheidener Herkunft, der kein Blatt vor den Mund nimmt. Im Gespräch nennt er die Gonorrhöe bei ihrem erdnahen, volkstümlichen Namen Tripper. Und von Edwards spricht er nicht gerade immer nur in ehrfürchtigem Ton.

Shettles kam den Engländern ganz gewiß zuvor mit der Anschlußaktion der Einnistung eines im Reagenzglas gezeugten menschlichen Embryos in die Gebärmutterwand einer natürlichen Mutter.

Wie aber steht es mit der Befruchtung als solcher?

Shettles war siebenundzwanzig Jahre lang Professor an der medizinisch-chirurgischen Fakultät der Columbia-Universität. Er sagte mir, schon 1951 sei ihm die In-vitro-Befruchtung gelungen. Während der fünfziger Jahre machte er Phasen-Mikrophotographien von laborgezeugten Embryos. Damit ließen sich viele Wissenschaftler überzeugen, daß es ihm gelungen sei, einen einzelligen menschlichen Embryo in seinem Labor zu züchten. Seine Bilder findet man in rund fünfundsiebzig medizinischen Lehrbüchern; in riesiger Vergrößerung wurden sie im Amerikanischen Museum für Naturgeschichte ausgestellt.[5]

Sie blieben dort ausgestellt und sind in einer Reihe anderer Museen zu sehen, so auch in der Moskauer Akademie der Wissenschaften. Meinem Laienauge scheinen sie sehr eindrucksvoll.

Einige Spezialisten aber waren alles andere als überzeugt. Immerhin war es möglich, daß das Ei ohne Hilfe eines männlichen Spermiums durch irgendeinen Zufallsfaktor zur Spaltung und Zellvermehrung veranlaßt worden war. Man nennt das Parthenogenese oder Jungfernzeugung. Sie ist keineswegs wundersamer Natur.

Nach einem Bericht pflanzte Shettles schon 1963 Frauen experimentell reagenzglasgezeugte Embryos ein.[6] Er erwähnte mir gegenüber, etwa um 1968 habe er die Überzeugung erlangt, daß er die Einpflanzung voll beherrsche. Er sagte, er nehme von dem Implantat in der Gebärmutter ein Bild auf, behalte »es jedoch für sich«. Die Implantation sei ohnehin ein sehr empfindliches Thema.

Im Januar 1971 brachte die britische Zeitschrift *Nature,* die zu den achtbarsten Wissenschaftsblättern der Welt gehört, einen ausführlichen bebilderten Bericht Shettles' über seine Erfahrungen beim Einholen und Befruchten eines menschlichen Eies in vitro, das dann in künstlicher Nährlösung heranwächst, bis es zur Einpflanzung bereit ist (nämlich nach fünf Tagen, wenn es sich zum Hundertzeller entwickelt hat). An diesem kritischen Punkt ist ein Embryo kugelförmig und unter der Bezeichnung Keimbläschen bekannt. Der Grund, weshalb die Einpflanzung nicht stattfand, lag nach seinen Worten darin, daß die Frau, der das Ei entnommen worden war, sich gerade von einer umfangreichen gynäkologischen Operation erholte. (Möglicherweise hat er das Projekt bewußt so aufgezogen, daß es vor der Implantation beendet werden mußte. Im Kreise seiner Kollegen war umstritten, ob es klug von ihm war, das Experiment überhaupt zu beginnen.)

Noch im gleichen Jahr berichtete eine amerikanische Veröffentlichung, Shettles habe seine Wundertat wiederholt, sei dann aber weitergegangen und habe einer Frau den Embryo tatsächlich eingepflanzt. Die Einpflanzung soll in einer Frau (nicht der natürlichen Mutter) erfolgt sein, die zwei Tage später zu einer Hysterektomie anstand. Die Operation wurde ordnungsgemäß vorgenommen, und der Embryo schien normal weiterzuwachsen.[7]

Später beschrieb Shettles dieselbe Implantation auf einem Symposium, über das die Novemberausgabe 1973 des *Journal of Reproductive Medecine* berichtete. Shettles sagte demzufolge, der Embryo »nistet ordnungsgemäß. Er bestand zu diesem Zeitpunkt aus mehreren hundert Zellen; Gegenindikationen gegen eine Weiterentwicklung waren nicht erkennbar.« Die Menstrualzyklen der beiden beteiligten Frauen seien mit Hilfe von Hormonen synchronisiert worden.

Zwei Tage sind allerdings bei weitem noch keine volle Schwangerschaft.

Was ich an Dokumentation zu dieser Frage zusammengetragen habe, veranlaßt mich zu dem Schluß, wem immer man die erste In-vitro-Befruchtung zuschreiben mag, gebühre Shettles jedenfalls in einem Punkt ein »Erstlingsrecht«: Er war offenbar der erste Forscher der westlichen Welt, der im Detail die Einpflanzung eines *in vitro* gezeugten Embryos in eine Gebärmutter beschrieben hat. (Was die Russen machten, steht auf einem anderen Blatt.)

1973 kam Shettles mit seinen Pioniertaten in ziemliche Schwierigkeiten. Noch am Columbia Presbyterian Medical Center tätig, versuchte er, einer aus Florida stammenden unfruchtbaren Frau zu einem Kind zu verhelfen. Ihre Eileiter waren blockiert. Er ließ von einem Chirurgen ein Ei der Frau holen und setzte dieses *in vitro* den Spermien ihres Ehemannes aus. Bald darauf – so Shettles – requirierte sein Vorgesetzter in der Klinik die Probe. Damit war an eine Einpflanzung natürlich nicht mehr zu denken. Der Vorgesetzte meinte, es sei zwar nichts dagegen einzuwenden, daß man mit der Befruchtung Versuche mache, aber es sei noch viel zu früh, die Einpflanzung eines Embryos zu wagen, der ausgetragen und natürlich geboren werden könnte. Die Arbeiten an Primaten seien noch keineswegs ausreichend, um irgendwelche Schlüsse über Risiken möglicher Mißbildungen zu ziehen. Außerdem, so meinte er, wie läßt sich von einem Fetus einsichtige Zustimmung erlangen? (Der Verhaltenskodex der medizinischen Forscher verlangt – allerdings mit nicht ganz präziser Formulierung – die ausdrückliche Zustimmung einer menschlichen Versuchsperson, bevor ein Experiment beginnen darf. Ist ein Fetus menschlich? Wenn ja, ab wann? Selbstverständlich kann im Falle eines Fetus die Zustimmung nur von den Eltern kommen.)

Shettles fühlte sich gezwungen zu kündigen. In der weiteren Folge verklagte das betroffene Ehepaar seinen Vorgesetzten mit der Begründung, er habe sie ohne ihre Zustimmung der Möglichkeit beraubt, ein Kind zu haben. Während ich diese Zeilen schreibe, steht der Fall demnächst zur Verhandlung an, wobei Shettles als Schlüsselzeuge auftreten wird.[8]

Danach wurde Shettles Forschungsleiter bei der New Yorker

Stiftung für Fruchtbarkeitsforschung. Seit Juli 1975 setzt er seine Versuchsreihen an der Gifford-Memorial-Klinik in Randolph, Vermont, fort, wo er als Leiter der Abteilung Obstetrik und Gynäkologie fungiert.

Ich selbst habe einen Arzt bei einer Konferenz öffentlich erklären hören, Shettles sei in der Embryo-Forschung »in den Untergrund« gegangen. Als ich nach Shettles' Aktivitäten in der Embryoforschung noch während seiner Zeit an der Stiftung für Fruchtbarkeitsforschung fragte, murmelte der Arzt, »dazu möchte ich nichts weiter sagen«. Inzwischen sagte mir Shettles, daß er sehr stark mit der Embryo-Transplantationsforschung und mit der Geschlechtsvorausbestimmung von Kindern beschäftigt sei.

Seine Anwesenheit an der Vermonter Klinik hat sich herumgesprochen, und die Klinik ist zu einem kleinen Mekka für unfruchtbare Frauen geworden. Man hat ihm zugesichert, daß er seine Arbeit in der In-vitro-Befruchtung und Embryotransplantation ungehindert fortsetzen dürfe. Kurz bevor dieses Buch in Druck ging, sagte mir Shettles, er sei jetzt fast so weit, daß er wieder einer unfruchtbaren jungen Frau mittels der revolutionären neuen Methode zu einem Kind zu verhelfen versuchen könne.

Was er von der Ankündigung Bevis' von 1974 über die drei anscheinend normalen Reagenzglasbabys halte? Seine Antwort: Anhand seiner eigenen Arbeiten mit mehr als zweitausend menschlichen Eiern habe er keinerlei Zweifel, daß Bevis – und möglicherweise noch andere in der Welt – »es geschafft« hätten.

Und laut vor sich hindenkend:

»Wäre ich damals in den fünfziger und sechziger Jahren voll rangegangen, dann hätte ich der Katze schon den Balg über den Kopf gezogen gehabt, bevor es zum jetzigen Aufruhr kam.«

Unterdessen hat 1973 an der Queen-Victoria-Klinik im australischen Melbourne ein Ärzteteam von acht Personen einer Frau einen sehr jungen Embryo eingesetzt, der offenbar neun Tage lang lebensfähig geblieben ist.[9]

Im gleichen Jahr gelang es der Edwardsgruppe in England, *in vitro* befruchtete Eier zum Weiterwachsen in Gebärmütter zu bringen, allerdings nicht länger als einundzwanzig Tage lang. Vier Monate bevor Bevis die wissenschaftliche Welt mit seiner Ankündigung der drei natürlichen Menschengeburten aufrüttelte, war in der *Quarterly Review of Biology* nachstehende entmutigende Feststellung des gewöhnlich so kühnen und kühl-selbstsicheren Edwards zu lesen:

»Zur Zeit dürfte keine Aussicht auf einen ernsthaft erfolgreichen Versuch der Aufzucht menschlicher Embryos mittels In-vitro-Einpflanzung über die Keimblasenphase hinaus bestehen, und jede Behauptung, daß dies gelungen sei, kann eindeutig als falsch beiseite getan werden.«

Nun ist es natürlich möglich, daß Bevis' Babys einer genauen wissenschaftlichen Prüfung, sofern sie möglich würde, nicht standhielten. Eine vorsichtige Spekulation geht dahin, Bevis selbst könnte sich getäuscht haben. Frauen sind nicht nur wegen blockierter Eileiter unfruchtbar. Eine Deutung besagt, wenn er seine Eier dadurch gewonnen habe, daß er den Frauen Hormone eingab, damit sie gleich mehrere fast-reife Eier in den Eierstöcken entwickelten, könnten die Hormone irgendwie die Sterilität der drei Frauen durchbrochen haben. In diesem Fall wäre immerhin denkbar, daß ihre Kinder trotz der Implantate das Ergebnis gewöhnlicher Schwangerschaft infolge Geschlechtsverkehrs seien. Da müßten allerdings ziemlich viele Zufälle zusammengetroffen sein. Doch erst die Zeit wird uns weiteres lehren.

Zwei Jahre nach der nicht näher belegten Ankündigung von Bevis fand sich im *Ob. Gyn. News,* einer Fachzeitschrift für Geburtshelfer und Gynäkologen, im Juni 1976 diese interessante Überschrift: »ERSTE BELEGTE SCHWANGERSCHAFT AUS IN-VITRO-BEFRUCHTUNG GELUNGEN«.

Raten Sie mal, wem? Steptoe und Edwards. Sie erklärten, nach vierzig Versuchen sei ihnen endlich eine Einpflanzung gelungen. Der Embryo habe neun Wochen gelebt. Von der Gebärmutterrückwand, wohin sie ihn eingesetzt hatten, sei der Embryo irgendwie in die Öffnung des teilverstopften Eileiters hochgewandert. Dort sei die Umgebung möglicherweise günstiger. Von jetzt an würden sie tiefer in der Gebärmutter implantieren. Das Ganze sei »sehr ausgiebig dokumentiert«, im übrigen arbeiteten sie derzeit mit mehreren weiteren Frauen an einem Versuch, eine dauerhafte Schwangerschaft zu schaffen.

Während Edwards in Cambridge alle Mühe hatte, einen implantierten menschlichen Embryo am Leben zu halten, revolutionierte ganz in der Nähe ein anderer Wissenschaftler, L. E. A. Rowson, die Viehzucht. Für Rowson ist die Embryo-Verpflanzung (allerdings *nicht* unter Verwendung *in vitro* befruchteter Implantate) kein Problem mehr. Vor rund fünfundzwanzig Jahren begann er mit der Aufstellung einer Spezialistenmannschaft auf dem Versuchsgut des Agrarforschungsrates nahe Cambridge. 1957 war seiner Gruppe die Verpflanzung des ersten *natürlich gezeugten* Schafes von einem Mutterschaf in ein anderes gelungen. Das war aber keineswegs die erste erfolgreiche Transplantation bei Haustieren. Diese war vielmehr offenbar mit einem natürlich-befruchteten Kuhei von E. L. Willett und seinen Mitarbeitern an der Universität von Wisconsin 1953 vollzogen worden.[10] Rowsons Gruppe gelang jedoch eine Reihe aufsehenerregender Erstversuche.

Ich habe schon darauf hingewiesen, daß sich die In-vitro-Befruchtung von Vieheiern als äußerst schwierig herausgestellt hat. Dem Viehzüchter ist aber die Reagenzglasbefruchtung ziemlich uninteressant. Die medizinische Rechtfertigung der Korrektur der Unfruchtbarkeit beim Menschen spielt für den Viehforscher keine besondere Rolle. Ihm geht es vielmehr um die Verbesserung der Produktion und Aufzucht durch glatte Verpflanzung normal befruchteter Eier (worunter man heute die Handeinspritzung des Stiersamens in die Kuh versteht).

Dank künstlicher Besamung kann ein reinrassiger Zuchtstier Tausende von Kühen schwängern. Damit pflanzt man aber nur die Hälfte einer Reinzucht fort. Wenn nun reinrassige Zuchtkühe Eier massenproduzieren könnten, die dann künstlich besamt würden, ergäben sich höchst interessante Möglichkeiten. Normalerweise kann eine Kuh, wie reinrassig sie auch ist, in ihrem Leben nur sieben- oder achtmal kalben. Einen Großteil ihrer Lebenszeit verbringt sie als Brutkasten. Lassen sich nun ihre befruchteten und hundertprozentig reinrassigen Eier zur Inkubation auf gewöhnliche Kühe verpflanzen, dann kann sie ihre Zeit viel produktiver zur Eierzeugung nützen. Und wenn sie nun nicht nur wie üblich jeweils bloß ein einziges Ei ovuliert, sondern immer gleich dreißig, dann wird die Sache noch toller. Die hormonverursachte Superovulation gestattet einen solchen Eierstrom. Eine reinrassige Zuchtkuh könnte also Hunderte von Sprößlingen haben.

Eben das erreichen die Züchter in vielen Ländern nicht nur mit Kühen, sondern auch mit Schafen und Schweinen. Die befruchteten Eier (oder Embryos) werden herausgeschwemmt und transplantiert.

Ein ziemliches Problem war der Transport der befruchteten Vollzuchteier über größere Entfernungen, z. B. in Gebiete, wo die betreffende Rasse selten anzutreffen ist. Rowson und seine Cambridge-Gruppe lösten dieses Problem auf eine Weise, die die Reproduktivbiologen von den Stühlen riß. Zunächst stellten sie in Versuchen mit verschiedenen Tierarten fest, daß die Ersatzmutter keineswegs der gleichen Rasse angehören mußte wie die Eierlieferantin. Dann verschickten sie 1962 per Düsenmaschine Eier von reinrassigen Border-Leicester-Schafen nach Südafrika. Und worin waren die Eier zum Versand verpackt? In den Eileitern lebender Kaninchen! Das untere Ende des Eileiters war mit Watte zugestopft.

Diese befruchteten Eier wuchsen während der Reise normal weiter. In Südafrika wurden sie den Kaninchen entnommen und auf chirurgischem Wege in die Gebärmutter von zwei weiblichen Schafen einer völlig anderen Rasse – Dorpers – eingesetzt. Die Dorpers waren hormonal schwangerschaftsbereit gemacht worden. Als die Zeit reif war, gebaren die Dorpers zwei ganz normale Lämmlein reinster Border-Leicester-Rasse!

1964 kam aus Japan die Kunde einer wichtigen Verbesserung. Forscher einer dortigen Versuchsstation für industrielle Viehzucht hatten ein Verfahren entwickelt, bei dem für die Verpflanzung kein chirurgischer Eingriff mehr erforderlich war. Sie verwendeten Kohlendioxydgas zur Ausweitung der Gebärmutter während der Einpflanzung. Das geschah an Kühen.

Etwa zur selben Zeit berichtete ein Amerikaner namens E. S. E. Hafez, der an der Washington State University seine Forschung betrieb, von Versuchen, bei denen Kühe hormonal zur Superovulation gebracht und die resultierende Vielzahl von Eiern in einem einzigen Kaninchen verstaut wurde. Bald prophezeite Hafez, es werde nicht mehr lange dauern und man könne eine ganze Herde reinrassiger

Kühe in Form befruchteter Eier in einem einzigen Kaninchen über den Atlantik fliegen und in Kühe einpflanzen.

Es blieb Rowson und seiner Cambridge-Gruppe überlassen, diese Prophezeiung der Verwirklichung ziemlich nahe zu bringen. 1971 spülten sie aus sieben hormonal behandelten Jungkühen achtundvierzig befruchtete Kuheier heraus. Diese wurden mehrere Tage lang in Kaninchen verpackt. Von den den Kaninchen wieder entnommenen Eiern erschienen vierunddreißig normal. Ausgewählte Eier dieser Probe wurden auf zwölf Jungkühe übertragen, die ziemlich gleichzeitig mit den Spenderkühen brünstig zu werden versprachen. Elf Kälber wurden geboren.[11] Rowson gelangte zu dem Schluß, wenn der Brunstansatz bei beiden Jungkühen genau synchron verlaufe, lasse sich eine erfolgreiche Schwangerschaftsrate von nahezu 90 v. H. erzielen.

Die Idee der Einlagerung von Kuheiern in Kaninchen ist ganz reizvoll, ermangelt aber noch der kommerziellen Praktikabilität. Die Einlagerung ist auf wenige Tage begrenzt. Trotz vieler Enttäuschungen versuchen die Forscher alles Erdenkliche, um Eier oder Embryos einzufrieren. Tiefgekühlt wären sie unbegrenzt haltbar – auch wenn die Spenderin schon gestorben ist.

Beim Einfrieren von Embryos ist ganz wie beim Einfrieren einzelner Eier das Hauptproblem, daß sich keine Eiskristalle bilden dürfen. 1973 gelangen zwei wichtige Durchbrüche, beide an der Cambridge-Universität. Die beiden Hauptforscher waren Ian Wilmut, Mitglied von Rowsons Mannschaft, die von der Regierung finanziert wurde, und D. G. Wittingham, ein Mitarbeiter Edwards' am Physiologischen Labor der Universität Cambridge. Sie konnten sich mit einer fast neunzigprozentigen Überlebensrate bei tiefgekühlten Mäuseembryos brüsten, indem sie ein Gefrierschutzmittel, Dimethylsulfoxyd, benutzten. Diesen Prozentsatz erreichten sie bei sehr jungen (höchstens achtzelligen) Embryos. Das Einfrieren und Auftauen muß sehr langsam vorgenommen werden. In jüngerer Zeit hat Wittingham die Überlebensrate auf fast 100 v. H. gesteigert, doch war ihm nur bescheidener Erfolg beschieden, wenn er versuchte, die aufgetauten Embryos in der Gebärmutter zum Weiterwachsen bis zum Fetalzustand (zwölf Wochen) zu bewegen. Besser ist das Ergebnis, wenn er die aufgetauten Embryos einen Tag lang in eine Nährlösung legt, bevor er die Einpflanzung vornimmt.

Der andere Durchbruch war die erfolgreiche Einsetzung von Embryos, die vor der Einpflanzung sechs Tage lang tiefgekühlt waren. Bei dem Versuch wurden dreizehn aufgefrorene Embryos ebenso vielen Kühen eingepflanzt. Zwei wurden ausgetragen und geboren – ausgelassene Stierkälbchen. Während Mäuseembryos nur zu überleben scheinen, wenn sie nur wenige Zellen haben, wurden die erfolgreichen Kalbstransplantate mit Embryos vorgenommen, die schon zu einer mehrhundertzelligen Blase herangewachsen waren. Langzeituntersuchungen haben begonnen, damit festgestellt werden kann, ob die Benutzung eines Gefrierschutzmittels ernsthafte Nebenwirkungen zeitigt.

Wenig Glück war den Forschern bislang beim Einfrieren menschlicher Embryos beschieden. Doch haben mir sowohl Landrum Shettles wie Joseph Feldschuh versichert, daß es durchaus machbar sei. Andere sagen voraus, das Einfrieren menschlicher Embryos werde binnen sehr weniger Jahre möglich werden. Unterdessen fangen Wissenschaftler vielleicht schon an, Übung in der Lebenderhaltung von Embryos zu erlangen, indem sie kleine Menschenembryos in die Eileiter von Kaninchen einlagern. (Im nächsten Kapitel werden wir uns überraschenden Möglichkeiten zuwenden, die sich eröffnen, wenn es gelingt, Menschenembryos von einer Frau auf eine andere zu übertragen.)

Rechtsfragen des Ansatzes von Menschenleben im Reagenzglas

Der Vatikan hat sich auf den Standpunkt gestellt, das menschliche Leben beginne mit der Befruchtung des einzelligen menschlichen Eies. Damit wäre alles, was ein Wissenschaftler unternähme, um das Reagenzglas-Experiment mit einem lebensfähigen Embryo zu beenden, ungesetzlich und setzte ihn theoretisch der Anklage der Tötung aus. Es ist allerdings zweifelhaft, ob ein bürgerlicher Ankläger jemals einen Wissenschaftler vor Gericht bringen würde, weil er einem sechzehnzelligen Fleckchen den Garaus gemacht hat, auch wenn es die Anlage eines ganzen Menschenlebens in sich trägt.

Nach drei Monaten der Schwangerschaft, wenn der Embryo den Namen Fetus erhält und menschliche Gestalt angenommen hat, dürfte er allerdings Anrecht auf gesetzlichen Schutz haben.

In einigen Staaten sind Versuche mit Fetussen gesetzlich verboten. Wird als Ergebnis eines Experiments ein defekter Mensch – von einem Ungeheuer ganz zu schweigen – geboren, könnte der Wissenschaftler auch einer Schadensersatzklage seitens der Eltern ausgesetzt sein.

Edwards, der diesen Dingen verständlicherweise ziemlich genau nachgegangen ist, scheint sich nach englischem Recht einigermaßen sicher zu fühlen. Die Kläger, also die Eltern, müßten nachweisen, daß ein bestimmtes Handeln des ärztlichen Wissenschaftlers den Defekt unmittelbar verursacht hat. Vermutlich würden Sachverständige als Zeugen aussagen, allfällige Risiken seien nicht unverhältnismäßig gewesen. Edwards bemerkte, in einigen Ländern – so z. B. in den Vereinigten Staaten – gehe die Beweislast auf den Angeklagten über, wenn »übermäßig gefährdende Aktivität« vorliege.[12]

Als weitere denkbare Gefahr erwähnte er auch, ein Kläger könnte behaupten, das Experiment sei ohne ausreichende vorausgegangene Tierversuche durchgeführt worden. Er schloß dies aber aus mit der Bemerkung, »die bereits an Tieren durchgeführten Forschungsarbeiten dürften dieses Argument als nicht stichhaltig erscheinen lassen«.

Das ist ziemlich überraschend, wenn man bedenkt, daß an nichtmenschlichen Primaten praktisch nichts erforscht worden ist. Wäre der übliche wissenschaftliche Weg beschritten worden, so wären mindestens ein paar Dutzend Kleinaffen und zwanzig Schimpansen als Ergebnis einer Reagenzglasbefruchtung geboren worden, ehe man irgendwelche Versuche mit menschlichen Embryos unternommen hätte. Und nach ihrer Geburt hätte man die Kleinaffen und Schimpansen – und ihre Nachkommenschaft – sehr streng auf Anomalien einschließlich geistigen Zurückgebliebenseins untersucht.

Ein französischer Kommentator der Rechtsfragen des Transfers menschlicher Embryos äußerte diese nicht weniger erstaunliche Meinung: »Derzeit ist das Risiko für den Fetus weder bekannt noch errechenbar; wir sind deshalb der Auffassung, daß der ausführende Arzt berufsethisch nicht dafür verantwortlich gemacht werden kann, wenn das Kind mißgestaltet geboren wird.«[13]

Hier scheint man zu meinen, der Arzt sei unschuldig, weil unwissend.

In den Vereinigten Staaten fand sich im Entwurf einer Richtlinie für Anstalten, die Bundesmittel der Nationalen Gesundheitsinstitute beantragen wollen, dieser Satz über die »Erzeugnisse einer In-vitro-Befruchtung«:

»Forschung, bei der *in vitro* befruchtete menschliche Ova implantiert werden, bleibt so lange ungenehmigt, bis die Sicherheit des Verfahrens soweit wie möglich an subhumanen Primaten erprobt worden und die Verantwortlichkeiten der Spender- und Empfänger-›Eltern‹, der Forschungseinrichtungen und ihres Personals eindeutig nachgewiesen sind.«[14]

Das hat keine Gesetzeskraft. Da aber viele amerikanische Einrichtungen, die sich mit Forschung im Frühstadium des Lebens befassen, finanzielle Unterstützung durch die Gesundheitsinstitute beantragen, hat diese Bestimmung sich etwas bremsend ausgewirkt.

Die Folgen einer Embryo-Manipulation

Für das Aufwachsenlassen reagenzglasgezeugter Kinder in Menschen wird in erster Linie ins Feld geführt, hiermit erhielten kinderlose Eltern die Möglichkeit, Kinder zu bekommen. Manche solche Paare leiden an akuten Depressionen.

Edwards behauptet, ein solches Verfahren »wirft keinerlei moralische Probleme auf, und man sollte Ehepaaren das Anrecht auf eigene Kinder nicht streitig machen«. Manche Wissenschaftler und Laien neigen dazu, ihm zuzustimmen. Ein führender englischer Methodist meinte vor ein paar Jahren, dieses Verfahren der Zeugung von Kindern sei zu »begrüßen«, sofern dem Nachwuchs kein Schaden zugefügt werde.

In Amerika hat sich ein führender Ethiker, der rotwangige, robuste Joseph Fletcher, zum kräftigen Fürsprecher der Methode aufgeschwungen. Er gehört zu den Vorkämpfern der Bewegung für Situationsethik und huldigt der Auffassung, im großen und ganzen sollten die Menschen in neuartigen Situationen ihre eigene Entscheidung treffen. »Meine persönliche Schlußfolgerung« in Fragen der Reagenzglasbabys »heißt, daß angesichts der unbekannten Mengen...

der menschlichste [d. h. moralisch beste] Weg darin besteht, daß man den Stand der Dinge in der Embryo-Transplantation den Eltern zutreffend schildert und ihnen die Möglichkeit gibt, sich für oder gegen die Behandlung zu entscheiden, wie wir das bei chirurgischen Eingriffen immer tun. Der Fortschritt der ärztlichen Kunst beruht grundlegend auf forscherischer oder experimentierender Behandlung.«

Andere verteidigen die Reagenzglasexperimente und die *temporäre* Implantation (die aussetzt, noch ehe sich ein Fetus entwickeln kann) als wichtiges Verfahren für die Erforschung der menschlichen Frühschwangerschaft. Unter dem Mikroskop kann der Wissenschaftler an laborgezüchteten Embryos den Beginn genetischer Fehler entdecken.

Ich vermute, daß ein nicht geringer Ansporn für viele Experimentierer darin liegt, mitgeholfen zu haben bei der Schöpfung des ersten Kindes in der Welt, das nachweislich im Reagenzglas gezeugt worden ist. Dieses Ziel schwebt ihnen vor, und es ist, wie wenn man als erster ein Herz verpflanzt, den Mount Everest besteigt oder auf dem Mond landet.

Das verbreitetste Argument – man wolle ja nur unfruchtbaren Paaren zu Kindern verhelfen – verliert Jahr für Jahr an Kraft. Es gibt andere Möglichkeiten. An der Nihon-Universität machen japanische Forscher in Tierexperimenten lustlose männliche Spermien durch einfache Hormonspritzen munter.[15] Und Spermenbanken haben gelernt, die Spermienkonzentration zu erhöhen, wenn die Dichte nicht ausreicht. Was nun die Schwierigkeiten der Frau wegen blockierter Eileiter betrifft, so haben manche Chirurgen inzwischen bei der Öffnung blockierter Eileiter durch Rekonstruktiv-Chirurgie eine Erfolgsrate von bis zu 60 v. H. erzielt.

Und dann gibt es da noch den höheren Gesichtspunkt, den *Nature* in einem Leitartikel kurz und bündig wie folgt beschrieb: »In einer übervölkerten Welt ist Unfruchtbarkeit ein individuelles Problem und keine große soziale Frage.«

Große soziale Fragen aber tun sich auf mit der bloßen Bemühung, Kinder fabrizieren zu wollen. Lassen wir uns auf die Schöpfung eines neuen Menschentyps ein – eines in von Menschenhand gebrauter Brühe inkubierten Menschen?

Und was richten wir an, wenn wir diese Embryos einfrieren, damit man sie einlagern kann, bis sie in eine Frau oder ein anderes geeignetes weibliches Wesen implantiert werden können? Der britische Wissenschaftsautor Gerald Leach bemerkt: »Menschen werden geboren, Menschen sterben, Menschen werden umgebracht; aber ›Menschen‹ haben ihren Lebenszyklus noch nicht im Tiefkühlschrank unterbrochen.«

Der ideenreiche und angesehene Tierbiologe E. S. E. Hafez (derselbe, der vorausgesagt hat, ganze Kuhherden würden in einem einzigen Kaninchen über den Ozean geflogen) weiß auch eine Prophezeiung für den Menschen. Er sieht schon, wie in wenigen Jahren, »eine Frau einen winzigen Gefrierembryo einkauft, ihn zum Arzt trägt, in ihren Uterus einpflanzen läßt, neun Monate trägt und ihn dann gebiert, als sei er in ihrem eigenen Körper empfangen worden. Der Embryo wird natürlich mit Garantieschein verkauft, daß er keinerlei genetischen Defekt besitzt. Der Käuferin wird auch vorher gesagt, welche Haar- und Augenfarbe das Kind hat, welchen Geschlechts es ist, wie groß es vermutlich werden wird und wie hoch sein IQ sein dürfte.«

Sehr hübsch! Was aber wird aus der Unantastbarkeit des Individuums? Was aus der Familie als der Grundeinheit aller Kultur?

Einem Paar, das sich nach einem Kind sehnt, erscheint die Manipulation im Labor mit dem Zweck einer Befruchtung ganz und gar vernünftig. Hört sich wie Fortschritt an. Aber eben diese Art des Experimentierens wird, wenn man sie ermuntert, die Schleusen öffnen für ungezählte neue Technologien der menschlichen Vermehrung. Deswegen ragt dieser Augenblick der Entscheidung über die Invitro-Zeugung und Embryoverpflanzung in der Geschichte der Entwicklung des Menschen so unheilvoll-entscheidend empor.

In späteren Kapiteln werde ich mich noch mit einigen dieser Technologien à la *Schöne Neue Welt* beschäftigen, die sich uns binnen kurzem eröffnen werden. Ich denke hier an den Einsatz von Ersatzmüttern als Schwangerschaftsträger, an das Heranzüchten von Fetussen völlig außerhalb des Mutterleibs bis zur vollen Geburtsreife, an die Geschlechtsvorausbestimmung, an die Serienfabrikation von Menschen einer bestellten genetischen Komposition, an Züchtungsversuche »höherwertiger« Menschen, an die exakte Duplizierung

»erwünschter« Menschen, an die Entwicklung von Mischungen aus Mensch und Tier und so weiter.

Der Genetiker Bentley Glass, früher Präsident der Amerikanischen Vereinigung zur Förderung der Wissenschaft, sagt zur In-vitro-Technik: »Es dürfte klar sein, daß sich diese Technik schnell und in großem Umfang ausweiten läßt.« Er ist ein begeisterter Anhänger der genetischen Manipulation.

Aus wissenschaftlicher Sicht stellen die Reagenzglasversuche mit menschlichem Saatgut eine Bresche dar. Oder bildhafter: Sie ähneln der Nase des Kamels, die ins Zelt hineinschnüffelt. Läßt man die Versuche ungehemmt weitergehen, dann können wir leicht auf die schiefe Ebene geraten, die geradewegs zur Entmenschlichung des Menschen führt. Der Biochemiker Leon Kass in Washington nennt sie »einen ersten Schritt, dem viele weitere folgen werden«. Seiner Meinung nach eignet sich das Verfahren der Reagenzglasbefruchtung von Kindern auch für beträchtlichen Mißbrauch, ja, vielleicht wird mit ihm die Art der menschlichen Fortpflanzung überhaupt in Frage gestellt.

Zu betonen ist, daß viele dieser Techniken für die Steigerung der Viehproduktion große Vorteile bieten. Arbeiten, anhand derer höherwertige oder genormte Qualitätszüchtungen oder größere Mengen von Vieh zustande kommen, können wir begrüßen. Der Mensch aber scheint mir doch auf einem völlig anderen Blatt zu stehen. Können wir die Hoffnung haben, daß die Wissenschaft schwungvoll mit Tiersaat experimentiert, sich bei der Menschensaat aber äußerste Zurückhaltung auferlegt?

Eine Reihe jener, die aus moralischen Gründen der Forschung bei der Fortpflanzung des Menschen mit Hilfe der In-vitro-Befruchtung Einhalt geboten sehen möchten, konzentriert sich auf die Risiken. Wissenschaftler sprechen oft davon, bei der Handhabung, die mit der Befruchtung, Prüfung und Einpflanzung von Embryos einhergeht, könnten eventuell auch »teratogene Wirkungen« auftreten. »Teratogene Wirkungen« verwendet sich viel angenehmer als die gemeinverständliche Übersetzung dieses Begriffes »Mißbildungen hervorrufende Wirkungen«.

Einige grobe Mängel lassen sich noch vor der Einpflanzung oder während des Fetalwachstums feststellen. Viele andere aber nicht.

Der menschliche Körper neigt dazu, Monsterbildungen im Wege der Fehlgeburt abzustoßen, aber mißbildete Fetusse gelangen oft auch zur natürlichen Geburt. Lassen wir die Einpflanzung *in vitro* gezeugter Embryos in Frauen zu, sind wir dann auch bereit, Mißbildungen, Schwachköpfe und hoffnunglos mangelhafte Menschen, die aus solcher Forschung entstehen, zu töten? Aus eben diesem Grunde geht ein Großteil der Forschung im Zusammenhang mit der Embryo-Verpflanzung in aller Stille vor sich. So offenbar war es bei Bevis, der eingesteht, es habe vieler Versuche bedurft, bis drei normale Babys zustande kamen.

Gewiß gab es dabei auch Mißgeschicke. Die Risiken der menschlichen Verpflanzung werden nur ganz vage angedeutet. Edwards' Mitarbeiter Patrick Steptoe soll einmal gesagt haben, der Entschluß zur Einpflanzung erfordere eine »tapfere Entscheidung«. Im jetzigen Stadium würde mancher das Wort »tapfer« wohl eher durch »verwegen« ersetzen.

Bei manchen In-vitro-Versuchen arbeiten Ärzte und Biologen Seite an Seite. Dem Biologen geht es in erster Linie darum, die Wahrheit über lebende Geschöpfe in Erfahrung zu bringen. Die Verpflichtung des Arztes ist viel präziser. Er ist in erster Linie Heilender und unterliegt der strengen Verpflichtung, sein Bestes zu tun, damit kein Schaden entsteht. Macht er einen Versuch, so soll er vorher die einsichtige Zustimmung des Patienten einholen. Und der Zweck soll therapeutisch sein, d.h. dem Patienten helfen. Für den werdenden Menschen ist die Reagenzglastechnik wohl kaum therapeutisch zu nennen. Und von Zustimmung kann schon gar keine Rede sein. Der Arzt also muß sein Handeln hier damit rechtfertigen, daß er für das unglückliche, kinderlose Paar, das da seine Zustimmung gibt, therapeutisch wirke.

Paul Ramsey, ein leutseliger, pfeifeschmauchender, backenbärtiger Theologe aus Princeton, hat für das amerikanische Ärzteblatt (in der Ausgabe vom 5. und 12. Juni 1972) zwei Artikel geschrieben, in denen er Ärzten die ethischen Probleme der In-vitro-Forschung kühl auseinanderlegt. Er baut seine Analyse auf die ärztliche Berufsethik auf und gelangt zu dem Schluß, solcherlei Forschung »ist ein unmoralisches medizinisches Experimentieren an möglichen menschlichen Lebewesen und unterliegt somit einem absoluten moralischen Verbot. ... Entweder müssen die geltenden Grundsätze medizinischer Ethik über Bord geworfen werden, oder man wagt sich nicht an die Fabrikation von Kindern.«

Ich fragte Ramsey nach Reaktionen seitens der Forscher. Er erwiderte, auf einem Seminar, an dem er und Edwards teilgenommen hätten, habe ihn Edwards »religiös« genannt.

Es ist, glaube ich, an der Zeit, daß sich die Forschung der In-vitro-Befruchtung und Embryo-Verpflanzung der Öffentlichkeit stellt. Nicht nur wegen der Begleitrisiken und moralischen Fragen, sondern auch, weil hier die Zukunft des Menschengeschlechts auf dem Spiele steht. Die Problematik ist allzu vielfältig, als daß man dem oft ehrgeizigen einzelnen Wissenschafter in der abgeschiedenen Stille seines Labors die Entscheidung überlassen dürfte, sei sie nun tapfer oder wie immer, an welchen Forschungsaufgaben er sich versuchen möchte.

In jedem Land, wo daran gearbeitet wird, sollte das Volk durch seine gewählten Vertreter eine Instanz schaffen, die die Entwicklung im gesamten Bereich der menschlichen Reproduktion fortlaufend überwacht und regelt. Er entwickelt sich nämlich rapide. Für die Vereinigten Staaten denke ich an eine Kommission mit Vollzugsbefugnis. Ihre Vollmachten sollten denen vergleichbar sein, die die Ämter besitzen, die den Verkauf von Nahrungsmitteln und Drogen regeln, ansteckende Krankheiten überwachen und die Umweltverschmutzung eindämmen. Mancher mag die Einrichtung einer solchen Instanz für überflüssig halten, denn das Ministerium für Gesundheit, Erziehung und Wohlfahrt hat ja schon die Nationale Kommission für den Schutz menschlicher Versuchspersonen in der biomedizinischen und Verhaltens-Forschung eingerichtet. Diese Kommission aber hat lediglich beratende Funktion und ist forschungsorientiert, und sie hat dem Minister – in Form einer Erklärung des Konsenses ihrer »Commentors« – bereits empfohlen, »zur gesetzlichen Regulierung der Forschung im Zusammenhang mit der In-vitro-Befruchtung« bestehe keinerlei Veranlassung. Es genüge, wenn mit Geldern des GEW finanzierte Vorhaben vom Ethischen Beirat gebilligt würden.

Wir brauchen etwas Umfassenderes und Strengeres als Teil des GEW-Ministeriums oder als unabhängiges Amt. Diese Instanz sollte nicht nur beratende Funktion haben, sondern eine mit ausreichenden Befugnissen ausgestattete Kontrollfunktion.

Man könnte sie vielleicht Kommission für die Überwachung der Erforschung menschlicher Fortpflanzung nennen.

In jedem Land sollten alle Forschungsvorhaben, die mit der menschlichen Fortpflanzung zu tun haben, bei einer solchen Instanz registriert werden. In konkret bezeichneten Bereichen sollte Forschung nur nach Genehmigung der Instanz zulässig sein.

Nach meiner Auffassung sollte diese Instanz mindestens für einige Jahre alle Bemühungen verbieten, einen laborgezeugten Embryo bis zur natürlichen Geburt heranwachsen zu lassen. Damit hätte die Öffentlichkeit eine bessere Chance, die Gefährdungen (wie sie sich aus Forschung an Primaten ergeben) einzuschätzen. Und sie gewänne Zeit, um die ungeheuren Sozialkomplexe, die damit einhergehen, zu begreifen und zu überdenken.

Wird dann eines Tages das Verbot aufgehoben, dann sollten Forschungsvorhaben bundesstaatlich sein, wie ja auch die Entwicklung der Atomenergie bundesstaatliche Sache ist. Für das Menschengeschlecht sind die Auswirkungen nicht geringer als die der Atomenergie. Die Vorhaben wären regelmäßig durch die Kommission nachzuprüfen. Sie müßte befugt sein, einen Fetus bis zum Augenblick der Geburt abzutreiben und sogar ein durch Laborversuch entstandenes Neugeborenes, das mit schweren Mängeln behaftet ist, zu töten.

Die betreffenden Instanzen der verschiedenen Länder sollten sich möglichst international darüber einig werden, ob und ggf. wie die Versuche fortzusetzen sind. Der Genetiker James Watson – eben jener, der vorhersagte, daß der »Teufel los sein« werde – hat sich sehr besorgt über die völlig freie Embryoforschung geäußert. Er meint, technisch sei ohne weiteres denkbar, daß gewisse Formen der In-vitro-Manipulation menschlicher Eier binnen eines runden Jahrzehnts in vielen größeren Ländern zur ärztlichen Routine werden *könnten*. Er schlägt internationale Abkommen vor, die dieser Forschung Grenzen setzen, ehe »die Katze ganz aus dem Sack ist«. Vermutlich meinte er eben jene Katze, der Shettles »den Balg über die Ohren ziehen« wollte.

Dinge wie nationale Instanzen und internationale Abmachungen sind, so will mir scheinen, das wenigste, was die Menschheit mit Fug und Recht erwarten kann.

14
Gemietete Mutterleiber –
Künstliche Mutterleiber –
Nichtmenschliche Mutterleiber

> Kann man Kinder haben, ohne daß sie ausgetragen werden müssen, so braucht die berufstätige Frau nicht mehr wegen einer Geburt zu pausieren. Eine gute Nachricht für die Frauen.
>
> – Pekinger Volkszeitung, Blatt der chinesischen KP

So die Reaktion der chinesischen Kommunisten auf Nachrichten aus Italien, das Reagenzglaswachstum menschlicher Embryos habe jetzt das Stadium erreicht, wo der Herzschlag einsetzt. Die Russen waren gleichermaßen hingerissen. Beide Gesellschaften messen dem Gedanken, daß sich jedermann – Männer wie Frauen – am Produktionsprozeß beteiligen soll, große Bedeutung zu. Eine solche Gesellschaft fasziniert jede Technik, die eine Chance bietet, die Zahl der wegen Schwangerschaft verlorenen Frau/Jahre zu vermindern. In Rußland beispielsweise sind über 80 v.H. aller Frauen im arbeitsfähigen Alter berufstätig.

Aldous Huxleys Phantasievorstellung, Kinder in zentralen Brutstätten zu züchten, ist technisch schon fast zur Hälfte verwirklichbar geworden.

Unterdessen könnte eine aus der Embryoforschung hervorgegangene Technik schon bald die Nutzung von Ersatzkinderausträgerinnen ermöglichen. Der fortschrittlich denkenden Frau des Westens könnte eine solche Technik genehmer sein. Mögen auch die Kommunisten weniger an ihr interessiert sein, weil sie das Problem verlorener Frau/Jahre nicht entschärft, so wären doch evtl. die hohen Kosten mechanischer Brutkästen zu erwägen.

Läßt man die Entwicklung dieser Techniken ungehemmt weitergehen, dann ergibt sich eine interessante Spekulation, welches System im Jahre 2000 das billigere Produkt (d.h. Kind) anbieten dürfte. Und welches System ein Produkt höherer Güte anböte (Produkt wiederum = Kind). Das billigste Verfahren wäre möglicherweise die Verwendung von Affen oder Kühen als Brutstätten für künftige Menschlein.

Sehen wir uns eingangs das technisch machbare Verfahren einmal näher an: das Anmieten einer Ersatzmutter. Diese Technik verlagert den alten Ammenberuf um neun Monate vor. Dieser einstmals gefragte Beruf kam um 1925 aus der Mode. Warum? Weil nach sechzig Jahren enttäuschungsvoller Versuche endlich eine künstliche Mutterbrust – die Säuglingsflasche – und mit ihr ein verträglicher Ersatz für die Muttermilch gelungen war.

Der Geburtshelfer Landrum B. Shettles, der sich in der Kontroverse um laborgezeugte Babys etwas die Finger verbrannte, ist der Meinung, man sollte die Aufzucht von Kindern in künstlichen Mutterleibern vorläufig zurückstellen. Derzeit sollte man sich – so sagte er einem Besucher – vor allem darauf verlegen, die direkte Übertragung von Frau zu Frau voranzutreiben.[1]

In der einen Richtung – Übertragung von der Ersatzmutter auf die Ehefrau – könnte damit einer unfruchtbaren Frau die Chance gegeben werden, schwanger zu werden und ein Kind zu gebären. Damit umginge man die explosive Frage einer Manipulation menschlichen Saatguts in einer Nährbrühe und der damit verbundenen erhöhten Pannengefahr (die Transplantation als solche birgt natürlich auch Gefahren in sich). Shettles teilte mir kürzlich mit, er hoffe, demnächst einen Embryo von einer Frau auf deren Schwester zu übertragen.

Moralisch gesehen könnte dieses Verfahren für das Ehepaar die gleichen Fragen aufwerfen wie die Reagenzglasbefruchtung. Bei dieser lassen sich immer noch das eigene Sperma und Ei des Paares verwenden. Die Übertragung eines Embryos von Frau zu Frau aber erfordert darüber hinaus noch eine andere Frau für die Frühschwangerschaft – ein Aspekt, den mancher störend empfindet. Diese Andere wird künstlich mit dem Samen des Ehemanns besamt. Stellt sich der Embryo als lebensfähig heraus, wird er in die Gebärmutter der Ehefrau übertragen.

Die Übertragung ließe sich aber auch in umgekehrter Richtung bewerkstelligen. Und an dieser Alternative wären vielleicht mehr

Leute interessiert. Die Ehefrau würde vom Ehemann ganz natürlich geschwängert, und in ihrem Mutterleib begänne ein lebensfähiger Embryo seine Existenz. Aus x-beliebigen medizinischen Gründen mag es nun unangezeigt sein, die Frau das Kind austragen zu lassen, etwa weil dies für sie zu gefährlich oder überhaupt unmöglich wäre. Vielleicht hat sie schon entmutigend viele Fehlgeburten hinter sich. Vielleicht ist sie zu schwächlich. Folglich pflanzt man den Embryo einer Ersatzmutter ein.

Oder aber die Gründe sind nichtmedizinischer Natur. Vielleicht handelt es sich um eine Karrierefrau, der der Beruf wichtig ist und den sie schwerlich unterbrechen will, nur weil sie ein Kind möchte. Vielleicht ist sie Schauspielerin oder Fernsehansagerin oder selbständige Geschäftsfrau und will sich die mit der Kindsgeburt und Erstnährung zusammenhängende Mühe sparen. Vielleicht will sie ihre Figur nicht »verlieren« oder nicht mit dickem Bauch in der Öffentlichkeit auftreten. Vielleicht auch ist sie keine Frau, die sich über die Schwangerschaft freut, sondern empfindet die Übelkeit am Morgen, die Ängste oder den häufigen Arztbesuch als störend. Oder vielleicht will sie nicht, daß ihr beim Skilaufen, Tennisspielen oder Tanzen eine Schwangerschaft in die Quere kommt.

Ist nun auch die direkte Übertragung beim Menschen – von Mutterleib zu Mutterleib – nicht ganz so gewaltig wie die Einpflanzung eines im Reagenzglas gezeugten Embryos, so ist es doch immer noch ein Gewaltiges. Ein Beinahe-Erfolg wurde in der Ausgabe des *Lancet* vom 24. April 1976 von zwei englischen Ärzten gemeldet. In den nächsten zwei Jahren wird das unter Menschen sicher noch nicht in großem Umfang betrieben werden.

Beim Vieh ist die Verpflanzung schon häufig gelungen, aber der erste Bericht über eine erfolgreiche Verpflanzung bei Primaten datiert erst aus dem Jahre 1976. Sie geschah an der Southwest Foundation for Research and Education in San Antonio in Texas. Die Verpflanzung fand zwischen zwei Pavianweibchen statt. Sie hatten am selben Tag ovuliert. Die Verpflanzung geschah fünf Tage nach der Empfängnis. Der Embryo war schon in die Gebärmutter gelangt, hatte aber noch nicht richtig an der Gebärmutterwand der natürlichen Mutter eingenistet. Aus dem verpflanzten Embryo wurde ein normales, männliches Pavianbaby namens Primero geboren. Zehn erfolglose Versuche waren vorausgegangen.

Bei Kälbern liegt die Erfolgsrate bei 50 v.H., wenn die Verpflanzung durch den Gebärmutterhals vorgenommen wird. Ein Hauptproblem beim Menschen wie beim Tier ist die Synchronisierung zweier Menstruationszyklen. Tierversuche deuten darauf hin, daß sich mit Hilfe von Hormonen eine ziemliche zeitliche Übereinstimmung erzielen läßt. Die vorübergehende Einlagerung in ein Kaninchen – oder besser noch die vorübergehende Tiefkühlung des wartenden Embryos – könnte evtl. ebenfalls zu einer perfekten zeitlichen Gleichschaltung verhelfen. Aber, wie schon gesagt, die Tiefkühlung menschlicher Embryos ist immer noch nicht richtig gelöst.

Nach dem augenblicklichen Stand bliebe eine Frau, die unmittelbar und ohne den Aufwand einer Schwangerschaft (oder Adoption) ein Kind möchte, am besten völlig außerhalb der gesamten Vorgeburtsszene. Eine zum Austragen des Kindes angemietete Andere würde mit dem Sperma des Ehemannes künstlich besamt.

Mietkosten eines Mutterleibs

Würde aber irgendeine weibliche Dritte einwilligen, menschlicher Brutkasten zu sein? D.h. dreiviertel Jahr lang einen immer dickeren Bauch zu bekommen und dann Wehen und Geburt durchzumachen und vielleicht den Säugling noch ein paar Wochen zu stillen – all das nur, um einer anderen Frau ein Kind zu besorgen?

Oder nehmen wir einmal an, die Embryoverpflanzung von Ehefrau zu Ehefrau würde in den nächsten Jahren in großem Stil machbar. Gäbe es interessierte Ehepaare und interessierte Ersatzgebärerinnen?

Die Antwort auf beide Fragen dürfte heißen: sicher, wenn der Preis stimmt.

Hinsichtlich der Frauen, die bereit wären, ihren Mutterleib zu vermieten, liefert uns der graue Markt mit weißen Kaukasierbabys einen Anhaltspunkt. Ein Professor an einer medizinischen Fakultät in Houston sagte mir, in Texas gebe es junge Frauen, die Kinder mit der erklärten Absicht zur Welt bringen, sie auf dem grauen Adoptionsmarkt zu verkaufen. Pro Säugling kann die Frau bis zu 20000

Dollar bekommen. CBS brachte einen Fernsehbericht, nordwestlich von Miami sei eine »Babyfarm« in Betrieb. Die Anstaltsleitung erhalte pro Baby bis zu 15 000 Dollar. Die Anthropologin Sheila K. Johnson schrieb in der *New York Times*, dem Vernehmen nach verlangten Anwälte für ein gesundes Kaukasierbaby von den Adoptiveltern zwischen 10 000 und 25 000 Dollar. Ein früherer Bezirkskriminaldirektor wurde beschuldigt, einen internationalen grauen Säuglingsmarkt zu betreiben, der für ihn binnen zwei Jahren ein Nettoeinkommen von über drei Millionen Dollar abzuwerfen verspreche. Die Kindesgebärerinnen stammten größtenteils aus Jugoslawien oder anderen osteuropäischen Ländern. Man bezahle ihnen einen Ferienaufenthalt auf einer karibischen Insel (einschließlich Hin- und Rückreise), wo sie ihre Kinder zur Welt brächten; sie erhielten ärztliche Behandlung gratis, Scheinarbeit und noch etwa 3000 Dollar in bar. Manche von ihnen seien zufällig, andere absichtlich schwanger geworden.

Und was nun die interessierte Kundschaft anbelangt, so haben mindestens zwei Ehepaare, die wegen Unfruchtbarkeit der Frau keine Kinder bekommen konnten, im *San Francisco Chronicle* nach »Babymachern« annonciert. Von der betreffenden Mutter wurde erwartet, daß sie sich mit Spermien des Ehemanns künstlich besamen läßt und das Kind austrägt. Ein Ehepaar bot dafür 10 000 Dollar.[2]

Im Februar 1977 stand in mehreren Studentenzeitschriften von Michigan eine Anzeige von »Al and Betty«, einem Ehepaar. Betty neigte zu Fehlgeburten. Die beiden suchten eine »Spenderin«, die sich bereit erklären würde, nach künstlicher Besamung mit Als Samen ein Kind auszutragen und zu gebären. Auf die Anzeige meldete sich eine Reihe junger Frauen. Die meisten verlangten ein Honorar von etwa 5000 Dollar – also gerade genug, um damit ihre gesamten Collegekosten für ein Jahr zu bestreiten.

Der Nachrichtensprecher Lowell Thomas erzählt von einem Mann in Los Angeles, der in San Francisco mit einer Annonce nach einer Frau suchte, die bereit sei, sich für 10 000 Dollar künstlich besamen zu lassen und sein Kind zu gebären. Er habe in San Francisco annonciert, hieß es, weil in Los Angeles der gängige Preis um die 20 000 Dollar liege. Wie man hört, sollen in Los Angeles für auftragsgezeugte Kinder Preise von bis zu 50 000 Dollar gezahlt werden. Ein kinderloses Ehepaar, das 50000 Dollar bezahlte, wählte aus einer Fotokollektion attraktiver junger lediger Männer und Frauen, die ihm der Anwalt vorlegte, sowohl den männlichen Samenlieferanten als auch die weibliche Gebärerin aus.

In Kalifornien ist das Babygeschäft inzwischen so lukrativ, daß die Ordnungsbehörden den Verdacht hegen, bald werde sich die Mafia des Geschäfts annehmen, falls sie es nicht schon getan habe. Die *New York Times* meldet, eine Frau habe ihr Baby einem Kindermakler für ein gebrauchtes Auto in Zahlung gegeben.

In England übergab der Schauspieler Richard Burton einer englischen Illustrierten eine handgeschriebene Suchanzeige nach einer Frau unter 38, die ihm ein Kind gebären wolle; das Honorar variiert mit dem Geschlecht, für ein Mädchen sollte sie 25000 Dollar, für einen Jungen 50000 Dollar bekommen.[3]

Bei allen Mietabmachungen würde die Frau, die ja die Hälfte der genetischen Zusammensetzung beisteuert, vermutlich sorgfältig ausgewählt. Wäre sie nur die Austrägerin eines schon gebildeten Embryos, dann dürfte ein angemessener Preis, so jedenfalls meint der englische Embryologe Jack Cohen, um die zweitausend Pfund liegen.

In einigen Staaten der USA ist wegen gesetzlicher Vorschriften, wonach Adoptionen ausschließlich über lizensierte Stellen erfolgen dürfen, der Kinderpreis auf dem grauen Markt ziemlich gestiegen. Bislang scheint es nur wenige Gesetze für Fälle zu geben, in denen ein Ehepaar mit einer anderen Frau konkret abspricht, daß diese der Ehefrau zu einem Kind verhilft. Noch ist die Frage zu neu, als daß schon jemand – jedenfalls soweit mir bekannt – mit dem Entwerfen eines Gesetzes begonnen hätte.

Die genannten hohen Preise sind auch auf den starken Mangel an adoptivfähigen unehelichen Kindern zurückzuführen. In den Vereinigten Staaten muß es sich oft um ein gesundes Kind derselben Hautfarbe wie die Adoptiveltern handeln. Der starke Anstieg der Abtreibungen als Folge der Aufweichung der gesetzlichen Verbote hat den Nachschub schrumpfen lassen. Auch die verbesserte Empfängnisverhütung hat zu dem Mangel beigetragen. Und die Zahl der jungen, ledigen Mütter, die ihr Kind lieber behalten, ist jüngst erheblich gestiegen. Des weiteren wachsen die Schwierigkeiten der Adoption aus religiösen Gründen. In mindestens elf amerikanischen Staaten müssen die Adoptivstellen darauf bestehen, daß das adoptierende Ehepaar die Konfession der Kindsmutter besitzt. Und ein kinderloses Ehepaar, das adoptionswillig ist, muß häufig nicht nur ausgiebige Nachforschungen hinter sich bringen, sondern kann auch zwischen zwei und sieben Jahren warten müssen, bis ihm ein Kind angeboten wird. All das treibt den Preis in die Höhe, den kinderlose Ehepaare auf dem freien Markt zu zahlen bereit sind. Und mancher auf Kindsverkauf spezialisierte Anwalt treibt den Preis noch höher, indem er einen Großteil des Honorars selbst einsackt.

Ein lediges Mädchen, das schon schwanger ist, befindet sich in einer weniger günstigen Verhandlungsposition als eine – verheiratete oder unverheiratete – Gastmutterkandidatin. Eine gewerbsmäßige Mietmutter würde das Tragen eines Kindes während neun Monaten für jemand anderen ganz einfach als Job betrachten. Dieser »Jemand« wäre gewöhnlich ein Ehepaar. Es könnte aber auch eine Witwe, eine Lesbierin, eine Geschiedene sein – oder auch Richard Burton.

Würde die Verwendung einer Ersatzmutter zulässiges Normalverfahren, dann könnte sich ein völlig neuer Berufszweig herausbilden, und zwar gleichgültig, ob die Frau nun durch Einpflanzung oder durch künstliche Besamung schwanger würde. Wie würden die Arbeitsministerien diesen Dienstleistungsberuf benamsen? »Surrogatmutter« bietet den Vorteil, würdig zu klingen, und die Wissenschaftler neigen diesem Begriff zu. »Vertragskindsgebärerin«, »Schwangerschaftsmutter« und »Gastmutter« sind ebenfalls schon vorgeschlagen worden und haben ihre Vorteile. »Lohnmutter« und »Mietmutter« haben den Vorzug der Sachlichkeit. »Mietleib« und »ambulanter Brutkasten« könnten sich bei Slangbenutzern einbürgern.

Der Beruf böte jungen Frauen eine ziemlich wenig anspruchsvolle Laufbahn. Er könnte vor allem junge Witwen oder Geschiedene ansprechen, die schon ein Kind geboren haben. Sie besäßen eine nachgewiesene Fähigkeit und wären weniger ängstlich. Nützlich wäre es gewiß, wenn die gemietete Mutter eine Frohnatur wäre, schwangerschaftsbegeistert und fernsehselig. Vermutlich würden gewisse Mindestanforderungen gestellt, so z. B. eine robuste Gesundheit, Nichttrinkerin, Nichtraucherin, keine Drogensucht. Säuglinge starker

Raucherinnen sind meist klein. Athletennaturen würde der Arbeitgeber wohl ausschließen. Steuerte die gemietete Mutter die Hälfte der Erbmasse des werdenden Menschen bei, würden wahrscheinlich zahlreiche zusätzliche Anforderungen gestellt, so z. B. keinerlei frühere Einnahme von LSD (man hat behauptet, diese Droge könne die genetische Komposition in Mitleidenschaft ziehen).

Von der Mietmutter würde erwartet, daß sie viel schläft und viel vorgeschriebene Nahrung verzehrt. Wahrscheinlich müßte sie wenigstens während der Spätphase der Schwangerschaft den Geschlechtsverkehr erheblich einschränken. Im übrigen aber könnte sie ein vernünftiges, normales Gesellschaftsleben pflegen. Es gäbe keine Stechkartenuhren. Sicherlich könnte sie sechs Monate lang oder auch noch länger einen Nebenberuf ausüben, solange dieser nicht körperlich anstrengend wäre. Sie könnte sich z. B. als Kinokartenverkäuferin etwas dazuverdienen.

Das ist so in etwa die Arbeitsplatzbeschreibung der Lohnmutter. Und die Bezahlung? Wie bei allen Berufen würde auch hier der Preis weitgehend vom Wettbewerb bestimmt. Wäre der Beruf erst einmal als unsündige Dienstleistung anerkannt, dann verlöre sich jede Brandmarkung. An Anwärterinnen in den Vereinigten Staaten würde es wohl nicht mangeln, wenn das Jahresgehalt etwa 8000 Dollar zuzüglich Arztkosten und zugkräftiger Versicherungspolice betrüge. Wäre bei der Empfängnis das Ei der Mietmutter – und damit ein genetischer Beitrag – beteiligt, würden sicher zusätzliche Forderungen erhoben. Sagen wir mal 2500 Dollar. So etwas ist jetzt schon ohne weiteres machbar.

Verweilen wir aber noch einen Augenblick bei den Aussichten der Umpflanzung eines schon gezeugten Embryos von der Mutter zur Lohnmutter. Eine solche Übernahme stellt keineswegs besondere Anforderungen an Bildung, Familienherkunft, hübsches Aussehen oder auch nur die Hautfarbe. Soll die Frau lediglich als Brutkasten dienen, dann läge der Preis bestimmt niedriger, als wenn sie die Hälfte der Erbmasse des Kindes beisteuerte.

Und fraglos gäbe es ausländische Konkurrenz. In Südtexas habe ich durchaus annehmbare und gewissenhafte Mexikano-Amerikanerinnen getroffen, die auf eine solche Aufgabe für 5000 Dollar nur so springen würden. Und ich habe südlich der Grenze Mädchen beobachtet, die schon bei 2500 Dollar einen Freudentanz aufführen würden. Die Grenze könnte freilich eine Komplikation sein. Das Kind könnte aber in einem mexikanischen Krankenhaus zur Welt kommen. Es gibt ausgezeichnete mexikanische Krankenhäuser für Leute, die sich deren Preis leisten können. Wenn Anwälte für Amerikaner mexikanische Scheidungen bewerkstelligen können, dann können sie sicher auch mexikanische Schwangerschaften durchsetzen.

Der Hauptvorteil des Einsatzes einer Surrogatmutter gegenüber einem Adoptionsversuch besteht darin, daß das Kind, wie immer es bei der Geburt eingetragen wird, genetisch entweder ganz oder mindestens zur Hälfte das leibliche Kind des Ehepaars ist. Die Geburtenregistrierung in ihrer jetzt in vielen Ländern üblichen Form könnte Ärger bereiten. Üblicherweise geht man davon aus, daß die Frau, die ein Kind gebiert, auch seine Mutter ist. Aber zweifelsohne würde sich der Druck dahingehend verstärken, daß Geburtsurkunden ausgestellt werden, in denen außer dem Namen der Gestationsmutter auch der der genetischen Mutter enthalten wäre. Oder wenn dokumentarisch belegt ist, daß eine Transplantation stattgefunden hat – und sicherlich gäbe es einen Vertrag –, dann könnte möglicherweise auch nur die genetische Mutter eingetragen werden.

Kostensenkung mittels nichtmenschlicher Mutterleiber

Wie nun, wenn es sich bei der Schwangerschaftsmutter nicht um einen Menschen handelt? Für die Geburtseintragung könnte das noch mißlich sein. Wir haben oben erfahren, daß sich Kuhembryos mehrere Tage lang in einem Kaninchen wohlfühlten. Könnten Menschenembryos in einem nichtmenschlichen Tier wachsen und gedeihen? Eine unmögliche Vorstellung? Nun, unbehaglich vielleicht, aber keineswegs unmöglich. Der Embryologe Robert T. Francoeur jedenfalls hält das nicht für undenkbar. Er war Berater der amerikanischen Ärztevereinigung in der Fortpflanzungstechnologie, und seiner Feder entstammt dieses Zitat:

»Wie würde nun der Fetus voraussichtlich auf die Lohnmutter reagieren, zumal wenn sein Brutkasten ein rinderartiges Tier ist oder einer ähnlichen Gattung angehört? Würde er diese Unterschiebung erkennen und unterbewußt auf den fremden Mutterleib biologisch, hormonal oder biochemisch reagieren? Wie etwa paßt sich sein menschlicher Körper den hormonalen Unterschieden von neun Monaten im Mutterleib einer anderen Gattung an?«[4]

In der Praxis würde der Fetus vermutlich ziemlich lange vor dem Geburtstermin in einen Brutkasten verlegt. Francoeur spekuliert auch über die möglichen psychischen Folgen, falls ein kuhgetragenes Kind wüßte, daß es neun Monate auf der Weide zugebracht hat, während seine genetische Mutter eifrig Gesellschaften gab. Bei schnellem Austausch nach der Geburt sollte es nicht schwierig sein, die Zuneigung zur genetischen menschlichen Mutter zu erzeugen, zumal wenn ihre Brüste auf chemischem Weg stillfähig gemacht worden sind.

Als Idealvorstellung – wenn sich die Welt schon dem tierischen Ausbrüten von Menschenkindern zuwendet – dürfte eine Primatensorte eine bessere Mutterleibsumwelt für einen heranwachsenden menschlichen Fetus abgeben als eine Kuh. Schimpansen sind meist etwas zu munter und wären wohl auch zu klein, es sei denn, man nähme den Fetus, sagen wir mal, im fünften Monat heraus und legte ihn in einen mechanischen Brutkasten. Orang-Utans und Gorillas könnten besser passen und besser geeignet sein. Die Weibchen beider Rassen sind recht sanfte Wesen. Ärgerlich bei den Orang-Utans und Gorillas ist, daß sie ziemlich selten – und damit teuer sind.

Alles in allem am vorteilhaftesten wäre wohl eine kleine Kuhrasse, wenn sich das chemisch vollends hinkriegen läßt. Der Kostenfaktor wäre günstiger als bei jedem erdenklichen und machbaren nichtmenschlichen wie menschlichen Träger. Für die Verwendung von Rindern spricht auch, daß man sie anschließend schlachten und damit den Tiefkühlschrank auffüllen kann. Kühe rauchen nicht, fressen wild drauflos oder saufen. Die Anatomie von Vierfüßlern macht zudem das Gebären zu einer viel einfacheren Sache, als es bei zweifüßigen Säugetieren der Fall ist. Und schließlich: Bei Kühen dauert die Schwangerschaft auch rund neun Monate – wie bei der Frau.

Auch die Rechtskosten lägen vielleicht etwas niedriger als bei menschlichen Brütern. Dagegen könnten – jedenfalls anfänglich – die Arztkosten höher liegen, weil so viele Faktoren der chemischen Kompatibilität zu beachten wären.

Die Beschäftigung menschlicher Lohnmütter im großen Stil könnte einen ganz neuen Rechtszweig eröffnen, in dem Juristen ihren ganzen Einfallsreichtum austoben und hübsche Honorare einstreichen könnten. Die Verträge könnten sich über Seiten und Seiten erstrecken. Und auch dann noch könnten sie vor Gericht ausgefochten werden müssen, weil nagelneue Sorten menschlicher Konflikte auftreten. Wie z. B., wenn die genetischen Eltern auf Anraten eines Genetikberaters den Fetus abzutreiben beschlössen? Hätte die Schwangerschaftsmutter das Recht des Ersteinspruchs, worauf sie das Vorhaben auf eigene Faust fortsetzen dürfte? Hätten die genetischen Eltern einen Rechtsanspruch darauf, von der Lohnmutter zu verlangen, daß sie die von ihnen vorgeschriebene Nahrung einnimmt und das von ihnen vorgeschriebene Leben führt? Wie nun, wenn gar aus der Lohnmutter eine liebende Mutter würde und sie es ablehnte, das Neugeborene auszuliefern? Und wie, wenn die genetischen Eltern ihr Interesse verlören und die Abnahme des Kindes verweigerten? Die juristische Fakultät der Columbia-Universität – um nur sie zu nennen – hat bereits Seminare veranstaltet, in denen Kniffelfragen wie die obigen hin und her geschoben worden sind.

STRITTIGE ASPEKTE DER MIETMUTTERLEIBER

Bei der Betrachtung der Möglichkeit einer Verpflanzung eines Embryos von einem menschlichen Wesen in ein anderes fliegen nicht ganz so viele Funken wie bei der Reagenzglasbefruchtung menschlicher Eier mit menschlichem Sperma. Ihr wohnt nicht das Schauder-über-den-Rücken-Jagende völlig neuartiger Fortpflanzungsformen inne, wie es mit der In-vitro-Schöpfung potentieller Menschenwesen einhergeht (allerdings wäre die Verpflanzung in nichtmenschliche Lebewesen doch wohl ziemlich umstritten).

Das Shettles-Konzept, den Fortpflanzungsapparat einer anderen Frau ein oder zwei Wochen lang dazu zu benutzen, um eine Unfruchtbarkeitsursache (wie etwa einen verstopften Eileiter) einer Ehefrau zu umgehen, könnte generell als einer Adoption vorzuziehen angesehen werden. Der Einsatz von Lohnmüttern, die für berufstätige Ehefrauen die Schwangerschaft übernehmen, könnte erheblichen Anklang finden, zumal wenn die heutige Tendenz der berufstätigen Ehefrau langfristig anhält.

Auf den ersten Blick scheint die Nutzung von Surrogaten nichts als eine logische Weiterentwicklung. Bei näherem Hinsehen entpuppt sie sich jedoch bestenfalls als strittig. Und das gilt, ob nun die angemietete Mutter den Embryo durch Übertragung von der Ehefrau übernimmt oder selbst durch künstliche Besamung mit Hilfe des Samens des Ehemanns empfängt. Die Lohnmutterschaft würde Ehe und Familie zu schwächen drohen. Das Ehegelübde beruht auf der Ausschließlichkeit in allen Fragen der Saateinpflanzung und Kindsgeburt. Wir müßten unseren Begriff von der Familie völlig ändern und die Definition von Worten wie Vater, Mutter, Elternteil und Mutterschaft erweitern.

Wie wichtig ist das Kinderkriegen für die Selbstentfaltung der Frau? Haben wir es überbewertet, weil sie es sowieso machen mußte? Oder ist es wichtiger Bestandteil der Vorstellung der meisten Frauen von einem Lebensganzen?

Können verheiratete Frauen die Liebe und den Opfergeist und die Hingabe entwickeln, die notwendig sind, um ein Kind erfolgreich aufzuziehen, wenn sie sich bewußt davon abwenden, es zu empfangen, zu tragen und zu gebären? Käme es zur Identitätsdiffusion, zu einer Ungewißheit darüber, was es denn nun noch bedeutet, Sohn oder Tochter oder Elternteil zu sein? Würden Massenerziehungsprogramme eingeführt, um die jungen Menschen sich weniger um Blutsverwandtschaft kümmern zu lassen?

Wir wissen es nicht. Vor einigen Jahren regte die britische Ärztevereinigung an, man solle von der Ersatzmutterschaft so lange die Finger lassen, bis ihre wahrscheinlichen psychologischen Auswirkungen auf Ehefrau, Kind und Mietmutter viel eingehender untersucht worden sind.

Eine weitere Frage ist, ob die Vorstellung, der Fetus sei ein Stück Eigentum, das bei Lieferung bar bezahlt wird, nicht zur Entmenschlichung des Menschen beitragen würde.

Und ist nicht bei der Lohnmutterschaft damit zu rechnen, daß autoritäre Regimes bald anfangen würden, körperlich und vielleicht geistig höherstehende Mädchen auszuwählen und sie in die Laufbahn der Kindsgebärerin zu zwingen?

All diese Fragen fordern gewiß höchst gebieterisch die Einrichtung nationaler Aufsichtsinstanzen zur Regelung der Reproduktiv-Forschung.

Die Brutstättenmethode

In Huxleys Zukunftsroman *Schöne Neue Welt* wurden neue Menschen in riesigen Brutstätten aus Reagenzgläsern »dekantiert«. Eine der Romanfiguren erinnert sich glucksend der verschrobenen alten Zeit des zwanzigsten Jahrhunderts, als Menschen noch durch »vivipare Reproduktion« geboren wurden. Nach Meyers Enzyklopädischem Lexikon ist »vivipar« gleichbedeutend mit »lebendgebärend – lebende Junge zur Welt bringend; im Unterschied zu eierlegenden Tieren« (Oviparie). Seit Millionen Jahren haben sich Wirbeltiere nur auf diesen zwei Wegen – Mutterleib und Ei – fortgepflanzt. Huxleys dritter Weg, die Brut von Menschenwesen in einem künstlichen Mutterleib, verband die beiden traditionellen Trächtigkeitsarten und gab ihnen noch einen guten Schuß Manipulation durch den Menschen dazu.

Huxley blieb ziemlich vage bei der Beschreibung von Einzelheiten, wie diese Romanmenschen gebrütet wurden. Heute forschen hundert und aber hundert Wissenschaftler Schrittchen für Schrittchen nach Anzeichen erfolgversprechender Verfahren.

Weiter oben habe ich den seltsamen Fall des italienischen Embryologen Daniele Petrucci erwähnt. Im Gegensatz zu Edwards und Shettles versuchte er *nicht*, einen Embryo nur so lange (vier bis fünf Tage) im Wachstum zu halten, daß er ihn einem natürlichen Mutterleib einpflanzen konnte. Er ließ vielmehr den Embryo offenbar einfach weiterwachsen, in einem künstlichen Mutterleib. Dieser Gebärmutterersatz bestand nach einem der mir zugänglichen Berichte aus einem Silikonbehälter, der mit Fruchtwasser gefüllt war, das man Schwangeren mit der Spritze entnommen hatte. Ein Embryo soll dem Vernehmen nach neunundzwanzig Tage weitergewachsen sein, zu welchem Zeitpunkt »ein Herzschlag wahrnehmbar war«.[5]

Petrucci sagte, er habe den Embryo danach zerstört, weil »er deformiert und vergrößert war – ein Monstrum«. Später hielt er vorgeblich einen weiblichen Embryo neunundfünfzig Tage am Leben. Nachdem er sich zur Aufgabe seiner Arbeit in Italien gezwungen fühlte, ging er, wie bereits erwähnt, nach Moskau, wo er eine sowjetische Medaille verliehen bekam und mit einer Reihe russischer Wissenschaftler Gedanken austauschte, unter ihnen auch der hervorragende Reproduktivbiologe Petr Anokhin. Nach Francoeur arbeitete Anokhin seit vielen Jahren an künstlichen Mutterleibern.

1966 meldeten die Russen, es sei ihnen gelungen, über 250 Menschenembryos länger als Petruccis vorgeblichen Rekord von neunundfünfzig Tagen am Leben zu halten. Ein Fetus soll gar sechs Monate gelebt und ein Gewicht von mehr als einem Pfund erreicht haben. Wieder nach Francoeur äußerten die Russen die Hoffnung, daß es ihnen binnen weniger Jahre gelingen werde, das erste total im Labor gezeugte und ausgetragene Menschenkind zur Welt zu bringen.[6] Ein Jahrzehnt ist seitdem vergangen, und während ich diese Zeilen schreibe, haben sie der Welt immer noch kein total aus dem Labor geborenes Menschenwesen zur Untersuchung dargeboten.

Anmaßung? Wer weiß? Außer Petruccis angezweifeltem Anspruch hat die westliche Wissenschaft bislang nur einen Mäuseembryo nachweisen können, der die erste Herzschlagphase erreicht hat. Das gelang Yu-Chin-Hsu an der Johns-Hopkins-Klinik mit sieben von insgesamt fünfundzwanzig Mäusen. In Amerika und Westeuropa hält man Hsus Glanztat für einen großen Durchbruch, weil bislang der Fehlschlag meist in der Zeit *unmittelbar* nach dem Augenblick lag, in dem sich ein Embryo normalerweise in die Gebärmutterwand einnistet. Die meisten der Mäuse Hsus, die es bis zum Herzschlagstadium geschafft hatten, wiesen in einem oder mehreren Organen Unregelmäßigkeiten auf.[7]

D.A.T. New von den Strangeways Laboratories in England hat einen *natürlich empfangenen Embryo* aus der Gebärmutter einer Maus geholt und in einem künstlichen Mutterleib etwa während eines Drittels der normalen Schwangerschaftszeit am Leben erhalten.

Die Probleme der künstlichen Trächtigkeit – bei Mensch wie Maus – sind gewaltig. Abgesehen davon, daß man den Frühembryo so täuschen muß, daß er glaubt, er sei in die Wand einer echten Gebärmutter eingebettet, müssen die Experimentierer in dem künstlichen Mutterleib eine Flüssigkeit erzeugen, deren Zusammensetzung sich ständig ändert und dem entspricht, was er an jedem bestimmten Tag der Schwangerschaft im echten Mutterleib vorfindet. Wird auch nur wenige Tage die falsche Menge eines einzigen Bestandteils verabreicht, so kann aus einem potentiellen Genie ein ausgewachsener Vollidiot werden.

Noch gewaltiger ist das Problem der künstlichen Placenta. Dieses erstaunliche, durchlässige Organ verbindet die Mutter mit dem Embryo bzw. nach drei Monaten mit dem inzwischen zum Fetus ausgewachsenen Embryo. Die Placenta enthält eine Membrane, die Substanzen wie Aminosäuren, Vitamine, Proteine, Sauerstoff und Zukker in den richtigen Mengen zum Fetus durchläßt. Aber sie hält auch viele Substanzen im Blut der Mutter zurück – z. B. Blutzellen und bestimmte Proteine –, die dem wachsenden Embryo Schaden zufügen würden. Gleichzeitig erlaubt sie die Rückführung von Abfallprodukten wie Kohlendioxyd zur Mutter.

Fünf Jahre benötigten Wissenschaftler in Cambridge, nur um zu lernen, wie zwei Substanzen – Sauerstoff und Kohlenstoffdioxyd – die Placentagrenze eines Mutterschweins durchqueren. An der King's-College-Klinik in London sind künstliche Placentas für Versuche an fehlgeborenen menschlichen Fetussen entwickelt worden. Die Fetusse blieben ein paar Stunden am Leben.

Vom Beuteltier lernen?

Die Erforschung von Möglichkeiten, Leben außerhalb des Mutterleibs zu erhalten, hat bei Beuteltieren eine interessante Wendung genommen. Zu dieser Tierart, die keine Placenta bildet, gehören das Opossum, das Känguruh und der Wombat.

In einem sehr frühen Stadium der Schwangerschaft wird der winzige, unausgereifte Beuteltierkeimling aus der Gebärmutter freigegeben. Irgendwie schafft er es, in den warmen Beutel der Mutter zu klettern und sich an einem Placentaersatz, einer Zitze, festzusaugen. Ein amerikanisches Opossum hat etwa die Größe einer Katze, doch würde ein ganzes Dutzend seiner Keimlinge in einen Pingpong-Ball passen.

Wissenschaftlern in Van Nuys, Kalifornien, ist es gelungen, neugeborene Opossumkeimlinge so zu täuschen, daß sie sich an Zitzen in einem durchsichtigen Kunststoffbeutel festsaugten.[8] Nun wurden verschiedene Nährflüssigkeiten und Präparate durch die Zitzen gepumpt und die Reaktion der Keimlinge untersucht. (In Huxleys Phantasielabors variierten die Babymacher die Nährstoffe je nach dem Menschentyp, den das Regime gerade zu erzeugen wünschte.)

Der französische Biologe Jean Rostand erblickt im Fortpflanzungsmuster des Känguruhs ein denkbares Modell für den Menschen. Da beim Menschen die ersten Schwangerschaftswochen weitaus am schwierigsten außerhalb der Gebärmutter darzustellen sind und während dieser Zeit die meisten Fehler unterlaufen können, regte er an, wir sollten doch den Weg der Beuteltiere einschlagen. Die menschliche Mutter würde ein paar Monate lang normal schwanger sein. Dann könnte man auf chemischem Weg die Wehen auslösen und den Fetus abgehen lassen. Dieser Fetus würde in einen künstlichen Mutterleib oder Brutkasten gebracht. (Eine Alternativmöglichkeit wäre, den Fetus chirurgisch herauszuholen.)

Derzeit arbeiten Wissenschaftler von beiden Enden der menschlichen Schwangerschaftsperiode her an der Verkürzung der Zeit, die ein Fetus im Mutterleib zubringen muß. Sie gehen davon aus, irgendwann in der Zukunft werde der ursprüngliche Zeitraum von neun Monaten auf null Tage zusammengeschrumpft sein. Aufsehenerregende Fortschritte erzielen sie dabei, Frühgeborene in immer jüngerem Alter zu retten. Vincent Collins, Leiter der Anästhesiologie-Abteilung im Cook-County-Krankenhaus in Illinois, sagte mir: »Wir können jetzt einen Fetus von fünf Monaten übernehmen, und ich glaube, wir werden bald bei viereinhalb Monaten ankommen. Wir können ein einpfündiges Kind außerhalb der Mutter am Leben erhalten.«

Viereinhalb Monate sind genau die Hälfte der Schwangerschaftszeit. Am Anfang jedoch, in der frühen Embryo-Schwangerschaftsphase, wird der Fortschritt in Stunden gemessen, jedenfalls in der westlichen Welt. Und die Gefahr von Mängeln und Mißbildungen ist in den ersten Tagen und Wochen viel, viel größer.

Mir will scheinen, daß die Jagd nach dem völlig künstlichen Mutterleib verwegen geworden ist und der Kontrolle der Gesellschaft unterstellt werden sollte. So verwegen wie der Traum von der Besiedlung des Mondes. Vermutlich wird diese Kreation eines Tages gelingen, aber doch unter erheblichen moralischen, sozialen, psychologischen und wirtschaftlichen Kosten. Tausende fast geburtsreifer Fetusse und vielleicht gar lebendiger Säuglinge mit schweren physischen oder geistigen Mängeln wird man abschlachten müssen. Die Familie wird weiter untergraben. Die erste Generation der so geborenen Kinder wird sich als Sonderlinge empfinden. Und was die reinen Geldkosten anbelangt: Die Schöpfung eines Menschenwesens im Laboratorium und die Bereitstellung der notwendigen Ausrüstung, Nährstoffe und ihre stündliche Überwachung durch hochbezahlte Techniker werden sicher in die Zehntausende gehen.

Dabei ist das alles so unnötig wie ein Kropf! Der einzige gesellschaftliche Gewinn, der irgendwie ins Gewicht fiele, bestünde darin, daß die berufstätige Frau ihre Arbeit nicht mehr zu unterbrechen bräuchte, um ein Kind zur Welt zu bringen. Für die meisten Berufstätigen ist aber die Schwangerschaft in den ersten sieben Monaten überhaupt nicht problematisch. Und der Leib der Mutter bietet dem heranwachsenden Kind ein weitaus sichereres Nest, als irgendein künstlicher Mutterleib es jemals könnte. Ich kenne erfolgreiche Karrierefrauen, die bis zum Einsetzen der Wehen an der Arbeit geblieben sind, und niemand litt dabei Schaden.

Betrachten wir aber einmal die Möglichkeit, den Fetus nach sechs Monaten der Mutter zu entnehmen. Sollte es eine Berufstätige vorziehen, ihr Kind zu diesem Zeitpunkt loszuwerden, so sind die Brutkastenleute bald so weit, daß sie es von dann an übernehmen können. Nicht gerade billig, aber machbar. Besser beraten wäre die Mutter, wenn sie den siebten oder achten Monat abwartete. Das Kind wäre weniger hilflos der genialischen Fähigkeit des Menschen ausgeliefert, die ihn an Knöpfen drehen und Nährstoffe mixen läßt.

Je früher der Säugling in den Brutkasten kommt – so funktionssicher er auch allmählich wird –, desto größer ist die statistische Gefahr von Tod, Mißbildung und geistiger Störung.

Für die große Mehrheit der Leute wird der warme Leib einer Mutter immer der beste und gesündeste Platz bleiben, an dem ein Kind werden kann.

15
JUNGE ODER MÄDCHEN AUF BESTELLUNG

> Ich bin nach wie vor der Meinung, daß dies eine jener Entdeckungen ist, die man besser niemals macht.
> – Hans Zeisel, Professor der Rechte und Soziologie an der Universität von Chikago über die neue Wissenschaft der Lenkung des Geschlechts von Kindern[1]

Erst im vierten Monat sieht man einem abortierten Fetus an, welchen Geschlechts das Kind gewesen wäre. Dann nämlich erkennt man Scheide oder Penis. Findet die Befruchtung jedoch im Labor im Glas statt, dann läßt sich binnen Stunden nach der Zeugung sagen, welchen Geschlechts der Säugling sein wird.

Über das Geschlecht eines Sprößlings entscheidet das Sperma des Mannes. Das Ei der Frau spielt bei der Geschlechtsbestimmung überhaupt keine Rolle. Männer – seien sie nun König oder Bettler –, die auf ihre Frauen wütend sind, weil sie ihnen Mädchen gebären, sollten sich schämen.

Alle Eier sind gleich. Sie besitzen ein X-Geschlechtschromosom. Die Spermien andererseits sind von zweierlei Art: es gibt jene mit einem X-Chromosom (mädchenzeugende) und jene mit einem Y-Chromosom (bubenzeugende). Beim normalen Geschlechtsverkehr bestimmt sich das Geschlecht eines Kindes nach dem Spermium, das den langen Achtzehnzentimeterberglauf hinauf in den Fortpflanzungstrakt der Frau gewinnt. Es befruchtet ihr Ei irgendwo ziemlich weit oben in ihrem Eileiter.

Gewinnt ein mädchenzeugendes X-Chromosom-Spermium den Wettlauf, dann ergibt sich im befruchteten Ei eine X-Paarung: es wird ein Mädchen. Gewinnt ein bubenzeugendes Y-Spermium, dann gibt es eine XY-Paarung: es wird eine Junge. Jedes der dreiundzwanzig Chromosomenpaare jeder Zelle eines normalen Mannes ist XY-paarig. Und jede Zelle einer Frau hat ein XX-Chromosomenpaar.

Forscher haben in Erfahrung gebracht, daß die meisten Y-tragenden oder »männlichen« Spermien eine etwas andere Gestalt sowie noch andere Unterschiede aufweisen, wodurch sie sich von den X-tragenden oder »weiblichen« Spermien unterscheiden.* Sie versuchen nun, diese Erkenntnis dazu zu nutzen, um den freien Wettlauf des vorbestimmten Geschlechts zu manipulieren. Mancher Beobachter ist der Auffassung, die Machenschaften könnten für die Gesellschaft schwerwiegende Folgen nach sich ziehen; tatsächlich könnte die Menschheit in ihren Grundfesten erschüttert werden.

Landrum Shettles untersucht menschliche Spermien und Eier seit vierzig Jahren. Zu seinen Hauptanliegen gehört zur Zeit auch die Entwicklung von Techniken zur Geschlechtsdifferenzierung.

Selbst unter einem sehr starken Mikroskop sehen sich männliche und weibliche Spermien ziemlich gleich. Eines Tages nun wollte Shettles immobilisierte lebende Spermien im Phasenkontrastmikroskop untersuchen. Dieses Gerät leuchtet die Umgebung dunkler Objekte aus. Er war beglückt, als er feststellte, daß sich die männlichen und die weiblichen Spermien doch in Größe und Gestalt klar zu unterscheiden schienen. Andere Wissenschaftler haben seine Erkenntnisse der Unterschiede in Gestalt und Verhalten der beiden weiter vorangetrieben.

Männliche Spermien sind im Durchschnitt kleiner als weibliche. Sie haben längere Schwänze, so daß sie wohl etwas schneller schwimmen können. Männliche Spermien haben runde Köpfe, weibliche ovale.

Und nun, Wunder aller Wunder, haben Wissenschaftler männliche Spermien etikettieren gelernt. Nimmt man einen Samentropfen, legt ihn in einen Hohlkreis auf dem Objektträger und gibt ein Fluoreszenz namens Chinacrin zu, dann geschieht etwas Erstaunliches. Das Y-Chromosom in jedem männchenzeugenden Spermium leuchtet auf; das X-Chromosom des weibchenzeugenden Spermiums nicht.

---

* In der Fachsprache heißen die Y-tragenden oder »männlichen« Spermien Androspermien, die X-tragenden oder »weiblichen« Gynospermien. Sie sind zwar nicht sexuell verschieden, doch ist im täglichen Laborjargon die Bezeichnung männliche und weibliche Spermien gebräuchlich. Diese Bezeichnung verwende der Einfachheit halber auch ich.

Landrum Shettles zeigte mir, wie er das Verhalten der Spermien untersucht, während sie zum Ei schwimmen. Er nahm eine etwa 20 cm lange Glaspipette (Röhrchen) und hielt sie über die Flamme eines Bunsenbrenners. Die Pipette, die er an beiden Enden festhielt, fing an zu schmelzen. Im richtigen Augenblick machte er eine graziöse Schwungbewegung etwa wie ein Dirigent, wenn er in einem Konzert einen Einsatz gibt. Das geschmolzene Glas sah jetzt aus wie eine meterlange, durchsichtige Schnur. Aber sie war auf ganzer Länge hohl! Der Tunnel hatte sich so verengt, daß kaum noch das Ende einer Heftklammer hineinpaßte.

Strahlend sagte er mir, dies sei seine Rennstrecke für Spermien.

In das winzig-enge Röhrchen gibt er Flüssigkeiten unterschiedlicher Zusammensetzung. Dann führt er männliche und weibliche Spermien ein und schaut durchs Mikroskop fasziniert zu, welches Spermium das Rennen gewinnt. Manchmal wird Sekret aus der Scheide einer Frau in das Röhrchen gefüllt. Manchmal Sekret aus dem Gebärmutterhals oder der Gebärmutter. Die Spermien benähmen sich wie Forellen, die den Bach hinaufschwimmen, sagt er. Versuchsweise fügt er andere Ingredienzen hinzu. Manchmal ist es ein bißchen Weißessig, um die Sekrete säurehaltiger zu machen. Manchmal ist es aufgelöstes Backpulver, damit sie laugenhaltiger werden.

Männliche Spermien vollbringen auf kurze Distanz wahre Glanzleistungen, aber die weiblichen Spermien haben mehr Durchhaltevermögen. Die weiblichen Spermien sind auch widerstandsfähiger.

Beim Geschlechtsverkehr, so Shettles, »sind die Chancen für ein männliches Baby um so größer, je mehr man tut, um die Empfängnis zu erleichtern. Erschwert man sie, dann wird es viel eher ein weibliches Baby.«

Wie nun erschwert man die Empfängnis und begünstigt so die weiblichen Spermien? Shettles bietet diese Anregungen:
- Pflegen Sie Verkehr, soviel Sie wollen, bis zwei Tage vor der Ovulation, dann hören Sie eine Woche lang damit auf. Das weibliche Spermium überlebt gewöhnlich, bis das Ei aus dem Eierstock auftaucht. Die männlichen sterben zumeist vorher ab.
- Unmittelbar vor dem Verkehr sollte die Frau eine Säuredusche vornehmen. Säurehaltigkeit stört und hemmt die männlichen

Spermien mehr als die weiblichen. Die Duschlösung läßt sich herstellen, indem man zwei Eßlöffel *Weiß*essig in etwa einem Liter Wasser auflöst.
- Beim Verkehr sollte der Mann darauf achten, daß die Ejakulation stattfindet, wenn sein Penis nur zweieinhalb bis fünf Zentimeter in der Scheide und nicht tief drin steckt. Damit wird die Rennstrecke länger. Desgleichen wird dann die Großzahl der männlichen Spermien durch die natürlicherweise säurehaltige Kondition der Scheide abgetötet oder abgeschreckt. Die Bedingungen werden alkalischer (und begünstigen somit den Schnellschwimmer), sobald die Spermien den Gebärmutterhals und die Gebärmutter erreicht haben.

Shettles rät überdies, die Frau solle möglichst den Orgasmus vermeiden, denn die dabei ausgestoßenen Flüssigkeiten seien meist alkalisch und sorgten damit für eine schnellere Rennstrecke.

Wollen Sie andererseits unbedingt einen Jungen, dann machen Sie's ziemlich genau umgekehrt. Halten Sie den Geschlechtsverkehr zurück bis zum errechneten Tag des Ovulationsbeginns. (Wie Sie diesen möglichst genau erreichen, sagt Ihnen der Arzt. Vielleicht wird ein Gebärmutterhalsabstrich für eine Farbkarte benötigt, oder man benutzt ein Fieberthermometer.) An diesem Tag schafft die Natur meist ideale Bedingungen für schnelles Schwimmen und längeres Überleben. Die Rennstrecke läßt sich außerdem auf der ganzen Länge noch dadurch beschleunigen, daß die Frau vor dem Verkehr eine Alkalidusche nimmt (zwei Eßlöffel Backsoda ganz in einem Liter Wasser auflösen). Und während des Verkehrs bemühe man sich um ein tiefes Eindringen des Penis und um Orgasmus bei der Frau.

Shettles sagte mir, das genannte Verfahren führe in 80 bis 85 v. H. der Fälle zum Erfolg. Manche Angaben sind bei Medizinern noch umstritten.

Von den genannten Verfahrensweisen gibt offensichtlich vor allem die genaue Zeitplanung den Ausschlag. Die New Yorker Kapazität für Reproduktivfragen Sophia J. Kleegman berichtet, allein die Anwendung der Zeitprogrammierung, wie sie Shettles befürwortet, habe in bis zu 80 von 100 Fällen das Geschlecht des Kindes mit Erfolg vorausbestimmt.[2]

Shettles hatte noch eine andere, ziemlich geniale Idee, wie man den Zufall noch weiter ausschließen kann. Generell war diese Idee schon seit Jahren im Gespräch, aber er glaubt jetzt zu wissen, wie sie funktionieren kann, sofern man einen Jungen zeugen will. In der Ausgabe des *Journal of Urology* vom Oktober 1976 hat er sie beschrieben. Die Idee ist, eine Abschirmvorrichtung einzusetzen, die es männlichen Spermien gestattet, sich durchzuwinden, während weibliche Spermien nicht durchkommen. Es handelt sich um eine Filtervorrichtung etwa in der Form eines Raumschiffs, die sich wie ein Diaphragma am Eingang des Gebärmutterhalses anbringen läßt. In der Vorrichtung ist ein Netz gespannt. Die kleinköpfigeren männlichen Spermien kommen durch, die weiblichen haben Schwierigkeiten.

Mancher mag nun meinen, wenn Spermien – männliche wie weibliche – ihren Kopf einmal an einem Netz angeschlagen haben, würden sie kehrtmachen und woanders hingehen. Dem scheint aber nicht so zu sein. »Spermien sind ganz verrückt darauf versessen, sich in den Gebärmutterhalsschleim zu bohren«, sagte Shettles. »Es ist, als röchen sie dort den Braten.«

Shettles bestreicht seinen Filter mit Gebärmutterhalsschleim. Bei achtundzwanzig Versuchen waren die Spermien, die durchkamen, zu 89 bis 97 v. H. männlich. Erprobt wird noch, ob sie dann auch noch fähig sind, das Ei zu erreichen und zu befruchten.

Spermientrennung im Labor

Ein anderer Weg besteht in der Trennung der Spermien nach Geschlecht und danach Einführung des gewünschten Samens in die Frau mit Hilfe künstlicher Besamung. Hier nun fünf Arten, wie man dies versucht:

Zentrifugaltrennung. Ihr liegt der Gedanke zugrunde, wenn man Spermien zentrifugiere, sammelten sich die schwereren (gewöhnlich die weiblichen) am Boden. Und die leichteren, männlichen, würden oben sein. Nun könnte man denken, ein Spermium, das so schnell im Kreis gewirbelt wurde, daß sich eine Trennung nach Schwere ergibt, wäre doch wohl ziemlich taumlig. Könnte es überhaupt noch den

Weg zu einem Ei finden? Natürlich hätte es dank künstlicher Besamungstechnik einen beträchtlichen Vorsprung.

Schwedische Forscher behaupten, bei Experimenten mit Vieh habe die Zentrifugaltrennung von Samen eine ununterbrochene Reihe von 10 oder mehr Stieren erzeugt. Manche Wissenschaftler sind besorgt, möglicherweise könnte das Zentrifugieren den menschlichen Chromosomen Schaden zufügen. Andere weisen darauf hin, die individuellen Variationen zwischen männlichen sowie weiblichen Spermien untereinander erschwere eine Trennung auf reiner Schwerebasis. So unterscheiden sich männliche Spermien mehr untereinander z. B. beträchtlich in der Schwanzlänge. Die Zentrifugaltrennmethode dürfte wohl zu den weniger aussichtsreichen Verfahren für die Geschlechtsbestimmung beim Menschen gehören.

Elektrotrennung. Hierbei soll die Feststellung genutzt werden, daß die XY-Chromosomen (männlich) und die XX-Chromosomen (weiblich) unterschiedlich aufgeladen sind. Dieser Weg ist vor allem in Rußland und den Vereinigten Staaten eingeschlagen worden.

Schickt man einen Stromstoß durch Samen, dann werden die männlichen Spermien meist stärker zum Negativ- und die weiblichen zum Positivpol gezogen. Gewöhnlich verharrt jedoch ein Bündel in der Mitte. Einem Forscher an der Michigan State University, Manuel Gordon, gelang zu 71 v. H. die Aufzucht weiblicher Kaninchen, indem er Spermien verwendete, die nahe des Positivpols entnommen waren.

Dann schaffte 1973 ein Biochemiker aus Pennsylvania, John L. Lang, einen höchst eindrucksvollen Durchbruch, indem er die Technik veränderte.[3] Er passierte Samen durch ein Harz, ein gemahlenes Kunststoffmaterial, das eine elektrische Ladung enthielt. Die männlichen Spermien hängten sich an das Harz an, während die weiblichen durchschwammen. In Versuchen mit Kaninchen und anderen Kleintieren gelang es ihm, mit dieser Methode eine bis zu 95 v. H. weibliche Nachkommenschaft zu erzeugen! Will man nun Männchen anstatt Weibchen, so kann man das offenbar fast genausogut dadurch erreichen, daß man einfach die am Harz festgeklebten männlichen Spermien freiwäscht. Viehzüchter in Deutschland, Frankreich und anderen Ländern führen jetzt Großversuche mit dieser Methode durch.

Trennung durch Wettschwimmen. 1972 bemerkte A.M. Roberts an der Guy's Hospital Medical School in London, daß Spermien mit unterschiedlicher Geschwindigkeit abwärts schwimmen. Er filterte aus einer Probe Samenflüssigkeit die Spermien heraus und führte sie dann von oben wieder in die Flüssigkeit ein. Er stellte fest, daß sich die männlichen Spermien durch die Flüssigkeit schneller nach unten bewegten als die weiblichen. Bald hatte sich unten ein Konzentrat männlicher Spermien gebildet. Vermutlich waren dies auch die zielstrebigeren Männlein.

Ein Forscherteam der Schering A.G. in Berlin unter der Leitung von R. J. Ericsson ging Roberts' Feststellung weiter nach. Es beschloß, durch Verwendung einer dichten, viskösen Flüssigkeit, eines Rinderalbumins, das Schwimmen noch weiter zu erschweren. Nur etwa ein Drittel der menschlichen Spermien schaffte den Durchbruch. Sie waren vorherrschend männlicher Art. Die bis nach unten durchgestoßen waren, wurden entnommen und von oben in eine neue Flüssigkeit eingeführt. Und die wieder unten anlangten, wurden wiederum von oben in eine frische Flüssigkeit eingeführt. Die Forscher berichten: »Wir konnten wiederholt bis zu 85 v.H. Y-Spermien (männlich) herausfiltern.«[4]

Ihre Feststellung schränkten sie dahingehend ein, daß bis zum abschließenden Beweis noch abgewartet werden müsse, welchen Geschlechts die Nachkommen seien. Die Überlebenden könnten »völlig am Boden zerstört« sein. 1975 meldeten schottische Forscher, die »im wesentlichen dieselbe Methode« benutzten, sie hätten bei der Wiederholung des Experiments gewisse Schwierigkeiten gehabt.

Nach Angaben des Population Reference Bureau wenden ein paar amerikanische Fruchtbarkeitskliniken diese Technik schon bei Ehepaaren an, die männlichen Nachwuchs wollen. In vielen Ländern ist das Ericssonsche Konzept inzwischen patentiert worden. Der Vertrieb entsprechender Gerätschaften an die Ärzte steht unmittelbar bevor.

Trennung durch allmähliches Absinkenlassen. Die einfache Spermiensenkung scheint ein Trennmuster zu erzeugen, das dem Schwimmuster direkt entgegengesetzt ist, und das aus gutem Grund. Der indische Zoologe B.C. Bhattacharya stellte das anscheinend als erster fest. Er fand seltsam, daß die Bauern des Landes es vorzogen, ihr Vieh bei Einbruch der Dämmerung zur künstlichen Besamung zu bringen. Die Schwängerkanne hatte den ganzen Tag herumgestanden. Die Bauern sagten ihm, die Besamung spät abends erzeuge mehr männliche Rinder. Er stellte fest, daran sei etwas Wahres.[5] Er schloß, der Grund müsse darin liegen, daß die schwereren weiblichen Spermien während des Tages dazu neigen, in den unteren Teil des Behälters abzusinken. Die Besamer, die die Bauern bedienten, entnahmen die Flüssigkeit dem oberen, vorherrschend männlichen Teil.

Später machte Bhattacharya mit seiner Entdeckung am Max-Planck-Institut für Tierzucht in Hagen bei Tausenden von Kaninchen die Probe aufs Exempel. Er besamte sie mit Samen, der verschiedenen Höhen des Behälters entnommen war. Um zielloses Umherschwimmen, das die Absinkrate beeinflussen konnte, auszuschalten, kühlte er die Spermien bis zur Unbeweglichkeit. Danach schwängerte er 176 Kaninchen. Spermien aus dem oberen Teil des Behälters erzeugten in 78 v. H. der Fälle männliche Nachkommenschaft, Spermien aus dem Bodensatz zu 72 v. H. weibliche.

Trennung durch Mordknechte. Krebsforscher in New York entdeckten, daß männliche Spermien, die in Glas HY-Antikörpern ausgesetzt wurden, in beträchtlicher Zahl getötet wurden. Diese Antikörper sind speziell dazu entwickelt worden, sich den HY-Antigenen auf Zellen einschließlich Spermazellen männlicher Mäuse anzuhängen. Nach einer langen Versuchsreihe berichteten die Forscher von einer achtprozentigen Abnahme der geborenen männlichen Mäuse im Verhältnis zum Durchschnitt.[6] Sie sind der Meinung, bei entsprechender Verfeinerung könnten sie den Prozentsatz erheblich steigern.

Von den fünf genannten Trennmethoden schälen sich zwei als höherwertig heraus: die Verwendung elektrisch geladener Harzfilter und die Nutzung der Absinkratenunterschiede bei gekühlten Spermien. Sie scheinen die gewünschten Ergebnisse mit größter Wahrscheinlichkeit zu erzielen. Kombiniert man die beiden Methoden, dann könnte man Ejakulate zusammenstellen, die je nach Wunsch der Idealvorstellung einer totalen männlichen oder totalen weiblichen Zusammensetzung ziemlich nahekämen.

Oft läßt sich noch in den ersten Tagen nach der Empfängnis ein neuer Embryo mit Hormonen ablösen und wegmachen. Eine andere Möglichkeit, die man unter dem Mikroskop vollzieht, besteht darin, von einem neugebildeten Embryo ein paar Zellen abzuzwicken und mit einem Farbstoff namens Chromatin einzufärben. Nur weibliche Zellen zeigen die Färbung an. Oder wenn man genug Zeit und Geduld aufbringen kann, läßt sich unter starker Vergrößerung das tatsächliche Chromosomenpaar feststellen und identifizieren, das das Geschlecht bestimmt.

Handelt es sich um einen männlichen oder einen weiblichen Embryo? Das bange Ehepaar wartet vielleicht unruhig nebenan. Kommt es zu dem Schluß, das Fetzchen, das das künftige Menschenkind darstellt, gehöre dem »falschen« Geschlecht an, dann ließe es sich wegmachen. Robert Edwards und seine Mitarbeiter an der Universität in Cambridge würden nun nicht etwa ein Ehepaar zwingen, den Daumen nach unten zu halten. Vielmehr schlagen sie vor, für jedes Paar mehrere Embryos heranzuzüchten. Theoretisch würde das nicht viel mehr Mühe machen. Dem Elternpaar könnten dann die bekannten Merkmale jedes Embryos einschließlich seines Geschlechts erläutert werden, und dann würde es aufgefordert anzugeben, welchen es vorzieht. Die Entscheidung braucht keineswegs nur nach Lust und Laune gefällt zu werden. Vielleicht ist dem Paar gesagt worden, in der Familie gebe es eine geschlechtsgebundene Krankheit.

Ist die Frau schon schwanger und will das Paar partout wissen, welches Geschlecht das kommende Kind haben wird, so läßt sich das auf vielerlei Art feststellen. Manche Ärzte tun das allerdings sehr ungern, vor allem, wenn mit der Feststellung Risiken verbunden sind. Gehört der Fetus dem unerwünschten Geschlecht an, könnten ihn die Eltern abtreiben lassen. Hier die vier Wege der Geschlechtsfeststellung.

Fruchtwasseranalyse. Bei dieser Methode wird in den Unterleib der Mutter eine zehn Zentimeter lange Hypodermnadel eingestochen, mit der aus dem den Fetus umgebenden Fruchtsack etwas Flüssigkeit entnommen wird. Man nennt das Amniocentese. Während des Wachstums streift der Fetus einige Körperzellen ab. Diese Zellen sind von diagnostischem Wert.

Die Technik wurde ursprünglich dazu entwickelt, um feststellen zu können, ob die Zellen irgendwelche genetischen Störungen anzeigen, aber mit der Geschlechtschromatinanalyse läßt sich anhand derselben Zellen auch das Geschlecht des werdenden Kindes ermitteln. Im vierten Schwangerschaftsmonat ist die Treffsicherheit der Methode ziemlich hoch. Manche Elternpaare, die es gar nicht erwarten konnten, das Geschlecht ihres Fetus zu erfahren, haben schon ganze Krankengeschichten über geschlechtsgebundene genetische Störungen bei Eltern oder Großeltern rundweg erfunden, nur damit die Zellentests durchgeführt wurden, die das Geschlecht des Fetus verraten.

Zwei Hauptprobleme stellen sich hier. Da ist einmal das Risiko. Es kann, wenn auch selten, passieren, daß die Nadel versehentlich den Fetus oder die Placenta berührt und Schaden anrichtet. In der Hand eines erfahrenen Geburtshelfers ist das sehr unwahrscheinlich, es sei denn, der Fetus sei schon so alt, daß er sich plötzlich bewegen kann.

Zum anderen bleibt zeitlich gesehen kein Spielraum, falls man eine Abtreibung in Erwägung zieht. Hat der Fetus ein Stadium erreicht, in dem er genug Körperzellen abstreift, so daß eine Amniocentese möglich wird, dann kann er binnen weniger Wochen schon so alt sein, daß man eine Abtreibung nur noch höchst widerwillig ins Auge fassen würde.

Abstrich am Gebärmutterhals. 1971 berichtete der ewig neugierige Shettles in *Nature,* es sei ihm in gewissem Umfang gelungen, durch Abstriche innerhalb des Gebärmutterhalses Fetalzellen zu Zwecken der Geschlechtsanalyse zu entnehmen. Die Methode sei einfach und für den Fetus völlig ungefährlich. 1973 hatte ein japanisches Forscherteam an der Hokkaido-Universität, das eine Reihe von Frauen in den ersten drei Schwangerschaftsmonaten untersuchte, mit dieser Methode kein Glück. Dann, am 1. Dezember 1974, brachte die Zeitschrift *Ob.-Gyn. News* diese Schlagzeile: VERLÄSSLICHE GESCHLECHTSANZEIGE DURCH ABGEGANGENE FETALZELLEN. Die Methode war genau wie bei Shettles der Abstrich innerhalb des Gebärmutterhalses.

Mutterblutanalyse. Eine Forschergruppe am medizinischen Institut der Kalifornien-Universität in San Francisco machte die überraschende Entdeckung, daß bei einigen Schwangeren die weißen Blutkörperchen männliche Chromosome enthielten. Wo um alles in der Welt kamen sie nur her? Man war davon ausgegangen, daß die Placenta die weißen Blutkörperchen des Fetus an einer Rückkehr in die Mutter hinderten. Offenbar aber doch nicht völlig. Die Forscher stellten fest, wenn der Fetus männlich sei, bestehe nach dem dritten Monat eine 95%ige Chance, daß sich im Blut der Mutter mindestens ein paar männliche weiße Blutkörperchen finden lassen, sofern man mindestens zwölfhundert Blutkörperchen der Mutter zur Analyse zur Verfügung habe.

Diese Analyse ist zeitraubend. Der Embryologe Robert Francoeur glaubt aber, daß sich Computer auf eine schnelle Durchsicht der Körperchen programmieren ließen. Neuere Berichte deuten auch tatsächlich darauf hin, daß die erwünschte Schnelligkeit erreicht ist.

Analyse von Fröschen, denen der Urin einer Schwangeren injiziert wurde. Von allen Methoden ist dies wohl die phantastischste. Gleich wie Kaninchen oder Frösche anzeigen können, ob jemand schwanger ist, sagt ein verfeinerter Froschtest der Schwangeren, welchen Geschlechts ihr Kind sein wird.

Nach einem Bericht des Gesundheitsministeriums in Tiflis in Georgien waren einige Spermien eines Frosches, dem Urin einer Frau eingespritzt wurde, die mit einem männlichen Fetus schwanger war, elektrisch positiv geladen, während andere negativ geladen waren. War der Fetus weiblich, so waren alle Spermien gleichpolig geladen. Geschlechtsvorhersagen anhand dieser Differenzierung erwiesen sich in 370 Fällen zu 95 v. H. korrekt. Und was noch mehr ist: Dieser Prozentsatz galt bereits in der achten Schwangerschaftswoche.[7]

Wir sehen also, daß die Wissenschaft inzwischen mindestens ein Dutzend Möglichkeiten für die Geschlechtsbestimmung entwickelt hat. Manche Verfahren sind genauer als andere. Manche sind auch riskanter oder komplizierter. Die einen kann man vor der Empfängnis anwenden. Andere müssen bis zur Empfängnis oder Schwangerschaft warten. Welche Methode man nach der Empfängnis aber auch wählt, eine aktive Vorherbestimmung läßt sich nur erreichen, wenn man den unerwünschten Embryo oder Fetus abtreibt. Obwohl das Geschlecht des Nachkömmlings den Menschen seit Jahrhunderten stark beschäftigt, sind praktisch alle genannten Methoden erst in den letzten Jahren entdeckt worden. Gewiß wird es in ein paar Jahren noch weitere Entdeckungen und Verfeinerungen geben. Vielleicht wird es Kapseln geben – rosa oder blau –, die der Mann oder die Frau wenige Stunden vor dem Verkehr mit Zeugungsabsicht zu nehmen hat. Jedenfalls steht praktisch fest, daß sichere, einfache, billige Methoden für die Geschlechtswahl der Nachkommenschaft bald weit verbreitet sein werden.

Der Kinderarzt Park S. Gerald von der medizinischen Fakultät in Harvard äußerte sich 1976 besorgt darüber, daß es unter den Frauenärzten oder auch in der Öffentlichkeit immer noch keine Einigung über die moralischen Probleme der Abtreibung von Fetussen eines unerwünschten Geschlechts gebe. Das Problem dränge, sagte er, denn demnächst würden mehrere schnelle und billige Wege zur Geschlechtsbestimmung im Frühstadium der Schwangerschaft verfügbar. Binnen ein bis zwei Jahren ließe sich ein einfacher Bluttest perfektionieren, der kurz nach der Empfängnis zu machen sei.

Und er fuhr fort: »Ich habe schwere Bedenken, ob man einen Fetus zerstören darf, nur weil er nicht das erwünschte Geschlecht hat.« Nach einem Zitat in der *New York Daily News* bemerkte er zudem, zwar lehnten die meisten Geburtshelfer eine Abtreibung zum Zwecke der Geschlechtswahl ab, doch halte »ein erheblicher Teil« sie auch für rechtzufertigen.

Wer will das?

Zwei Fragen stellen sich. Wer möchte sich solcher Methoden bedienen? Und welche Rückwirkung ergäbe sich auf die Gesellschaft, wenn sie verbreitet Anwendung fänden?

Manche Leute glauben, die Erregung, wenn man ein Kind erwartet, werde noch gesteigert, wenn man *nicht* wisse und sich also ständig fragen könne, welches Geschlecht das werdende Kind wohl habe. Sie scheinen aber in der Minderheit zu sein. Die meisten Eltern dürften darauf brennen, das Geschlecht ihres kommenden Kindes zu erfahren.[8]

Wenn es aber darum geht, das Geschlecht des eigenen Kindes vorzuprogrammieren, sieht das Bild anders aus. Das Institut für Volksforschung der Princeton-Universität machte 1970 bei sechstausend Frauen im gebärfähigen Alter eine Umfrage. Eine Frage lautete, ob die Betreffende das Geschlecht ihres Kindes wählen können möchte. Nur 39 v. H. bejahten sie.[9] Vielleicht sagten viele nur das, was sie glaubten, sagen zu sollen. Und man beachte, daß die Umfrage nur Frauen erfaßte. (Bei der Beurteilung des potentiellen Marktes für ein Geschlechtswahl-Verfahren müssen wir berücksichtigen, daß vierzig Prozent aller Schwangerschaften unbeabsichtigt sind.)

Eine Umfrage bei ebenso vielen Männern würde wahrscheinlich ein größeres Interesse an der Wahl des Geschlechts des Kindes zu Tage fördern als die Umfrage bei den Frauen. Die große Mehrheit junger Männer und Frauen, die überhaupt eine Meinung äußern, möchten als erstes einen Jungen haben; jedenfalls besagen dies zwei Umfragen von 1974. Ihr Ergebnis unterschied sich kaum von dem einer Umfrage, die zwanzig Jahre zuvor veranstaltet worden war.

Sicher würde der Grad der Bereitschaft zur Anwendung einer Geschlechtsbestimmungsstrategie auch dadurch beeinflußt, auf welche Weise man dabei vorzugehen hätte. Bei den Frauen, die erklären, sie würden gerne das Geschlecht ihres Kindes zu wählen versuchen, fällt das Interesse sofort scharf ab, wenn mit der Strategie eine künstliche Besamung verbunden wäre. Was die Abtreibung anbelangt, so gibt es deutliche Hinweise, daß nur Leute, denen das Geschlecht ihres nächsten Kindes ein sehr starkes Anliegen ist, die Abtreibung als Strategie ins Auge fassen würden. Ein Ehepaar mit drei Töchtern, das noch keinen Sohn hat, könnte zur Abtreibung eines Fetus bereit sein, wenn dieser nachweislich weiblich wäre.

Einige würden das Geschlecht des Kindes wählen wollen, weil in der Familie eine der gut zwanzig geschlechtsgebundenen genetischen Krankheiten vorkommt. Die Bluterkrankheit z. B. wird von weiblichen Personen »weitergetragen«, trifft aber nur männliche Personen.

Unternehmern der Viehzuchtbranche liegt natürlich enorm viel an einer praktikablen Methode der Geschlechtslenkung. In der Milchwirtschaft kletterten die Gewinne haushoch, wenn fast jedes Kälbchen eine Milchkuh abgäbe. Die meisten männlichen Kälber müssen als Fleisch verkauft werden.

RÜCKWIRKUNGEN EINER GESCHLECHTSSTEUERUNGSTECHNIK AUF DIE GESELLSCHAFT

In Entwicklungsländern wie Indien und Venezuela fände eine billige Geschlechtswahltechnik großes Interesse. Dem Durchschnittsbürger käme sie gelegen, weil ihm so ungeheuer viel an Söhnen liegt. Sein Anliegen ist wirtschaftlich und kulturell bedingt. Die Regierungsplaner wären sehr interessiert, weil ihnen die Geschlechtslenkung endlich den Durchbruch brächte in ihren bislang weithin fruchtlosen Bemühungen, die Menschen an der Geburtenkontrolle zu interessieren. Ein Großteil der Überbevölkerung dieser Länder ist nämlich darauf zurückzuführen, daß die Leute so lange Kinder zeugen, bis sie die gewünschte Zahl Söhne haben.

In Millionen Jahren hat die Natur eine präzise Formel dafür entwickelt, daß sich die beiden Geschlechter zahlenmäßig die Waage halten. Bei der Geburt ist dies noch nicht der Fall. 51,5 v.H. aller Neugeborenen sind männlich. Aber die Jungen überleben weniger gut als die Mädchen, so daß sich die beiden im zeugungs- und gebärfähigen Alter fast genau die Waage halten.

Wie nun würde sich eine weitverbreitete Geschlechtslenkungstechnik auf dieses Gleichgewicht auswirken? Die Elternhaltung ist in einer Reihe soziologischer Erhebungen ermittelt worden. Aber deren Ergebnisse könnten irreführen, denn wir sahen schon, daß 40 v.H. der Schwangerschaften unbeabsichtigt eintreten. Vielleicht würde sich allerdings die Zahl der unbeabsichtigten Schwangerschaften mit einer Ausbreitung von Geburtenkontrolle und Geschlechtslenkung verringern.

Die an der Nutzung einer solchen Methode Interessierten würden sie hauptsächlich für das Geschlecht des Erstgeborenen anwenden. Etwa ein Drittel aller in Amerika befragten jungen Männer und Frauen schien keine Präferenz zu haben. Von den restlichen zwei Dritteln aber wollten etwa 90 v.H. als erstes einen Sohn.[10] Wenn sie nur ein Kind bekommen könnten, wollten 72 v.H. derer, die eine Präferenz hatten, einen Sohn, wobei dieser Wunsch bei den Männern noch ausgeprägter war. Nimmt man alle Zahlen zusammen, wären 75 v.H. der Erstgeborenen und 64 v.H. der gewollten Einzelkinder männlich.

Nach dem ersten Kind würden die meisten Leute der Mittelschicht, die eine größere Familie anstreben, mit dem zweiten Kind den Ausgleich suchen. Über das zweite Kind hinaus bestünde wieder eine Tendenz zur Bevorzugung von Söhnen.

Es fehlen Hinweise, wie – falls eine Geschlechtssteuerung möglich wäre – eine Familie mit sechs Kindern im Durchschnitt zusammengesetzt wäre, jedenfalls in der westlichen Welt. Da auch Frauen immer häufiger berufstätig werden, scheinen Mädchen nicht mehr als Belastung zu gelten (in unterentwickelten Gesellschaften findet man Mädchen immer noch betrüblich). Die Durchschnittsfamilie mit sechs Kindern hätte wahrscheinlich vier Söhne und zwei Töchter, weil heutzutage die meisten Großfamilien unter den Ärmeren zu finden sind, die wohl noch eher den überkommenen Wertvorstellungen zuneigen, die dem Sohn den Vorrang geben.

In der westlichen Welt hat die »Durchschnitts«-Familie knapp über zwei Kinder, das ist ein Bevölkerungszuwachs von fast Null. Danach würde sich eine Geschlechtslenkungstechnik auf das Gleichgewicht der Geschlechter in der Gesamtbevölkerung kaum auswirken. Auf jeden Jungen käme ein Mädchen.

Diese Annahme ignoriert jedoch den zu erwartenden starken Anteil der Söhne in Familien mit nur einem Kind sowie in kinderreichen Familien. Sie geht auch an der Tatsache vorbei, daß der Durchschnitt von zwei Kindern Millionen *kinderlose* Familien in der westlichen Welt einschließt. Es gibt auch heute noch viel mehr Familien mit vier Kindern, als der Zweikinder-Durchschnitt anzuzeigen scheint.

Meine eigene Schätzung geht dahin, wenn jedermann das Geschlecht jedes seiner Kinder bestimmen würde, wären wohl knapp 60 v. H. Söhne. In Wirklichkeit würde der Anteil der Söhne aber wahrscheinlich auf 56 oder 57 v. H. sinken, weil manche Eltern auch weiterhin noch Kinder unabsichtlich zeugen oder sich nicht die Mühe der Geschlechtslenkung machen würden.

Und dann darf man nicht übersehen, daß das männliche Baby durchschnittlich weniger gut überlebt. Im zeugungsfähigen Alter würde sich das Verhältnis bei etwa 55 Männern zu 45 Frauen einpendeln. Pro Hundert gäbe es also zehn Männer mehr als Frauen.

Dieser Unterschied würde die Szene ein ganzes Stück verändern. Sicher würden die Mädchen den Unterschied merken: Sie könnten sich ihren Partner aussuchen. Der Konkurrenzkampf würde schärfer. Männer neigen zum schärferen Konkurrenzkampf. Alaska weist seit langem eine überwiegend männliche Bevölkerung auf, überlebt aber trotzdem irgendwie.

Düstere Propheten befürchten von einer Hinwendung zur Männermehrheit einen schroffen Anstieg der Homosexualität und Prostitution. Die offenkundige Homosexuellenszene hat sich binnen eines einzigen Jahrzehnts auch ohne Geschlechtssteuerungstechnik dramatisch verändert. Veränderungen, die durch eine solche Technik veranlaßt würden, dürften sich erst nach Ablauf von zwei Jahrzehnten bemerkbar machen. Und es ist sehr wohl möglich, daß diese Veränderungen keineswegs dramatischer verliefen als die Verschiebung der Geschlechtssitten, die wir im letzten Jahrzehnt erlebt haben.

Der Soziologe Amitai Etzioni erwartet viele beträchtliche Veränderungen. Zum einen würde seines Erachtens die Kriminalität ansteigen. In letzter Zeit ist die weibliche Kriminalität leicht angestiegen, doch sind immer noch 85 v. H. der Amerikaner, die eines ernsthaften Verbrechens überführt werden, Männer. Zumeist entstammen sie Familien der unteren Schichten, bei denen sich eben der große Umschwung in Richtung auf Söhne einstellen würde, wenn eine Geschlechtslenkungstechnik verfügbar würde.

Etzioni schreibt der Frau einen zivilisierenden Einfluß auf die Gesellschaft zu, weil sie stärker an kultureller Betätigung wie Bücherlesen und Theaterbesuch interessiert sei. (Er hätte hinzufügen können, daß Frauen auch geschicktere Friedensstifter und mehr geistig orientiert seien.) Er meint sogar, das Zweiparteiensystem in Amerika könnte erschüttert werden, wenn die Männer überwögen. Viel mehr Männer als Frauen sind Anhänger der Demokraten. Bei einer Bevölkerungsverschiebung zugunsten der Männer könnte die Republikanische Partei – die seit Jahrzehnten an Wählerschaft verliert – zur permanenten Randpartei werden. Etzioni glaubt, als Ergebnis der Verschiebung könnte sie insgesamt glatt fünf Prozent der eingetragenen Wähler einbüßen.

Eine betrübliche Folge einer Geschlechtslenkungstechnik könnte im Wiederaufleben der Betonung des Unterschieds zwischen Mann und Frau liegen. Vielleicht käme es nicht gerade wieder zu den

Extremen, die wir in den vornehmlich von Männern bemannten vorgeschobenen westlichen Grenzposten erlebten, aber die heutige Tendenz der Aufweichung der Geschlechtsrollen und der Bagatellisierung der Geschlechtsunterschiede würde bestimmt einen Rückschlag erleben. Das Geschlechtsbewußtsein würde wachsen. Eine in großem Stil praktizierte Geschlechtsvorausbestimmung könnte sehr wohl bei Millionen Frauen das Gefühl hervorrufen, sie seien irgendwie weniger erwünscht als die Männer, ein Gefühl, das sich in der modernen Gesellschaft aus gutem Grund immer mehr verloren hat.

Als Vorteil wäre zu verbuchen, daß Eltern die Befriedigung genössen, die Gestalt ihrer Familie bestimmen zu können. Millionen Kinder würden nicht mehr ungeliebt aufwachsen (und sich gewöhnlich ungeliebt empfinden), weil ihr Geschlecht die Eltern enttäuschte. Das könnte auf die seelische Gesundheit der ganzen Gesellschaft positiv wirken. Die Mädchen, die geboren würden, wüßten, daß sie als solche gewollt waren.

Der gewaltige Umschwung zum Besseren aber vollzöge sich außerhalb der westlichen Gesellschaften. Das anhaltend steile Bevölkerungswachstum in den unterentwickelten Ländern der Welt dräut gewißlich als das dringendste und beängstigendste soziale Problem der Menschheit. Den Bemühungen, ärmere Familien zur Begrenzung ihres Kindersegens zu überreden, war bislang nur mäßiger Erfolg beschieden. Das liegt hauptsächlich daran, daß arme Eltern in diesen Ländern mit meist nur unzureichender sozialer Versorgung im Hinblick auf die Schrecken des Alters ihre Sicherheit darin erblicken, daß sie Söhne haben.

Mag man auch China nicht mehr zu den unterentwickelten Ländern zählen, so wurden doch Mitte der siebziger Jahre in einem Krankenhaus in Tietung die Fetusse von hundert Frauen, die kürzlich empfangen hatten, daraufhin geprüft, wie viele von ihnen männlich und wie viele weiblich waren. Als ihnen das Testergebnis gesagt wurde, verlangten dreißig Mütter die Abtreibung. Von den abgetriebenen Fetussen waren neunundzwanzig weiblichen Geschlechts.[11]

In unterentwickelten Ländern könnte eine einfache Geschlechtslenkungstechnik riesige Vorteile bieten. Die Frauen brauchten nicht mehr unablässig Kinder zu gebären, bis sie die gewünschte Anzahl

Söhne erreichen. Sie könnten sofort einen oder zwei Söhne haben und weiteren Kindern gelassener entgegensehen. Dies würde ihr Interesse an Methoden der Geburtenkontrolle stärken. Innerhalb einer einzigen Generation könnten wir leicht ein weltweites Absinken des Bevölkerungswachstums erleben.

Die Wahrscheinlichkeit eines höheren Anteils der Männer in modernen Ländern würde auch binnen nicht einmal eines Jahrhunderts den derzeitigen großen Überhang von Frauen unter den Alten abbauen. Dieser Überhang zeigt sich in vielen Ländern. Unter den über Fünfundsechzigjährigen in den Vereinigten Staaten kommen heute auf je hundert Frauen nur neunundsechzig Männer. Und die Kluft weitet sich.[12]

Das also sind einige der möglichen Vorteile und Gefahren. Für gewisse Länder wäre die Geschlechtslenkung möglicherweise von größerem Vorteil als für andere. Moralische Probleme treten vor allem auf, wenn die Geschlechtswahl nicht vor, sondern nach der Empfängnis stattfindet.

Die unterschiedlichen Gegebenheiten sind ein Grund mehr, warum jedes Volk eine Instanz für Reglementierung der menschlichen Fortpflanzungsforschung einrichten sollte. Diese Instanz sollte in jedem Land die Einführung der Geschlechtslenkung, sofern sie genehmigt wird, überwachen und regeln. Drohen ernstliche soziale Verschiebungen, müßte diese Instanz die Verfügbarkeit der dafür notwendigen Vorrichtungen oder Präparate eventuell reglementieren. So könnte z. B. ins Auge gefaßt werden, daß nur Familien mit mehr als zwei Kindern zu ihnen Zugang hätten.

Jedenfalls enthält diese Technik so besorgniserregende Möglichkeiten, daß wir nicht aufs Geratewohl in ihre Anwendung hineinschlittern sollten.

16
Veränderung unserer genetischen Anlagen

> Mit dem Homo sapiens ... erschien
> auf dieser kleinen Erde etwas Neues.
> Der nächste Schritt der Evolution
> ist uns anvertraut. Wir müssen dafür
> sorgen, daß wieder einmal auf diesem
> herrlichen Planeten eine noch bessere
> Art entsteht.
> – Robert L. Sinsheimer, Biologe

Diese »noch bessere Art« des knetbaren Menschen soll hauptsächlich durch die Strategien der Genetiker und ihrer wissenschaftlichen Verbündeten geschaffen werden. Nicht nächstes Jahr oder in einem Jahrzehnt. Aber noch vor einem Vierteljahrhundert wußte man sehr wenig über die Geheimnisse der Genetik. Und daran gemessen sind die neuerlichen Durchbrüche zur Manipulierbarkeit unserer ererbten Ausrüstung schon verblüffend.

Wir stehen buchstäblich inmitten einer neuen biologischen Epoche. Der amerikanische Genetiker-Philosoph Theodosius Dobzhansky schreibt in *Science*, die im Entstehen begriffene genetische Technik »würde ein schier unvorstellbar mächtiges Instrument für die Lenkung der Evolution des Menschengeschlechts darstellen«.

Nun herrscht auf den Schauplätzen der Genetik keineswegs eitel Freud und Sonnenschein. Auf dem Internationalen Genetik-Kongreß 1973 mischten sich unter die eifrigen Berichte über ungeahnte Fortschritte bange Fragen und Bezichtigungen, ob das alles denn zu verantworten sei. Hätte eine neue Eugenik (auch Rassenhygiene oder Erbhygiene genannt) eine genetische Diskriminierung bestimmter Menschensorten zur Folge? Böte sie raffiniertere Werkzeuge zur gesellschaftspolitischen Kontrolle? Bald darauf hielt die Welt den Atem an, als eine Gruppe führender Genetiker nach einem Moratorium für bestimmte Experimente rief, bei denen genetisches Material neu zusammengestellt wird. In Laboratorien montierte man nagelneue Geschöpfe, über die sehr wenig bekannt war. Sie waren zwar mikroskopisch klein, doch konnten einige von ihnen verheerende Wirkungen zeugen, wenn sie losgelassen wären. So trat denn in der ganzen Welt eine lange, ruhelose Pause ein, ehe solche Arbeiten unter Beachtung eines strengen Kodex wiederaufgenommen wurden. Immer noch aber werden ihre Gefahren beschworen.

Der Genetiker James J. Nagle von der Drew-Universität bemerkt, der Mensch stehe heute »an der Schwelle einer bewußten Lenkung und Gestaltung seiner Zukunft mit Hilfe der gewollten Zusammensetzung der Menschenbevölkerung als solcher«. Dies, so erklärt er, werfe ganze Dilemmata auf, die der Entscheidung bedürften.

Manchen Forscher stört aus grundsätzlichen Erwägungen alles, was ihm auf seiner Suche nach Neuerung Steine in den Weg legen würde. So argumentiert der Genetiker Robert Baumiller vom Bioethischen Zentrum des Kennedy-Instituts in Washington: »Wer sich der Wahrheit verpflichtet fühlt, der muß auch zugeben, daß es keine Wahrheit gibt, die nicht der Suche wert wäre.«

Ist die Schöpfung einer neuen, gefährlichen Form des Lebens eine »Wahrheit«?

In unmittelbarer Zukunft werden Versuche, menschliche Gene dadurch zu manipulieren, daß man an ihnen *direkt* arbeitet, notgedrungen nur in sehr kleinem Maßstab betrieben werden können. Die technische Problematik ist geradezu phantastisch. Nun gibt es aber Strategien für die indirekte Modifizierung der genetischen Ausstattung. Dazu gehören die Manipulation von Zellen oder die Veränderung von Zellen im Hinblick auf eine absichtliche Gen-Zusammenstellung, die Entwicklung neuer Arten menschlichen Saatguts, die selektive Aufzucht, die Beseitigung oder Behandlung genetischer Mängel im Vorgeburts-, Geburts- und Nachgeburtsstadium und so weiter.

Wir werden uns das gleich näher ansehen. Vorher aber wollen wir einmal einen Blick tun auf unsere unglaublichen Gene und auf die erfinderischen Pfade, auf denen Forscher die Gene heute verändern lernen.

Bis in die jüngste Zeit hinein hatte kein Mensch ein Gen je tatsächlich gesehen. Selbst unter riesiger Vergrößerung zeichnet es sich lediglich als ein winziger, nichtssagender Faden ab.

Gegen Ende des neunzehnten Jahrhunderts entwickelte der österreichische Mönch und Botaniker Gregor Mendel seine umfassenden Erbgesetze alles Lebenden. Er gelangte zu dem Schluß, es müsse irgendeine Körpersubstanz geben, die die Eigenschaften der Vorfahren über Generationen weitergebe. Aber er hatte keine Vorstellung, was das denn sein könne.

Anfang unseres Jahrhunderts ging man gemeinhin davon aus, die genetische Ausstattung des Menschen, wie immer sie weitergegeben werde, sei unveränderbar. Eine tröstliche Vorstellung. Sie zerfiel 1927, als der Genetiker Herman J. Muller berichtete, er habe Erbmuster durch Röntgenstrahlen verändert. In der nächsten Generation hätten sich Mutationen gezeigt. Diese Entdeckung veranlaßte ihn zu der Forderung, man solle die offenkundige Knetbarkeit des Menschen dazu benutzen, ihn mittels genetischer Manipulation zum Besseren zu ändern.

Welcher Art das Material war, das die Erblichkeit weiterleitete, blieb aber Geheimnis. Als dann die Mikroskope immer eindringlicher wurden, gelangten die Wissenschaftler allmählich zu der Auffassung, dünne Stränge, die man Chromosomen nannte und die sich im Kern einer jeden Zelle fanden, hätten wahrscheinlich etwas mit der Erblichkeit zu tun.

Mitte der vierziger Jahre dann ergab sich aus Oswald T. Averys Versuchen am Rockefeller-Institut ein deutlicher Anhaltspunkt. Er kam zu dem Schluß, die Moleküle einer unerforschten Säure namens DNS (**D**esoxyribo**n**ulklein**s**äure), die sich in den Chromosomensträngen vorfand, dürfte etwas mit der Vererbung zu tun haben. Wie genau die DNS beteiligt war – und wie sie ihre wundersame Aufgabe erfüllte – blieb bis in die fünfziger Jahre völlig ungeklärt.

Zwei unternehmensfrohe junge Biologen an der Cambridge-Universität – der Engländer Francis Crick und der Amerikaner James Watson – fügten Anhaltspunkt zu Anhaltspunkt und bastelten ein riesiges Raummodell eines DNS-Moleküls. Das also war das Meistermolekül des Lebens, nur bei stärkster Vergrößerung überhaupt dem Auge erkennbar. In ihrem Labormodell aber reichte es vom Boden bis zur Decke und sah buchstäblich aus wie eine Doppelspiraltreppe. Das Modell war gebaut aus starkem Draht, Metallstreifen und Knöpfen. Hätten die beiden ein vollständiges DNS-Molekül zu konstruieren versucht, es hätte die Decke gesprengt und wäre höher geworden als ein Hochhaus. Aber der Ausschnitt, den sie dargestellt hatten, reichte völlig aus, um ihre fundierte Hypothese zu veranschaulichen. Sie nannten es die Doppelhelix.

Der gewendelte Doppelstrang in einem echten DNS-Molekül, so erklärten sie, bestehe aus Phosphaten und Zuckern. Und jede Treppenstufe bestehe aus zwei in der Stufenmitte getrennten und leicht durch eine Wasserstoffbrücke zusammengehaltenen Chemikalien. Insgesamt bilden nur vier organische Verbindungen (Basen) die Stufen dieses Spiraltreppenhauses. Es handelt sich um Adenin, Guanin, Thymin und Zytosin in verschiedener Kombination. Kurz als AGTZ bezeichnet, stellen sie den genetischen Code dar.

Der französische Biologe Jean Rostand faßte es so in beredte Worte: »Die Eigenschaften der Erbmasse eines Individuums hängen davon ab, wie diese vier Basen in ihren Molekülen zusammengefügt und geordnet sind; wie unsere gesamte Literatur mit sechsundzwanzig Buchstaben geschrieben und unsere gesamte Musik mit sieben Noten komponiert ist, machen diese vier Basen unsere gesamte genetische Vielfalt aus.«

Innerhalb eines DNS-Moleküls ist ein bestimmtes Gen das Stück des genetischen Codes, das alle Bausteine (Aminosäuren), die zur Erzeugung eines Proteins – meist Enzyms – erforderlich sind, zur Erfüllung einer bestimmten körperlichen Struktur oder Funktion in Aktion versetzt.

Diese DNS-Leitmoleküle, die die Gene enthalten, finden sich in jeder Zelle eines Menschenembryos. Und wie nun wird diese ganze Information während des Wachstums des künftigen Menschenleibes weitergeleitet? Raten Sie mal! Die Antwort gehört zu den großen Wunderwerken der Natur. Wenn sich eine Zelle teilt, dann spaltet sich diese Spiraltreppe in der Stufenmitte entlang der Linie der schwachen Wasserstoffbrücken. Im neugebildeten DNS-Molekül nun holt sich jede Hälfte des alten Moleküls aus freischwebendem

Material die Dinge heraus, die sie zur Bildung einer exakten Ergänzung benötigt. Wo vorher eine Spiraltreppe stand, stehen bald zwei da. Und die Teilung geht weiter. Diese ungewöhnlich langen, dünnen DNS-Moleküle enthalten die Leitpläne für den Bau eines unverwechselbaren Individuums. Und die Pläne werden über die Keimzellen (Eier und Spermien) der nächsten Generation weitervermacht.

Ein Fingerhut voll männlichen Samens enthält -zig Millionen Spermazellen. Und jedes Spermium birgt in seinen Chromosomen die Hälfte der DNS des Mannes. Desgleichen birgt jedes Ei einer Frau die Hälfte ihrer DNS in sich. In einem befruchteten Ei nun gibt die Zusammenfügung dieser beiden DNS-Hälften den Leitplan für einen neuen Menschen ab, und zwar ist er von Anfang an vollständig; er enthält die Bauanweisung für Sommersprossen ebenso wie für ein fliehendes Kinn, eine vorzeitige Glatze oder ein Gehirn einer bestimmten körperlichen Größe. Die Leistung der Natur läßt sich etwa damit vergleichen, daß es gelungen wäre, die gesamte Bibel auf einem Fingernagel abzudrucken. Die Aufgabe der Genetiker, die sich zum Ziel gesetzt haben, Gene unmittelbar zu entfernen oder zu ersetzen, ist mindestens so schwierig wie die Vornahme von Druckkorrekturen auf diesem Fingernagel.

Crick und Watson brachte ihre Konzeption der Struktur des DNS-Moleküls den Nobelpreis ein. Bald fand sich ihre Konzeption durch Laborversuche als im wesentlichen zutreffend bestätigt. Einem anderen, wenig bekannten amerikanischen Biologen, Marshall Nirenburg vom Nationalen Gesundheitsinstitut, blieb es überlassen, den genetischen Code zu knacken. 1961 stellte er Bezüge zwischen den Bestandteilen der DNS und ihren Funktionen her und wies nach, wie die Bausteine nach Bedarf aufgerufen werden.

1967 war es gelungen, einen DNS-Strang in einem Reagenzglas zu synthetisieren. Das war die Tat Arthur Kornbergs von der Stanford-Universität.

Und seitdem haben sich die neuen Erkenntnisse über das Gen und seine Modifizierung geradezu überschlagen.

1970 wurde das erste vollständige Gen synthetisiert. Es handelte sich um ein Hefegen mit einem siebenundsiebzig Basenpaare langen DNS-Strang. Zusammengefügt wurde es am Massachusetts Institute of Technology durch eine Forschergruppe unter Leitung des indischstämmigen Biologen Har Gobind Khorana.

Um 1975 wurde das erste vollständige Gen eines Säugetieres (Kaninchen) synthetisiert, diesmal durch Biologen in Harvard.

Und 1976 machte Har Gobind Khorana wieder Schlagzeilen. Sein Team hatte ein Gen aus Regalchemikalien gebaut, das bei Einpflanzung in eine Bakterienzelle tatsächlich als Gen funktionierte. Dieses neue Gen enthielt die entscheidenden »Start«- und »Stop«-Signale, die in einer lebenden Zelle ein Gen funktionieren lassen. Das Gen war eine Linearsequenz aus 199 Bestandteilen, die alle eine Kombination der vier Ingredienzen des genetischen Codes darstellten (AGTZ). Der genetische Mechanismus funktionierte genauso, wie Crick und Watson zwanzig Jahre zuvor unterstellt hatten.

KARTOGRAPHISCHE VERMESSUNG DER GENE

Unterdessen versuchten sich Genetiker in vielen Dutzend Labors an einer genauen Ortsbestimmung der einzelnen menschlichen Gene auf den dreiundzwanzig Chromosomenpaaren des Menschen.

Das zu wissen ist von entscheidender Bedeutung, will man an einem bestimmten Funktionsgen eine Veränderung oder Reparatur vornehmen. Die bedeutendsten »kartographischen« Leistungen haben etwa dreißig Genetiker, Biochemiker und Zellbiologen unter Leitung eines freundlichen, schlanken Riesen namens Frank Ruddle an der Yale-Universität vollbracht. 1970 fand diese Gruppe ihr erstes menschliches Gen. Es funktionierte als Informationsträger für die Erzeugung eines bestimmten Enzyms. Gegen 1976 hatten sie schon über hundert Gene lokalisiert. Nicht nur hatten sie herausgefunden, auf welchem Chromosom sich die Gene befanden, sondern in vielen Fällen auch, wo sie ungefähr auf dem Chromosom lagen. Ruddle und seine Kollegen erreichen diese Genortung nicht etwa durch Untersuchung konkreter Gene, was bis heute undurchführbar ist, sondern durch Untersuchung des von jedem Gen erzeugten Enzyms. Dann diagnostizieren sie das Gebiet auf dem Chromosom, von dem die Aktion, die das Produkt schuf, ausgelöst wurde.

Ruddle hofft, daß sein Team bis 1980 mindestens eintausend

menschliche Gene geortet haben wird. Das ist dann immer noch nur ein Bruchteil der rund 50 000 Gene, die nach heutiger Auffassung auf menschlichen Chromosomen existieren. Von einigen, die schon kartographisch erfaßt sind, weiß man aber schon, daß sie bei ernsthaften genetischen Störungen beteiligt sind, so z. B. bei der Tay-Sachs-Krankheit und beim Lesch-Nyhan-Syndrom.[1]

Die für die Genortung erforderliche Analyse wäre ohne eine andere bedeutende Entwicklung nicht möglich gewesen. Diese gestattet eine Genmanipulation mit Hilfe einer Verschmelzung zweier verschiedener Zellen. Die Verschmelztechnik wurde entwickelt, nachdem man entdeckt hatte, daß der sogenannte Sindaivirus eine Fusionierung von Zellen verursacht.

Die Zellfusion wurde erstmalig am Institut Gustave Roussy in Paris durch eine Forschergruppe vorgenommen, an deren Spitze Georges Barski stand. Mauszellen wurden fusioniert. Das geschah 1960. Im Jahre 1967 verschmolzen Mary Weiss und Howard Green an der New Yorker Universität die Zellen von Mäusen und Menschen!

Die Verschmelzung von Maus- und Menschenzellen war ganz nach dem Geschmack des Yaler Genortungsteams. Tat man diese neugeschaffenen Hybridzellen in eine Nährflüssigkeit, dann teilten sie sich ganz normal. Nach vielen Teilungen blieben alle Maus-Chromosomen übrig, aber nur einige der menschlichen Chromosomen. Das war nun keinesfalls die Folge einer Überlegenheit der Maus über den Menschen, sondern des unterschiedlichen Tempos, mit dem Zellen der beiden Arten reifen und sich teilen. Eine systematische Auswahl verschiedener menschlicher Chromosome – und die Reihenfolge, in der sie abgestoßen wurden – machte es nun den Vermessern leichter, den genauen Ort festzustellen, von dem Aktionen spezifischer Gene ausgehen.

Zellanreicherung und Massenproduktion von Genen

Indessen haben sich noch zwingendere Gründe ergeben, die den Wissenschaftlern Schauer der Erregung über den Rücken jagen wegen der voraussetzbaren Möglichkeiten, die die Zellfusion für einen wirklichen Genbau bietet.

1971 horchte die wissenschaftliche Welt auf, als Henry Harris und seine Gruppe an der Oxforder Universität einen genetischen Mangel in einer Mauszelle korrigierten. Der Mangel bestand darin, daß die Zelle nicht in der Lage war, ein bestimmtes Enzym herzustellen. Beim Menschen spielt eben dieses Enzym im Lesch-Nyhan-Syndrom eine Rolle, das gewöhnlich zum Tode führt.

Das Harristeam verschmolz eine Mauszelle, die mit diesem genetischen Mangel behaftet war, mit einer normalen Hühnerzelle. Dieser Mischling mit zwei Kernen gedieh und fing an, sich zu teilen. Wie erhofft, übernahm der Zellkern der Maus die Führung, da er schneller reifte. Bald zerstoben die Hühner-Chromosomen. Sie wurden in winzige Stückchen genetischen Materials zerstampft. Und aus diesen Stückchen nun holte sich der Mauszellenkern das genetische Material, das er brauchte, um seinen Mangel zu beheben!

Bei den ersten Versuchen schien das Hühnergen nur lose in die Mauszelle integriert zu sein. Aber die Zeitschrift *Nature New Biology* schloß, zumindest im Prinzip eröffne das gelungene Experiment die Möglichkeit einer Behandlung genetisch defekter menschlicher Zellen.[2]

Eine weitere aufsehenerregende Großtat wurde 1974 gemeldet.[3] Hier ging es um eine kühne Strategie, mit der sich eventuell das ungeheure Problem, daß man bei genetischen Veränderungen Zelle für Zelle vornehmen müßte, verringern ließ. Eine Gruppe an der Universität von Colorado machte sich die Entdeckung zunutze, wonach bei einer Zelle, die einem bestimmten Pilz ausgesetzt wird, der Zellkern an den Rand des Zellkörpers wandert und dort dann herausragt. Man stelle sich das so vor, daß bei einem Spiegelei, das man eben in die Pfanne getan hat, das Eigelb am Rand übersteht.

Ein solcher herausragender Zellkern läßt sich leicht vom Zellkörper lösen. Die Colorado-Gruppe tat genau das in großem Umfang. Sie legte diese kopflastigen Zellen zu Tausenden in eine sich langsam drehende Zentrifuge. Zellkerne und Zellkörper trennten sich voneinander. Dann nahmen die Forscher große Stapel der Zellkerne und große Stapel der Zellkörper und legten sie zusammen in ein Bad. In diesem Bad nun wurden die Zellbestandteile dem Sendaivirus ausgesetzt, der Zellen zur Fusion veranlaßt. Die Zellkerne und Zellkörper verschmolzen sich zu Tausenden zu neuen Kombinationen.

Der Erfolg der Colorado-Gruppe zog sofort die Anregung nach sich, man sollte doch junge Zellkerne in alte Zellkörper, gesunde Zellkerne in kranke Zellkörper usw. einbringen. Indem sie parallel viele Zehntausende Zellen benutzen, hoffen die Wissenschaftler genügend Veränderungen bewirken zu können, um an kleinen Krankheitsstellen des Körpers eine Besserung eintreten zu lassen. In gewissem Umfang wird auch damit experimentiert, einen erwünschten Ersatzzellentypus in einer Gewebekultur aus den Zellen einer bestimmten Person massenzuerzeugen.

Zudem arbeiten Wissenschaftler an einer Infiltrationsstrategie namens Transduktion, die die Tatsache nutzt, daß gewisse harmlose Viren Gene in Zellen tragen können. Lassen sich Gene der richtigen Sorte einführen, dann – so hofft man – können sie die Funktion von Genen übernehmen, die fehlfunktionieren und eine genetische Anomalie hervorrufen. So mangelt den Zellen von Diabetikern z. B. das Gen der richtigen Form, die Insulin erzeugen kann. Die Transduktion könnte dem möglicherweise abhelfen und die Zuckerkrankheit »heilen«.[4] Während ich dies niederschreibe, sind die Zellen einer Reihe von Kleinorganismen erfolgreich infiltriert worden und hat die Methode offenbar in einigen Fällen auch schon bei menschlichen Zellen funktioniert.

SCHÖPFUNG NEUER FORMEN DES LEBENS

Die Strategie der Genmanipulation, die die meiste Aufregung verursacht, ist eine Folge der immer ausgeklügelteren Methoden der Genforscher. Sie können inzwischen die langen, dünnen DNS-Moleküle hernehmen und sie zum Kreis umbilden. Oder sie auseinandernehmen und wieder in neue Kombination zusammensetzen, dabei gar noch Stückchen neuer Organismen beigeben. Diese Techniken sind inzwischen auch als »Gensplißung« bekannt.

Auf diese Weise transplantieren sie genetische Informationen eines Geschöpfes auf ein anderes, das mit dem ersten überhaupt nichts zu tun hat, und so ergeben sich völlig neue Organismen. Wissenschaftlern aus Stanford und der Universität von Kalifornien ist es gelungen, Gene einer Kröte in die DNS-Moleküle der gewöhnlichen

Laborbakterie *Escherichia coli (E. coli)* zu transplantieren. Diese Bakterie kommt in großer Zahl im menschlichen Gedärm vor.

Zu den umstrittenen Strategien gehört auch eine, die sich Plasmidbau nennt. Plasmide sind ein ganz neuer Begriff im wissenschaftlichen Jargon. Anscheinend befinden sich nämlich entgegen der ursprünglichen Annahme keineswegs alle Gene auf Chromosomen. Einige schwirren frei in kleinen DNS-Ringen umher, die man Plasmide nennt. Nun haben die Forscher ein Enzym gefunden, das den Ring so weit aufspaltet, daß sich fremde Gene einführen lassen. Der veränderte Plasmidring wird dann einer Form des Lebens eingegeben, die die Neugier der Wissenschaftler geweckt hat. Die neuen Formen des Lebens, die so geschaffen werden, tragen dann die Erbinstruktionen mit sich, die in den veränderten Plasmiden enthalten sind.[5] Zur Zeit der Entstehung dieses Buches sind solche Insertionen vor allem an Bakterien, so z. B. dem *E. coli* vorgenommen worden.

Die sensationelle Vielseitigkeit der Genforscher sollte uns freilich noch nicht glauben machen, daß wir schon am Vorabend einer genetischen Neugestaltung des Menschen angelangt sind. Jedenfalls nicht mittels direkter Genmanipulation der beschriebenen Art. Noch dürften einige Jahrzehnte ins Land gehen, ehe Eltern den genetischen Supermarkt aufsuchen, um sich dort die gewünschte Genmischung abzuholen.

Die meisten Wesenszüge, die Eltern wohl gerne bestellen können möchten – Intelligenz, Gemütsanlage, Haartyp, Aussehen, Brustumfang, Persönlichkeit, Nasenform, Langlebigkeit –, finden sich nicht in einem einzigen Gen. Sie sind vielmehr das Ergebnis des Zusammenwirkens vieler Gene (und einige bedürfen auch der Interaktion von Individuum und Umwelt nach der Geburt). Noch besitzen die Wissenschaftler auch erst höchst nebulöse Vorstellungen davon, wie man wenigstens den Anfang einer Identifizierung aller Gene machen könnte, die etwa bei der Bestimmung der Nasenform beteiligt sind, und wie sie sich zueinander verhalten.

Dennoch gehen die neuerlichen Erfolge bei der Manipulierung der Gene in Kleinorganismen – und der Entdeckung der Produkte, die bestimmte Gene erzeugen – den Menschen in beträchtlichem Maße an. Wissenschaftler hoffen mit neuen Bakterienarten biochemische Fabriken zur Herstellung etwa von Antibiotika und Antikörperchen schaffen zu können. Eine Reihe von Forschern haben tatsächlich schon um Handelspatente nachgesucht.

Insbesondere reizt sie die Möglichkeit der Schaffung von Bakterien, die das Wachstum von Getreide anregen können. Damit brauchte man nicht mehr so viel teuren und immer seltener werdenden Kunstdünger. Auch hoffen sie, daß ihnen die Einführung eines Kuhgens in Bakterien gelingt, die eine Gerinnsubstanz erzeugt, wodurch sich die Käseherstellung verbilligen würde. Dem Vernehmen nach bemüht sich General Electric um ein Patent für ein Verfahren, mit dem ölfressende Bakterien erzeugt werden, die man z.B. zur Beseitigung von Ölflecken benutzen könnte. Und ein GE-Forscher hofft einen Organismus entwickeln zu können, der Edelmetall aus Abfallstoffen holt.[6]

Das ist die Sonnenseite. Aber die Schöpfung neuer Formen des Lebens in Bakterien durch Techniken wie Plasmidbau jagt manchem – auch prominenten Wissenschaftlern – ein Schaudern ins Blut. Man fragt sich beispielsweise, was geschähe, wenn ölfressende Bakterien ins Schmieröl unserer Autos und Industriemaschinen gerieten.

Elf hervorragende Genforscher plädierten 1974 für ein Moratorium für gewisse gefährliche Manipulationen, die schon stattfanden oder geplant waren. Der Nationale Forschungsrat pflichtete ihnen bei. In ihrem Plädoyer warnten sie z.B., »die Einführung neuer DNS-Elemente in *E. coli* könnte bei Menschen, Bakterien, Pflanzen oder Tieren breite Anwendung finden, über deren Auswirkung völlig Unklarheit herrscht«. Ein Moratorium wurde weithin als notwendig erkannt.

Im Jahr darauf versammelten sich 140 Genforscher aus vielen Ländern einschl. der Sowjetunion in Asilomar State Park in Kalifornien, um das Ganze einmal durchzudiskutieren. Es war eine Konferenz ohnegleichen. Viele standen einer ernsthaften Selbstbeschränkung aufgeschlossen gegenüber. In ihrem Konferenzbericht faßte *Science News* die Gefahren, mit denen sie sich herumschlugen, so zusammen:

»Gene der Arzneiresistenz- oder der Krebsbildung oder der Bildung tödlicher Toxine könnten sowohl zufällig oder auch mit voller manipulativer Absicht in gewöhnliche Organismen eingeführt werden. Allzu wirkungsvoll ließen sich Mittel für die biologische Kriegführung und die bewußte Herbeiführung von Massenepidemien schaffen.«

Nach dreitägiger Beratung einigten sich die Konferenzteilnehmer fast einmütig über Richtlinien. Viele schlossen sich der Einigung nur an, um endlich das Moratorium loszuwerden. Indessen hat sich in Amerika das Ministerium für Gesundheit, Erziehung und Wohlfahrt, das die akademische Forschung zum größten Teil finanziert, um Richtlinien für die Bereitstellung von Mitteln für die Genforschung bemüht. Eine etwaige Politik des GEW-Ministeriums blieb natürlich ohne Wirkung auf das, was Forscher für das Verteidigungsministerium oder für Industriefirmen oder fürs Ausland tun.

Ein Satz aus dem Bericht von *Science News* über die Asilomar-Konferenz zeigt, wie nötig eine öffentliche Kontrolle auf dem Weg über Gesetze oder aber über eine Aufsichtsbehörde ist: »In zehn Jahren könnten genetische Baukästen zur Standardausrüstung in Oberschulklassen gehören.«

Das wäre ein Ding. Ich sage das als einer, der versehentlich einen Teil des Chemielabors seiner Schule in die Luft gejagt hat.

17
MENSCHEN MIT GÜTESIEGEL

> Was vielleicht als biologische
> Krankheitsbewältigung anfängt, kann
> leicht als Versuch enden,
> Supermenschen zu züchten.
> – Amitai Etzioni, Soziologe

Nach Meinung des Genetikers H. Bentley Glass werden Machthaber der Zukunft dekretieren, daß Eltern »kein Recht haben, die Gesellschaft mit einem mißgestalteten oder geistig unfähigen Kind zu belasten«. Die künftige Gesellschaft werde genau bestimmen, wer geboren werden dürfe und wer nicht. Und er fährt fort: »An den einstmals geheiligten Rechten des Menschen muß sich vieles ändern.«[1]

Solche Änderungen werden hauptsächlich als Folge der eugenischen Baukunst eintreten. Eugenik heißt die seit langem im Gespräch befindliche Bewegung, die die menschliche Rasse durch Steuerung und Manipulierung der Erbfaktoren verbessern will. Das läßt sich auch ohne direkten Zugriff zu den Genen tun, der, wie wir oben sahen, noch sehr problematisch ist.

Eine verbreitete Form der eugenischen Baukunst ist die negative Eugenik, nämlich die *Massen*kontrolle von Säuglingen und Eltern. Sie strebt eine Verminderung der defekten Gene in einer Gesellschaft an.

Schließlich gibt es noch die positive Eugenik. Darunter versteht man den Versuch einer vorsätzlichen Massenproduktion verbesserter oder neuartiger Menschenformen. Von ihr soll später die Rede sein.

Vorab jedoch ein Wort zu dem schrecklichen Wort »genetischer Defekt«. Ehe wir – das Volk – uns allzu energisch auf die Säuberung aller genetisch defekten Nachkommenschaft einlassen, sollten wir uns ein paar Tatsachen vor Augen halten: Jeder von uns hat mindestens ein paar genetische Defekte. Acht Defekte pro Person dürften ein ganz guter Durchschnitt sein.

Wir sollten uns also jedenfalls auf echte Krüppel konzentrieren und nicht etwa auf Defekte, die einen steifen großen Zeh oder eine vorzeitige Glatze verursachen. Und wir sollten auch daran denken, daß mancher genetische Defekt, den wir in uns tragen, in unserem Leben gar nicht zum Vorschein kommt. Es handelt sich dabei um die sogenannten Rezessivdefekte, die bei Vater *und* Mutter vorhanden sein müssen, damit sie in der Nachkommenschaft manifest werden. Ist das defekte Gen jedoch »dominant«, dann kann auch ein einziger Elternteil es weitergeben.

Etwa jedes fünfzigste Neugeborene ist genetisch so defekt, daß es für seine Eltern und möglicherweise für die Gesellschaft eine Belastung darstellt. Einige dieser Kinder weisen schwere Chromosomenmängel auf, die unter dem Mikroskop deutlich sichtbar sind.

Einige ernsthafte genetische Mängel treten auf, weil ein einziges Gen nicht in der Lage ist, ein Enzym zu bestellen. Liegt es an einem einzigen Gen, dann besteht heute gute Aussicht, daß die Genmanipulatoren das Problem binnen nicht allzu vieler Jahre werden lösen können.

Von etwa zweitausend erblichen Störungen sind folgende ziemlich bekannt:

Epilepsie	Geistesschwäche
Wolfsrachen	Zwergwuchs
Männerglatze	Hasenscharte
Farbenblindheit	Muskeldystrophie
grauer Star	Parkinson-Krankheit
Albinismus (Pigmentmangel)	Diabetes mellitus
Gicht	Klumpfuß
Bluterkrankheit	perniziöse Anämie
Sichelzellenanämie	

Ein paar genetische Störungen lassen sich nicht nach den Vererbungsgesetzen vorhersagen. Man denke an das genetische Pfuschwerk, das die mongoloide Idiotie verursacht (Down-Syndrom). Ursache scheint hier nicht die Erbmasse zu sein, sondern ein Kopierfehler bei den Chromosomen, entweder bei der Bildung von Geschlechtszellen oder in den Frühstadien der Zellteilung. Im Chromosom 21 landet ein zusätzliches Chromosom. Die Folge ist ein unseliges Menschenkind mit einem breiten Schädel, Schlitzaugen und winzigen Händchen, das kaum menschliche Intelligenz zu entwickeln vermag. Etwa jedes sechshundertste Neugeborene wird von diesem Übel betroffen. In den Vereinigten Staaten kosten die Mongoloiden die Gesellschaft jährlich über 1,5 Milliarden Dollar.

Den besten Anhaltspunkt, ob ein solch grober Kopierfehler eintreten kann, scheint das Alter der Mutter zu liefern. Ist sie weniger als dreißig Jahre alt, dann besteht nur eine Gefahr von 1 zu 3000, daß sie einen Mongoloiden zur Welt bringt. Ist sie 35, so steigt das Risiko auf 1 zu 280. Ist sie schon 45, dann beträgt das Gefahrenverhältnis 1 zu 40. Kurzum, die Gefahr eines mongoloiden Kindes verfünfundsiebzigfacht sich bis zum Schluß, liegt dann aber immer noch bei höchstens 1 zu 35. Das Risiko läßt sich fast völlig durch Fetalanalyse ausschalten, sofern die Mutter zu einer Abtreibung bereit ist, falls sich der Fetus als defekt erweisen sollte.

Es gibt eine Reihe von Strategien, mit denen man genetischen Störungen zu Leibe rücken kann. Sie lassen sich vergleichen mit den Gütekontrollen, die ein Hersteller vor, während und nach dem Herstellungsprozeß durchführt. Als Kontrollverfahren zur Aufspürung genetischer Defekte ist aber auch die Inspektion durch die Standesämter vorgeschlagen worden. Mit den vier Verfahren wollen wir uns nachstehend befassen.

Kontrolle durch genetische Berater

1951 gab es in den Vereinigten Staaten nur zehn genetische Berater. Heute sind es mindestens tausend. Sie sind in Hunderten genetischer Beratungsstellen zu finden. Zumeist handelt es sich um Kinderärzte, die eine genetische Zusatzausbildung erhalten haben. Manchmal sind es Psychologen oder Internisten. Auch ein paar Geburtshelfer und Frauenärzte sind darunter. Man findet sie zumeist in Untersuchungsstätten, medizinischen Fakultäten, Krankenhäusern, Gesundheitsämtern. Ihr Arzt kann Ihnen die nächstgelegene qualifizierte Beratungsstelle nennen.

Die Menschen, die eine Beratung suchen, haben meist Angst. Ein Mädchen, das zu heiraten gedenkt, macht sich Sorgen, weil der Vater ihres Freundes eine Hasenscharte hat. Ein Ehepaar ängstigt sich, weil sein erstes Kind einen Klumpfuß hat und es nun wissen will, ob weitere Kinder denselben Defekt haben könnten. (In diesem Fall heißt die Antwort, daß die Chancen etwa 5 zu 95 stehen; ein angeborener Klumpfuß rechnet zu den »mehrfachbedingten« Störungen, die durch das Zusammenwirken zahlreicher Gene entstehen.)

Nützlich ist es, wenn Mann und Frau, bevor sie einen Berater aufsuchen, zunächst eine Krankengeschichte ihrer beiden Familien über drei Generationen zurück aufstellen. Die Stiftung Pfennigparade stellt auf Anforderung kostenlos ein Formblatt zur Verfügung, das das Ehepaar ausfüllt und dem Berater alle erforderlichen Informationen liefert. Der Anforderung ist ein ausreichend frankierter und rückadressierter großer Briefumschlag beizufügen; die Adresse der Stiftung lautet: National Foundation – March of Dimes, P.O. Box 2000, White Plains, New York 10602, USA.

In einer bodenständigen Gesellschaft fällt jungen Paaren das Zusammenstellen der Krankheitsgeschichten relativ leicht. Aber in unserer nomadisch geprägten Gesellschaft wissen Millionen junger Leute wenig von ihren Großeltern oder Onkeln. So müssen sie vielleicht eine ältere Tante anrufen, um die entsprechenden Angaben zusammenzubekommen.

Der Genetikberater wird in jedem Fall möglichst viel Hintergrundinformation von einem jungen Paar zu bekommen versuchen und dann Stammbäume aufzeichnen. Darin sind alle bekannten genetischen Störungen enthalten mit der Angabe, ob es sich um dominante, rezessive oder geschlechtsgebundene Störungen handelt. Dann rechnet der Berater die Chancen für eine erbliche Übertragung aus. Nehmen wir einmal den einfachsten Fall: Sind beide Partner mit einer dominanten genetischen (meist sichtbaren) Störung belastet, dann stehen die Chancen 50:50, daß sie jedes Kind erbt. Ist nur ein Elternteil Träger einer rezessiven (möglicherweise nicht sichtbaren) Störung, dann wird sie bei keinem der Kinder auftreten (obgleich das eine oder andere sie weitertragen kann). Sind Mann und Frau Träger einer solchen Störung, so ist die Chance 1:4, daß jedes Kind den Defekt erbt. Oder anders ausgedrückt: Hat man vier Kinder, dann ist zu gewärtigen, daß eines davon betroffen wird, zwei normal sind, aber den Defekt weitertragen, und das vierte völlig normal wird.

Die meisten Menschen wissen nicht, ob sie Träger eines genetischen Defekts sind oder nicht. Ist eine bestimmte genetische Krankheit im Stammbaum eines der beiden Partner häufig aufgetreten, empfiehlt der Berater vielleicht die Durchführung einer Untersuchung. Eine beträchtliche Anzahl genetischer Störungen, die jemand mit sich trägt, von der er aber nicht selber betroffen ist, läßt sich heute durch Untersuchungen feststellen.

Man kann den Berater auch zuziehen, nachdem die Frau schon schwanger geworden ist und die Gefahr besteht, daß der Fetus eine ernsthafte Störung geerbt haben könnte.

Kontrolle des Fetus im Mutterleib

Zu den interessanteren, wenngleich weniger bekannten Aspekten der biologischen Revolution gehört die Überwachung des heranwachsenden Fetus. Bei einer Untersuchungsmethode wird die Placenta mit Ultraschallwellen geortet, und es ergibt sich ein Bild dessen, was sich da tut. Eine andere Methode ist die Verwendung des Fetuskops (an dessen Vervollkommnung noch gearbeitet wird), das dem Arzt in den ersten Schwangerschaftsmonaten eine Sichtkontrolle des Fortschritts ermöglicht. Die dritte Methode besteht in einer Untersuchung des Bluts der Mutter zur Entdeckung von Fetalanomalien. Hat der Fetus z.B. ein schadhaftes Nervensystem, dann sickert eine Chemikalie namens Alphafetoprotein in das Blut der Mutter.[2]

Die derzeit erfolgversprechendste Kontrolle ist die bereits beschriebene Amniocentese (Fruchtwasseranalyse). Noch 1973 war sie vielen Ärzten unbekannt. Inzwischen haben Tausende von Frauen diese Untersuchung mitgemacht. Sie kostet im Durchschnitt 250 Dollar. Durch die Fruchtwasseranalyse lassen sich über hundert genetische Störungen feststellen. Einige Zellprüfungen sind ziemlich schnell durchführbar, so z.B. die Feststellung chromosomaler Unregelmäßigkeiten und die Geschlechtsbestimmung. Ist der Fetus weiblich, so brauchen sich die Eltern wegen geschlechtsbezogener genetischer Krankheiten wie Bluterkrankheit keine Sorgen mehr zu machen, weil sie nur bei männlichen Kindern auftreten. Andere biochemische Untersuchungen dagegen setzen voraus, daß die Fetalzellen zunächst einige Wochen in einer Nährlösung weiterwachsen, ehe eine Diagnose möglich ist.

1974 hat die Stiftung Pfennigparade eine Erhebung bei 2187 Frauen vorgenommen, bei denen im zweiten Trimester (vierter bis sechster Schwangerschaftsmonat) eine Amniocentese durchgeführt worden war. Bei zweiundsechzig Fetussen (3 v.H.) wurden erhebliche genetische Schäden festgestellt. Bis auf zwei der betroffenen Mütter wählten alle die Abtreibung.

Das Institut für Kinderhygiene und Menschliche Entwicklung berichtete 1975 von einer vierjährigen Erhebung bei 2000 Schwangeren, von denen 1040 eine Amniocentese machen ließen. Diagnostisches Ergebnis: 995 Fetusse waren als normal und 45 (3 v.H.) als genetisch defekt diagnostiziert worden. Nur sechs Diagnosen erwiesen sich als falsch. Bei zwei handelte es sich um Mongoloide, die offensichtlich wegen menschlichen Versagens unentdeckt geblieben waren. Anders gesagt: Die Diagnosen waren zu mehr als 99 v.H. zutreffend.[3]

Dieses Ergebnis gab dem Ministerium für Gesundheit, Erziehung und Wohlfahrt den Mut zu erklären, die Amniocentese sei eine zuverlässige und genaue Strategie zur Entdeckung genetischer Krankheiten im Ungeborenen. Demgemäß sagte ein GEW-Beamter 1975, die Regierung plane, die Amniocentese jedermann zugänglich zu machen. Bis heute hat das GEW allerdings noch kaum etwas getan, um dieses Versprechen in die Tat umzusetzen. 1976 billigte der Kongreß 90 Millionen Dollar für ein breitangelegtes Dreijahresprogramm zur Entdeckung genetischer Störungen. Als zuschußfähig wurden die genetische Beratung, verschiedene Arten der genetischen Untersuchung sowie die Aufklärung der Öffentlichkeit genannt.

Die Billigung der Amniocentese seitens der Regierung rief die Anhänger des »Rechts auf Leben« auf den Plan. Sie befürchten (meines Erachtens zu Recht), eine verbreitete Anwendung der Amniocentese werde verstärkt Abtreibungen zur Folge haben. Die Bewegung betrachtet jede Abtreibung als böse mit der einzigen Ausnahme, daß sie zur Rettung des Lebens der Mutter vorgenommen wird.

Ein ärztlicher Genetiker an der Mount Sinai School of Medecine in New York schätzt die Zahl der schwangeren Amerikanerinnen, die 1975 eine Amniocentese vornehmen ließen, auf viertausend. In fünf Prozent der Fälle wurde ein Fetus mit ernsthaften Schädigungen festgestellt. Die Fetusse wurden meistenteils abgetrieben. Von vielen Müttern hieß es, sie hätten später unter schweren Gewissensbissen gelitten. Einige stellten jegliche Geschlechtsbeziehung ein. Andere ließen sich scheiden. 1976 war die Zahl derer, an denen eine Amniocentese vorgenommen worden war, auf zehntausend gestiegen.

Der grosse Rechtsstreit um den Fetus

Als Mittel der genetischen Auswahl bietet sich stets die Abtreibung an, und Abtreibung ist in vielen Ländern ein hochexplosives Thema geworden. In England gab es eine beträchtliche Erregung, als man entdeckte, daß abgetriebene lebende Fetusse für Zwecke der wissenschaftlichen Forschung verkauft worden waren. Die Vorschriften über den Umgang mit Fetussen wurden verschärft.

In den Vereinigten Staaten war die Abtreibung zur Vermeidung der Geburt eines defekten Kindes noch 1969 fast in allen Staaten gesetzwidrig. In einer regelrechten Gesetzgebungswelle wurden die Abtreibungsparagraphen dann gelockert. Und 1973 entschied der Oberste Gerichtshof (im Verfahren Roe gegen Wade), die Abtreibung eines Fetus gehe den Staat erst dann etwas an, wenn der Fetus ein Stadium erreicht habe, in dem er »außerhalb des Mutterleibs, d.h. also mit künstlicher Hilfe, lebensfähig« sei. Das Gericht war der Auffassung, die »lebensfähige« Phase werde »gewöhnlich bei etwa sieben Monaten (28 Wochen) angesetzt oder könne auch früher, sogar schon bei 24 Wochen, einsetzen«.

Nicht sehr glücklich war meines Erachtens, daß der Gerichtshof bei der Definition der Lebensfähigkeit auch die »künstliche Hilfe« einbezog. Jahr für Jahr verlängert die Wissenschaft die Zeitdauer, während der ein Fetus in einer künstlichen Mutterleibsumwelt voller Pumpen, Flüssigkeiten und Schläuche am Leben erhalten werden kann. Später – in einem 1976 anstehenden Fall – entschied der Gerichtshof dann, die Entscheidung, wann die »Lebensfähigkeit« einsetzt, solle dem verantwortlichen Arzt überlassen bleiben.

Jedenfalls griffen viele der Recht-auf-Leben-Kräfte die 1973 vom Gerichtshof getroffene Entscheidung als »Tag der Schande« an und suchten nach Mitteln und Wegen, wie Fetalforschung und Abtreibung verlangsamt werden könnten. In Amerika konzentrierte sich das Getümmel auf Boston, das sowohl stark katholisch als auch medizinisch orientiert ist.

Der umstrittenste Fall betraf den leitenden Chefarzt für Geburtshilfe und Gynäkologie am Bostoner Stadtkrankenhaus. Er hatte einen Fetus abgetrieben, den er für zwischen zwanzig und zweiundzwanzig Wochen alt hielt. Die Anklage behauptete, das Alter des Fetus habe zwischen vierundzwanzig und achtundzwanzig Wochen gelegen. Jedenfalls wog er ein gutes Pfund. Dem Arzt war es nicht gelungen, die Abtreibung durch die übliche Einspritzung einer Salzlösung einzuleiten; er machte deshalb so etwas wie einen Kaiserschnitt. Die Anklage gegen ihn lautete, er sei des Totschlags schuldig, weil er das Leben des Fetus, der der »Lebensfähigkeit« so nahe gewesen sei, nicht zu retten versucht habe. Vier der zwölf Geschworenen waren katholisch.[4] Sie sprachen ihn schuldig. Das Urteil hätte auf zwanzig Jahre Freiheitsentzug lauten können. Statt dessen bekam er ein Jahr mit Bewährung, ging wieder an die Arbeit und focht das Urteil an. Zwanzig Monate später, 1976, wurde er freigesprochen.

Unterdessen hat der Kongreß unter dem Druck der Recht-auf-Leben-Kräfte (zu denen auch viele Nichtkatholiken zählen) die Forschung am lebenden menschlichen Fetus vorübergehend verboten. Er setzte eine Kommission zur Untersuchung des Problems und Vorlage einer Empfehlung an den GEW-Minister ein. 1975 empfahl die Kommission, das Verbot solle aufgehoben, die Forschung aber nur innerhalb vorgeschriebener Grenzen durchgeführt werden. U. a. wurde vorgeschlagen, das Alter der »potentiellen Lebensfähigkeit« auf zwanzig Wochen (etwa die Hälfte der Schwangerschaftszeit) zu senken. Hervorzuheben ist, daß sich der Oberste Gerichtshof nicht der Forderung angeschlossen hat, wonach ein lebensfähiger Fetus, welchen Reifegrades auch immer, Anspruch auf Behandlung als »Person« und folglich entsprechenden strafrechtlichen Schutz gegen Totschlag erheben könne.[5]

Wie immer die Gesetze lauten – die Befürworter des »Rechts auf Leben« halten es für unmoralisch, das Leben eines Fetus zu beenden. Und damit kommen wir zu der Frage, wann das menschliche Leben einsetzt, eine Frage, die dem ganzen Streit um die entscheidende Begrenzung der Fetalversuche und Abtreibung zugrunde liegt.

Wann setzt das menschliche Leben ein?

Puristen – insbesondere Theologen – sagen, dies geschehe in derselben Stunde, in der es einem menschlichen Spermium gelinge, ein menschliches Ei zu befruchten. Diese Auffassung ist gewiß vertretbar. Denn in dieser Stunde wird die Anlage bestimmt, die weitgehend ein künftiges Menschenwesen gestaltet. Vielleicht ist es unerheblich, daß sich diese Anlage in einem winzigen Punkt befindet, den das bloße Auge nicht wahrnehmen kann. Andere theologische Puristen geben noch ein paar Tage zu und sagen, das Leben setze ein, wenn sich der Embryo in der Gebärmutter einniste. Jetzt ist er schon etwas größer, aber immer noch kaum sichtbar.

Der Streit geht nun darum, ob ein solches winziges Fleckchen den Namen menschliches Leben verdient. Manche sagen, von menschlichem Leben könne man erst sprechen, wenn ein funktionierendes menschliches Wesen vorhanden sei. Der Theologe Paul Ramsey aus Princeton hat – vielleicht der Diskussion halber – mit der Anregung aufgewartet, der Beginn des menschlichen Lebens solle angesetzt werden, wenn das Baby etwa ein Jahr alt sei. Dann erst könne es sprechen und sei sich seines Selbst bewußt. Er argumentierte, ein Baby sollte erst dann als menschliches Wesen angesehen werden – jedenfalls in dem Sinne, daß es gesetzliche Rechte habe –, wenn es seiner selbst bewußt sei.

Letzten Endes wird man sich vielleicht irgendwo zwischen diesen zwei Extremen treffen. Nachstehend nun einige Kriterien aus Vergangenheit und Gegenwart für die Beurteilung des Zeitpunkts, zu dem menschliches Leben einsetzt. Ich sollte hinzufügen, daß ich mich über dieses Thema mit sehr vielen Fachleuten unterhalten habe und überrascht war, wie weit teilweise ihre Meinungen auseinandergingen.

Bewegungen des Fetus. Eine gängige protestantische Auffassung geht dahin, das Leben beginne mit der »Regsamkeit«, d. h. wenn die Schwangere eine Fetalbewegung spürt oder bemerkt. Im Mittelalter gestattete die Katholische Kirche eine Abtreibung vor dem Zeitpunkt der »Fetalregung«.[6]

Das britische Gewohnheitsrecht ging zeitweise davon aus, daß die Regung nach vier Monaten einsetze. Das fällt ziemlich genau mit dem Zeitpunkt zusammen, in dem eine Schwangere eine Bewegung bemerkt, gewöhnlich zwischen der sechzehnten und zwanzigsten Woche. Bei der Beobachtung von Fetussen über das Fetoskop haben Ärzte jedoch schon Regungen in der zehnten Woche festgestellt. Und es gibt einen Film, der Mundbewegungen schon in der achten Woche zeigt.

Als Kriterium hilft die Kindesregung also nicht sehr viel weiter.

Fetaler Herzschlag. Historisch war unser Begriff des Menschenlebens stets mit dem schlagenden Herzen verknüpft. Man ging seit jeher davon aus, wenn das Herz zu schlagen aufhöre, sei das Leben zu Ende. Folglich, so hieß es, beginne das Leben mit dem ersten Schlag des Herzens. Mit dem Stethoskop kann der Arzt einen Herzschlag zwischen der zwanzigsten und vierundzwanzigsten Woche auffangen. Mit Hilfe eines ultrafeinen Stethoskops oder mit einem EKG-Gerät läßt sich schon in der vierzehnten Woche ein Herzschlag feststellen. Bei einer Sezierung zeigt sich schon in der sechsten Woche ein sehr primitives Kreislaufsystem.

Menschliches Aussehen. Wir sprechen vom Bild des Menschen. Hätte man eine Mischung kleiner Tier- und Menschenfetusse vor sich, dann könnte man sicherlich die menschlichen herausfinden, sobald sie über zwei Monate alt sind. Fotos beweisen, daß Arme, Füße, Kopf und Ohren schon durchweg klar erkennbar sind, obwohl der Fetus erst etwa vier Zentimeter lang ist.

Einsetzen der Gehirnfunktion. Immer mehr huldigt man der Auffassung, das menschliche Leben spiele sich wesenhaft im Gehirn ab, nicht im Herzen. Für den heutigen Wissenschaftler besteht das sicherste Zeichen, daß ein Leben zu Ende ist, darin, daß die Kurve auf dem Gehirnstromgerät (EEG) keinen Ausschlag mehr anzeigt, sondern gerade verläuft. Man nennt das ein »ebenes EEG«. Bei abgetriebenen Fetussen lassen sich in der siebten Woche »Gehirn«-

Ströme nachweisen. Befindet sich der Fetus im Mutterleib, dann lassen sich Gehirnströme erstmalig etwa in der dreizehnten Woche aufzeichnen. Sie entstammen dem primitiven Gehirnsystem. Ströme aus der Cortex lassen sich erst drei Wochen später feststellen.

Aber diese ganze Gehirnstromaktivität ähnelt doch sehr stark der, die auch von einer Maus stammen könnte. Funktionsmäßig läßt sich das Embryogehirn kaum als menschlich bezeichnen. Im eigentlichen menschlichen Gehirn, der Zerebralkortex, hat sich die für eine geistige Tätigkeit erforderliche haarfeine Netzverzahnung noch überhaupt nicht herausgebildet.

Aus Untersuchungen an der Albert-Einstein-Fakultät der Yeshiva-Universität ergibt sich, daß das Gehirn allerfrühestens in der achtundzwanzigsten Woche auf menschliche Weise funktionsbereit ist. In den anschließenden vier Wochen macht es dann einen gewaltigen Sprung der Verfeinerung. Während dieser Zeit entwickelt der Denkteil des Gehirns die latente Fähigkeit zu Funktionen, die wir als Zeichen menschlicher Intelligenz ansehen.

Die Autorin wissenschaftlicher Sachbücher Maggie Scarf stellt fest, nach Meinung aller von ihr befragten Mediziner sei es praktisch ausgeschlossen, daß ein Fetus vor der achtundzwanzigsten Woche Schmerz empfinden könne. Das hängt damit zusammen, daß die Fähigkeit der Schmerzempfindung an die Entwicklung des Nervensystems und des Gehirns gebunden ist.

Austritt aus dem Schoß der Mutter. Am besten kann vielleicht immer noch die Mutter beurteilen, wann menschliches Leben beginnt. Die meisten Mütter sehen ihr Baby erst als Menschenkind an, wenn es nicht mehr Teil ihres Körpers ist. Diese Definition fände nun bestimmt bei den Lebensrecht-Anhängern kein Gefallen und sollte es wohl auch nicht. Es hat bei Fetalversuchen Mißbrauch gegeben und wäre wohl kaum eine gute Politik, eine Abtreibung zuzulassen, nachdem der Fetus etwa in der achtundzwanzigsten Woche das Bewußtsein erlangt hat und Schmerz empfinden kann. Möglicherweise wäre dies ein vernünftiger Zeitpunkt, von dem an ein Fetus als Person mit gesetzlich verbürgten Rechten gelten sollte.

Bislang sprachen wir von Einzelmaßnahmen zur Verringerung der Gefahr, daß ein ernsthaft defektes Kind zur Welt kommt. Sicherlich ist die genetische Beratung eine lobenswerte Sache. Und die individuelle Entscheidung der Abtreibung eines Fetus, der sich bei der Fetalkontrolle als ernsthaft defekt herausgestellt hat, läßt sich meiner Meinung nach moralisch vertreten, sofern die Abtreibung vor der achtundzwanzigsten Schwangerschaftswoche erfolgt.

Wie aber nun steht es mit breit angelegten Zwangsprogrammen zur Verhinderung der Empfängnis defekter Kinder oder zur Erfassung genetisch schwach ausgestatteter Fetusse?

Ich spreche hier nicht etwa von hitlerähnlichen Programmen der Tötung schadhafter oder schwächlicher Kinder bei der Geburt. Ich spreche von der Pflichtberatung, der Zwangssterilisierung, der Verweigerung des Rechts auf Nachkommenschaft ohne Genehmigung, und von der Massenkontrolle Neugeborener mit dem Zweck der Ortung der schadhaften. All das zusammen ergibt die negative Eugenik.

Man kann die Auffassung hören, angesichts des neuesten Erkenntnisstandes der Genetik habe der Staat das Recht – ja die Pflicht –, die Zahl der genetisch ungesunden Bürger zu reduzieren. Oft wird hierfür das Argument ins Feld geführt, in den letzten Jahrzehnten habe der Mensch die natürliche Auslese unterhöhlt. Er habe es zugelassen, daß sich der Genbestand verschlechtere, und zwar ernsthaft. Wie nun steht es damit tatsächlich?

Verschlechtert sich der menschliche Genbestand?

Eine Reihe bekannter Biologen bejahen das. Zu ihnen gehören Sir Julian Huxley, Bentley Glass, Joshua Lederberg, H. J. Muller, Leon Kass und Theodosius Dobzhansky.

Als Ursache nennen einige Forscher in erster Linie die Fortschritte in der Medizin. Wir können heute viele Leute am Leben erhalten, die geistig und körperlich genetisch krank oder Träger genetischer Defekte sind, und zwar so lange, bis sie Kinder zeugen können – was sie dann auch tun.

Die Zahl der Menschen, die an genetischen Mutationen leiden, werde größer, behaupten die Wissenschaftler. Der Biologe Marc Lappé von der Pennsylvania-Universität erinnert daran, daß sich binnen nur dreißig Jahren in der Bevölkerung der Niederlande das Auftreten des einst tödlichen, gefürchteten Augenkrebses – Retinoblastom – verdoppelt. Er wird durch ein dominantes mutiertes Gen weitergetragen und ist heute in vielen – wenn auch nicht allen – Fällen durch Beseitigung eines Teils des Auges behandelbar. Lappé ist sich übrigens nicht so sicher wie Julian Huxley und die anderen genannten Forscher, daß tatsächlich eine erhebliche Verschlechterung des Genbestandes eingetreten ist. Er verweist auf Veränderungen in der westlichen Familienstruktur – u.a. weniger Eheschließungen zwischen Verwandten –, die eine Verbesserung der genetischen Qualität zur Folge hätten.

Dennoch steigt aufgrund der stärkeren Strahleneinwirkung in unserer Umwelt mit Sicherheit die Zahl genetischer Mutationen. Strahlung löst Genmutation aus. Da war zunächst einmal der radioaktive Niederschlag der Kernexplosionen. Inzwischen kam die kleine, aber konstant anfallende Strahlenmenge aus Kernenergieanlagen und Fernsehempfängern hinzu. Und da die Röntgenuntersuchung zur Diagnose so wichtig ist, nimmt jeder von uns aus ihr mehr Strahlen auf als je zuvor.

Andere verweisen auch auf unseren bequemen Lebensstil. Auto, Zentralheizung und kochfertig verpackte Lebensmittel erleichtern den körperlich Schwachen und mit Mängeln Behafteten das Überleben. Die natürliche Auslese merzt heute die Leute längst nicht mehr so streng aus wie noch vor einem halben Jahrhundert.

Dobzhansky prophezeit eine »Gendämmerung«, wenn die derzeitige Tendenz anhalte. Andere werden hinsichtlich der Verschmutzung unseres genetischen Bestands noch handfester. Sie behaupten, in jedem kommenden Jahrhundert werde die Zahl der mit Mängeln behafteten Menschen, die zum Überleben auf die ärztliche Kunst angewiesen seien, um 8 v. H. steigen. Wenn sie recht behalten, dann wird in sechshundert Jahren – einer Zeitspanne also, wie sie seit 1400 hinter uns liegt – die Masse der Bevölkerung genetisch ernsthaft defekt sein.

Wieder andere stellen die umstrittene Behauptung auf, genetisch trieben wir immer ausgeprägterer Dummheit zu. Im Lauf der Jahrhunderte hatten jene, die mit Genen ausgestattet waren, die die Denkfähigkeit erhöhten, eine bessere Überlebenschance. Heute, so heißt es, seien es gerade diese intelligenteren Leute, die Familienplanung betrieben und nur noch kleine Familien hätten, während die geistig nicht so Wohlbestallten eher Großfamilien zeugten.[7]

Manche meinen, der Wohlfahrtsstaat – jedenfalls in den Vereinigten Staaten – ermutige viele Arme zu einem Kindersegen, den sie sich andernfalls nicht leisten würden. In einem heißumstrittenen Artikel, der 1969 über IQ-Verschiebungen veröffentlicht wurde, stellte der Erziehungspsychologe Arthur Jensen die Frage: »Droht die Gefahr, daß die derzeitige Wohlfahrtspolitik, die der eugenischen Voraussicht enträt, zu einer genetischen Versklavung eines beträchtlichen Teils unserer Bevölkerung führt? Das neue Regierungsprogramm zur Förderung und Unterstützung der Fetalkontrolle könnte als ›eugenische Voraussicht‹ gelten.« Nicht natürlich für die Lebensrechtler.

SERIENMÄSSIGE KONTROLLE BEI DER GEBURT

Auf längere Sicht könnte auch die serienmäßige Kontrolle der Säuglinge bei der Geburt zur »genetischen Voraussicht« beitragen. Hauptsächlich ginge es um die sofortige Feststellung mit genetischen Mängeln behafteter Neugeborener. In vielen Fällen wäre eine gewisse Heilbehandlung möglich. Langfristig noch wichtiger wäre, daß an sich gesunde Kinder, die aber Träger des einen oder anderen genetischen Mangels sind, erkannt würden. Heute läßt sich die Trägerschaft bei fast fünfzig genetischen Defekten erkennen. Würden die Träger auf ihren Zustand dann aufmerksam gemacht, sobald sie ins zeugungsfähige Alter kommen, dann könnte das ihre Heirats- und Fortpflanzungspläne beeinflussen. Humaner wäre es aber vielleicht, die Masseninspektion zurückzustellen, bis die Leute im fortpflanzungsfähigen Alter sind. Dann würden sie sich bis dahin keine Gedanken zu machen brauchen.

Obwohl die meisten Eltern es nicht wissen, findet eine gewisse Masseninspektion von Säuglingen schon heute in den meisten Staaten unseres Landes und vielen Teilen des Auslands statt. So fordern beispielsweise vierzig Staaten, daß in den Kliniken alle Neugeborenen auf das Vorhandensein der Fölling-Krankheit untersucht werden müssen. Der Ferse des Säuglings werden ein paar Tropfen Blut entnommen. Bei der Fölling-Krankheit handelt es sich um eine genetische Störung, die unter 10000 Geburten einmal auftritt. Sie besteht in einer Stoffwechselanomalie, die zu hochgradigem Schwachsinn führt, wenn das Kind nicht mehrere Jahre lang auf eine proteinfreie Spezialdiät gesetzt wird.

In einem runden Dutzend Staaten ist eine Zwangskontrolle der Neugeborenen nach Sichelzellenanämie vorgeschrieben, von der viele – auch aus dem Mittelmeerraum stammende – Menschen, vor allem aber Schwarze befallen sind. Der Staat New York hat vor kurzem eine Zwangsuntersuchung auf sieben verschiedene Erbkrankheiten vorgeschrieben, die die Gehirnentwicklung hemmen könnten.[8] Mit Zustimmung der Eltern untersuchen die Kliniken in Massachusetts Säuglinge routinemäßig auf mehrere Dutzend genetische Defekte. In den meisten Staaten, in denen die eine oder andere Zwangsuntersuchung durchgeführt wird, ist die Vertraulichkeit der Information nicht gesetzlich garantiert. In späteren Jahren könnte der Träger auf die eine oder andere Weise gekennzeichnet oder gebrandmarkt werden.

Viele Gesetzgeber gehen nach dem Motto vor: »Ist die Massenuntersuchung billig, soll sie durchgeführt werden.« Heute gibt es Geräte, mit denen man in einer Minute Dutzende von Untersuchungen vornehmen kann.

Dieser plötzliche Feuereifer der Gesetzgeber, für jede Störung, die sich leicht diagnostizieren läßt, die Kontrolle gesetzlich vorzuschreiben, gibt aber doch zu denken.

Warum sollen bei der Geburt Untersuchungen auf genetische Mängel vorgeschrieben sein, die unheilbar sind und für die es keine erfolgversprechende Behandlungen gibt? Solche Dinge gibt es.

Wozu Untersuchungen für selten auftretende Störungen vorschreiben? Der Rechtsforscher Philip Reilly aus Texas bemerkt, der kleine Staat Rhode Island lasse serienmäßig auf eine Krankheit untersuchen, die man »Ahornsirupurinerkrankung« nennt. Sie verursacht ein geistiges Zurückbleiben. Nach seiner Schätzung könnte sie in Rhode Island in einem Jahrzehnt vielleicht ein einziges Mal auftreten.

Wozu überhaupt Untersuchungen vorschreiben? Die gesetzgebenden Körperschaften begeben sich hier in ein Gebiet, in denen ihr Mandat alles andere als eindeutig ist, wenn sie Gesetze verabschieden, die eine Untersuchung zur Pflicht machen. Ihr einzig klares Mandat ist der Schutz der öffentlichen Gesundheit. Genetische Mängel sind aber weder ansteckend noch giftig. Wo also liegt die juristische Rechtfertigung? Die Gesetzemacher entschuldigen sich für ihre Schnüffelei im Privatleben mit dem Vorwand, sie versuchten, dem Steuerzahler die Kosten für die Pflege ernsthaft defekter Personen abzunehmen. Ein vernünftiges Anliegen gewiß, aber eine serienmäßige Pflichtuntersuchung rechtfertigt es noch lange nicht. Das ließe sich auch wirksam mit Zustimmung der Betroffenen machen.

Besteht Untersuchungszwang, dann bleibt die Aufzeichnung der ererbten Mängel eines Menschen irgendwo sein ganzes Leben lang zugriffsfähig. Zweifellos wird sie in irgendeiner Elektronendatenbank landen, vielleicht gar einem bundeseinheitlichen System. Einige Kongreßabgeordnete verlangen ein einheitliches Untersuchungsgesetz.

Fröhlicher sähe die Zukunft schon aus, wenn eine Untersuchung nur mit elterlicher Zustimmung erfolgte und man den Eltern das einzige Exemplar der Aufzeichnung darüber aushändigte. Regierungsinstanzen brauchen lediglich *Statistiken* über das Vorherrschen genetischer Störungen und keineswegs die Namen ihrer Träger.

Und wozu untersuchen, wenn daraus mehr Schaden als Nutzen entsteht? Von einigen Erkrankungen, nach denen gesucht wird, weiß man noch herzlich wenig, und sie sind schwer feststellbar. So hat die Zwangsuntersuchung auf die Fölling-Krankheit beispielsweise ernste Fragen aufgeworfen. Von den jährlich untersuchten drei Millionen Säuglingen weisen nur etwa dreitausend Blutsymptome auf, die auf ein Vorhandensein dieser Krankheit *hindeuten*. Nur zweihundert Säuglinge aber haben tatsächlich das klassische Fölling-Syndrom.[9] Setzt man nun alle dreitausend, von denen die allermeisten ein normales oder fast normales Gehirn entwickeln können, fünf Jahre lang auf proteinfreie Diät, was geschieht dann? Sie entwickeln eine geringere geistige Kapazität, gegen die sie doch die Untersuchung gerade schützen soll! Proteine sind ja, wie wir schon oben gesehen haben, entscheidend für eine gesunde Denkausformung.

Und schließlich, warum Zwangsuntersuchungen, wenn die Ergebnisse Menschen unnötig erschrecken oder brandmarken? Sichelzellenstörungen sind hier ein schlagender Beweis.

Das Problem entstand durch eine Verwechslung der gewöhnlich tödlich verlaufenden Sichelzellenanämie (die bei jedem fünfhundertsten schwarzen Säugling auftritt) mit der harmlosen Sichelzellen*spur*. Die Person, die die Spur aufweist, ist lediglich Träger. Und die Spur wird nur dann zum Problem, wenn der Träger mit einem anderen Träger zusammen Kinder hat. Viele Schwarze, die die Spur aufwiesen, mußten mit großer Betrübnis erfahren, sie hätten »schlechte Gene«. Aber nicht sie allein verwirrte die Art ihres Leidens. Einige Versicherungsgesellschaften gingen davon aus, Träger seien ein schweres Versicherungsrisiko, und lehnten ihre Aufnahme zu normalen Prämiensätzen ab. Viele Fluggesellschaften lehnten aus dem gleichen Grund die Anstellung von Trägern ab. Sogar die amerikanischen Streitkräfte hatten hinsichtlich der Einberufung von Trägern Bedenken, bis sie sich vom Nationalen Forschungsrat sagen ließen, ihre Bedenken seien unbegründet.

Eine andere genetische Störung mit brandmarkender Wirkung betrifft das inzwischen zu trauriger Berühmtheit gelangte zusätzliche Y-Chromosom. Ein bekannter Soziologe sagte hierzu einem breiten Publikum: »Immer mehr Beweismaterial bezeugt, daß Menschen, die mit XYY-Genen geboren wurden, ... möglicherweise zu krimineller Geisteskrankheit neigen.« Ein Spezialist sah schon die Möglichkeit voraus, daß in Zukunft von Staats wegen eine Kontrolle und Abtreibung durchgeführt werden, »die uns vom XYY-Typ befreit«. In einer landesweiten Fernsehsendung sprach der Moderator vom »kriminellen Gen«. Gewisse Staatsdiener haben eine sofortige Registrierung aller männlichen XYYs bei der Geburt und ihre ständige Überwachung bis hinein ins späte Erwachsenenalter befürwortet.

DIE XYY-PERSON ALS SONDERTYPUS

Wer ist denn nun dieser XYY-Mensch, der die wissenschaftliche Welt in solche Aufregung versetzt? Bis vor ungefähr zwölf Jahren war er nichts als eine kaum beachtete wissenschaftliche Kuriosität. Oben haben wir gesehen, daß es einen Jungen gibt, wenn das Spermium des Vaters dem X-Chromosom der Mutter ein Y-Chromosom hinzufügt. Ein Mädchen dagegen entsteht, wenn das befruchtende Spermium weiblich (X-tragend) ist. Manchmal aber gelangt ein zusätzliches X oder Y in das befruchtete Ei. Bei etwa jeder neunhundertsten männlichen Geburt landet ein zusätzliches Y im Geschlechtschromosomsatz. Die Chance, daß ein Junge ein zusätzliches X abbekommt, ist etwa ebenso groß.

Nun haben manche Leute darüber spekuliert, das doppelte Y könnte den heranwachsenden Jungen ungewöhnlich männlich machen, ein zusätzliches X auf ihn einen feminisierenden Einfluß ausüben. Daß letzteres der Fall sei, darüber gibt es kaum handfestes Beweismaterial. Manche Fachleute vermuten nun, der XYY-Junge neige vielleicht etwas mehr zum Rabaukentum oder zur Impulsivität im Kinderzimmer als der Durchschnitt, viele aber seien »völlig ordentlich«. In Persönlichkeitstests zeigen sich kaum Unterschiede. Als junge Männer werden sie in der Regel ziemlich groß und neigen zu Akne.

Die Aufregung über die XYY-Männer setzte 1965 ein, als *Nature* einen Bericht von Patricia A. Jacobs und Kollegen über Häftlinge einer geschlossenen Abteilung in einem schottischen Gefängnis veröffentlichte. Die Häftlinge galten als gefährlich und gewalttätig mit »krimineller Neigung«. Von der Gesamtbesatzung besaßen 3,5 v. H. die XYY-Zusammensetzung, also ein wesentlich höherer Anteil als in der allgemeinen Bevölkerung. Eine frühere Untersuchung hatte zu grob vergleichbaren Feststellungen geführt. Eine Erhebung in mehreren allgemeinen Gefängnissen in Pennsylvania beschränkte sich auf große Häftlinge (über 1,90 m). Vier Prozent waren XYY. (Interessanterweise hatten 5 v. H. das vorgeblich nichtssagende XYY-Ungleichgewicht.) Insgesamt besaßen 9 v. H. dieser *hochgewachsenen* Häftlinge das eine oder andere Ungleichgewicht an Geschlechtschromosomen.[10]

Die große Mehrheit der XYY-Männer führt ein relativ normales Leben. Nur ein kleiner Teil betritt je ein Gefängnis oder eine Heilanstalt. Dennoch scheinen XYY-Männer öfter als Problemmenschen aufzutreten, als ihr Anteil an der Gesamtbevölkerung rechtfertigt.

In vielen Teilen der Welt sind Strafverteidiger eifrig damit beschäftigt nachzuprüfen, ob ihre Klienten XYY-Chromosomen haben. Wenn ja, dann versuchen sie sie freizubekommen oder Strafmilderung einzuhandeln. Ihr Klient, so argumentieren sie, sei Gefangener seiner Gene. In Paris gelang es einem Verteidiger, damit eine Strafmilderung zu erreichen. Und in Australien galt das XYY-Argument mindestens als ein Faktor für die Einweisung in eine Heilanstalt anstatt ins Gefängnis.

Eine ganze Reihe von Wissenschaftlern brennt geradezu auf Massenuntersuchungsprogramme, die die Möglichkeit gäben, XYY-Männer zu entdecken und zu studieren.

In Maryland wurden über fünfzehntausend – teils straffällige, teils nicht straffällig gewordene – Jugendliche untersucht. Das Vorhaben wurde mit Bundesmitteln gefördert und lag in der Hand der Forscher der Johns-Hopkins-Universität. In den meisten Fällen wurde den Eltern verschwiegen, daß ihre Kinder auf diese brandmarkende Störung hin geprüft wurden. Dieselbe Blutprobe, die man routinemäßig für eine Anämieprüfung entnommen hatte, wurde zum XYY-Chromosom-Test verwendet! Erst die Proteste von Bürgerrechtsgruppen brachten dieses Projekt zu Fall.

Inzwischen hatten sich ein Psychiater und ein Genetiker von der medizinischen Fakultät in Harvard an ein Langzeitprojekt zur XYY-Identifizierung bei Kindern durch Reihenuntersuchungen begeben. Sieben Jahre lang versuchten sie, alle Kinder mit dieser Chromosomen-Kombination zu erfassen, die in der Bostoner Frauenklinik zur Welt kamen. Über zehntausend Säuglinge wurden dabei reihenuntersucht. Mindestens anfänglich wurden die Eltern überhaupt nicht oder doch nur sehr vage um Zustimmung gebeten. Die Erhebung wurde weitgehend von der Abteilung für Kriminalität des Nationalen Gesundheitsinstituts finanziert. Man erkannte ein rundes Dutzend männlicher XYY-Säuglinge.

Als nun die Forscher auf die ersten XYY-Säuglinge trafen, gerieten sie in ein Dilemma. Sollten sie den Eltern Bescheid sagen oder nicht? Schließlich gelangten sie zu dem Schluß, es wäre mindestens moralisch eine Verfehlung, wenn sie die Unterrichtung unterließen. Sie gingen also hin und boten den Eltern ihre Beratung in Kindererziehungsstrategien an, um eventuellen Neigungen der Kinder zu antisozialem Verhalten entgegenzuwirken.

Kritiker in Harvard und anderswo waren nun der Auffassung, damit verwischten die Forscher hoffnungslos jede Möglichkeit einer Beobachtung der Entwicklung von XYY-Jungen. Desgleichen argumentierten sie, wenn man den Eltern sage, daß ihre Kinder irgendwie anomal seien, belaste man die Eltern und beeinträchtige ein sonst vielleicht normales Eltern-Kind-Verhältnis. Und die Kinder könnten sich, wenn sie älter würden, vielleicht gebrandmarkt fühlen.

Monatelang tobte in Harvard die XYY-Schlacht. Der Lehrkörper sprach sich förmlich für das Projekt aus. Aber der damit befaßte Psychiater gab es schließlich auf mit der Begründung, die Kontroverse mache ihn völlig fertig. Er sagte: »Meine Familie ist bedroht worden. Man hat mich wie einen Dreckskerl behandelt.«

Im August 1976 brachte *Science* den Bericht eines Teams von dreizehn Dänen und Amerikanern, der möglicherweise den ganzen Streit, XYY habe Aggressivität zur Folge, begraben läßt. Sie machten eine Erhebung bei 4139 männlichen Dänen mit einer Körpergröße von mehr als 185 cm, die gerade in ihr drittes Lebensjahrzehnt eingetreten waren. Zwölf von ihnen, oder jeder dreihundertdreiunddreißigste, besaßen das XYY-Chromosom. Diese zwölf – nicht gerade ein repräsentativer Querschnitt – hatten eine signifikant höhere Verhaftungsquote als die normalen XYs. Fast alle aber waren wegen Diebstahls festgenommen worden. Nur ein einziger war in ein Gewaltverbrechen verwickelt, und dabei hatte es sich um einen ziemlich milden Fall gehandelt.

Die XYYs in dieser Gruppe zeigten im Intelligenztest der dänischen Armee deutlich unterdurchschnittliche Leistungen. Dies ließ die Untersuchenden sich fragen, ob die überdurchschnittliche Arrestquote der XYYs nicht vielleicht darauf zurückzuführen sei, daß sich »Menschen niedrigerer Intelligenz weniger geschickt einer Aufdeckung entziehen«. Auch die in derselben Gruppe gefundenen sechzehn XXYs wiesen eine unterdurchschnittliche Intelligenz und eine leicht erhöhte Verhaftungsquote auf.

Gewiß gibt es für die Strafjustiz der westlichen Welt Wichtigeres zu tun, als auf die seltenen und gewöhnlich harmlosen XYY-Männer in der Bevölkerung Jagd zu machen und sie unter Beobachtung zu stellen. Das Hauptproblem – sofern er es als solches empfindet – eines XYY dürfte eher darin bestehen, mit einem Intelligenzapparat klarzukommen, der unterdurchschnittlich funktioniert. Und jedes einigermaßen funktionierende Schulsystem sollte solche Leute auch feststellen können, ohne ihnen gleich das brandmarkende XYY-Etikett umzuhängen.

Was nun allgemein die Frage von Reihenuntersuchungen auf genetische Schäden bei der Geburt anbelangt, so gebe ich gerne zu, daß sie in der Gesundheitsvorsorge nützlich sein können. Aber die Untersuchung sollte sich nur auf ernstliche Schäden erstrecken, die ziemlich weit verbreitet sind, behandelt werden können und die man vor allem genau kennt. Die Reihenuntersuchung muß die einsichtige Zustimmung der Eltern voraussetzen. Es dürfen keine Aufzeichnungen gemacht werden, die auf den Namen ausgestellt sind. Regierungsstellen sollten bei irgendwelchen Reihenuntersuchungsverfahren völlig draußen bleiben.

Andere Methoden zum Ausjäten defekter Menschen

Es ist verschiedentlich vorgeschlagen worden, man sollte die Sterilisierung von Personen mit ernsthaften genetischen Schäden vorschreiben oder fördern. Gewiß wäre es – für die Familie wie für die Gesellschaft – klug, wenn Personen mit ernsten genetischen Schäden von ihrem Arzt ganz systematisch auf die Gefahren der Fortpflanzung hingewiesen würden. Auch könnte man – falls die Fetalkontrolle den Nachweis eines Defekts erbringt – erkunden, wie sich die Eltern zu einer Abtreibung stellen. Ist einem Ehepaar trotz einer bekannten Gefährdung sehr an einem Kind gelegen, wäre es vielleicht mit einer künstlichen Besamung unter Verwendung von Spendersamen einverstanden, wodurch sich das Problem lösen ließe.

In Dänemark ist für Frauen mit einem IQ unter 75 die Sterilisierung gesetzlich vorgeschrieben. Und Nordkarolina hat schon vor fünfundzwanzig Jahren damit angefangen, die Sterilisierung für

Einwohner mit ernsthaften Geistesschäden vorzuschreiben. Bislang sind fast 100000 Nordkarolininer sterilisiert worden. Soweit Gene die Ursache sind, stellt die Sterilisierung eine negative eugenische Maßnahme dar. Zweifelhaft ist aber, ob sich das auf den Genbestand in Dänemark oder Nordkarolina irgendwie nennenswert ausgewirkt hat. Geistig schwer Zurückgebliebene sind ja auch viel weniger zeugungsfähig.

Ein zweiter Vorschlag für das Ausjäten genetisch Defekter zielt darauf ab, die Vereinigung von Personen zu verhindern, die defekte Kinder zeugen könnten. Dem Staatsparlament von Illinois lag vor kurzem ein Vorschlag vor, die Heiratsgenehmigung sollte – mindestens zeitweise – aus genetischen Gründen verweigert werden können. Urheber des Vorschlags war die Vereinigung der Gerichtsanwälte von Chikago. Er war sehr vage formuliert. Alle Antragsteller sollten sich nicht nur der üblichen Untersuchung auf Geschlechtskrankheiten unterziehen, sondern auch auf »jede andere Krankheit oder Anomalie, die Geburtsfehler verursacht«.[11]

Vermutlich würden auch Leute mit überlangen Zehen darunter fallen. Einer der Autoren erläuterte: »Wir werden versuchen müssen, die Zahl der unproduktiven Mitglieder unserer Gesellschaft zu verringern.« Eine weitere Bestimmung galt der Zwangsberatung vor Ausgabe einer Heiratserlaubnis, falls die Untersuchungsergebnisse darauf hindeuteten, der Ehe drohe ungewöhnliche Gefahr der Zeugung von Kindern mit Geburtsfehlern. Gegen die Vorschläge wurde vorgebracht, sie seien so vage, daß sie viele Leute abschrecken könnten, die sonst eine Heiratserlaubnis beantragen würden. Schließlich wurde der Vorschlag fallengelassen.

Der Theologe Paul Ramsey meint, die staatliche Befugnis zur Erteilung von Heiratserlaubnis könnte dazu benutzt werden, die Weitergabe »schwerer, dominant vererbbarer Krankheiten« verhindern zu helfen. Er äußerte Zweifel, ob das Recht auf Kinder völlig uneingeschränkt sei.

Vielleicht wird das Standesamt zum Kontrollpunkt, an dem sich normale junge Leute, die gefährliche rezessive Gene mit sich tragen, herausstellen. Dann lassen sich mindestens Maßnahmen ergreifen, mit denen man von der Geburt defekter Kinder abrät.

Herzlos aber wäre es, wenn man zwei normale und heiß verliebte junge Leute nur deswegen abwiese, weil irgendwelche Untersuchungen ergeben, daß sie beide, ohne es zu wissen, dasselbe Problem mit sich tragen. Eine weitere Komplikation besteht natürlich darin, daß oft die Braut schon schwanger ist, wenn die Heirat beschlossen wird.

Die Herausforderung lautet, dafür zu sorgen, daß sie sich gar nicht ineinander verlieben. Der Biochemiker Linus Pauling hat eine schnurgerade Lösung vorgeschlagen. Jedem jungen Träger sollte auf der Stirn ein kleines Vermeidensmal eintätowiert werden. Nun, dagegen gäbe es wohl große Widerstände. Andererseits könnte sich die freiwillige Anbringung einer Tätowierung an einem unauffälligen Ort – hinter dem linken Ohrläppchen z. B. – durchsetzen. Dann könnten die jungen Leute, bevor sie sich zur Ehe entschließen, mal kurz nachsehen, wie's aussieht.

Oder man könnte in allen Oberschulklassen jeden Schüler ermutigen, ein einfaches ärztliches Formblatt auszufüllen und aufzubewahren. Darin ließe sich auch ein Teil für genetische Daten genauso vorsehen wie eine Checkliste gewöhnlicher Leiden wie etwa des Keuchhustens, den der Schüler mal hatte. Junge Männer und Frauen, die ans Heiraten denken, könnten dann ihre genetischen Daten vergleichen. Im Hygieneunterricht sollte das Problem der rezessiven Gene erläutert werden. Desgleichen sollten Untersuchungsprogramme verfügbar sein.

Ein gutes Beispiel wäre eine Untersuchungsmethode für den rezessiven Sichelzellenzug. Vor allem unter den schwarzen Amerikanern kommt er zu häufig vor, als daß man in aller Seelenruhe ans Heiraten denken könnte. Besitzt das Mädchen den Zug, dann hat sie allen Anlaß, bei der Gattenwahl vorsichtig zu sein. Etwa jeder zehnte Mann, den sie ins Auge fassen könnte, wird denselben Zug aufweisen, so jedenfalls sagt der Genetiker Robert F. Murray jr. von der medizinischen Fakultät der Howard-Universität.[12]

Ein dritter Vorschlag zum Ausjäten genetisch defekter Menschen besteht in der Festsetzung einer Altersgrenze fürs Kinderkriegen. Der Mongolismus ist eine genetische Schädigung, die mit höherem Mutteralter zunimmt. Die Zeitschrift *Theological Studies* schlug vor, bei »Frauen über fünfunddreißig das Kinderkriegen zu proskribieren«. Das Wort »proskribieren« kann nun sowohl »für gefährlich erklären« als auch »verbieten« heißen. Da immer mehr Frauen ernsthaft einen Beruf betreiben und das Kinderkriegen verschieben, wäre »verbieten« doch wohl unnötig hart. Einfacher wäre es da schon, wenn jeder Arzt oder Chemotechniker, der für Antragsteller auf eine Heiratserlaubnis einen Wassermanntest durchführt, eine Broschüre aushändigte, in der die genetischen Fakten, die bei der Fortpflanzung zu beachten sind, in aller Sachlichkeit erläutert sind. Sie könnten auch einen Abschnitt enthalten, in dem die besonderen Gefährdungen dargestellt sind, an die reifere Frauen zu denken haben.

Wir sehen also, daß negative Eugenik, wenn sie mit Verstand und Herz betrieben wird und keinerlei Zwang beinhaltet, positive Ergebnisse zeitigen kann. Positiv für die Familie, positiv für die Gesellschaft. Genetische Beratung, Fetalkontrolle und freiwillige Reihenuntersuchungen sind meiner Meinung nach förderungswürdig. Andererseits türmt sich die Gefahr der Manipulation auf, wenn Eugenik-Begeisterte davon reden, man sollte gesetzlich regeln, wer mit wem Nachkommen zu zeugen habe. Mit jeder Zwangsregelung geht ein unnötiger Eingriff in unsere persönliche Freiheit einher. Dann stellt sich sehr ungemütlich die Frage, wer eigentlich wen ausjäten darf.

Da ist auch die Gefahr, daß die Jätbegeisterung alle Grenzen sprengt. Sind wir etwa vaterlandsloses Gesindel – eine Art Bürger zweiter Klasse –, wenn wir Kinder gebären, die irgendwie unter »normal« liegen?

Wird man uns unmerklich dazu bringen, den Problemen von Menschen, die eines Leidens genetischen Ursprungs willen in Not geraten, gefühllos entgegenzutreten? Auch Unausgesprochenes kann brandmarken.

Vergessen wir nicht, daß ein Lord Byron einen Klumpfuß hatte. Dostojewski war Epileptiker. Woodie Guthrie litt an der Huntington-Krankheit. Das Erfindergenie Steinmetz war übel mißgebildet. Abraham Lincoln hatte ein angeborenes Leiden, das seine Finger und Zehen überlang werden ließ und eine Reihe anderer Anomalien zur Folge hatte.

Würde der Staat Illinois, in dem er aufwuchs, heute die Ehe ablehnen, in der er gezeugt wurde? (Wie oben erwähnt, dachte eben dieser Staat daran, die Ehe zwischen Menschen zu verhindern, die

»irgendwelche Krankheiten oder andere Anomalien besitzen, die Geburtsfehler verursachen«.) Wie Lincoln werden zweifellos viele Menschen ihre Mängel durch hervorragende Leistungen auf anderen Gebieten wettmachen.

In diesem Kapitel sind wir der »negativen Eugenik« auf der Ebene der Einzelperson wie im großen Maßstab auf den Grund gegangen. Sir Julian Huxley prophezeite: »Die negative Eugenik ist evolutionär weniger bedeutsam und wird nach und nach durch wirksame Maßnahmen der positiven Eugenik überholt werden.«

Ich vermute, daß es sich hier um eine überspitzte Aussage handelt. Doch wenden wir uns der positiven Eugenik zu.

18
DIE AUFZUCHT HÖHERWERTIGER MENSCHEN

> Die heutige Genetik steht an der Schwelle wahrhaft phantastischer Möglichkeiten der »Verbesserung« des Menschengeschlechts.
> – James J. Nagle, Genetiker

Die Sehnsucht nach positiver Genetik ist so alt wie die Tierzucht. Zum Menschen argumentierte schon Plato, die menschliche Kindererzeugung sollte auf Leute beschränkt werden, die wegen erwünschter Qualitäten ausgewählt werden. Um die Wende zum zwanzigsten Jahrhundert versuchte Sir Francis Galton eine Wissenschaftsbewegung der Eugenik in Gang zu setzen (er prägte dieses Wort). »Es ist heute ernstlich notwendig geworden, die Zucht der Menschenrasse zu verbessern«, sagte er. »Der Durchschnittsbürger ist für den modernen Kulturalltag zu niedrig.«

Was Niedrigkeit ist, ließ er ziemlich im dunkeln. Für ihn aber schlug sich der »kultivierte Mensch« in der englischen Oberschicht nieder. Sie war das Fangbecken »praktisch all dessen, was im englischen Volk und vielleicht in der ganzen Menschheit biologisch wertvoll ist«. Die Biologie war damals noch eine rudimentäre Wissenschaft und bot ihm nur wenige Methoden für den Start seiner Bewegung.

Ein paar Jahrzehnte später wies ein Amerikaner – Herman J. Muller – nach, daß sich Gene modifizieren lassen, und er förderte von da an sein ganzes, langes Leben hindurch inbrünstig die positive Eugenik. Er forderte umfassende Programme zur genetischen Veränderung der Menschheit. Er behauptete, der Mensch sei jetzt in der Lage, »über sich selbst hinauszuwachsen«, wenn er nur wolle. Muller förderte die Einrichtung von Spermenbanken als mögliches Mittel schon lange, bevor sie praktisch darstellbar waren. In ihnen solle Sperma gelagert werden, das die hochwertigsten und hervorragendsten Männer der Gesellschaft beisteuerten.

Er argumentierte, in Zukunft, wenn Spermenbanken geschaffen seien, sollten die »besten Gene« Verwendung finden. Kinder würden ihre Eltern tadeln, die nur sich selbst fortzupflanzen im Sinne gehabt hätten, anstatt sich die »besten Gene« zu beschaffen. Das Streben nach Unsterblichkeit durch Weitergabe der eigenen Gene würde damit zu einem Akt »rücksichtslosen Egoismus'«.

Ende der dreißiger Jahre erklärte Alexis Carrel, ein französisch-amerikanischer Physiologe, der siebenundzwanzig Jahre zuvor den Nobelpreis erhalten hatte: »Eugenik ist unerläßlich für die Verewigung des Starken. Eine große Rasse muß ihre besten Elemente fortpflanzen... Die Eugenik kann auf das Schicksal der Kulturrassen einen großen Einfluß ausüben.«

Im Zweiten Weltkrieg machten die Nazis Eugenik eine Zeitlang zum Schimpfwort. Sie erließen harte Edikte zur Sterilisierung und Ausrottung. Sie setzten Mädchen zu Brüterinnen ein. Sie sprachen vom Kommen des Übermenschen.

In den fünfziger und sechziger Jahren dann wurden sanfte, scheinbar wohltätige Eugenikprogramme dank neuer biologischer Erkenntnisse möglich. Eine allgemeine Verbesserung der Menschheit war das Ziel. Unterstützung oder fasziniertes Interesse erfuhr es von so hervorragenden Biologen wie Sir Julian Huxley, H. Bentley Glass und Robert L. Sinsheimer.

Ein logisches Argument, das Wissenschaftler beim Ruf nach positiver Eugenik benutzen, entstammt der drohenden Übervölkerung in der ganzen Welt. (Eine Reihe nichtwestlicher Regierungen machen endlich den ernsthaften Versuch, die Bevölkerungsexplosion in ihren Ländern einzudämmen.) Versucht man sich nun schon an einer Steuerung der Bevölkerungsquantität, warum dann nicht auch der Qualität? 1974 griff der englische Genetiker J.A. Beardmore vom University College of Swansea diesen Gedanken auf einer Tagung der Eugenischen Gesellschaft in London auf. Er meinte, es könne sich nur noch um Jahre handeln, bis »die förmliche Erwägung nicht nur der Quantität, sondern auch der Qualität der Bevölkerung notgedrungen Teil jeder Bevölkerungspolitik sein wird«.

Und was will das Volk selbst? Wird der gewöhnliche Durchschnittsmensch auch dann immer nur sich selbst fortpflanzen wollen, wenn er die verführerische Möglichkeit hat, Kinder zu zeugen, die ihm genetisch überlegen sind? Nun ließe sich einwenden, er gewinne damit nur den besseren Ausgangspunkt dank höherwertigen Saatguts, bleibe aber weiterhin verantwortlich für die wichtigen Umwelteinflüsse, die die Kinder prägen. Und wie steht es mit den Erwachsenen, die sich verzweifelt unzulänglich oder reizlos vorkommen? Möchten sie für ihre Kinder etwas anderes, einen Vorsprung vor sich selbst?

Es ist ziemlich wahrscheinlich, daß in ein paar Jahren beide Elternteile ihre Gene beitragen können und dennoch die Möglichkeit haben, Zusätze aus anderen Menschen dazuzunehmen. Die Mehrfachelternschaft mag sehr wohl vor der Türe stehen. Wahrscheinlich ist auch, daß autoritäte Regierungen, die ihre Volksmassen ziemlich in der Gewalt haben, großangelegte Programme der positiven Eugenik in Gang setzen, noch ehe dies in den westlichen Ländern geschieht. Sie können Freiwillige durch Massenpropaganda aktivieren. Und sie können auch nötigenfalls Vorschriften erlassen, wer bei der Fortpflanzung den Vorzug zu genießen hat. Und vermutlich werden sie deutlichere Vorstellungen von den Charakterzügen haben, die sie gerne heranzüchten möchten, so z.B. Kraft und Gefügigkeit.

Der Züchter deutscher Schäferhunde weiß ganz genau, worum es ihm bei der Idealzucht geht. Die lange Liste der Idealmerkmale ist in Handbüchern nachzulesen. Und für jede Zucht werden die Listen von der Jury bei Hundeschauen als Abhakliste benutzt. Dazu gehören sowohl Struktur- wie auch Verhaltensmerkmale.

Muller, Glass, Huxley und andere sind – und vielleicht war dies ein Glück – mit einem gemischten Sortiment der zu fördernden menschlichen Merkmale hervorgetreten. Und sie haben keineswegs den Anspruch erhoben, die von ihnen ausgewählten Merkmale brächten den perfekten Typ hervor. Am nächsten kamen sie einander in der Frage der höherwertigen Intelligenz, die teilweise erblich ist. (Offenbar spielt der Erbfaktor bei der IQ-Bestimmung eine etwas größere Rolle als die Umwelt. Etwa fünfzig Untersuchungen in mehreren Ländern sprechen jedenfalls für diese Annahme.) Alle drei Wissenschaftler nennen eine kooperative und anpassungsfähige Gemütsveranlagung. Und auf einer oder mehreren Listen stehen Dinge wie gute Gesundheit, Schönheit, kräftiger Körperbau, Ausdrucksfähigkeit, Kraft, Langlebigkeit und vermindertes Schlafbedürfnis.

Insbesondere Muller bezog auch einige Merkmale ein, die mit ziemlicher Sicherheit wenig oder nicht genetisch bedingt sind. Er erwähnt inneren Mut, Integrität, fortschrittliche Denkart, Willen zum Dienst an der Menschheit, Mitleid sowie Natur- und Kunstliebe. In seiner Zukunftsgesellschaft würden derlei Merkmale vermutlich nicht Sache der Eugenik sein, sondern der Euthenik, jener Bewegung zur Verbesserung des Menschengeschlechts dank der Steuerung von Umweltfaktoren. Die Eutheniker gestalten den Menschen durch die Gestaltung der Umwelt. Unter ihnen würden wir wohl auch die Operant-Konditionierer und Präger wieder antreffen.

Derzeit bieten uns die Biologietechniker im wesentlichen vier Wege, auf denen der Bau eines höherwertigen Menschentypus vorangetrieben werden kann:
– Anreicherung des menschlichen Saatguts
– Vorschriften, wer Kinder erzeugen soll und darf
– Biologische Veränderungen
– Umgestaltung der Familienzusammensetzung.

Ein fünfter Weg, die Duplizierung von Menschen eines erwünschten Modells, führt noch über einige Jahre. Wir werden uns anschließend mit ihm beschäftigen.

Anreicherung des menschlichen Saatguts

In ihrem Szenarium für unsere Zukunft – die, sagen wir mal, in ein paar Jahren beginnen soll – gehen die Positiv-Eugeniker davon aus, daß sich die Spermenbanken in Saatgutmärkte verwandeln lassen. In ihnen findet sich dann nicht nur tiefgekühltes Sperma einer bekannten Güte, sondern da lagern auch gefrorene weibliche Eier und tiefgekühlte Embryos. Die größeren Märkte besäßen ihre eigenen Labors, in denen ausgewählte Spermen und Eier vereinigt und die daraus entstehenden Embryos ein paar Tage wachsen gelassen würden, ehe man sie einfröre. Diese abgepackten Embryos sofort einsatzbereiter Menschlein würden dann vor der Einpflanzung in eine Frau aufgetaut.

Der heutige Einheitspreis pro Ejakulat würde mit der Verlagerung der Betonung auf den Qualitätswert hinfällig. Immer noch gäbe es Stapel von Samen, den die am Ort befindlichen, geldhungrigen Studenten beisteuern würden. Nachdruck aber würde gelegt auf Saatgut- und Embroylieferanten, die nach Mullers Worten »über hervorragende Gaben des Geistes, eine ausgezeichnete Gemütsverfassung und besten Charakter oder körperliche Fitneß« verfügen.

Wenn man schon, so argumentieren sie, Spendersaatgut zum Kinderkriegen verwendet, warum sich dann nicht gleich das Beste leisten? Samen und Eier gesunder Männer und Frauen mit einem garantierten IQ von 130 oder höher dürften gewiß einen Mehrpreis von 100 Dollar gegenüber dem Grundpreis wert sein.

Sportgrößen mit großartigem Körperbau und berühmte Filmstars von hinreißendem Wuchs ergänzen oft ihr Einkommen durch Produktwerbung. Wäre der eine oder die andere vielleicht auch bereit, in gewissem Sinne auch für sich selbst zu werben, indem er oder sie eine Eigenschöpfung verkaufen würde, nämlich seinen Samen oder ihre Eier? Finanziell könnte das sehr attraktiv sein, schon gar für jene, deren Einkünfte zu sinken begonnen haben, wie das bei solchen Leuten gewöhnlich der Fall ist. Männer könnten ihre Jahreseinkünfte beispielsweise um bis zu 50 000 Dollar steigern.

Vielleicht ließen sich frühere Mister Universums und einstige Miss Americas dazu bewegen, ihr Saatgut beizusteuern, sagen wir mal zu 500 Dollar per Probe. Hätte die betreffende Persönlichkeit nicht nur außergewöhnliches Aussehen, sondern auch ein hervorragendes Talent zu bieten, dann könnte der Verkehrswert pro Probe auf mindestens 1000 Dollar steigen. Zum Beispiel bei einer Marilyn Monroe von heute oder einem zeitgenössischen Johnny Weismüller.

Und wie stünde es mit großen Sportstars, die an der Spitze ihrer Uni-Mannschaft rangierten, späteren Lehrstuhlinhabern oder Magnaten? Ihr Same könnte glatt eine Prämie von 1500 Dollar wert sein. Das tiefgefrorene Sperma, das in der Blüte des Lebens einem Manne abgenommen wurde, der später zum Kabinettsminister oder berühmten Forscher oder Präsidenten eines Konzerns aufstiege, würde sicher 2500 Dollar über Standardpreis gehandelt. Und wie stünde es mit dem Samen eines heutigen Genies à la Cellini, Beethoven oder Mark Twain, dem langsam das Geld ausgeht? Gewiß gäbe es Leute, die gerne eine Prämie von mehreren stattlichen tausend Dollar dafür hinblättern würden.

Widerstrebt es der einen oder anderen Berühmtheit, ihren Namen zu enthüllen, so könnte sie doch immer noch für ihr Saatgut eine erkleckliche Summe einheimsen. Die Saatgutpackung könnte auf einen früheren Akademiepreisträger ausgezeichnet sein. Oder Nobelpreisträger. Oder Sieger in vier Turnieren der Golf-Bundesliga. Oder Selfmade-Millionär. Oder Raumfahrer.

Und wie stünde es mit dem Preis für einen tiefgekühlten Embryo, in dem sich die Saat eines beglaubigten Genies und einer berühmten Schauspielerin oder Filmdiva verbände?

Generell wäre ein weibliches Ei erheblich teurer als ein Fingerhut voll männlichen Spermas. Eier sind schwerer zu holen. Und selbst bei chemisch induzierter Superovulation hätte eine Frau alle Mühe, den Markt mit mehr als etwa 130 Eiern pro Jahr zu beliefern. Ein einziges Ejakulat männlichen Spermas ließe sich zur Befruchtung mehrerer Dutzend weiblicher Eier nutzen, wenn man die Befruchtung im Labor mit einem Augentropf vornimmt. Die In-vitro-Befruchtung benötigt nur einen Tropfen mit ein paar tausend Spermien. Man spart sich dabei den langen, erschöpfenden Wettlauf hinauf in den Fortpflanzungstrakt der Frau, bei dem mindestens 99 v. H. der Spermien eines Ejakulats auf der Strecke bleiben.

Vermutlich würde jede Saatgutbank einen Katalog herausgeben, in dem die verschiedenen Spender nach Eigenschaften beschrieben wären, natürlich mit entsprechender Preisangabe.

Bentley Glass weist darauf hin, daß es sich bei den Spendern gar nicht um echte, lebende Personen handeln müßte. Es könnten genausogut freischwebende Organe sein. Er hat gesagt, er erwarte die Entwicklung von Methoden »zur Kultivierung von Teilen menschlicher Eierstöcke und Hoden im Labor, die eine fortlaufende Erzeugung reifer Eier und Spermien erlauben«.

Er erklärte, der Erfolg bei der Erzeugung reifer weiblicher Eier »aus Maus-Eierstockkulturen« veranlasse ihn »zu der Überzeugung, daß es nur der Ausdauer einer ausreichenden Zahl geschickter Biologen bedarf, damit auch menschliche Fortpflanzungsorgane erfolgreich kultiviert werden können«.

Diese Organe könnten gutausgerüsteten jungen Leuten entnommen werden, die vor der Blüte ihrer Jahre ein Unfall oder eine Krankheit dahinrafft. Die Organkultivierung, so Glass, würde eine

»fortlaufende Eier- und Spermaproduktion sowie die Bildung beliebig vieler menschlicher Embryos mittels Laborbefruchtung« zulassen.[1] Potz Blitz!

Und da wir gerade von Menschen und Mäusen reden: Die dramatischste Möglichkeit der Saatgutanreicherung hat Beatrice Mintz vom Krebsforschungsinstitut in Philadelphia entdeckt. Die Anreicherung menschlichen Saatguts war weder damals ihr Anliegen, noch ist sie es heute. Aber sie perfektionierte eine Forschungsmethode, die bei Mäusen die Mehrfachelternschaft (mehrere Eltern für einen Sprößling) erlaubt. Potz Blitz nochmal!

Bei der Untersuchung, wie sich Organismen mittels Zellteilung entwickeln, ging sie so vor, daß sie »Markierungsmöglichkeiten« erfand, deren Spur man folgen kann. Sie ließ zwei reinrassige schwarze Mäuse einander begatten. Gleichzeitig brachte sie zwei reinrassige weiße Albinomäuse zur Begattung. Nachdem die befruchteten Eier beider Begattungen bis zur Achtzellenphase herangereift waren, legte sie sie nebeneinander in eine Nährschale. Die Außenhaut jedes Embryos wurde aufgelöst, so daß sich die Zellen der beiden Embryos vermengen ließen. Sie baute nun einen Achtzelleremryo aus Zellen von beiden Elternsätzen. Kurzum, vier Elternteile. Dieser neue Embryo wuchs weiter. Er wurde einer entsprechend vorbereiteten Mäusin eingesetzt und wuchs bis zur Geburt.

Der Sprößling wies dunkle und helle Markierungen auf, nicht nur im Fell, sondern sogar in den Augen.

Sie erzählte mir, sie habe über tausend »handgefertigte« Mäuse zusammengesetzt, die mehr als zwei Elternteile hatten.

Ließen sich auch Menschen mit Mehrfacheltern schaffen? Sie sagte, sie sei »ziemlich sicher«, daß das gehe. Robert Sinsheimer meint ebenfalls, daß das wahrscheinlich möglich werde. Er hat sich in Spekulationen darüber ergangen, welche Merkmale – insbesondere psychologische und Verhaltensmerkmale – sich da ergäben. Seine Schlußfolgerung: »Das weiß kein Mensch.« Er nimmt an, das menschliche Ergebnis wäre exotisch.

Frau Mintz steht den meisten Vorstellungen, die die Positiv-Eugeniker begeistern, skeptisch gegenüber. Sie hält die Erschaffung von Menschen mit mehreren Eltern für unverantwortlich. Warum? Weil sich das Ergebnis nicht vorhersagen läßt. Im Gegensatz zu

Labormäusen sind Menschen nicht reinrassig. Das Kind könnte sich als Hermaphrodit herausstellen, wenn man die Chromosomen nicht sehr sorgfältig nach Geschlecht untersucht oder ein in der Fetalkontrolle erkannter zweigeschlechtlicher Fetus nicht abgetrieben wird. Und wenn man die Pigmentierungen nicht sehr sorgfältig aufeinander abstimmt, könnte ein gestreiftes Kind herauskommen.

Vorschriften, wer Kinder zeugen soll und darf

Als er schon längst aus dem Dunkel der Vorzeit getreten war, sorgte der Mensch weiter dafür, daß die talentiertesten Männer mehr als ihren Durchschnittsanteil an Kindern für die Gesellschaft zeugten. Das geschah mittels des weitverbreiteten Instituts der Vielweiberei. Herrscher, Häuptlinge oder andere Männer, die dies fordern oder es sich leisten konnten, umgaben sich mit Frauen. Der Embryologe Robert Francoeur verweist darauf, König Salomo habe seine sagenhafte Intelligenz über die Nachkommenschaft von sechshundertsoundsoviel Frauen und mehr als dreihundert Konkubinen weitergeben können.

Die heutigen Verfechter der Qualitätskontrolle nehmen in Anspruch, die medizinische Technik und die drohende Übervölkerung forderten geradezu Vorschriften, die die Wohlausgerüsteten bevorzugten. Der Psychologe Roger W. McIntire von der Universität von Maryland meint dazu: »Angesichts des heutigen Bevölkerungsproblems können wir uns einfach nicht mehr den Luxus leisten, daß ein x-beliebiges Paar ganz nach Lust und Laune unsere Anzahl vergrößert.« Vorhang auf für die Sozialmanipulation.

In der Ausgabe von *BioScience* vom 15. Januar 1971 faßte der Biologe Carl Jay Bajema vier Ideen für die Reglementierung der Bevölkerungszahl zusammen, wobei er auch die Eugenik im Auge hatte:[2]

1. Man genehmige jeder Familie zwei *übertragbare* Kinderlizenzen. Um ein Kind zu haben, braucht man also eine Lizenz. Das offensichtliche Ziel wäre ein Nullzuwachs der Bevölkerung. Da aber viele Familien keine Kinder oder nur ein Kind haben, könnten sie ungenutzte Lizenzen verkaufen. Als erster soll der bekannte

amerikanische Volkswirtschaftler Kenneth Boulding die Idee einer verkäuflichen Kinderlizenz vorgebracht haben.

Bajema hat nun ausgerechnet, daß sich mit dieser Vorkehrung nicht nur der Bevölkerungszuwachs steuern, sondern auch die menschliche Gattung verbessern ließe. Die Erfolgreichen dieser Welt sind meist auch die wohlhabendsten und könnten also Lizenzen für zusätzliche Kinder denen abkaufen, die »wegen ihrer genetischen Beschränkungen« weniger erfolgreich sind. (Ich kenne freilich Leute, die aus anderen Gründen »weniger erfolgreich« sind.) Bajema räumt ein, damit ein solcher Plan richtig funktionieren könne, »müßte die Gesellschaft sicherstellen, daß zwischen Leistung und finanzieller Belohnung eine viel stärkere Korrelation hergestellt wird, als dies heute der Fall ist«. Das würde eine ziemlich massive Manipulation voraussetzen. Und dann, was ist eigentlich Leistung? 1976 machte der *Durchschnitts*spieler in der amerikanischen Basketball-Bundesliga gut und gerne seine 114 000 Dollar jährlich.

2. Man genehmige jeder Familie zwei *nichtübertragbare* Kindslizenzen und werfe von Zeit zu Zeit alle ungenutzten Lizenzen in einen gemeinsamen Topf. Wer nun mehr als zwei Kinder haben will, kann sich regelmäßig an Wettbewerben zur Erlangung von Lizenzen aus diesem Topf beteiligten. Der Wettbewerb könnte in Form von Tests in »geistiger Fähigkeit, Sport, Musik, Kunst, Literatur, Betriebswirtschaft usw.« abgeleistet werden.

3. Man verabreiche jedem Paar, das mehr als zwei Kinder haben möchte, einen »einfachen Eugeniktest«. Er bestünde aus einer Prüfung der beiden Erstgeborenen dieses Paares. Damit sich die Eltern für weitere Lizenzen qualifizieren, müßten die Kinder geistig und körperlich über dem Durchschnitt liegen. Als erster hat anscheinend Bentley Glass diesen Vorschlag gemacht.

4. Man verlange von allen Verheirateten, die Kinder haben wollen, das »Bestehen bestimmter Tests«, um sich überhaupt auch nur für *ein* Kind zu qualifizieren. Diese Lösung könnte sich empfehlen, wenn sich herausstellte, daß keiner der drei ersten Vorschläge die Waagschale zugunsten der Genetik neigt. Ein Paar, das die Tests nicht besteht, erhielte eine bedingte Babylizenz. Die Bedingung: Die beiden müssen zu einer Saatgutbank gehen und

vorgeschriebene Weisungen befolgen. Ihr Kind bekämen sie »durch künstliche Besamung und/oder künstliche Inovulation«. Dabei würden sie »aufgrund genetischer Qualität ausgewählte menschliche Spermien und Eier« benutzen. Entweder würde nur der Same des Ehemanns oder das Ei der Frau oder auch keines von beiden zur Erzeugung des Kindes benutzt, das man ihnen gestatten würde.

Der bereits erwähnte Psychologe Roger McIntire fordert schon seit einiger Zeit die Einführung von Zwangslizenzen für die Elternschaft. Er ist begeisterter Anhänger der Methoden zur Verhaltensveränderung skinnerscher Prägung. Ihm geht es weniger um Eugenik als um die Ausrottung der elterlichen Fehler. Als Grund für eine Elternschulung im Hinblick auf die Erlangung einer Kinderlizenz führt er den Mißbrauch mit dem Kinderkriegen (plus Übervölkerung) ins Feld.

McIntire ist nicht der einzige, der einer Elternbefähigungsvorschrift das Wort redet. Dies wird dadurch bezeugt, daß er gebeten wurde, seine Gedanken 1974 der Jahresversammlung der Amerikanischen Psychologenvereinigung vorzutragen. Zuvor schon hatte er seine Ideen vor einer Zusammenkunft der Psychologenvereinigung des amerikanischen Ostens enthüllt.

Eugeniker würden seinen Ideen, wer sich fürs Kinderkriegen qualifizieren könne, sicherlich zuklatschen. Die Darf-Eltern wären keine Dummköpfe. Sein System wäre weitaus strenger als die in den einstigen Südstaaten zusammengekochten Tests zur Ausgabe der Wahlberechtigung an Schwarze und Weiße. McIntire regt an, um sich zu qualifizieren, müßte ein Ehepaar einen Kurs in Kindererziehung an einem örtlichen College absolvieren. In diesem Kurs würden nicht nur Grundsätze der Ernährung, Hygiene und des Lernens gelehrt, sondern auch Prinzipien der Verhaltensveränderung wie z. B. Leitbildgestaltung, Nachahmung und Verstärkung. Es gäbe auch Lektionen in »Extinktionsverfahren und Adjunktivverhalten«.

Nehmen wir einmal an – und diese Annahme geht sehr weit –, solche Prinzipien ließen sich typischen Darf-Eltern in verständlicher Formulierung nahebringen. Da eine bedrückend große Zahl Amerikaner trotz zehn- oder zwölfjähriger Schulzeit kaum in der Lage ist, ein Formblatt für die Stellensuche ordnungsgemäß auszufüllen, kann man mit Fug und Recht davon ausgehen, daß Millionen in der Schlußprüfung des Kurses in Kindererziehung glatt durchsausen würden. Und wer durchfällt, hätte sich wohl für eine Elternschaft disqualifiziert. So beträte denn die Eugenik die Bühne.

Nach McIntires der Psychologenvereinigung vorgetragenem Szenarium hätte der Kongreß eine Bundesbehörde einzurichten, der die Durchführung eines bundesweiten Elternschaftslizenzprogramms obläge. Er erläuterte, es handele sich um etwas »Ähnliches wie Fahrausbildung und Führerschein«. Ähnlich? Führerscheinbewerber brauchen ja nun nicht gerade Kurse in einem College zu belegen.

McIntire möchte sich der Technologie der Medizin und des Computers bedienen, um sicherzustellen, daß unaufgeklärte Menschen nicht mit einer ungesetzlichen Elternschaft durchkämen. Er verweist darauf, daß die Wissenschaft Langzeit-Empfängnisverhüter vervollkommne. Dazu gehört auch eine unter der Haut eingepflanzte Kapsel, die drei Jahre vorhält. Bald, so denkt er, stünden halbpermanente Empfängnisverhütungsmittel bereit, die so lange wirksam bleiben, bis ein Gegenmittel verabreicht wird.

In seinem Szenarium nennt er das Verhütungsmittel und sein Gegenmittel »Schließer« und »Aufschließer«. Die örtliche Kommission seiner Bundesbehörde hätte nach seiner Vorstellung die Verfügungsgewalt sowohl über Schließer wie Aufschließer. Vermutlich würde der Schließer durch Gesetzesvorschrift jeder Frau (oder jedem Mann) im zeugungsfähigen Alter verabreicht. Wer später einen Aufschließer will, um ein Kind bekommen zu können, müßte dann zuerst ein Zertifikat vorweisen, wonach er oder sie den Test für gesunde Elternschaft bestanden hat. McIntire in seinem vor den Psychologen entwickelten Szenarium: »Da die Ausgabenachweise in Bundesdatenbanken aufbewahrt werden«, lasse sich die Kennbarmachung von unrechtmäßigen Kindern, die durch ungenehmigte Aufschließer-Verwendung möglich geworden sind, ganz einfach darstellen. Und so sein Entwurf: »Eltern, die dieses Verbrechens überführt werden, werden mit einer Geldbuße belegt und müssen sofort einen Intensivkurs in Elternschulung belegen.«

Nach seinem Entwurf soll all das innerhalb des nächsten Jahrzehnts geschehen. Da ich weiß, wie der Kongreß agiert und die katholische Kirche reagiert, nehme ich an, daß es ein bißchen länger dauern wird.

McIntire vertritt auch die Meinung, die Regierung könne eine plausible Begründung für ihr Eingreifen in Familienentscheidungen über das Kriegen und Aufziehen von Kindern darin finden, daß sie schließlich heutzutage mit Problemen der Kinderbetreuung nur allzu belastet sei. Sie müsse Schulen betreiben, Hygieneprogramme, Jugendprogramme, Verbrechensverhütungsprogramme, Hochschulen und Universitäten, Parks und so weiter.

McIntire hat viele hundert Briefe von Leuten bekommen, die seinen Schließer/Aufschließer-Vorschlag gelesen haben. Die Kommentare reichen von »Nur weiter so!« bis hin zu »Siegheil!« Etwa die Hälfte, so sagt er mir, sei glatt ablehnend. Vielleicht tröstet er sich damit, daß jede wirklich revolutionierende Idee ein paar Jahre braucht, bis sie bei der breiten Masse verfängt.

Biologische Veränderungen

Der unmittelbare Eingriff in menschliche Gene dürfte uns vor, sagen wir, 1984 wohl noch nicht faszinieren können oder beunruhigen müssen. Doch wird es wohl noch vor dem Jahre 2000 soweit sein, daß körperliche Merkmale oder Prozesse modifiziert werden, wenn auch nur zwei oder drei Gene in unserer Gewalt sind. Bei der Taufliege ist es schon vor mehreren Jahren möglich geworden, vermittels Genmanipulation Veränderungen der Augenfarbe, Körperstruktur, Borstenzahl usw. zu erzeugen.[3]

Genetische Erkrankungen, die dadurch verursacht sind, daß ein bestimmtes Gen ein kritisches Enzym nicht zu veranlassen vermag, werden behandelt werden können.

Offenbar liegt die Ursache bei manchen dieser Krankheiten, so z. B. einer bestimmten Leberstörung, nicht etwa im Fehlen eines Gens, sondern in der Tatsache, daß das betreffende Gen nicht ausgeschaltet wird.

Obgleich nun jede Zelle im Körper denselben Gensatz aufweist, werden doch die meisten von ihnen abgeschaltet, wenn sie in Spezialbereiche wie etwa Augapfel, Zehen oder Leber kommen. Manche werden versehentlich abgeschaltet. Forscher an den Universitäten von Köln, Harvard und Cambridge haben den Mechanismus dieses An- und Abschaltens in Erfahrung gebracht. Sie fangen jetzt an zu lernen, wie man ihn beeinflussen kann.

Die endgültige Wachstumsgröße von Jungen und Mädchen wird neuerdings erstmals mit Hormonen manipuliert. Mütter, die· befürchten, ihre Töchter könnten zu Mauerblümchen werden, wenn sie zu groß würden – oder ihre Söhne könnten sich schlecht durchsetzen, wenn sie zu kurz gerieten –, konsultieren jetzt Kinder-Endokrinologen. Wenn man im Alter von zehn Jahren anfängt, starke Dosen von Östrogen zu verabreichen und dies über etwa zwei Jahre lang fortsetzt, so läßt sich die erwartete Körpergröße einer Tochter um etwa 5 bis 8 Zentimeter verkürzen. Mit gewissem Erfolg sind Wachstumshormone dazu benutzt worden, um kurzgeratenen Jungen zu drei bis fünf Zentimetern mehr zu verhelfen. Einige Forscher glauben, daß künftig das Wachstum noch viel stärker gefördert werden kann dank eines Bestandteils von Wachtumshormonen namens Somatomedin.[4] Manche Jugendliche nahmen es ohne Schwierigkeiten während der ganzen Zeit. Andere wiederum, vor allem Mädchen, litten unter Nebenwirkungen wie chronischem Schwindel, Hypertension und einer Dunkelfärbung der Brustwarzen.

Apropos Brustwarzen: Es hat schon Überlegungen gegeben, ob es als Teil der Neugestaltung des Menschen nicht vernünftig wäre, die Frauen zu »entbrüsten«. Zum erstenmal hörte ich davon auf einer Konferenz über medizinische Ethik in der Nähe von New York aus dem Munde eines Medizinphilosophen. Was mich dabei am meisten beeindruckte, war, daß kein einziger der über fünfzig Wissenschaftler, Ärzte und Philosophen, die an der Konferenz teilnahmen, sich erhob, um seiner Konsternierung freien Lauf zu lassen. Unter ihnen waren Männer und Frauen. Werden wir die ersten Säuger ohne Saugbrust sein?

Geäußert wurde der Gedanke von H. Tristram Engelhardt jr. von der Medizinischen Fakultät der Universität von Texas in Galveston. Wie sich herausstellte, hatte er die Sache schon in zwei Veröffentlichungen abgehandelt, und ein medizinischer Forscher aus New Orleans hatte auf einem Symposium in Cambridge den Gedanken in seinem Vortrag erwähnt.[5]

Engelhardt verwies darauf, in der westlichen Welt seien Millionen neugeborener Mädchen zu schwerem Leiden oder gar zum Tode verurteilt, weil sie Brustkrebs hätten. Für die Erforschung und Behandlung dieser Krankheit würden enorme Summen ausgegeben. Das ganze Problem lasse sich aber einfach dadurch lösen, daß man bei der Geburt ein Stückchen Brustgewebe wegnehme. Eine derartige Operation wäre kaum komplizierter als eine Beschneidung. Die Babyflasche hat funktionell weitgehend die Brust ersetzt, auch wenn mancher noch heute meint, gleich nach der Geburt sei das Brustnähren doch überlegen. Es gibt kaum Anhaltspunkte, daß die Brustgröße etwas mit der menschlichen Milcherzeugung zu tun hat. Eine Frau mit BH-Größe 1 kann ein Kind ohne weiteres nähren. Der Anthropologe Robert Ardrey bemerkt, Schimpansenweibchen hätten selbst während des Nährens sehr magere Brüste. Er meint, bei der Frau habe sich die große Brust als sexuelle Attraktion entwickelt. Im Gegensatz zu den Großaffen kopuliert der Mensch normalerweise von vorne.

Für moderne, emanzipierte Frauen sind die Brüste bei der Arbeit oft hinderlich, jedenfalls gilt dies für Waldarbeiterinnen, weibliche Jockeys, Akrobatinnen, weibliche Soldaten und Mechanikerinnen. Außerdem sind sie bei Sportarten wie Tennis, Golf, Schwimmen, Hochsprung und Hundertmeterlauf hinderlich.

Wie aber würde sich die Brustlosigkeit auf das Selbstgefühl der Frau auswirken? Als Anziehungspunkt für den Mann ließen sich vielleicht ersatzweise Polster-BHs und durch Saugwirkung festgehaltene künstliche Brüste benutzen, bis sich die Welt an die Abschaffung der Brust gewöhnt hat. Aufschlußreich könnte eine Meinungsumfrage bei den Frauen der westlichen Welt sein. Möglicherweise würde sich ein beträchtlicher Teil der Frauen etwas zögernd dafür aussprechen unter der Bedingung, daß auch alle anderen brustlos wären.

Umgestaltung der Familien-Zusammensetzung

Es mehren sich die Hinweise, daß die Größe der Familie und der zeitliche Abstand zwischen den Kindern sehr viel mit der geistigen

Entwicklung der Kinder zu tun haben. Was an Tatsachen bekannt ist, wird unter Anhängern der Eugenik und Euthenik eifrig erörtert. Vielleicht ließen sich diese neuen Erkenntnisse dazu nutzen, den Intelligenzpegel generell anzuheben.

Zu erzielen wäre dies auf dem Wege über die Massenerziehung, die Beratung seitens der Familienplanungskliniken und durch Programme zur Beschränkung der Familiengröße, vor allem bei den Minderbemittelten. Mütter, die nur wenige Jahre Schulerziehung mitgemacht haben, haben etwa doppelt so viele Kinder wie Mütter mit Universitätsbildung.[6] Dobzhansky nennt diese Situation »unerwünscht«.

Großuntersuchungen in Frankreich, den Niederlanden, Schottland und den Vereinigten Staaten deuten durchweg darauf hin, daß zwischen dem geistigen Wachstum und der Größe und Gestalt der Familie eine Beziehung besteht. Schultestleistungen wurden unter dem Aspekt der Familiengröße und der Zeitfolge der Geburten geprüft. Je größer die Familie, desto geringer die Leistung. Auch innerhalb der Familie zeigte sich ein Leistungsabfall. Die Erstgeborenen gehören im allgemeinen zu den intelligentesten.[7]

Der Psychologe Robert B. Zajonc von der Michigan-Universität erhielt von der Amerikanischen Vereinigung zur Förderung der Wissenschaften einen Preis für seine Mitwirkung bei der Erarbeitung einer Theorie, die diesen Zustand erklärt.

Er stellte die Behauptung auf, das intellektuelle Wachstum eines Kindes werde sehr stark dadurch bestimmt, wieviel geistigen Zuspruch es von den anderen Mitgliedern der Familie erfahre. Sind da zwei Erwachsene und ein Kind, dann ist dieser Input sehr groß. Handelt es sich um zwei Erwachsene und fünf Kinder, die alle weniger als acht Jahre alt sind, dann wird der geistige Input pro Kind oft sehr stark verwässert. In einer großen Familie läßt sich dieser Abfall jedoch wieder dadurch ausgleichen, daß man die Kinder im Abstand von drei oder vier Jahren hält. Dann können die jüngeren Geschwister wiederum erheblichen Zuspruch seitens der älteren erfahren.

Nach seiner Theorie wird jede Förderung des Nullwachstums der Bevölkerung einen etwas höheren Intelligenzpegel erzeugen.

Zajonc fügt jedoch zwei wichtige Punkte hinzu: Zum einen lasse sich die Tendenz eines Absinkens des geistigen Inputs pro Kind in einer großen Familie dadurch wettmachen, daß die Eltern jedem Kind erhebliche Zeit widmen. Zum anderen hätten Kinder in einer größeren Familie möglicherweise mehr Chancen zur Entwicklung von Sozialkompetenz, Ichstärke und moralischer Verantwortung als Kinder in einer kleinen Familie. Kurzum, eine höhere Intelligenz dank kleiner Familie könnte auch Nachteile haben.

Die Verbesserung des Menschen ist eine reizvolle Aufgabe. Bemüht man sich um sie auf der Basis der Freiwilligkeit und mit ganz konkreten Zielsetzungen wie z. B. einer verbesserten geistigen und körperlichen Gesundheit oder besserer Eignung zur Elternschaft, dann können wir ihr alle zustimmen.

Wie nun steht es mit einer *Bewegung* zur Verwirklichung eines irgendwie gearteten menschlichen Idealtypus? Auf den ersten Blick kann das faszinierend sein, vor allem für jene Wissenschaftler, die über die Erkenntnisse und Techniken zu verfügen glauben, mit denen sich das erreichen ließe.

Wenn wir den möglichen Zugewinn abschätzen, dann müssen wir allerdings auch ein paar denkbare gesellschaftspolitische Nachteile in Betracht ziehen. Dazu gehören insbesondere die nachstehenden:

– Viele Vorschläge stellen einen Eingriff in die freie Wahl dar. Glass stellt die Frage: »Kann die Einführung völlig neuartiger Wahlmöglichkeiten nicht einen Ausgleich bieten für die Einschränkung anderer Vorrechte, die wir seit eh und je genießen?« Ich meine, man sollte jeden Tausch von Freiheiten, die wir heute besitzen, gegen »neuartige« Freiheiten der Zukunft mit größter Vorsicht betrachten.

– Die ganze Vorstellung eines anzustrebenden menschlichen »Idealtypus« ist problematisch. Sie würde uns zur Normung der Menschen führen. Wir sollten unsere derzeitige Vielgestaltigkeit hochachten, meine ich. Sie macht das Leben abwechslungsreich. Sie regt unsere Kreativität an.

– Ein höheres Intelligenzniveau gilt allgemein als erstrebenswertes Ideal. Doch auch hier stellen sich gesellschaftspolitische Fragen. Nach Regierungsstatistiken erfordern nur etwa 20 v. H. der in diesem Lande verfügbaren Arbeitsplätze eine Hochschulbildung. Trotzdem möchte heute schon eine ansehnliche Mehrheit der amerikanischen Eltern ihre Kinder zur Uni schicken. Die Überbildung ist zu einem nationalen Problem geworden. Könnte es passieren, daß wir als Gesellschaft zu gescheit werden könnten, als der Gesellschaft gut täte? Und dies: Heben wir das Intelligenzniveau an, ohne gleichzeitig die Nächstenliebe und soziale Verantwortung zu steigern, dann könnten wir als Gesellschaft der egozentrischen Einzelgänger enden.

– Die Verwendung von Spendersaatgut zur Schaffung »idealer« Kinder wirft mehrere soziale Fragen auf. Das Kaufen »idealen« Saatguts bekannter Persönlichkeiten ist nicht nur ein bißchen albern, sondern wirkt auch seelenkrämerisch. Ein Menschenleben zählt dann nach Dollars. Und selbst wenn man davon ausgeht, daß Eltern, die ein Kind haben wollen, lediglich Saatgut der Güteklasse A kaufen, so werden sich doch in der Elternschaft Probleme ergeben. Es ist nicht nur erhebender, Kinder aufzuziehen, die genetisch so sind wie man selber, sondern es ist auch tatsächlich einfacher als das Aufziehen genetisch fremder Kinder. So jedenfalls die Erfahrung von Adoptiveltern.

Charles Fried, Professor der Rechte in Harvard und Forscher der Bioethik, sagt dazu: »Das Kind aus einem zufälligen Ei und einem zufälligen Spermium wächst in einer Familiensituation heran, die in gewissem Sinne ein reines Zufallsprodukt ist, und das ... kann sich sehr wohl als störend und verunsichernd herausstellen.«

– Schließlich ist die Gefahr der unverblümten staatlichen Steuerung der »Idealmerkmale«, die wir besitzen sollten, immer gegeben, so z. B. beim Schließer/Aufschließer-Schema. Harriet Pilpel, eine Kapazität in Rechtsfragen der neuen Fortpflanzungstechniken, sagte mir, die Vorstellung von Saatgutbanken, die menschliches Saatgut »erwünschter« Merkmale einholen, flöße ihm Angst und Schrecken ein. Der Staat könnte damit eine Technik in die Hand bekommen, die ihm die Möglichkeit gäbe, seine Normen vorzuschreiben.

Der Genetiker James Nagle, der, wie schon erwähnt, »phantastische Möglichkeiten« für die »Verbesserung« des Menschengeschlechts sich abzeichnen sieht, macht sich Sorgen, wie diese »Möglichkeiten« genutzt werden könnten. Er sagt, der Gedanke, die Anwendung dieser Techniken könnte »unter Leitung einer elitären, dogmatischen

Führung stehen, schafft die denkbar größte gesellschaftliche Angst«. Letztlich, so befürchtet er, könnten wir bei einer Diktatur »der Erbausstattungs-Manipulatoren« landen.

Wenden wir uns nun der fünften Möglichkeit zu, mit der die Biotechniker vielleicht höherwertige Menschen bauen könnten.

19
DUPLIZIEREN VON MENSCHEN EINES ERWÜNSCHTEN TYPUS

> Der Mensch steht wirklich an der Schwelle einer gewaltigen Erschütterung seiner Evolution... der vegetativen Fortpflanzung nämlich.
> – Joshua Lederberg, Biologe

Der Biologe verwendet manchmal den Begriff vegetative Fortpflanzung zur Bezeichnung jeglicher nichtsexueller Fortpflanzung. Kurz gesagt handelt es sich um jungfräuliche Geburt. Oder wissenschaftlich ausgedrückt um Parthenogenese (aus griechisch *parthenos* = Jungfrau und *genesis* = Ursprung).

Doch wie soll das geschehen? Nach uralter Weisheit längst vor Noahs Arche braucht man zwei, ein männliches und ein weibliches Wesen, um zu zeugen. So machen es die Vögel. So machen es die Bienen. So machen es die Fische. So machen es die Hasen. So machen wir's. Sogar die Butterblumen machen's so. Jeder macht's auf seine Weise, aber er macht's. Fast alle sichtbaren Formen des Lebens entstehen durch die Paarung zweierlei Saatguts.

Das alles stimmte, bis die neuen biologischen Mikromanipulatoren die Szene betraten. Heute aber erscheint es zumindest prinzipiell möglich, ein Dutzend oder auch ein Tausend identische Zwillingsbrüder oder -schwestern eines wertvollen Rennpferdes oder eines berühmten Genies oder eines eitlen Diktators zu erzeugen. Auch Sie könnten von sich selbst einen identischen Zwilling machen lassen, ohne daß dabei irgendeine Saatgutvermischung stattfände.

Seitdem die Kunde dieser Möglichkeit vor ein paar Jahren die Runde machte, wird scherzhaft von der Serienproduktion von Albert Einsteins, Artur Rubinsteins, Mao Tse-tungs, Margot Fonteyns, Mickey Mantles, Woody Allens, Lillian Hellmans, Schahs von Persien oder Königinnen von England gesprochen.

Der Prozeß der Duplizierung oder Massenproduktion von exakten Kopien eines Originalmenschen ist heute vor allem als Klonerzeugung oder Klonen bekannt. In seiner Phantasievorstellung der *Schönen Neuen Welt* erträumte Aldous Huxley 1932 für einen solchen Prozeß die Bezeichnung Bokanowskisierung. Seine Wissenschaftler, die er sechshundert Jahre nach heute ansiedelte, konnten mit einer Art Hexeneinmaleins sechsundneunzig Menschenwesen züchten, wo vordem nur ein einziges gewachsen war.

Mag Sie das auch zum Lachen (oder Weinen) reizen – jedenfalls wird die Möglichkeit der genetischen Kopierung von Individuen ohne geschlechtlichen Beischlaf heute nebst Lederberg von vielen hervorragenden Wissenschaftlern ernstgenommen. Zu ihnen gehören James Watson, Robert Sinsheimer, Robert Edwards und Jean Rostand.

Die *Southern California Law Review* hat die Klonerzeugung immerhin so ernst genommen, daß sie in einem Artikel von 104 Seiten die Rechtsprobleme einer näheren Prüfung unterzog, die sich aus dieser Technik ergäben.

Strittig ist dabei weniger, ob eine Parthenogenese beim Menschen möglich ist, als vielmehr, wann sie möglich werden wird und wie sie dann am besten zu vollziehen sei.

Einige wenige meinen, sie werde überhaupt nie möglich sein, und es sei deshalb blödsinnig, sich heute schon über das Thema aufzuregen. Mir liegen dreizehn Auffassungen bekannter Biologen vor. Einer – Marc Lappé – nennt sie eine ferne Möglichkeit. Forscher der Rand Corporation schätzen pauschal, die menschliche Klonerzeugung werde etwa ums Jahr 2005 – also in fünfundzwanzig Jahren – weit verbreitet sein. Alle anderen nennen ein noch früheres Datum. Einige sagen, es werde in fünfzehn bis zwanzig Jahren soweit sein. Ein paar meinen, schon in zehn Jahren. Zur Gruppe der letzteren gehört Leon Kass, gewiß kein Befürworter der Klonerzeugung. Er argumentiert so:

»Betrachtet man einmal, wie schnell andere technische Hindernisse überwunden wurden, und nimmt man hinzu, daß sich immer mehr fähige Leute der experimentellen Embryologie zuwenden, dann kann man ohne weiteres damit rechnen, daß in den nächsten Jahren der erste Säugetierklon zur Welt kommen wird. Mit an Sicherheit grenzender Wahrscheinlichkeit setzt dann ein Run auf die Entwicklung der Klontechnik für weitere Tierarten ein, vor allem für Vieh... Vervollkommnet man parallel dazu die Kultur von Menschenembryos und die Implantierungstechnik, dann könnte der Schritt bis zum ersten Klonmenschen nur noch ein paar weitere Jahre dauern.«[1]

Eine beträchtliche Rolle wird dabei die Frage spielen, ob das eine oder andere Land dieser Erde der Klonerzeugung von Vieh oder Menschen eine große Anstrengung zu widmen beschließt. Wird das Klonen von Menschen nicht verboten, so werden es fast mit Sicherheit die meisten heute lebenden Menschen noch erleben. Da es, um mit Lederberg zu sprechen, »wirklich eine gewaltige Erschütterung der Evolution« darstellen wird, verdient es meiner Meinung nach einer nachdenklichen, wenn auch kurzen Prüfung. Von ihm könnte ein ungeheurer Anreiz zur Manipulation des Menschen ausgehen.

Der theoretische Reiz, von einem Individuum nach Lust und Laune mittels nichtsexueller – oder asexueller – Reproduktion eine oder mehrere Zwillingsgestalten zu erzeugen, hat verschiedene Gründe:

Damit bietet sich die Möglichkeit, die besonderen Gaben einzelner Menschen, soweit sie genetisch basiert sind, präziser zu bewahren oder zu erweitern, als dies die geschlechtliche Fortpflanzung kann. Sinsheimer sagt dazu: »Das Klonen würde die Erhaltung und Verewigung der vornehmsten Genotypen ermöglichen, die unsere Art hervorbringt – so wie die Erfindung der Schrift uns in die Lage versetzt hat, die Frucht der Arbeit eines Lebens zu bewahren.« Und Lederberg argumentiert, wenn es eine hochwertige Person gibt – deren genetische Veranlagung in jeder Zelle vorhanden ist –, »warum soll man sie dann nicht unmittelbar kopieren, anstatt all die Risiken, einschließlich der Geschlechtsbestimmung, zu laufen, die mit der Rekombinationsaufbrechung verbunden sind«. Bei der hergebrachten Menschenerzeugung – und die Zeugenden sind ja nun alles andere als Vollblutzüchtungen –, spielt bei der Sortierung der genetischen Materialien doch immer der Zufall ganz erheblich mit.

So böte die asexuelle Reproduktion menschlicher Musikgenies beispielsweise eine sehr viel größere Chance, daß dabei wiederum ein oder mehrere Musikgenies herauskämen, als wenn man das

Ganze der Liebeslust überläßt. Natürlich setzt dies voraus, daß der asexuelle Prozeß auch gut funktioniert.

Sportlerfarmen des Profisports fänden gewiß Gefallen an dem Gedanken, ihre zwei Meter langen Basketballstars mehrfach direkt zu kopieren. Sie zahlen ihren Stars ohnehin schon Jahresgehälter von über 200000 Dollar; da könnte sie die Kopienherstellung schon als Investierung reizen. Trainer haben eine ziemlich genaue Vorstellung von den Körpereigenschaften guter Rugby- und Fußballspieler. Welche Profimannschaft möchte nicht gerne für den Nachwuchs ein Dutzend Pelés oder Beckenbauers kopieren? Manches heiratsfähige Mädchen würde sich eventuell geehrt fühlen, seinen Mutterschoß für den Aufwuchs dieser kommenden Superstars zur Verfügung zu stellen. In jedem Fall ließen sich Ersatzmütter anheuern.

Desgleichen könnte Generälen, denen Milliarden Dollar für Forschungszwecke zur Verfügung stehen, an der Serienproduktion von Männern gelegen sein, die besonders belastungsfähig, stark oder gehorsam wären. Diktatoren könnten zu Recht im universellen Klonen eine Möglichkeit erblicken, um sich eine tüchtigere, berechenbarere, reglementierbarere Volksmasse zu beschaffen. Hier ein paar Möglichkeiten, die sich theoretisch eröffnen:

– Gibt es in einer Gemeinschaft hundert Klone oder tausend Klone, dann hat das einen eindeutigen medizinischen Vorteil. Ihre Organe lassen sich frei auf Mitklone verpflanzen, ohne daß man sich mit dem immer noch schwierigen Problem der Gewebeabstoßung herumschlagen muß.
– Befällt einen Mann und eine Frau tiefe Trauer, weil ein heißgeliebtes Kind stirbt, so könnten sie dafür sorgen, daß ein genetisch absolut identisches Kind geschaffen würde.
– Eine Frau, die ein Kind möchte, aber keinen passenden Mann findet, könnte durch Jungfernzeugung ein Kind allein aus ihrem Fleisch und Blut bekommen. Das Baby wäre zwar jünger, aber ein identischer Zwilling der Mutter.
– Wer an persönlicher Unsterblichkeit interessiert ist, könnte sich wenigstens eines Anfangs dazu vergewissern. Dank der Einlagerung in einer Zellenbank kann er dafür sorgen, daß Personen seines exakten Genotyps weiterleben. Vielleicht nicht gerade in alle Ewigkeit, aber doch für ein paar hundert Jahre.

Man kann noch andere Argumente hören. Die asexuelle Reproduktion würde die Geschlechtsvorbestimmung ermöglichen, weil man vom gleichen Geschlecht ausginge, das auch das Original hat. Und sie böte eine weitere Möglichkeit der Umgehung der Unfruchtbarkeit bei beiden Geschlechtern.

Tierzüchter zeigen sich lebhaft am Klonen interessiert. Wer ohnehin Vollblut züchtet, dürfte wohl bei Dingen wie Milcherzeugung kaum sehr viel höhere Leistungen erzielen. Aber das Geschlecht könnte er mit Gewißheit vorbestimmen. Ein ganzer Landstrich voll identischer Kühe wäre allerdings womöglich für einen neuen Virus anfälliger. Zu viele Zwillinge sollte man also auch wieder nicht haben. Die Züchter von Vollblutrennpferden und Hunden haben noch Regeln, die ein altmodisches Eins-zu-eins-Zeugen vorschreiben. Vermutlich müßten sie ihre Regelbücher ändern, ehe sie sich dem Klonen zuwenden könnten.

S<small>PONTANE</small> J<small>UNGFERNZEUGUNG</small>

Um den Klonvorgang zu verstehen, mag etwas Hintergrundwissen nützlich – oder wenigstens interessant sein.

Die nichtgeschlechtliche Fortpflanzung geschieht bei einigen Formen des Lebens, insbesondere Pflanzen, auf natürlichem Wege. Gewisse Pflanzen entstehen einfach vegetativ aus Ablegern oder Abschnitten. Man nehme ein Blatt eines Usambaraveilchens, stecke es in einen Blumentopf, und aus ihm entsteht eine ganze neue Pflanze. Auch Bambus wächst aus Ablegern, ebenso der gemeine Efeu und eine Reihe von Gräsern.

Bei höheren Formen des Lebens gibt es ebenfalls nachweislich Fälle, in denen sich weibliche Eier spontan teilen und wachsen. Forscher des amerikanischen Landwirtschaftsministeriums haben eine Gattung Haustruthennen gefunden, die dazu neigen, ohne Besamung durch einen Truthahn brutfähige Eier zu legen. Im Laufe mehrerer Jahre wurden Tausende solcher Eier erkannt. Aus ein paar Dutzend schlüpften Truthahnküken aus. Einige von ihnen sind voll ausgewachsen. Mindestens ein auf diese Weise entstandener Truthahn hat Nachkommenschaft gezeugt.[2]

Fast mit Sicherheit läßt sich sagen, daß es auch bei Frauen zu spontaner Jungfernmutterschaft gekommen ist, und dies mag mancher Jungfrau, deren Unschuldsbeteuerungen nur auf ein mitleidiges Lächeln stoßen, ein Trost sein.

Der Geburtshelfer Landrum Shettles hat in jahrelangen Versuchen, bei denen er Hunderte von Eiern unmittelbar den Eierstöcken von Frauen entnahm, mehrere Eier gefunden, die schon eine Teilung durchgemacht hatten. Diese Eier konnten unmöglich mit einem Spermium in Kontakt gewesen sein.

Vor einigen Jahren gab es wegen eines Vortrags, den die Genetikerin Helen Spurway vom Londoner University College in England gehalten hatte, einen Sturm der Entrüstung. Anhand von Tierversuchen nannte sie Zahlen, wonach jährlich irgendwo in der Welt vermutlich mehrere Dutzend jungfräulicher Menschengeburten stattfinden. In anderen, seither angestellten Schätzungen variieren die Zahlen nach oben und unten. Die Erregung, die Helen Spurways Bemerkungen verursacht hatten, veranlaßte einige Fachärzte am Queen Charlotte's Hospital, sich zu serologischen und anderen Untersuchungen an Mutter und Kind bereitzuerklären bei Müttern, die behaupteten, an der Empfängnis ihres Kindes sei kein Mann beteiligt gewesen. Eine Reihe von Mutter/Kind-Paaren meldete sich dazu. Die Ärzte erklärten, eine Mutter und ihre Tochter hätten sämtliche durchgeführten Untersuchungen bestanden.

Soviel zur *spontanen* nichtgeschlechtlichen Reproduktion.

EMPFÄNGNIS IN EINER NÄHRLÖSUNG

Seit einigen Jahren lernt der Mensch in seinen Labors, wie sich die Reproduktion von Arten manipulieren ließe, die zur Fortpflanzung bislang auf den Geschlechtsakt angewiesen waren. Nehmen wir beispielsweise die meisten Pflanzen. Fast alle sind zur Fortpflanzung auf die sexuelle Bestäubung angewiesen.

Die Karotte ist ein solcher Fall. Vierzehn Jahre ist es her, da elektrisierte die Welt der Biologie die Nachricht von einer erstaunlichen Leistung, die ein Zellphysiologe der Cornell-Universität namens F. C. Steward vollbracht hatte. Er hatte eine reife Karotte – vollständig mit Blüte und Samen – aus einer einzigen Körperzelle wachsen lassen, die er von der Spitze einer gewöhnlichen Wurzel abgeschabt hatte.

Im Gegensatz zu den Geschlechtszellen besitzt eine Körperzelle bereits den vollständigen Doppelsatz Chromosomen, der zur Zellteilung nötig ist. Wie schon oben erwähnt, bleiben während des Wachstums aber nur die Gene aktiv, die für Sonderaufgaben in der ganzen Pflanze oder im ganzen Tier benötigt werden. Alle nicht benötigten Gene werden irgendwie abgeschaltet. Man bezeichnet diesen Vorgang auch als »negative Regulation«. Steward hatte die gesamte Ergänzung der Gene der Karotte angeschaltet. Die Körperzellen waren damit zu einem neugeborenen, befruchteten Ei geworden. Wie konnte er dieses Wunder wirken? Er tat es, indem er die Zelle in ein im wesentlichen aus Kokosmilch bestehendes Nährbad eintauchte!

Seither haben Forscher eine Reihe sich normalerweise auf dem Geschlechtswege vermehrender Pflanzen wie Winterendivie, Petersilie und Zitterpappel nichtgeschlechtlich reproduziert.

Die Orchideenzüchtung hat neuerdings eine erstmals von Georges Morel in Frankreich erfolgreich angewandte Methode revolutioniert. Gelingt Ihnen als Orchideenzüchter eine einmalig schöne Züchtung, und wollen Sie diese exakt reproduzieren, dann können Sie dabei nicht die Geschlechtsbestäubung anwenden. Sie schlagen dazu heute den Klonweg ein. Das kann Zehntausende Dollar einbringen. Man nimmt dazu vom Stammende eine Vielzahl von Körperzellen und legt sie mehrere Wochen lang in ein chemisches Bad mit rotierenden Reagenzgläsern. Aus dem daraus entstehenden Material lassen sich Tausende exakter Kopien einer teuren Pflanze ziehen. Sie verkaufen sich vielleicht für 50 Dollar das Stück, und auf der Packung steht, daß »asexuelle Reproduktion durch Patent verboten ist«. Eine Gärtnerei im kalifornischen Azusa soll mit dem Klonprozeß bei mehreren Blumen großen Erfolg haben.

Wenden wir uns aber jetzt den Methoden zur Ingangsetzung einer asexuellen Reproduktion bei Tieren zu.

Reproduktion durch Schockwirkung

Seit einigen Jahren setzen Forscher die Schockwirkung ein, um die Eier von Seeigeln und anderen niedrigen Tierarten zur Zellteilung zu bewegen. Die Versuche wurden so lange fortgesetzt, bis Seeigelbabys kamen. Mit Erfolg wurden Strychnin, Hitze, Nadelstiche – buchstäblich Hunderte von Schockformen benutzt.

Ein unbefruchtetes Ei besitzt nur die Hälfte des normalen Chromosomensatzes. Aber bei so einfachen Tierarten scheint die Tatsache, daß sie nur die Hälfte der Chromosomen haben, nicht allzuviel auszumachen. Bei höheren Formen des Lebens dagegen verhindert das Fehlen des halben Chromosomensatzes – der bei der normalen Befruchtung vom männlichen Teil geliefert wird – anscheinend ein volles Auswachsen. Anna Witkowska von der Warschauer Universität hat aber immerhin berichtet, mittels Elektroschock sei es ihr gelungen, unbefruchtete Mauseier zur Teilung und zum Embryowachstum bis zur Hälfte der Schwangerschaftszeit zu veranlassen.[3]

Klonzeugung durch Zellmanipulation

Wir kommen jetzt zu den zwei heute bekannten Verfahren, die eine systematische nichtsexuelle Erzeugung exakter Kopien von Menschen zur Folge haben könnten. Wobei die Reproduktion in großem Stil vollzogen werden könnte.

Bei der ersten Technik wird der Kern des Eies der Frau ersetzt. Dieser Eikern ähnelt, wie wir schon oben gesehen haben, in etwa dem Eigelb eines Hühnereies. Das das Eigelb umgebende »Eiweiß« nennt man Zytoplasma. Ebenfalls erwähnt haben wir schon, daß ein Ei vor seiner Befruchtung nur den halben Chromosomensatz besitzt. Die Vereinigung mit einem Spermium nun bringt die zweite Chromosomenhälfte, die mittels Zellteilung das Heranwachsen eines neuen Menschleins ermöglicht.

Die Klonstrategie besteht nun darin, daß man einen unvervollständigten Eikern durch den Kern einer normalen Körperzelle ersetzt. (Wir erinnern uns, daß eine Körperzelle schon einen vollständigen Chromosomensatz hat, wobei die meisten Gene mit Sonderaufgaben abgeschaltet sind.) Zu Klonzwecken läßt sich die Körperzelle fast überall aus dem weiblichen Leib entnehmen. Oder aber man entnimmt sie einem anderen Menschen – Mann oder Frau. Man holt sie sich bei der Person, die man kopieren will.

Hat man nun den Körperzellkern an die Stelle des Eikerns gesetzt, dann kann man ihm vorgaukeln, er sei ein eben befruchtetes Ei. Durch Zellteilung beginnt er dann sein Wachstum zu einem neuen Menschen. Offenbar werden nun alle abgeschalteten Gene dieser Körperzelle, die vielleicht dem Ohrläppchen entnommen wurde, durch eine chemische Reaktion im Zytoplasma des Eies angeschaltet. Die gesamten Gene werden jetzt aktiv, als sei das die natürlichste Sache der Welt!

So die Strategie. Die Durchführung freilich ist ein gewaltiges Unterfangen, jedenfalls beim Menschen.

Der erste Beweis, daß dies möglich sein könnte, wurde 1966 geliefert. Der Zellbiologe J. B. Gurdon von der Oxford-Universität in England fing an, die genannte Methode an Fröschen auszuprobieren. Mit einem winzigen Ultraviolettstrahl zerstörte er den vorhandenen Kern einer Geschlechtszelle. Dann holte er den Kern einer Körperzelle, die er dem Gedärm eines anderen Frosches oder einer Kröte derselben Gattung entnommen hatte. Diesen Kern gab er in eine winzige Hohlnadel und führte ihn dann sanft in den ausgebrannten Aufenthaltsplatz der Eizelle ein. Die Eizelle – die jetzt über einen vollständigen Chromosomensatz verfügte – reagierte, als sei sie befruchtet worden. Sie begann sich zu teilen.

Das genetische Gesamtsystem des ausgeliehenen Kerns bildete einen Embryo heraus, der sich zu einem vollständigen Frosch mit allen Merkmalen des Spenders auswuchs – nicht etwa der Mutter, die das Ei geliefert hatte. Er war ein vollkommenes Abbild des Spenders.

Gurdon experimentierte sehr lange, bis ihm diese ersten, normalen Froschklone gelangen. Aus insgesamt 707 Versuchen entstanden elf Klone.

Rund um die Welt machten sich Wissenschaftler nun an die Arbeit und versuchten diese Technik an Säugetieren. Und die Vermutung liegt nahe, daß sie sich auch an Zellen des Säugetiers versucht haben, das uns am nächsten steht: des Menschen.

Der Sprung vom Frosch zum Säugetier hat sich freilich als riesenhaft herausgestellt. Zum einen ist das Ei des Frosches sehr groß. Im Durchmesser mißt es ein Achtel Zoll. Und es läßt sich ziemlich leicht handhaben. Es besitzt etwa die fünfundsiebzigfache Größe eines Säugetiereies, das kaum ein Pünktchen groß ist. Zudem sind Säugetiereier viel zerbrechlicher, und das Anschalten des genetischen Materials in ihren Körperzellen ist erheblich komplizierter. Indessen vervollkommnen Wissenschaftler das erforderliche mikromanipulative Instrumentarium.

Die zweite Methode, die sich vor einigen Jahren als mögliche Strategie eröffnete, ergibt sich aus der in Kapitel 16 bereits erwähnten Entdeckung, daß sich Zellen verschmelzen lassen. James Watson bezeichnet die Technik der Verschmelzung von Tierzellen als »relativ einfach«. Dieses Verschmelzverfahren, so meint er, »dürfte dank weiterer Verfeinerung der Zellfusionsmethode immer mehr die routinemäßige Einführung« des Kerns einer menschlichen Körperzelle in eine menschliche Eizelle zulassen. Dies geschähe, nachdem vorher der Eikern entfernt worden wäre.

Bei der Zellfusionsmethode kommt es zu einer Vermengung von zwei Zellen zu einer, wobei vorher der Eikern entfernt worden ist. Dies geschieht, wenn man sie gemeinsam in eine Laborkultur einsetzt. Viren sorgen für den entsprechenden Stimulus, damit die Vermengung eintritt.

Während ich dies schreibe, hat bei derart fusionierten Zellen von Mäusen die Teilung eingesetzt, und sie wachsen zum Embryostadium heran. Eine Reihe der Erstversuche ist mit Defekten behaftet. Es dürfte also noch einige Zeit dauern, bevor der Menschenklon Wirklichkeit wird.

Eine Abart des Klonens bestünde darin, von einem befruchteten Ei zehn oder auch fünfzig Kopien herzustellen. Eine derartige Kopie würde nun die vereinte Erbschaft von Vater *und* Mutter enthalten, also nicht nur das von einer einzigen Person Ererbte. Nach der Empfängnis, während sich die Zellen teilen und eine kleine Kugel bilden, setzt ein paar Tage lang noch keine Zellenspezialisierung ein. Jede Zelle enthält noch die inaktivierte Anlage eines vollkommen neuen Wesens. Diese Zellen lassen sich nun von der Kugel mit nur geringem Schaden entfernen. Biologen glauben, daß es bald möglich sein sollte, derartige Zellen in verschiedene Mutterleiber einzusetzen und so eine ganze Herde identischer Zwillinge heranwachsen zu lassen. Vermutlich wird diese Möglichkeit in der Viehzucht interessanter sein als beim Menschen.

FALLS DAS KLONEN VON MENSCHEN MÖGLICH WIRD

Sollte einmal das Klonen Wirklichkeit werden, dann sieht James Watson den Tag kommen, an dem »ein wahnwitziger Run« auf das Experimentieren mit menschlichen Eiern einsetzt. Und er fügt hinzu: »Das Heranwachsen dieser ersten Menschenklone bis zum Erwachsenenalter wird ein äußerst aufsehenerregendes Ereignis darstellen.«

Wie lange würde es dauern, bis Filmgewaltige Hunderte von Faksimiles von Sexgöttinnen des Raquel-Welch-Typs bestellten?

Probleme ließen nicht auf sich warten. Wer hätte zu sagen, welche Individuen per Klonierung serienproduziert werden sollen? Bliebe dies dem Spiel von Angebot und Nachfrage überlassen? Oder nähme der Staat das für sich in Anspruch? Und wenn ja, dann gäbe es wohl auch einen schwarzen Markt. Oder würde eine nervös gewordene Welt eine Internationale Kommission für Genetikkontrolle einsetzen, die allein Klonlizenzen vergeben dürfte? So der Vorschlag des englischen Genetikers Lord Rothschild.

Und dann, was täten wir denn mit den Mißratenen, den unausweichlich entstehenden Monstren, unausweichlich jedenfalls am Anfang? Wie, wenn nur neun Zehntel der Gene tatsächlich eingeschaltet werden? Man bedenke, daß Gurdon mit seinen Fröschen im Durchschnitt nur mit jedem siebzigsten Versuch Erfolg hatte. Nun ja, er lernte ja noch.

Lederberg befürchtet, eine Klonierungspolitik stünde nicht etwa am Ende einer erschöpfenden Diskussion aller Grundsätze, bliebe vielmehr dem »Zufall der ersten gemeldeten Beispiele« überlassen. Deswegen möchte er jeden Versuch mit Menschen zurückgehalten wissen, bis die Fetalkontrolle sehr viel weiter gediehen ist.

Eine neue menschliche Ethik wäre vonnöten. Diese Neue Ethik müßte zulassen, daß Wissenschaftler während der Schwangerschaft

Versuche an latenten Menschen durchführen und der Fetus bis mindestens vierundzwanzig Stunden nach der Geburt zerstört werden darf. Andernfalls könnten wir uns einer unzulässig großen Zahl defekter Menschen gegenübersehen.

Leon Kass sagt ganz unverblümt: »Es gibt keinen ethisch zulässigen Weg, um herauszufinden, ob das Klonen von Menschen durchführbar ist oder nicht.« Sind wir reif für die Neue Ethik?

Gelänge das Klonen, dann könnte sich sehr wohl der vorhergesagte, erste »wahnwitzige« Run einstellen. Doch fürchte ich, das öffentliche Interesse würde sich genauso schnell wieder legen wie die Neugier für das Schlafwandeln, nachdem der erste Wissensdurst befriedigt war. Klonen wäre etwas für spezielle Situationen, spezielle Bedürfnisse. Kaum zwei Jahrzehnte vergingen, bevor die Enttäuschung einträte, daß die erwachsenen Klone nun doch nicht so präzise Kopien ihres Spenders geworden seien, wie man gemeint hatte, bei aller genetischen Identität. Die großen Duplizierererfolge träten wohl ein, wenn man nur eine physische Gleichheit angestrebt hat, so bei Fußballstars und busenwogenden Filmdivas. Enttäuschung stellte sich mit größerer Wahrscheinlichkeit ein bei Duplikaten von Leuten spezieller Begabung, hohen Intellekts oder ausgeprägter Persönlichkeit. Immer noch würde die Umwelt, die schon im Mutterleib beginnt, bei der Entwicklung ein gewichtiges Wort mitreden. Die Umwelt eines Kindes einschließlich seiner Lebenserfahrungen hat mit seinem Streben, seiner Charakterbildung und Gemütsverfassung mindestens soviel zu tun wie die Erblichkeit. Und mit der geistigen Entwicklung.

Der Sachbuchautor Horace Judson behandelte den Gedanken der Serienproduktion von Einsteins und bemerkte dabei humorig: »Einsteins? Aber Mathematikgenies und Violinspieler sind doch, wie wir alle wissen, Sprößlinge jüdischer Mütter – und die kriegt man nicht aus dem Topf.«

Vermutlich würde die Klonzeugung im wesentlichen mit sehr erfolgreichen Leuten durchgeführt. Wie sieht es nun aus bei Söhnen, die im Schatten sehr erfolgreicher Männer aufwachsen – gelingt es ihnen häufig, sich ein wirkliches Eigenleben in einem ganz anderen Tätigkeitsgebiet zu schaffen?

Die Klone eines Stapels wären natürlich alle gleichen Geschlechts.

Dieser oder jener Narzißt möchte vielleicht eine exakte Kopie seiner selbst wachsen sehen. Aber der Mehrzahl der Ehepaare käme die Vorstellung eines Kindes, das nur die exakte Kopie eines der beiden wäre, doch abstoßend vor. Nicht nur finden die meisten Ehepaare Gefallen an dem Gedanken der Empfängnis dank körperlicher Vereinigung, sondern sie wollen auch in dem daraus entstandenen Kind die Verkörperung ihrer Liebe erblicken.

Würde das Klonen gängige Praxis, dann wäre es nichts als ein weiterer Angriff auf die ohnehin schon schwer angeschlagene Elternschaftsaufgabe. Viele Männer würden sich kastriert fühlen. Viele Frauen hätten das Gefühl, zum Brutkasten degradiert worden zu sein. Und wie sähe es mit der Kindererziehung aus? Zum Faszinierendsten beim Aufziehen eines Kindes gehört es doch, nach Ähnlichkeiten Ausschau zu halten und mitzuerleben, wie sich Talente und eine ganze Persönlichkeit herausschälen. Beim Klonen würde sich ganz gewiß das Interesse am Ergebnis verringern. Man wüßte mehr von vornehrein, schon gar, was das Aussehen anbelangt.

Und wie stünde es mit dem Identitätsproblem eines Kindes, das nicht nur identischer Zwilling wäre – das ist schon schlimm genug –, sondern auch noch identischer Zwilling eines Elternteils? Kass meint, das könnte sich psychologisch katastrophal auswirken.

Auch als verbreitete Fortpflanzungsmethode wäre das Klonen eine glatte Katastrophe. Es wäre eine Form der Inzucht, mit der die Menschheit geradezu in die Sackgasse rasen würde. Die genetische Vielfalt würde schroff eingeengt. Gemeinhin huldigt man aber der Auffassung, gerade die Vielfalt fördere den Fortschritt des Menschen.

Die Klonzeugung von Tieren ist letzten Endes vielleicht noch der weiteren Forschung wert. Beim Menschen aber wäre es bei Abwägung aller Faktoren nicht zu rechtfertigen. Der Gefahren, der Ethik, der mageren Chancen für irgendeinen irgendwie erheblichen Gewinn für die Menschheit wegen sollten wir es ablehnen, weil es nichts ist als ein phantastisches Mätzchen.

Jede diesbezügliche Forschung sollte in jedem Land der oben vorgeschlagenen Instanz für Fortpflanzungsforschung unterstellt werden. Dabei glaube ich nicht, daß diese Instanzen die Laborforschung mit Zellmanipulationen, die zur nichtgeschlechtlichen Reproduktion führen können, kurzweg verbieten sollten. Die Zellverschmelzung z. B. kann ein wichtiges Forschungsinstrument darstellen, mit dem sich die genetische Basis von Krankheiten wie Krebs in Erfahrung bringen läßt.

Verboten sein aber sollte die Forschung mit Embryos nach dem Zeitpunkt, zu dem sie für die Einpflanzung in die Gebärmutter reif sind. Ein solches Verbot sollte meines Erachtens unbefristet sein. Ich weiß freilich, daß die Welt der Wissenschaft gewaltigen Druck für den Klonversuch ausüben wird. Wissenschaftliche Neugier ist eine machtvolle – und gewöhnlich höchst verdienstvolle – Triebkraft des Fortschritts. Und die Erörterung des Forscherehrgeizes würde sich in den Medien breitmachen und die Neugierde der Öffentlichkeit wecken.

Entsteht ein solcher Druck, dann sollte dennoch das Verbot weitergelten, jedenfalls so lange, bis eine ganze Reihe von Primaten erfolgreich klongezeugt worden ist. Unter erfolgreich verstehe ich dabei eine Sterblichkeits- und Anomalierate, die nicht erheblich über der der sexuellen Fortpflanzung liegt. Damit ließe sich die Entscheidung über das Klonen mindestens ein Dutzend Jahre verschieben. Wahrscheinlich noch länger. Und wird dann entschieden, daß der Mensch klongezeugt werden darf, dann sollte es immer noch experimentell bleiben. Es sollte absolut der Verfügungsgewalt der genannten Instanzen unterliegen, so wie die nationale Raumfahrtbehörde die bemannten Landungen auf dem Mond alleine bestimmte. Für das Klonexperiment müßten die ärztliche Ethik und die Gesetzgebung konkret ergänzt werden, damit ernsthaft defekte Klone beseitigt werden können, die sich erst nach der Geburt herausstellen.

War der Versuch ein dutzendmal nacheinander erfolgreich, dann könnte man als nächstes Ziel setzen, sechs Klonsätze herzustellen. Jeder Satz könnte aus sechs Individuen bestehen. Sobald diese sechs Sätze geschaffen, beobachtet und getestet sind, sollte das Vorhaben beendet werden, so wie das Apollo-Projekt nach sechs bemannten Mondlandungen beendet wurde. In den Jahren seit der letzten Landung ist das Interesse der Öffentlichkeit an der Entsendung weiterer Mondwanderer schroff gesunken. Und ich vermute, daß das Interesse der Öffentlichkeit am Bau weiterer Klonkolonien genauso schroff abfallen würde.

Ganz allgemein ist das Klonen eine Evolutionsstörung, die die Menschheit ganz und gar nicht braucht und auch nicht wollen sollte. Was aus den Klonen im weiteren Wachstum geschieht, könnte eine Zeitlang mit eben der Neugierde beobachtet werden, die die Dionne-Fünflinge in den ersten Jahren genossen. Das erfolgreiche Aufziehen der Fünflinge hat aber ja nun keineswegs eine Grundwelle des Bedürfnisses an weiteren Fünflingen ausgelöst.

Nach amtlicher Beendigung des Klonexperiments würde nicht weiter geklont, es sei denn, die Instanz mache auf begründeten Antrag aus einem außergewöhnlich triftigen Grund eine Ausnahme.

20
Arbeit an Tier-Menschen und Computer-Menschen

> Dürfen wir Manipulationen zulassen, die den Abstand zwischen Tier und Mensch verwischen?
> – Gerald Leach, Autor des Buches »Die Biokraten«

Wir wenden uns jetzt zwei besonders ausgefallenen Methoden der Veränderung des Menschen zu. Bei ihnen soll der Mensch in unterschiedlichem Umfang körperlich mit Tieren und Computern verbunden werden.

Ich mache hier keineswegs in Science-fiction, sondern spreche ausschließlich von Laborentwicklungen und den Aussagen angesehener Wissenschaftler.

Science, die Zeitschrift der Amerikanischen Vereinigung zur Förderung der Wissenschaften, brachte neulich einen Artikel mit der Überschrift »Ein Computer unter Ihrem Hut«.[1] Er beruhte auf einem Bericht an die Jahresversammlung dieser Vereinigung von 1976. Und was Mensch-Tier-Mischungen anbelangt, so gibt es sie heute schon als ganz winzige Lebewesen in vielen Laboratorien. Joshua Lederberg bemerkt, es gebe »ein enormes wissenschaftliches Interesse an Organismen, die durch Fragmente des menschlichen Chromosomensatzes überhöht sind«.

Ein Mischling aus Mensch und Tier wird oft als Chimära bezeichnet. In der griechischen Mythologie war eine Chimära ein Ungeheuer mit Löwenkopf, Ziegenleib und Schlangenschweif. Es spie Feuer. In der modernen Biologie ist eine Chimära jede lebende Struktur, in der Chromosomen verschiedener Arten kombiniert sind. Gewöhnlich zählt dazu auch eine menschliche Komponente.

Die biologisch-wissenschaftliche Chimära speit zwar kein Feuer, aber sie entzündet die Phantasie. Ganz besonders ist das der Fall, wenn der Mensch-Tier-Mischling als subhumanes Wesen bezeichnet wird.

Seine Schöpfung wurde – wie jene des künstlich befruchteten Embryos und des Klon – mit der Entwicklung der neuen Methoden möglich, mit denen man winzige Bruchstücke Leben unter einem Mikroskop handhaben kann. Handhabungen, bei denen eine Stetigkeit der Bewegung notwendig ist, wie sie die menschliche Hand nicht darzustellen vermag, werden gewöhnlich mit Hilfe elektrisch angetriebener Mikromanipulatoren vorgenommen.

Warum nun soll, so mögen Sie fragen, jemand Elemente des Menschen, jener Krone der Schöpfung, mit denen niedriger Tiere vermischen wollen?

Nun, da gibt es den unwiderstehlichen Wissensdurst der Wissenschaft. Könnten Primaten noch gescheiter werden, wenn man ihre Chromosomen mit menschlichen mixt? Schon heute sind Mischzellen von echtem Nutzen als Tracer bei der Untersuchung genetischer Defekte und der Frühstadien der menschlichen Entwicklung.

Manche Wissenschaftler sind der Auffassung, beide – Mensch und Tier – könnten davon profitieren, wenn erwünschte Eigenschaften vereint würden. James Nagle nennt als theoretisches Beispiel, daß eine bestimmte Lebereigenschaft, die man bei Tieren vorfindet, die menschliche Leberfunktion verbessern könnte. Gewisse Elemente der menschlichen Körperchemie könnten dem einen oder anderen Haustier zu größerer Tüchtigkeit oder längerer Produktivität verhelfen. Generell geht man davon aus, jedes Wesen könnte mit Hilfe des anderen der Vollkommenheit zustreben.

Nun können Wissenschaftler heute Mensch-Tier-Kombinationen so lange fast ungehindert erforschen, als sie von der Erzeugung von Submenschen die Finger lassen. Jedes von Menschenhand geschaffene Geschöpf, das wie ein Mensch aussähe oder sich verhielte, würde dagegen vermutlich einen Schrei der Entrüstung hervorrufen. Aber man spekuliert darauf, daß sich die Leute nach und nach an solche Wesen gewöhnen würden.

Ein von der Forschungsorganisation Rand Corporation zusammengerufener erlesener Kreis von Wissenschaftlern schätzte, daß die Routineherstellung spezialisierter menschlicher Mutanten um das Jahr 2025 einsetzen könnte. Das würden viele von uns also noch erleben. Derartige »Paramenschen« ließen sich so konstruieren, daß sie eine Vielzahl von Funktionen ausüben könnten. Sie könnten den

Platz der Abfallbeseitiger und Knechtarbeiter einnehmen, die heute in der westlichen Welt immer schwerer zu bekommen sind. Man könnte sie auch in festen Gehegen halten als Organlieferanten für Transplantationen. Wenn wir dazu übergehen, Tiere für die Schwangerschaft als Mutterersatz zu verwenden, wie wir in einem früheren Kapitel gesehen haben, dann könnten diese Tiere mit menschlichen Zusätzen in ihrer Funktion verbessert werden. Mensch-Tier-Mischungen könnten eine Körperchemie bekommen, die der normalen Schwangerschaft im menschlichen Mutterleib verwandter wäre.

Die Technik der Vermengung verschiedener Lebewesen einschließlich des Menschen befindet sich noch weitgehend im Reagenzglasstadium. Während ich diese Zeilen schreibe, sind u. a. folgende Leistungen in der Literatur vermeldet worden:

— Die Zellen von Menschen und von Mäusen sind, wie bereits erwähnt, mit Hilfe des Sendaivirus verschmolzen worden. Die von der Maus stammenden Kerne überholen dabei meist die menschlichen, weil sie schneller reifen. Es gibt aber auch Fälle, in denen sich der menschliche Kern durchgesetzt hat, allerdings nur, weil der Mauszellkern vorher entfernt wurde.[2] Im Bereich der Pflanzen sind mit Hilfe der Zellfusion entstandene Kreuzungen bis zur vollen Reife herangewachsen.
— In einer Reihe von Fällen sind die Körperzellen von Menschen und Affen gemeinsam in Zellkulturen aufgewachsen.
— Menschliche Zellen sind mit den Chromosomen einer großen Zahl weiterer Tiersorten kombiniert worden.[3]
— An der Erasmus-Universität in Rotterdam ist auf einer Zeitraffer-Fotoserie zu sehen, wie sich die Frühembryos einer Maus und einer Ratte zu einem großen, kugelförmigen Keimbläschen (jungen Embryo) vereinigen.[4]
— In die Unterleibswände von Mäusen sind winzige Fetussen entnommene menschliche Organe – Lungen, Nieren, Hoden, Eierstöcke und Bauchspeicheldrüse – eingeführt worden und haben sich größenmäßig vervierfacht. Dies geschah am Pathologischen Anatomie-Institut in Kopenhagen.[5]
— Der Biologe Jean Rostand zitiert Arbeiten, bei denen menschliches Gewebe einem Affen eingesetzt wurde.[6]

Offensichtlich ist noch ein Stück Weges zurückzulegen, bis die Vorhersagen angesehener Wissenschaftler eintreten, daß man lebende Exemplare echter Mensch-Tier-Kreuzungen schaffen werde. Ein beträchtliches Stück liegt anscheinend noch vor uns bis zum Esel mit erkennbar menschlichem Gesichtsausdruck. Und weit ist es noch hin bis zum Affenmenschen, der sieben Stunden am Tag am Fließband stehen und eine Schraube anziehen kann.

Wenn es in der nächsten Generation den also schöpfungsbegeisterten Wissenschaftlern gelungen sein wird, tatsächlich Mensch-Affen-Kreuzungen zu bauen, wie werden wir diese dann behandeln? Haben sie Anspruch auf denselben Rechtsschutz wie jeder von uns? Oder werden wir sie behandeln, wie in mancher Gesellschaft die Sklaven behandelt worden sind, nämlich als minderwertig? In Zaïre fällt es beispielsweise gewissen Afrikanern schwer, sich zu der amtlichen Version zu bequemen, die Pygmäen Zaïres seien vollwertige Menschen.

Gerald Leach hat das Dilemma, vor das wir uns möglicherweise gestellt sehen werden, kurz und bündig so beschrieben: »Wird eine Mensch-Tier-Kreuzung erzeugt, dann werden wir sie in einem Zoo oder Labor unterbringen, nicht bei uns zu Hause, und wir werden dafür zahlen, daß wir sie ansehen und uns von ihr außer Fassung bringen lassen dürfen. Vielleicht aber... verlören wir die Fassung mehr, als wir ertragen könnten. Die Biologen, die auf diesem Gebiet arbeiten, sollten vielleicht einmal die Minotaurus-Sage überdenken, die Sage von jenem Stiermenschen, der in ein Labyrinth eingesperrt werden mußte, weil sein grausiger Anblick unerträglich war.«

Ein großer Teil dieser Fassungs- und Ratlosigkeit könnte entstehen, wenn wir zu entscheiden hätten, was denn nun eigentlich »menschlich« sei. Wir meinen das zwar zu wissen, aber wissen wir es denn? Manche menschliche Einbildung könnte bis in die Grundfesten erschüttert werden. Wo fängt das Menschsein an, und wo hört es auf? Welche Merkmale machen den Menschen als Gattung einmalig auf diesem Planeten? Man bedenke: Die Spannweite des Menschen reicht vom unzivilisierten Dschungelbewohner bis zum Atomwissenschaftler. Aus einer Reihe veröffentlichter Listen habe ich ein paar Wesenszüge ausgesucht, von denen es heißt, sie seien ausschließlich dem Menschen vorbehalten und unterschieden ihn von allen anderen Wesen.

Der Mensch ist das einzige Wesen, das eine Gehirnkapazität von mehr als 800 Kubikzentimetern besitzt. Diese überlegene Gehirnkapazität, so heißt es, sei die Erklärung für des Menschen Geist und Weisheit. Das stimmt aber nicht. Viele Delphine haben größere Hirne als viele Menschen und scheinen bemerkenswert schnell zu lernen. John Lilly – Gründer der Stiftung »Mensch und Delphin« in den Vereinigten Staaten und langjähriger Erforscher des Delphinverhaltens – behauptet, großhirnige Delphine seien »so intelligent wie Menschen«, äußerten ihre Intelligenz jedoch notgedrungen auf andere Art. Innerhalb ihrer eigenen Gesellschaft, so sagt er, seien sie »intelligenter als Menschen«. Lilly stellt fest, sie besäßen untereinander und gegenüber anderen Arten (einschließlich dem Menschen) eine Philosophie, eine Ethik und eine soziale Empfindsamkeit, die »wir vielleicht in tausend Jahren nicht erreichen«!

Der Mensch ist das einzige Wesen, das langfristige Pläne macht. Und wie steht es mit den Eichhörnchen, die Nüsse für den Winter sammeln? Na, was denn, die sind eben stärker vom Instinkt getrieben als der Mensch. Und wie verkraften wir die Tatsache, daß Milliarden Menschen nur in den Tag hineinzuleben scheinen?

Der Mensch ist das einzige vernunftbegabte Wesen. Hierunter versteht man die Fähigkeit, Probleme zu analysieren und systematisch zu durchdenken. Und wie steht es mit dem Waschbären, der den Ausweg aus den kompliziertesten Labyrinthkäfigen findet, die sich Psychologen einfallen lassen? Waschbären haben aus Käfigen herausgefunden, deren Bewältigung eine Meisterschaft in sieben verschiedenen, präzisen Aktionsarten voraussetzten. Nichts als Instinkt? Oder wie mit den Ratten, die bei der Lösung von Labyrinthproblemen Hochschulstudenten überlegen waren? Gleich gerissenen, ehrgeizigen Maklern scheinen Ratten eine ausgeprägte Labyrinth-Intelligenz zu besitzen, weil sie einen Großteil ihres Lebens daran knobeln, wie sie am besten zum Käse gelangen.

Und was ist mit den Bibern, die ganz bestimmte Baumarten fällen, zerlegen und über ein paar hundert Meter zum nächsten Bach oder Fluß schleppen? Über reißende Strömungen müssen sie Herr werden, damit die Zweige genau in die Lage kommen, in der sie sie für den Dammbau brauchen. Manche Biberdämme sind fünf Meter breit, manche über achtzig Meter. Von bloßer Nullachtfünfzehnarbeit kann hier wohl keine Rede sein. Und dabei ist es gar nicht der Damm selbst, der den Biber interessiert. Er baut ihn als langfristiges Vorhaben, damit der Wasserspiegel steigt. Der muß nämlich so hoch ansteigen, daß die Biber dahinter sichere, mit Wassergräben geschützte Zufluchten bauen können. Nichts als programmiertes Verhalten? Vielleicht, aber doch ein Verhalten, das eine Vielzahl Entscheidungen verlangt.

Der Mensch ist das einzige Wesen, das Werkzeuge herstellen und benutzen kann. Auch Schimpansen sind in gewissem Maße zu beidem befähigt. Sie brechen Zweige der passenden Größe ab und verwenden sie als Werkzeug oder Waffe. Sie bewerfen Feinde mit Steinen. Sie können Boden wischen, Nägel einschlagen, Minifahrzeuge über Hunderte von Metern genau ins Ziel steuern.

Der Mensch ist das einzige Wesen mit Zeitbegriff. Lachhaft. Zu jeder Jahreszeit weiß mein Hund genau, wann 15.45 Uhr ist. Da gibt's was zu fressen. Und wenn wir uns nur um zehn Minuten verspäten, kriegt er einen halben Anfall. Wie aber sieht es damit beim Menschen aus? In westlichen Augen scheinen sich viele Völker der Welt überhaupt an keine Zeit zu kehren, und man kann sich überhaupt nicht darauf verlassen, daß sie »zur Zeit« eintreffen. Ihre Bemühungen, sich westliche Lebensart anzueignen, schlagen sich symbolisch in der Armbanduhr nieder.

Der Mensch ist das einzige Wesen, das Symbole verwendet. Nun, Schimpansen haben vielleicht Symbole nicht gerade erfunden, aber verwenden können sie sie allemal. Das System der Symbolgutschriften, das Verhaltenspsychologen zur Motivierung von Menschen entwickelt haben, ist eine Ableitung von Symbolsystemen, die Tierforscher in den vierziger Jahren erfanden. Schimpansen begreifen sehr schnell, daß sich zehn Chips, die man für ein paar Stunden harter Arbeit bekommt, für eine Traube einhandeln lassen.

Der Mensch ist das einzige Wesen, das innerhalb seiner Art kommunizieren kann. Delphine scheinen über ein raffiniertes Kommunikationssystem zu verfügen, das auf Tönen beruht. Und inzwischen ist entdeckt worden, daß Schimpansen lernen können, sich mit Menschen mit Hilfe der Zeichensprache von Taubstummen zu unterhalten. Dazu lernen sie Hunderte menschlicher Worte oder Wortsymbole. Die Zeichensprache ist lediglich notwendig, weil Schimpansen kein menschliches Stimmorgan haben und deshalb die erlernten Wörter nicht aussprechen können. Ein Gorillaweibchen an der Stanford-Universität besitzt ein Zeichensprachenvokabular von dreihundert Wörtern.

Der Mensch ist das einzige Wesen mit Verantwortungsgefühl. Welch bauchnabelbestarrender Blödsinn! Wie ist es denn mit der Elchkuh, dem Schrecken der Wanderer in den Gehölzen des Nordens, solange sie ihr Kalb hütet? Und wie mit dem wachsamen Schäferhund?

Der Mensch ist das einzige Ich-bewußte Wesen. Darin allerdings ist der Mensch ganz groß. In jüngster Zeit erleben wir geradezu eine Bewußtseinsorgie. Ratgeber zum Selbstverständnis und Autobiographien voller Methoden der Selbstprüfung stehen seit Jahren zu Dutzenden auf der Sachbuchseite der Bestsellerlisten. Aber daß nur der Mensch Bewußtsein besitze, können wir doch eigentlich nicht behaupten. Alternde Elefanten jedenfalls zeigen, daß sie sich des herannahenden Todes bewußt sind. Sie legen meilenweite Märsche zurück, damit sie zur rechten Zeit in der Nähe eines Elefantenfriedhofes sind.

Der Mensch besitzt als einziges Wesen die Gabe der Vorstellung. Im Gegensatz zum Tier können sich Männer und Frauen ein gedankliches Bild von etwas machen, was nicht gegenwärtig ist oder nie in der Wirklichkeit persönlich erfahren wurde. Vielleicht trifft das zu. Wir wissen nur zu wenig, was sich im Gemüt intelligenter Tiere – oder auch vieler primitiver Menschen – abspielt.

Mit der Behauptung, der Mensch sei das einzige Wesen, das eine Seele habe, werde ich mich nicht beschäftigen, denn die Existenz der Seele ist sogar unter Menschen heiß umstritten.

Ein paar Dinge können heute noch als sicher einzigartig dem Menschen zugehörend bezeichnet werden. So ist er das einzige Wesen, das heute noch deutlich wie ein Mensch aussieht. Er ist als einziges Säugetier voll als Zweibeiner ausgebildet und besitzt einen Daumen, der sich wirksam einschließen läßt. Er ist das einzige Tier, das gewöhnlich Kleider trägt anstatt Haare, Federn, Schuppen, lederähnlicher Haut oder eines Schutzpanzers. Er hat eine einzigartige Chromosomenstruktur aus sechsundvierzig Chromosomen. Doch auch hier verweist uns Joshua Lederberg auf die Tatsache, »nur ein kleiner Vomhundertsatz« der gesamten genetischen Einheiten in einem menschlichen Ei »unterscheide den Menschen vom Affen«. Zwar gibt es eine reale Trenngrenze zwischen primitiven Menschen und den angrenzenden Affen, aber sehr eindrucksvoll ist sie keineswegs immer.

Auf viel sichererem Boden bewegen wir uns, wenn wir den Menschen danach bestimmen, was *einige* Vertreter seiner Gattung tun *können.* Es gibt Menschen, die Symphonien komponieren, Taschenrechner erfinden, Gedichte schreiben, Wandgemälde malen, Raumschiffe lenken, neunstöckige Torten backen, Wolkenkratzer konstruieren, die nicht einstürzen, und trägerlose Abendkleider erfinden, die ebenfalls nicht herunterfallen.

Und vor allem: Es gibt ein paar wundervolle Menschen, die tief drin sich um ihre Mitmenschen sorgen können und in hingebungsvoller Selbstverleugnung an der Verbesserung der Lebensumstände unserer Gattung arbeiten. Das ist wirklich eine zutiefst menschliche Fähigkeit.

Mir geht es nur darum, zu verdeutlichen, daß mit der Entwicklung von Chimären das Gefühl für die Würde und Einmaligkeit des Menschen weiter unterhöhlt werden kann. Dieser Erosionsprozeß, der mit den Entdeckungen des Kopernikus begann, setzt sich über Darwin und Freud bis zu den neuesten Erkenntnissen oder Vorschlägen eines B. F. Skinner und Joshua Lederberg fort. Werden wir mit unseren genialischen Manipulationen die Erosion noch weitertreiben, indem wir subhumane Chimären nur deshalb schaffen, weil das wahrscheinlich möglich sein wird?

Nagle geht – wie ich meine, zu Recht – davon aus, echte Submenschen mit sichtbar menschlichen Merkmalen würden moralische und ethische Fragen gewaltiger Dimension aufwerfen.

Es sieht so aus, als müßten wir uns darauf gefaßt machen, daß immer mehr Chimären mit einer menschlichen Komponente geschaffen werden. Manche könnten die Körpergröße eines Menschen haben. Ein weiterer Grund, warum alle modernen Nationen dringend eine Instanz zur Überwachung der menschlichen Fortpflanzungsforschung einrichten müssen. Die einzig denkbare Rechtfertigung für die Schaffung von Submenschen ist für mich die medizinische Forschung und die Organverpflanzung. Submenschen sollten niemals die öffentliche Bühne des Menschseins betreten.

Gleich werden wir uns dem Fortschritt der medizinischen Technologen bei der Mechanisierung des Menschenleibs zuwenden. Hier möchte ich mich aber noch mit einer Entwicklung beschäftigen, die so phantastisch ist, daß sie – wie die Chimära – die menschliche Identität von Grund auf verändern könnte. Ich spreche von Plänen, das lebende Menschenhirn mit dem von Menschenhand gebauten Computer zu vermählen. Dies ist etwas ganz anderes als etwa der Bau eines Roboters, der geht, sich erhebt und (zur Dekoration) einen Metallkopf mit vage menschlichen Zügen aufweist; gemeint sind auch nicht die Roboterarme, die den Menschenarm verlängern. Es ist auch etwas ganz anderes als der gutaussehende Mann in der Fernsehreihe »Der Sechs-Millionen-Dollar-Mensch«. Diese Romanfigur war dazu geschaffen – wie, das blieb ziemlich vage –, übermenschliche Kraftleistungen zu vollbringen. Es ist auch etwas ganz anderes als das weibliche Gegenstück in dem Fernsehwunderstreifen »Das bionische Weib«.

Der Menschcomputer ist, kurz gesagt, die Modifizierung und Erweiterung des Gehirns durch den Computer. Der Denkprozeß läßt sich elektronisch vom Computer leichter ablesen als elektronisch einspeichern. Manche Computerverbindungen mit dem Gehirn werden weniger furchterregend sein als andere. Schon wird, wie wir vorher sahen, ein kleiner Computer fertigentwickelt, der anomale Gehirnströme erkennen kann. Er läßt sich innerhalb des Kopfes anbringen. Erkennt er eine Anomalie, dann veranlaßt er eine Reaktion, die die Gehirnströme wieder ins Gleichgewicht bringt.

Gedankenlesen, sozusagen

Mit einem Computer, der Gehirnstrommuster aufzeichnet, kann man *im voraus* wissen, wie jemand auf eine Frage oder ein Problem reagieren wird, und man kann dementsprechend etwas unternehmen. John Hanley vom Gehirnforschungsinstitut der Universität von Kalifornien in Los Angeles hat festgestellt, daß solches Gedankenlesen bei Schimpansen möglich ist. Einem Schimpansen namens Jerry wurde ein Schreibspiel beigebracht, bei dem der eine Spieler in Kästchen einer kreuzförmigen Figur drei Kreuze in einer Linie einzeichnen muß, was der Gegenspieler durch Einzeichnen von Nullen zu verhindern sucht (Menschen schaffen dieses Spiel in der Regel erst nach dem vierten oder fünften Lebensjahr). Nachdem Jerry das Spiel begriffen hatte, pflanzte Hanleys Team ihm Elektroden ins Gehirn. Damit wurden die Gehirnströme aufgezeichnet, während sich Jerry zum nächsten Schritt entschloß. Das Team begrenzte seine Beobachtung jeweils nur auf die Zeit, in der er mit dem nächsten Spielschritt eine Gewinnchance hatte. Zur großen Überraschung und Freude stellte es fest, daß es mindestens fünfzehn Sekunden vor dem nächsten Spielschritt vorhersagen konnte, ob dieser richtig oder falsch sein würde. Die Voraussagen stimmten zu 99 v. H.![7]

Das Gehirnstrommuster Jerrys wies in allen Aspekten höhere Aktivität auf, wenn er dabei war, einen Fehler zu machen. Selbst wenn man die Gehirnstromaufzeichner an der Außenseite von Jerrys Skalp anbrachte, waren die Voraussagen noch zu 70 v. H. richtig. Mit empfindlicheren Instrumenten dürfte sich die Treffrate noch verbessern lassen. Hanley vermutete, daß Jerrys Gehirn in einem bestimmten Zustand sein müsse, damit er den richtigen Spielschritt machte.

Diese Arbeiten Hanleys haben zu Spekulationen Anlaß gegeben, die Piloten der Zukunft sollten Gehirnstromvorrichtungen tragen, die ein Klingelzeichen auslösen, wenn sich das Gehirn des Piloten nicht im geeigneten Zustand für die Durchführung eines kritischen Manövers befände. Wie oft haben wir lesen müssen, ein Unfall sei auf »menschliches Versagen des Piloten« zurückzuführen.

Zum anderen wird angeregt, Schüler an Lernmaschinen könnten Gehirnstrommesser tragen. Damit erhielte das Gerät eine zehnsekündige Vorwarnung, wenn der Schüler gleich mit der falschen Antwort käme. In dieser Zeit könnte ein blitzschnell arbeitender Computer die gestellte Frage ohne weiteres umformulieren oder auf eine etwas einfachere Frage umschalten.[8] Dies wiederum gäbe dem Schüler ein euphorisches Intelligenzgefühl und würde ihn vielleicht zu besonderem Eifer anspornen.

Lawrence R. Pinneo, ein achtundvierzigjähriger Neurophysiologe mit buschigem weißem Bart am Stanford-Forschungs-Institut hatte sich seit Jahren danach gesehnt, so schnell schreiben wie denken zu können. Wäre das möglich, indem er in einen Computer hineindächte? Immerhin eine Idee! Er kann zwar immer noch nicht so schnell schreiben, wie er denkt, aber nach einem zweijährigen Experiment hat er den Nachweis erbracht, daß man in einen Computer hineindenken kann und daß die Weisungen, die man denkt, den Computer zur Ingangsetzung und Bewegung ferngesteuerter Kameras und dergleichen veranlassen können. Kurzum, die Maschinen gehorchen den bloß gedachten Anweisungen.

Pinneo ging aus von der Theorie des motorischen Gedankens. Danach ist Wortdenken nichts anderes als ein subvokales Sprechen.

An einer Reihe von Versuchspersonen befestigte er nun Elektroden am Kopf in der Nähe der Region, in der das Sprechen seinen Ursprung hat. Auf Kommando mußten sie ein bestimmtes Wort denken, z. B. »Schulkind« oder »Start« oder »links«. Dieses Wort mußten sie gedanklich zehnmal wiederholen. Dieses ganze Wortdenken wurde von einem Computer registriert. Er errechnete für jedes Wort ein Durchschnittserkennungsmuster. Pinneo baute nun ein Vokabular aus fünfzehn ungesprochenen englischen Worten auf, die der Computer erkennen konnte. Dann trainierte er den Computer darauf, tatsächlich gesprochene Worte (offene Rede) ebenso zu erkennen wie Denkworte (verdeckte Rede). In den Wortmustern, die der Computer abspeicherte, ähnelten sich die beiden sehr.

Bei seinen Pionierversuchen gelang es ihm in über der Hälfte der Fälle, Denkworte richtig in den Computer einzugeben. Bei einigen Vorhaben lag die Erfolgsrate sogar bei 70 v. H. Mit gesprochenen Worten hatte er hundertprozentigen Erfolg.

In seinem Vorausbericht sagte Pinneo: »Wir gelangen zu dem Schluß, daß ein Mensch lediglich unter Benutzung biologischer Information verbal – sowohl offen als auch verdeckt – mit hoher Genauigkeit und Zuverlässigkeit mit dem Computer verkehren kann, jedenfalls bei einem kleinen Vokabular.«[9]

Als Übung in wissenschaftlicher Vielseitigkeit ist das ja interessant. Wie aber sähe die praktische Anwendung aus, wenn man einmal annimmt, daß sich eine hundertprozentige Genauigkeit ergäbe bei einem viel größeren Vokabular von Worten, die nur gedacht und nicht ausgesprochen werden? Was das sicht- bzw. hörbare Aufzeichnen von Gedanken anbelangt, dürfte kaum noch etwas die Leistung von Tonbandgerät und Schreibmaschine übertreffen können. Man könnte natürlich die Zahl der Leute verringern, die man bei Film und Fernsehen zur Bedienung der Kameras und Scheinwerfer benötigt. Was aber könnte dieses Verfahren bei der Ingangsetzung und Steuerung von Maschinen und Gerät leisten, was nicht ohnehin schon per Knopfdruck von einem Steuerpult aus geschieht? Es gibt Spekulationen, man könnte Autos oder Flugzeuge einfach mittels gedanklicher Steuerung lenken. Ich würde mich trotzdem wohler fühlen, wenn jemand noch seine Hand am Steuer(knüppel) hätte.

Die praktischste Verwendung läge vielleicht noch in Zwangssituationen. Kassierer, die sich von Bankräubern sagen lassen müssen, sie sollten keine Bewegung machen, könnten das Wort denken, das den Alarm auslöst. Ein Chef, der einen geschwätzigen Besucher loswerden möchte – und den versteckten Knopf nicht erreichen kann –, könnte gedanklich seine Sekretärin hereinrufen. Sie würde das Signal als Aufforderung empfinden, den Chef an die nächste Verabredung zu erinnern.

Denkerziehung durch die Maschine

Man kann auch Indoktrinierung sagen. Läßt sich das Pinneo-Verfahren eines Tages vielleicht umkehren? Dieselben elektro-physiologischen Signale, die in Gedanken die Worte bilden, ließen sich vielleicht einem Computer einprogrammieren und von dort aus ins Denken zurückgeben. Der Worte gibt es zwar Hunderttausende, sie alle aber lassen sich in ein paar Dutzend Lauteinheiten aufteilen.

Das Gedächtnis scheint elektrisch erworben zu werden, auch wenn die Abspeicherung auf chemischem Wege erfolgt. Wäre ein automatisches Lernen ohne bewußte Beteiligung möglich, indem man Signale bestimmten Nervenrohrstrukturen zuführt? Pinneo hat mindestens die Spekulation aufgestellt, man könne durch kybernetische Kommunikation dem Kind zu einem leichteren Lernprozeß verhelfen.

Man stelle sich einmal die Bildungsrevolution vor, wenn Schüler ohne die gewaltige Mühe des Studierens lernen könnten! Kenner sprechen schon davon, computergesteuerte Geräte könnten unserem Hirn Informationen in Stunden einprägen, zu deren hergebrachtem Erlernen wir noch Tage und Wochen brauchen. Wilde Zukunftsphantasie?

Natürlich könnten dabei noch mehr Fritzchens herauskommen, als wir ohnehin schon haben, die nach zwölf oder noch mehr Jahren Schule keine zwei zusammenhängende Sätze schreiben können. Der korrekte und klare schriftliche Ausdruck ist alles andere als ein reines Gedächtnistraining. Überall in der Welt setzt es die Selbstdisziplin voraus, klar zu denken. Schreiben heißt nicht nur die eigenen Gedanken ausdrücken, sondern sie erst einmal klar und sauber denken.

Der Computer als Teil des Gehirns

Wie schon anfangs dieses Kapitels erwähnt, hat die Amerikanische Vereinigung zur Förderung der Wissenschaften eine Sitzung ihrer Jahresversammlung von 1976 der Möglichkeit der Einpflanzung eines gedächtnisstärkenden Computers ins Gehirn gewidmet. Diese Veranstaltung wurde als faszinierend bezeichnet. Ein Kompaktcomputer würde als Treibsatz für das menschliche Gehirn dienen. Er wäre auf die elektrochemische Sprache des Gehirns justiert und könnte Informationen sowohl empfangen als auch senden.

So, wie die ganze Sache konzipiert ist, würde sie dem Denkapparat zu schnellerem Funktionieren verhelfen und die Fähigkeit des Gehirns für zuverlässige Gedächtnisspeicherung beträchtlich erhöhen.

In Gang gesetzt wurde die Diskussion durch Adam V. Reed, einen jungen Psychologen der Rockefeller-Universität. Er hat an einem ersten Schritt in Richtung auf diese hochdramatische Neuerung gearbeitet. Dieser erste Schritt besteht in der Entzifferung der gehirneigenen Sprache. Anscheinend ergeben sich aus Tieruntersuchungen die ersten Anhaltspunkte für die Neuralkodierung und die Muster, mit denen das Gehirn Informationen verarbeitet.

Das Ziel bestünde nach Reeds Worten in einer Verbindung von Denkapparat und Computer, mit der »die Information sofort in Ihrem Gehirn vorhanden ist, sobald Sie auch nur denken, daß Sie etwas Bestimmtes wissen wollen«. Der Computer im Kopf würde zum natürlichen Bestandteil des Gehirns einer Person. Physisch, so meint er, sei es notwendig, den Anschluß an die natürlichen Neuronen sowohl für die Ein- wie für die Ausgabe herzustellen, ohne deren normalen Betriebsablauf zu stören.

Er räumt ein, daß die Erreichung eines solchen Gehirntreibsatzes noch etwas Zeit braucht. Er meinte, das ließe sich vielleicht in fünfzig Jahren machen, also noch während der Lebensspanne von Millionen, die heute in der westlichen Welt leben. Fünf riesige Probleme müssen dazu bewältigt werden:

1. Man muß die ohnehin schon erstaunliche Miniaturisierung der Dünndrahtelektroden noch mindestens um das Zehnfache verfeinern.
2. Man muß noch ungeheuer viel darüber in Erfahrung bringen, wie sich computerisierte Informationen dem Gehirn zuführen lassen.
3. Man muß die Neuronen im Gehirn orten, die sich am besten für den Anschluß von Elektroden eignen.
4. Man muß die gehirneigene Sprache so in Erfahrung bringen, daß sie sich im Computer nutzen läßt.
5. Man muß das Geheimnis, wie Informationen als Gedächtnis abgespeichert und später wieder abgerufen werden, bis ins letzte Detail lüften.

Keiner der anwesenden Wissenschaftler begehrte unwillig gegen die Durchführbarkeit von Reeds Ideen auf. Der eine oder andere äußerte sich skeptisch oder meinte, bis zu einem solchen Computeranschluß werde es noch sehr lange hin sein. Der Computerfachmann McCarthy von der Standford-Universität dagegen sagte: »Wenn dies voll und ganz gelingt, dann stellt es einen kompletten Evolutionssprung unserer Art dar.«

Der Gedanke schien ihm zu gefallen, denn er fuhr fort: »Grundsätzlich jedenfalls gehört das zu den Dingen, die sich nicht unterdrücken lassen.«

Reed wurde gefragt, welchen Mißbrauch eine solche Vermählung von Denkapparat und Computer in einem totalitären Staat ermöglichen könnte. Ließe sie die Gedankensteuerung, Indoktrinierung, vielleicht sogar die Gedächtnisanzapfung zu? Reed schob diese Vermutungen – wie ich meine, ziemlich naiv – mit der Bemerkung beiseite: »Diejenigen, die auf diesem Gebiet tätig wären, würden dann einfach die Verfügbarkeit dieser Technik sperren.« Nun mögen Wissenschaftler unter Stalin und Hitler sehr unglücklich gewesen sein und auch mit ihren Entdeckungen möglichst lange hinterm Berg gehalten haben, aber die meisten »sperrten nicht einfach« ihr Knowhow in Atomenergie, Raketenbau, Mithörvorrichtungen und Gehirnwäsche. Sie versuchten, sich mit dem Regime zu akkommodieren. Die einen unterlagen der Zuchthausdrohung, anderen erschien die Versuchung bevorzugter Behandlung unwiderstehlich.

Andererseits würde sich vermutlich auch unter einem Diktator keine ganze Volksmasse mit einem Generalprogramm der Einbringung von Computern in alle Köpfe abfinden. Mit ziemlicher Sicherheit würden die Leute es nur dann zulassen, wenn damit das Versprechen verbunden würde, ihr Gehirn erhalte damit große Vorteile.

Reed meinte, ein Gehirn-Computer-Anschluß wäre »eine großartige Sache, solange der Betreffende das Ganze in seiner persönlichen Gewalt hat«.

Praktisch und nüchtern gesehen wären Konstruktion und Einbau der Computer – sofern sie je diesen Reifegrad erreichen – so kostspielig, daß nur die Reichen oder die Regierung sich das leisten könnte. Die Regierung könnte sie vielleicht den Leuten zuweisen, die unter Zeitdruck arbeiten oder viele Tatsachen jederzeit abrufbereit haben müssen: Astronauten beispielsweise oder Minister oder Direktoren von Atomenergieanlagen. Was dann an Computern noch übrigbliebe, könnte vielleicht an Sportberichterstatter gehen, die ihr endloses Gerede damit aufmöbeln könnten, wie oft Johnny Unitas 1966 eine bestimmte Kombination gespielt hat.

Die manipulativen, ethischen und sozialen Gefahren der Computer-Mensch-Kreuzung erscheint beträchtlich weniger besorgniserregend als die physische Verbindung von Mensch und Tier. Es gäbe nicht die Monstren, mit denen man fertig werden müßte. Der Computeranschluß geschähe nach der Geburt, nicht vorher. Vermutlich würde seine Installation die Zustimmung des »Trägers« voraussetzen, der auch die Möglichkeit hätte, selbst über die Wiederentfernung zu entscheiden.

Sollten jemals in großem Stil Computer verfügbar werden, die den Denkapparat füttern, dann könnte dies die schwerwiegende Entpersönlichung des Menschen, wie wir sie jetzt schon erleben, noch steigern. Die Individualität könnte darunter leiden, daß die Auswertung Probleme nach sich zöge. Die Professoren wüßten nicht mehr so recht, ob sie nun eigentlich einen Menschen oder eine Maschine benoten. Und die Einschätzung neuer Bekanntschaften würde problematisch. Spräche auf einer Cocktailparty eine attraktive neue Nachbarin von Akbar dem Mogulkaiser oder rezitierte sie Cato, was würden wir daraus schließen? Daß sie ungewöhnlich belesen ist? Oder versucht sie sich lediglich an neuen Informationen, die ihr in der vorausgegangenen Nacht eingefüttert wurden, während sie wohlig im Bette schlief?

21
NEUEINSTELLUNG UNSERER KÖRPERUHREN

> Um 1990 werden wir eine experimentell erprobte Möglichkeit kennen, mit der sich die Altersveränderung beim Menschen so verlangsamen läßt, daß die Lebensdauer um zwanzig Prozent steigt.
> – Alex Comfort,
> englischer Gerontologe

Comfort bemerkte, das Alterstempo lasse sich bei Labortieren »mit ziemlich einfachen Mitteln verändern«. Im Blick bis knapp jenseits des Jahres 2000 erklärt der kalifornische Gerontologe Bernard Strehler, bis dahin könne möglicherweise die menschliche Lebenserwartung um zehn bis dreißig Jahre verlängert werden, wenn man diesem Ziel genug Geld und Talent widme. Nach seiner Schätzung läge die durchschnittliche Lebenserwartung höher als hundert Jahre.

Die Hersteller elektrischer Birnen wissen fast ganz genau, wie viele Stunden eine Birne brennen wird. Desgleichen können die Hersteller von Rundfunkgeräten und anderen Erzeugnissen abschätzen, wie lange das Gerät bei durchschnittlicher Nutzung laufen wird, wobei ein paar Wochen hin oder her keine Rolle spielen. Im Jargon des Gewerbes bezeichnet man die Lebenserwartungen ganz sachlich als »Todesdaten«. Selbst das beste Produkt kann nicht ewig halten, wenn es sich bewegende Teile hat oder Energie braucht. Gewöhnlich besitzt es ein bekanntes Todesdatum. Todesdaten von Erzeugnissen lassen sich im Hinblick auf maximale Rentabilität manipulieren und sind auch manipuliert worden.[1]

Auch lebende Geschöpfe haben Todesdaten. Dabei handelt es sich um Höchsterwartungen und Durchschnittserwartungen. Aus den verschiedensten Gründen erreichen nur wenige die Höchsterwartung. Goldhamster leben nie länger als drei Jahre. Hunde nie länger als dreißig Jahre. Pferde liegen bei maximal fünfzig Jahren. Weltmeister in Langlebigkeit ist nicht etwa der gehirnlastige

Mensch, sondern die Riesenschildkröte. Sie lebt manchmal 180 Jahre.

Den Menschen gibt es in so großer Vielfalt und er lebt unter so unterschiedlichen Umwelt- und Abnutzungsbedingungen, daß die Angabe eines einzigen Todesdatums für ihn irreführend wäre. Nach heutigem Stand ist die biologische Uhr oder sind die biologischen Uhren des Menschen so eingestellt, daß das Menschenleben vor Ablauf von 120 Jahren zu Ende ist. Gewöhnlich sehr viel früher. Ein paar Menschen haben anscheinend länger als 120 Jahre gelebt, wobei allerdings die Nachprüfung gewisse Schwierigkeiten verursacht, weil in weiten Teilen der Welt erst vor einem Jahrhundert Geburtsregister eingerichtet worden sind. Aber das praktische Maximum von 120 Jahren liegt schon um dreißig Jahre später als das Alter, das außer ein paar ganz besonders zähen Leuten die meisten gerade noch zu erreichen hoffen können.

Da wir hier Milliarden Einzelpersonen betrachten, ist es wohl besser, die menschlichen Todesdaten in der Kategorie der Durchschnittslebenserwartung zu erfassen. Auch da haben wir noch beträchtliche Schwankungen. In den Vereinigten Staaten lag 1976 die Lebenserwartung eines Mannes bei der Geburt um achtundsechzig Jahre. Frauen leben etwa acht Jahre länger. Ihre Lebenserwartung bei der Geburt beträgt heute fast sechsundsiebzig Jahre. Die für den Mann geltende Zahl liegt etwa gleich hoch wie in Deutschland, Kanada und Großbritannien und leicht über der für russische Männer.

Man beachte die extremen Schwankungen der Lebenserwartung in verschiedenen Ländern, wie sie auch aus der nachstehenden Liste ersichtlich sind. Die Zahlen fußen auf Daten der Vereinten Nationen über die Lebenserwartung bei Kindern männlichen Geschlechts im Augenblick der Geburt (Zahlen in Jahren):

Guinea	26	(niedrigste Erwartung aller Länder)
Afghanistan	38	
Birma	46	
Türkei	54	
Frankreich	68	
Schweden	72	(höchste Erwartung aller Länder)

Weitgehend dürften die großen Unterschiede in der Lebenserwartung durch bestimmte Krankheiten, Unterernährung und Härte der Umwelt bedingt sein.

Von den sieben Ländern, bei denen die männliche Lebenserwartung bei der Geburt über siebzig Jahre beträgt, liegen nur zwei außerhalb Nordeuropas: Japan und Israel.

Für den Amerikaner würde die von Alex Comfort projizierte zwanzigprozentige Steigerung die Lebenserwartung auf zweiundachtzig, für die Amerikanerin auf einundneunzig Jahre verlängern. Das wäre ein ziemlicher Sprung, zumal die Lebenserwartung der Amerikaner seit einem Vierteljahrhundert stehengeblieben ist. Die Erwartung könnte jetzt sogar infolge der Umweltverschmutzung, ungesunden Ernährung und wachsenden Verbreitung des Rauchens unter den Frauen wieder abzusinken beginnen.

Seit Jahrhunderten sehnen sich Milliarden Einzelmenschen nach größerer Langlebigkeit, nicht notwendigerweise für andere, aber doch für sich persönlich. Sie investierten und investieren in Wunderelixiere, zu Pulver zerstampfte Stierhoden, Affendrüsen. In neueren Jahren hört die populärste angebliche Regenerationsmethode auf den Namen Frischzellentherapie. Sie ist in Europa weit verbreitet. Patienten, zumal gefeierte Namen, bezahlen Hunderte von Dollars, um sich eine Flüssigkeit, die auf Zellenextrakten ungeborener Lämmer basiert, in den Po pumpen zu lassen. Der eine oder die andere behauptet, sich nachher aufgekratzter zu fühlen. Die Erklärung, wie oder warum die Behandlung wirkt, ist oft sehr vage oder widersprüchlich. Nur wenige Wissenschaftler nehmen sie ernst. Comfort verdammt heute »pseudomedizinische Methoden auf Frischzellenbasis«.[2]

Ein anderer Lebensverlängerer, der in einigen fremden Ländern beliebt ist und auch in den Vereinigten Staaten die Unterstützung einiger weniger Wissenschaftler besitzt, ist ein rumänisches Präparat namens Gerovital. Bislang freilich ist ihm noch nicht der Segen der amerikanischen Nahrungsmittel- und Drogenverwaltung zuteil geworden. Viele der Reichen dieser Welt reisen für die Dauer der Behandlung in einen rumänischen Badeort. Hauptbestandteil des Präparats ist ein Prokainhydrochlorid. Sollte Gerovital zufällig eine lebensverlängernde Wirkung besitzen, läge dies daran, daß es ein

Enzym hemmt, von dem man annimmt, daß es den Hypothalamus des Gehirns beeinflußt, der ein wichtiges Regelzentrum darstellt.

W ARUM SICH DER MENSCHLICHE KÖRPER ABNUTZT

Nach Comfort ist Alter »die einzige Krankheit, die wir alle haben«. Aber was wir da genau haben, darüber sind sich die Wissenschaftler nicht durchweg einig. Die einst gängige »Uhrfeder«-Theorie – daß der Körper einfach ablaufe, weil sein Energievorrat verbraucht sei – wird allgemein abgelehnt. Die einen halten dafür, das Altern werde durch massive Zellzerstörung ausgelöst. Daß dies geschieht, daran gibt es keinen Zweifel. Andere sehen die Hauptursache darin, daß sich das genetische Material abnutze oder verschwimme. Wieder andere glauben, die immunologischen Abwehrkräfte zerfielen allmählich, und wieder andere, die endokrinen Drüsen erhielten vom Gehirn weniger Instruktionen und verlangsamten deshalb ihre Funktion. Beim einzelnen spielt sicher mindestens teilweise auch die genetische Erbmasse eine Rolle. Was immer die konkreten Ursachen sein mögen – biologisch gesehen besteht nach Comforts Worten das Altern »in der wachsenden Unfähigkeit des Körpers, sich selbst zu erhalten und die Leistungen weiter zu vollbringen, die er einmal vollbracht hat«.

Mit fortschreitendem Alter sammeln sich zwischen den Zellen allmählich wachsähnliche Ablagerungen aus dem Zerfall von Körpergewebe. Und nach und nach zeigen sich fettige Ablagerungen in den Zellen selbst.

Nach dem dreißigsten Lebensjahr fangen unsere Muskelzellen an abzusterben. Erreichen wir neunzig Jahre, dann sind sie gewöhnlich um ein Drittel weniger geworden. Ebenso wie Hirn-, Nieren- und Nervenzellen erneuern sich auch Muskelzellen nicht. Bei vielen Leuten fangen um das dreißigste Lebensjahr die Nervenzellen des Gehirns an abzusterben – runde 100 000 pro Tag. Das ist nun nicht so unheimlich, wie es sich anhört, denn bei diesem Zerfallstempo würde es immerhin 273 Jahre dauern, bis der Nervenzellenvorrat erschöpft wäre. Im Alter von siebzig Jahren hat eine Person durchschnittlich vielleicht vierzehn Prozent dieser Zellen verloren. Aber ihr bleiben immerhin noch 8,5 Milliarden Zellen übrig, weit mehr, als sie fürs Weiterleben braucht.

Im Alter von siebzig Jahren hat der Mensch etwa ein Viertel der winzigen Harnkanälchen der Niere verloren, die den Abfall aus dem Blut wegtragen. Und der Siebzigjährige hat mindestens die Hälfte seiner Geschmacksnervenspitzen eingebüßt.

Zu den aufsehenerregenderen Entdeckungen über das Alter gehört jene, die der Mikrobiologe Leonard Hayflick 1961 während seiner Tätigkeit am Wistar-Institut in Philadelphia machte. Bis dahin hat die Wissenschaft allgemein geglaubt, daß sich die meisten Körperzellen (außer denen von Hirn, Nerven, Muskeln und Nieren) endlos durch Zellteilung verdoppeln, sofern sie sich in der richtigen Kultur befinden. Nun stellte sich heraus, daß die einzigen Zellen, auf die dies zutrifft, Krebszellen sind. Hayflick entdeckte, daß sich gewöhnlich Zellen in Kultur nur eine bestimmte Höchstzahl von Malen durch Teilung verdoppeln. Beim Menschen liegt diese Höchstzahl etwa bei fünfzig.

Er entnahm dem Gewebe eines viermonatigen, abortierten Fetus Zellen und legte sie in eine Kultur. Die Zellen vermehrten sich etwa fünfzigmal und starben dann binnen weniger Monate ab. Anfänglich teilten sie sich kräftig, verlangsamten den Teilungsprozeß dann allmählich, und als das fünfzigste Mal heranrückte, teilten sie sich nur noch sehr langsam. (Im Körper vollzieht sich die Teilung in viel langsamerem Rhythmus. Möglicherweise gilt die Zahl fünfzig nur für Zellen in Kultur.)

Später nahm Hayflick dann Zellen aus der Lunge eines Zwanzigjährigen. In Kultur teilten sich diese Zellen etwa zwanzigmal und stellten die Teilung dann ein. Er fand heraus, wenn er Zellen etwa bei der fünfzehnten Teilung einfror, stellten sie die Aktion ein, bis sie wieder aufgetaut wurden. Nach dem Auftauen machten die Zellen weiter und teilten sich etwa weitere fünfunddreißig Male. Jede Tierart, bei der er Versuche machte, hatte ihre artspezifische Höchstteilungszahl in Kultur. Mauszellen teilten sich etwa zwölfmal und hörten dann auf.

Die wissenschaftliche Welt reagierte zunächst ungläubig auf Hayflicks Berichte. Noch heute gibt es Skeptiker. Doch sind seine Feststellungen in anderen Labors bestätigt worden und gelten heute weiterhin als grobe Norm für die Teilung menschlicher Zellen in Kultur unter normalen Bedingungen.

Vielleicht enthalten die Zellen eine Art Uhr, die in bestimmtem Rhythmus abläuft. Und vielleicht ist die Zellenuhr nur eine von mehreren Körperuhren. 1975 brachte *Bioscience* Stellungnahmen führender Forscher, wonach eine Leituhr oder ein Schrittmacher für den ganzen Körper möglicherweise im Gehirn, dem Hypothalamus vielleicht, vorhanden sei. Wenn es eine solche Leituhr gibt, dann besitzt sie möglicherweise die Macht, ihren Willen der Zellenteiluhr aufzuzwingen. Hinweise darauf ergeben sich aus dem, was beim »Altern« von Eierstöcken passiert, wenn man sie jüngeren oder älteren Tierweibchen einsetzt. So haben Forscher Eierstöcke alten Ratten, die bereits den Menstruationszyklus eingestellt hatten, entnommen und jungen Ratten eingesetzt. Dort begannen die Eierstöcke den Menstruationszyklus erneut. Junge Eierstöcke, die man alten Ratten einsetzte, hörten dagegen mit dem Zyklus auf.[3]

Ein Problem, mit dem sich die Wissenschaftler herumschlagen müssen, wenn sie sich um eine Verlängerung der Lebensspanne bemühen, ist einfach die Wartezeit. Sie warten nicht gerne fünfzehn bis vierzig Jahre – eben auf den Tod ihrer Versuchssubjekte –, bis sie ihre Theorien bestätigt bekommen können. Inzwischen hat man jedoch einige Mittel und Wege gefunden, mit denen sich anhand eines Ausschnitts der Lebensspanne eines Versuchssubjekts Erfolg oder Mißerfolg feststellen läßt. Zur Erlangung aussagetüchtiger Daten anhand solcher Segmente stellen Wissenschaftler am Gerontologie-Forschungszentrum der Gesundheitsinstitute Grundlinien des normalen Alterungsrhythmus auf. Etwa 650 gesunde Männer verschiedenen Alters unterziehen sich über Jahre hinweg rund achtzig Untersuchungen. Es handelt sich dabei um biochemische, psychologische, klinische und physiologische Tests und Untersuchungen. Dabei werden verschiedene Variable gemessen, von denen man weiß, daß sie den Alterungsprozeß widerspiegeln – Zupackkraft, Hautgeschmeidigkeit, Herz- und Nierenfunktion, Cholesterolmenge, maximale Atemfähigkeit, Flüssigkeitsdruck im Auge, Fähigkeit zur Problemlösung, Gedächtnis u. dgl. Der Computer kann sagen, ob irgendeine bestimmte Person der Versuchsgruppe mehr oder weniger jugendlich bleibt, als normalerweise zu erwarten wäre.

Die Wissenschaft erforscht verschiedene Möglichkeiten einer erheblichen Veränderung der menschlichen Lebensspanne. Die einen sind angenehmer, andere weniger. Nachstehend einige Wege, wie eine beträchtliche Lebensverlängerung angegangen wird.

Weniger Nahrungsaufnahme

Allmählich gelangen Wissenschaftler zu der Feststellung, daß bei verschiedenen Tieren ein eingeschränkter Futterplan das Leben um bis zu 50 v. H. verlängern kann. In einigen Experimenten neigen die Tiere dazu, kleiner zu sein als normal. Das könnte darauf hindeuten, daß sich die Körpergröße um einige Zentimeter verringern könnte, wenn man Menschen nach solchen Prinzipien ernähren würde. Aber was wäre daran auszusetzen, wenn ein solcher Größenabfall weit verbreitet wäre? Nur noch bei Sportlern und Stahlarbeitern wird große Körperlänge als funktional wichtig angesehen. Verabreichte man Ratten normal Futter, setzte aber jeden dritten Tag die Fütterung aus, dann erhöhte sich ihre Lebenserwartung um etwa 20 v. H.

Doch würden wir uns bei reduzierter Nahrungsaufnahme nicht ständig hungrig fühlen? Offenbar nicht notwendigerweise. Zwei Forscher – der eine an der Rijks-Universität der Niederlande, der andere am Fox-Chase-Krebszentrum in Philadelphia, ließen 121 Ratten soviel fressen, wie sie wollten. Die Ratten wurden in drei Gruppen eingeteilt. Jede Gruppe erhielt eine Diät eines anderen Proteinkalorienwerts. Alle aber erhielten jede Menge.

Es stellte sich heraus, daß manche Ratten ihr ganzes Leben lang einfach von Natur aus viel weniger fraßen als andere. Manche lebten dreimal so lange wie andere. Es zeichnete sich eine klare Tendenz ab, daß die Wenigfresser länger leben. Übermäßige Nahrungsaufnahme im jugendlichen Alter verkürzte das Leben insbesondere. Wollte jemand, der sich ein langes Leben wünscht, seinen Speiseplan nach diesen Testergebnissen ändern, dann müßte er im ersten Lebensabschnitt eine proteinreiche Nahrung und nach dem fünfzigsten Lebensjahr eine proteinarme Nahrung zu sich nehmen. Ob die Ergebnisse tatsächlich auf Menschen anwendbar sind, ist derzeit noch nicht voll erprobt.

Tierversuche haben beträchtliches Beweismaterial geliefert, daß eine geringfügige Senkung der Körpertemperatur die Lebensspanne stark verlängert. Nach den Versuchsergebnissen würde ein Absinken der Körpertemperatur um ein, zwei Grad dem Menschen möglicherweise Jahrzehnte eines gesunden Lebens schenken können. Das Abkühlen verlangsamt den chemischen Reaktionsrhythmus. Aber läßt sich der Mensch abkühlen – ohne daß wir unentwegt schaudern?

Zur Verlangsamung der Körperprozesse während und nach chirurgischen Eingriffen senken Kliniken gelegentlich die Körpertemperatur ein wenig. Das geschieht, indem man den Patienten in eine hypothermische Decke mit Kaltwasserumlauf packt. Patienten können die Decke ein paar Tage lang ertragen, aber die unbegrenzte Verwendung ist weder praktisch durchführbar noch auch erwünscht.

Vielleicht aber ließe sich die »normale« Körpertemperatur verändern. Wissenschaftler meinen, die 37°C (oder 98,6°F) seien möglicherweise nicht unbedingt unabänderlich. Die herabhängenden menschlichen Hoden – das Organ, das den Fortbestand unserer Gattung gewährleistet – brauchen eine Temperatur, die etwas niedriger liegt als die normale Körperwärme, wenn die Spermien ordnungsgemäß funktionieren sollen. Die Körpertemperatur winterschlafender Säugetiere fällt bis knapp über den Gefrierpunkt ab. Das einzige, was damit ausgelöst wird, ist ein tiefer Schlaf. Der Herzschlag geht auf etwa sechs Schläge pro Minute zurück. Was genau geschieht, ist noch nicht erforscht. Bekannt ist, daß die Einspritzung von Blut eines winterschlafenden Eichhörnchens in ein Hauseichhörnchen, das keinen Winterschlaf hält, das Hauseichhörnchen bald in einen winterschlafähnlichen Tiefschlaf verfallen läßt.

Zwei Verfahren der Körperabkühlung sind besonders interessant. Bei beiden bemüht man sich um eine Neueinstellung des Thermostats von Säugetieren, mit der der Körper abgekühlt wird, ohne daß er sich unpäßlich fühlt. Und beide gehen von der Annahme aus, daß die thermostatische Regelung ihren Sitz in einem kleinen Bereich des Hypothalamus hat. Wie gesagt, möglicherweise enthält der Hypothalamus die Leituhr des Körpers.

Am neuropsychologischen Labor der Purdue-Universität gelang

Robert D. Myers und seinen Mitarbeitern die Erzeugung langanhaltender Schwankungen von über 5°C nach oben und unten in der Körpertemperatur von Kleinaffen und Katzen. Für den Temperaturanstieg durchschwemmten sie die kritische Thalamusregion mit Natriumionen. Zur Abkühlung benutzten sie Kalziumionen. Offenbar erreichten sie eine Neueinstellung des Regelpunktes der Körperthermostaten. Die Tiere schienen weder akutes Fieber noch akute Kälteschauer zu zeigen.

Das Problem einer breiten Anwendung beim Menschen besteht darin, daß ein schmaler Röhrenschacht ins Gehirn eingeführt werden muß, um die Ionen an die richtige Stelle bringen zu können. Und der Ionenfluß muß mit einer winzigen Pumpe geregelt werden.

Das zweite Verfahren betreibt ein Biophysikerteam unter Leitung von Barnett Rosenberg an der Michigan State University. Anfänglich hatte dieses Team beträchtlichen Erfolg mit erheblicher Lebensverlängerung durch Senken der Körpertemperatur sogenannter Kaltblütler. Bei solchen Tieren fällt die Körpertemperatur etwa mit der Temperatur der ihren Körper umgebenden Luft zusammen. Jetzt hat sich das Team Warmblütlern zugewandt, bei denen natürliche Körperthermostaten eine bestimmte Körpertemperatur regeln.

Rosenberg sagte mir: »Wir haben ein Präparat entdeckt, das in unseren Vorversuchen bei Mäusen ohne schädliche Auswirkung den ›Thermostaten‹ während signifikanter Perioden ausschalten kann. Dieses Präparat kann entweder oral verabreicht oder intravenös eingespritzt werden.« Das Präparat sei so gängig, daß er es derzeit lieber nicht nennen wolle aus Angst, es könnte ohne entsprechende Vorsichtsmaßregeln benutzt werden. Mir hat er den Namen des Präparats genannt, und ich kann seine Vorsicht verstehen. Er sagte, zu gegebener Zeit werde auch der Name veröffentlicht. Das Präparat stellte also den Thermostaten nicht neu ein, sondern schaltete ihn einfach ab; die Körpertemperatur fällt dann auf die der Umluft. Befände sich nun ein Mensch, dessen Thermostat abgeschaltet wurde, in einer Außentemperatur von etwa 27°C, dann finge sein Herz zu flattern an.

Barnetts Team hält derzeit Mäusekolonien in Brutkästen, deren Temperatur auf verschiedener Höhe angesetzt wird. Jeden zweiten Tag erhalten die Mäuse eine Spritze, die ihre Thermostaten etwa für zwanzig Stunden abschaltet. Die Tiere wiegen weniger als die der Kontrollgruppe, und wenn sich frühere Feststellungen bewahrheiten, dann werden sie länger leben.

Nach Rosenbergs Auffassung müßte, um beim Menschen vollen Erfolg zu erzielen, die Neueinstellung des Thermostaten permanent sein und auf jeder gewünschten Höhe vorgenommen werden können. Er plant Versuche in dieser Richtung.

Er zeigte mir grafische Darstellungen, aus denen ersichtlich ist, wie sich die menschliche Lebenserwartung durch Körperkühlung verlängern ließe, wenn die Ergebnisse der Tierversuche auch auf den Menschen anwendbar wären.[4] Würde der Thermostat eines weißen Amerikaners mit einer durchschnittlichen Lebenserwartung bald nach der Geburt auf rund zwei Grad Celsius weniger eingestellt, dann würde er wahrscheinlich das hundertste Lebensjahr erreichen. Würde der Thermostat um etwa vier Grad Celsius gesenkt, würde er wahrscheinlich 140 Jahre alt.

Weder Rosenberg noch Myers deuteten irgendwelche ernsthaften Nebenwirkungen ihrer Kühlleistungen bei den behandelten Tieren an. Der Wärmeabfall war jeweils zu gering, als daß er in die Nähe des Winterschlafs gelangt wäre. Bis jedoch Versuche mit Menschen gemacht worden sind, wird man sich fragen müssen, ob eine Langzeitabkühlung die menschlichen Versuchspersonen matt, schläfrig oder bei entsprechend starker Absenkung auch abgestumpft werden ließen.

STÄRKUNG DER IMMUNKRÄFTE DES KÖRPERS

Die Abwehrzellen, die den Körper gegen Viren, Bakterien und andere Eindringlinge schützen, scheinen mit zunehmendem Alter weniger verläßlich zu werden. Da sie in der unter dem Brustbein gelegenen kleinen Thymusdrüse verarbeitet werden, nennt sie der Wissenschaftler oft auch T-Zellen (sie entstehen im Knochenmark). Mit zunehmendem Alter schrumpft die Thymusdrüse und produziert deshalb auch weniger Zellen.[5]

Die Abwehrkräfte werden auch weniger verläßlich in der Vernichtung von Eindringlingen, die Krankheiten verursachen können.

Außerdem scheinen sich bei ihnen manchmal Verwechslungen einzustellen, so daß sie die eigenen Körperzellen angreifen und auf diese Weise Leiden erzeugen.

Am US-Institut für Altersforschung ist es Forschern gelungen, bei genetisch durch Inzucht erzeugten Tieren Knochenmark und Thymusdrüsen junger Tiere auf alte zu verpflanzen. Dramatische Erfolge stellten sich ein. Sie lassen sich damit vergleichen, daß es gelungen wäre, einem alten Menschen das System eines jungen einzusetzen. Mäuse, bei denen solche Transplantationen vorgenommen wurden, lebten bis zu einem Drittel länger als normal. Ein Forscher des Instituts glaubt, es werde eines Tages möglich, daß junge Leute einen Teil ihrer Abwehrzellen einfrieren lassen und sie dann später wieder herausholen. Bei der Verwendung der eigenen Zellen ließe sich das Verträglichkeitsproblem vermeiden.

Die Thymus- oder Brustdrüse spielt übrigens möglicherweise auch bei einer anderen Strategie – einer Hormonstrategie – zur Verlängerung der Lebensspanne eine Rolle. Ein Team unter Leitung von Allan Goldstein an der medizinischen Fakultät der Universität von Texas in Galveston hat herausgefunden, daß ein Hormon namens Thymosin bei der Stärkung der Lebenskraft von Versuchstieren wahre Wunder bewirkt. Mäusen eingespritztes Thymosin verstärkte ihre Kraft und Widerstandsfähigkeit gegen Krankheit und erhöhte damit ihre Lebensspanne. Goldstein sagt: »Wir haben guten Grund zu der Annahme, daß das Hormon beim Menschen dieselbe Wirkung hat.«[6]

Verstärkung der Drüsenabsonderung

Wissenschaftler, die nach den Ursachen vorzeitiger Senilität und degenerativer Krankheiten suchen, haben festgestellt, daß dabei eindeutig der Verfall einer wichtigen Substanz, die zwischen Gehirnzellen Signale überträgt, mitzuwirken scheint. Es handelt sich um Dopamin. Der Verfall kann leicht dadurch aufgehalten werden, daß man dem Betreffenden große Dosen des Dopamin-Bausteins L-Dopa verabreicht. Vorzeitig vergreiste Patienten, die L-Dopa eingenommen haben, warfen ihre Stöcke weg. (Der Leser mag sich erinnern, daß das zufällig entdeckte L-Dopa als Nebeneffekt eine verstärkte Sexualität erzeugt.)

Erst vor kurzem entdeckten Forscher am Gerontologiezentrum der Universität of Southern Carolina, daß bei Mäusen mit fortschreitendem Alter der Dopaminspiegel im Hypothalamus beständig absinkt. Der Hypothalamus steuert die für die Körperfunktion entscheidende Hypophyse, die Hormone aussendet, welche Wachstum, Reproduktion, Metabolismus u. dgl. regeln. Geht das Dopamin im Hypothalamus zurück, so bleibt die gesamte Handlungskette der endokrinen Drüsen – vielleicht sogar einschließlich jener der Schilddrüse – mehr und mehr dem Zufall überlassen. George Cotzias am Sloan-Kettering-Krebszentrum in New York stellte fest, daß mit starken L-Dopa-Dosen gefütterte Mäuse etwa 10 v. H. länger als der Durchschnitt leben.[7]

NEUEINSTELLUNG DER ZELLTEILUHR

Vincent Cristofalo vom Wistar-Institut, an dem auch Hayflick einen Großteil seiner Arbeiten an der Zellteilung gemacht hat, verlängerte die Lebensdauer bestimmter menschlicher Zellen in Kultur um 40 v. H. Er erreichte dies durch Zusatz von Hydrokortison. Im Spätabschnitt des Lebens scheint den Zellen die Teilung immer schwerer zu fallen. Sie können ein bestimmtes Protein nicht mehr synthetisieren, das die Teilung energetisch antreibt. Cristofalo argumentiert nun, möglicherweise vollziehe das Hydrokortison die Synthese und setze damit die Zellen zur Fortsetzung der Teilung instand.[8]

Vielleicht ist eine menschliche Körperuhr, die nach Hayflicks Bericht nach der fünfzigsten Zellteilung in Kultur abgelaufen ist, nicht unbedingt unwandelbar. Die neuerliche, geradezu explosive Verfeinerung der Handhabungsmöglichkeiten genetischen Materials deutet darauf hin, daß es eines Tages vielleicht gelingen wird, die bestimmten Genen erteilten Instruktionen zu verändern (das Alter ist auch in gewissem Umfang genetisch bedingt). Vielleicht kann man Viren mit neuen Instruktionen einschleusen. Jedenfalls sprechen Gerontologen von dieser Möglichkeit.[9] Ein Verfahren zur Ortung der dabei angesprochenen Gene bestünde eventuell darin, ihnen mit Hilfe der beim Altern mitwirkenden Enzyme, die die Gene ja steuern, auf die Spur zu kommen. Einige wenige Enzyme sind vorläufig schon einmal grob identifiziert worden.

Teilt sich eine menschliche Zelle in Kultur fünfzigmal, weil sie genetisch so angewiesen wird, dann lassen sich in ein paar Jahrzehnten unsere jetzigen Gene vielleicht gegen solche austauschen, deren Anweisung auf siebzig Teilungen lautet.

Vielleicht aber brauchen wir gar nicht abzuwarten, bis ein genetischer Durchbruch gelingt, um die Uhr der menschlichen Zellen neu einzustellen. 1974 meldeten zwei kalifornische Physiologen, sie hätten die normale, fünfzigmalige Zellteilung in Kultur mehr als verdoppelt. Es handelt sich um Lester Packer von der Universität von Kalifornien in Berkeley und James R. Smith vom Veterans Administration Hospital in Martinez. Einer Kultur menschlicher Embryozellen, die sie von Hayflick erhielten, fügten sie Vitamin E zu. Wie erinnerlich, waren die Zellen bei Hayflicks Experimenten nach etwa fünfzigmaliger Teilung abgestorben. Mit einem Zusatz von Vitamin E teilten sie sich bis zu hundertzwanzigmal! Vitamin E schützt lebende Zellen vor der Schädigung durch eine Klasse chemischer Substanzen, die sich mit Sauerstoff verbinden und als Oxydationsmittel bekannt sind. Oxydationsmittel (oder oxydierende Agenzien) setzen den Zellen hart zu.

Doch selbst wenn die Feststellungen von Packer und Smith der Erprobung wiederholt standhalten, bedeutet das freilich noch nicht, daß wir mehr als doppelt so lange leben können, indem wir mehr Vitamin E essen. Einige Fachleute sind der Meinung, die meisten Menschen – sofern sie nicht übermäßig Abgasen, Strahlung oder besonders hohem Sauerstoffgehalt u. dgl. ausgesetzt sind – äßen jetzt schon genug Vitamin E, um die meisten Oxydationsmittel in ihrem Körper bekämpfen zu können. Und in Kultur sind Zellen vermutlich für Schädigungen erheblich anfälliger als im Körper. Dennoch mag Vitamin E bei der Bekämpfung von Zerstörungsschäden gewisser Zellenreizmittel mithelfen und vielleicht damit eine Lebensverlängerung erreichen. Wenn Sie über Vitamin E und noch stärkere Antioxydante mehr wissen wollen, lesen Sie weiter.

Von allen biologischen Bemühungen um eine Verlängerung der Lebensdauer erscheint dieser Weg als der nächst gangbare. Wer länger leben will, könnte schon bald ermutigt werden, seinem Speiseplan unter ärztlicher Anleitung ein paar chemische Substanzen beizufügen. Diese würden die sogenannten »freiradikalen Reaktionen« im Keim ersticken.

Einige dieser chemischen Hemmer werden schon heute kommerziell zum Frischhalten von Cornflakes, Backfett, Kartoffelchips und vielen anderen Nahrungsmitteln benutzt, die in den Regalen der Lebensmittelläden stehen. Sie schützen die Lebensmittel vor freiradikalen Reaktionen. Auch als Hühnernahrung werden sie verwendet. Vitamin E ist nur ein solcher Hemmer. Es gibt noch erheblich stärkere.

Der Biochemiker Denham Harman von der medizinischen Fakultät der Universität von Nebraska hat als einer der ersten die Wirkung von Freiradikalhemmern untersucht. Er sagte mir: »Anhand unseres jetzigen Wissensstandes könnten wir mit großer Wahrscheinlichkeit schon heute die durchschnittliche Lebenserwartung des Menschen glatt um fünf bis zehn Jahre verlängern; übrigens auch die Zeit des gesunden, funktionstüchtigen Lebens.«

Das klingt noch sehr bescheiden, denn er fügte hinzu, ein Hemmer, den er ausprobiert habe, habe die durchschnittliche Lebenserwartung männlicher Mäuse um 44 v. H. gesteigert. Letztlich könnte, so meint er, die Verwendung von Hemmern die durchschnittliche Lebenserwartung über das 84. Lebensjahr hinaus anheben und zudem die Zahl der Leute, die weit über hundert würden, erheblich erweitern.

Eine Freiradikalreaktion tritt beispielsweise ein, wenn man in einem Motor Sauerstoff mit Benzin vermischt. Sie tritt ein, wenn Butter ranzig wird, wenn sich Smog bildet oder Leinölfarbe in der Dose hart wird. Solche Reaktionen treten auch im menschlichen Körper insbesondere dann auf, wenn gewisse Fette oxydieren, weil sie mit Sauerstoff in Berührung kommen. Freiradikale Partikel finden sich überall in der Natur. Offenbar tragen Oxydationsmittel in großem Maßstab zu ihrer Entstehung im menschlichen Körper bei. Die freiradikalen Partikel sind unvollständige Moleküle – manchmal auch als »Chips« bezeichnet – auf der Suche nach etwas, mit dem sie sich verbinden können. Haben sie dieses Etwas dann gefunden, dann erzeugt die nachfolgende Reaktion meist ziemlichen Aufruhr.

Alex Comfort vergleicht die freiradikale Partikel mit dem »Konferenzteilnehmer, dessen Frau weit weg ist; ein hochreagenzbereites Agens, das sich mit allem zusammentut, was sich gerade an Geeignetem bietet«. Im menschlichen Körper pflegen Freiradikalreaktionen im Laufe eines Lebens vor allem Blutgefäße und Gehirnzellen zu schädigen.

Zu den kräftigeren Freiradikalreaktionshemmern gehört das BHT (Butylhydroxytoluol). Harman zeigt sich auch besonders von der Wirkung von Santoquin und 2-Merkaptoethylamin beeindruckt. Auch mit Vitamin E hat er bescheidene Erfolge erzielt.

Es bleibt abzuwarten, ob die Hemmer beim Menschen lebensverlängernd wirken und ob man sie ohne Schaden zu sich nehmen kann. (Sollten eines Tages die stärkeren Hemmer verfügbar werden, werden sie immer nur unter ärztlicher Aufsicht genommen werden dürfen, denn die meisten Hemmer wirken mächtig. Harman sagt, man könne sie noch in jedem Lebensalter nehmen, doch je früher man damit beginne, desto besser die Wirkung. Und nach dem Satz, daß »es jedenfalls nichts schaden kann«, sagt er, bis erste Versuchsergebnisse beim Menschen vorlägen, könne jedermann schon mal damit anfangen, seine wöchentliche Einnahme des gut erprobten Vitamins E um 300 bis 500 Milligramm zu erhöhen. Diese Dosierung ist mäßig. Er fügt hinzu, Vitamin E sei noch nicht weit genug erprobt, um eindeutig sagen zu können, daß es beim Menschen lebensverlängernd wirke.)

Der Weg über den Lebensstil

Ärzte erkennen allmählich, daß sich durch eine Veränderung der Lebensführung eine höhere Lebenserwartung erzielen läßt.

In den Vereinigten Staaten hatte sich bis 1954 die Durchschnittslebenserwartung ein paar Jahrzehnte lang beständig verlängert. Dann flachte die Kurve ab und hat sich seither trotz des ständigen medizinischen Fortschritts kaum noch verändert.

Worauf ist das zurückzuführen? Vielleicht darauf, daß um 1954 eine Unmenge sozialer Veränderungen voll zum Tragen kam, die sich möglicherweise gegen ein langes Leben auswirken. Eine Unzahl von Altersversorgungssystemen trat in Kraft und mit ihnen die Zwangspensionierung im Alter von sechzig, zweiundsechzig, fünfundsechzig Jahren. Nun weist manches darauf hin, daß Leute, die länger arbeiten, auch länger leben. Möglicherweise erklärt sich der große Vorsprung der Frauen vor den Männern u. a. auch daraus, daß die Hausarbeit nie aufhört.

Mit steigendem Wohlstand wurden die Küchenzettel reicher und fetter. Auto und arbeitssparende Neuerungen machten die berufliche und häusliche Arbeit weniger anstrengend. Die Versetzung von Firmenpersonal über weite Entfernungen wurde gang und gäbe. Der Zerfall der Familie beschleunigte sich. Diese und andere Faktoren brachten einen deutlichen Aufschwung der sozialen Zersplitterung. Immer weniger konnten die Leute sich in einem Gemeinwesen geborgen und bodenständig fühlen. Das Fernsehen begann seine Wirkung auf die meisten Familien des Landes. Ein ganzes Volk fing an, sich zum Sitzvolk zu entwickeln, als sich die Leute drei bis vier Stunden am Tag vor den Fernseher setzten und dabei oft kraftvolle Sportveranstaltungen betrachteten.

Währenddessen entdeckten Anthropologen auf ihren Streifzügen rund um den Erdball irgendwo verborgen lebende Menschen, die außergewöhnlich lebendig zu sein schienen. Nun mögen Gene ihr Teil beitragen. Aber die meisten dieser Menschen bewohnten unwirtliche Gegenden, führten ein hartes Leben. Besonders fielen die Abchasen auf, ein stolzes, stammesbewußtes Volk in Georgien irgendwo zwischen dem Schwarzen Meer und dem Kaukasus. Die Anthropologin Sula Benet vom Hunter College sorgte mit dafür, daß sich ihnen die Aufmerksamkeit zuwandte. Medizinische Forscher reisten nach Georgien, um sich das Phänomen aus der Nähe anzusehen.

Die Chancen eines Abchasen, älter als neunzig zu werden, sind sechsmal größer als die des Durchschnittsamerikaners. Die Abchasen unterhalten einen großen, munteren Chor mit eigener Uniform, dem ausschließlich Hundertjährige angehören. Nach einem Foto zu schließen, handelt es sich um lauter robuste, aufrechte Lebensgenießer.[10]

Die Abchasen ernähren sich von frugaler, wenig fetthaltiger Kost. Benet stellte aber noch ein paar andere interessante Anhaltspunkte fest. Sie fühlen sich ausgeprägt ihrem Dorf verbunden, und das scheint jedem einzelnen »ein ungebrochenes Gefühl persönlicher Geborgenheit und Kontinuität zu vermitteln«. Sie stellte fest, daß es in der Sprache der Abchasen keinen Begriff für »alte Leute« gibt, sondern man nur von »langlebenden Menschen« spricht. Und diese Langlebigen waren nicht etwa eine zurückgezogene, abseits lebende Gruppe und wurden nicht als soziale Last empfunden. Abchasen »ziehen sich nie aus dem aktiven Leben zurück«. Sie arbeiten ihr ganzes Leben lang jeweils an Aufgaben, die ihrem Energieniveau angepaßt sind. Mit zunehmendem Alter nimmt ihr Status zu und nicht ab.

Jedes systematisch betriebene biologische Programm zur Verlängerung des Lebens hätte gesellschaftspolitisch nur zweifelhaften Wert, wenn damit lediglich der Anteil der Greise an der Bevölkerung wüchse. Wir alle kennen bemerkenswerte Leute, die ihr fünfundachtzigstes Lebensjahr schon überschritten haben und dennoch geistig rege und schöpferisch geblieben sind und ausgesprochene Lust am Leben haben. Da sind die Beispiele eines Pablo Casals, George Bernard Shaw, Winston Churchill, Konrad Adenauer.

Doch die große Mehrheit jenes einen Prozents, das über fünfundachtzig Jahre alt wird, erleidet heute geistigen Zerfall. Dieser Zerfall wird besonders offenkundig, wenn sich diese Leute ungewohnten Aufgaben zuwenden, die eine Koordinierung von Auge und Gliedmaßen erfordern.

Nicht nur verringern sich die Gehirnzellen zahlenmäßig, sondern im hohen Alter büßen die Nervenzellen oft auch einen Teil ihrer Fähigkeit zur Weitergabe von Mitteilungen ein.

Der Neurologe David A. Drachman von der Northwestern University hält diese Einbuße für einen Hauptgrund der Senilität. Da die Übertragung mindestens teilweise ein biochemischer Prozeß sei, lasse sich die Senilität, so Drachman, auch biochemisch bekämpfen. Gedächtnisschwäche beispielsweise ist ein Aspekt der Senilität. Drachman hat Menschen mit ernsten Gedächtnisproblemen schon dadurch geholfen, daß er ihnen ein Präparat namens Physostigmin einspritzte.[11]

Unterdessen arbeiten Wissenschaftler der Göteborger Universität schon an Methoden zur Verstärkung der Proteinerzeugung in Gehirnzellen als einer Möglichkeit zur Bekämpfung des Alterns im Gehirn. Selbst wenn es den medizinischen Technikern gelingt, unsere Geisteskraft bei der Verlängerung des Menschenlebens mit unserer Körperkraft Schritt halten zu lassen – wollen wir die Verlängerung überhaupt?

Diese Frage klingt vielleicht hart und undankbar. In unserem Wertsystem gilt seit jeher ein langes Leben als wichtiges Ziel. Jetzt aber sollten wir anfangen, der Frage ins Gesicht zu sehen: Wie alt ist genug?

Die Sehnsucht nach Unsterblichkeit ist tief verwurzelt. Individuell würde wohl fast jeder von uns sagen, daß er gerne hundertzwanzig oder mehr Jahre leben würde. Viele aber würden auch einschränkend bemerken, eine solche Langlebigkeit möchten sie nur, wenn sie auch guter Gesundheit, Geisteskraft, finanzieller Sicherheit, anregender Aufgabenstellungen und erstrebenswerter Bekanntschaften sicher sein könnten.

Die meisten modernen Gesellschaften müßten erheblich aufpoliert werden, damit sie diese Wenns und Abers zufriedenstellend beantworten könnten. Das ganze Konzept des Ausscheidens aus dem aktiven Leben müßte sich ändern. Wer möchte schon sechzig Jahre damit zubringen, auf einem Erwachsenen-Dreirad in einer Altensiedlung herumzukutschieren? Wahrscheinlich bräuchten wir eine Gesellschaft, in der Mehrfachehen und Mehrfachkarrieren als selbstverständlich gälten. »Kinder« könnten bis zum neunzigsten Lebensjahr warten müssen, bis sie endlich erben könnten.

Gehen wir aber einmal davon aus, daß die meisten von uns für sich selbst den persönlichen Tod oder eine tödliche Krankheit möglichst weit hinausschieben möchten. Wie nun steht es mit der Frage, ob es tatsächlich wünschenswert wäre, daß die Leute zwanzig Jahre länger leben, ohne daß sich der Durchschnitt der Senilität gleichzeitig erhöhen würde? Wäre eine solche Umwälzung auch gesellschaftspolitisch erwünscht? Wahrscheinlich nicht, wenn mit dieser Umwälzung nicht auch wirtschaftliche, demographische und soziale Umwälzungen einhergingen. Der größte Teil der Welt ist ohnehin schon von Überbevölkerung heimgesucht. Die Gesellschaft stöhnt ohnehin schon unter der Last gewaltiger Gesundheitskosten. Ein solcher Wandel würde die Kosten des Gesundheitswesens eines Volkes noch beträchtlich vermehren.

Viele Gesellschaften, die neue Produktionstechniken einsetzen, machen sich jetzt schon Sorge um ihre Arbeitslosigkeit. Würde das Pensionierungsalter um zwanzig Jahre verschoben? Damit würde sich die Arbeitslosigkeit noch verschärfen, es sei denn, wir kürzten die Arbeitswoche drastisch. Bliebe man andererseits beim jetzigen Pensionierungsschema, dann müßten die Erwerbstätigen unter 60 mindestens ein Drittel ihres Einkommens in Pensionskassen einzuzahlen beginnen. Und in jedem Land würden die Pensionäre und Rentner sicher zu einer beherrschenden politischen Kraft. Sie neigen, um nur ein Beispiel zu nennen, meist zu ziemlicher Knauserigkeit, wenn es um die Ausstattung von Schulen geht. Welche Probleme da auf uns zukämen, läßt sich vielleicht dadurch veranschaulichen, daß schon heute auf hundert Erwerbstätige in den Vereinigten Staaten dreißig Sozialleistungsempfänger kommen.

Schon jetzt gehören die Pensionäre und Rentner in vielen Ländern zum entfremdetsten Teil der Bevölkerung. Mehr als die meisten anderen Schichten leiden sie unter Einsamkeit, dem Gefühl der Nutzlosigkeit, dem Gefühl, als Last empfunden zu werden, unter der Angst der Armut, dem Verlust von Würde, dem Ekel davor, daß ihr einstmaliges Ich durch die Verheerungen des Alters konturlos geworden ist. In den Vereinigten Staaten ging kürzlich an einen Senatsausschuß ein Bericht, daß der Alkoholismus unter den Alten im Steigen begriffen sei.

Im Februar 1974 brachte die Zeitschrift *Gerontologist* einen Gastleitartikel, der mit den Worten schloß: »Wir sollten uns alle darüber im klaren sein, daß das Leben ungemütlicher wird, wenn wir es zu verlängern beschließen.« Und es folgte der Hinweis, die Lage könne dann »verhängnisvoll« werden.

Werden vielleicht unter dem Gesichtspunkt des persönlichen wie des sozialen Wohlergehens die Menschen im Westen schon jetzt alt genug? Wäre die Welt möglicherweise ein angenehmerer Aufenthaltsort, wenn die Ärzteschaft den Strategien zur Förderung der Langlebigkeit durch Manipulation unserer biologischen Uhr weniger Aufmerksamkeit widmete und sie dafür mehr der vorbeugenden Medizin schenkte?

Damit könnten, so meine ich, mehr von uns eine kräftige Gesundheit genießen, solange sie nun mal leben, und dies bei erheblich geringeren Arztkosten. Wir würden weniger Geld für teure Behandlungen und weniger Zeit auf das Sich-miserabel-Fühlen vergeuden. In den Worten eines Mitarbeiters des Amts für Volkszählung: »Wenn man einen Fünfundvierzigjährigen vom Herzschlag errettet, dann ist mehr gewonnen, als wenn man das Leben eines kranken Fünfundsiebzigjährigen verlängert.« Hier wägen wir Menschenleben gegen Menschenleben ab. Doch scheint diese Auffassung sozial gesehen vertretbar.

Sollten wir infolge der Konzentration auf die vorbeugende Medizin ein bißchen länger leben, dann wäre dies sozial erträglich. Ich glaube aber nicht, daß das Ziel größere Langlebigkeit für alle heißen sollte.

Wenden wir uns aber jetzt einem anderen Bereich zu, in dem eine gewaltige Suche nach der Manipulierbarkeit des menschlichen Körpers eingesetzt hat. Es ist die anstehende Revolution dank menschlicher Ersatzteile. Zwar ist das Hauptziel dieser Revolution die Korrektur gewisser Fehlfunktionen des Körpers, doch kann sie insgesamt auch eine Verlängerung der Lebensdauer bewirken. Und sie wirft einen ganzen weiteren Fragenkomplex auf.

22
DER MENSCH ALS TOTALER BAUSTEINKASTEN

> Unser Körper wird dem Auto und
> der Chirurg dem Mechaniker immer
> ähnlicher.
> – *Behavior Today*, November 1975

Zum guten Schluß kommen wir nun zur gröbsten *physischen* Manipulation des Menschen, an der man sich heute versucht: zum Ersatz abgenutzter oder defekter Teile. Der führende Chikagoer Anästhesiologe Vincent Collins sagt dazu: »Wir besitzen die Fähigkeit, einen Menschen zusammenzusetzen.«

Die Lieferung von Ersatzteilen für Menschen ist schon zu einer Multimilliardenindustrie geworden. Im kommenden Jahrzehnt dürften Produktion, Verkauf, Einbau und Wartung menschlicher Ersatzteile zur schnellstwachsenden Industrie der Neuzeit werden. Jedenfalls geldwertmäßig wird sie dem Ersatzteilgeschäft für Autos, möglicherweise sogar der gesamten Autoindustrie den Rang ablaufen. Kliniken werden Ersatzteillager haben wie Autowerkstätten. Beliefert werden sie aus Bezirkslagern.

Mit der Weiterentwicklung dieser Technik werden die Ersatzteile hauptsächlich aus vier Quellen kommen:
1. Anderen Personen – Lebenden, Toten oder lebendig Toten. Eine Fachbezeichnung für den lebendig Toten ist der »Neomort«. Der Werkstattmechaniker bezeichnet die Entnahme erwünschter Teile aus stillgelegten anderen Autos ganz ungerührt als »Kannibalisieren« oder »Ausschlachten«. Die *Medical World News* hat diesen Terminus als vernünftige Bezeichnung vorgeschlagen, die man verwenden könnte, wenn man von der Erlangung menschlicher Organe zu Transplantationszwecken spricht. Oft brauchen jene, denen das Organ entnommen wird, nicht einmal des gleichen Geschlechts wie der Empfänger zu sein.

2. Künstlichen Ersatzteilen. Fachbezeichnung dafür: Prothetik. Gebaut werden sie von Fachleuten, die man Bioingenieure nennt.
3. Tiere. Für besonders anspruchsvolle Zwecke benötigt man Primaten oder auch einen neuartigen Submenschentypus, der eine menschenähnliche Mensch-Affen-Kreuzung darstellt. In anderen Fällen, wo nur Größe und Gestalt wichtig sind, kann ein Kalb oder Schwein besser und billiger sein. Manche der hervorragendsten amerikanischen Transplantationsexperten arbeiten an der Erforschung der Möglichkeit einer Transplantation über die Artgrenzen hinweg.[1] Bescheidene Erfolge haben sie schon bei der Verpflanzung von Organen von Schimpansen, Rhesusäffchen und Waschbären auf Menschen erzielt, insbesondere bei Nierenverpflanzungen.[2] Die ersten Bemühungen sind aus dem gleichen Grunde auf Schwierigkeiten gestoßen, der auch bei der Verpflanzung von Mensch zu Mensch Probleme bereitet, – die Gewebeabweisung. Das Problem wird aber allmählich lösbar.
4. Klone. Diese Lösung ist noch etwas jenseits des Horizonts und wird daher nur beiläufig angemerkt. Joshua Lederberg nennt als einen der Vorteile des Klonen die Tatsache, daß sich damit die Möglichkeit »des freien Organaustauschs ohne Gefahr der Gewebeabweisung« eröffne.

Wie diese Möglichkeit der Nutzung eines identischen Zwillings auf die zwischenpersönlichen Beziehungen wirken würde, ist vage geblieben. Ideal wäre es wohl, wenn Sie einen Klon als reinen Ersatzteillieferanten haben möchten, daß Sie ihn am besten gar nicht, jedenfalls nicht zu gut, kennenlernen.

In einem Bericht ist von »Klonfarmen« die Rede, in denen sich jeder seinen tiefgefrorenen Zwilling als Lieferanten für Organentnahme halten könnte. Doch scheint es ein psychologisches Problem zu geben. Wie kann man einen Zwilling seiner selbst groß genug heranwachsen lassen – mindestens bis zum Alter von dreizehn Jahren –, ohne persönlich mit diesem Wesen irgendwie in Berührung zu kommen, das man bald in die Tiefkühltruhe legen läßt? Wäre das erwünschte Organ zufällig eines, das man erübrigen kann – eine Niere, ein Lungenlappen, ein Stück Haut –, dann könnte es eine Liebesgabe zwischen Zwillingen sein, ohne daß man dazu durch Tiefkühlung das Verhältnis völlig unpersönlich zu gestalten brauchte.

Ehe die Ersatzteiltechnik bei Menschen voll ausgenutzt werden kann, müssen noch zwei Probleme besser als bisher gelöst werden. Das eine ist technischer Natur. Das andere begrifflicher Art.

Das Problem der Immunreaktion

Um einem Menschen ein neues Teil aus einer anderen Quelle als einem Zwilling oder Klon einzupflanzen, muß das Hindernis der Immunreaktion überwunden werden. Das gilt in besonderem Maße, wenn das Ersatzstück lebendes Gewebe darstellt.

Die Immunreaktion (Abstoßung eines Transplantats) ist das Werk des feinen Abwehrsystems des Körpers gegen fremde Eindringlinge. Fremde Organismen werden schnell erkannt und von Lymphozyten angegriffen. Das Transplantat verkümmert. Handelt es sich um ein lebenswichtiges Organ, dann stirbt der Empfänger.

Wissenschaftler haben auf verschiedene Weise versucht, mit dem Abwehr- oder Immunsystem des Körpers fertig zu werden. Die heute gängigste Methode besteht in einer Überwältigung des Immunsystems mit chemischen Präparaten. Einige ziemlich wirksame Präparate sind entwickelt worden. Aber der Preis ist gefährlich hoch. Indem man die natürlichen Abwehrkräfte zerschlägt, wird der Körper ungemein anfällig für das Eindringen von Fremdlingen: Bakterien, Pilzen, Viren. Derzeit besteht die Strategie darin, daß man eine Vielfalt von Präparaten benutzt, um die Anfälligkeit beim Empfänger möglichst zu reduzieren. Die meisten wirken zellteilungshemmend.

Eine andere Strategie ist die Gewebetypisierung, d. h. die Suche nach einer Verträglichkeit der Antigene. Diese stehen als Vorposten an der Außenhaut jeder Zelle des Körpers. Das Ziel besteht nun darin, zwischen den Antigenen des Spenders und denen des Empfängers eine möglichst große Ähnlichkeit zu erreichen. Auf diese Weise löst das Implantat nicht ganz so starke Abwehrreaktionen aus. Bis vor kurzem war dieser Weg noch problematisch, weil die Durchführung der Testserie mehrere Tage dauerte. Während dieser Zeit konnte das erwünschte Organ des sterbenden Spenders unbenutzbar werden. Inzwischen hat aber eine Forschergruppe an der Universität von Wisconsin die Testzeit auf wenige Stunden reduziert.

Weitere denkbare Strategien werden derzeit erforscht. Es gibt Hinweise, daß das mehrwöchige Tränken eines zu verpflanzenden Organs (z. B. Haut) in einer Gewebekulturlösung es für das Abwehrsystem des Empfängers annehmbar macht. Auch die massive Bestrahlung eines Organs vor der Einpflanzung scheint zu helfen.

DAS PROBLEM DER DEFINITION DES STERBEZEITPUNKTS

Handelt es sich um ein lebenswichtiges Organ und muß dieses Ersatzteil von einem Menschen kommen, dann befindet sich dieser gewöhnlich in Todesnähe. Er hat sich einverstanden erklärt, daß ihm nach seinem Tode das gewünschte Organ entnommen wird.

Was aber ist der Tod? Dessen Definition kann für den möglichen Erfolg einer Verpflanzung entscheidend sein.

Bis in die sechziger Jahre hatte sich kaum jemand darüber Gedanken gemacht. Der Tod – das Aussetzen des Lebens – trat ein, wenn das Herz zu schlagen aufhörte und auch nicht wieder zum Schlagen gebracht werden konnte. Das konnte man mit einem Finger am Puls nachprüfen oder, wenn ein Arzt in der Nähe war, mit einem auf die Brust gedrückten Stethoskop. Bestand noch Unklarheit, so konnte man sich noch vergewissern, daß die betreffende Person nicht mehr atmete. Man hielt ihm einen Spiegel vor den Mund. Alle Lebenszeichen verschwanden ziemlich schnell. Binnen weniger Stunden setzte die Leichenstarre ein, falls man noch einer weiteren Bestätigung bedurfte.

Seit Ende der sechziger Jahre sind nun Hunderte von Artikeln in medizinischen, juristischen und ethischen Zeitschriften erschienen über die Frage, wie der Tod neu definiert werden sollte. Denn die medizinischen Techniker hatten Geräte entwickelt, die das Herz schlagen und die Organe des Körpers mit Blut versorgen ließen. Andere Geräte halten auch die Lungen in Aktion, so daß sie den Lebensodem – Sauerstoff – in den Körper hineinpumpten.

Das läßt sich auch mit einem Körper machen, der im übrigen ganz tot erscheint. Viele Lebenszeichen fehlen. Die Augen sind starr und geweitet und zeigen keinerlei Reaktion auf Licht. Kein Nadelstich erzeugt irgendeinen Reflex oder Anzeichen von Schmerz. Die

Zungenmuskeln erscheinen gelähmt. Seit zehn Minuten zeigt sich keinerlei Gehirnstromaktivität. Die vorherige Zickzacklinie des Enzephalogramms ist zu einer Geraden geworden.

Oder aber es gibt zwielichtige Situationen. Der animalische Teil des Gehirns – Hirnstamm und Mittelhirn – weist noch eine gewisse Aktivität auf, aber im »menschlichen« oder Denkteil des Gehirns zeigt sich kaum noch Bewegung. So war es offensichtlich in dem berühmten Fall Karen Quinlan, um den es in dem Verfahren um das Recht zu sterben ging. Sie wurde mit Zwangsernährung, massiver Verabreichung von Antibiotika und Herz-Lungen-Maschine über ein Jahr lang künstlich am Leben gehalten, während sie sich in einem Zustand befand, der als »hoffnungslos dahinvegetierend« beschrieben wurde. Als schließlich ein Gericht die Genehmigung gab, das Beatmungssystem abzuschalten und sie sterben zu lassen, zeigte sich – offenbar zum allgemeinen Erstaunen –, daß sie doch noch schwach in der Lage war, zu atmen und Blut durch die Adern zu pumpen.

In offenkundig hoffnungslosen Situationen, wo ein Patient an einer tödlichen Krankheit leidet oder in irreversiblem Koma liegt, zögern einige Ärzte, sich nicht sämtlicher verfügbarer, wunderbar lebenserhaltend wirkender Technologien zu bedienen. Sie befürchten Gerichtsverfahren wegen sträflicher Unfähigkeit im Beruf oder, schlimmer noch, eine Anklage wegen Beihilfe zum Totschlag.

1977 gestattete Kalifornien als erster Staat, daß eine Person, die weiß, daß sie stirbt, ein sogenanntes »Lebensvermächtnis« abgibt. Sie kann die Einstellung außergewöhnlicher Lebenserhaltungsverfahren gestatten oder fordern. Der Kranke muß selbst diese Weisung geben (was Miß Quinlan z. B. ausschließen würde, denn sie befand sich im Koma). Und es muß vor zwei Zeugen geschehen, die in keinerlei Weise von dem Tod profitieren können.

Hauptgrund für das Drängen auf eine Neudefinition des Todes ist aber nicht einfach die Ungewißheit wegen der neuen Lebenserhaltungssysteme. Vielmehr liegt ihm der Wunsch zugrunde, die Organe eines offenkundig Sterbenden frisch zu erhalten. Organe im Körper von »Personen«, die ohne Lebenserhaltungssysteme offenkundig tot wären, lassen sich tage- oder wochenlang frisch halten. Sie können so lange frisch gehalten werden, bis alle Vorkehrungen getroffen sind, um einen verzweifelt kranken potentiellen Empfänger aufzumachen, und bis die Genehmigung zur Entnahme von Organen des Neomort von den nächsten Verwandten eingeholt ist. Ist nun ein solcher Spender tot, oder lebt er noch?

Höchst unerfreuliche Situationen sind eingetreten. In Birmingham in England hatten Chirurgen ein älteres Unfallopfer schon aufgeschnitten, das für tot erklärt worden war. Sie brauchten eine lebende Niere. Sie stellten die Operation ein, als der Betreffende Lebenszeichen von sich gab. Ein paar Stunden später starb er dann endgültig.

Im allgemeinen möchten Verpflanzungschirurgen einen offensichtlich Sterbenden möglichst schnell für tot erklärt wissen. Damit bleibt ihnen mehr Zeit, alle Vorkehrungen für die Entnahme des benötigten Organs zu treffen, während entsprechende Maschinen dafür sorgen, daß Herz und Lunge des Spenders weiterfunktionieren. Haben sie die Wahl, dann ziehen sie Spender vor, die langsam an einer Krankheit sterben, die das gewünschte Organ nicht beeinträchtigt. Das vereinfacht alle nötigen Genehmigungen und Vorbereitungen gewaltig.

Die obigen Überlegungen haben inzwischen unter der Ärzteschaft weitgehende Übereinstimmung gezeitigt, daß der Tod nicht im Herzen eintritt, sondern im Gehirn. Die Chirurgen möchten sich den Weg zum Herzen gerne frei halten. Die Gerichte schließen sich allmählich dieser Auffassung an.

Es gibt plausible medizinische Gründe für diese Verlagerung des besten »Todes«-anzeigers ins Gehirn. Mit den modernen Wiederbelebungstechniken läßt sich ein Herz, das zu schlagen aufgehört hat, noch fast zehn Minuten reaktivieren. Und ein geschwächtes Herz kann mit mechanischer Hilfe monatelang am Schlagen gehalten werden.

Im Gegensatz dazu geht der Denkteil des Gehirns wesentlich zugrunde, wenn der Blutstrom über drei Minuten unterbrochen war. Und er läßt sich nie wiederbeleben. Praktisch das gesamte Gehirn ist zerstört, wenn die Unterbrechung acht Minuten lang anhält. Übermäßig konservativ zum Gehirntod äußerte sich ein Mitarbeiter des US-Instituts für Neurologische Krankheiten und Schlaganfall. Er sagte, wenn das Gehirn eines Patienten eine halbe Stunde lang keinerlei elektrische Aktivität aufweise, sei er »so tot, wie er toter nicht sein kann«. Das Oberste Gericht von New York hat inzwischen anerkannt, daß jemand anhand gehirnbezogener Kriterien für tot erklärt werden darf.

1975 brachte das *British Medical Journal* einen Artikel, in dem eine drastische Begründung dafür zu lesen stand, warum ausgehend vom Gehirn auf den Tod geschlossen werden solle: »Der Begriff des Gehirntodes ist dem Laien zwar nicht ohne weiteres klarzumachen, aber vielleicht hilft das extreme Beispiel des Opfers der Guillotine weiter. Kein Mensch würde den Rumpf, nachdem der Kopf abgetrennt ist, noch als lebendes Individuum bezeichnen, und doch ließe sich der Rumpf wiederbeleben und ließen sich die Organe noch beträchtliche Zeit am Leben erhalten.«

Manche Mediziner argumentieren sogar, für die Organverpflanzung und Forschung wäre viel gewonnen, wenn der Tod als irreversibler Verlust der Kortikalfunktion definiert würde. Hat die Großhirnrinde zu funktionieren aufgehört, so hat ihr Besitzer sämtliche Merkmale einer lebendigen, menschlichen Person verloren. Zwar könnte der Körper – sogar Teile des Gehirns – noch »leben«, aber er habe seine menschliche Qualität eingebüßt. Handelt es sich also nicht mehr um ein menschliches Wesen, so fragen sie, warum sollte dann die Organausleihe nicht genau so zulässig sein wie bei allen anderen Lebewesen?

Andere sind der Auffassung, in der heutigen Welt sollten die Organverpflanzer jeder Leiche Organe entnehmen dürfen, sofern nicht eindeutige Beweise vorliegen, daß die frühere Person etwas anderes bestimmt hat. Bis man die nächsten Verwandten gefunden und von ihnen die Genehmigung eingeholt hat, ergeben sich oft schwere Verzögerungen und hektische Szenen im Operationsraum. Inzwischen ist es gängige Praxis, daß man in der Brieftasche eine Karte trägt mit der Erklärung, man vermache seinen Körper einer Forschungseinrichtung oder erlaube die Verwendung bestimmter Organe zu Transplantationszwecken. Die Zahl der Menschen, die eine solche Karte bei sich tragen, geht in die Tausende.

Geht es bei benötigten Organen um Leben oder Tod, dann kann auch Geld eine Rolle spielen. Im Mai 1974 widmete die *Michigan Law Review* über hundert Seiten der Analyse von Problemen, die sich »aus dem Verkauf menschlicher Körperteile« ergeben. Eine

Prüfung sei angebracht, hieß es darin, weil »praktisch jeder Teil des menschlichen Körpers heute schon weiterverwendbar ist oder bald weiterverwendbar wird«. Ganze Abschnitte galten Themen wie der »Routineentnahme von Organen bei Nichtvorliegen eines Einspruchs«, der »lebenden Quelle als Verkäufer« und dem »Verkauf von Leichenteilen«. Die Darstellung befaßte sich mit den Umständen, unter denen die Überlassung des Körpers steuerlich begünstigt werden oder Anspruch auf eine beitragsfreie Lebensversicherung geben könnte. Und sie warf so zukunftsträchtige Fragen wie diese auf: »Kann ein Schuldner seine Niere als Kreditsicherung einbringen? Kann man jemand zwingen, seine Niere zu verkaufen, um einem Zahlungsbefehl nachkommen zu können?« Der Organmarkt, so meinte der Verfasser, sollte so geregelt werden, daß die Öffentlichkeit gegen derlei Mißbrauch geschützt ist.

Hier ein Beispiel, wie Organe zum Verkauf angeboten werden. Im Juli 1975 war im Anzeigenteil der *New York Times* diese Notiz zu lesen: »Dreißigjähriger, bei bester Gesundheit, möchte Niere gegen Bezahlung spenden. Preis Verhandlungssache. 274-2750.« Nach dem *Hastings Center Report* geht die Zahl der Leute, die bei der Nationalen Nierenstiftung anrufen und eine Niere zum Verkauf anbieten, schon in die Hunderte. In einer Zeitungsannonce wurden 5 000 Dollars gefordert.

In der sowjetischen wie amerikanischen Presse ist die Möglichkeit erörtert worden, künftig könnten Mörderbanden durch Körperteilschmuggel das große Geld machen. Die Teile könnten an Hehler gehen, die Leute ausfindig machen könnten, denen so viel an der Rettung eines Menschenlebens läge, daß sie nicht lange fragen würden, woher die Teile stammen.

Findet eine Verpflanzung statt, so sollten deshalb in den Kliniken Aufsichtspersonen vorhanden sein, die die Quelle des zu verpflanzenden Organs ebenso nachprüfen wie die Frage, ob der Patient, dem man ein dringend benötigtes Organ entnehmen will, auch gesetzlich tot ist.

Das Problem der Todesdefinition stellt sich nicht, wenn das zu verpflanzende Teil einem Tier entnommen oder künstlich hergestellt wird. Und im letzteren Fall reduziert sich die Gefahr einer Immunreaktion, da keine fremden Organismen im Spiel sind.

Der freundliche und hochangesehene New Yorker Psychiater Willard Gaylin hat sich eingehend mit den Möglichkeiten des »Aberntens« der lebendig Toten beschäftigt.[3] Er spann einfach den logischen Faden der technischen Fortschritte der Medizin von heute weiter und gelangte zu dieser Version von morgen:

In speziell eingerichteten »Bioemporien« lagern in säuberlichen Reihen an künstliche Beatmungsgeräte angeschlossen »lebende Kadaver«. Da ihre Hirne zu funktionieren aufgehört haben, gelten sie vor dem Gesetz als tot. Aber es sind »warme, atmende, pulsierende, absondernde und sich entleerende Körper«. Man muß sie füttern und instand halten, und sie »ließen sich auf diese Weise wohl jahrelang in Gang halten«.

Diese Neomortenbanken, so Gaylin, könnten der Wissenschaft ungemein nützlich sein. So zum Beispiel für folgende Zwecke:

– Zur Ersatzteilhaltung. Wichtige Organe lassen sich schwer lagern. In einem Bioemporium ließen sich Neomorte einlagern, deren einzelne Körperteile auf dem Computer nach allen wichtigen Daten einschließlich der Verträglichkeit katalogisiert sind. Damit hätte man ein sehr viel leistungsfähigeres Lagersystem für die künftige Verpflanzung von Organen wie Lunge, Niere, Herz, Eierstock. Blut ließe sich regelmäßig entnehmen. Knochenmark, Knorpel und Haut könnte man nach Belieben ernten. Die Neomorten könnten auch als Hersteller von Hormonen, Antitoxinen und Antikörpern genutzt werden.

– Zur ärztlichen Aus- und Fortbildung. Assistenz- und Krankenhausärzte könnten Rückenmarkpunktierungen, Hautverpflanzungen, Augenoperationen, Entfernung von Nieren und Hoden sowie größere Gesichtsplastiken üben.

– Zu medizinischen Experimenten. Die Neomorten könnten das fehlende Glied in der Kette beim Übergang von Tierversuchen zur Erprobung von Drogen und neuen chirurgischen Verfahren am Menschen darstellen. Hätten wir solche Körper verfügbar, dann brauchten wir nicht mehr »Häftlinge, geistig zurückgebliebene Kinder und Freiwillige« einzusetzen.

Gaylin versuchte sich auch an einer Kosten-Nutzen-Analyse, und da hört er sich nachgerade zynisch an. Und schließlich landete er bei dem, was wohl seine Hauptthese sein dürfte, daß das alles natürlich auf Kosten menschlicher Wertvorstellungen gehen würde. Verlöre sich im Laufe der Zeit und entsprechender erzieherischer Einwirkung das Widerliche an all dem? Vielleicht ja, aber wäre das auch gutzuheißen? Und mit sanfter Stimme läßt er durchblicken, nach Auffassung mancher Leute sei Ekel »letztlich eine wesenhaft menschliche Regung, deren Beseitigung unser aller Dasein mindern und einen Preis fordern könnte, dessen Fälligkeit weder ihrer Art noch ihrem Zeitpunkt nach auch nur ein Mensch zu ahnen vermag«.

Er stellte die Frage, ob der Ekel nicht vielleicht »eines jener Bestandteile des Menschseins ist, die uns wenigstens davor bewahren, daß wir unter den begrenzten Anstands- und Kulturpegel absinken, den wir heute noch mühsam bewahren«. Und er folgert daraus, daß lebenserhaltende Maßnahmen dann vielleicht nicht mehr gerechtfertigt seien, wenn sie »gerade die Qualitäten auslöschen, die das Leben lebenswert machen«.

Heute verpflanzbare Teile des Körpers

Es gibt nur noch wenige Teile des Körpers, die sich heute noch nicht ersetzen lassen, mindestens teilweise. Zu letzteren zählt das Gehirn, aber wie wir gleich sehen werden, wird auch daran schon gearbeitet.

Wir können damit rechnen, daß binnen eines Jahrzehnts reiche Leute in ihren vordem kranken oder zerschlagenen Leibern bis zu einem Dutzend Körperteile herumtragen, mit denen sie nicht geboren wurden. Dabei zähle ich Dinge wie Perücken, kosmetische Brüste und falsche Zähne noch nicht einmal mit (schon heute werden gelegentlich falsche Zähne chirurgisch richtig in den lebenden Kiefer eingepflanzt und dort verankert).

Die Strukturteile unseres Körpers sind heute schon weitgehend ersetzbar durch Transplantate oder künstliche Ersatzteile. Praktisch jeder Knochen und jede Sehne läßt sich künstlich nachmachen. Kieferknochen, Finger, Handgelenke, Knochen fürs Ohrinnere, ein Stück Schädelknochen, eine komplette Schulter oder Hüfte – Sie brauchen's bloß zu sagen. Die künstliche Hüfte ist ein Gottesgeschenk für die ansonsten gesunden über Fünfundsiebzigjährigen. Am anfälligsten für Siechtum und Angewiesensein auf andere dürften sie wegen einer brüchig gewordenen Hüfte sein. Mit am schwierigsten nachzumachen war der gesamte Schultermechanismus. Jetzt gibt es ihn.

Haut, Arterien, Nerven, Hornhäute, Haare, all das läßt sich transplantieren vom eigenen Körper oder dem eines Spenders. Aus irgendeinem Grund rufen Arterien-, Knochen- und Hornhautverpflanzungen nur selten eine zerstörerische Immunreaktion hervor. Blut läßt sich fast so problemlos austauschen, wie sich ein Ölwechsel im Auto vollziehen läßt, nur daß es teurer ist. Während der Olympischen Spiele von 1976 gab es Gerüchte, einige Langstreckenläufer gewännen dadurch einen Wettbewerbsvorsprung, daß sie an den lauffreien Tagen ihr Blut austauschen ließen.

Viel aufregender ist der Ersatz der lebenswichtigen Funktionsorgane des Körpers. Hiermit meine ich Organe wie Leber, Milz, Nieren, Herz, Lunge, Bauchspeicheldrüse, Gehirn, Brustdrüse, Eierstock und Hoden. In jedem dieser Organe geschieht ein Verarbeitungsvorgang. Aber für fast alle diese Organe werden Fortschritte vermeldet. Inzwischen sind schon die ersten Kataloge für die jeweils in Lagerräumen verfügbaren Ersatzteile erschienen.

Die erste große Erfolgsstory der Verpflanzung eines lebenswichtigen, verarbeitenden Organs betraf die Niere. Die Niere ist eine Waschmaschine mit ein bißchen Chemie dazu. Sie filtert aus unserem Blut die ständig sich sammelnden Abfälle heraus. Die Abfälle gehen als Harn in die Blase. Obwohl der menschliche Körper nur etwa fünf Liter Blut enthält, pumpt das Herz Tag für Tag etwa zweitausend Liter dieses Blutes durch die Nieren!

Die Abfallstoffbeseitigung geschieht durch Millionen winziger Filter und Röhrchen. Die Abfallstoffe können in die Blase durchsickern, nicht dagegen die relativ großen Blutkorpuskel. Werden die Nieren durch eine Infektionskrankheit, einen Mangel oder einen Unfall beschädigt, dann klappt das Filtern nicht mehr. Die Gifte aus den Abfallstoffen stauen sich erbarmungslos und schmerzhaft. Bis vor einigen Jahren brachten sie den Niereneigentümer meist langsam, aber sicher zu Tode.

Heute gibt es Aberzehntausende Menschen mit Nierenversagen, bei denen die Filterarbeit auf andere Weise erledigt wird: entweder durch externe Dialyse-(Filter-)Maschinen oder duch eine neue, eingepflanzte Niere.

Ein noch unvollkommener erster Filter gelang 1943. Es war dies die Zeit, da man wegen der Immunreaktion jegliche Transplantation für unmöglich hielt. Der geniale Filtererfinder, Willem Kolff aus Holland, gehört immer noch zu den Kapazitäten des künstlichen Baus menschlicher Organe. Sein Nierendialysegerät entwickelte er, während die Nazis sein Land besetzt hielten.

Später ging er an die Cleveland-Klinik, die inzwischen für ihre Leistungen auf dem Gebiet der künstlichen Organe berühmt geworden ist. Heute läßt er gemeinsam mit einer Forschergruppe am Biomedizinischen Institut der Universität von Utah seinem Genie freien Lauf.

Für die Entwicklung seines Dialysegeräts machte sich Kolff zwei damals ziemlich neue Erfindungen zunutze. Die eine hieß Zellophan, eine Membrane, die gerade so porös ist, daß sie die Giftstoffe im Blut in eine Reinigungsflüssigkeit durchsickern läßt. Die andere heißt Heparin und ist ein blutverdünnendes Präparat, das ein Gerinnen des Blutes während des Waschvorgangs verhindert.

Heute verbringen allein in Amerika mindestens fünfundzwanzigtausend Menschen einen beträchtlichen Teil ihres Lebens an einer Dialysemaschine. Die einen gehen dreimal wöchentlich für eine fünf- bis sechsstündige Reinigung zur ambulanten Behandlung. Derzeit liegen die Kosten bei mindestens 450 Dollar pro Woche oder rund 22000 Dollar jährlich. Die anderen haben ein Heimgerät für 5000 Dollar mit einem Hundertlitertank Reinigungsflüssigkeit. Anfang der siebziger Jahre wurde in ziemlich unklaren Vorschriften beschlossen, daß im Rahmen des Gesundheitsvorsorgesystems *Medicare* 80 v. H. der Kosten übernommen werden können. Inzwischen sind die dafür veranschlagten Jahresbeträge auf das Doppelte angewachsen und dürften binnen einiger Jahre die Milliardengrenze erreichen. Besonders unklar sind die Vorschriften über die Anrechnungsfähigkeit der Arztpauschale. Genannt ist ein Honorar von monatlich 200 Dollar pro Patient als Pauschale für die Überwachung und den Bereitschaftsdienst, falls etwas schiefgeht. Der Entwurf eines Berichts des Finanzplanungs-Unterausschusses des Haushaltsausschusses des Repräsentantenhauses stellt fest, ein Arzt, der für einhundert Patienten Bereitschaftsdienst mache, könne allein nach diesen Vorschriften eine Pauschale von jährlich 240000 Dollar einstreichen.[4]

Die jetzige Forschung konzentriert sich auf ein tragbares Gerät, damit die Leute nicht immer so lange still liegen müssen. Ein Koffergerät ist entwickelt worden, mit dem jemand ein paar Wochen verreisen kann. Kolff, der eine künstliche Niere anstrebt, die wie ein Wanderrucksack getragen werden kann, hat jetzt einen Siebenpfünder, mit dem der Patient während der Behandlung wenigstens gelegentlich umhergehen kann.

Ein weiterer erheblicher Nachteil der Dialysemaschine liegt darin, daß sie gewöhnlich das Blut nicht ganz so sauber reinigt wie eine echte Niere. Viele Patienten, die mit dem Gerät leben müssen, beklagen sich über Schlappheit und Lustlosigkeit. Manchmal geht ihre Gesichtsfarbe ins Graue.

Besser ist deshalb schon die Lösung mit einer Nierenverpflanzung, wenn sie funktioniert. Mechanisch geht es dabei in erster Linie um den Anschluß der Ersatzniere an eine Vene oder Arterie und das zur Blase führende Rohr. Ein großes Problem aber besteht darin, den Patienten mit seiner neuen Niere am Leben zu erhalten. Wie findet man eine Niere bei einem anderen Menschen, die der Körper des Empfängers nicht automatisch abstößt? Und wie vermeidet man eine Schädigung dieser Niere, bis die Verpflanzung stattfinden kann? (Einbetten der Ersatzniere in Eiswasser hilft.)

Die Pioniertat der Nierenverpflanzung gelang Anfang der fünfziger Jahre an der Peter-Bent-Brigham-Klinik in Boston. Und die erste erfolgreiche Nierenverpflanzung beim Menschen geschah ebenda 1954 durch ein Team unter Leitung eines alten Bekannten von mir, Joseph Murray. Ein schlanker, herzensguter, stiller Mann. Damals – 1954 – wußte man noch sehr wenig von irgendwelchen Strategien zur Bekämpfung der Immunreaktion.

Murrays Team wagte den Kopfsprung ins kalte Wasser mit eineiigen Zwillingen. Da eineiige Zwillinge auch identische Gene besitzen, dürfte, wie er meinte, kein ernstes Immunproblem auftreten. Einer der Zwillinge lag im Sterben. Sein Zwillingsbruder war bereit, eine seiner beiden Nieren zu spenden.

Jedermann wird mit zwei Nieren geboren. Warum hat jeder Mensch zwei Nieren, zwei Lungen und zwei Hoden oder zwei Eierstöcke, aber nur ein Herz? Die paarigen Organe – sie sind alle höchst verwundbar – sind wohl von der Natur deshalb eingebaut worden, um bei Unfällen eine größere Überlebenschance zu geben. Das Herz hätte wohl eine allzu präzise Synchronisierung vorausgesetzt, als daß sich eine Paarung angeboten hätte. Wie dem auch sei – der Mensch kann ganz gut mit einer Niere auskommen. Er verliert meist nur eine zusätzliche Sicherheit.

Die Verpflanzungsoperation des Murray-Teams an den Zwillingen war ein schlagender Erfolg. Der Zwilling, der die Niere erhalten hatte, heiratete bald darauf die Krankenschwester, die ihn gepflegt hatte. Er wurde Vater und lebte noch acht Jahre, ehe er an Herzversagen starb. Die Krankheit, die seine Niere befallen hatte, hatte sein Herz geschwächt.

Murray und seine Mannschaft nahmen weitere Verpflanzungen zwischen eineiigen Zwillingen vor, meist mit Erfolg. Als sie sich an einen zweieiigen Zwilling wagten, setzten sie zur Minderung der Immunreaktion Bestrahlung ein. Sieben Jahre nach ihrer ersten Verpflanzung konnten sie neuentdeckte Präparate benutzen, die die Immunreaktion unterdrücken. Diese Präparate eröffneten erstmals die Möglichkeit, bei der Verpflanzung lebenswichtiger Organe auch Nichtzwillinge einzubeziehen.

Immer noch ist es nützlich, wenn zwischen Spender und Empfänger Blutsverwandtschaft besteht. Eine Schwester kann ihrem Bruder eine Niere geben, ein Vater seiner Tochter. Auch eine Frau kann ihrem Mann eine Niere spenden, da aber in diesem Fall keine Blutsbande gegeben sind, stehen die Chancen für eine erfolgreiche Verpflanzung nur durchschnittlich.

Doch der Überlebens-»Durchschnitt« verbessert sich. In unserer Welt gibt es über zwanzigtausend Menschen mit verpflanzter Niere. Einige dieser Verpflanzungen wurden vor über achtzehn Jahren vorgenommen. Stammt die eingesetzte Niere von jemand, der erst vor kurzem gestorben ist, dann stehen die Chancen, daß der Empfänger weiterleben wird, heute bei über 70 v.H. Stammt sie von einem Blutsverwandten, dann nähert sich die Erfolgsrate jetzt 90 v.H.

Viele europäische Länder haben sich in *Eurotransplan* zusammengeschlossen, das regelmäßig ein umfangreiches Verzeichnis der Transplantatsucher und möglicher Spender veröffentlicht.

Fast alle übrigen lebenswichtigen Funktionsorgane stellen sich als schwieriger ersetzbar als die Niere heraus.

In der Welt gibt es heutzutage mehrere Stellen, die auf breiter Front die Probleme der Erfindung künstlicher Organe – einschließlich eines mechanischen Herzens – anpacken. Zu den bekanntesten Zentren gehört die Cleveland-Klinik.

Besuch bei einem führenden Organbauer

In einem bescheidenen, geduckten Nebenbau hinter einer Tankstelle gegenüber der riesigen Cleveland-Klinik wird Geschichte gemacht. Das Gebäude schließt einen der wenigen Viehställe Clevelands ein und enthält die beste Bibliothek der Welt über künstliche Organe. In ihm befindet sich auch die Klinikabteilung für künstliche Organe, deren Gründer Willem Kolff war. Heute steht ihr Yukihiko Nosé vor, ein Organfachmann, den man als Nachfolger Willem Kolffs aus Japan holte.

Nosé ist ein jugendlicher, hochgewachsener, bebrillter und meist strahlender Mann, der fließendes Umgangsenglisch spricht. Zu seinen Mitarbeitern gehören nicht nur Spezialärzte, sondern auch Ingenieure, Elektroingenieure, Chemiker und Biomedizinaltechniker sowie Biochemiker und Polymerchemiker. Etwa ein Drittel des über dreißigköpfigen Mitarbeiterstabes kommt nicht aus den Vereinigten Staaten, sondern aus Ländern wie Österreich, Italien, Chile, Brasilien und Japan.

Die Abteilung befaßt sich ausschließlich mit künstlichem Ersatz für lebenswichtige Funktionsorgane im Rumpf, der schwierigsten Aufgabe im Bereich künstlicher Körperteile also.

Nosé führte mich durch die mit beträchtlichen Bundesmitteln geförderte Anstalt. Da waren die Operationszwillingssäle, die durch eine Überwachungsstelle voneinander getrennt sind. Der eine Operationssaal wird ausschließlich für Tieroperationen verwendet, die wöchentlich zur Erprobung künstlicher Herzen oder Herzteile und ihrer Funktionsfähigkeit durchgeführt werden. »Morgen«, sagt

Nosé, »werden wir einem Kalb das natürliche Herz entnehmen, ein künstliches Herz einsetzen und es so lange wie möglich am Leben halten. Wir probieren eine neue Version aus.«

Der andere Operationssaal wird für chirurgische Eingriffe im Zusammenhang mit der Entwicklung künstlichen Ersatzes für andere lebenswichtige Organe wie Leber, Lunge, Bauchspeicheldrüse und Nieren benutzt. Jawohl, Nieren. Nosé hofft noch den Tag zu erleben, an dem das Opfer eines Nierenversagens tatsächlich eine künstliche Niere im Körper oder doch wenigstens als tragbares Gerät außerhalb des Körpers mitführen kann. In letzter Zeit hat sich der Mitarbeiterstab mit einer Leichtglasröhre beschäftigt, die mit Kohle und anderen Substanzen gefüllt ist. Eine derartige Vorrichtung würde nicht nur die Unannehmlichkeit beseitigen, daß man Woche für Woche fünfzehn Stunden lang an eine Dialysemaschine angeschlossen werden muß, sondern die Kosten des Nierenersatzes könnten dadurch erheblich gesenkt werden.

Von den Operationssälen aus begeben wir uns in den Stall, in dem vor allem Kälber sowie ein paar Schafe stehen. Viele tragen einen Verband am Hals oder an der Flanke. Ein Kalb mit einem großen Einschnitt lebt schon seit einigen Monaten mit einer künstlichen Hauptschlagader. In einem anderen Pferch steht eine zufriedene Kuh, in der neben ihrem natürlichen Herzen schon seit drei Jahren ein künstliches Herz passiv schlägt.

Seit meinem Besuch haben Nosé und seine Mitarbeiter (1976) medizinische Geschichte gemacht, indem sie ein Kalb mit völlig künstlichem Herzen 145 Tage lang am Leben hielten. Das natürliche Herz des Kalbes war herausgenommen worden.

Der Grund, warum man so oft Kälber verwendet, liegt darin, daß ihre Brusthöhle größenmäßig etwa der des Menschen entspricht. Nosé würde lieber große Hunde wie Bernhardiner benutzen, aber die öffentliche Meinung steht ihm da im Weg. Tierversuche an Hunden brächten viele Leute auf, erläutert er mir. »Kälber scheinen sie nicht zu stören, aber bei Hunden gehen sie auf die Palme. Das macht die Sache problematisch, denn Hunde wären besser geeignet. Sie lassen sich abrichten, so daß sie sich nach der Operation verhalten, wie wir das gerne möchten, während Kälber da nicht mitmachen. Außerdem nehmen Kälber nach dem chirurgischen Eingriff an Körpergewicht und -größe zu.«

Sodann begeben wir uns in eine Art Museum, wo alle bei Tierversuchen bislang benutzten künstlichen Organe in flüssigkeitsgefüllten Gläsern aufbewahrt werden. Zumeist sind die Organe aus kunststoff- oder gummiähnlichem Material. In einem Behältnis befindet sich eine natürliche menschliche Herzklappe, die in ein Kunstherz eingenäht ist.

Auf einem Tisch liegt ein durchsichtiger Kunststoffbehälter, in dem sich ein Gummiherz befindet. Ein Assistent demonstriert es mir. Er bläst in eine der »Herzkammern«, und nun sieht man durch den Kunststoff, daß das einliegende künstliche Herz klopft wie ein natürliches Herz.

Nosé hält ein Teilstück eines Kunstherzens hoch. Er sagt, es sei von einem Kunststoffilm umgeben, doch im Innern befinde sich »biologisches« Material. Bei künstlichen Organen, die Blut verarbeiten müssen, gelte ein Großteil der Forschung dem Material für die Oberfläche des »Herzens«. Die Annahme, daß bei Verwendung künstlicher Organe die Immunreaktion kein besonders großes Problem darstellen würde, hat sich als richtig erwiesen. Ein schweres Problem entsteht jedoch, wenn das Organ irgendwie mit Blut zu tun hat. Wie bereits erwähnt, gerinnt das Blut sehr leicht oder wird beschädigt, wenn es sich außerhalb eines lebenden Gewebes befindet. Wie umgeht man nun einerseits die Immunreaktion bei lebendem Gewebe und andererseits die Gerinntendenz des Blutes bei Verwendung künstlichen Materials?

Nosé hofft, mit »biologischen Materialien« etwa vergleichbar gegerbtem Schuhleder die Antwort auf diese Frage zu finden. Und er fährt fort: »Bei biologischen Zusätzen – also keinem lebenden biologischen Material – gelangen wir zu besseren Ergebnissen.« Blut gerinnt dann nicht so leicht.

Alsdann kommen wir zu einer Vorrichtung, die entfernt einem Toastapparat aus Glas ähnelt. Eine Kunstleber, die außerhalb des Körpers funktioniert. Derzeit verwenden die Forscher für die metabolischen Aufgaben der Maschinen-»leber« ganz frische Tierleberscheiben. Nosé sagt mir, die Leber sei von allen Rumpforganen am schwierigsten zu simulieren. Wenn wir essen, wird die Nahrung im Magen vorverarbeitet und geht danach in die Leber. In der komplizierten Fabrik, die die Leber darstellt, werden die Nahrungselemente in eine Form verarbeitet, die der Körper benutzen kann, vor allem als Energiequelle. Ein Teil des Problems der Lebersimulation besteht nach Nosés Worten darin, »daß wir so wenig wissen, wie sie funktioniert«. Doch auch ohne volle Kenntnis ihrer Funktionsweise kann seine Gruppe jetzt die meisten »kritischen Funktionen« der Leber in einer Kunstleber darstellen.

Die Leber gehört auch zu den schwerstverpflanzbaren lebenden Organen. Interessanterweise ist bei der Leber das Problem der Immunreaktion nicht so groß wie bei vielen anderen Organen. Aber nach dem Tode zerfällt die Leber schneller als fast jedes andere Organ. Deshalb wurde bei manchen Frühversuchen der Rettung eines Menschenlebens im Falle eines Leberversagens eine Verbindung zur Leber eines *eben erst geschlachteten* Schweins hergestellt. Die ersten Erfolge bei der Verwendung einer natürlichen Menschenleber stellten sich an der Universität von Colorado ein. In der ganzen Welt ist bis heute wohl etwa dreihundertmal eine natürliche Leber verpflanzt worden. Einige Empfänger haben danach über fünf Jahre lang weitergelebt.

Auch an künstlichen Lungen arbeiten Forscher der Cleveland-Klinik. Ich sah mehrere Muster, die in Tieren ausprobiert worden waren, allerdings nur mit geringem Erfolg. Bei der Entwicklung von Lungenmaschinen außerhalb des Körpers waren die Fortschritte größer.

Die Lungen absorbieren den Sauerstoff der Luft und stoßen das übrigbleibende Kohlendioxyd wieder aus. Seit mehreren Jahren werden Lungenmaschinen dazu benutzt, Patienten während Herzoperationen mehrere Stunden lang am Leben zu halten. Nosé hofft, daß sein Team bald eine Vorrichtung entwickeln kann, mit der sich Patienten mindestens mehrere Monate lang am Leben erhalten lassen.

Eine Lunge ist sogar noch schwerer zu verpflanzen als die Leber. Bislang sind nur ein paar Dutzend Verpflanzungen vorgenommen worden, wobei die meisten Patienten weniger als ein Jahr weiterlebten, zudem die Lungentüchtigkeit weit unter 100 v. H. lag. Schon die Operation selbst ist schwierig. Das Hauptproblem aber liegt darin, daß die Lunge das einzige lebenswichtige innere Organ ist, das stets für Infektionen aus der Luft, die wir atmen, anfällig ist.

Fast so schwierig wie die Lunge ist die Bauchspeicheldrüse zu verpflanzen. Patienten mit erfolgreich verpflanzter Bauchspeicheldrüse zählen in der ganzen Welt nur nach ein paar Dutzenden. Andererseits läßt sich die Bauchspeicheldrüse relativ einfach künstlich nachmachen. Dieses Organ steuert den Zuckerspiegel. Funktioniert es fehlerhaft, dann werden wir zuckerkrank. Die Cleveland-Klinik besitzt Vorrichtungen, die außerhalb des Körpers ganz gut funktionieren. Forscher an verschiedenen Stellen haben damit angefangen, Modelle auszuprobieren, die innerhalb des Körpers angebracht werden sollen.

Erste Vorarbeiten sind an der Klinik auch mit einer künstlichen Gebärmutter gemacht worden, ein Organ, an dem Nosé in Japan vor allem gearbeitet hatte.

Das Kunstherz aber erheischt jetzt von Seiten Nosés und vieler seiner Mitarbeiter die größte Aufmerksamkeit.

Auf dem Weg zum kompletten Kunstherzen

Meine Leser wissen sicher, daß der ersten Welle von Verpflanzungen echter Menschenherzen – angefangen bei Christiaan Barnards Versuch von 1967 – eine große Enttäuschung folgte. Durchschnittlich lebte nur jeder zehnte Empfänger ein ganzes Jahr weiter. Die meisten starben an Infektionen oder wegen der Immunreaktion. Das Interesse schlief ein.

Einer aber blieb dabei. Bei der Entwicklung der Technik, die Barnard benutzte, hatte er eine wichtige Rolle gespielt. Es handelt sich um den stillen, reklamescheuen Norman Shumway von der medizinischen Fakultät der Stanford-Universität. 1968 fing er an, monatlich eine Herzverpflanzung vorzunehmen. Er kam zu dem Schluß, viele Fehlschläge der ersten Zeit seien auf den sehr schlechten Körperzustand der Patienten zurückzuführen gewesen. Wegen ihrer Herzkrankheit standen sie dem Tod so nahe, daß ihre Nieren oder Lungen schon aus diesem Grunde zu versagen begonnen hatten. Also beschränkte er die Verpflanzung auf Personen, die jünger als fünfundfünfzig waren und bei denen gute Aussicht bestand, daß sie den Schock einer schweren Operation durchstehen würden. Des weiteren entwickelte er ein Verfahren für die Gewinnung winziger Probeschnipsel eines implantierten Herzens, um die ersten Anzeichen einer Immunreaktion sofort feststellen zu können. Wie nun schnipselt man an einem Herz herum, das sich in einem Körper befindet? Er führt eine Schneidevorrichtung in die Halsader ein und dringt langsam bis ins Herz vor. Allmählich begann er die neuen Präparate zu benutzen, die eine Steuerung der Immunreaktion ermöglichen, sowie die neue Technik der Lagerung von Herzen, bis er zur Verpflanzung bereit war.

Im Weltdurchschnitt beträgt die Erfolgsrate bei Herzverpflanzungen auch heute noch nur ein Zehntel Patienten, die mindestens ein Jahr weiterleben. Im Gegensatz dazu hat bei Shumway jeder dritte Patient eine langfristige Überlebenschance.

Indessen haben seit 1967 kaum dreihundert Personen ein Spenderherz eingesetzt erhalten. Und Jahr für Jahr sterben Hunderttausende an Herzversagen.

Das hat in der ganzen Welt ein gewaltiges Interesse an der Entwicklung künstlicher Herzen und künstlicher Herzteile wachgerufen. Diese ließen sich serienproduzieren. Die Immunreaktion würde erheblich gesenkt. Und es gäbe kein aufreibendes Warten auf einen blutverträglichen Spender, der im Sterben liegt. Das aufgestaute Interesse am Kunstherzen hatte beispielsweise das gemeinsame amerikanisch-sowjetische Vorhaben zur Entwicklung eines total einpflanzbaren Kunstherzens zur Folge. Fachleute beider Länder haben die gegenseitigen Labors besucht. Auch die Deutschen und die Japaner – um nur zwei weitere hervorragende Beispiele zu nennen – bemühen sich nachhaltig darum.

Inzwischen hat sich herausgestellt, daß die Entwicklung eines Kunstherzens im wesentlichen Klempnerarbeit bedeutet. Das Herz – jahrhundertelang mutmaßlicher Mittelpunkt menschlicher Gefühle und der Seele – ist, machen wir uns nichts vor, im wesentlichen eine Pumpe.

Das Reparieren fehlfunktionierender menschlicher Pumpen mit Hilfe künstlicher Teile und Vorrichtungen ist schon jetzt fast eine Milliardenindustrie. Dieses Gewerbe schließt auch die Kunstventile ein, deren Einsatz außer den Krankenhauskosten etwa 3000 Dollar kostet. Es umschließt die mindestens achtzigtausend Herzschrittmacher, die allein Amerikanern jährlich eingesetzt werden. Da kostet die Installation neben den Krankenhauskosten runde 2000 Dollar. Desgleichen gehören zu dieser Industrie Lungenoxygeneratoren, d.h. künstliche Lungen.

Eine weitere, eben erst aus dem Boden geschossene Großindustrie befaßt sich mit einer neuen Weise der Behebung von Herzfehlern auf chirurgischem Wege. In den letzten zwei Jahren hat es geradezu eine Explosion von Operationen gegeben, bei denen man beschädigte oder verstopfte Blutgefäße im Herzen umgeht. 1976 wurden in den Vereinigten Staaten runde fünfundsiebzigtausend solche Operationen für einen Betrag von zehn- bis fünfzehntausend Dollar vorgenommen – insgesamt also eine runde Milliarde Dollar allein für Umgehungsoperationen.

Das Verfahren wurde erstmals an der Cleveland-Klinik entwickelt. Meist nimmt man eine nicht benötigte Beinvene und umgibt damit den beschädigten oder verstopften Blutgefäßteil im Herzen. Damit bildet sich ein neuer Kanal, durch den das Blut wieder fließen kann.

Einige Kapazitäten – Donald C. Harrison von der Stanford-Universität gehört zu ihnen – behaupten, eine erhebliche Anzahl solcher Operationen würden unnötig vorgenommen und hätten sich durch so einfache Methoden wie Gewichtsabnahme, Einstellen des Rauchens oder Einnahme von Arzneien, die den Pulsschlag verlangsamen und den Blutdruck senken, vermeiden lassen. Andererseits sagt ein Mitarbeiter der American Heart Association, die Umgehung sei »nichts als eine gute Operation, die man in großem Stil verwenden wird«.

Wie aber steht es mit dem *komplett* einsetzbaren Kunstherzen? Ist das sehr weit hergeholt? Und woher die Energie nehmen, damit es auch pumpt?

Nosé sieht darin überhaupt nichts weit Hergeholtes. Sein Team hat Kälbern die natürlichen Herzen entnommen und ihnen Kunststoffherzen dafür eingesetzt, die an eine externe Kraftquelle angeschlossen sind. Wie schon erwähnt, leben die Kälber fünf Monate. Immer noch liegt die Energiequelle außerhalb des Körpers, aber allmählich gibt es schon mechanische Energiespender, die fast schon so klein sind, daß man sie auf Wunsch zusammen mit dem Kunstherzen einsetzen kann.

In einer Beziehung hat sich das Funktionieren eines implantierten Kunstherzens überraschenderweise einfacher als erwartet herausgestellt. Man war davon ausgegangen, ein Mensch mit einem künstlichen Herzen werde den Blutstrom durch Drehen eines an seiner Brust angebrachten Knopfes regeln müssen. Wenn er bergauf gehe, brauche er mehr Blut, als wenn er vor dem Fernseher sitze. Man sprach schon davon, diese Regulierarbeit könnte ein entsprechend programmierter Computer übernehmen. Inzwischen ist Nosé ziemlich überzeugt, daß man weder einen von Hand zu bedienenden noch einen computergesteuerten Regelmechanismus braucht.

»Das künstliche Herz ist so ausgelegt, daß es alles weiterpumpt, was reinkommt«, erläuterte er.

Fordert der Körper mehr Blut, dann treibt er mehr ins Herz. Selbst wenn letzten Endes ein Regelmechanismus notwendig sein sollte, könne es sich um ein relativ einfaches System handeln, meint Nosé.

Zu den schwierigsten Aufgaben bei der Entwicklung eines künstlichen Langzeitherzens gehört es, ein Material zu finden, das widerstandsfähig genug ist, um der ständigen Abnutzung, der das Herz ausgesetzt ist, standzuhalten, gleichzeitig aber die Bluteigenschaften nicht zu zerstören. Zur Abnutzung bemerkte Nosé:

»Das menschliche Herz verbiegt sich jährlich fünfzig Millionen Mal. Damit kann man im Jahr eine Menge Material völlig verschleißen. Was wir brauchen, ist ein Material, das sich mindestens zweihundert Millionen Mal verbiegen läßt, also etwas länger als vier Jahre. Die meisten Gummisorten werden nach etwa fünf Millionen Verbiegungen brüchig – das bedeutet nach etwas mehr als einem Monat. Die meisten bisher getesteten Materialien brechen innerhalb eines Jahres, aber bei einigen sieht's besser aus. Wir haben eines gefunden, das zweihundert Millionen Verbiegungen schaffen könnte.«

Auch die Kraftquelle dürfte ein riesiges Problem sein, wenn man sie im Körper unterbringen will. Die Energie muß ausreichen, um täglich etwa achttausend Liter Blut durch den Körperkreislauf mit seinen Tausenden von Verästelungen zu pumpen. In einem durchschnittlich großen Menschen werden pro Minute vier Liter Blut verpumpt.

Die Gesundheitsinstitute und die Atomenergiebehörde der Vereinigten Staaten verausgaben Jahr für Jahr Millionen Dollar – meist

in Form von Forschungsaufträgen an Raumfahrtfirmen und Zuwendungen an Forschungszentren – für die Entwicklung einer einpflanzbaren Kraftquelle. Untersucht werden derzeit drei Betriebsmöglichkeiten bei Anbringung innerhalb des Körpers:
- Ein durch wiederaufladbare Batterie getriebener Elektromotor
- Ein durch eine biologische Energiezelle angetriebener Elektromotor (die Energiezelle würde ihre Kraft genau wie unser natürliches Herz aus der Nahrung gewinnen, die wir zu uns nehmen)
- Ein durch mehrere Dutzend Gramm Plutonium 238 angetriebenes Kernaggregat.

Nosé zeigte mir ein Modell in natürlicher Größe von einem Miniaturkernkraftwerk, das etwa zwei Drittel einer Literflasche groß war. Finanziert von der Atomenergiebehörde arbeiten die Firmen Westinghouse Electric und North American Philips an einem Flachmodell eines in den Körper einpflanzbaren Atomaggregats. Man hofft, eine gefährliche Strahlung vermeiden zu können. Nach etwa zehn Jahren würde die Strahlung wahrscheinlich den Träger sterilisieren, ebenso jeden ständigen Bettgenossen.[5] Bis dahin hätte aber das betreffende Ehepaar vermutlich ohnehin die Kinder gezeugt, die es haben will (oder aber die beiden könnten getrennt schlafen). Die Erstkosten des Plutoniums lägen hoch. Aber wenn Menschen mit einem Kunstherzen sterben – wie wir ja alle einmal sterben müssen –, dann ließe sich der noch unverbrauchte Kernbrennstoff in anderen im Bau befindlichen Vorrichtungen weiterverwenden.

Bei den ersten Versuchen der Einpflanzung von Kunstherzen in Menschen wird wahrscheinlich die Kraftquelle noch außerhalb bleiben und in einer kleinen Rückentasche untergebracht werden. Zum Teil wegen des Größenproblems. Zum Teil aber auch, weil die Ingenieure dann noch die nötigen Anpassungen und Reparaturen vornehmen können, ehe sie sich dem komplett einpflanzbaren Herzen zuwenden.

Die Unterbringung der Kraftquelle innerhalb des Körpers bleibt aber angestrebt. Nosé sagte dazu: »Eine Zuleitung von außen verursacht immer Infektionsprobleme.«

Lässt sich das Gehirn ersetzen?

Nach Nosé ähnelt die Großhirnrinde weithin einem Computer. Es ist denkbar, daß sich eine Reihe ihrer Funktionen replizieren läßt. Die Dimensionierung des Computers auf Einbaugröße wäre allerdings sehr, sehr problematisch. Und die künstliche Replizierung der Spezialorgane im Gehirn wie etwa des Hypothalamus wäre nach Nosés Eingeständnis »äußerst schwierig«. Nach derzeitigem Wissensstand ließen sich bestenfalls Teile der Gehirnfunktion künstlich darstellen.

Doch ein paar Schritte von der Cleveland-Klinik entfernt steht ein Laboratorium, in dem die Pioniere der Welt für eine Verpflanzung lebender Gehirne am Werk sind. Dieses verwegene Unterfangen ist in den Laboratorien für Neurochirurgische Forschung des Cleveland Metropolitan General Hospital in Gang gekommen. Geleitet wird es von Robert J. White, einem großgewachsenen, aufgeräumten, energiegeladenen, lässigen Mann, bei dem sich Worte wie Gehirnverpflanzung ganz einfach anhören.

White ist Professor für Neurochirurgie an der Case Western Reserve Medical School. Vor etwa fünfzehn Jahren gelangte er zu dem bestechend praktischen Schluß, die beste Art und Weise der Übertragung des Gehirns von einem zum anderen Menschen bestünde darin, einfach den ganzen Kopf zu versetzen. Und genau das tut seine Forschergruppe in Tierversuchen.

Für die Gesamtkopfmethode ist er u. a. deswegen, weil das so ungemein viel einfacher ist. Das bloße Herausholen eines lebenden Menschengehirns aus dem einen und Wiedereinlegen in einen anderen Schädel ohne Unterbrechung des Blutkreislaufs oder Beschädigung von Hirnteilen ist schwierig. Nach seinen Worten ist das Gehirn wie eine Geleekugel. Und es besitzt Milliarden Nervenzellenverbindungen. Noch wichtiger ist der Umstand, daß er und seine Kollegen bei der Vorbereitung des Gehirns für die Herausnahme unzählige Anschlüsse zum Körper abtrennen müßten. Die bedeutsamsten Anschlüsse sind dabei die Verbindungskabel zu den Außenposten der Informationsgewinnung des Gehirns: Augen, Ohren, Nase, Zunge, Finger, Gesicht, Zehen usw. All diese Verbindungen im Empfänger wieder anzuschließen wäre eine Heidenarbeit. Und ein Gehirn ohne Kontakt zu den fünf Sinnen wäre zu nichts nütze.

Tauscht man dagegen einfach die Köpfe aus, dann müßten nur ein paar wenige Verbindungen durchgetrennt und im Hals des Empfängerrumpfs wiederhergestellt werden. Hinsichtlich Augen, Ohren, Nase, Gesicht, Zunge bliebe der Kopf ja intakt. Der Körper des Empfängers bliebe allerdings ohne Kontakt zum Gehirn, bis Forscher das Problem der Regenerierung der durchschnittenen Wirbelsäule gemeistert haben. Aber eben daran arbeiten sie!

Natürlich muß man während des Austauschs auch noch den Kopf und seinen künftigen Rumpf am Leben erhalten. White hat nachgewiesen, daß sich beides machen läßt.

Er bezeichnet das Verfahren lieber als »Kephalotransplantation«. Nach seinen Erfahrungen befällt die Leute bei dem Begriff »Kopfverpflanzung« ein kräftiges Schaudern. Und in seinen Schriften handelt es sich bei dem, was sein Team verpflanzt, immer um ein »Kephalon«, nicht um einen Kopf. Aber wenn er sich mit jemandem unterhält, sagt er doch oft einfach »Kopf«.

Die Sammlung von Tieren, an denen demnächst etwas mit dem Gehirn geschehen soll, umfaßt achtzehn Kleinaffen, sechs Kaninchen, zwanzig Ratten. Mindestens einmal pro Woche findet eine Operation statt. Kleinaffen haben ein dem Menschen strukturell ziemlich ähnliches Gehirn, wenn auch in Miniatur. Aber sie sind andererseits so klein, daß man zum Zusammenschließen von Arterien und Venen schon ganz besonders fingerfertig sein muß. Die Verpflanzung menschlicher Kephala, so nimmt White an, wäre einfacher. Er plant auch Versuche mit Schimpansen. Sie sind viel größer als die Kleinaffen, und ihr Hirn- und Nervensystem kommt dem unsrigen am nächsten. Auch hier geht es wieder um eine Geldfrage. Schimpansen kosten etwa das Zehnfache von Kleinaffen.

Üblicherweise lagern in dem Laboratorium auch eine Reihe »losgelöster« Tiergehirne. Einige sind tiefgekühlt und dürften nicht allzu umfangreiche Denkarbeit leisten. Bei anderen handelt es sich um funktionierende, warme Hirne, die an Blutmaschinen oder lebende Tiere derselben Spezies angeschlossen sind und so am Leben erhalten werden. Was in diesen entkörperten Gehirnen vor sich geht, bleibt der Spekulation überlassen. Nach Gehirnstrom- und chemischen Tests zu schließen funktionieren sie normal, sogar etwas besser als vor ihrer »Loslösung«. Schmerz empfinden sie nicht, denn die

Nerven wurden durchgetrennt, als das Tier während der Operation eingeschläfert war.

Wahrscheinlich langweilen sich diese Gehirne in Warmhaltung und fühlen sich einsam, hängen alten Erinnerungen nach. Wie auch immer – Whites Gruppe gewinnt eine Unmenge aufschlußreicher Erkenntnisse über die Phsysiologie gesunder und kranker Gehirne.

Er zeigte mir die Geräte, die dazu benutzt werden, um den Gehirnen das lebenspendende Blut zuzuführen. Je nach Größe des zu fütternden Gehirns waren auch sie unterschiedlicher Größe. Das für einen Kleinaffen bestimmte Gerät war erheblich kleiner als das für den Menschen gedachte. Eine andere Vorrichtung, derer sich seine Gruppe erfolgreich bedient hat, hält ein Menschengehirn mehrere Stunden am Leben, nachdem schon alle anderen Körperteile unwiderruflich tot sind.

Die – teilweise aus Glas bestehende – Maschine leistet für das Gehirn das, was Lungen und Herz gewöhnlich tun. Schwungscheiben rühren Blutstreifen auf, über die Sauerstoff geführt wird. Der Sauerstoff wird vom Blut absorbiert und das Ganze dann ins Gehirn gepumpt.

White und seine Mitarbeiter fingen in den sechziger Jahren an, Medizingeschichte zu machen, als sie erstmals die Gehirne von Kleinaffen und Hunden herausnahmen und lebend aufbewahrten.

Auch andere Wissenschaftler zeitigten gewisse erste Erfolge bei der Ersetzung von *Teilen* von Tierhirnen. Der Stirnteil eines Eidechsengehirns wurde am Weizmann-Institut in Israel durch David Samuel erfolgreich verpflanzt. Die Empfängereidechse, der der neue Stirnteil eingepflanzt wurde, erinnerte sich an eine ihr selbst unbekannte List zum Auffinden von Nahrung, die man der enthirnten Eidechse beigebracht hatte. Doch unterscheiden sich die Stirnteile von Eidechsenhirnen und Menschenhirnen in millionenfacher Größenordnung. Der sowjetische Gesundheitsminister hat enthüllt, russische Forscher hätten gewisse Teile von Hundehirnen ausgetauscht, und die Hunde hätten mehr als eine Woche überlebt.

White deutete mir an, wenn er das menschliche Gehirn so kühlen könnte, wie er Kleinaffenhirne kühle, dann ließen sich kranke oder schwache Hirnteile wohl ersetzen. Vielleicht gelinge schon in den nächsten Jahren eine entsprechende Kühlung des Menschengehirns.

Zur Zeit ist es noch so, daß ein Gehirnchirurg, der beispielsweise einen Tumor entfernen will, für die eigentliche Operation nur drei Minuten Zeit hat, während derer der Blutzustrom abgestellt ist. Ließe sich das Gehirn aber bis nahe dem Gefrierpunkt abkühlen, dann hätte er für seine Arbeit eine ganze Stunde Zeit. Wolle man – so White – das Gehirn für längerfristige Lagerungszwecke tiefkühlen, dann müsse man Gefrierschutzmittel zugeben, weil eine Eisbildung das Gehirn zerstören würde.

Während nun die White-Gruppe Gehirne loslöste, gelang es einem russischen Wissenschaftler namens Wladimir Demichow, das Oberteil eines Hundes auf einen anderen Hund zu verpflanzen und den Empfänger mehrere Tage am Leben zu halten. Tatsächlich handelte es sich um einen doppelköpfigen Hund, wobei manchmal der aufgepflanzte Kopf den Kopf des Gastgebers leckte. White sagte zu mir, er sei fünfmal zu Beratungen in Rußland gewesen und habe Demichow zweimal besucht.

Die nächste bemerkenswerte Leistung der White-Gruppe bestand in der Aufpflanzung eines losgelösten Gehirns auf den Hals eines lebenden Hundes. Dieses aufgesetzte Gehirn betätigte sich für den Träger nicht denkend. Lediglich der Nachweis wurde geführt, daß das Huckepackgehirn mit dem Blut des Trägers am Leben und in Funktion gehalten werden konnte.

Die ersten Erfolge der White-Gruppe mit der echten Verpflanzung von Kleinaffenköpfen – oder Kephala, wenn Ihnen das lieber ist – stellten sich Anfang der siebziger Jahre ein. Seither haben sich White und seine Kollegen ein ungeheures Wissen über die Gehirnfunktion erschlossen – und zu der Frage, wie eine menschliche Kopfverpflanzung gehandhabt werden könnte. Das heißt, wie sie gehandhabt werden könnte, sofern sie sich dazu entschlössen. Die öffentliche Meinung und der Nachweis der wissenschaftlichen Notwendigkeit werden darüber entscheiden, ob und wann sie den Versuch wagen.

An der Wand von Whites Büro hängen Bilder von Kleinaffen mit verpflanzten Köpfen, und während ich dies schreibe, liegt mir ein solches Bild vor, das mir für kurze Zeit ausgeliehen worden ist. Das Äffchen trägt um den Hals einen Stützkragen, an dem eine Reihe von Röhrenverbindungen zu sehen sind. Es schaut wütend drein, aber Affen schauen gewöhnlich wütend drein. White klärte mich auf, wenn ein Äffchen vor der Verpflanzung seines Kopfes streitsüchtig und leicht erzürnbar sei, dann bleibe es gewöhnlich auch streitsüchtig und erzürnbar. Sei die Originalgemütsverfassung freundlich oder ruhig, dann scheine diese Verfassung anzuhalten. Und White fügte hinzu:

»Das ist beunruhigend, gebe ich zu. Der Kopf macht einfach so weiter, als befände er sich auf seinem eigenen Rumpf.«

Die meisten verpflanzten Köpfe bekommen nach allen Anzeichen zu schließen mit, was um sie vorgeht. Von Natur aus böse Affen schnappen einem nach den Fingern, wenn sie die Chance dazu haben. Affen mit transplantiertem Kopf geben Geräusche von sich. Sie nehmen Nahrung an und kauen sie. Ihre Augen folgen einem bei allen Bewegungen.[6]

Die White-Gruppe hat Affen mit verpflanzten Köpfen fast eine Woche lang am Leben gehalten. Es gibt Hinweise, wonach das Gehirn unendlich weiter funktionieren könnte. Das Problem ist aber, daß sich die übrigen Kopforgane infolge der Immunreaktion verschlechtern. White sagte, wenn man den ganzen Kopf eines Kleinaffen verpflanze, »funktioniert das Gehirn selbst gut«. Aber infolge der Immunreaktion schwellen allmählich Zunge und Gesichtsgewebe an. Das Versagen erfaßt indessen nicht das Gehirn. Es scheint keine Immunreaktion zu zeigen, während andere Teile des verpflanzten Kopfes vom Körper abgestoßen werden. Sein Kommentar: »Das ist interessant.« Nach seinen Erkenntnissen ist die Abweisung beim Gehirn mindestens ganz beträchtlich verzögert. »Wir machen uns nicht mal die Mühe einer Gewebetypisierung fürs Gehirn. Es ist mir nie vorgekommen, daß ein Gehirn abgewiesen wurde. Möglicherweise liegt dies daran, daß die Lymphen bei der Immunreaktion eine große Rolle spielen; das Gehirn besitzt aber keine Lymphgefäße. Außerdem enthalten die Blutgefäße im Gehirn eine einzigartige Barriere.«

Die Gruppe beendet ein Experiment gewöhnlich innerhalb von fünf Tagen, weil die Kopforgane und -gewebe dann versagen. White sagte: »Das Gehirn läuft ganz zufrieden weiter und sieht gut aus, wenn wir es dann herunternehmen.«

In diesem einen Sinne also ist das Gehirn eines der am leichtesten verpflanzbaren Organe!

White ist sich deutlich der Tatsache bewußt, daß uns seine Erkenntnisse sehr wohl dazu zwingen könnten, unsere gesamte Vorstellung von dem, was uns wesenhaft ausmacht und wo dieses Wesen im Körper residiert, zu überdenken. Er ist katholisch und hat über seine Arbeit mit dem Papst gesprochen. Vor einigen Jahren, als er erstmalig die Auswirkungen seiner Erkenntnisse begriff, sagte er: »Nachdem wir nun in der Lage sind, den Kopf eines Menschen zu nehmen, der den Denkapparat enthält, müssen wir fragen: Wo befindet sich die Seele – im ganzen Körper oder nur im Denkapparat? Wenn wir den Kopf eines Menschen auf den Rumpf eines anderen setzen, hat dieses neue Geschöpf dann eine Seele oder zwei Seelen? Ich behaupte, es hat nur eine Seele, denn die Seele befindet sich im Kopf oder, besser gesagt, im zentralen Nervensystem. Theologen aber werden sagen, die Seele wohne der Gesamtheit des Individuums inne und lasse sich nicht auf ein einziges Organ beschränken.«[7]

Mir sagte White: »Was Sie und mich ausmacht, ist unser Denken, nicht unser Herz. Alle anderen Organe tragen ihren Teil dazu bei, daß das Gehirn leben kann.« Oder vielleicht gehorchen sie den Befehlen des Gehirns. Außerhalb des Kopfes gelegene Drüsen können zwar unser Verhalten tiefgreifend beeinflussen; die meisten aber scheinen von Organen innerhalb des Gehirns wie Hypothalamus und Hypophyse »bedacht« zu sein.

Sogar Ärzte haben sich nur langsam dazu durchringen können, den Primat des Gehirns anzuerkennen. Einer von ihnen, der in *Mental Hygiene* über die Organverpflanzung schrieb, faßte die »atemberaubenden Möglichkeiten« der Gehirnverpflanzung in den Worten zusammen: »Jemand mit Gehirnarteriosklerose könnte sich ein neues Gehirn mit hübschen weichen Arterien kaufen.« Treffen aber Dr. Whites Erkenntnisse zu, wie es den Anschein hat – wozu all der Aufwand? Denn ließe er sich ein hübsches, neues, gekauftes Gehirn installieren, dann müßte sein eigenes Gehirn (sein eigener Kopf) seinem Körper entnommen und das Gehirn eines Fremden an seine Stelle gesetzt werden. Er könnte sich dabei gesetzlich der Beihilfe zum Totschlag schuldig machen. Denn tritt nach neuestem Konsensus der Tod im Gehirn und nicht im Herzen ein, dann bedeutet die Entnahme eines noch lebenden Gehirns aus einem Sterbenden in jedem Falle die Tötung dieses Menschen, selbst wenn sein Körper an einer Herz-Lungen-Maschine hinge.

Nein, sinnvollerweise müßte das Ganze doch wohl andersrum funktionieren. Jemand mit einem gesunden, kräftigen Denkapparat möchte seinen zerschlagenen, übel darniederliegenden Körper loswerden. Er würde warten, bis in einer Klinik am Ort ein Patient läge, der wegen eines Hirntumors oder einer Hirnblutung oder einer anderen Kopfverletzung stürbe, im übrigen aber einen gesunden Körper hätte. Der Körper könnte maschinell am Leben erhalten werden, während das Gehirn abstirbt. Und dann könnte der Austausch vollzogen werden.

Sinnlos freilich bliebe der Austausch, solange die Wissenschaft noch nicht gelernt hat, wie man zwei durchtrennte Rückenmarke wieder ordnungsgemäß zusammenwachsen lassen kann. Sonst wäre ja der Unterteil des Körpers eines solchen Wiedergeborenen gefühl- und reglos. Die Wirbelsäule hat etwa den Durchmesser eines Besenstiels. White sagte mir, seine Gruppe habe das Problem der Restrukturierung der Knochen einer durchtrennten Wirbelsäule gelöst, nicht aber das Wiederwachsen des Nervengewebes des Rückenmarks. Beträchtliche Bundesgelder fließen der Forschung für das Wiederwachsen von Rückenmark zu, aber Erfolge beim Menschen dürften wohl noch einige Zeit auf sich warten lassen. White sagte: »Wenn wir das gesamte Rückgrat wachsen lassen können, dann werden wir auch Menschenköpfe verpflanzen und dabei auf einigermaßen normale Leute hoffen können.«

Vor fünfzehn Jahren waren die meisten Wissenschaftler der Meinung, das Weiterwachstum einer durchtrennten Wirbelsäule sei unmöglich. Dieser Zweifel hielt sich auch dann noch, als in einigen wenigen Fällen scheinbare Wunder mit Hilfe einer fiebererzeugenden Substanz namens Pyrogen geschahen. Desgleichen war bekannt, daß Neurit (der Achsenzylinderfortsatz der Ganglienzelle) in gewissem Maße zum Wiederwachstum befähigt ist.

Im Juni 1976 lauschte die Vierte Zweijahreskonferenz über die Regeneration des zentralen Nervensystems einem Vortrag, den *Science News* mit dem Beiwort »kapital bedeutsam« bezeichnete.[8] Der sowjetische Forscher Levon A. Matinian aus Armenien berichtete, nach zwanzigjähriger Bemühung sei es ihm gelungen, das Rückenmark von Ratten weiterwachsen zu lassen. Seine Erfolgsrate habe 40 v. H. betragen: von 350 Ratten liefen 140 fröhlich umher.

Offenbar besteht ein Problem darin, die Bildung von Narbengewebe zu unterbinden, während die durchtrennten Nerven Gelegenheit zur Neubildung von Neurit haben. Er stellte fest, das Enzym Trypsin und einige andere Enzyme regten das Wiederwachstum am besten an. Amerikanische Forscher betrachten das Ganze mit vorsichtiger Skepsis und möchten erst noch mehr Details wissen.

GEDANKEN UND FRAGEN

Zumeist erscheint der Drang nach Entwicklung von Verfahren zur Verpflanzung natürlicher Organe oder zum Ersatz durch künstliche Organe als empfehlenswerte Anwendung technischen Erfindergeistes. Hunderttausende, die nur unter einem kranken oder beschädigten Körperteil leiden, könnten wieder lebenstüchtig werden. Aber je näher wir der Ersetzung zahlreicher komplexer Körperteile bei zahllosen Menschen jeden Alters kommen, desto drängender stellen sich ein paar unbequeme Fragen.

Die ohnehin schon explodierenden Krankheitskosten in den meisten Industrieländern könnten zu einer schweren sozialen Belastung werden, wenn wir die These akzeptieren, jeder, bei dem ein Organ schwach oder krank sei, habe ein »Anrecht«, es in jedem Fall ersetzt zu bekommen und damit weiterleben zu können. Einige Ersatzorgane wären ungeheuer kostspielig, zumal wenn man die Klinikkosten und die anschließende Betreuung berücksichtigt. Und mancher könnte nicht kräftig am Leben erhalten werden, sondern würde nur knapp mit dem Leben davonkommen und würde damit zu einer Belastung seiner Familie oder Gesellschaft.

Immer mehr werden die Technologien der Organverpflanzung hauptsächlich oder fast völlig mit öffentlichen Geldern entwickelt. Sind sie dann einmal fertig, kann man da zulassen, daß Unternehmer mit Patenten medizinischer oder anderer Art Vermögen aufhäufen, indem sie solche Organe herstellen oder installieren? Wird nur der Reiche sie sich leisten können, wie man sich ein Platz im Rettungsboot eines sinkenden Schiffes erkauft? Vielleicht nicht. Die meisten entwickelten Gesellschaften gehen auf eine staatliche Krankenversorgung zu.

Aber das wirft weitere Fragen auf, wenn wir davon ausgehen, daß jedermann das »Recht« hätte auf gute Gesundheit und auf ein Leben, das so lange währt, wie die Wissenschaft nur irgendwie darzustellen vermag. Da ist einmal der Nachschub. Wie, wenn es nicht genug Organe gibt, daß es für alle reicht? Wer kriegt eins, wer nicht? Und selbst wenn genug davon vorhanden sind, stellt sich die Kostenfrage. Sie in jedermann, der es will, zu installieren und zu betreiben könnte sich zu einer enormen Steuerbelastung der gesamten Bevölkerung auswachsen.

Verwirrende Fragen einer gerechten Verteilung werden sich wohl oder übel stellen. Man denke nur einmal an das komplett einsetzbare Kunstherz als Beispiel. Schon heute schreien viele Patienten nach einem solchen Herzen. Ist es einmal fertig, dann werden viele Jahre ins Land gehen, ehe genug Herzen hergestellt werden können, um den Bedarf der Hunderttausende zu decken, die eins haben wollen. Über eine halbe Million Amerikaner sterben jährlich an Herzversagen.

Die von Ethikern meistzitierte Theorie der gerechten Verteilung hat John Rawls in Harvard aufgestellt. Danach sollten jene die Organe erhalten, die ein vernünftiger Mensch auswählen würde, der »in einen Schleier der Unkenntnis« seines *eigenen* sozialen Status, seiner Vorzüge, Vorurteile und Schwächen gehüllt wäre. Als blinde Justitia in Reinkultur wäre das vielleicht denkbar. Bei einem so komplexen, massiven und politisch brisanten Problem wie dem der Verteilung komplett einsetzbarer Kunstherzen erscheint es aber doch undurchführbar.

In den Vereinigten Staaten wird die Entwicklung des komplett einsetzbaren Kunstherzens weitestgehend von der Bundesregierung finanziert, so daß die Verteilung nach dem Versteigerungsverfahren ziemlich unwahrscheinlich sein dürfte.

Wir brauchen eine andere Basis. Aber welche? 1973 berief das Herz- und Lungeninstitut eine Reihe hervorragender Fachleute zur Erwägung dieser Frage ein. Dieser Kreis gelangte zu einer Kostenschätzung von 25 000 Dollar pro Installierung, vermutlich eine bescheidene Schätzung. Selbst dann noch würden bei breiter Anwendung die Kosten schnell in Milliardenhöhe klettern. Steuergeld. Der Kreis gab zu, daß wir dann vermutlich gezwungen wären, das langgehegte Konzept, wonach Leben mit allen Mitteln zu erhalten sei, ernsthaft zu überdenken.

Doch zurück zur Auswahl der Empfänger. Der genannte Kreis nannte drei Alternativmöglichkeiten einer Prioritätensetzung:
1. »Entscheidung anhand geeigneter medizinischer Kriterien, d.h. Bereitstellung des Kunstherzens für jene, die es am dringendsten brauchen.« (Wie wir sahen, gelangen Shumways Herzverpflanzungen nur, weil er gerade die Kandidaten, die es »am dringendsten« brauchten, *beiseite ließ*. Bei ihnen bestand die geringere Aussicht auf ein Überleben der Operation. Dennoch wären »medizinische Kriterien«, die auf Kandidaten abstellen würden, bei denen die beste Aussicht besteht, daß sie wieder gesund und kräftig werden, meiner Ansicht nach ein guter Ausgangspunkt.)
2. »Entscheidung anhand eines vermuteten ›sozialen Werts‹.« Der Beraterkreis lehnte diesen diffizilen Weg eindeutig als undemokratisch ab. Andersdenkende könnten abgelehnt, Berühmte und Reiche bevorzugt werden.
3. »Entscheidung mittels einer Art Zufallswahl.« Der Beraterkreis sprach sich für eine Lotterie in den Fällen aus, in denen keine zwingenden medizinischen Gründe vorlägen.

Ich meine, man hätte noch zwei weitere vernünftige Kriterien für die Auswahl von Kandidaten nennen können: Verantwortlichkeit für die Familie und Alter. Ich möchte meinen, man sollte einem Dreiunddreißigjährigen mit drei minderjährigen Kindern den Vorzug geben vor einem achtundsechzigjährigen Witwer, dessen Kinder alle verheiratet sind. Tatsächlich schien der Beraterkreis jedoch davon auszugehen, gerade ältere Leute würden vor allem Kunstherzen brauchen und bekommen. Er deutete auch an, den Löwenanteil der Finanzierung würde in den Vereinigten Staaten wahrscheinlich *Medicare* tragen, das Leuten über fünfundsechzig medizinische Behandlung zu niedrigen Kosten bietet.

Ich bin dagegen der Auffassung – und dies klingt sicher hart –, wenn man die verfügbaren Kunstherzen zumeist älteren Bürgern gäbe, so wäre das im Sinne einer gesunden Sozialpolitik der *am wenigsten* vertretbare Kurs. Leute, die außer einem Organfehler noch den größten Teil der normalen Lebenserwartung vor sich hätten, sollten höhere Priorität genießen als jene, denen nur noch ein paar Jahre zu leben bleiben. Das schiene mir mehr im Sinne sowohl der

Gerechtigkeit als auch der gesellschaftspolitischen Weitsicht zu liegen.

Die betriebsfähige Lebensdauer von Millionen Autos ist durch großzügige Verwendung von Ersatzteilen mehr als verdreifacht worden. Autos sind nicht Menschen, und die beiden lassen sich bei weitem nicht vergleichen. Dennoch: Wenn die Masse menschlicher Ersatzteile an über Fünfundsechzigjährige geht, dann wird sich die Lebenserwartung von Millionen Menschen verlängern, ohne daß heute auch nur Aussicht besteht, daß auch ihre geistige Regsamkeit Schritt hält.

Sir George White Pickering, Professor der Medizin in Oxford, hat vor einigen Jahren die breit gestreute Ersetzung menschlicher Organe als »erschreckende Aussicht« bezeichnet. Er sah eine mit senilen Leuten übersäte Welt kommen.

Ich glaube, jedes Ersatzorganprogramm sollte sich zum Ziel setzen, den Menschen zum vollen Erlebnis ihrer normalen Lebenserwartung zu verhelfen. Es sollte nicht dazu dienen, Alternde noch älter werden zu lassen.

Da ist auch die mögliche Aushöhlung des Identitätsbewußtseins, wenn wir uns in eine breit angelegte Ersetzung von Körperteilen einlassen. Komplexität und soziale Zersplitterung der heutigen Welt haben schon Millionen Menschen schwere Identitätsprobleme eingebracht. Niemand kann ohne weiteres behaupten, eine verpflanzte Niere oder auch ein Kunstherz verändere notgedrungen das Identitätsbewußtsein des Trägers. Ersetzt man jedoch Organe, die Aussehen, Geschlechtstrieb, Gedächtnis, Denkvermögen, Aggressionstrieb, Gemütsverfassung, Metabolismus, Empfindungen, Gefühlsreaktionen, Schöpferkraft in Mitleidenschaft ziehen, dann träte dies mit Sicherheit ein.

Mag das Vertauschen von Köpfen zwischen Einzelpersonen auch ein faszinierendes Bravourstück virtuoser Technik sein, so sollte es doch meines Erachtens für Menschen nur in äußersten Fällen in Betracht gezogen werden. Selbst wenn man das Rückenmark zum Weiterwachsen bewegen kann, so scheint doch die Gewöhnung eines Gehirns an die Lenkung der tausendfachen Aktivitäten eines fremden Körpers Fragezeichen in Hülle und Fülle aufzuwerfen. In solcher Fülle vielleicht, daß das Gehirn darob verrückt würde.

Kommen wir zu guter Letzt noch zu einer möglicherweise besorgniserregenden Entwicklung; sie betrifft die Industrie, welche organassistierende Vorrichtungen baut. Die Medtronics Company ist führend in der Herstellung der elektrischen Vorrichtungen, die als Schrittmacher des Menschenherzens dienen. Allein in Amerika werden ihrer jährlich achtzigtausend eingebaut. Medtronics will sich aber keineswegs mit der Herstellung von Herzschrittmachern zufriedengeben. Seine Forscher arbeiten an elektrischen Vorrichtungen, die in den Körper eingebaut das zentrale Nervensystem einschließlich des Gehirns beeinflussen können. Sie erkunden Möglichkeiten zur elektrischen Veränderung des Verhaltens. Schon sprechen sie von Gerätschaften, mit denen sich beispielsweise eine Veränderung antisozialen Verhaltens erreichen ließe.

So schließt sich denn mit der Organmanipulation der Kreis zur Verhaltensmanipulation à la Skinner und zu den Stimmungsmanipulationen à la Delgado.

III
WAS TUN?

23
MENSCHENBAUER BESINNEN SICH

> Leicht fällt es einem Experimentalforscher ganz und gar nicht zuzugeben, daß man allmählich nicht mehr die Augen davor verschließen kann, wie gefährlich es ist, wenn man Dinge weiß, die man besser nicht wüßte.
> — Sir MacFarlane Burnet, australischer Biologe

Vor gar nicht langer Zeit ist manchem Forscher aufgegangen, daß die Entdeckungen der Menschenveränderung für die Menschheit nicht automatisch von Vorteil sind. Nur wenige Stimmen haben bislang tiefe Sorge geäußert.

Der Wissenschaftler von heute ist so triumphverwöhnt, daß er für seine genialischen Einfälle auch Applaus erwartet. Und gewöhnlich bekommt er ihn von einer ehrfurchtsvoll staunenden Öffentlichkeit (soweit sie überhaupt versteht, was diese oder jene Leistung bedeutet). Gemeinhin sieht er seine Aufgabe darin, die Wahrheit zu suchen, was immer dabei herauskommen mag. Voran! heißt die Devise, wohin der Weg auch führt. Was machbar ist – so die These –, muß gemacht werden. Irgend jemand macht es immer. So schreibt der Operant-Konditionierer Roger McIntire: »Die Geschichte lehrt uns, daß wir jede Technik, die wir entwickeln, auch nutzen.«

James Vicary – der Mann, der die unterschwellige Werbung erfand – hat einmal gesagt, anfänglich habe er gewisse Bedenken gehabt. Er habe sie aber beiseite geschoben, denn »als Forscher bin ich immer soweit gegangen, wie ich nur konnte«.

Die Biologen wollen möglichst keinerlei öffentliche Gängelung bei der Entscheidung, an welchen Neuerungen sie sich versuchen sollen, die eine Veränderung des Menschen zur Folge haben könnten. Gleichzeitig sind sie freilich für ihre Arbeit auf öffentliche Mittel angewiesen.

In jüngster Zeit jedoch, da immer mehr aufsehenerregende wissenschaftliche Großtaten vermeldet werden, wandelt sich das Bild allmählich. Es gibt heute eine erfrischend breit angelegte Debatte unter den Forschern, ob das, was sie tun, denn auch richtig sei. In Konferenzen suchen sie neuerdings Rat und Hilfe bei Ethikern, Philosophen, Theologen, Dienern des Gemeinwohls. Mancher gar gibt zu, daß wohl das Volk ein Wort mitzureden habe bei den Projekten, die die Wissenschaft in Angriff nimmt und die zu einer Veränderung des Menschen als solchem führen können.

Der Biologe James Watson, der mit den Grundstein gelegt hat für einen Großteil der heutigen genetischen Manipulation, gehört zu jenen, die eine Mitbestimmung der Öffentlichkeit fordern. Zur Klonentwicklung sagt er:

»Diese Angelegenheit ist viel zu wichtig, als daß man sie ausschließlich der Wissenschaft und Medizin überlassen dürfte. Die Auffassung, Ersatzmütter und Klonbabys seien unvermeidlich, weil die Wissenschaft unablässig voranschreite, ...ist eine Form des unsinnigen Laissez-faire, die uns katastrophal an den Glaubensartikel erinnert, wenn man das amerikanische Busineß nur machen lasse, dann werde es die Probleme aller Welt lösen.«

Zu den ersten, bei denen sich Anzeichen der neuen, beunruhigten Stimmung vieler Lebenswissenschaftler zeigten, gehörten im Jahre 1969 drei brillante junge Forscher aus Harvard, an ihrer Spitze Jonathan Beckwith. Sie hatten eben zum erstenmal in der Geschichte ein Gen freigelegt. Ihre Leistung wurde in der ganzen Welt gefeiert. Doch in einer Pressekonferenz gaben sie sich düster. Einer sagte, »wir haben keinerlei Anlaß, uns auf die Schulter zu klopfen«, denn auf lange Sicht könne diese Entdeckung der Menschheit »mehr Übel als Gutes einbringen«. Sie meinten, andere Forscher könnten aufbauend auf ihrem Beitrag genetische Verhaltenssteuerungen entwickeln, die sich ein künftiger Diktator zunutze machen könnte.

Einige ältere Wissenschaftler herrschten sie wütend an, sie sollten ihr dummes Geschwätz sein lassen, ihre Arbeit tun oder überhaupt die Finger davon lassen.[1] Und einer der drei, James Shapiro, ließ wirklich die Finger davon. Er gab eine vielversprechende Karriere als Molekularbiologe in Harvard auf und wurde Sozialarbeiter. Nach ein paar Jahren dann kehrte er wieder als Mikrobiologe in Chikago zur Wissenschaft zurück.

Ein anderer brillanter junger Wissenschaftler, Leon Kass, hat sein

Hauptbetätigungsfeld als Forscher und Schriftsteller von der Biochemie zur Bioethik verlagert. Zuerst stand er dem Ausschuß für Lebenswissenschaft und Sozialpolitik in der Nationalen Akademie der Wissenschaften vor. Später war er hauptberuflich als Gelehrter am Kennedy-Institut zur Untersuchung der menschlichen Fortpflanzung und Bioethik in Washington tätig. Kass ist der Auffassung, die neue Biologie habe den Forscher in eine Lage gebracht, die der des Flugkapitäns in der bekannten Geschichte nicht unähnlich sei:

»*Guten Tag, meine Damen und Herren. Hier spricht Ihr Kapitän. Wir fliegen in einer Höhe von elftausend Metern und unsere Geschwindigkeit beträgt tausend Stundenkilometer. Ich habe zwei Nachrichten für Sie, eine gute und eine schlechte. Die schlechte heißt, daß wir nicht mehr wissen, wo wir sind. Die gute lautet, daß wir ausgezeichnet vorankommen.*«

In den Spalten von *Science* sich an seine Kollegen wendend meinte Kass, gewiß lasse sich niemand gerne Vorschriften machen; irgendwo stimme aber etwas nicht, wenn sich ein Wissenschaftler zwar besorgt über die sozialen Auswirkungen der Wissenschaft äußere, jeder Andeutung einer Regulierung jedoch betont mit der Bemerkung begegne, die Forschung dürfe keinesfalls beschränkt und der technische Fortschritt mitnichten gehemmt werden.

Kass beunruhigt die Tatsache, daß die neuen Techniken der Biologischen Revolution oft so dargestellt werden, als seien sie »überhaupt nicht das Ergebnis irgendeiner Entscheidung«. Oder wenn man sie bagatellisierte als »Kulminationspunkt von Entscheidungen, die viel zu klein oder unbewußt sind, als daß sie als Entscheidung begriffen würden«.

Das Kennedy-Institut ist nur eine von mehreren Einrichtungen, die in der ganzen Welt binnen kurzer Zeit entstanden sind und an denen man über die Auswirkungen neuer Entwicklungen in den Lebens- und Verhaltenswissenschaften nachdenkt. In Großbritannien beispielsweise werden am Institut für Menschenrechte ebenso wie in der Arbeitsgruppe Ethik der Vereinigung zur Förderung der Wissenschaften großangelegte Analysen und Debatten durchgeführt.

Das bekannteste und anspruchsvollste Programm der Welt läuft am Institut für Gesellschaft, Ethik und Lebenswissenschaften in Hastings, New York. Es bringt die umstritteneren Forscher und ihre Kritiker in gemeinsamen Diskussionsrunden zusammen. Es veranstaltet Konferenzen, in denen Leute vieler Disziplinen konkrete, sorgenerregende Fragen erörtern. Es fördert die Einrichtung von Seminaren über die ethischen Aspekte der neuen Biologie an Hochschulen und medizinischen Fakultäten.

Und wie nun diese neue Stimmung der beklemmenden Selbstbefragung an Boden gewinnt, werden die Positionen einiger führender Gestalten der Menschenveränderung weniger ungestüm. Delgados Bemerkungen sind weniger grell geworden. Sweet und Lederberg sprechen eine sanftere Sprache (von Lederberg stammt der Satz: »Wissenschaftler sind ganz und gar nicht die besten Baumeister der Sozialpolitik«). Sogar Skinner hat einige seiner Vorstellungen geändert. In *About Behaviorism* gibt er »eine ganze Menge Klarstellungen« und »Neuinterpretationen der Daten« einiger seiner umstritteneren Äußerungen. Nur wenige Behavioristen, sagt er jetzt, hielten das menschliche Verhalten für »endlos knetbar«. (In einem weiteren Buch hat sich die Arroganz seiner öffentlichen Erscheinung ebenfalls gemildert: dem autobiographischen *Particulars of My Life*, in dem er offen und reizvoll über seine frühen Jahre in Susquehanna, Pennsylvania, plaudert.)

Vor allem drei Bereiche verursachen den Wissenschaftlern Unbehagen: Gefahren für die Gesundheit, Fragen der individuellen Ethik des Wissenschaftlers und die Problematik sozialer Gefahren für die Menschheit. Ich wähle diese Reihenfolge, weil Forscher Gefährdungen der Gesundheit beträchtlich besser kennen – und sich um diese Frage mehr sorgen – als ethische Fragen. Und möglicher sozialer Gefahren sind sie sich erst mit weitem Abstand bewußt.

MÖGLICHE GEFAHREN FÜR DIE GESUNDHEIT

Gefährdungen der Gesundheit sind Lebenswissenschaftlern eine verständliche Sorge. Über sie denken sie viel mehr nach als über die sozialen Rückwirkungen ihres Tuns und Lassens. Zum Teil geht das darauf zurück, daß sie in den letzten Jahren erleben mußten, wie sich unzureichend erprobte Neuschöpfungen der Wissenschaft plötzlich als gesundheitsgefährdend erwiesen: Spraydosen, Thalidomid, DDT, Vinylchlorid, Asbestfaser.

Viele Reproduktivbiologen schrecken wegen offenkundiger gesundheitlicher Gefahren davor zurück, einer Frau einen laborgezeugten Embryo einzusetzen und bis zur Geburt reifen zu lassen. Es könnte ein Monstrum herauskommen, das von Gesetzes wegen nicht getötet werden dürfte. Und eine solche Geburt könnte die Aufmerksamkeit der Öffentlichkeit erregen.

1974 einigten sich die Molekularbiologen rund um die Welt wegen gesundheitlicher Besorgnisse auf ihr in der Geschichte einmaliges Moratorium für bestimmte Arten der genetischen Manipulation. Durch Kombination verschiedener Tiergene mit Genen bestimmter Bakterien schufen sie völlig neue Formen des Lebens. Damit hatten sich ungeahnte Möglichkeiten des Genbaus aufgetan. Die eine oder andere konnte letztlich eine Modifizierung der Menschengattung hervorbringen. Aber das Umkombinieren von Genen brachte Formen des Lebens hervor, die sich vermehren konnten. Einige der neuen Kombinationen waren potentiell gefährlich, und würden sie losgelassen, so könnten sie die Menschheit terrorisieren.

Der übrigen Welt in dieser Forschungsbranche um eine Nasenlänge voraus war möglicherweise Paul Berg von der Stanford-Universität. Er stand an der Spitze des Feldzugs zugunsten eines Moratoriums. Und später war er treibende Kraft für die Festlegung von Grundregeln für das, was getan werden dürfe und was nicht.

Zunächst hatte er mit seinen Mitarbeitern bei der Verwendung verschiedener Lebensmaterialien einen Durchbruch nach dem andern erzielt. Ein Rekombinationsvorhaben, damals noch im Planungsstadium, betraf einen Tumorvirus. Eine seiner Studentinnen erwähnte – und verteidigte – das Projekt zufällig in einer Diskussion im Anschluß an eine Vorlesung im Cold Spring Harbor Laboratory auf Long Island. Der Vortragende, Robert Pollack, hatte über Sicherungsmaßnahmen bei der Verwendung biologischen Materials gesprochen. Es entwickelte sich eine hitzige Diskussion. Hinterher war Pollack immerhin so erregt, daß er Berg anrief und ihm die Gefahren vorhielt, die seiner Meinung nach gegeben sein könnten. In den Folgemonaten wurde Berg zum Befürworter der Vorsicht. Viel später sagte er zu dem Sachbuchautor Horace Judson: »Als mich Pollack anrief, waren wir tatsächlich achtlos gewesen. Wir hatten die möglicherweise gefährlichen Folgen unseres Tuns nicht erwogen. Ich sehe in dieser Sache keine große moralische oder ethische Frage, sondern vielmehr ein Problem der öffentlichen Gesundheit.«

Bergs Unbehagen wuchs mit jedem Anruf anderer Forscher – und es verging kein Tag, an dem nicht einer bei seiner Gruppe anrief und um biologisches Material für ähnliche Experimente bat. »Ich pflegte sie zu fragen, wofür sie es haben wollten«, erinnert er sich. »Einige hatten Horrorversuche geplant und an die möglichen Folgen keinen Gedanken verschwendet.«[2]

Um einigen dieser beunruhigenden Projekte die Spitze abzubrechen, startete er schlagartig seine Kampagne und bewegte eine Reihe bekannter Kollegen dazu, gemeinsam mit ihm den inzwischen historisch gewordenen Brief zu schreiben, in dem für bestimmte Experimente, bei denen DNS-Moleküle rekombiniert werden, ein Moratorium gefordert wurde. Der Brief erschien in zwei der angesehensten wissenschaftlichen Fachzeitschriften der Welt: *Nature* (England) und *Science* (USA). Das vorgeschlagene Moratorium wurde während seiner Laufzeit weltweit im wesentlichen eingehalten.

ETHISCHE PROBLEMATIK FÜR DEN WISSENSCHAFTLER

Die ethischen Leitsätze des Arztes verlangen von ihm, daß er niemals zum Nachteil des Kranken handle und nur das tue, was für den Kranken das beste ist. Die Lage wird etwas verschwommen, wenn der Mediziner zugleich Forscher ist, der an Gruppen von Menschen – die der medizinischen Betreuung vielleicht bedürfen, vielleicht aber auch nicht – Experimente nichttherapeutischer Art vornimmt. Und noch verschwommener wird das Bild, wenn es sich bei dem Forscher um einen Physiologen oder Biologen oder Psychologen handelt, der an Menschen Versuche vornimmt, mit denen medizinische Probleme einhergehen oder ausgelöst werden.

Viele Dutzende gesundheitsbezogener Versuche an Menschen sind durch zweifelhafte Manipulationspraktiken verzerrt worden. Unversehens hat sich das Bedürfnis nach einer Überprüfung der Ethik in den Vordergrund geschoben. Den Aufschrei der Entrüstung in den siebziger Jahren wegen Versuchen mit lebenden Fetussen hätte es wohl kaum gegeben, wären nicht manche Experimentierer so gefühllos gewesen. Immer noch weiß man nicht genau, ab wann der Fetus Schmerz verspürt. In einem von der Akademie der Wissenschaften veranstalteten Symposium über Fragen der Ethik im Zusammenhang mit Versuchen richtete der Nobelpreisträger Frederick C. Robbins von der Case Western Reserve University das Wort an die Teilnehmer. Er sagte, manche Fetalexperimente hörten sich an wie »Horrorgeschichten«. In einem Fall waren acht lebenden Jungfetussen die Köpfe abgeschnitten und ihnen dann radioaktive Substanzen eingespritzt worden, um auf diese Weise den Gehirnmetabolismus zu studieren.[3]

Enthüllungen über den Einsatz nichtbehandelter Kontrollgruppen bei Menschenversuchen haben ebenfalls Verlegenheit ausgelöst. Natürlich braucht man zu einem Experiment eine Kontrollgruppe, damit man weiß, ob die an Patienten erprobte Neuerung auch tatsächlich für die eintretende Veränderung verantwortlich ist. Ist es aber ethisch vertretbar, dringend behandlungsbedürftigen Menschen vorzugaukeln, sie würden behandelt, während in Wirklichkeit gar nichts geschieht?

Über ein Vierteljahrhundert lang wurden Hunderten armer schwarzer Männer aus Alabama, die an Syphilis erkrankt waren, von Ärzten, die für eine Bundesgesundheitsstelle arbeiteten, Schein-»Spritzen« verabreicht. Der Verlauf der unbehandelten Syphilis sollte untersucht werden. Andere Teilnehmer an dem Versuch erhielten die beste verfügbare Behandlung, schließlich auch Antibiotika, als diese entdeckt wurden. 1952 waren zweimal mehr Unbehandelte als Behandelte gestorben.[4] Erst zwanzig Jahre später, als die Nachrichtenagentur AP das Projekt ins Licht der Öffentlichkeit brachte, kam eine Empfehlung, dieses Bundesprojekt zu beenden.

Oder nehmen wir die niedrigverdienenden, mit Kindern überlasteten Mexikano-Amerikanerinnen, die sich in einer Klinik in San Antonio empfängnisverhütende Mittel holten. Sechsundsiebzig von ihnen erhielten ohne ihr Wissen nur Scheinpillen. Das war die Kontrollgruppe. Andere erhielten echte Antibabypillen. Allen wurde gesagt, sie sollten die echte oder falsche Pille mit einer Vaginalcreme ergänzen. Die Experimentierer wollten damit feststellen, ob ängstliche Frauen, die nur Placebos erhielten, über die gleichen Nebenerscheinungen wie Nervosität und Depressionen klagten, von denen einige Frauen berichtet hatten, die die echte Pille bekamen. Einige klagten darüber. Aber zehn der sechsundsiebzig Frauen, die guten Glaubens Hilfe gesucht und nur Scheinpillen bekommen hatten, wurden schwanger.

Ähnlich skandalös wirkte die experimentelle Verabreichung gefährlicher Präparate an chronische Fürsorgepatienten oder geistig zurückgebliebene Kinder. An einem Krankenhaus für ältere Langzeitkranke in Brooklyn wurden Debilen, die keineswegs krebskrank waren, lebende Krebszellen eingespritzt. Ein Direktor des Krankenhauses erhob den Vorwurf, hier solle festgestellt werden, ob sich durch Einspritzung lebender Krebszellen Krebs erzeugen lasse. Die Experimentierer behaupteten, dies sei ganz und gar nicht der verfolgte Zweck. Es sei doch bekannt, daß die Immunabwehr fremde Zellen abweise, ob sie nun krebsartig seien oder nicht. Sie hätten festgestellt, daß das Abwehrsystem eines Krebskranken langsamer funktioniere als das eines Gesunden. Sie wollten also nur Klarheit erlangen, ob diese Aktionsverlangsamung auf den Krebs zurückzuführen sei oder einfach auf die allgemeine Debilität.

Den betreffenden Patienten wurde verschwiegen, daß die Behandlung gar nicht zu ihrem eigenen Besten war. Weiterhin wurde ihnen verschwiegen, daß ihnen Krebszellen eingespritzt wurden. Eine schriftliche Zustimmung in vorgeschriebener Form wurde nicht eingeholt. Soweit eine – behauptete – mündliche Zustimmung erfolgte, konnte sie jedenfalls nicht einsichtiger Natur sein.[5] Als der Krankenhausvorstand einen »Reinwasch«-Bericht vorlegen wollte, forderte ein Mitglied seine Vorstandskollegen auf, sich denselben Krebsspritzen zu unterziehen. Beamte des Staates tadelten die beteiligten Ärzte wegen ihres Verhaltens und stellten fest, die Ärzte hätten kein Recht, sich auf das Arzt-Patient-Verhältnis zu berufen, wenn sie experimentierten.

In einer Anstalt für geistig zurückgebliebene Kinder auf Staten Island wurden einigen Kindern lebende Hepatitisviren eingespritzt. Dies geschah als Teil eines mit Bundesmitteln geförderten Programms zur Entwicklung eines Hepatitis-Impfstoffs. Professor Henry K. Beecher von der medizinischen Fakultät von Harvard zitierte diesen Fall im *New England Journal of Medicine* als einen von zweiundzwanzig bekanntgewordenen Versuchen, die er als ethisch dubios betrachtete. Er mußte sich von vielen Ärzten Vorwürfe gefallen lassen.[6] Der leitende Arzt des Hepatitis-Programms auf Staten Island verteidigte sein Vorgehen mit der Behauptung, in der Anstalt gehe die Hepatitis ohnehin schon um. Folglich sei es für seine Versuchspersonen besser, wenn sie die Hepatitis unter sorgfältig kontrollierten Umständen bekämen, als wenn sie sie sich auf natürliche Weise zuzögen.

Ähnliche Fragen der Ethik sind im Zusammenhang mit gewissen psychologischen Experimenten aufgetaucht. So z. B. in diesen: In einem Test für Verhalten unter geistiger Belastung wurde jeder Versuchsperson vor den Wagen, den sie steuerte, plötzlich eine sehr realistische Nachahmung eines menschlichen Körpers geworfen. Mehrere der ersten Versuchspersonen waren daraufhin völlig niedergeschlagen. Als man ihnen sagte, bei den Unfallopfern handle es sich nur um Puppen, äußerten sie bittere Kritik an dem Versuch. Trotzdem wurden die Tests fortgesetzt, bis etwa dreißig Versuchspersonen mit ihrem Wagen vermeintlich einen Menschen überfahren hatten.

Bei Streß-Versuchen nahmen sich Militärpsychologen unausgebildete Soldaten her, leiteten sie irre, gaben ihnen falsche Instruktionen und brachten sie dann zu der Annahme, sie hätten eigene Truppen unter Artilleriebeschuß genommen. Man sagte ihnen, es seien schwere Ausfälle zu verzeichnen gewesen. Einige Soldaten bekamen einen Nervenzusammenbruch, andere Wutanfälle. So sehr man sich auch nachher bemühen mochte, ihnen den wirklichen Sachverhalt zu erklären, ließ sich doch bei einer ganzen Reihe das entstandene Schuldgefühl nicht mehr beseitigen.[7]

War das in diesen Tests gewonnene »Wissen« den angerichteten menschlichen Schaden wert?

Heute sind sich die Wissenschaftler schon um ein gewaltiges intensiver als noch vor einem Jahrzehnt der ethischen Probleme bewußt, die sich bei Versuchen am Menschen stellen. Meistenteils sind sie sich heute darin einig, daß jedes Forschungsvorhaben, bei dem am Menschen Versuche gemacht werden müssen, von einem »Prüfungsausschuß von Ihresgleichen« geprüft und gebilligt werden sollte, bevor man damit anfangen darf. In einer neueren Ausgabe vom *Modern Medicine* stand zu lesen, daß die meisten Ärzte weiterhin

Versuche an Menschen, auch an Häftlingen, Kindern, geistig Zurückgebliebenen und anderen unfreien Personen befürworten, sofern eine Prüfung durch ihresgleichen stattfindet.

In der Praxis bestehen solche Ausschüsse in überwältigender Mehrheit aus Kollegen derselben Institution. Nur selten findet man da Juristen, Ethiker, Geistliche oder Wissenschaftler anderer Disziplinen. Was wir brauchen, ist ein völlig neuer Berufsstand: den medizinisch oder wissenschaftlich sachkundigen Ethiker.

Generell besteht Einigkeit über das *Prinzip*, daß menschliche Versuchspersonen ihre »einsichtige Zustimmung« geben müssen. Dieser Begriff bildete sich weitgehend aufgrund der Nürnberger Prozesse heraus, in denen die medizinischen Versuche der Nazis behandelt wurden. In der Praxis wird die Einholung der »einsichtigen Zustimmung« freilich nur bruchstückhaft betrieben. So stand im Bericht des Instituts für Gesellschaft, Ethik und die Lebenswissenschaften vom Juni 1973 zu lesen: »Das Tragische an dem Ganzen ist, daß weniger als fünfundzwanzig Prozent der uns bekannten Studien auch nur behaupten, die Teilnehmer hätten ihre Einwilligung gegeben«, wobei kein einziges Papier die Form, in der diese Einwilligung erfolgte, näher darlege. Kann ein Geistesgestörter oder ein geistig Zurückgebliebener überhaupt eine wirklich einsichtige Zustimmung geben? Einwilligung in einen psychochirurgischen Eingriff? Der Psychiater Willard Gaylin, Präsident des Instituts, hat das Problem einprägsam mit den Worten beschrieben: »Eben das Organ, das die Zustimmung geben muß, ist schadhaft.«

Wann immer von ethischen Aspekten der Versuche an Menschen die Rede ist, erklären die Wissenschaftler, eine dritte Erwägung müsse ebenfalls berücksichtigt werden: Der Nutzen muß größer sein als die Gefahr. Das ist nun eine höchst subjektive Frage der Einschätzung. Forscher neigen nur allzuleicht zu der Annahme, daß der Nutzen die Gefahr überwiege. Da sie sich theoretisch zur Überprüfung durch Ihresgleichen und zum Prinzip der einsichtigen Zustimmung bekennen, kann die Nutzen/Gefahr-Abwägung sehr leicht zum Schlupfloch werden. Der Zweck heiligt die Mittel. Desselben Arguments bedienen sich Polizisten, die Hausdurchsuchungen ohne Durchsuchungsbefehl mit der triumphierenden Behauptung verteidigen, sie hätten ja schließlich wertvolles Beweismaterial gefunden.

Die große Mehrheit der Wissenschaftler, die eifrig damit beschäftigt sind, Verhalten und Entwicklung des Menschen zu gestalten, scheinen sich der sozialen Gefährdungen durch ihre Arbeit kaum bewußt zu sein. Auf einer Konferenz über Genetik und Ethik in New York im Jahre 1975 schätzte ein Biologe aus Harvard, nur etwa jeder hundertste Wissenschaftler interessiere sich für die sozialen und moralischen Gefährdungen, die die Wissenschaft in Gang setzen könne. Wahrscheinlich ist diese Schätzung überpessimistisch. Dennoch macht sie – meiner Meinung nach zu Recht – eines klar, daß sich nämlich weitaus mehr Wissenschaftler darüber Gedanken machen sollten, schon gar angesichts der unheimlichen Veränderungen, die sich da anbahnen.

Immerhin hat eine Reihe beredter Stimmen aus dem Kreis der Verhaltens- und Lebensforscher Unbehagen geäußert. In der Biologie gehören beispielsweise René Dubois, Sir MacFarlane Burnet, Leon Kass, Salvador Luria, Jonathan Beckwith, James Watson, Jean Rostand, James Nagle, Paul Berg, Robert Sinsheimer und George Wald zu denen, die immer wieder ziemlich deutlich darauf hinweisen.

Unter den Psychiatern, Psychologen und Soziologen erhoben, um nur sie zu nennen, David Krech, Carl Rogers, Stephan L. Chorover, Willard Gaylin, Amitai Etzioni, Perry London, Karl Pribram, Peter Breggin, Thomas Szasz, Richard Restak und Elliot Valenstein sowie die Behavioristen Leonard Krasner und Israel Goldiamond ihre mahnende Stimme.

Ihre Besorgnis gilt den verschiedenen Aspekten der Neugestaltung des Menschen durch den Menschen. Fast alle sind sich einig, es sei höchste Zeit, mehr als höchste Zeit, daß Wissenschaft und Gesellschaft zu klaren Wertvorstellungen gelangen, ob beabsichtigte Neuerungen einer gesunden Gesellschaft förderlich sind oder sie unterhöhlen.

Und meistenteils dürften sie auch darin übereinstimmen, daß wir Normen brauchen für die Beurteilung, ob ein Forschungsvorhaben sozial gefährdend ist oder nicht. Desgleichen dürften sie mit entsprechenden Einrichtungen einverstanden sein, die dafür sorgen können, daß für gefährlich erachtete Vorhaben von vornherein unterbleiben. Bei dieser Beurteilung wird eine Reihe von Fragen zu stellen – und zu beantworten sein. So diese:

Welche Rückwirkung hat das Vorhaben auf die Lebensqualität, die Familie, die Bevölkerung, die Gerechtigkeit, die Unantastbarkeit des einzelnen, die Würde des Menschen?

Wie steht es mit der möglichen Stärkung der Macht eines potentiellen kommenden Diktators?

Würden uns die zur Debatte stehende Neuerung noch mehr auf den Weg der Entmenschlichung drängen?

24
WER ÜBERWACHT DIE LENKER?

> Eine anständige Gesellschaft bindet
> jede Technik, die so mächtig ist,
> daß sie das allgemeine Wohlergehen
> beeinträchtigen kann, in klare
> Regeln ein.
> — Perry London, Psychologe

Auf diesen Seiten sind wir mehreren Dutzend denkbarer Neuerungen begegnet, mit denen sich unser Leben umgestalten und steuern läßt. Fast überall ist Manipulation im Spiel. Fast alle gehen von einer hochgradigen Knetbarkeit des Menschen aus. Manchem Wissenschaftler, der solche Neuerungen entwickelt hat, wird – wir sahen es eben – allmählich unbehaglich zumute. Dieses Unbehagen breitet sich auf das Volk und seine politische Führung aus.

Sehen wir uns die Situation in den Vereinigten Staaten an. Wir haben noch nicht einmal begonnen, Ziele zu setzen und uns darüber klar zu werden, was wovor Vorrang haben soll. Wir haben noch kaum angefangen, uns über die Auswirkung auf den Menschen klarzuwerden, die Neuerungen haben werden, mit denen man den Menschen zu modifizieren sucht. Kaum ein klares Gesetz, kaum eine präzise Vorschrift ist erlassen worden, um uns vor Mißbrauch und Wahnwitz zu schützen. Aber wir machen immerhin erste, tastende Versuche.

Viele der umstrittenen Entwicklungen, von denen wir sprachen, sind mindestens teilweise mit Hilfe öffentlicher Gelder zustande gekommen. Und oft wurden die Zuwendungen gedankenlos verabschiedet.

1973 schuf der Kongreß das von allen Parteien getragene Office of Technology Assessment, weitgehend dank der Bemühungen von Senator Edward Kennedy. Heute berührt fast jede Gesetzesmaßnahme Fragen der »Technik«. Das nur knapp ausgestattete OTA beschäftigt sich verständlicherweise vor allem mit Großprojekten wie Flugzeugen, Raketen, Raumschiffen und Sonnenkraftwerken.

Der Unterausschuß des Senats für Verfassungsfragen hat eine Erhebung angestellt, in welchem Umfang sich die Bundesregierung mit Verhaltenssteuerung befaßt. Er kam zu dem Schluß, »über verschiedene Ämter und Stellen« betreibe die Regierung »Vorhaben der Verhaltensmodifizierung einschließlich der Psychochirurgie ohne eine Prüfungsstruktur, die ausreichen würde, damit die verfassungsmäßigen Rechte der Versuchspersonen wirklich gewahrt werden können«. Dieser Erhebung ist es teilweise zu verdanken, daß die Kommission für den Schutz von Versuchspersonen in der biomedizinischen und Behavioralforschung geschaffen wurde. Ihr obliegt es, den Minister für Gesundheit, Erziehung und Wohlfahrt zu *beraten*.

Desgleichen schuf der Kongreß den Präsidialbeirat für biomedizinische Forschung, der unmittelbar dem Präsidenten zu berichten hat, wenngleich es kaum Hinweise gibt, daß Präsident Ford besonders scharf darauf gewesen wäre.

Mitte 1976 erklärte Senator Kennedy als Vorsitzender des Unterausschusses für Gesundheitsfragen, er sei unzufrieden, ja enttäuscht, wie die Dinge liefen. Die Art und Weise, wie die nationalen Gesundheitsinstitute die Interessen der Öffentlichkeit bei der biomedizinischen und behavioristischen Forschung gewahrt hätten, finde er ganz und gar nicht beeindruckend. Er veranlaßte Anhörungen, die mindestens ein Jahr dauern dürften.

FREIWILLIGE SELBSTKONTROLLE DER FORSCHER

Forschungsziele lassen sich in gewissem Umfang durch Regeln gestalten, die sich die Forscher und Ärzte selber geben. So könnte jede wissenschaftliche Vereinigung ihren Berufskodex auf den neuesten Stand bringen, wie es die Amerikanische Psychologenvereinigung seit einigen Jahren tut. Durch Einschaltung angesehener Dritter könnten sie – und gelegentlich ist das schon geschehen – dafür sorgen, daß die Ihresgleichen-Prüfung mehr ist als eine bloße Routineabsegnung durch Kollegen.

Die Wissenschaftler haben auch schon den Gedanken eines eigenen Systems von Wissenschaftsgerichten debattiert. Damit kämen sie einer Reglementierung von außen zuvor. Ein Wissenschaftsbeirat empfahl 1976 die experimentelle Schaffung eines solchen Gerichts durch das Amt des Weißen Hauses für Wissenschaft und Technologie. Dieses Gericht solle in Streitfällen die vorhandenen wissenschaftlichen Wahrheiten strittig zu bestimmen versuchen. Ziel dieser Verfahren wäre es, Übertreibungen, Fehler und Irrtümer und glatte Lügen auszumerzen. Das Gericht würde allerdings das oft noch Wichtigere anderen öffentlichen Instanzen überlassen, nämlich die Bildung des Werturteils in der jeweils anstehenden Frage. Immerhin wäre es schon nützlich, wenn man wenigstens die Fakten sauber bekäme, insbesondere in Bereichen, die schon fast zur Geheimwissenschaft geworden sind, so etwa die Molekularbiologie.

Die Genetiker nun, die auf der Asilomar-Konferenz das selbstauferlegte Moratorium akzeptierten, beendeten dieses erst, nachdem sie sich selbst einigermaßen feste Richtlinien gegeben hatten. Diese erstrecken sich auf gewisse, besonders gefährliche Forschungen, bei denen Gene verschiedener Arten im Hinblick auf die Schaffung neuer Geschöpfe manipuliert werden. Zwar kann nach den Richtlinien nur ein moralischer Tadel ausgesprochen werden, doch geht man davon aus, daß sich – wie *Science* es formulierte – »die zuständigen Instanzen jedes Landes, die entsprechende Vorschriften zu erlassen haben, wohl eng an die Richtlinien anlehnen werden«. Binnen kurzem wurde dann auch eine Reihe von Regierungen aktiv.

Sehr ermutigend an der Asilomar-Konferenz war die Teilnahme von dreiundfünfzig Delegierten aus dem Ausland. Die Engländer waren besonders rührig. Und wie schon erwähnt, stimmten die Russen den Schlußergebnissen zu. Die Ausbreitung von Kernmaterial auf viele Länder lehrt uns ja zur Genüge, wie gefährlich es sein kann, wenn man der Technik ohne internationale Vereinbarung freien Lauf läßt.

Die Genetiker hatten ein Verbot der gefährlichsten Versuche vorgeschlagen, bei denen es um eine Rekombination von Genen ging. Bei hochgradig riskanten Experimenten dürften nur Organismen Verwendung finden, die außerhalb eines Labors in keinem Falle überleben könnten. Besondere »Einschlußlabors« mit niedrigem Innenluftdruck sollten gebaut werden. Die Laborangestellten müßten jedesmal vor Verlassen des Labors duschen. Eine Forschergruppe mit Hauptsitz in Boston, »Science for the People« (Wissenschaft für das Volk), bezeichnete die Richtlinien als »milde«.

Schutz durch Regierungsvorschriften und -Richtlinien

In den Vereinigten Staaten befaßten sich die bundesamtlichen Nationalen Gesundheitsinstitute mit den vorgeschlagenen Richtlinien der Genetiker. Anhörungen wurden veranstaltet. Ergebnis waren amtliche Richtlinien für jede mit Institutsmitteln geförderte Forschung. Diese Richtlinien waren etwas strikter und detaillierter als jene der Asilomar-Konferenz. Sie blieben jedoch generell im Rahmen der Vorschläge der Genetiker. Die Behörde nannte sie einen »kleinen«, aber »wichtigen« Schritt zum Schutz der Öffentlichkeit.

Einige hervorragende Wissenschaftler betonten vor allem den »kleinen« Charakter des damit gebotenen Schutzes. Robert Sinsheimer, Vorsitzender der Abteilung für Biologie von Caltech, bemerkte mahnend, wir ließen Forschungen freien Lauf, die unumkehrbar seien. Angesichts der menschlichen Schwäche könnten die biologisch neuen Geschöpfe sehr wohl »entkommen, und es besteht keinerlei Aussicht, daß wir sie jemals wieder einfangen«. Ein Konvertit also. Denn lange Zeit war Sinsheimer begeisterter Anhänger des Genbaus. Jetzt kommen ihm Bedenken. Er sagt: »Die Wissenschaft hat keinen so gewaltigen Schritt ins Unbekannte mehr getan, seitdem Rutherford Atome zu spalten begann.« Und George Wald, Harvarder Nobelpreisträger für Biologie, ging noch weiter. Er nannte die Genspaltung das gewagteste Unterfangen in der Geschichte der Naturwissenschaften und forderte ein neues Moratorium für die Herstellung neuartiger genetischer Kombinationen.

Besonders beunruhigt ihn und den Biochemiker Erwin Chargaff von der Columbia-Universität die anhaltende Verwendung des alten Laborlieblings *E. coli* als Träger bei der Rekombinierung genetischen Materials. *E. coli* entstammen dem menschlichen Darm. Der Grund für ihre anhaltende Beliebtheit ist, daß man über sie schon so viel weiß. Chargaff erhebt den Vorwurf, es sei praktisch unmöglich festzustellen, ob veränderte *E. coli* entkommen. »Man kann nur dasitzen und abwarten«, bis irgendwo bei irgendeinem Teil der Bevölkerung etwas Seltsames aufzutreten beginnt. Sowohl Sinsheimer als auch Chargaff sind für ein Verbot der Benutzung irgendwelcher Organismen, die im Menschen oder in der menschlichen Umwelt vorkommen.

Auch nach Verabschiedung der Richtlinien stellten sich weitere Hindernisse ein. Der Stadtrat von Cambridge in Massachusetts erhob Einwände. Er forderte die Einstellung all dieser Forschungsvorhaben in Cambridge, bis sich die Stadträte ein besseres Bild von den möglichen Gefährdungen für die Bevölkerung machen könnten. Cambridge ist der Sitz der Harvard-Universität und des Massachusetts Institute of Technology. An beiden Einrichtungen sind viele Gengestalter tätig.

Anfang 1977 genehmigte der Stadtrat dann nach ausgiebigen Anhörungen die Erstellung von Einrichtungen zur Genspaltung in Cambridge, verband diese Genehmigung aber mit Auflagen, die noch schärfer waren als die Empfehlungen der Nationalen Gesundheitsinstitute. Der Vorsitzende des Bürgerausschusses von Cambridge dankte jenen Forschern, die entgegen der Auffassung der Mehrheit ihrer Kollegen schärfere Kontrollen gefordert hatten. Manche hätten mit ihrer freimütigen Meinungsäußerung sogar ihre Karriere aufs Spiel gesetzt. War doch an mehreren Universitäten festgestellt worden, daß auf Mitglieder des Lehrkörpers, die noch keine Dauerstellung hatten, Druck ausgeübt wurde, sie sollten sich still verhalten, sonst könnten sie ihren Posten verlieren oder in ihrem Fortkommen behindert werden.

Ein Jahr zuvor hatte das Nationale Institut für Mentalhygiene eine »Grundsatzerklärung« zur Praxis und Technik der Verhaltensmodifizierung verabschiedet. Behandelt wurden darin Praktiken von der Konditionierung bis hin zum Elektroschock. (Die operanten Konditionierer beanspruchen erfolglos das ausschließliche Recht zur Benutzung des Begriffs »Verhaltensmodifizierung«.) Die Erklärung trug den Titel »Verhaltensmodifizierung: Perspektiven einer aktuellen Frage«. Sie ähnelt eher einer Vorlesung als eindeutigen Richtlinien. Gewisse Formen der Verhaltensmodifizierung wurden als empfehlenswert, andere als betrüblich dargestellt. Die Erklärung enthielt auch die Mahnung, es müßten »Grenzen« gesetzt werden, damit sichergestellt werden könne, daß ein bestimmtes Verfahren niemals von einem totalitären Regime zur »Denksteuerung« benutzt werde.

Zwar geht ein Großteil der Finanzierung der Forschung im Bereich des menschlichen Verhaltens vom Ministerium für Gesundheit,

Erziehung und Wohlfahrt aus, aber auch andere Behörden und Ministerien beteiligen sich in erheblichem Umfang. Es ist an der Zeit, daß sich sämtliche Regierungsbehörden, die eine auf Veränderung des Verhaltens oder der Entwicklung des Menschen zielende Forschung finanzieren, über die möglichen Auswirkungen Gedanken machen. Sie sollten bei jedem Zuwendungsantrag auch eine Erklärung über die denkbaren Auswirkungen auf den Menschen verlangen. Dies entspräche der Erklärung über die denkbaren Auswirkungen auf die Umwelt, die heute von vielen Stellen gefordert wird.

Die Äußerungen der verschiedenen GEW-Stellen kennzeichnet eine unterschiedliche Festigkeit. Manche benutzen statt des lascheren und höflicheren Begriffs »Richtlinien« die Bezeichnung »Auswahlkriterien«. Noch deutlicher werden andere und sprechen von »Vorschriften«. Das Nationale Institut für Mentalhygiene dagegen reagierte auf die Erregung wegen der Psychochirurgie mit der Ankündigung bloßer »Empfehlungen« zu der Frage, wann und wie Psychochirurgie vorgenommen werden dürfe. Zum einen sollte die Operation als Experiment und noch nicht als Therapie angesehen werden. Zum anderen solle sie an niemandem vorgenommen werden, der sich in Gewahrsam befinde oder unfähig sei, seine einsichtige Einwilligung zu geben. Und sie solle auch nicht ohne vorherige Ankündigung vorgenommen werden (damit Dritte noch eine Prüfmöglichkeit haben).

Anzumerken ist, daß diese »Empfehlungen« lediglich für Chirurgen oder Einrichtungen gelten, die finanziell vom GEW gefördert werden. Sie gelten beispielsweise nicht für privat praktizierende Chirurgen.

Später dann »empfahl« die GEW-Kommission für den Schutz von Versuchspersonen in der biomedizinischen und Behavorial-Forschung, an in Gewahrsam befindlichen Personen psychochirurgische Eingriffe nur dann vorzunehmen, wenn eine gerichtliche Anhörung vorausgegangen sei und der Richter die Operation gebilligt habe. In ziemlich überraschendem Umkehrschluß sprach die Kommission gleichzeitig davon, die Psychochirurgie könne »potentiell vorteilhaft« sein.

Ist man sich einig, daß Sicherungsmaßnahmen notwendig sind, dann stellt ein Gesetz ein bei weitem kräftigeres Bollwerk dar als Richtlinien. Ein Gesetz ist durchschlagend und gilt überall. Es läßt sich im Gegensatz zu Richtlinien nicht nach Gutdünken auf dem Verwaltungswege ändern.

Kehren wir noch einmal zu den Richtlinien zurück, die die Nationalen Gesundheitsinstitute für die Genetiker hinsichtlich der Schaffung neuer Formen des Lebens erließen. Diese Richtlinien erstrecken sich nicht auf Forschungen, die das Verteidigungsministerium oder auch eine andere Regierungsbehörde durchführt oder finanziert. Sie erfassen nicht die Forschungsarbeit in den Labors der pharmazeutischen Industrie, bei General Electric oder anderen Firmen. Sie betreffen nicht die stiftungsfinanzierte Forschung. Und vielleicht am verhängnisvollsten: Sie erwähnen mit keinem Wort die Ausbreitung bis hinein in die Chemielabors der Oberschulen, die ohne weiteres denkbar ist, sobald erst die technischen Verfahren perfektioniert sind.

In den Spalten von *Science* hat es schon eine ganze Reihe kräftiger Appelle angesehener Biologen gegeben, der Kongreß müsse endlich tätig werden. Ein solcher Appell enthielt den Vorschlag, ein *Gesetz* zu verabschieden, das sämtliche Formen der »Gengestaltung« der »Aufsicht des Bundes« unterstelle. Mir scheint das vernünftig. Wie schon mehrfach erwähnt sollte in jedem Land eine Instanz geschaffen werden, die hinsichtlich der Schöpfung neuer Formen des Lebens absolute Vollmacht besitzt. Und diesen Instanzen sollte sich eine internationale Organisation hinzugesellen, um die Ausbreitung neuer Geschöpfe zu steuern.

Der Internationale Rat Wissenschaftlicher Vereinigungen (ICSU), in dem sechsundsechzig Länder vertreten sind, hat einen Ausschuß zu Fragen der genetischen Experimente eingesetzt. Dieser soll jedesmal »Laut geben«, wenn in einem Land die geltenden Sicherungsnormen bei der Rekombination von Genen nicht eingehalten werden. Was unter »geltend« zu verstehen ist, weiß man allerdings nicht ganz genau. Und der Ausschuß kann nur moralisch zu überreden versuchen.

Indessen hat die angesehene Nationale Akademie der Wissenschaften der Vereinigten Staaten darauf gedrungen, alle amerikanischen Forscher, *von wem immer finanziert,* sollten sich zum mindesten an die Richtlinien der Gesundheitsinstitute halten. Viele Beobachter hielten allerdings bloße Richtlinien für unzureichend und meinten, die Genspaltung dürfte keinesfalls der Entscheidung von Instanzen überlassen bleiben, in denen überwiegend Wissenschaftler säßen; hierzu zählten auch die Nationalen Gesundheitsinstitute.

Anfang 1977 wurde das Problem allmählich dringend. Die *New York Times* berichtete, allein in den Vereinigten Staaten befaßten sich nicht weniger als sechsundachtzig Universitäten mit DNS-Forschung; hinzu kämen mindestens neun Privatfirmen.

In einer Reihe amerikanischer Städte, deren Universitäten Genforschung betreiben – neben Cambridge gehören hierzu auch Madison (Wisconsin), Bloomington (Indiana) und Ann Arbor (Michigan) –, erscholl der Ruf nach Reglementierung der Genspaltungsforschung durch die Stadtväter. Die Staaten New York und Kalifornien machten sich an die Ausarbeitung von Gesetzen, die jegliche Genspaltungsforschung in diesen Staaten regulieren sollten. Und auf Bundesebene wurden sowohl im Senat als auch im Repräsentantenhaus Gesetzentwürfe eingebracht, die eine Bundesaufsicht über alle Versuche der Genspaltung im ganzen Lande ermöglichen sollten. Senator Kennedy veranstaltete Anhörungen im Unterausschuß für Gesundheitsfragen.

Drei Jahre, nachdem die Forscher selbst es hinsichtlich der Genspaltung mit der Angst zu tun bekommen hatten, erkannte auch die Bundesregierung, daß die Beaufsichtigung jeglicher Forschung, bei der Gene rekombiniert werden, durch Gesetz – und nicht bloß durch Richtlinien – geregelt werden muß. Dies wurde deutlich am 6. April 1977, als die Carter-Regierung in Gestalt des Ministers für Gesundheit, Erziehung und Wohlfahrt Joseph Califano vor dem Kennedy-Ausschuß erschien. Er erklärte, wegen der innewohnenden potentiellen Gefahren gebe es »keine vernünftige Alternative zu einer gesetzlichen Regelung«. Kennedy gab die weitergehende – und meines Erachtens begründete – Voraussage ab, »aus verfassungsmäßiger Sicht liegen die vorrangigen Aufgaben der Gesetzgebung in den nächsten zwanzig bis fünfundzwanzig Jahren im Bereich der Bioethik«.[1]

Als die Kommission für den Schutz von Versuchspersonen eingerichtet wurde, ging man davon aus, sie werde den Einsatz von Menschen bei Forschungsvorhaben zu regeln haben. Was schließlich herauskam, war ein reines Beratungsgremium, das dem GEW-Minister nur Empfehlungen zuleiten kann.

Die US-Regierung besitzt zwei Einrichtungen, die bestimmte Problembereiche bundesweit überwachen: die Drug Enforcement Administration (Amt für Drogenüberwachung) und die Environmental Protection Agency (Bundesumweltamt). Ich halte es, wie gesagt, für dringend nötig, daß eine dritte Einrichtung geschaffen wird, das Amt für Fragen der menschlichen Reproduktionsforschung. Dieses Amt sollte ein echtes Aufsichtsrecht und nicht bloß beratende Befugnis haben.

Viele Entwicklungen in der Reproduktionsforschung bedürfen dringend der Überwachung, denn sie können die Zukunft des Menschen entscheidend berühren. Derzeit unterliegen nachstehende Dinge praktisch keinerlei öffentlicher Beaufsichtigung:
– Einlagerung menschlichen Saatguts in entsprechende Banken
– Laborzeugung von Menschen
– Geschlechtsvorausbestimmung
– Bau künstlicher Mutterleiber
– Klonversuche mit Menschen
– Nutzung von Ersatzmüttern
– Entwicklung von Mensch-Tier-Chimären.

Viele dieser Entwicklungen sollten eingestellt oder strenger Aufsicht unterstellt werden. Sie alle können unsere weitere Evolution erheblich beeinflussen.

Da der Wettlauf der Pioniere der Reproduktionstechnik auch in anderen Ländern eingesetzt hat, brauchen wir dringend eine internationale Verständigung über die einzuhaltende Zielsetzung.

Zusammenfassend läßt sich sagen, daß erste, tastende Versuche in Gang gekommen sind für eine gewisse Sozialkontrolle einiger Tätigkeitsbereiche, die sich die Manipulierung des Verhaltens und der Entwicklung des Menschen zum Ziel gesetzt haben. Andere Bereiche sind praktisch – mit Ausnahme des möglichen Einflusses der öffentlichen Meinung – völlig vernachlässigt worden.

Eine wohlunterrichtete öffentliche Meinung kann eine wichtige Steuerfunktion erfüllen. Zum Glück zeigen Medien und Bürgerinitiativen wachsendes Interesse für diese Entwicklungen, die den Menschen erheblich berühren können. Die öffentliche Meinung war es, die die Psychochirurgen eine Zeitlang in den Untergrund gefegt hat. Die öffentliche Meinung war es, die die amerikanische Gefängnisverwaltung veranlaßte, den Einsatz von Verfahren der operanten Konditionierung bei Häftlingen zu überdenken.

In England ist es einem besorgten Rechtsanwalt, Paul Sieghart, gelungen, den Rat für Wissenschaft und Gesellschaft ins Leben zu rufen. Diesem obliegt ganz speziell die Information der Öffentlichkeit. Der Rat hat sich zum Ziel gesetzt, »eine einsichtige öffentliche Diskussion der möglichen Folgen sozial bedeutsamer wissenschaftlicher Forschung in jedem Fall zum frühest möglichen Zeitpunkt« zu fördern.[2] Hauptschwerpunkt sind derzeit die neuen Techniken der Biomedizin.

Eine solche Organisation, so meine ich, sollte es in jedem modernen Land geben.

25
DER NEUE DRANG
ZUR VERSTÄRKTEN EIGENBESTIMMUNG

> Suchen wir nach der Wahrheit vom Menschen, die alle Menschen frei macht? Oder machen die Wahrheiten, die wir entdecken, nur einige wenige freier und mächtiger, während alle anderen manipulierbarer werden?
> – Sidney Jourard, humanistischer Psychologe

Als Jourard 1972 diese beiden Fragen stellte, hatte er allen Anlaß zur Sorge. Und inzwischen ist viel geschehen, was die Fragestellung noch aktueller macht.

Wir haben viele Entwicklungen Revue passieren lassen, die unseren Leib, unser Denken, unser Saatgut oder unsere Gene der Manipulation preisgeben. Geschieht vielleicht zu viel, was uns voraussagbar und handhabbar macht? Werden wir unter diesem Generalangriff immer knetbarer?

Andererseits ist in den letzten Jahren auch viel geschehen, was uns hoffen läßt, daß die Menschen ihre Unantastbarkeit nicht achtlos hinzugeben bereit sind. Auf vielerlei Weise trachten wir angelegentlich danach, Herr unseres Schicksals zu sein weil wir erkennen mußten, daß wir über bestimmte Bereiche unseres Lebens und unserer Umwelt die Gewalt zu verlieren scheinen. Herr des eigenen Schicksals zu sein, ist letztlich tief im westlichen Gedankengut verankert.

Stephan L. Chorover, der Psychologe, der sich um die Gesellschaft sorgt, sieht die menschliche Sache ganz und gar nicht als verloren an: »Mit Mut und Einsicht kann es uns noch gelingen, der Technik unsere Freiheit und unsere Würde wieder zu entreißen.«

Rückblickend sehen wir, daß die weltweite Explosion, die man jetzt, Anfang der siebziger Jahre, gemeinhin die Gegenkultur zu nennen beliebt, weitgehend ein Aufbäumen war. Ein Aufbäumen gegen die Richtung, in die sich die Gesellschaft treiben ließ. Zumindest teilweise auch ein Aufbäumen dagegen, daß sich immer mehr der persönlichen Gewalt entzog, daß man immer weniger mitzureden hatte in wichtigen Lebensfragen, die uns unmittelbar angehen. Ein Aufbäumen gegen die Entpersönlichung. Ein Aufbäumen gegen das Manipuliertwerden durch Militärs, durch materialismuszüchtende Werbefachleute, durch andere geschickte Menschenhandhaber.

In dieser Zeit haben wir erlebt, wie sich Millionen Frauen machtvoll dagegen auflehnten, ihre ganze Energie nur dem Manne, den Kindern und dem Haushalt schenken zu müssen, und wie sie sich in unzähligen Bereichen durchsetzten. Große Gewinne erzielten sie in der Gleichberechtigung, in der Eigenverantwortlichkeit. Und in den Vereinigten Staaten setzten sich Millionen schwarzer Männer und Frauen durch und beanspruchen erfolgreich die gleichen Rechte.

Und in eben diesen letzten Jahren haben wir erlebt, wie sich Großfirmen rund um die Welt geradezu überschlugen, ihren Mitarbeitern durch verbesserte Arbeitsbedingungen mehr Freude an der Arbeit zu bieten. Millionen Arbeitsplätze sind »angereichert«, mit mehr Verantwortung und Selbständigkeit ausgestattet worden. Und man legt viel weniger Wert auf Konformismus in unwesentlichen Dingen.

Die Stadtoberhäupter im riesigen, anonymen New York waren seit langem gewohnt, die Bevölkerung nur als Straßenzüge zu sehen und sich zu ihrer Steuerung allzu bekannter Hebel zu bedienen. Jetzt plötzlich haben sie es mit Menschen zu tun in über sechzig Gemeindevorständen, die kein Blatt vor den Mund nehmen, und in mehreren tausend neu geschaffenen Straßenblock-Zusammenschlüssen.

Und in eben diesen Jahren hat sich das amerikanische Volk erstmalig in seiner Geschichte einen Präsidenten vom Hals geschafft, dessen Manipulationen und Machtgier zum Himmel schrieen.

Vielleicht auch ist es bezeichnend, daß neuerlich die Bewegung zur Öffnung der potentiellen Möglichkeiten des Menschen gewaltig anschwillt. Diese Bewegung, mit der Experimente der Bewußtseinserweiterung und manch exotische Improvisation einhergehen, verrät uns etwas. Zu allermindest beweist sie, daß eine breite Suche nach dem Sinn und der Größe der Person eingesetzt hat. Zweifellos entspringt die Bewegung in weiten Teilen dem Aufbäumen gegen den immer einschneidenderen Identitätsverlust und das schleichende Gefühl, daß wir immer weniger Herr unseres Daseins sind.

DIE BEHAVIORISTEN ZEIGEN EINE NEUE HINWENDUNG ZUR SELBSTENTFALTUNG

Bezeichnend auch scheint, daß die Verhaltenspsychologie etwas von ihrem Draufgängertum und ihrer Betonung der Mechanik des Verhaltens aufgegeben hat. Albert Bandura aus Stanford, der erste echte Behaviorist, der zum Präsidenten der Amerikanischen Psychologenvereinigung avancierte, forderte die operanten Konditionierer auf, sich vorsichtiger zu verhalten.[1] Er ist Theoretiker des Soziallernens und beobachtet die menschliche Szene sehr genau. In seiner Antrittsrede als Präsident sprach er von den »äußeren Konsequenzen«, die der operante Konditionierer manipuliere, um das Verhalten zu gestalten. Diese Konsequenzen seien »zwar oft einflußreich, aber sie bestimmen keineswegs allein das menschliche Verhalten, noch funktionieren sie automatisch«. Und an anderer Stelle: »Die zuverlässigste Quelle des Widerstandes gegen eine manipulative Steuerung liegt im menschlichen Zusammenspiel. Niemand läßt sich gerne übervorteilen.« Dürfen wir in dieser Bezugnahme auf das »Zusammenspiel« ein Eingeständnis erblicken, daß sich der Mensch nicht gerne herumschubsen läßt und in manchen Situationen völlig unumgänglich sein kann?

Den Kollegen, die weitgehend durch die Manipulation von Belohnungen zu wirken suchen, hatte Bandura dies zu sagen: »Die meisten Menschen werten ihre Selbstachtung höher als eine Ware.«

Und er sprach davon, vielleicht könnten die Menschen aus sich heraus behavioristische Grundsätze zur Lösung ihrer Probleme einsetzen: »In Anwendungen von Eigensteuerungstechniken hat sich gezeigt, daß die Leute ihr Verhalten selbst in bevorzugte Richtungen lenken können, indem sie Umweltbedingungen gestalten, die dieses Verhalten am ehesten auslösen, und selbstverstärkende Konsequenzen einbauen, die dieses Verhalten stützen.«

Kein Verhaltensformer muß da bereitstehen, um den Gang der Handlung zu steuern! Für einen Behavioristen ein ziemlich radikaler Standpunkt. Außer Bandura war Israel Goldiamond von der Chikagoer Universität so ziemlich die einzige prominente Gestalt in der Verhaltensmodifizierungsbewegung, die unterstrich, wie erwünscht Selbständigkeit sei.

Ein Jahr zuvor sagte er über eine Arbeit mit Patienten in seiner »Eigensteuerungs-Klinik«, das Programm verlange Eigenanalyse und Selbststeuerung. »Wir trainieren den Patienten darauf, die Kontingenzen – die Umweltbedingungen – zu entdecken und zu verändern, die sein Verhalten lenken.« Seine Gruppe fordert den Patienten auf, die Ziele festzusetzen, die er zu erreichen wünsche, und über sein Verhalten täglich Buch zu führen.

Ein neues Handbuch der Verhaltensmodifizierung widmet einen großen Abschnitt vier möglichen Wegen, auf denen Problempersonen zur Eigensteuerung gelangen können:
– Selbstzielbestimmung
– Selbstaufzeichnung
– Selbstbewertung
– Selbstverstärkung.

Mit ein bißchen Beratung kann offenbar jeder einigermaßen intelligente Mensch heute sein eigener Verhaltensveränderer werden.

Die Behavioristen haben auch etwas ihre Verachtung der Humanisten gemäßigt, die sie einst als Weichlinge und als unwissenschaftlich beschimpft hatten. Ein bekannter Behaviorist, Lloyd Homme, ein früher Kollege Skinners, hat ein Buch geschrieben mit dem geradezu unwahrscheinlich klingenden Titel »Humanistischer Behaviorismus«.

Leonard Krasner, auch er ein Schrittmacher des Behaviorismus, hat in seinen neueren Schriften den Nachweis zu führen versucht, daß Behaviorismus und Humanismus ganz und gar nicht zwei feindliche Lager seien und sich auch nicht gegenseitig ausschlössen. Kürzlich gestand er zu, »die Verhaltensmodifizierung mißbraucht, wer den verhaltensbeeinflussenden Prozeß ›zum Wohle der anderen‹ verwendet, ohne die Beteiligten selbst mit einzubeziehen«.

Verhaltensmodifizierer aus einer Reihe von Sachbereichen gelangen allmählich zu der Erkenntnis, daß die Chancen für *anhaltende* Veränderungen viel größer sind, wenn die Versuchspersonen bei der Entscheidung der Therapieziele, der Festlegung der während der Behandlung einzuhaltenden Regeln und der Bestimmung der Belohnungen oder Bestrafungen mitzureden haben.

In einem Bericht über neue Tendenzen in der Behandlung jugendlicher Straffälliger vermerken John Burchard und Paul Harig, der Erfolg scheine größer, wenn die Behavioristen dem geplagten Jugendlichen hülfen, seine Umwelt zu verändern, als wenn sie einfach sein Verhalten zu ändern versuchten. Sie erklärten: »Das Beweismaterial scheint darauf hinzudeuten, daß ein Jugendlicher, der sich selbst als denjenigen erkennt, der bei anderen eine Änderung des Verhaltens erzeugt hat, eher dazu neigt, das die Änderung bewirkt habende Verhalten beizubehalten, als wenn er das Gefühl hat, jemand anderer habe das an seiner Stelle getan.«

Das O'Leary-Team berichtete 1976 bei seiner Erhebung über die neuen Tendenzen der Verwendung von Verhaltensmodifikation in Schulen: »Die Forschung im Bereich der Eigensteuerung breitet sich aus und ... die Ergebnisse sind aufregend.«

Sogar bei der Behandlung wegen grober Eßunarten kamen zwei Behavioristen nach einer Betrachtung der verschiedenen angewandten Verfahren zu dem Schluß: »Wird eine Versuchsperson ihr eigener Therapeut, dann bieten selbstgeregelte Konsequenzen eine Strategie, die auch lange nach Abschluß der formalen Behandlung vorhält.«

Dieser neue Schwerpunkt auf der Eigensteuerung bringt die Behavioristen den Humanisten näher. Seit vielen Jahren unterstreicht der Humanist Carl Rogers, im Mittelpunkt der Therapie müsse der Klient stehen und die Therapie selbst dürfe nicht befehlerisch sein. Nach seiner Auffassung besteht die Rolle des Therapeuten hauptsächlich darin, die Rückkoppelung zu bieten, die dem entmutigten Klienten zu einem verbesserten Selbstbegriff verhelfe.

Gerade auch die jüngeren, humanistisch orientierten Psychiater sind alles andere als »weichlich«, sondern bestehen ganz eisern darauf, daß der Klient die Verantwortung für sich selbst übernimmt. Ein Beispiel hierfür ist der Washingtoner Psychiater Peter Breggin. Er ist der Auffassung, jeder Mensch besitze die Fähigkeit, frei und selbstbestimmt zu sein. Und mit weniger gibt er sich bei seinen Klienten nicht zufrieden. Wegen dieser Haltung hat er sich von den meisten üblichen Psychiaterstrategien ferngehalten. Er sagt: »Ich verabreiche nie irgendwelche Präparate. Ich schicke keinen zum Elektroschock. Ich weise nie jemand ins Krankenhaus ein und spreche nie mit seinen Verwandten. Handelt es sich um einen Selbstmordkandidaten oder Psychoten, dann rufe ich nicht die Polizei. Ich behandle jeden einzelnen Menschen als vollkommen verantwortliche Person.«

Nur in solcher Umwelt, so behauptet er, könne der Mensch mit der persönlichen Verantwortung ringen, herausfinden, wer er sei und wer er sein wolle.[2]

Lange Zeit waren die Behavioristen der Meinung, ihre Weise des Anpackens der menschlichen Probleme sei jener der Humanisten überlegen, weil sie selbst ja meßbare Ergebnisse zeitigten. Aber in den Büros und Fabriken der Welt gibt es heute höchst eindrucksvolle Beweise für die positiven Ergebnisse des humanistischen Weges. Dieses Beweismaterial zeigt Leistungs- und Gemütsverbesserungen bei Chefs und Angestellten, nachdem sie mehr Eigensteuerung gelernt hatten. Die seit langem beobachtbare Tendenz zur verstärkten Fremdsteuerung, ja Manipulierung der Mitarbeiter scheint sich zu wenden. Die Betriebsleitungen von Großfirmen haben ihre Programme der Arbeitsplatz-Anreicherung ja nicht gerade aus bloßer Einfallslaune oder um größerer Beliebtheit willen in Gang gesetzt. Vielmehr hatte ihnen die fortschreitende Normierung, Rationalisierung und Spezialisierung immer schlimmere Probleme beschert. Der Humanismus bot ihnen eine Lösung.

Vor dreißig Jahren hat mich der revolutionäre Psychologe Kurt Lewin vom Massachusetts Institute of Technology in den Tagen, die ich mit ihm verbrachte, gewiß überzeugt, daß eine Atmosphäre der Freiheit und Würde das Beste im Menschen zum Vorschein bringt und ihn produktiver werden läßt. Seine ersten Forschungsergebnisse sind seither eindrucksvoll bestätigt und noch durch weiteres Beweismaterial gestützt worden, das Industriepsychologen wie Chris Argyris und Warren Bennis gewonnen haben, und durch Projekte, wie sie Abraham Maslow gefördert hat.

Das Beweismaterial zeigt, daß in der Industrie Produktivität und positive Gemütsverfassung steigen und Kundenklagen sinken, wenn man den Mitarbeitern mehr persönliche Verantwortung läßt. Das gilt für den Taglöhner ebenso wie für den Reisenden oder Betriebsführer. Bei ersten Tests wurden Förderbänder und Uhren rausgeschmissen. Arbeiterinnen wurde gesagt, jede von ihnen habe die Verantwortung für die Montage eines ganzen Produkts, ob es nun ein kleiner Computer oder ein Radiogerät war. Unter entsprechender Anleitung entwarfen sie daraufhin ein Verfahren, wie nach ihrer Auffassung die Gesamtmontage am besten darzustellen sei.

Anfänglich zeigte sich bei den Frauen Streß, als sie mit der neuen Verantwortung rangen. Aber binnen eines Jahres stellten sie das Produkt besser und schneller her als zuvor und fühlten sich überdies selbst viel wohler.

Ein hervorstechendes Beispiel, wie man mit der Beseitigung von Manipulation bessere Produktionsergebnisse erzielen kann, bietet die Firma Gaines-Tiernahrung in Topeka, Kansas. Das Experiment kam fast durch Zufall zustande. Der Verkauf bestimmter Gaines-Erzeugnisse war so gestiegen, daß die Produktionskapazität einer vorhandenen Fabrik in Kankakee, Illinois, nicht mehr ausreichte. Die Fabrik in Kankakee war von Schwierigkeiten mit Arbeitskräften, Krankfeiern, Hänseleien, sogar Sabotage geplagt gewesen. Bei Einrichtung der neuen Fabrik in Topeka ließ sich die Betriebsleitung von humanistisch orientierten Organisationsspezialisten zur Einsetzung einer Arbeiterdemokratie überreden. Manche Arbeitsplätze waren langweiliger als andere. Um sie gleichmäßig zu verteilen, wurden die Arbeiter in Gruppen für jeden Produktionsvorgang zusammengefaßt. Jede Gruppe wählte ihren eigenen Vorarbeiter. Vor jeder Schicht trafen sie sich kurz, um die Arbeitszuweisungen vorzunehmen, Klagen loszuwerden und zu erörtern, wie man die Tagesquote am besten erfüllen könnte. Nach und nach wurde jeder Arbeiter so ausgebildet, daß er praktisch jede Aufgabe im Betrieb wahrnehmen konnte, einschließlich der Bedienung der riesigen Küchenmaschinen. Gab es eine Leerstelle, dann sah sich der Gruppenführer die Bewerber an und stellte sie ein. Und als Gruppe konnte jedes Team jeden Mitarbeiter zur Ordnung rufen, der Hänseleien beging. Auch wenn man entsprechende Abstriche für die technisch neuere Ausrüstung macht, lag die Produktion dieser Belegschaft in Topeka bald um 25 v. H. höher als jene der konventionell organisierten Fabrik in Kankakee.

Mehrere Teamarbeiter äußerten ihren Stolz über die neue Art der Tierfuttererzeugung. *Newsweek* zitierte einen Arbeiter: »Es ist eben anders. Ich bin immer noch nur Arbeiter, aber ich habe bei meiner Arbeit mitzureden.«

Die Anhänger der Eigensteuerung haben jüngst Unterstützung von manch überraschender Seite gefunden: Yogis, Zenmönchen, Experimentalpsychologen und Physiologen. Anscheinend kann ein Mensch in seinem Körper Veränderungen hervorrufen, von denen man bisher annahm, daß sie jenseits seiner Willenskraft lägen. Manche Skinnerianer hatten durchblicken lassen, es sei nichts als eine gewaltig übertriebene Einbildung, wenn der Mensch glaube, er besitze zielbewußte Willenskraft. Vielmehr seien die Handlungen des Menschen wesentlich durch die Reaktion auf Anreize bestimmt.

Nun gibt es offenkundig ein paar Dinge, die der Mensch zu tun wollen kann, ohne daß es dazu – von Lust und Laune einmal abgesehen – großer Anreize von außen bedürfte. Er kann mit dem Zeh wackeln, die Augen rollen, gegen einen Autoreifen kicken oder einen Berg besteigen, weil der nun mal dasteht. Seine Skelettmuskeln unterstehen dank des somatischen Nervensystems der unmittelbaren, sofortigen Befehlsgewalt des Gehirns. Die medizinische Schulweisheit ging aber lange Zeit davon aus, viele unserer lebenswichtigen Eingeweideweichteile – unsere inneren Organe, Drüsen, Blutgefäße, die ja alle keine Skelettmuskeln haben – funktionierten mehr oder weniger automatisch. Wieviel wir auch wollen mögen, wir könnten ihr Funktionieren nicht beeinflussen, weil sie durch das automatische Nervensystem gesteuert würden. Dieses System, so meinte man lange, unterliege der Steuerung durch das niedrigere Gehirn und nicht der Beeinflussung bewußten Handelns.

Heilige Männer des Fernen Ostens, die mit der Willenssteuerung dieser Organe Erstaunliches leisteten, wurden als gutmütige Fakire abgetan. Doch ein paar Forscher beschlossen, sich mit ihren hochentwickelten neuen Meßinstrumenten einmal ein paar dieser Yogis und Zenmönche näher anzusehen. Und sie kamen aus dem Staunen nicht mehr heraus.

Sie kamen nicht an der Schlußfolgerung vorbei, diese Männer gelangten dank unerhörter Selbstdisziplin und Konzentration zur Selbsterfüllung. Manchmal benutzten sie diese Fähigkeiten zur Beeinflussung ihres Körpers auf erstaunliche Weise. Der Schriftsteller

Gerald Jonas berichtete von einer Reihe von Fällen, die sich effektiv auf den Instrumenten der Wissenschaftler ablesen ließen.[3]

So konnte einer dieser heiligen Männer durch bloße Willenskraft seinen Herzschlag auf 250 bis 300 Schläge pro Minute hochrasen lassen – eine sehr gefährliche Schlaggeschwindigkeit. Und er tat dies, ohne auch nur einen einzigen Muskel zu rühren! Ein anderer verringerte binnen weniger Minuten seinen Herzschlag von dreiundsechzig auf vierundzwanzig Schläge in der Minute. Und wieder ein anderer konnte, wenn er es nur wollte, seine Metabolismusrate halbieren. Das ist ziemlich bemerkenswert, wenn man bedenkt, daß die Metabolismusrate eines Menschen selbst im tiefsten Schlaf normalerweise nur um zwölf Prozent absinkt. Und einer konnte in Schweiß ausbrechen, indem er es einfach wollte. Er sagte, er habe das gelernt, damit er es in einem kalten Keller warm habe.

Und einer konnte einen Temperaturunterschied von mehr als einem Grad Celsius zwischen Daumen und kleinem Finger erzeugen. Die Forscher schlossen, dazu müsse er örtliche Blutgefäße in seiner Hand geistig steuern können.

In zahlreichen Berichten ist nachzulesen, wenn heilige Männer meditierten, sinke ihr Sauerstoffverbrauch um bis zu 20 v. H. Und ihre Gehirnströme nähmen eine besondere Gestalt an.

All das bedeutet ungemein viel für den westlichen Menschen, den zahlreiche Krankheiten der Eingeweide und des Gehirns plagen, die von Spannung, Angst, Streß und dem Gefühl einer schwindenden Eigenständigkeit hervorgerufen werden.

Wie aber kann der Mensch des Westens seine Körperteile beeinflussen lernen, ohne sich dazu jahrelang in mönchischer Einsamkeit zu üben? Diese Frage läßt sich beantworten, wenn man die Gemütsverfassung entdeckt, die eine erwünschte Organfunktion bestimmt, und sich anschließend auf die Erlangung dieser Gemütsverfassung konzentriert.

Diese Gemütsverfassung läßt sich leichter erlangen, wenn man ständig gesagt bekommt, wie man sich macht – eine Art Rückkoppelung also. Zu den Pionieren auf diesem Gebiet gehört Neal Miller, Experimentalpsychologe mit behavioristischen Neigungen an der Rockefeller-Universität. Er fand heraus, daß jemand den eigenen Blutdruck senken lernen kann, indem er eine Kontrollvorrichtung betrachtet, die jederzeit seinen Blutdruck anzeigt.

Etwa zur selben Zeit brachte ein Psychologe japanischer Abstammung, Joe Kamiya vom Neuropsychiatrischen Institut Langley-Porter in San Francisco, Leute dazu, ihre Gehirnströme zu verlangsamen. Sie konnten den Anteil der Alphawellen vermehren, die gemeinhin mit dem Zustand der Entspannung einhergehen. Er verhalf ihnen dazu mit einem ausgeklügelten Kontrollgerät, das inzwischen als Biofeedbackmaschine bekannt geworden ist. Sein Interesse galt den Vorgängen im Gehirn bei verschiedenen Bewußtseinszuständen, z.B. bösen Träumen.

Heute gibt es vielerlei Biofeedbackmaschinen. Die Auswahl hängt davon ab, welche Körperaktivität man zu kontrollieren gedenkt. Ist es die Muskelspannung, der Blutdruck, die Gehirnstromaktivität? Zunächst stellt ein Computer eine Basislinie Ihres Normalmusters auf. Gelingt es Ihnen dann, das Muster in einer erwünschten Weise zu verändern, sagt Ihnen das die Maschine mit einem Licht- oder leisen Tonsignal. Das heißt so viel wie: »Hei, so ist's recht! Nochmal so!«

Anhand solcher Instrumentalbetreuung haben Menschen ihren Blutdruck um bis zu fünfzehn Millimeter gesenkt. Damit vermindern sie durch zu hohen Blutdruck hervorgerufene Hypertension. Sie steigern oder verlangsamen ihren Herzschlag. Sie befreien sich von Migräne oder machen sie doch erträglich. Psychologen der Menninger-Stiftung entdeckten beispielsweise, daß an Migräne Leidende Linderung finden konnten, wenn sie sich auf den Gedanken konzentrierten, ihre Hände würden wärmer. Die Handtemperatur einer Hausfrau stieg um über drei Grad, offenbar weil das Blut in ihre Hände hineindrängte. Und gleichzeitig schwand ihre Migräne völlig.[4] Möglicherweise ergab sich das auch aus einer gleichzeitigen Entkrampfung der Blutgefäße am Sitz des Kopfwehs. Andere Forscher haben schon bei einer Vielzahl ihrer Patienten Spannungskopfschmerzen dadurch stark gemildert, daß sie sie dazu anhielten, sich auf die Entspannung ihrer Stirnmuskeln zu konzentrieren.

Zu den faszinierenden Glanzleistungen des Biofeedback gehört es, daß es gelungen ist, Menschen so zu trainieren, daß sie ihren unregelmäßigen Herzschlag durch Willenskraft ausgleichen konnten. Der Psychophysiologe Bernard Engel in Baltimore war offenbar der erste, dem dies gelang. Andere machten es ihm nach. Die Patienten lassen sich der Biofeedbackmaschine entwöhnen, indem sie sich mit ihrem Kreislaufsystem in Einklang zu bringen lernen. Zu Hause können dann viele durch bloße Willenskraft die Unregelmäßigkeiten auch weiterhin ausgleichen.

Da es ziemlich teuer ist, über Wochen täglich in einem Labor zu üben – und da manchmal nachher zu Hause bei der Konzentrationsübung eine Schwächung eintritt –, haben viele ein eigenes Biofeedbackgerät gekauft. Und eine eifrige Elektronikindustrie hat sich das nicht zweimal sagen lassen, sondern unzählige Selbstbedienungsmaschinen zu einigermaßen erschwinglichen Preisen angeboten. Der Preis der Biofeedbackmaschinen liegt zwischen 98 und 10000 Dollar. Bislang lautet das Urteil der Forscherpsychologen, die erschwinglichen Modelle gäben fehlerhafte Anzeichen und seien auch nicht empfindlich genug, um wirklich etwas zu bringen. Vermutlich wird aber der technische Fortschritt im Laufe der Zeit nützliche Maschinen auf den Markt bringen, die für viele erschwinglich sind.

Als die Biofeedbackmaschinen aufkamen, sahen manche Verhaltenswissenschaftler schon einen weiteren Triumph der operanten Konditionierung. Versuchspersonen wurden darauf konditioniert, sich in erwünschter Richtung zu konzentrieren, weil dies etwas Gutes zur Folge hatte – die Belohnung durch ein grünes Licht oder einen Glockenschlag. Anfänglich gaben einige Forscher den Versuchspersonen sogar einen Zehner oder ein Bildchen als »Belohnung«, wann immer es ihnen gelang, organisches Verhalten in einer erwünschten Richtung zu verändern.

Doch zwischen dem Biofeedbacktraining und einem Großteil der operanten Konditionierung besteht ein meilenweiter Unterschied.

Bei ersterem entsteht bei weitem kein vergleichbares Former-Objekt-Verhältnis. Das »erwünschte« Verhalten wünscht die Person in ihrem besten Eigeninteresse, und es ist nicht etwas, was der Former gerne möchte. Und die Maschinensignale sind mindestens ebensosehr Leithilfen wie Belohnung. Der Wille der Versuchsperson selbst wird vor allem getestet, nicht die Geschicklichkeit eines Steuerers. Die Versuchsperson hat es in der Hand, eine Änderung zu erzielen und zu überwachen.

Überdies stellt sich allmählich heraus, daß viele mit Hilfe der Biofeedbackmaschinen durch Willenskraft erzielte Leistungen auch auf andere Weise erreicht werden können. Und diese andere Weise hat ganz und gar nichts mit operanter Konditionierung zu tun. Sie heißt nämlich Meditation.

Auch hier haben religiöse Asiaten jahrhundertelang Pionierarbeit geleistet. Mitte der siebziger Jahre wurde die transzendentale Meditation in großem Stil in der Welt bekannt, vor allem durch einen leutseligen indischen Guru namens Maharishi Mahesh Yogi. Aus den mystischeren, unwesentlicheren Aspekten der orientalischen Meditation schneiderte er etwas zusammen, das Millionen westlicher Anhänger als »TM« bekannt geworden ist. Diese tranzendentale Meditation lehren heute rund achttausend seiner Lehrer gegen Honorar.

Immer noch steckt ein Stück Mystik darin. Der Einzuweihende bringt eine symbolische Opfergabe aus Blumen, süßen Früchten und einem weißen Handtuch dar und wird dann in einen abgeschlossenen Raum geführt, in dem unter dem Bild eines großen Swami eine Kerze und Weihrauch brennen. Der Lehrer singt eine Zeitlang in Sanskrit und gibt dem Novizen dann das sanftklingende Mantra, seinen Geheimspruch. Jeder Lehrer darf etwa siebzehn Sprüche vergeben, stets unter größter Geheimhaltung. Danach ist dann alles ziemlich einfach. Der Meditierende macht es sich bequem, schließt die Augen und läßt sich das Mantra etwa zwanzig Minuten lang durch den Kopf gehen. Das tut er zweimal am Tag. Und mit jeder erfolgreichen Sitzung erlangt er, was die TM-Lehrer ein »höheres Bewußtsein« nennen. Andere bezeichnen das Ergebnis als eine Art geistiges Bad.

Wissenschaftliche Tests an Gruppen gutausgebildeter transzendental Meditierender haben gezeigt, daß viele tatsächlich ihren Körper erheblich physische Veränderungen durchlaufen lassen. Das Herz schlägt um ein paar Schläge pro Minute langsamer. Der Sauerstoffverbrauch sinkt abrupt, oft um etwa 15 v. H. Auf den Monitoren erscheinen die langsamen Alphagehirnströme in größerer Dichte. In vielen Fällen lag der Blutdruck nach einer TM-Sitzung erheblich niedriger.

Der Kardiologe Herbert Benson in Harvard gehört zu den Forschern, die TMler an Aufzeichnungsinstrumente anschlossen. Er testete sie nicht nur während der Meditation, sondern auch zu anderen Zeiten, um nachzuprüfen, wie lange die Auswirkungen anhielten.

Sein Spezialgebiet ist die Senkung der Hypertension. Er hatte schon mit Biofeedbackmaschinen zur Senkung des Blutdrucks seiner Patienten gearbeitet, als ihm die transzendentale Meditation unterkam. Seine Biofeedbackpatienten hatten ihm gesagt, entspannende Gedanken ließen ihren Blutdruck sinken.

So begann sich Benson zu fragen, wozu er sich mit der teuren Biofeedbackmaschine herumschlagen solle, wenn doch die Meditation das gleiche bewirke. Er war nicht sicher, welche Auswirkungen die kultischen Aspekte der transzendentalen Meditation haben könnten, doch beeindruckte ihn die deutlich erkennbare Entspannung, die dabei eintrat.

So begann er denn Tests, um herauszufinden, ob er sich den Weihrauch, die Blumen, das Mantra usw. sparen und dennoch in der nachweislichen Entspannung gute Ergebnisse zeitigen könnte. Er konnte. Hier die vier Bestandteile, die der transzendentalen Meditation und der von ihm neuentwickelten Entspannungsreaktion gemeinsam sind:[5]

— Ruhige Umgebung; die Augen sollten möglichst geschlossen sein
— Völlig passive innere Einstellung
— Bequeme Lage; man darf sich aber nicht hinlegen, sonst könnte man ein Nickerchen machen
— Etwas, auf das man sich konzentrieren kann, z.B. ein Wort oder eine bestimmte Empfindung. Benson stellt fest, wenn man sich darauf konzentriere, jedesmal beim Einatmen einfach das Wort *eins* zu wiederholen, scheine das ziemlich genausogut zu wirken wie eine geheimnisvolle Mantra.

Er berichtet, Patienten mit hohem Blutdruck hätten nach etwa zwei Monaten häuslicher Praxis ein signifikantes *anhaltendes* Absinken des Spitzenwerts um zehn bis fünfzehn Punkte erreicht.

Er hat festgestellt, Hypnose mit suggerierter Tiefentspannung rufe viele physische Veränderungen hervor, die auch die Meditation hervorbringe. Möglicherweise ist die Meditation eine milde Form der Selbsthypnose.

Allein das Ausruhen mag schon etwas zur Streßverminderung beitragen. 1976 berichteten Forscher der Michigan-Universität, sie hätten zwei Versuchsgruppen Blut abgenommen. Die eine Gruppe bestand aus TM-Lehrern. Die zweite Gruppe aus unausgebildeten Leuten, die lediglich zwanzig bis dreißig Minuten bei geschlossenen Augen geruht hätten. Der Catecholamin-Spiegel – eine mit Streß verbundene Körpersubstanz – habe bei beiden Gruppen etwa auf der gleichen Höhe gelegen.[6]

Benson behauptet indessen, die Meditation sei keine Form des Schlafes, selbst wenn Meditierende gelegentlich eindösen. Das Absinken des Sauerstoffverbrauchs sei ausgeprägter und viel abrupter als beim Schlaf. Auch das Überwiegen der Alphawellen, wie es bei Meditierenden festgestellt worden sei, finde man bei Schlafenden nicht.

Alle diese Möglichkeiten der Eigensteuerung des Verhaltens sind ermutigende Zeichen, daß das Individuum – auch wenn die Manipulation immer mehr Anhänger findet – aus eigener Kraft ein erfülltes Leben führen kann.

Millionen Menschen sehnen sich danach, mehr Herr ihres Schicksals zu sein. Sie haben allen Anlaß zu glauben, daß sie dies auch schaffen können.

26
Plädoyer für den robusteren Menschen

> Wir erleben, wie die Vorstellung vom Menschen als einem herrlichen Geschöpf ausgehöhlt wird, ja vielleicht endgültig zerfällt.
> – Leon Kass, Molekularbiologe und Ethiker

In diesem Buch sind uns unablässig Erscheinungen eines neuen Menschenbildes begegnet, das den Menschen herabwürdigt. Und wir haben gemerkt, daß das in diesem letzten Teil des zwanzigsten Jahrhunderts die menschliche Existenz mit ein paar ziemlich großen Fragezeichen versieht. Greifen wir nur eines davon heraus: Wo bleibt die Unverletzlichkeit des Individuums, wenn Chirurgen Köpfe verpflanzen, Biologen den Schädelumfang verdoppeln und Physiologen elektrische Gerätschaften in das Gehirn einsetzen?

Gewiß haben – und wir sahen das in früheren Kapiteln – die Technologien der Verhaltenslenkung und der Manipulierung von Anfang und Endpunkt des Lebens auch positive Ergebnisse gezeigt. Alles in allem aber bleibt als Endsumme eher Rückschritt als Fortschritt. Und im letzten Kapitel erfuhren wir, daß sich viele Leute auf verschiedenste Weise den Nachweis zu führen bemühen, der einzelne zähle immer noch und könne auch heute Herr seines Seins sein.

Unterliegt der Mensch immer neuen Formen der Manipulation, so fällt es ihm immer schwerer, sich als ein besonderes oder gar herrliches Geschöpf zu empfinden. Auf unser Recht, uns als etwas Einmaliges zu fühlen, ist zum Generalangriff geblasen. Experimentierfreudige Forscher erfinden unablässig neue Möglichkeiten, die Knetbarkeit des Menschen unter Beweis zu stellen.

Fassen wir noch einmal kurz die Arten der Manipulation des Menschen zusammen, die der Wissenschaft gelungen sind oder um die sie sich bemüht:

- Manipulation des Verhaltens mit exakten wissenschaftlichen Methoden
- Manipulation der Stimmung
- Radikale Manipulation der menschlichen Fortpflanzung
- Manipulation der Persönlichkeit
- Manipulation des Gehirns und seiner Funktionsweisen
- Manipulation der genetischen Merkmale
- Manipulation der Langlebigkeit und der Bausteine des menschlichen Leibes
- Manipulation der Situationen, in denen wir Entscheidungen fällen
- Manipulationen, die uns der Intimsphäre berauben
- Manipulation an der Einmaligkeit der Menschengattung.

Nach den Worten eines Ethikers rührt diese Macht zur Manipulation größtenteils daher, daß »die schiere Lust des Experimentierens unserer moralischen Vorstellungskraft den Rang abgelaufen hat«. Sie hat uns auch vergessen lassen, daß wir immer, ehe eine Forschung in Gang gesetzt wird, die Frage stellen müssen, ob diese Forschung denn auf lange Sicht erwünscht sei. Irgendwann muß sich die Gesellschaft endlich ihrer Verantwortung bewußt werden, denn die vorherrschbaren Möglichkeiten für eine Veränderung des Menschen reichen ungemein weit.

Die großen Fragenkomplexe und die Antwort darauf lassen sich nach meiner Auffassung in diesen zwölf Thesen zusammenfassen:

1. Die großen Forschungsanstrengungen, die zu einer Veränderung des menschlichen Wesens führen können, sollten mit einer Gesellschaftspolitik koordiniert werden, die den Lebenszuschnitt des Menschen für die nächsten fünfzig Jahre zu optimieren versucht. Wir brauchen dabei mitnichten die Ausweitung unseres Wissens um die menschliche Natur auf angenehme oder schmeichelhafte Erkenntnisse zu beschränken. Aber angesichts der immer rasanteren Gewinnung von Erkenntnissen, wie man Verhalten und Entwicklung des Menschen einschneidend verändern kann, wird es allmählich lebenswichtig, daß wir eine Gesellschaftspolitik entwerfen, die derlei Forschung lenkt und steuert.

2. Unnatürliche Verfahren zur Schöpfung menschlichen Lebens werfen überaus delikate Probleme auf. In jedem Land sollte alle Forschung in diesem Bereich – angefangen bei der Saatgutbank und Embryoverpflanzung bis hin zum künstlichen Mutterleib, zur Genmanipulation, zur Geschlechtsvorausbestimmung, zur Klon- und Chimära-Erzeugung – der strengen Aufsicht einer Instanz für Reproduktivforschung unterstellt werden.
3. Jede wissenschaftliche Bemühung um die Modifizierung des Verhaltens des einzelnen kann sehr wohl dessen Freiheit untergraben, wenn sie nicht auf seine Veranlassung (oder die seiner gesetzlichen Vertreter) unternommen wird. Oft ist eine Therapie durchaus ratsam, die es jemandem erlaubt, ein erträgliches oder erfreuliches Leben nach seinen eigenen Vorstellungen zu leben. Betrüblich aber ist es, auch nur einen einzigen Menschen auf ein vorprogrammiertes Verhaltensmuster zu konditionieren, das irgendein Konditioneur ersonnen hat.
4. Die Entmenschlichung ist ein schwerwiegendes Problem. Entmenschlichende Wirkung tritt mit besonderer Wahrscheinlichkeit immer dann ein, wenn die Menschenschöpfung vom Labor gesteuert wird, wenn persönlichkeitstragende Körperteile verändert oder ersetzt werden, wenn man sich an Mensch-Tier-Kombinationen versucht, wenn körperlose Geschlechtsorgane in Kultur zur laufenden Quelle des Saatguts künftiger Menschen werden.
5. Der Wunsch des einzelnen, in den Genuß einer neuen Technik zu kommen, stimmt keineswegs immer mit einer gesunden Gesellschaftspolitik überein. Eine unfruchtbare Frau mag dank Erzeugung eines Embryos im Labor zu einem Kind kommen wollen. Andererseits wirft die Bevölkerungsentwicklung in der Welt die Frage auf, ob es denn klug ist, gewaltige Anstrengungen zu machen, um der Methode der menschlichen Fortpflanzung noch weitere hinzuzufügen. Zumal die Forschung, die durchgeführt werden muß, damit der Frau zur Erfüllung ihres Wunsches verholfen werden kann, gleichzeitig die Möglichkeiten eröffnet für sozial so zweifelhafte Unterfangen wie die Entwicklung künstlicher Mutterleiber, Geschlechtsvorausbestimmung, Klon- und Chimära-Erzeugung und anderer Formen widernatürlicher Schöpfung.

6. Viele Maßnahmen, mit denen man störendes Verhalten durch Konditionierung, chemische Präparate oder chirurgische Eingriffe ändert, werden vorgeblich angewandt, um den Betreffenden zu helfen. In Wirklichkeit geht es meistens vor allem darum, sie leichter handhabbar zu machen. Jedem solchen Versuch sollte deshalb eine ehrliche Motivationsprüfung vorausgehen.
7. Ernste Sorge bereitet die Möglichkeit des politischen Mißbrauchs neuer Formen der Verhaltenssteuerung. Zwar ist Demokratie keine schnellwelkende Blume. Die Tatsache bleibt aber bestehen, daß die große Mehrheit der Völker in der Welt unter diktatorischen Regimes leben, die darauf brennen, wirksamere und unauffälligere Lenkungstechniken in Erfahrung zu bringen. Und fast jedes Jahr gleiten weitere Länder in die Diktatur ab. Mit dem Schwund der natürlichen Reichtümer mag sich der Druck auf den Totalitarismus in der ganzen Welt weiter verstärken. Man sollte darum die Entwicklung und Entdeckung von Methoden, mit denen sich Menschen steuern oder modifizieren lassen, nicht bloß als virtuose Leistung bestaunen.
8. Wenn Rußland und China unbedingt künstliche Mutterleiber entwickeln wollen, um mehr weibliche Arbeitskräfte freizubekommen, dann sollen sie es tun. Sie werden für diese Neuerung einen Preis zu zahlen haben, den eine humane und vorausschauende Gesellschaft nicht zu zahlen bereit sein dürfte.
9. Jedes Massenprogramm zur Hebung des Intelligenzquotienten um durchschnittlich zwanzig Punkte schüfe Probleme und hätte Kosten zur Folge, die weit jeden erdenklichen Vorteil überwögen. Dasselbe gilt für viele Massenprogramme, die das Leben generell um zwanzig Jahre verlängern würden.
10. Vor dem Versuch, ideale Menschen zu schaffen, ist zu warnen; er zerstört unsere ungleich wertvollere genetische Vielfalt.
11. Die Verhaltenswissenschaften haben dem geübten Psychopraktiker die Möglichkeit an die Hand gegeben, Menschen in vielen Situationen wirksam zu steuern. Dieselben Verhaltenswissenschaften entdecken heute – in Industrie, Erziehung und anderswo –, daß der Mensch am meisten leistet, wenn man ihn als freie, verantwortliche, eigengesteuerte und vernunftbegabte unverwechselbare Persönlichkeit behandelt.

12. Und schließlich sind die Lebenswissenschaftler dann am rücksichtslosesten, wenn sie sich anschicken – und mancher tut es –, die Familie als Grundeinheit der Fortpflanzung auszuschalten und durch ein der Tierzucht entnommenes Modell zu ersetzen. Es mag eine riesige Versuchung darin stecken, mal zu probieren, ob man nicht Kinder in Laboratorien und Brutstätten zeugen kann, es mag die Vorstellung faszinieren, daß dank der Saatgutbanken großartige Männerhengste Tausenden von Kindern Vater sind, daß Frauen in ihrem Schoß die Kinder anderer Frauen austragen. Nur eines vergißt man bei alledem: wie denn solcher Nachwuchs erzogen werden soll.

Die Erziehung, die ein Kind während zweier prägender Jahrzehnte genießt, spielt gewiß für den Erwachsenen, zu dem es sich entwickelt, eine weitaus fundamentalere Rolle als irgendeine erfinderische Zeugungstechnik. Man vergißt heutzutage allzu leicht, daß das Nähren und Erziehen eines herrlichen jungen Menschen zu den vornehmsten und schwierigsten Aufgaben des Menschen gehört.

Praktisch jede Gesellschaft der Welt hat festgestellt, daß die intakte natürliche Familie immer noch die beste Umwelt für die Kindererziehung darstellt. Sie bietet dem Kind Nestwärme, Schutz, eine Identität. Nur in einer guten Familie – oder einer Umwelt, die die Nestwärme, den Schutz und die Identitätsgewißheit einer guten Familie vermittelt – ist ein Kind selbstverständlicher Liebe gewiß. Der Eltern- und Fortpflanzungstrieb von Mann und Frau bietet dem Kind Stabilität und beständige Zuversicht. Kein Arrangement, das bisher erprobt worden ist, hat sich im großen Stil als der Familie konkurrenzfähig erwiesen.

Alle Vorschläge einer Trennung der Lustaspekte von den Fortpflanzungsaspekten des menschlichen Geschlechtsverkehrs sind dubios. Leon Kass fragt:
»Wohnt nicht vielleicht jenem Geheimnis der Natur, die Geschlechtslust, Liebesbezeugung und Kinderwunsch in eben jener Betätigung verbindet, durch die wir die Kette der menschlichen Existenz fortführen, eine tiefe Weisheit inne? Ich meine schon.«

Schon ist die Familie als Institution durch die heutige Mode des Verhältnisses auf Zeit bedroht. Ehe wir uns ernsthaft den neuartigen

Formen der Fortpflanzung zuwenden, die uns die Technik bietet, sollten wir erst einmal fordern, daß ihre Vorkämpfer ihre Einsicht erweitern im Austausch der Erkenntnisse mit Kinderpsychologen und Fachkundigen des Familienlebens.

ZIELSETZUNGEN FÜR DEN MENSCHEN

Um der wachsenden Zahl von Leuten und Institutionen Herr zu werden, die unser Leben verändernd gestalten wollen – seien ihre Motive nun gutwillig, böswillig oder fehlgeleitet –, müssen wir Klarheit gewinnen, wo wir denn stehen, und Wehren errichten. Unsere Abwehr wird um so besser sein, je mehr es uns gelingt, uns zu einem groben Konsens der menschlichen Zielsetzungen durchzuringen. Welches sind die Werte, die es zu ermutigen, welches jene, gegen die es Front zu machen gilt?

Das Setzen der Ziele kann schon als solches problematisch sein. Auch Manipulatoren haben Ziele genannt, manchmal recht banale. Ich habe schon H.J. Mullers lange Liste der menschlichen Merkmale zitiert, die er für förderungswürdig hält und von denen viele nichts oder nur wenig mit Genen zu tun haben. B.F. Skinner sah sich von Zeit zu Zeit veranlaßt, dem Menschen Ziele zu setzen. Hin und wieder fügte er neue hinzu, ließ andere wieder fallen. Einmal schlug er vor: »Laßt die Menschen glücklich, informiert, geschickt, wohlverhaltend und produktiv sein.« Sein Freund und ideologischer Rivale, der Psychologe Carl Rogers, hänselte ihn daraufhin wegen zweier dieser Ziele: »wohlverhaltend« und »glücklich«. Er meinte, Skinner habe dabei wohl nur an andere gedacht, nicht an sich selbst: »Ich sähe Skinner ungern ›wohlverhaltend‹ werden in dem Sinne, wie Verhaltenswissenschaftler diesen Begriff für ihn definieren würden.« Und wegen »glücklich« meinte Roger über Skinner: »Das Schlimmste, was ich mir für ihn vorstellen kann, ist, daß er unablässig ›glücklich‹ sein müßte. Was ihn mir wertvoll macht, ist gerade, daß er wegen vieler Dinge sehr unglücklich ist.«[1]

Ein andermal meinte Skinner, eine gute Gesellschaft müsse »das Streben nach Glück« ermöglichen. Mit einem solchen Ausspruch geht man ziemlich sicher, denn er steht in der Unabhängigkeitserklärung. Doch der österreichische Psychiater Viktor Frankl, einer der klügsten Männer, die mir je begegnet sind, hatte sogar daran etwas auszusetzen. Frankl meint nämlich, Glücksstreben sei ein oberflächliches, enttäuschendes Unterfangen. Der Mensch sollte lieber in Unternehmungen eintauchen, die ihm guten *Grund* geben, sich glücklich zu fühlen.

Idealerweise müßte jedem Plan, mit Menschenbildnern fertig zu werden, ein Rahmen einschlägiger positiver und negativer Werte zugrunde liegen. Vielleicht findet sich eine vermögende Stiftung, die die Forschung und Verbreitung einer Hierarchie menschlicher Wertvorstellungen fördert. Damit ließen sich die Folgen aller Vorschläge zur Veränderung von Verhalten und Entwicklung des Menschen richtig einordnen. Vielleicht könnten die Forschungsvereinigungen jedes zivilisierten Landes einen Rat der Weisen – Männer wie Frauen – berufen, dem es obläge, Bewertungen und Beurteilungen vorzunehmen.

Besonders empfehlenswert wären solcherlei Erwägungen in den Fakultäten für Medizin, Biologie und Computerwissenschaft.

Meine eigenen Überlegungen zu einer Hierarchie der Wertvorstellungen (die ich nachstehend darlege) sind das Ergebnis des Nachdenkens über die auf den vorstehenden Seiten näher behandelten Entwicklungen. Ich nenne sie auch auf die Gefahr hin, weniger einleuchtend zu klingen als Skinner oder Muller. Geringer Wert sollte Entwicklungen zugemessen werden, die den Menschen
– kalkulierbarer machen
– den Familienbanden entfremden
– verantwortungsloser machen
– entmenschlichen
– verfälschen
– nur auf den Augenblick starren lassen
– abhängiger machen
– knetbarer machen.

Hohen Wert sollte die Gesellschaft dagegen jenen zumessen, denen
– die verantwortliche Eigensteuerung
– die individuelle Erfüllung

- die Erziehung großartiger Kinder
- die klare Einmaligkeit der Person
- eine spontane Lebensführung
- die Unabhängigkeit des Denkens

gelingen.

Und jede Gesellschaft sollte in dem Maße Anerkennung finden, als sie hohen Wert legt auf
- den Vorrang der Entfaltung des einzelnen vor der Umgestaltung von Menschen
- die Pflege der Würde, Kraft und Bedeutung des einzelnen
- die Planung berechenbarer Maschinen, nicht aber berechenbarer Menschen
- die Förderung des Strebens der Menschen, Steuermann zu sein und nicht Schachbrettfigur
- die Erfüllung des Anspruchs auf eine weite Intimsphäre
- die Gewährleistung der Freiheit der Bürger von Zwang jeglicher Art
- hohen Respekt vor dem Evolutionswunder des menschlichen Lebens
- gesellschaftspolitische Weitsicht durch vorausblickende Erkennung der Auswirkungen von Neuerungen, die Verhalten und Entwicklung des Menschen verändern können
- Förderung des Bewußtseins als Abwehr gegen die Manipulation.

Zum letzteren Punkt ist zu bemerken, daß der Mensch einen »Erkenntnisreflex« besitzt, der ihn weniger anfällig sein läßt für ein Gesteuert-, Modifiziert-, Geformt-, Verbogen- oder Manipuliertwerden ohne sein Wissen.

Vielleicht können diese neuen Zielsetzungen den Ausgangspunkt bilden für eine vernünftige Gesellschaftspolitik jeder Gesellschaft, die sich umwälzenden wissenschaftlichen Entdeckungen gegenübersieht, mit denen sich das Leben der Menschen von Grund auf verändern ließe.

Die genannten Hoch- und Niedrigwerte könnten auch dazu beitragen, daß in den kommenden Jahren ein wirklichkeitsnahes, kerniges Menschenbild entsteht.

Wir begannen unsere Reise mit der Feststellung von sechs Vorstellungen vom Menschen, wie sie Wissenschaftler des zwanzigsten Jahrhunderts aufgrund ihrer Einsichten in die Natur des Menschen entwickelt haben. Eine dieser Vorstellungen erblickte im Menschen den Herrn seines Schicksals. Die meisten aber sahen ihn als etwas, das sich kneten und formen läßt.

Es waren diese Vorstellungen vom knetbaren Menschen, die vielen Forschern ihr vermeintliches Recht gaben, den Menschen geistig, gefühlsmäßig und körperlich auf jede ihnen richtig erscheinende Weise verändern zu dürfen. Ganz besonders trifft dies zu auf Behavioristen, Psychochirurgen, Reproduktivbiologen, Molekularbiologen und Biocomputer-Spezialisten. Zumeist sind sie Leute guten Willens und hochherziger Absichten. Oft aber gingen und gehen sie gedankenlos vorbei an den Auswirkungen auf den Menschen, die ihr Tun und Wollen auslösen kann.

Wir können uns mit der Tatsache abfinden, daß der Mensch potentiell knetbar ist. Wir können die deterministische Auffassung hinnehmen, daß Gene, Instinkte und Umwelt in unserem Leben eine prägende Rolle spielen. Wir können uns darüber hinaus auch dazu bequemen, daß sich alle drei durch Dritte ändern oder manipulieren lassen.

Mit Willen und Geschick können wir aber trotz alledem unsere Umwelteinflüsse weitgehend steuern, unsere Instinkte zähmen und sublimieren, aus unserem genetischen Erbgut das Beste machen und die Auswirkungen und Folgen der Manipulation auf ein Mindestmaß reduzieren.

Angesichts der unbestreitbaren Fähigkeiten der Wissenschaftler und angesichts des wesentlichen Strebens des Menschen schlage ich für die künftigen Jahrzehnte dieses tragfähige und nützliche Bild vom Menschen vor:

DER MENSCH IST VIELES, BEWUNDERNSWERT UND VERABSCHEUUNGSWÜRDIG, ABER ER IST BEFÄHIGT ZUR ICH-MEISTERSCHAFT UND GEMEINSCHAFTLICHEN GESTALTUNG, UND SEINE HÖCHSTE VOLLENDUNG ERREICHT ER DORT, WO ER GERADE DAS ERFOLGREICH TUT.

Ein jeder von uns ist in hohem Maße berufen, der großen Versuchung zu widerstehen und sein eigener Bildner zu sein.

DANKSAGUNG

Während der viereinhalb Jahre, in denen dieses Buch entstand, verhalfen mir sehr viele Menschen zu Einsichten, gaben mir Rat und Hilfe. Zu ihnen zählen ein paar Dutzend Freunde und Bekannte. Die Wissenschaftler und anderen Fachleute, die mir geholfen haben, sind teilweise im Text selbst vermerkt. Einige aber möchte ich doch namentlich hervorheben, weil sie mir wiederholt beistanden: Der Pädagogikforscher James Bosco, der Anästhesiologe Vincent Collins, der Physiologe José Delgado, der Spermenbankleiter Joseph Feldschuh, der Biochemiker Denham Harman, der Psychologe David Krech, der Psychologe James McConnell, der Genetiker James Nagle, der Kunstorganschöpfer Yukihiko Nosé, der Soziologe Stanley Robin, der Biophysiker Barnett Rosenberg, der Geburtshelfer Landrum Shettles, die Sozialpsychologin Natalie Terbovic Warren und der Gehirnchirurg Robert White.

Mehrfach mit Rat und Tat beigestanden haben mir auch John und Kay Tebbel, Kennett und Eleanor Rawson, Nancy Mitchell, Kathy Hammell, Charles Concino, Carol Colman, David Reif, Sandra Clark, Sara Crafts, Tom Clark, Sandra Wood und meine ganze Familie.

Wertvolle Hilfe verdanke ich den Mitarbeitern des Institute of Society, Ethics and the Life Sciences in Hastings, New York, der Amerikanischen Psychiatervereinigung und der Amerikanischen Psychologenvereinigung.

ANMERKUNG DES ÜBERSETZERS

Der Bezugsrahmen dieses Buches ist natürlicherweise stark amerikanisch geprägt. Der flüssigeren und eingängigeren Lesbarkeit halber habe ich mich bemüht, die im Text genannten Institutionen weitestgehend so zu übersetzen, daß sich der Leser darunter etwas vorstellen kann. Ausgenommen sind Bezeichnungen mit starkem Eigennamencharakter, deren Belassung in der ursprünglichen englischen Form keine Verständnisschwierigkeiten bereiten sollte.

Maße und Gewichte wurden auf das metrische System, Temperaturen in Celsius umgerechnet (wobei ich zuversichtlich hoffe, daß mir keine Rechenfehler unterlaufen sind). Auch hier sind die seltenen Fälle ausgenommen, bei denen es auf absolute Genauigkeit ankam; dort verwandte ich die ursprüngliche Maßeinheit und fügte in Klammern eine ungefähre Umrechnung an.

Geldbeträge dagegen sind durchweg in Dollar angegeben, da es im deutschsprachigen Raum mehrere Währungen gibt und außerdem die Wechselkurse schwanken.

Bonn, im Oktober 1977   Hermann Kusterer

ANHANG

Die Natur des Menschen

in der Sicht der bedeutendsten psychologischen
und philosophischen Richtungen

Fünf für das Verständnis dieses Buches besonders wichtige Fragen nach der Natur des Menschen werden gestellt und beantwortet. Die Zusammenstellung verdanken wir der New Yorker Psychologin Natalie Terbovic Warren, die sie nach Besprechung mit dem Autor ausgearbeitet hat.

1. Ist der Mensch von Natur aus gut, böse oder neutral?

Negativ

Freudianer: Der Mensch ist von Natur aus böse und wird von biologisch verwurzelten Instinkten – insbesondere Geschlechtlichkeit und Aggression – getrieben, die lediglich durch gesellschaftliche Konventionen verschleiert werden.

Empiriker (Hobbes): Der Mensch handelt nur nach seinem egoistischen Eigeninteresse.

Utilitaristen (Bentham; Mill): Alles menschliche Tun ist lediglich das Produkt des Eigeninteresses.

Hedonisten: Das Handeln des Menschen wird ausschließlich bestimmt durch den Wunsch nach Lusterfüllung und Schmerzvermeidung.

Ethologen (Lorenz): Der Mensch ist ererbt böse in dem Sinne, daß er schon mit der Notwendigkeit der Aggression gegen andere Mitglieder seiner Art geboren wird.

Orthomolekularpsychiater (Newbold): Teilen im wesentlichen die Auffassung der Ethologen von der Aggressivität des Menschen.

Neutral

Behavioristen (Watson, Skinner): Von Natur aus ist der Mensch weder gut noch böse. Er wird immer zu dem, was die Umwelt aus ihm macht.

Soziallerntheoretiker (Bandura, Mischel): Die Menschen lernen, gut oder böse zu sein als Ergebnis des Gewinns von Belohnung und der Vermeidung von Bestrafung.

Existentialisten (Sartre): Der Mensch ist weder wesenhaft gut noch wesenhaft böse; jede Handlung jedes Menschen trägt zum Wesen der menschlichen Natur bei. Sind somit alle Menschen gut, so ist auch die Natur des Menschen gut, und umgekehrt.

Positiv

Neo-Freudianer (Fromm, Erikson): Der Mensch besitzt deutlich die Fähigkeit zum Guten; ob er aber das Gutsein erlangt, hängt von der Gesellschaft ab, in der er lebt, und von der Einstellung der Mitmenschen, mit denen er zu tun hat, vor allem in der Kindheit. Entgegen Freuds Meinung sind gute Taten nicht die bloße Sichtbarmachung tieferliegender biologischer Zwänge.

Humanisten (Maslow, Rogers): Der Mensch besitzt die Fähigkeit zum Guten, das sich auch durchsetzt, es sei denn, soziale Anforderungen oder ungute Entscheidungen des Individuums träten dazwischen.

Romantiker (Rousseau): Der Mensch ist von Geburt an und von Natur aus gut; böse Taten der Menschen werden verursacht durch abträgliche soziale Bedingungen und sind dem Menschen nicht angeboren.

2. IST DAS MENSCHLICHE EINZELVERHALTEN ERGEBNIS FREIER WILLENSENTSCHEIDUNG, ODER WIRD ES FAST VOLLSTÄNDIG BESTIMMT DURCH UMWELT, ERBANLAGE, FRÜHE KINDHEIT ODER GOTT?

Die Auffassungen der verschiedenen Denkrichtungen lassen sich am besten grafisch als fortlaufende Kette darstellen, die vom vollständigen Determinismus bis zum Nichtdeterminismus reicht:

Totaler Determinismus	Empirismus (Hobbes)
Fast oder gar kein	Assoziationstheorie (Harley, Hume)
freier Wille	Utilitarismus (Bentham, Mill)
	Freudianer
	Behaviorismus (Watson, Skinner)
	Neofreudianer (Fromm, Erikson)
Gemäßigter Determinismus	Humanismus (Maslow, Rogers)
Etwas freier Wille	
	Rationalismus (Descartes)
	Existenzhumanismus (May, Frankl)
	Theistischer Existentialismus (Buber, Tillich, Fournier)
Kein Determinismus	Transzendentalismus (Kant)
Völlig freier Wille	Existentialismus (Sartre)

3. WAS DETERMINIERT DEN MENSCHEN?

Instinktgesteuerte Triebe

Freudianer: Der Mensch wird gesteuert durch instinktive biologische Triebe (Geschlechtstrieb, Hungertrieb, Ausscheidungstrieb und dgl.). Alles menschliche Verhalten ist nichts als das Produkt von Kompromissen zwischen diesen instinktgesteuerten Zwängen und den kollidierenden Forderungen der Gesellschaft. Die instinktgesteuerten Triebe spielen sich oft im Unbewußten ab, weshalb der Mensch nicht nur gesteuert, sondern sich seines Gesteuertseins auch oft nicht bewußt ist.

Ethologen (Lorenz): Ein Großteil des menschlichen Verhaltens entstammt einem angeborenen Trieb zur Aggression gegen Mitmenschen.

Orthomolekularpsychiater (Newbold): Ähnliche Auffassung wie die Ethologen.

Humanisten (Rogers, Maslow): Der Mensch besitzt einen angeborenen Trieb zur Selbstverwirklichung.

Die genetische Anlage

„Lehre vom ererbten Intelligenz-Quotienten" (Jensen, Shockley, Herrnstein): Die menschliche Intelligenz ist weitestgehend ererbt. Alles intelligenzbezogene Verhalten ist durch die ererbten »Intelligenzgene« des einzelnen von vornherein umgrenzt.

Eysencks biologische Persönlichkeitstheorie: Ein Großteil des menschlichen Verhaltens ist das Ergebnis ererbter Tendenzen zur Neurotik und Extroversion bzw. Introversion.

Umweltfaktoren

Methodologischer Behaviorismus (Watson): Das Verhalten wird völlig von der Umwelt bestimmt.

Radikaler Behaviorismus (Skinner): Weitaus am stärksten wird das Verhalten durch Umweltfaktoren bestimmt, wenngleich auch ein paar genetische Faktoren eine Rolle spielen.

Soziallerntheoretiker (Bandura, Berkowitz): Meistens ist das Verhalten, insbesondere das Sozialverhalten, das Produkt des Umweltlernens und nicht der Ausdruck einer angeborenen Veranlagung.

Neo-Freudianer (Fromm, Erikson): Die Sozial- und Kulturumwelt ist die primäre Kraft, die das menschliche Verhalten prägt. Die biologischen Triebe sind viel weniger bedeutsam.

Marxisten: Bei der Prägung der Überzeugungen und Wertvorstellungen des einzelnen spielen Produktionsmittel und Wirtschaftssysteme eine Hauptrolle, und sie bestimmen wiederum einen Großteil seines Verhaltens.

Humanisten (Rogers, Maslow): Verhalten kann durch gewisse soziale und andere Umweltfaktoren bestimmt sein. Werden die wesentlichen Ansprüche des körperlichen Wohlbefindens und der Selbstachtung nicht erfüllt, dann können diese Umweltfaktoren den einzelnen verzerren und zu einem Verhalten verleiten, das seine persönliche Entwicklung beeinträchtigt. Werden diese Grundansprüche dagegen erfüllt, dann kann sich der einzelne der Verwirklichung höherer Ziele – etwa der Selbstverwirklichung – zuwenden, die ihrerseits nicht der äußeren Umweltsteuerung unterliegen.

Geistige Kräfte
Diese werden von den Wissenschaftlern weithin ignoriert, denn wenn es sie tatsächlich auch geben mag, so lassen sie sich doch nicht messen oder erklären. Die Theologen der meisten Hauptreligionen schreiben Gott oder Göttern die Beeinflussung eines Großteils des menschlichen Verhaltens zu. Im Laufe der ganzen Geschichte bis in die letzten Jahrzehnte maßen die meisten Kulturen dem Geist mehr Bedeutung zu als der Materie.

4. FUNKTIONIERTEN MENSCH UND TIER NACH DENSELBEN VERHALTENSPRINZIPIEN, ODER SIND DEM MENSCHEN TENDENZEN ANGEBOREN, DIE ÜBER DIE REIN ANIMALISCHEN BEDÜRFNISSE HINAUSGEHEN?

Assoziationstheoretiker (Hume, Hartley): Das gesamte menschliche Verhalten ist wie alles übrige animalische Verhalten nichts als das Produkt mechanisch eintretender Assoziationen von Empfindungen.

Empiristen (Hobbes): Die menschliche Natur ist nichts als ein mechanisches Phänomen, das ausschließlich den Gesetzen der Bewegung unterliegt. Es gibt im Menschen keine höhere Qualität wie etwa eine Seele.

Freudianer: Wie alle Tiere ist auch der Mensch gänzlich durch instinktfundierte Wünsche nach Verringerung der Spannungen motiviert, die unerfüllten biologischen Bedürfnissen entspringen. Das Verhalten des Menschen wird bestimmt durch das Prinzip des Lustgewinns und der Schmerzvermeidung. Auch ein scheinbar durch höhere Zielsetzungen motiviertes Verhalten ist in Wirklichkeit nur die Sublimierung niedrigerer Wünsche.

Behavioristen (Skinner): Alles menschliche oder andere Verhalten gehorcht den Prinzipien der operanten Konditionierung. Das menschliche Bewußtsein ist nichts als ein Nebenprodukt des Verhaltens und unterscheidet das menschliche Verhalten keineswegs vom Tierverhalten. Begriffe wie freier Wille, »innere Motivation« und »Eigenständigkeit des Menschen« sind ungenau, nutzlos und sogar gefährlich, weil sie den Menschen zu dem Glauben verführen, er sei etwas Besonderes, was er in Wirklichkeit gar nicht ist.

Rationalisten (Descartes): Die niedrigeren Tiere sind wie Maschinen, insofern ihr Verhalten völlig durch physische Gesetzmäßigkeiten bestimmt wird. Der Mensch aber besitzt neben seinem animalischen auch ein rationales Wesen, das ihm Urteil, Wahl und freien Willen ermöglicht.

Neo-Freudianer (Fromm, Erikson): Der Mensch besitzt Fähigkeiten, die über die Erfüllung einfacher biologischer Bedürfnisse hinausreichen. Er verfügt über eine besondere Fähigkeit zum Guten. Soziale Faktoren bestimmen, ob er diese Fähigkeiten nutzt. Die guten Taten des Menschen können Motiven einer höheren Ordnung entspringen und sind nicht bloße Verzerrungen niedriger Ziele.

Humanisten (Maslow, Rogers): Die Natur des Menschen unterscheidet sich von der des Tieres und ist ihr auf bestimmte Weise überlegen. Jeder

Mensch besitzt die Fähigkeit, einer Idealform entgegenzuwachsen, sich selbst zu verwirklichen. Umweltbedingungen einschließlich einer mangelhaften Sozialumwelt können den Selbstverwirklichungstrieb verzerren oder gar zerstören. Als Beispiel für Bedürfnisse, die dem Menschen wichtig sind, nicht aber dem Tier, lassen sich das Bedürfnis nach Liebe, Selbstachtung, Anerkennung, Unversehrtheit und Selbstverständnis nennen.

Existentialisten (Sartre): Der Mensch unterscheidet sich vom Tier dadurch, daß er sich als allein für seine Taten verantwortlich erkennen kann. Diese Erkenntnis führt den Menschen in einen typisch menschlichen Zustand der Verzweiflung und Einsamkeit.

5. WAS IST ZU TUN, UM DIE ZUKUNFT DES MENSCHEN ZU VERBESSERN? WELCHEN ENDZIELEN STREBT DIE MENSCHLICHE ENTWICKLUNG ZU?

Freudianer: Es sieht schlecht aus. Die fundamental egoistische Natur des Menschen ist die Wurzel seiner Übel, und der biologische Ursprung dieser Natur läßt diese höchstens auf dem Wege über die Evolution verändern. Freud war der Meinung, eine Förderung der Lebensinstinkte (wie des Geschlechtstriebs) und eine Wegverlagerung der Betonung der destruktiven Instinkte (wie des Aggressionstriebs) könnten das Los des Menschen vielleicht verbessern, doch sah er dem Ergebnis solcher Bemühungen nicht allzu hoffnungsvoll entgegen.

Neo-Freudianer (Fromm, Erikson): Die Fehler des Menschen entspringen den negativen Einflüssen der Gesellschaft. Läßt sich also die Gesellschaft dahingehend verändern, daß die guten Seiten des Menschen gestärkt und die schwachen Seiten entmutigt werden, dann wird sich sein Los verbessern. Endziel der menschlichen Entwicklung ist die Schaffung einer Gesellschaft, die allen Menschen die Erfüllung ihrer Schöpfergabe und die Verwirklichung der Anlage zum Guten ermöglicht.

Marxisten (Marx, Fromm): In der Entwicklung einer sozialistischen Gesellschaft, in der alle Bürger an den Produktionsmitteln und der Erzeugung teilhaben, liegt die Lösung der Probleme des Menschen und das Endziel des menschlichen Fortschritts. Der einzelne findet seine höchste Erfüllung im Beitrag zu den Zielen des Kollektivs.

Behavioristen (Skinner): Endziel der menschlichen Entwicklung ist das *Überleben* der menschlichen Art; was immer die Erlangung dieses Zieles erleichtert, ist wünschenswert. Im Anordnen von Umwelten liegt der Schlüssel zur Verbesserung der Überlebenschance. Richtig angelegte Umwelt läßt sich zur Förderung eines Verhaltens einsetzen, das die Wahrscheinlichkeit des Überlebens steigert (Produktivität, Frieden, Bevölkerungskontrolle usw.), und zur Schwächung eines Verhaltens, das die Wahrscheinlichkeit des Überlebens mindert (Gewalttat, Aggressivität, Überbevölkerung usw.).

Empiristen (Hobbes): Die Verwendung empirischer Daten zur Vorhersage und Steuerung menschlichen Verhaltens ist erwünscht für eine Stärkung der Entwicklung des Menschen.

Utilitaristen (Bentham, Mill): Die Gesellschaft sollte das Verhalten so steuern, daß der größtmöglichen Zahl von Menschen das größtmögliche Gute widerfährt.

Humanisten (Maslow, Rogers) – *Maslow:* Jedem Individuum ist der Wille angeboren, zu wachsen und sich selbst zu verwirklichen, doch ist diese innere Natur anfällig und wird angesichts widersätzlichen Umweltdrucks leicht beiseite getan oder ignoriert. Der Schlüssel zur Verbesserung der Qualität des menschlichen Lebens liegt deshalb darin, daß die Gesellschaft diese innere Natur ihren Niederschlag und Ausdruck finden läßt. *Rogers:* Um sich selbst als Person zu begreifen und dann zur vollen Verwirklichung seiner Fähigkeiten heranzuwachsen, braucht der einzelne die bedingungslose Zustimmung anderer. Folglich liegt im Grad der Zustimmung der Schlüssel zur Verbesserung des menschlichen Daseins. Selbstverwirklichung für alle heißt das Ziel der menschlichen Entwicklung.

Existenzhumanisten (May, Frankl) – *May:* Der Mensch von heute muß erkennen, daß er immer noch einen eigenen Willen besitzt, und er muß jene Gelegenheiten erkennen lernen, in denen er ihn ausübt. Durch Wiedergewinn des Sinnes für den Willen kann der Mensch sein Dasein verbessern. *Frankl:* Jeder Mensch muß den Sinn seines Lebens finden, indem er etwas oder jemand entdeckt, für das oder den es sich zu leben lohnt. Dieses Sinnbewußtsein vermittelt eine Grundlage für Entscheidungen und entreißt den Menschen dem Zustand der Einsamkeit und Verzweiflung. Die Sinnträchtigkeit des Lebens ist Voraussetzung für die menschliche Entwicklung.

Theistischer Existentialismus (Buber, Tillich, Fournier): Das offene und ehrliche Zusammenwirken mit Gott und Mitmenschen ist die Quelle, aus der ein Leitfaden für die Ausübung des freien Willens und die Verstärkung der menschlichen Entwicklung entspringt.

Quellenverzeichnis

1. Der knetbare Mensch

1 Lloyd Homme, Polo C'de Baca, Lon Cottingham and Angela Home, »What Behavorial Engineering Is«, *Psychological Record* 18 (1968)
2 Eine eingehende Untersuchung der Bilder vom Menschen ist zu finden in *Changing Ideas of Man*, Policy Research Report 4, eine Ausarbeitung des Center for the Study of Social Policy, Stanford Research Institute, Menlo Park, Calif., Mai 1974
3 H. L. Newbold, *The Psychiatric Programming of People* (New York: Pergamon Press, 1972)
4 *Physical Manipulation of the Brain*, Sonderteil des *Hastings Center Report* (Mai 1973). Ein Bericht über eine Diskussion der Research Group on Behavior Control of the Institute of Society, Ethics and the Life Sciences, Hastings, N.Y.

2. Pioniere der Programmierung von Menschen und Mäusen

1 Vincent Bugliosi mit Curt Gentry, *Helter Skelter* (New York: W.W. Norton & Company, 1974)
2 I.E. Farber, Harry F. Harlow, and Louis Jolyon West, »Brainwashing, Conditioning and DDD (Debility, Dependency and Dread)«, in Roger Ulrich, Thomas Stachnik und John Marbry, Hrsg., *Control of Human Behavior* (Glenview, Ill.: Scott Foresman and Company, 1966), Nachdruck aus Sociometry 20 (1957). S. auch Selma Fraiberg, »The Science of Thought Control«, *Commentary* (Mai 1972), und Albert D. Biderman and Herbert Zimmer, Hrsg., *The Manipulation of Human Behavior* (New York: John Wiley & Sons, 1961)
3 Harvey Wheeler, Hrsg., *Beyond the Punitive Society* (San Francisco: W.H. Freeman and Co., 1973)
4 Elizabeth Hall, »Will Success Spoil B.F. Skinner?« *Psychology Today* (Nov. 1972)
5 Kenneth Goodall, »Shapers at Work«, *Psychology Today* (Nov. 1972)

3. Die Verhaltensforscher mischen sich unters Volk

1 Perry London, *Behavior Control* (New York: Harper & Row, 1969)
2 David H. Barlow, Harold Leitenberg, and W. Stewart Agras, »Experimental Control of Sexual Deviation Through Manipulation of the Noxious Scene in Covert Sensitization.« *Journal of Abnormal Psychology* 74, no. 5« (1969)
3 Robert P. Hawkins, Robert F. Peterson, Edda Schweid, and Sidney W. Bijou, »Behavior Therapy in the Home: Amelioration of Problem

Parent-Child Relations with Parent in a Therapeutic Role«, *Journal of Experimental Child Psychology 4* (Sept. 1966)
4 Martha E. Bernal, John S. Duryee, Harold L. Pruett, and Beverlee J. Burns »Behavior Modification and the Brat Syndrome«, *Journal of Consulting and Clinical Psychology 32* (1968)
5 Kenneth Goodall, »Shapers at Work«, *Psychology Today* (Nov. 1972)
6 C. Quarti and J. Renaud, »A New Treatment of Constipation by Conditioning: A Preliminary Report«, in C. M. Franks, *Conditioning Techniques in Clinical Practice and Research* (New York: Springer Publishing Co., 1964)
7 »Connubial Bliss Through Tokens«, *Human Behavior* (Aug. 1974), und Richard B. Stuart, »Operant-Interpersonal Treatment for Marital Discord«, *Journal of Consulting and Clinical Psychology 33, No. 6* (1969)
8 Goodall
9 Marvin Karlins and Lewis M. Andrews, *Biofeedback*, (New York: Warner Press, 1972) – dt.: *Biofeedback, Die Technik der Selbstkontrolle* (Stuttgart, 1973)
10 Richard A. Winett and Robin C. Winkler, »Current Behavior Modification in the Classroom: Be Still, Be Quiet, Be Docile«, *Journal of Applied Behavior Analysis 5* (1972), und Daniel K. O'Leary, »Behavior Modification in the Classroom: A Rejoinder to Winett and Winkler«, ibid.
11 Chris Argyris, Besprechung von *Beyond Freedom and Dignity* by B. F. Skinner – dt.: B. F. Skinner, *Jenseits von Freiheit und Würde* – in *Harvard Educational Review* (Nov. 1971). Zu Rückfälligkeitsbeispielen s. Berichte über Schulen und Straffälligkeit in Harold Leitenberg, Hrsg., *Handbook on Behavior Modification and Behavior Therapy* (Englewood Cliffs, N. J.: Prentice Hall, 1976)
12 Karl H. Pribram, »Operant Behaviorism: Fad, Fact-ory and Fantasy«, in Harvey Wheeler, Hrsg., *Beyond the Punitive Society* (San Francisco: W. H. Freeman & Co., 1973)

4. DIE STEUERUNG DER STIMMUNG

1 Roger W. Sperry, »Left-Brain, Right-Brain«, *Saturday Review* (9. Aug. 1975)
2 Jim Warren, »Peace Pills for Presidents?« *Psychology Today* (Okt. 1973)
3 Gerald Jonas, »Into the Brain«, *New Yorker* (1. Juli 1974)
4 Albert Rosenfeld, *The Second Genesis: The Coming Control of Life* (New York, Pyramid Communications, 1972) – dt.: *Die zweite Schöpfung. Neue Aspekte des menschlichen Lebens* (Düsseldorf, 1970)
5 Douglas E. Smith, Melvyn B. King and Bartley G. Hoebel, »Lateral Hypothalamic Control of Killing: Evidence for a Ch olinoceptive Mechanism«, *Science* (6. Feb. 1970)

6 James P. Miller, »The Brain Machines Are Here«, *Human Behavior* (Aug. 1974)
7 Leo E. Hollister, »Drug Therapy«, *New England Journal of Medicine* 286, no. 22 (1972)
8 Laurie Jacobson, »Feedback on Biofeedback«, *Human Behavior* (Juli 1974)
9 Gilbert Honigfeld and Alfreda Howard, *Psychiatric Drugs* (New York: Academic Press, 1972)
10 Marilyn Ferguson, *The Brain Revolution* (New York: Taplinger Publishing Co., 1973)
11 José M. R. Delgado, *Physical Control of the Mind: Toward a Psychocivilized Society* (New York: Harper & Row, Colophon Books, 1971)
12 Robert G. Heath, »Electrical Self-Stimulation of the Brain in Man«, *American Journal of Psychiatry* 120 (1963)
13 Elliot S. Valenstein, *Brain Control: A Critical Examination of Brain Stimulation and Psychosurgery* (New York: John Wiley & Sons, 1973)
14 Ibid.
15 Rosenfeld
16 Delgado
17 Ibid.
18 Ibid.
19 Robert Coughlan, »The Chemical Mind-Changers«, *Life* (14. März 1963)
20 Nathan S. Kline, »The Future of Drugs and Drugs of the Future«, *Journal of Social Issues* 27, no. 3 (1971)
21 Robert Coughlan, »Behavior by Electronics«, *Life* (7. März 1963)

5. PERSÖNLICHKEITSTAUSCH: AUS ALT MACH NEU

1 Maya Pines, *The Brain Changers* (New York: Harcourt Brace Jovanovich, 1973)
2 Ibid.
3 P. H. Gray, »Theory and Evidence of Imprinting in Human Infants«, *Journal of Psychology* 46 (1958)
4 John Money, Jean G. Hampson and John L. Hampson, »Imprinting and the Establishment of Gender Role«, *Archives of Neurology and Psychiatry* 77 (März 1957)
5 Maya Pines, »Head Head Start«, *New York Times Magazine* (26. Okt. 1975)
6 *Individual Rights and the Federal Role in Behavior Modification,* Studie der wissenschaftlichen Mitarbeiter des Unterausschusses für Verfassungsrechte, Rechtsausschuß, US-Senat, 93. Cong., 2. Sitzungsperiode (Washington, D. C.: Government Printing Office, Nov. 1974)
7 Elliot S. Valenstein, *Brain Control: A Critical Examination of Brain Stimulation and Psychosurgery* (New York: John Wiley & Sons, 1973)

8 Vernon H. Mark and Frank R. Ervin, *Violence and the Brain* (New York: Harper & Row, 1970)
9 Lee Edson, »The Psyche and the Surgeon«, *New York Times Magazine* (30. Sept. 1973)
10 Stephan L. Chorover, »Psychosurgery: A Neuropsychological Perspective«, *Boston University Law Review* (1974)
11 Ibid.

6. WIE MAN DEN MENSCHEN GEFÜGIGER MACHT

1 H. L. Newbold, *The Psychiatric Programming of People* (New York: Pergamon Press. 1972)
2 Elliot S. Valenstein, *Brain Control: A Critical Examination of Brain Stimulation and Psychosurgery* (New York: John Wiley & Sons, 1973)
3 Maya Pines, *The Brain Changers* (New York: Harcourt Brace Jovanovich, 1973)
4 Peter R. Breggin, »The Return of Lobotomy and Psychosurgery«, *Congressional Record* (24. Feb. 1972)
5 Valenstein
6 Lee Edson, »The Psyche and the Surgeon«, *New York Times Magazine* (30. Sept. 1973)
7 Peter R. Breggin, »Psychosurgery for the Control of Violence – Including a Critical Examination of the Work of Vernon Mark and Frank Ervin«, *Congressional Record* (20. März 1972)
8 Stephan L. Chorover, »Big Brother and Psychotechnology«, *Psychology Today* (Okt. 1973)
9 Pines
10 Robert A. Burt, »Why We Should Keep Prisoners from the Doctors«, *Hastings Center Report* (Feb. 1975). Published by the Institute of Society, Ethics and the Life Sciences, Hastings, N.Y.
11 Gordon Rattray Taylor, *The Biological Time Bomb* (New York: New American Library, Mentor Books, 1969), – dt.: *Die biologische Zeitbombe* (Frankfurt, 1969)
12 Michael Sheard, »Aggression and Lithium«, *Science News* (3. April 1971)
13 Nick DiSpoldo, »Arizona's ›Clockwork Orange‹ Bill«, *New York Times* (20. Juni 1974)
14 Jessica Mitford, *Kind and Usual Punishment: The Prison Business* (New York: Alfred A. Knopf, 1973). S. auch »›Behavior Mod‹ Behind the Walls«, *Time* (11. März 1974)
15 Barbara Yuncker, »What Is ›B-Mod‹?«, *New York Post* (9. März 1974)
16 Wayne Sage, »Crime and the Clockwork Lemon«, *Human Behavior* (Sept. 1974)
17 »›Behavior Mod‹ Behind the Walls«, vgl. Anm. 14
18 Breggin, *Congressional Record* (24. Feb. 1972)

19 Erklärung des Exekutivdirektors des National Council of Senior Citizens, William R. Hutton, vor dem Sonderausschuß des US-Senats zu Fragen des Alterns, am 14. Sept. 1971, Chikago, zitiert nach »Hearings on Long-Term Care of the Special Committee on Aging«
20 Gardner C. Quarton, »Deliberate Efforts to Control Human Behavior and Modify Personality«, *Daedalus* (Sommer 1967)
21 Stanley S. Robin und James J. Bosco, »Ritalin for School Children: The Teachers' Perspective«, *Journal of School Health* 43 Nr. 10 (Dez. 1973) – (Niederschrift eines Vortrags vom Februar 1973 vor der Tagung der American Education Research Association in New Orleans)
22 Peter Schrag and Diane Divoky, *The Myth of the Hyperactive Child* (New York: Pantheon Books, 1975)
23 Connie Bruck, »Battle Lines in the Ritalin War«, *Human Behavior* (Aug. 1976)
24 Ibid.
25 Edward T. Ladd, »Pills for Classroom Peace?« *Saturday Review* (21. Nov. 1970)
26 Robert J. Bazell, »Panel Sanctions Amphetamines for Hyperkinetic Children«, *Science* (26. März 1971)
27 T. Kenny, R. Clemmens, B. Hudson, G. Lents, R. Cicci and P. Nair, »Characteristics of Children Referred Because of Hyperactivity«, *Journal of Pediatrics* 79, no. 4 (1971)
28 Gerald Solomons, a commentary on drugs in managing hyperkinetic children, *Medical Opinion* (Mai 1972)
29 Sydney Walker III, »We're Too Cavalier about Hyperactivity«, *Psychology Today* (Dez. 1974)
30 Nicholas Von Hoffmann, »A Crime-causing Diet«, *New York Post* (12. Sept. 1974)
31 Herbert E. Rie, »Ritalin Controversy Continues«, *New York Times* (26. Juni 1974)
32 Daniel Safer, Richard Allen and Evelyn Barr, »Depression of Growth in Hyperactive Children on Stimulant Drugs«, *New England Journal of Medicine* (3. Aug. 1972)

7. WIE MAN GESCHEITERE – ODER DÜMMERE – MENSCHEN BAUT

1 Albert Rosenfeld, *The Second Genesis: The Coming Control of Life* (New York: Pyramid Communications, 1972) – dt.: *Die zweite Schöpfung. Neue Aspekte des menschlichen Lebens* (Düsseldorf, 1970)
2 Ibid.
3 Marilyn Ferguson, *The Brain Revolution* (New York: Taplinger Publishing Co., 1973)
4 Roger Lewin, »Starved Brains«, *Psychology Today* (Sept. 1975)
5 Gerald Leach, *The Biocrats* (London and Baltimore: Penguin Books, 1972)

6 »Chemicals to Aid Learning Tested on Monkeys«, *Behavior Today* (11. März 1974)
7 Joan Arehart-Treichel, »The Role of Hormones in Learning, Memory and Behavior«, *Science News* (20. Mai 1972)
8 Robert T. Francœur, *Utopian Motherhood: New Trends in Human Reproduction* (South Brunswick & New York: A. S. Barnes & Co., Perpetua Books, 1973)
9 Philip W. Landfield, Ronald J. Tusa and James L. McGaugh, »Effects of Posttrial Hippocampal Stimulation on Memory Storage and EEG Activity«, *Behavioral Biology* (Apr. 1973)
10 G. Ungar, D. M. Desidero and W. Parr, »Isolation, Identification and Synthesis of a Specific Behavior Inducing Brain Peptide«, *Nature* 238 (1972)
11 Gerald Jonas, »Into the Brain«, *New Yorker* (1. Juli 1974)
12 Lewin

8. Wie man der Volksmasse auf der Spur bleibt und sie steuert

1 Jessica Mitford, *Kind and Usual Punishment: The Prison Business* (New York: Alfred A. Knopf, 1973)
2 J. A. Meyer, »Crime Deterrent Transponder System«, Institute of Electrical and Electronic Engineers' *Transactions on Aerospace and Electronic Systems,* vol. AES-7, no. 1 (Jan. 1971)
3 Ralph K. Schwitzgebel, »Electronic Innovation in the Behavioral Sciences: A Call to Responsibility«, *American Psychologist* 22 (1967)
4 Mitford
5 Alan F. Westin, *Privacy and Freedom* (New York: Atheneum Publishers, 1967)
6 *U.S. v. King,* 335 F.Supp. 523, 542–543, S.D. Calif., 1971
7 Westin
8 Wortlaut der über WFSB-TV, Hartford, Connecticut, am 9., 10., 22. und 23. Mai 1974 verlesenen Kommentare
9 Paul S. Entmacher, »Computerized Insurance Records«, *Hastings Center Report* (Nov. 1973)
10 Aryeh Neier, *Dossier* (New York: Stein & Day, 1974)
11 »Talk of the Town«, *New Yorker* (8. April 1974)
12 David E. Rosenbaum, »Threats by Nixon Reported on Tape Heard by Inquiry«, *New York Times* (16. Mai 1974)

9. Super-Verbraucher, Super-Sportler, Super-Personal

1 Vance Packard, *The Hidden Persuaders* (New York: David McKay, Co., 1957), – dt.: *Die geheimen Verführer* (Düsseldorf 1958); *The Status Seekers* (New York: David McKay, Co., 1959), – dt.: *Die unsicht-*

baren Schranken. Theorie und Praxis des Aufstiegs in der »klassenlosen« Gesellschaft (Düsseldorf, 1959); *The Waste Makers* (New York: David McKay, Co., 1960), – dt.: *Die große Verschwendung* (Düsseldorf, 1961)
2 »The New Six«, *Media Decisions* (Mai 1973)
3 Michel Pierre Janisse and W. Scott Peavler, »Pupillary Research Today: Emotion in the Eye«, *Psychology Today* (Feb. 1974)
4 Marilyn Elias, »How to Win Friends and Influence Kids on Television«, *Human Behavior* (Apr. 1974)
5 Alan F. Westin, *Privacy and Freedom* (New York: Atheneum Publishers, 1967)
6 Del Hawkins, »The Effects of Subliminal Stimulation on Drive Level and Brand Preference«, *Journal of Marketing Research* (Aug. 1970)
7 Arnold J. Mandell, »A Psychiatric Study of Professional Football«, *Saturday Review WORLD* (5. Okt. 1974)
8 Arnold J. Mandell, »Pro Football Fumbles the Drug Scandal«, *Psychology Today* (Juni 1975)
9 Gwilym S. Brown, »Winning One for the Ripper«, *Sports Illustrated* (26. Nov. 1973)

10. WÄHLERFANG

1 Carl Behrens, »Bringing Biology into the Political Picture«, *Science News* 98 (28. Nov. 1970)
2 Leonard V. Gordon, »The Image of Political Candidates: Values and Voter Preference«, *Journal of Applied Psychology* 56, no. 5 (1972)
3 Alan L. Otten, »Computing Democratic Winners in '72«, *Wall Street Journal* (11. Dez. 1970)
4 James Kahn, »Social Scientists' Role in Selection of Juries Sparks Legal Debate«, *Wall Street Journal* (12. Aug. 1974)
5 Edward Tivnan, »Jury by Trial«, *New York Times Magazine* (30. Nov. 1975)
6 Marcia Chambers, »A Jury Watcher Advises Mitchell's Defense on the Reactions of Panel Members«, *New York Times* (1. April 1974)
7 Martin Arnold, »How Mitchell-Stans Jury Reached Acquittal Verdict«, *New York Times* (5. Mai 1974)
8 Wallace Turner, »California Sued over Practice of Investigating Background of Prospective Jurors«, *New York Times* (14. Sept. 1976)

11. VERHALTENSLENKUNG DURCH DIE NEUEN HYPNOTECHNIKER

1 Ernest R. Hilgard, »Hypnosis Is No Mirage«, *Psychology Today* (Nov. 1974)
2 James H. Austin, »Eyes Left! Eyes Right!« *Saturday Review* (9. Aug. 1975)
3 Hilgard, »Hypnosis Is No Mirage«

4 »Remote-Control Hypnosis«, *Time* (2. Juli 1965)
5 Harry Arons, *Hypnosis in Criminal Investigation* (Springfield, Ill.: Charles C. Thomas, Publisher, 1973)
6 »Hypnotism: Culturally Unacceptable«, *Science News* (13. Dez. 1975)
7 G. H. Estabrooks, »Hypnosis Comes of Age«, *Science Digest* (Apr. 1973)
8 Marilyn Ferguson, *The Brain Revolution* (New York: Taplinger Publishing Co., 1973)
9 Henry S. Tugender and William E. Ferinden, *A Handbook of Hypnooperant Therapy* (South Orange, N. J.: Power Publishers, 1972)
10 Arons
11 Estabrooks, »Hypnosis Comes of Age«

12. VERKAUF UND LAGERUNG MENSCHLICHEN SAATGUTS
1 Gordon Rattray Taylor, *The Biological Time Bomb* (New York: New American Library, Mentor Books, 1969) – dt.: *Die biologische Zeitbombe* (Frankfurt 1969)
2 Robert T. Francœur, *Utopian Motherhood: New Trends in Human Reproduction* (South Brunswick und New York: A. S. Barnes & Co., Perpetua Books, 1973)
3 Gerda Gerstel, »A Psychoanalytic View of Artificial Donor Insemination«, *American Journal of Psychotherapy* 17 (1963)
4 L. H. Levie, »An Inquiry into the Psychological Effects on Parents of Artificial Insemination with Donor Semen«, *Eugenics Review* 59, Nr. 97 (1967)
5 R. G. Edwards, »Fertilization of Human Eggs in Vitro: Morals, Ethics and the Law«, *Quarterly Review of Biology* (März 1974)

13. DER MENSCH ENTSTEHT IM REAGENZGLAS
1 Gebhard F. B. Schumacher, B. G. Brackett, Joseph Fletcher, J. J. Marik, L. Mastroianni jr., L. B. Shettles, R. Tejada and Edward T. Tyler, »In Vitro Fertilization of Human Ova and Blastocyst Transfer: An Invitational Symposium«, *Journal of Reproductive Medicine* (Nov. 1973)
2 John Arehart-Treichel, »Test-Tube Babies in the Making«, *Science News* (24. Feb. 1973)
3 Edward Grossman, »The Obsolescent Mother«, *Atlantic* (Mai 1971)
4 Robert T. Francœur, *Utopian Motherhood: New Trends in Human Reproduction* (South Brunswick und New York: A. S. Barnes & Co., Perpetua Books, 1973)
5 David Rorvik, »The Embryo Sweepstakes«, *New York Times Magazine* (15. Sept. 1974)
6 Ibid.
7 Francœur in seiner Zusammenfassung eines Berichts von David Rorvik in *Look* (18. Mai 1971)

8 *Ob.-Gyn News* (1. Okt. 1976)
9 D. de Dretzer et al., »Transfer of a Human Zygote«, *Lancet* (29. Sept. 1973)
10 Francœur
11 R. A. S. Lawson, L. E. A. Rowson und C. E. Adams, »The Development of Cow Eggs in the Rabbit Oviduct and Their Viability after Retransfer to Heifers«, *Journal of Reproductive Fertility* 28 (1972)
12 R. G. Edwards, »Fertilization of Human Eggs in Vitro: Morals, Ethics and the Law«, *Quarterly Review of Biology* (März 1974)
13 Mariel Revillard, »Legal Aspects of Artificial Insemination and Embryo Transfer in French Domestic Law and Private International Law«, Ciba Foundation Symposium (New York: Associated Scientific Publishers, 1973)
14 »Protection of Human Subjects«, *Federal Register* 38, no. 221 (16. Nov. 1973)
15 Shyoso Ogawa, Kahei Satoh, Mitsuma Hamada und Hajime Hashimoto, »In Vitro Culture of Rabbit Ova Fertilized by Epididymal Sperms in Chemically Defined Media«, *Nature* (4. Aug. 1972)

14. Gemietete Mutterleiber, künstliche Mutterleiber, nichtmenschliche Mutterleiber

1 David Rorvik, »The Embryo Sweepstakes«, *New York Times Magazine* (15. Sept. 1974)
2 Sheila K. Johnson, »The Business in Babies«, *New York Times Magazine* (17. Aug. 1975)
3 »People«, *Time* (25. Nov. 1974)
4 Robert T. Francœur, *Utopian Moterhood: New Trends in Human Reproduction* (South Brunswick und New York: A. S. Barnes & Co., Perpetua Books, 1973)
5 Edward Grossman, »The Obsolescent Mother«, *Atlantic* (Mai 1971)
6 Francœur
7 Yu-Chih Hsu, »Post-Blastocyst Differentiation in Vitro«, *Nature* (14. Mai 1971)
8 Francœur

15. Junge oder Mädchen auf Bestellung

1 Lawrence Galton, »Parents and Child: Choosing the Sex of the Child«, *New York Times Magazine* (30. Juni 1974)
2 Albert Rosenfeld, *The Seçond Genesis: The Coming Control of Life* (New York: Pyramid Communications, 1972) – dt.: *Die zweite Schöpfung. Neue Aspekte des menschlichen Lebens* (Düsseldorf, 1970)
3 »Choice of Sex«, *Intellectual Digest* (Nov. 1973)
4 R. J. Ericsson, C. N. Langevin und M. Nishino, »Isolation of Fractions Rich in Human Y Sperm«, *Nature* (14. Dez. 1973)

5 David Rorvik, *Brave New Baby* (New York: Doubleday & Company, 1969) – dt.: *Traumbaby. Verheißung und Gefahr der biologischen Revolution* (München, 1972)
6 Dorothea Bennett, »Sex Ratio in Progeny of Mice Inseminated with Sperm Treated with Hy-Y Antiserum«, *Nature* (30. Nov. 1973)
7 K. V. Chachava, P. Ya. Kintraya, T. G. Zhgenti, and K. L. Keburiya, »Effect of Fetal Sex on the Sign of the Electric Charge on Spermatozoa«, *Bulletin of Experimental Biology and Medicine* 68 (1970)
8 John Fletcher, »Moral Problems in Genetic Counseling«, *Pastoral Psychology* (April 1972)
9 »The Second Sex – Even to Mom and Dad«, *Behavior Today* (3. Juni 1974)
10 Ibid.
11 Colin Campbell, »The Manchild Pill?« *Psychology Today* (Aug. 1976)
12 »Wider Gap Forecast between the Number of Elderly Women and Men«, *Behavior Today* (14. Juni 1976)

16. Veränderung unserer genetischen Anlagen

1 Joan Arehart-Treichel, »Putting Human Genes on the Map«, *Science News* (11. Okt. 1975)
2 »Can Genetic Defects Be Corrected in Cells?« *Nature New Biology* (3. März 1971)
3 Harold M. Schemeck jr., »Researchers Discover Method of Transferring Cell Nuclei in Living Tissue«, *New York Times* (17. Juni 1974)
4 James J. Nagle, »Genetic Engineering«, *Bulletin of the Atomic Scientists* (Dez. 1971)
5 Siehe Stanley N. Cohen, »The Manipulation of Genes«, *Scientific American* (Juli 1975), und »The Gene Transplanters«, *Newsweek* (17. Juli 1974)
6 Tabitha M. Powledge, »The Genetic Engineers Still Await Guidelines«, *New York Times* (15. Feb. 1976)

17. Menschen mit Gütesiegel

1 Arthur J. Snider, »The Genetic Control of Man«, *Science Digest* (April 1971)
2 Richard M. Restak, *Premeditated Man* (New York: Viking Press, 1975)
3 Barbara J. Culliton, »Amniocentesis: HEW Backs Test for Prenatal Diagnosis of Disease«, *Science* (7. Nov. 1975)
4 »Abortion: The Edelin Shock Wave«, *Time* (3. März 1975)
5 John A. Robertson, »Medical Ethics in the Courtroom«, *Hastings Center Report* (Sept. 1974)
6 Leroy Augenstein, *Come, Let Us Play God* (New York: Harper & Row, 1969) – dt.: *Komm, wir spielen Gott* (Konstanz 1971)
7 Carl Jay Bajema, »The Genetic Implications of Population Control«, *Bio-Science* (15. Jan. 1971)

8 Barbara J. Culliton, »Genetic Screening: States May Be Writing the Wrong Kinds of Laws«, *Science* (5. März 1976)
9 Ibid.
10 Mary A. Telfer, Gerald R. Clark, David Baker und Claude E. Richardson, »Incidence of Gross Chromosomal Errors among Tall, Criminal American Males«, *Science* 159 (1968)
11 Frederick Ausubel, John Beckwith und Kaaren Janssen, »The Politics of Genetic Engineering: Who Decides Who Is Defective?« *Psychology Today* (Juni 1974)
12 Robert F. Murray jr., »Problems Behind the Promise: Ethical Issues in Mass Genetic Screening«, *Hastings Center Report* (April 1972)

18. Die AUFZUCHT HÖHERWERTIGER MENSCHEN
1 Bentley Glass, »Human Heredity and Ethical Problems«, in Jay Katz, *Experimentation with Human Beings* (New York: Russell Sage Foundation, 1972)
2 Carl Jay Bajema, »The Genetic Implications of Population Control«, *Bio-Science* (15. Jan. 1971)
3 E. Fuller Torrey, *Ethical Issues in Medicine* (Boston: Little, Brown and Company, 1968)
4 Angela Haines, »Controlling Height«, *New York Times Magazine* (4. April 1976)
5 H. Tristram Engelhardt, jr., »The Philosophy of Medicine: A New Endeavor«, *Texas Reports on Biology and Medicine* 31, no. 3 (Herbst 1973) und *Mind-Body: A Categorical Relation* (den Haag: Martinus Nijhoff, 1973), A. Segaloff, »Progress in the Treatment of Breast Cancer«, Tagungsberichte von Gonville und Caius College, University of Cambridge, England, 9. Sept. 1967
6 Theodosius Dobzhansky, *Mankind Evolving* (New York: Bantam Books, Matrix Editions, 1970) – dt., *Dynamik der menschlichen Evolution. Gene und Umwelt* (Frankfurt 1965)
7 »Families and Intellect: Scores to Increase«, *Science News* (17. April 1976)

19. DUPLIZIEREN VON MENSCHEN EINES ERWÜNSCHTEN TYPUS
1 Leon R. Kass, »Making Babies: The New Biology and the ›Old‹ Morality«, *Public Interest* (Winter 1972)
2 Albert Rosenfeld, *The Second Genesis: The Coming Control of Life* (New York: Pyramid Communications, 1972) – dt.: *Die zweite Schöpfung. Neue Aspekte des menschlichen Lebens* (Düsseldorf 1970)
3 Anna Witkowska, »Parthenogenetic Development of Mouse Embryos in Vivo«, *Journal of Embryology and Experimental Morphology* 30, no. 3 (1973)

20. Arbeit an Tier-Menschen und Computer-Menschen

1 »A Computer Under Your Hat«, *Science* (28. Feb. 1976)
2 G. Poste und P. Reeve, »Formation of Hybrid Cells and Heterokaryons by Fusion of Enucleated and Nucleated Cells«, *Nature New Biology* 229 (27. Jan. 1971)
3 »Genetic Engineering: Clashing Views«, *Science News* (2. Nov. 1974)
4 G. H. Zeilmaker, »Fusion of Rat and Mouse Morulae and Formation of Chimaeric Blastocysts«, *Nature* (9. März 1973)
5 Carl O. Povlsen, Niels E. Skakkebæk, Jørgen Rygaard and Gerd Jensen, »Heterotransplantation of Human Foetal Organs to the Mouse Mutant Nude«, *Nature* (15. März 1974)
6 Jean Rostand, *Humanly Possible* (New York: Saturday Review Press, 1973)
7 Maya Pines, *The Brain Changers* (New York: Harcourt Brace Jovanovich, 1973)
8 Ibid.
9 Lawrence R. Pinneo, »Persistent EEG Patterns Associated With Overt and Covert Speech«, Kopie erhältlich bei Neurophysiology Program, Stanford Research Institute, Menlo Park, California 94025, USA

21. Neueinstellung unserer Körperuhren

1 Vance Packard, *The Waste Makers* (New York: David McKay Co, 1960) – dt.: *Die große Verschwendung* (Düsseldorf 1961)
2 Paul Ferris, »The Fountain of Youth Updated«, *New York Times Magazine* (2. Dez. 1973)
3 Walter Sullivan, »Science Seeks to End the Miseries of Aging«, *New York Times* (6. Nov. 1975)
4 Barnett Rosenberg, Gabor Kemeny, Lawrence G. Smith, Ira D. Skurnick and Mary J. Bandurski, »The Kinetics and Thermodynamics of Death in Multicellular Organisms«, *Mechanisms of Ageing and Development* 2 (1975)
5 Gene Bylinsky, »Science on the Trail of the Fountain of Youth«, *Fortune* (Juli 1976)
6 Rona Cherry and Laurence Cherry, »Slowing the Clock of Age«, *New York Times Magazine* (12. Mai 1974)
7 Gene Bylinsky, »Science on the Trail«
8 Jean L. Marx, »Aging Research (1): Cellular Theories of Senescence«, *Science* (20. Dez. 1974)
9 Cherry and Cherry, »Slowing the Clock of Age«
10 Albert Rosenfeld, »The Longevity Seekers«, *Saturday Review* (März 1973)
11 »Treating Senility«, *Science Digest* (Juni 1976)

22. DER MENSCH ALS TOTALER BAUSTEINKASTEN
1 Joan Arehart-Treichel, »Organ Transplants: What Hope for Patients?« *Science News* (16. Nov. 1974)
2 Gerald Leach, *The Biocrats* (Baltimore: Penguin Books, 1972) und Schriftwechsel mit Yukihiko Nosé von der Cleveland Clinic
3 Willard Gaylin, »Harvesting the Dead: The Potential for Recycling Human Bodies«, *Harper's* (Sept. 1974)
4 »Kidney Patients' Program in Trouble«, *New York Times* (25. Sept. 1975)
5 »The Totally Implanted Heart«, a report by the Artificial Heart Assessment Panel of the National Heart and Lung Institute (Juni 1973)
6 Robert J. White, L. R. Wolin, L. C. Massopust jr., N. Taslitz and J. Verdura, »Primate Cephalic Transplantation: Neurogenic Separation, Vascular Association«, *Transplantation Proceedings* 3, no. 1 (März 1971). S. auch White et al., »Cephalic Exchange Transplantation in the Monkey«, *Surgery* 70, no. 1 (Juli 1971)
7 Oriana Fallaci, »The Dead Body and the Living Brain«, *Look* (28. Nov. 1967)
8 Joan Arehart-Treichel, »Nerve Regeneration«, *Science News* (17. Juli 1976)

23. MENSCHENBAUER BESINNEN SICH
1 David Rorvik, *Brave New Baby* (New York: Doubleday & Co., 1969) – dt.: *Traumbaby. Verheißung und Gefahr der biologischen Revolution* (München 1972)
2 Horace Freeland Judson, »Fearful of Science«, *Harper's* (März 1975)
3 »The Ethics of Human Experimentation«, *Science News* (1. März 1975)
4 Richard M. Restak, *Premeditated Man* (New York: Viking Press, 1975)
5 Herrman L. Blumgart, »The Medical Framework«, *Daedalus* (Frühjahr 1969)
6 Restak
7 American Psychological Association, Inc., *Ethical Principles in the Conduct of Research with Human Participants* (Washington, D.C. 1972)

24. WER ÜBERWACHT DIE LENKER?
1 »Politics and Genes«, *Newsweek* (12. Jan. 1976)
2 Richard M. Restak, *Premeditated Man* (New York: Viking Press, 1975)

25. DER NEUE DRANG ZUR VERSTÄRKTEN EIGENBESTIMMUNG
1 Albert Bandura, »Behavior Theory and the Models of Man«, *American Psychologist* (Dez. 1974)
2 Robert J. Trotter, »Peter Breggin's Private War«, *Human Behavior* (Nov. 1973)
3 Gerald Jonas, *Visceral Learning* (New York: Viking Press, 1972)

4 Ibid.
5 Herbert Benson, *The Relaxation Response* (New York: William Morrow & Co., Inc., 1975)
6 »TM: Understanding the Rest of It«, *Science News* (19. Juni 1976)

26. PLÄDOYER FÜR DEN ROBUSTEREN MENSCHEN
1 Carl R. Rogers and B. F. Skinner, »Some Issues Concerning the Control of Human Behavior: A Symposium«, *Science* (30. Nov. 1956)

Personenregister

Abel, Ernest 82
Achenbaum, Alvin A. 190
Adenauer, Konrad 437
Agnew, Spiro T. 108
Aldis, Owen 212
Andy, Orlando J. 106, 112
Anokhin, Petr 313
Ardrey, Robert 385
Argyris, Chris 215 f., 506
Arons, Harry 238, 244 f., 248 ff.
Auden, W. H. 183
Avery, Oswald T. 337
Azrin, Nathan H. 38

Bains, Donald 251 f.
Bajema, Carl Jay 379 f.
Balasubrananiam, V. 113
Bandura, Albert 503, 529, 531
Banks, Russel 227
Barnard, Christiaan 459
Barski, George 341
Baumüller, Robert 336
Bay, Senator Birch 125
Beadmore, J. A. 373
Beausay, William J. 206-211
Beckwith, Jonathan 480, 489
Beecher, Henry K. 115, 486
Beisan, Arthur 262
Benet, Sula 436
Benis, Warren 216, 506
Bennett, Edward 142
Benson, Herbert 512 f.
Bentham, Jeremy 36, 525, 530, 534
Berg, Paul 483 f., 489
Berkowitz
Berrigan, Daniel 226
Bevis, Douglas 277 f., 286 f., 297
Bhattacharya, B. C. 323 f.
Bloom, Benjamin 94
Bosco, James J. 128 f., 130 f., 135, 525
Bowlby, E. J. M. 94

Brackett, B. G. 281
Braid, James 236
Brecher, Edward 86
–, Ruth 86
Breggin, Peter R. 108, 111 ff., 115, 489, 505
Bronowski, Jacob 23
Brown, Barbara 76
Brown, M. Hunter 111
Buber, Marlin 530, 534
Bugliosi, Vincent 28
Burchard, John 505
Burnet, Sir MacFarlane 479, 489
Burton, Richard 305 f.
Byron, Lord 370

Califano, Joseph 498
Cannon, Howard 224
Carrel, Alexis 373
Carrol, Lewis 177
Carter, Jimmy 219 ff., 224, 498
Casals, Pablo 437
Chang, M. C. 279, 282
Chargaff, Erwin 494
Chorover, Stephen L. 105 f., 114, 131, 160, 489, 501
Christie, Richard 226-230
Churchill, Winston 437
Clark, Kenneth B. 68
–, Sandra 525
–, Tom 525
Clemence, James 125
Cohen, Jack 305
Collins, Vincent 315, 441, 525
Colman, Carol 525
Colson, Charles W. 187
Comfort, Alex 421, 423 f., 435
Concino, Charles 525
Cotzias, Georg 432
Crafts, Sandra 525
Crick, Francis 337, 339 f.
Cristofalo, Vincent 432

549

Dailey, Peter H. 219
Darwin, Charles 16, 412
Dasl, Samuel 161
David jr., Edward 172
Davis, Angela 226
Day, J. G. 178
Dean III., John W. 187f.
Delgado, Josè M. R. 12, 22, 63, 65ff., 70f., 73, 79, 83–85, 87f., 92, 96, 98, 100, 475, 482, 525
Demby, Emanuel 194, 196
Demichow, Wladimir 467
Descartes, René 530, 532
DeWied, David 148
Diamond, Marian 142f.
Dichter, Ernest 191f.
Dixon, Paul Rand 190
Dobshansky, Theodosius 19, 335, 358f., 386
Dostojewski, Feodor M. 370
Douglas, Justice William O. 171
Drachman, David A. 437
Dubois, René 489

Edwards, R. G. 278ff., 282f., 286ff., 290, 292f., 297f., 312, 325, 391
Ehrlichmann, John D. 172, 188
Engel, Bernard 510
Engelhardt jr., H. Tristram 384
Ericsson, R. J. 323
Erikson 530–533
Ervin, Frank R. 110f., 114, 139
Estabrooks, G. H. 251
Etzioni, Amitai 231, 332, 347, 489

Feingold, Ben F. 132f.
Feldschuh, Joseph 264, 291, 525
–, Roxanna 264ff.
Ferster, Charles B. 38
Fleming, Donald 255
Fletcher, Joseph 293
Ford, Gerald 219, 223, 492
Fournier, Pierre 530, 534
France, Anatole 150
Francoeur, Robert T. 269, 308f., 313, 327, 379
Frank, Anne 182

Frankl, Viktor 521, 530, 534
Freedman, Daniel X. 134
Freeman, Walter 102, 112f.
Freud, Sigmund 18ff., 31, 236, 412
Fried, Charles 388
Fromm, Erich 237
–, Erika 530–533
Fuller, Smith and Ross 217

Gaylin, Willard 268, 449f., 488f.
Gerald, Park S. 328
Gessa, Gian L. 81f.
Glass, H. Bentley 269, 296, 347, 358, 373f., 377, 380, 387
Goldiamond, Israel 36, 489, 503
Goldstein, Allan 431
Goodall, Kenneth 43
Gordon, Manuel 322
Green, Howard 341
Griffith, Andy 219
Groder, Martin 119, 123
Gurdon, J. B. 398, 400
Guthrie, Woodie 370

Hafez, E. S. E. 289, 295
Haldeman, H. R. (Bob) 187, 217
Hall, R. Vance 51
Halleck, Seymour 109
Hamilton, Alexander 17
Hammell, Kathy 525
Hanley, John 413f.
Harig, Paul 505
Harley 530
Harlow, Harry 94
Harman, Denham 434, 525
Harris, Henry 342
Harrison, Donald C. 461
Hartley, Marsden 530, 532
Hawkins, R. P. 48
Hayflick, Leonard 425, 432f.
Hearst, Patricia 30
Heath, Robert 80, 100
Herber, Richard 146
Herbst, Marty 230f.
Herrnstein 531
Hess, Eckhard 196f.
Hess, Walter 66
Heyns, Ockert S. 149

550

Hilgard, Ernest 237, 239
–, Josephine 237
Hitler, Adolf 13
Hobbes, Thomas 16f., 529f., 532, 534
Holden, J. M. C. 104
Homme, Lloyd E. 38, 504
Hume, Martin 530, 532
Humphrey, Hubert 223f.
Hutschnecker, Arnold A. 110
Huxley, Aldous 13f., 156, 300, 312, 315, 358, 371, 373f., 391
–, Julian 359
Hydén, Holger 141

Ingraham, Barton L. 164f.

Jacobs, Patricia A. 364
Jefferson, Thomas 17
Jensen, Arthur 19, 531
John, E. Roy 65
Johnson, Nicholas 217
–, Sheila K. 304
Jonas, Gerald 509
Jourard, Sidney 14, 501
Judson, Horace 401, 483
Jurgensen, Sonny 208

Kalven jr., Harry 161
Kamiya, Joe 510
Kant, Immanuel 530
Kass, Leon 12f., 296, 358, 391, 401, 480f., 489, 515, 519
Keller, Fred S. 38
Keniston, Kenneth 110
Kennedy, Edward 491f., 498
Key, Wilson Bryan 204
Khorana, Har Gobind 340
King, Martin Luther 237
Kleegman, Sophia J. 320
Kline, Nathan S. 78, 88
Knight, Geoffrey 124
Kolff, Willem 452f., 455
Kornberg, Arthur 339
Krasner, Leonard 38, 122, 489, 504
Krech, David 138, 141–145, 147, 157, 489, 525

Ladd, Edward T. 130
Lang, John L. 322
Lappé, Marc 359, 391
Lashley, Karl 142, 147
Leach, Gerald 295, 405, 408
Lederberg, Joshua 12, 149, 358, 390, 392, 400, 405, 411f., 442, 482
Lehmann, Heinz E. 72
Levie, L. H. 272
Lewin, Kurt 506
Lief, Nina 97
Lilly, John 409
Lincoln, Abraham 370f.
Lindsley, Ogden R. 38
Little, Joan 226, 228f.
Livingston, Robert 111
Locke, John 16f.
London, Perry 11, 27, 72, 240, 253, 489, 491
Lorenz, Konrad 18, 94f., 525, 530
Luria, A. R. 158
–, Salvador 489

Madsen jr., Charles H. 51
Mallot, Richard 54
Mandell, Arnold J. 207ff.
Manson, Charles 27ff.
Mark, Vernon H. 104, 110f., 114
Marx, Karl 533
Maslow, Abraham 20, 216, 506, 530ff., 534
Matinian, Levon A. 470
May, Rollo 20, 530, 534
Maynard, Robert 127
McCarthy, Joseph 418
McConnell, James V. 12, 41, 151–155, 202, 213, 525
McGaugh, James 147, 150, 158
McGovern, George 221, 223
McGruder, Jeb Stuart 221, 223
McIntire, Roger W. 379, 381ff., 479
Means, Dennis 227
Mendel, Gregor 337
Mesmer, Fritz 236
Meyer, J. A. 162–166
Mill, James 525, 530, 534
Miller, Neal 509
Mintz, Beatrice 378

Mischel 529
Mitchell, John 230f., 234
—, Nancy 525
Mitford, Jessica 118
Moan, Charles 100
Mondiz, Egas 102
Money, John 95f.
Montessori, Maria 144
Moorhead, William 172
Morison, Robert S. 97, 145
Morse, Samuel 206
Muller, Herman J. 337, 358, 372, 374ff., 520f.
Murray jr., Robert F. 369, 453f.
Myers, Robert D. 429f.

Nagle, James J. 336, 372, 388, 406, 412, 489, 525
Nakajima, Shinshu 138
Namaths, Joe 208
Napolitan, Joe 220
Neier, Aryeh 177
Nelson, Alan R. 195
Neville, Robert 113
New, D. A. T. 313
Newbold, H. L. 109, 529
Nideffer, Robert 208
Nirenburg, Marshall 339
Nixon, Richard M. 110, 161, 172, 185–188, 217, 222f., 230
Nosé, Yukihido 455–459, 461–464, 525

O'Brien, Larry 221
Ogilvie, Bruce 207, 210
Olds, James 79f.
O'Leary, Daniel 51, 53, 505
—, Susan 51, 505
Ommaya, Ayub Khan 115
Orne, Martin 239
Orwell, George 13, 167
Ovid 81

Packer, Lester 433
Pawlow, Iwan 32f., 36, 46, 153
Penfield, Wilder 139
Petrinovich, Lewis 147
Petrucci, Daniele 282, 312f.
Pickering, Sir George White 474

Pilpel, Harriet 388
Pinneo, Lawrence R. 415f.
Ploog, Detlev 83
Pollack, Robert 483
Premack, David 38
Pribram, Karl H. 59, 150, 489

Quarton, Gardener C. 93
Quinlan, Karen 445

Ramsey, Paul 257, 297f., 355, 368
Rawls, John 472
Rawson, Eleonor 525
—, Kenett 525
Reagan, Ronald 219
Rebozo, Bebe 186
Reed, Adam V. 417ff.
Reif, David 525
Reilly, Philip 361
Reinisch, June 98
Restak, Richard 489
Richardson, Stephen 144
Rie, Herbert E. 133
Robbins, Frederick C. 485
Roberts, A. M. 323
Robin, Stanley S. 128f., 131, 135, 525
Rock, John 282
Rogers, Carl 20, 489, 505, 520, 530ff., 534
Rosenberg, Barnett 429f., 525
Rosenfeld, Albert 91
Rosenthal, Saul R. 74
Rosenzweig, Mark 142
Rostand, Jean 149, 315, 338, 391, 407, 489
Rothschild, Lord 400
Rousseau, Jean-Jacques 530
Rowson, L. E. A. 288ff.
Ruddle, Frank 340
Rugh, John D. 76
Rutherford, Ernest, Lord 444

Safire, William 185
Samuel, David 466
Sartre, Jean-Paul 20, 529f., 533
Scarf, Maggie 357
Schulman, Jay 226f.
Schwartz, Tony 220f.

552

Schwitzgebel, Ralph K. 162f., 165
Shapiro, James 480
Shaw, George Bernard 437
Sheard, Michael 115
Shermann, I. K. 262
Shettles, Landrum B. 283–286, 291, 299, 301, 310, 312, 318–321, 326, 395, 525
Shockley, William 531
Shumway, Norman 459f., 473
Sieghart, Paul 500
Sinsheimer, Robert 12, 335, 373, 378, 391f., 489, 494
Skinner, B. F. 11f., 34–42, 46, 55–59, 61ff., 119, 122, 211–215, 381, 412, 475, 482, 504, 508, 520f., 529–533
Smith, Gerald W. 164f.
Smith, James R. 433
Solomons, Gerald 131
Solschenizyn, Alexander I. 248
Spencer, Stewart 219
Sperry, Roger 65
Spiegel, Herbert 238, 242, 251
Spurway, Helen 395
Stalin, Josiff W. 13
Stans, Maurice 230, 234
Staubach, Roger 209f.
Stein, Calvert 253
Steinmetz, Charles P. 370
Steptoe, Patrick 278f., 282f., 287, 297
Steward, F. C. 395
Strehler, Bernhard 421
Suggs, David 229
Sweet, William H. 111, 114, 482
Szasz, Thomas 489

Tagliamonte, Allessandro 82
Tarkenton, Fran 209
Toynbee, Arnold 20
Tebbel, John 525
–, Kay 525
Thomas, Lowell 304
Thompson, J. Walter 217
–, Robert 152
Thorndike, Edward 32, 36f.
Tillich, Paul 530, 534
Tivhan, Edwin 229

Treleaven, Harry 217
Turner, A. Jacks 55f., 60
Tutko, Thomas 207, 210
Ulrich, Roger E. 51
Unitas, John 209, 419
Umbach, Wilhelm 70
Ungar, Georges 154

Valenstein, Elliot S. 69, 137, 489
Valentine, Sherman and Associates 224
Vesco, Robert L. 230
Vicary, James 201, 479
Vincent, Clark 190

Wald, George 489, 494
Walker, Sydney 132
Walters, Johnnie M. 188
Warren, Natalie Terbovic 525, 529
Watson, James 276, 299, 337, 339f., 391, 399f., 480, 489, 529ff.
–, John B. 33, 35
Wayne, John 231
Weicker jr., Lowell P. 187
Weiss, Mary 341
Welk, Lawrence 219
Wender, Paul 132
West, Louis Jolyan 104
Westin, Alan 202
White, Burton 96
–, Robert J. 464–470, 525
Whitehead, Clay T. 187
Wicker, Tom 191
Willett, E. L. 288
Wilmut, Ian 290
Winett, R. A. 53
Winkler, R. C. 53
Witter, Charles 110
Wittingham, D. G. 290
Wolpe, Joseph 33, 36, 49
Wood, Rosemary 139
–, Sandra 525

Yogi, Maharishi Mahesh 512
Yu-Chin-Hsu 313

Zajonc, Robert B. 386
Zamenhoff, Stephen 150
Zeisel, Hans 317

SACHREGISTER

Abchasen 436 f.
Absatzaussichten, beste 193
Acetylcholin 68, 72, 140, 142 f.
(Die) Acht von Guinesville 226
(Die) Achtundzwanzig von Camden 226
ACTH 4–10 148
Adoption 261, 303, 305 f.
Aggressivität 18, 20, 69–73, 83 f., 104, 109
AGTZ (Adenin, Guanin, Thymin, Zytosin) 338, 340
AID (Artificial Insemination with Donor) 261 f., 271 ff.
Akupunktur 240
Albinismus 348
»Alice hinter den Spiegeln« 177
Alte, Umgänglichermachen von 124 ff.
Altern, das 424, 426, 428, 433, 438
Altruismus 18
Amerikanische Ärztevereinigung 133
Amerikanische Psychologenvereinigung 21 f., 68, 122, 134, 146
Amniocentese 325 f., 351 ff.
Anectin 121
Apomorphin 121
Atropinmethylnitrat 72
Autosuggestion 210
Aversiv-Belohnungs-Strategien 119 f.
Aversiv-Therapie 120, 122 f.

Bauchspeicheldrüse, verpflanzte 459
Behaviorismus 20 f., 33 f., 56
Behavioristen 31, 39, 61, 122, 124
Belohnung 35, 42, 44, 46 f., 52, 56 f., 60 f.
Besamung 262, 267
–, künstliche 257, 260 ff., 270 f., 288, 304, 311, 324, 329
– –, Rechtsfragen der 242 f.

Bestrafung 35, 42, 46, 56 f., 60
Bewußtsein 21
Biochemie 68
Bioemporium 449
Biofeedback 75 f., 210
Biofeedbackmaschine 510 f., 513
Biologie 11
– Molekular- 22
– Reproduktions- 13, 22
Biomedizinal-Konstrukteure 15
Bluterkrankheit 329, 348
Brutstätte 312

Carbachol 72
Chimären 405, 412 f., 517
–, subhumane 412
Computer-Mensch 405, 413
– Kreuzung 419
Computerwissenschaft 11
»Contingency Management in Education and Other Equally Exciting Places« 54
»(The) Control of Candy Jones« 251
»Control of Human Behavior« 51
Crypterinacetat 101

Daten, demographische 229
Datenbank, nationale 172
–, zentrale 173
Datensammlung über Einzelpersonen 177
Dekompression 149
Dekompressionskammer 148
Denkapparate 415, 417 ff., 469
Denken 140 f.
Denkprobleme 146
Denksteuerung 495
Denkvermögen 151
Desensitisierung 33, 49
Diabetis mellitus 348
Dialyse-Maschine 452 f., 456
Diphenylhydantoin 71

554

DNS (Desoxyribonukleinsäure) 337, 345
- Molekül 338f., 343, 484
- Ringe 344
Dopamin 82
Down-Syndrom 348
»Drei A's« 29
Drei-A-Methode der Auszehrung, Abhängigkeit und Angst 30
»Drugs and Behavior« 82

Einfrieren von Eiern 262
Einfrieren von Embryos 290f.
Einkauf per Druckknopf 204f.
Ekel 450
Ekstase 79
Elektroschlaf 73
Elektroschock 103, 118, 122f., 155, 495
Elektrotherapie, zerebrale 73
Embryo-Manipulation 243
- Transplantation 276, 278, 281, 286, 294f., 297f., 303, 310, 517
Engramm 140
Entmenschlichung 517
Entpersönlichung 420
Entspannung, progressive 244
Epilepsie 104f., 112, 348, 370
Erinnerungsauslöschung 155-159
Erkennung gewalttätiger Neigungen 110
Ersatzmutter 289, 295, 301, 306, 393, 480, 499
Ersatzteil, künstliches 450
-, menschliches 440f.
Ersatzteillieferanten für Körperteile 13
Es 31
Eß- und Schlafgewohnheiten, Veränderung der 88-92
Ethologe 18
Eugenik 335, 347, 372f., 375, 379ff., 386
-, negative 347, 358, 370f.
-, positive 347, 371, 374f., 378
Eurotransplan 454
Euthenik 386

Fallsucht 89f.
Familie 17, 40, 87, 97, 99, 144, 146, 157, 191, 200, 275, 295, 311, 316, 333, 359, 370, 385, 387f., 473, 519f.
Familienumwelt 145
Farbenblindheit 348
FEDNET 173, 184
Fernsehgewohnheit 231
Fernseh-Hypnose 242
Fetus, strafrechtlicher Schutz des 354
Fölling-Krankheit 361f.
Fortpflanzung 517, 519
-, vegetative 390
Fortpflanzungsbiologie 283
Freiheit 21, 41
Fremdbesamung 272-275
-, politischer Aspekt der 273
Frischzellentherapie 423
Froschtest 327
Fruchtwasseranalyse 325
Funktionsorganersatz, künstlicher 445, 451
»Futurum Zwei« 39f., 56f.

Gebärmutter, künstliche 459
Gebärmutterhalsabstrich 326
Geburt, jungfräuliche 390
Geburtenkontrolle 330
Gedächtnisabspeicherung 150, 155
Gedächtnisbank 176, 178, 189
-, zentrale 180
Gedächtniserweiterung 148
Gedächtnis-Herstellung 151-155
Gedächtniskünstler 158
Gedächtnisspeicherung 417
Gedächtnis-Transfer 153f.
Gedächtnisübertragung über Artgrenzen 154
Gedächtnisverbesserung 157
Gedächtnis-Verpflanzung 151-155
Gedanke, motorischer 415
Gedankensteuerung 419
Gefriersaatbank 269
Gefriersamen (Gefrierspermen) 259f., 262ff., 268
Gehirn, menschliches 64ff., 70

Gehirnchemie 132, 142
Gehirndehnung 145
Gehirnfunktionen, Veränderung auf chemischem Wege 89
Gehirngröße 150
Gehirnmanipulation 516
Gehirnoperation 104, 112
Gehirnstimulierung 63, 69, 73
Gehirnströme 67, 76, 106, 132
Gehirnstromaktivität 445
Gehirntod 446f.
Gehirntüchtigkeit 146
Gehirnverpflanzung 464
Gehirnwäsche 28ff., 117ff., 121, 123, 419
Geisteszustände, Veränderung von 31f.
Gene 19, 337–341, 343ff., 348, 350, 365, 368, 372ff., 383, 396, 398, 400, 432f., 480
Genetik 335, 358, 380
–, positive 372
Genetikberater 349ff.
Genetische Beratung 358, 370
– Erbmasse 424
– Gesellschaft Amerikas 19
– Krankheit, geschlechtsgebundene 329
– Mutation 359
– Störung 351, 363
– –, geschlechtsgebundene 326
Genetischer Code 12, 93, 338ff.
– Defekt 269, 295, 347–351, 358, 360f., 406
– Fehler 291
– Mangel 342, 362
– Schaden 352, 367
Genetisches Zuschneiden 15
Genforschung 346
Genmanipulation 296, 337, 343f., 480, 483, 517
Genortung 341
Genspaltung 494
Genstruktur 19
Gesamtkopfmethode 464
Geschlechter, Gleichgewicht der 331
Geschlechtsbestimmung 317, 322, 325, 327, 351, 392

Geschlechtschromatinanalyse 326
Geschlechtsdifferenzierung, Techniken zur 318
Geschlechtsfeststellung, vier Wege der 325
Geschlechtslenkung 329–332
Geschlechtsvorausbestimmung 281, 286, 295, 333, 394, 499, 517
Geschlechtsvorhersage 327
Geschlechtswahl 328ff.
Geschworenenanalyse 234
Geschworenen-Manipulation 226–234
Gewebeabstoßung 393, 442
Gewebetypisierung 443, 468
Gicht 348
Großer Bruder 34, 172, 177
Großhirnrinde 464

Hasenscharte 348, 350
Headstart 145f.
Hermaphroditen 95
Heroin 78
Herz, künstliches 455ff., 459f., 461ff., 472ff.
Herz-Lungen-Maschine 445, 469
Herzschrittmacher 460f., 475
Herzverpflanzung 459f.
Heterozygoten 15
Hörgeräte zur Überwachung 171
Humanisten 20
Huntington-Krankheit 370
Huston-Plan 185
H-Y-Antikörper 324
Hypnodontist 247
Hypnose 42, 235, 237, 239, 246, 513
–, ferngesteuerte 242f.
– Induktionsprofil 238
– als Ergänzungsbehandlung 246
– als Schmerzbeseitigung 246
– als Schmerzlinderung 246
– zur sportlichen Leistungsverbesserung 253
–, ihr Wert bei der Niederkunft 246
Hypophyse 469
Hypothalamus 423, 426, 432, 464, 469

Identität 28, 474, 502, 519
–, geschlechtliche 95
Idiotie, mongoloide 348
Imipramin 77
Immunabwehr 486
Immunreaktion 443, 448, 452 ff., 457, 459 f., 468
Implosionstheorie 49
Individualität 420
Indoktrinierung 13, 155, 416, 419
Induktionstechnik, versteckte 243 ff.
Informationen, Gesamtsystem gesammelter 174
Informationssystem auf Computerbasis 175
–, integriertes Gemeinde- 175
Institute of Society, Ethics and the Life Sciences 113
Intelligenz 13, 19, 138, 140, 146, 150, 414
–, Aneignung von 140
Intelligenzveränderung 144
Intimsphäre 160, 177, 516
–, Schutz der 178
In-vitro-Befruchtung 276 ff., 282 f., 285 f., 288, 293, 295 f., 298, 377
In-vitro-Einpflanzung 287
In-vitro-Forschung 297
In-vitro-Manipulation 299
In-vitro-Technik 296
IQ-Intelligenzquotient 19, 94, 138, 145 ff., 151, 157, 295, 360, 367, 374, 376, 518
»Issues in Criminology« 104

»Jenseits von Freiheit und Würde« 40, 59
Jungfernmutterschaft, spontane 395
Jungfernzeugung 284, 393
–, spontane 344 f.

Kephalotransplantation 465
»Kind and Usual Punishment« 118
Kind als Hilfsvertreter 199
Kinderlizenz 379 ff.
Kindermarkt, maximale Ausbeutung des 200

Kindesadoption 271
Kleinsender am Menschen 161
Klon 406, 442 f., 480, 499, 517
Klonen 391, 393 f., 400 ff.
Klonerzeugung 391 f.
Klontechnik 392
Klonweg 396
Klonzeugung 397, 401, 403
Klonzweck 398
Klumpfuß 348, 350, 370
Körpersprache 229
Körpertemperatur 429
–, Senken der 428–430
Körperuhr 421, 426, 432
Konditionierung 21, 31–36, 40, 43, 46, 49, 211, 518
–, klassische 32
–, operante 36 ff., 48 ff., 56, 58 f., 61, 85, 117, 119 f., 123, 137, 211, 500, 503, 511 f.
Konsequenzen 36 ff.
Kontingenzen-Management 37, 54
Kooperation 18
Kopfverpflanzung 465, 467, 470
Kopfvertauschung 474
Kortikalfunktion 447
Kranke, Umgänglichermachen von 124 ff.

Laborbefruchtung 378
Laborzeugung 499
Langlebigkeit 424, 438 ff.
–, Manipulation der 516
Lauschoperationen 171
L-Dopa 81 f., 431 f.
LEAA (Law Enforcement Assistance Administration) 119, 121, 176 f.
Lebensdauer 434, 440
Lebenserwartung 421 ff., 427, 430, 434 f., 473 f.
Lebensspanne 426 f., 431
Lebensverlängerung 437
Leber, künstliche 457 f.
Leistungssportler, Persönlichkeitsmuster erfolgreicher 208
Lernen 140
Lernfähigkeit, menschliche 144, 147, 150, 156

Lernhemmung 156
Lernmaschine 34f., 38, 53, 414
Lernprozesse, Hemmung von 155–159
Lesch-Nyhan-Syndrom 341f.
Lesegewohnheit 229f.
»Liebeskunst« 81
Lithium 77f., 115
Lobotomie 101ff., 108, 112, 124
Lohnmutter 310f.
LOP (Least Objectionable Politician) 221f.
LSD 81, 87f.
Lunge, künstliche 458, 461
Lungenmaschine 458
Lustgewinn 20
Lustzentren 79, 100

»Man and Woman, Boy and Girl« 96
Männerglatze 348
Manipulation der genetischen Merkmale 516
– der menschlichen Fortpflanzung 516
Masseneinschüchterung 185
Meditation 512
–, transzendentale 512f.
Mehrfachehe 438
Mehrfachelternschaft 374, 378
Mehrfachkarriere 438
Mensch-Affen-Kreuzung 442
Menschenbild 11, 15–23
Menschenduplizierung 375, 390
Menschenmacher 14
Menschenklon 399
Menschenüberwachungssysteme 162, 164, 169
Menschenveränderung 28ff., 479
Mensch-Tier-Chimära 405
– – -Kombination 406, 517
– – -Kreuzung 408
– – -Mischung 405, 407
Metrazol 147f.
Mietmutter 306f.
Mißbildung 280, 285
Mongoloide 349
Mongolismus 369
Montessori-Bewegung 144

Motivation 58
Muskeldystrophie 348
Mutterblutanalyse 326
Mutterersatz 407
Mutterinstinkte 87
Mutterleib 295, 303
–, gemieteter 300, 303, 310
–, künstlicher 300f., 312f., 315, 353, 499, 517f.
–, nichtmenschlicher 300, 308

Neo-Freudianer 20
Neo-Hobbesianer 21
Neomortenbank 449
»1984« 13, 167
Neurobiologie 152
Neurochirurgie, sedative 113
Neurophysiologie 68
Neuropsychopharmakologie 15
Niere, künstliche 453, 456
Nierenersatz 456
Nierenverpflanzung 453
Noradrenalin 68, 77

Operant-Konditionierer 375
Organ, künstliches 455, 457
– –, Ersatz durch 471
Organmanipulation 475
Organverpflanzung 412, 447, 454, 471
Orthomolekularpsychiater 21

Parkinson-Krankheit 81, 89, 348
Parthenogenese 284, 390f.
PCPA 81f.
Persönlichkeit 97f., 100, 106, 229
Persönlichkeitsmanipulation 511
Persönlichkeitsveränderung 44, 119
Persönlichkeitsverformer 29
Pharmakologie 134
Plasmid 344f.
Polizeistaat 13
Prädestination, physiologische 19
Prägung 95–98
Premack-Prinzip 38
Privatsphäre 161, 177
»Problem Athletes and How to Handle Them« 210

558

Prolixin 118
Prosthetik 442
»(The) Psychiatric Programming of People« 21
Psychoanalgesie 244
Psychochirurgie 22, 101, 107 f., 111, 113–116, 122, 492, 496, 500
Psychographie 193–196
Psychologie, humanistische 19
»Psychology Today« 43
Psychoneurobiochemie 15
Psychopharmaka 21, 68, 109
Psychopharmakologie 68
Pupillometer 197
Puromycin 159
Reagenzglasbefruchtung 278, 281 f., 288, 292, 296, 301, 310
Reagenzglaswachstum menschlicher Embryos 300
Reaktion, freiradikale 434 f.
(Die) Rebellischen Indianer von Wounded Knee 226
Rede, offene 415
–, verdeckte 415
Rechtsfragen des Transfers menschlicher Embryos 292
Reflex, bedingter 32
Reflexbedingungen, neopawlowsche 13 f.
Regulation, negative 396
Rekombination 392
Reproduktion durch Schockwirkung 397
–, nicht-sexuelle 392, 394, 396 f., 402 f.
Retinoblastom 359
Revolution, biologische 12
Ritalin 127 ff., 131 f.
RNS (Ribonucleinsäure) 141, 156
Roboterhaftes Verhalten (Erzeugung) 85–92
Rollenspiel 239
Rückversetzung, zeitliche 241 f.
Saatbank 269
Saatgut, menschliches 499
Saatgutbank, menschliche 262, 377, 380, 388, 499, 517

Samenbank 259 f., 262 ff., 265, 273 f., 294, 372 f., 375
Schlafschulung 14
»Schöne Neue Welt« 13, 156, 295, 312, 391
Schulkinder, Zähmung widerspenstiger 126–136
Schwermut 76
Scotophobin 154
Seelenchirurgie 101, 103
Selbsthypnose 245 f., 513
Sendaivirus 341 f., 407
Serotonin 68, 82
Sexualität 19
Sichelzellenanämie 348, 361, 363
Sichtgeräte zur Überwachung 171
(Die) Sieben von Harrisburg 226
Skinnerbox 35
Sozialmanipulation 379
Spermenbank s. Samenbank
Spermenlagerung 264
Spermentrennung 321
– nach Geschlecht: 321
  Elektrotrennung 322
  Trennung durch allmähliches Absinkenlassen 323
  Trennung durch Wettschwimmen 323
  Zentrifugaltrennung 321
Spielwiesen-Labor 199 f.
SPN (Trennverfahrensnummer – Seperation Program Number) 183 ff.
Sprache 145 f., 158
Sprachprobleme 146
Sprechen, subvokales 415
Star, grauer 348
START (Special Treatment And Rehabilitative Training) 120 ff.
Sterbezeitpunkt, Definition des 444
Stimmabdruck 171
Stimmungen, Steuerung der 89, 91
Stimmungserforschung 196
Stimmungsmanipulation 475, 516
Stimoceiver, transdermale 67
Stimulation, unterschwellige 201–204
Stimulator, chemischer 66 f.
–, elektrischer 66 f.

Stimulierung, elektrische 69 ff., 73, 79 f., 84 ff., 88, 90, 100, 150
Stimuli, aversive 37 f., 60
Strychnin 147 f.
»Subliminal Seduction« 204
Submensch 406, 412, 442
Succinylcholin s. Anectin
Suggestibilität 14
Suggestion, posthypnotische 241
Supergehirn 149
Supermensch 347
Super-Personal 189 f., 211
Super-Sportler 189 f., 206
Super-Verbraucher 189 f.
Symbolgutschrift 37, 50, 52, 56, 410

Tay-Sachs-Krankheit 341
Telephonleitungen, Anzapfen von 170
Tier-Mensch 405
Todesdefinition, Problem der 448
token economy s. Symbolgutschrift
Transduktion 343
Transplantat 450
Transplantation 441 f., 444, 448, 451 f., 464
Transponder 162 f.

Über-Ich 31
Überspanntheit 76
Überwachung, politische 185
Uhr, biologische 422, 439
»(Der) Unbekannte Bürger« 183
»Understanding Human Behavior« 202
Unfruchtbarkeit 258, 261, 274, 288, 294, 304, 394
Universalkennzeichen 179–183

Vasektomie 263
Vasopressin 148
Vereinigung Amerikanischer Psychologen 15
Verhalten 11, 137
Verhalten, operantes 37
Verhaltensdämpfung 125
Verhaltensmod 122
Verhaltensmuster, Prägung von 94 ff.
Verhaltenspsychologie 19, 503

Verhaltenssteuerung 12, 15, 25, 27, 34, 38, 40, 43 f., 53, 56, 58, 61 f., 118, 120, 122 f., 134, 137, 211, 214, 381, 475, 492, 495, 499, 503 ff., 515–518
–, chemische oder elektrische 89, 475
–, genetische 480
– in der Industrie 213
– in der Schule 51–55
Verhaltenswissenschaft 11, 41
Verkauf menschlicher Körperteile 448
Verstärker 52, 55, 211
–, negative 38, 40
–, positive 38, 40, 120
Verstärkung 35, 37, 39, 50, 54, 57 f.
Verstärkungskontingenzen 15
Versuche mit ganzen Gemeinden 55–58
»Violence and the Brain« 110
Vitalisten 20

Wachstumsgröße 384
Wählerfang 217
Wählerverhalten, Lenkung des 218
Werbung, Angst in der 192
– um eine Verhaltensprägung 191
–, Sex in der 193
Wesen, subhumanes 405
Wille 21
Wissen, Aneignung von 140
Wissenschaftsgerichte 492
Wolfsrachen 348
Würde 21, 40 f.

XYY-Chromosomenstruktur 109, 363–367

Zeitstudien 214
Zellenbank 393
Zellenuhr 425
Zellfusion 341, 399, 403, 407
Zellteiluhr 432
Zellteilung 425, 432 f.
Zellverschmelzung s. Zellfusion
Zuschauerinteresse, Messung des 198
Zwergwuchs 348